Rainer Karlsch • Christian Kleinschmidt • Jörg Lesczenski • Anne Sudrow

UNTERNEHMEN SPORT

Rainer Karlsch
Christian Kleinschmidt
Jörg Lesczenski
Anne Sudrow

UNTERNEHMEN SPORT

Die Geschichte von **adidas**

Siedler

In Zusammenarbeit mit der
Gesellschaft für Unternehmensgeschichte

www.unternehmensgeschichte.de

MIX
Papier aus verantwortungsvollen Quellen
FSC® C004592
FSC www.fsc.org

Verlagsgruppe Random House FSC-® N001967

1. Auflage Oktober 2018

Umschlaggestaltung: Büro Jorge Schmidt, München

Umschlagabbildung unter Verwendung einer Fotografie
von The adidas Archive (aD I-17017)

Lithografie: Lorenz & Zeller, Inning a. Ammersee

Gestaltung und Produktion: bookwise GmbH, München

Druck und Bindung: aprinta druck GmbH, Wemding

Printed in Germany 2018

ISBN 978-3-8275-0122-6

www.siedler-verlag.de

INHALT

1

EINLEITUNG

CHRISTIAN KLEINSCHMIDT, JÖRG LESCZENSKI,
RAINER KARLSCH

Was für ein Unternehmen ist adidas? Was zeichnet adidas und seine Geschichte aus? Und welches sind die zentralen Entwicklungslinien einer fast 100jährigen Historie – von der Gründung als kleiner Familienbetrieb der Gebrüder Dassler in den 1920er Jahren bis zum global agierenden Sportartikelkonzern im 21. Jahrhundert? Dass ein Unternehmen über einen so langen Zeitraum erfolgreich am Markt existiert, dass es die Herausforderungen unterschiedlicher politischer Systeme, ökonomischer Wechsellagen sowie sich wandelnder familiärer und organisatorischer Konstellationen erfolgreich meistert, ist eher die Ausnahme als die Regel. Der Wirtschaftshistoriker Werner Plumpe spricht daher auch von der „Unwahrscheinlichkeit des Jubiläums", wobei theoretisch davon auszugehen sei, „dass Unternehmen periodisch in existenzielle Krisen geraten, ihr dauerhaftes Überleben also gerade nicht gesichert ist".[1] Tatsächlich trifft dies auch auf adidas und sein Vorläuferunternehmen zu. Es gab solche Krisen zur Zeit des Nationalsozialismus, bedingt durch Rohstoffknappheiten und Produktionsstillegungen, es gab sie aufgrund familiärer Streitigkeiten, die noch während der letzten Kriegsjahre in Pläne zur Aufspaltung der Firma der Gebrüder Dassler mündeten, was wiederum die Geschichte der Nachfolgeunternehmen über Jahrzehnte prägen sollte. Es gab krisenhafte Entwicklungen, bedingt durch neue Herausforderungen und Konkurrenten auf zunehmend internationalen und globalen Märkten, verstärkt durch familiäre Streitigkeiten sowie den Wandel von Rechtsformen, die Ende der 80er Jahre fast zur Insolvenz des Unternehmens geführt hätten. Heute wissen wir, dass adidas diese Herausforderungen und Krisen – und damit die „Unwahrscheinlichkeit des Jubiläums" erfolgreich gemeistert hat. Es kann im Jahr 2019 tatsächlich ein solches Jubiläum als einer der weltweit erfolgreichsten Sportartikelhersteller feiern.

Heute ist adidas eines der bekanntesten deutschen Unternehmen und der zweitgrößte Sportartikelproduzent weltweit. Mit dem Markenzeichen seiner Kernmarke, den „Drei Streifen", zählt es zu den wertvollsten Bekleidungsmarken. Als global agierendes Unternehmen mit 55.000 Mitarbeitern in über 160 Ländern der Erde erzielt adidas einen jährlichen Umsatz von ca. 21,2 Mrd. Euro (2017). Zum Markenportfolio zählt dabei neben adidas, das sich als „globale Marke mit deutschen Wurzeln versteht", auch Reebok.

Untrennbar verbunden ist die Historie von adidas mit der Geschichte des Sports und seiner im Laufe des 20. Jahrhunderts stetig gewachsenen gesellschaftspolitischen und wirtschaftlichen Bedeutung. Es gibt kaum ein sportliches Großereignis, ob Olympische Spiele oder Fußball-Weltmeisterschaften, bei dem adidas nicht als Ausrüster der erfolgreichsten Sportler präsent ist. Dabei blickt das Unternehmen auf eine lange Tradition zurück, die sich bis in die Zeit der adidas-Gründung nach dem Zweiten Weltkrieg sowie auf das Vorgängerunternehmen der Gebrüder Dassler in den 20er Jahren zurückverfolgen lässt. Ein zentrales Unternehmensziel besteht seit jeher darin, das „beste Sportartikelunternehmen der Welt zu werden".[2] Während dieses Ziel in der Gründungsphase, mit Blick auf den damals vornehmlich deutschen Markt und einer überschaubaren Anzahl an Wettbewerbern, noch relativ einfach zu erzielen war, wuchsen in Zeiten der Internationalisierung seit den 60er/70er Jahren und des globalen Wettbewerbs seit den 80er Jahren die Herausforderungen, denen sich adidas zu stellen hatte. Das betraf nicht allein die quantitative Entwicklung des Unternehmens, die durch Unternehmenswachstum mit steigenden Umsätzen und Beschäftigungszahlen gekennzeichnet war; daneben wuchs auch der Anspruch an ein nachhaltiges Wachstum sowie eine „Corporate Governance" im Sinne einer guten Unternehmensführung unter Berücksichtigung rechtlicher Grundlagen und umfangreicher Sozial- und Umweltaspekte.[3] Das Ziel, ein verantwortungsvolles und nachhaltiges Unternehmen zu sein, besteht heutzutage für adidas darin, „das Gleichgewicht zwischen den Interessen unserer Aktionäre auf der einen Seite sowie den Bedürfnissen und Anliegen unserer Mitarbeiter, der Beschäftigten in unserer Beschaffungskette und der Umwelt auf der anderen Seite aufrechtzuerhalten".[4] Diese hohen Ansprüche, die adidas als global agierendes Unternehmen an sich selbst stellt, dienen auch einer kritischen medialen Öffentlichkeit als Maßstab. adidas steht damit unter permanenter Beobachtung und ist Gegenstand öffentlicher Wahrnehmung, Kommunikation und Diskussion. Das betrifft in jüngster Zeit etwa den Wechsel an der Unternehmensspitze von Herbert Hainer zu Kasper Rorsted, die gute Performance der adidas-Aktie, den wirtschaftlichen Erfolg des Unternehmens in den letzten Jahren, neue und innovative Produkte, die Beziehung zu den Konkurrenten Puma und Nike, aber auch Fragen von Produktionsbedingungen in Ländern der „Dritten Welt" oder Verstrickungen ehemaliger Mitarbeiter in Skandale um die FIFA und den DFB. Diese Entwicklungen beziehen sich auf Zeiträume, die teilweise mehrere Jahrzehnte zurückreichen und damit historische Dimensionen annehmen.

Im Fokus der öffentlichen Wahrnehmung

Hinzu kommt, dass adidas zahlreiche Anfragen erhält, die die Geschichte und Tradition des Unternehmens betreffen – so etwa zur Entwicklung der Firma Gebrüder Dassler während der Zeit des Nationalsozialismus und den damit verbundenen Fragen zu Rüstungsproduktion und Zwangsarbeit, zur adidas-Produktion in der ehemaligen DDR, zur Rolle einzelner Familienmitglieder sowie zur Unternehmensorganisation und Markenentwicklung.

Häufig beziehen sich entsprechende Anfragen auf Presseberichte. In Zusammenhang mit der zeitweiligen Umstellung der Produktion auf Rüstungsgüter während des Zweiten Weltkriegs berichtete z. B. Spiegel Online im Jahr 2009 über einen „Panzerschreck aus dem Hause Dassler" bzw. über „Waffen made by Dassler", die vor allem gegen Ende des Krieges zum Einsatz kamen.[5] Dieses Beispiel zeigt die Folgen einer verkürzten und verzerrten journalistischen Darstellung. Es entstand der Eindruck, als ob diese Waffe von der Firma Gebrüder Dassler produziert wurde. Tatsächlich wurden „Raketen-Panzerbüchsen", im Volksmund „Panzerschreck" genannt, von dem Unternehmen Schricker & Co. aus Vach hergestellt,[6] das wiederum Maschinen zur Bearbeitung bestimmter Fertigungsteile dieser Waffe an die Firma der Gebrüder Dassler auslieh. Die vereinfachte Darstellung in diesem Pressebericht ging somit auf Kosten der historischen Genauigkeit. Zweifellos war das Unternehmen der Dasslers damals in die Rüstungsproduktion involviert und stellte u. a. Spezialschuhe für die Wehrmacht her. Aber es bedeutet schließlich einen qualitativen Unterschied, ob ein Schuhhersteller komplette Waffen produziert oder lediglich als Teilezulieferer fungiert.

2014 berichteten sowohl das Handelsblatt als auch Zeit Online in identischen Artikeln über die „Erfinder der modernen Sportkorruption", wobei sich der Autor vor allem auf die Person Horst Dasslers bezog. Ähnliche Artikel waren bereits 30 Jahre zuvor erschienen, damals hatten Der Spiegel wie auch die Zeitschrift Stern auf die Bedeutung Horst Dasslers für die Kommerzialisierung und den Einzug der Korruption im Sport verwiesen.[7] Der Artikel aus dem

1 Adi Dassler im Mannschaftsquartier bei der Fußball-Weltmeisterschaft in Bern 1954

Jahr 2014 ging zudem davon aus, dass „Dasslers Spuren bis heute sichtbar [sind]".[8] Das bezog sich auf Horst Dasslers mittelbaren Nachfolger Robert Louis-Dreyfus und dessen Geschäfte mit Uli Hoeneß sowie auf den Verdacht, die Austragung der Fußball-WM 2006 in Deutschland „gekauft zu haben",[9] was wiederum auf die undurchsichtige Rolle der FIFA in diesem Zusammenhang verwies. Darüber hinaus wurden „heikle Andeutungen" des ehemaligen DFB-Präsidenten Theo Zwanziger zu den Beziehungen zwischen adidas und dem DFB zitiert.

Für große öffentliche Aufmerksamkeit sorgte schließlich auch die Ausstrahlung zweier Fernsehfilme über die beiden Dassler-Brüder Rudolf und Adi, der eine 2016 im Privatsender RTL, der andere ein Jahr später in der ARD. Dabei handelte es sich nicht um Dokumentationen, sondern um Spielfilme mit fiktionalen Elementen. Häufig diskutierte Themen wie etwa das Verhalten von Adi Dasslers Frau Käthe als angeblich treibende Kraft des Bruderstreits (RTL-Produktion), die Bedeutung der Schraubstollen-Erfindung für die Weltmeisterschaft 1954 oder die Rolle einzelner Familienmitglieder im Rahmen der Unternehmensorganisation werden darin in einer Weise aufgegriffen, die sich nicht durch ein hohes Maß an historischer Genauigkeit auszeichnet, gleichwohl aber bis heute prägend ist für das Bild des Unternehmens in der Öffentlichkeit.

Diese immer wiederkehrenden Darstellungen und die damit verbundenen Anfragen an das Unternehmen stellten wesentliche Motive für die vorliegende Publikation dar – mit der Zielsetzung einer historisch-kritischen Aufarbeitung der Unternehmensgeschichte von den Anfängen bis in die jüngste Zeit. In den entsprechenden Beiträgen zu den ausgewählten Schwerpunktthemen werden gleichzeitig zentrale Aspekte der adidas-Unternehmensgeschichte behandelt. Die Konzentration auf bestimmte Themen bedeutet jedoch zugleich, mit diesem Buch keine vollständige adidas-Unternehmensgeschichte vorzulegen. Dies hätte erfordert, weitere Aspekte wie etwa die Entwicklung der Belegschaften, industrielle Beziehungen, die betriebliche Sozialpolitik sowie Fragen der Unternehmensfinanzierung und Unternehmenskultur zu berücksichtigen. Diese standen jedoch zum einen nicht im Fokus des Interesses, zum anderen fehlten teilweise entsprechende Quellenüberlieferungen. Darin liegen auch die Gründe für eine Begrenzung des Untersuchungszeitraums. Zeitlich endet diese Studie 2001. Dieses Jahr stellt für die adidas-Unternehmensgeschichte eine Zäsur dar: Mit der Amtsübernahme des Vorstandsvorsitzender Herbert Hainer begann eine neue Ära und eine alte, die wir thesenartig als die „Ära Horst Dassler" kennzeichnen, endete. Zwar war Horst Dassler, der Sohn des Firmengründers Adi Dassler, bereits im Jahr 1987 verstorben, seine Art der Unternehmensführung prägte jedoch die Entwicklung von adidas bis zum Ende des Jahrtausends. Die Zeit ab 2001, insbesondere die aktuell diskutierten Fragen rund um die Ausrichtung der Fußball-Weltmeisterschaft in Deutschland im Jahr 2006 inklusive der involvierten Personen, lässt sich aufgrund laufender juristischer Verfahren derzeit nicht im Sinne unseres Anspruchs einer historisch-kritischen Aufarbeitung darstellen; schließlich sind die entsprechenden Akten in zentralen Archiven wie dem DFB- oder dem FIFA-Archiv nicht zugänglich. Presseartikel dazu gibt es zwar in großem Umfang, der Anspruch auf Wissenschaftlichkeit und damit auf Nachprüfbarkeit der Quellen und Materialien sowie neue, über den bisherigen Sachstand hinausreichende Informationen können vor dem Hintergrund fehlender Quellen aus wichtigen Archiven zurzeit jedoch nicht gewährleistet werden.

Auch hinsichtlich weiter zurückliegender Geschehnisse der adidas-Geschichte und deren Darstellung in Presseveröffentlichungen, Fernsehbeiträgen und Diskussionen wurde zweierlei deutlich:

1. Die Geschichte von adidas (und Puma) erregt nach wie vor die Öffentlichkeit und reizt zu kontroversen Diskussionen.

2. Die Grundlagen dieser Diskussionen beruhen in vielen Fällen auf Spekulationen und Behauptungen, es gibt wenig fundierte und gesicherte, d. h. wissenschaftlich basierte, systematisch erfasste und quellengestützte Informationen über die Geschichte von adidas.

Kritische Betrachtung bisheriger Publikationen

Das Unternehmen selbst weiß wenig über sich und seine Geschichte, nicht zuletzt deshalb, weil es bis vor Kurzem über kein institutionalisiertes Gedächtnis, sprich ein Unternehmensarchiv, verfügte – und weil bislang keine unmittelbar aus den Quellen rekonstruierte Unternehmensgeschichte von adidas existiert.[10] Zwar gibt es einen umfangreichen Wissensfundus im Unternehmen, etwa in Form langjähriger sowie auch ehemaliger Mitarbeiter, bislang verstreuter Aktenbestände, umfangreicher Produktsammlungen und einer firmeninternen Ausstellung – die bereits publizierte Literatur weist bezüglich verifizierbarer historischer Quellen jedoch erhebliche Lücken auf. Es existieren nur sehr wenige wissenschaftliche Beiträge zur Geschichte von adidas, wie etwa jüngst ein Text zur Erfolgsgeschichte des Schuhmodells „Superstar"[11] sowie eine Abhandlung über adidas-Kontakte in die DDR.[12] Es ist generell erstaunlich, dass ein derart bedeutendes gesellschaftliches und ökonomisches Phänomen wie der Sport bislang in der Geschichtsschreibung so wenig präsent ist. Das gilt insbesondere für die wirtschafts- und unternehmenshistorische Perspektive. Bei den von adidas in diesem Zusammenhang selbst herausgegebenen Publikationen handelt es sich in erster Linie um Bildbände, die mit Blick auf Großsportereignisse die adidas-Produkte in den Mittelpunkt stellen.[13] Journalistisch-populäre Darstellungen widmen sich vor allem den zentralen Unternehmerpersönlichkeiten Adi Dassler und seinem Sohn Horst. Das Buch *Adi Dassler* von Wilfried Geldner erzählt in knappen Kapiteln schlaglichtartig die Erfolgsgeschichte des Unternehmensgründers und die Entwicklung des Unternehmens bis zum Ende des 20. Jahrhunderts nach.[14] Geldner stützt sich dabei u. a. auf das Buch *Making a Difference* sowie auf eine Biografie über Horst Dassler, die von Paulheinz Grupe im Jahr 1972 verfasst wurde und in überarbeiteter Form 1992 erschien.[15] Grupe widmet sich der Person Horst Dassler und seiner Familie; insbesondere geht er dabei auf die Entwicklung von adidas France ein sowie auf Horst Dasslers Bedeutung für die internationale Vernetzung, die Kommerzialisierung und Professionalisierung des Unternehmens adidas. Woher Grupe seine Informationen bezogen hat, bleibt unklar. Im Nachwort erwähnt er „unzählige Dokumente, Berichte, Gespräche, Interviews und andere Zeugnisse [...]",[16] ohne diese genauer zu benennen.

In seiner *Sneaker-Story* schildert Christoph Bieber den „Zweikampf von adidas und Nike" als spannende Geschichte zwischen „Air Jordan" und „Predator" und widmet sich der Markeninszenierung der „Drei Streifen" und des „Swoosh" im Umfeld von „Jugend, Pop, Kultur".[17] Als Informationsgrundlage dienen ihm u. a. das Buch von Geldner und andere populäre Darstellungen, Zeitungs- und Zeitschriftenartikel sowie journalistische Literatur über sportliche Großereignisse wie den FIFA World Cup oder die Olympischen Spiele, in denen auch adidas Erwähnung findet. Dabei handelt es sich oftmals um Publikationen, die im weiteren Sinne dem Genre des investigativen Journalismus zuzuordnen sind und die – im Unterschied zu bebilderten Hochglanzpublikationen oder personenorientierten Biografien und Erfolgsgeschichten – auch und insbesondere kritische Töne anschlagen. Stellvertretend seien hier etwa die Bücher des britischen Journalisten und Dozenten an der University of Brighton, Andrew Jennings, zum *Olympiakartell*[18] oder von Thomas Kistner über die *FIFA MAFIA* sowie den *Olympischen Sumpf* angesprochen.[19] Charakteristisch für diese Bücher sind nicht nur ihre reißerischen Titel und eine flotte Schreibweise, die sich offenbar an ein Massenpublikum richtet,[20] sondern teilweise auch fehlende Belege oder eine äußerst eingeschränkte Material- und Informationsbasis aus zweiter Hand, die sich ihrerseits auf bereits publizierte Literatur oder auf Presseartikel stützt.[21]

Dies gilt im Übrigen auch für die bislang umfangreichste Darstellung über adidas (und Puma), die von der Journalistin Barbara Smit stammt. In ihrem Buch *Drei Streifen gegen Puma* aus dem Jahr 2005, das 2017 in zweiter Auflage erschienen ist, zeichnet sie den Kampf der beiden „verfeindeten Brüder um die Weltmarktführerschaft" nach. Für das Buch habe die Autorin, so der Klappentext, „fünf Jahre recherchiert, internationale Archive durchforstet" sowie „exklusive Gespräche mit Mitarbeitern, Managern sowie Familienmitgliedern geführt".[22] Tatsächlich finden sich im Anhang vereinzelt Verweise auf das Bundesarchiv und das Staatsarchiv Nürnberg sowie einige wenige Hinweise auf Briefwechsel, Presseerklärungen und hausinterne Publikationen (adidas-Magazin). Originäres adidas-Quellenmaterial, Akten oder gedruckte Quellen konnte die Autorin nicht auswerten, da der Aufbau des adidas-Archivs erst 2009/10, derjenige des Stiftungsarchivs der Adi & Käthe Dassler Memorial Stiftung erst 2011 begann. Smit stützt sich, wie angegeben, vor allem auf „Gespräche", Briefwechsel und Telefonate, die – methodisch betrachtet – zunächst nur als subjektive Quellen gelten können, welche in erster Linie die Meinung und Einschätzung der Befragten wiedergeben und damit keinen wissenschaftlichen, intersubjektiv überprüfbaren Aussagen entsprechen. Das ist durchaus legitim und soll auch die Leistung Smits nicht schmälern, die hier umfangreiche Informationen zusammengestellt hat und interessante Einblicke in zwei Unternehmen gewährt, wobei sie sich vor allem mit „familiären Intrigen, dubiosen Korruptionsgeschäften und finsteren Rückschlägen" auseinandersetzt.[23] Methodisch fragwürdig ist es jedoch, wenn die Interviews sich aufgrund des Fehlens von Anmerkungen keinen Textstellen zuordnen lassen und damit der Eindruck entsteht, als beruhe der Text auf Tatsachen.[24] Eine solche Vorgehensweise entspricht nicht der wissenschaftlichen anerkannten Methode der „Oral History", bei der mündliche historische Quellen, zumeist in Interviewform, durch zugängliche Aufzeichnungen nachprüfbar gemacht werden. Bei Smits Buch handelt es sich also um einen journalistischen Text, der durchaus informationsgesättigt ist und dessen Inhalte meist plausibel klingen – es ist nicht zu unterstellen, dass die Informationen bewusst falsch oder verfälschend sind. Für Dritte nachprüfbar und damit wissenschaftlichen Ansprüchen genügend sind sie allerdings nicht.

Das gilt sogar für einen Text, der sich als „case study" der Harvard Business School mit Horst Dasslers Kommerzialisierungsstrategien bei adidas auseinandersetzt. Dieser beruht zu großen Teilen auf Smits Buch und bietet keinerlei eigenständige Forschungen.[25] So wird deutlich, dass unterschiedliche Autoren sich jeweils aufeinander beziehen und dabei ungesicherte und nicht nachprüfbare Informationen weitergeben. Wo jedoch nachprüfbare und gesicherte Informationen fehlen, sind Mythenbildungen, Spekulationen und Gerüchten Tür und Tor geöffnet. Und solche gibt es im Falle von adidas, das zeigen die bisherigen Publikationen und öffentliche Medienbeiträge, zu Genüge.

Historische Forschung und Quellenlage

Es war allerdings nicht in erster Linie unsere Zielsetzung, eine „Anti-Mythen-Publikation" zu verfassen und gegen die bisherige, journalistisch dominierte Literatur anzuschreiben. Unser Ziel war ein positives, nämlich die erste wissenschaftliche sowie quellengestützte und damit nachprüfbare und transparente Geschichte des Unternehmens adidas zu verfassen. Dabei geht es allerdings nicht um eine Gesamtgeschichte des Unternehmens, die nicht zuletzt aufgrund der lückenhaften Quellenlage zum jetzigen Zeitpunkt noch nicht darstellbar ist. Hauptgegenstand unserer Untersuchung sind Themenschwerpunkte, die sowohl in der öffentlichen Diskussion als auch mit Blick auf aktuelle Forschungsfragen vor dem Hintergrund der vorhandenen Quellenüberlieferung von Interesse sind. Das betrifft im Einzelnen die Gründungsphase des Unternehmens, die Zeit des Nationalsozialismus, die unmittelbare Nachkriegszeit, die Familien- und Organisationsgeschichte von adidas, die Beziehungen zur DDR und zum „Ostblock" während des Kalten Krieges sowie die Marke und die markenorientierte Unternehmensführung.

Den Anlass zu dieser Studie boten dabei weniger die bisherigen Publikationen als vielmehr die erwähnten zahlreichen Anfragen einer interessierten Öffentlichkeit an die adidas-Abteilung „History Management" in den letzten Jahren, die nicht nur wegen der beschriebenen Problematik in der bisherigen Literatur, sondern auch aufgrund fehlender archivalischer Überlieferung bislang nur unvollständig beantwortet werden konnten. Zudem bestand die wissenschaftliche Herausforderung, eine Lücke auf dem Gebiet der Unternehmensgeschichte des Sports zu schließen.

Ein adidas-Archiv im klassischen Sinne existierte bislang nicht. Ein erstes sogenanntes Archiv war zwar 1998 gegründet worden, es bestand im Wesentlichen jedoch zunächst aus einer umfangreichen Schuhsammlung. Ab 2009 wurden dann auch Schriftquellen gesammelt, die seit 2012 im „The adidas Archive" aufbewahrt und ständig ergänzt werden.[26] Die Entscheidung für eine wissenschaftliche adidas-Unternehmensgeschichte fiel schließlich im Jahr 2014. In Kooperation mit der Gesellschaft für Unternehmensgeschichte wurde ein Autorenteam zur Erforschung der adidas-Unternehmensgeschichte zusammengestellt und zugleich der Ausbau des Archivs in Angriff genommen. Beides verlief Hand in Hand. Für die Bearbeiter bedeutete dies, neu akquirierte Quellenbestände noch vor der Verzeichnung einsehen und bearbeiten zu können. Dies galt sowohl für Bestände aus unterschiedlichen adidas-Abteilungen in Herzogenaurach als auch für die erst in jüngster Zeit erschlossenen Akten der ehemaligen Tochtergesellschaft adidas France, die ohne den Umweg über die adidas-Mitarbeiter direkt den Autoren zugänglich gemacht wurden. Aktenerschließung und Manuskripterstellung erfolgten auf diese Weise „just-in-time". Das setzte bei allen Beteiligten ein hohes Maß an Flexibilität, aber auch an Vertrauen und Offenheit voraus.

Allein auf der Basis der adidas-Archivbestände hätte jedoch die vorliegende Publikation nicht geschrieben werden

2 adidas Firmenzentrale in Herzogenaurach (Mitte der 80er Jahre)

können. Wichtige Informationen stammen aus dem Bundesarchiv sowie der „Behörde des Bundesbeauftragten für die Unterlagen des Staatssicherheitsdienstes der ehemaligen DDR" (Stasi-Unterlagenbehörde), aus Staats- und Regionalarchiven, aus dem Archiv des IOC sowie einige wenige Dokumente aus dem Unternehmensarchiv von Puma. Dafür möchten wir uns ebenso bedanken wie für den teilweisen Zugang zu Materialien der Adi & Käthe Dassler Memorial Stiftung in Vaduz. Mündliche Quellen, beispielsweise in Form von aktuell oder vor längerer Zeit geführten und aufgezeichneten Interviews, wurden von uns ebenfalls berücksichtigt, haben aber einen eher ergänzenden Charakter und wurden im Text sparsam verwendet.

Thematische Schwerpunktsetzung

Die thematische Bearbeitung dieser adidas-Geschichte beginnt mit der Gründungsphase des Unternehmens der Gebrüder Dassler nach dem Ersten Weltkrieg und verfolgt diese bis zum Ende des Zweiten Weltkriegs bzw. zur Besatzungszeit. Dabei wird der Zeit des Nationalsozialismus und der Kriegswirtschaft große Aufmerksamkeit geschenkt. Zwar existieren heutzutage zahlreiche Arbeiten zur Geschichte von Unternehmen während des Nationalsozialismus, dabei stehen jedoch zumeist Großunternehmen im Mittelpunkt. Anne Sudrow widmet sich mit ihrem Beitrag über adidas einem mittelgroßen Unternehmen, welches auch zur Zeit der Umstellung auf Rüstungsproduktion nicht mehr als 100 Beschäftigte hatte. Ihr Interesse richtet sich dabei nicht allein auf die personelle und produktionstechnische Ausrichtung des Unternehmens der Gebrüder Dassler auf das NS-Regime und die Kriegswirtschaft, sondern auch auf die unmittelbare Nachkriegszeit, die Wiederaufnahme der Produktion, die Entnazifizierung, die Umstellung von der Kriegs- auf die Friedenswirtschaft sowie auf die Teilung des Unternehmens.

adidas war in den ersten Nachkriegsjahrzehnten ein Familienunternehmen mit Adi Dassler an der Spitze sowie „mithelfenden Familienangehörigen", seiner Frau Käthe sowie seinen Kindern, die unterschiedliche Funktionen im Unternehmen bekleideten. Das rasche Wachstum des Unternehmens seit den 50er/60er Jahren, die zunehmende Ausdifferenzierung der Organisationsstruktur sowie das wachsende Ungleichgewicht zwischen den unternehmensstrategischen Herausforderungen und den Kapazitäten der Familie, so zeigt Jörg Lesczenski, führten schließlich zu einer Änderung der Rechtsform und zur Gründung einer Aktiengesellschaft. Der lange Weg vom Familienunternehmen zum Unternehmen ohne Familie, der sich seit dem Tod von Adi Dassler 1978 langsam abzeichnete, wurde durch zahlreiche Streitigkeiten zwischen den Familienzweigen maßgeblich beeinflusst. Die Jahre vor, aber auch die Zeit nach der AG-Gründung brachten schmerzhafte Anpassungsprozesse in der Familie sowie im Unternehmen mit sich, die bis in die 90er Jahre hinein zu familieninternen Auseinandersetzungen und im Zuge der organisatorischen Neugestaltung zu komplizierten Beteiligungsverhältnissen führten. Diese veränderten sich überdies in kurzer Taktfolge – mit entsprechenden Auswirkungen auf den Erfolg bzw. Misserfolg des Unternehmens.

adidas war seit den 50er Jahren ein global agierendes Unternehmen. In Zeiten des Kalten Krieges, der sich auch im Bereich des Sports widerspiegelte, betraf dies auch das Verhältnis zur DDR sowie zum gesamten „Ostblock". Der „Ostpolitik" von adidas geht Rainer Karlsch in seinem Beitrag nach. Trotz erheblicher politischer Restriktionen waren viele westliche Unternehmen unterschiedlicher Branchen an Handelsbeziehungen mit den sozialistischen Ländern interessiert, und einige Unternehmen ließen in osteuropäischen Staaten produzieren. Eine größere Bedeutung als Produktionsstandorte für adidas erlangten zunächst Jugoslawien und Ungarn und seit Ende der 70er sogar die Sowjetunion. Das sowjetische Außenhandelsunternehmen LIT und mehrere jugoslawische Betriebe gehörten zeitweilig zu den umsatzstärksten Lizenznehmern. Die Bemühungen von adidas, auch mit DDR-Betrieben Lohn- und Lizenzverträge abzuschließen, blieben hingegen erfolglos. Daher stellt sich die erst seit einigen Jahren medial aufgeworfene Frage nach Häftlingsarbeit in der DDR zwar für andere westliche Firmen, aber nicht für adidas.[27]

Für das weltweite Marketing von adidas war der Abschluss von Ausrüstungs- und Promotion-Verträgen mit Sportverbänden und Vereinen des Ostblocks wichtig, zumal diese in vielen Sportarten dominierten. Die Führung des Deutschen Turn- und Sportbundes (DTSB) der DDR sträubte sich länger als alle anderen Sportverbände des Ostblocks gegen die Kommerzialisierung, schwenkte aber 1982 unter dem Eindruck wachsender wirtschaftlicher Probleme um. Nach dem Fall der Mauer und dem Ende des Kalten Krieges boten sich adidas neue Chancen in Osteuropa, zumal das Unternehmen auf seinen Nimbus als „first mover" aufbauen konnte.

Gerahmt werden die Beiträge der vorliegenden Publikation durch Abhandlungen von Christian Kleinschmidt, der sich mit der Entwicklung der Marke, den Werbe- und

Marketingstrategien von adidas sowie Fragen der Professionalisierung und Kommerzialisierung auseinandersetzt. Im letzten Geschäftsbericht unter dem Vorstandsvorsitzenden Herbert Hainer aus dem Jahr 2015 betont dieser mit Blick auf die zukünftigen Ziele des Unternehmens den neuen Geschäftsplan „Creating the New“. Die Strategie des Unternehmens ziele vor allem darauf ab, „die Begehrlichkeit unserer Marken deutlich zu erhöhen und damit unser Wachstum bis 2020 zu beschleunigen. [...] Im Rahmen der Maxime ‚Brands First‘ stehen nun die Marken an allererster Stelle“.[28] Im Grunde genommen begleitete diese Strategie das Unternehmen von Beginn an. Die große Bedeutung der Marke zeigte sich schon bei der Unternehmensgründung nach Ende des Zweiten Weltkriegs. Markenpolitik und Markenstrategien sind für Unternehmen nichts ungewöhnliches, und zahlreiche Unternehmen waren nach 1945 bestrebt, mithilfe ihrer Marken und Markenprodukte an ihre erfolgreiche Vorkriegsentwicklung anzuknüpfen. Dabei handelte es sich allerdings zumeist um Großunternehmen, die mit ihrer Markenpolitik auf Kontinuität im Wiederaufbau setzen konnten. Für ein kleines Unternehmen wie adidas mit vier Dutzend Beschäftigten Ende der 40er Jahre war dies allerdings eher ungewöhnlich und ist wohl vor allem mit der besonderen Konkurrenzsituation zu Puma zu erklären, die ein Abgrenzungs- und Identifikationsmerkmal zur Behauptung am Markt dringend erforderlich machte.

Wir hoffen, mit den Schwerpunktsetzungen der vorliegenden Publikation einen Grundstein für eine wissenschaftliche Geschichte von adidas zu legen, der zugleich einen Beitrag leistet für die bislang wenig erforschte Wirtschafts- und Unternehmensgeschichte des Sports und Anregungen für weitere Forschungen gibt, die dann auch im Rahmen eines neu errichteten Unternehmensarchivs erfolgen können.

Dank

Unser besonderer Dank geht an Michael Bermejo-Wenzel und an Sandra Trapp von der Gesellschaft für Unternehmensgeschichte. Herr Bermejo-Wenzel hat in zahlreichen Archiven im In- und Ausland wichtige Recherchen durchgeführt, die von zentraler Bedeutung für die einzelnen Themenbereiche der Darstellung sind. Frau Trapp hat entsprechende Recherchen im adidas Archiv getätigt und den permanenten Neuzugang von Archivmaterial für uns nutzbar gemacht. Beide haben sich in diesem Zusammenhang Kenntnisse über die adidas-Geschichte angeeignet, die wiederum für uns eine große Hilfe waren. Ohne diese Arbeit hätte das Buch in der vorliegenden Form nicht entstehen können. Ein herzlicher Dank geht schließlich auch an Tilman Pflock für ein umsichtiges und kompetentes Lektorat.

2

DAS UNTERNEHMEN SPORTSCHUH-FABRIK GEBRÜDER DASSLER. VON DER GRÜNDUNG BIS ZUM ENDE VON NATIONALSOZIALISMUS UND ENTNAZIFIZIERUNG (1919 BIS 1948)

ANNE SUDROW

2.1 Gründung des Unternehmens in den Traditionen der Schuhherstellung und des Sports in Herzogenaurach

Die Zeit nach dem Ersten Weltkrieg

Die Gründung der Schuhfabrik Gebrüder Dassler fand in einer politisch und wirtschaftlich sehr bewegten Zeit statt. Der Erste Weltkrieg endete für Bayern, wie für das übrige Deutschland, in einer Revolution gegen die alte Regierungsform und gipfelte schließlich im Bürgerkrieg zwischen demokratischen und anti-demokratischen Kräften. Im November 1918 wurde in der bayerischen Hauptstadt die Monarchie abgeschafft. Der neue Ministerpräsident Kurt Eisner erklärte Bayern zum Freistaat. Im Januar 1919 fanden die ersten freien und demokratischen Wahlen für den bayerischen Landtag statt. Erstmals durften auch Frauen wählen. Im Februar trat dann in Weimar die Nationalversammlung zusammen, um eine demokratische Verfassung für das gesamte Deutsche Reich auszuarbeiten. Nachdem sich die politischen Auseinandersetzungen um die „richtige“ Form der Demokratie immer weiter verschärften, rief der Zentralrat der Arbeiter- und Soldatenräte im April 1919 in München die Räterepublik aus. Diese hatte nur wenige Wochen Bestand und wurde von den Freikorps-Truppen um Franz Ritter von Epp blutig niedergeschlagen.

In diesem politisch ereignisreichen Frühjahr 1919 wurde Adolf Dassler (1900–1978) im Alter von 18 Jahren „demobilisiert“, d.h. aus dem Kriegsdienst entlassen. Er hatte die letzten Monate des Ersten Weltkriegs in der Rekrutenausbildung in Belgien verbracht. Wie sein Bruder Rudolf, der drei Jahre als Soldat an der Front gedient hatte, war Adolf Dassler 1917 zum Kriegsdienst eingezogen worden. Er hatte jedoch nicht mehr an Kampfhandlungen teilgenommen.[1] Das Herzogenaurach, in das Adolf Dassler 1919 zurückkehrte, war geprägt durch die wirtschaftliche Not, die Arbeitslosigkeit und den Wohnungsmangel der unmittelbaren Nachkriegszeit. Auch in der fränkischen Provinz kam es zu politischen Auseinandersetzungen zwischen den neu gegründeten Arbeiterräten und den bürgerlich-konservativen Kräften. Die Bürger der Stadt begegneten dieser Krise während der Nachkriegsjahre „mit Notstandsmaßnahmen, staatlichen Hilfen und sehr viel Eigeninitiative“.[2] Adolf Dassler, der zunächst ebenfalls „arbeitslos“ war, begann Anfang des Jahres 1920 im Haus seiner Eltern Christof und Pauline Dassler, Am Hirtengraben, mit sehr einfachen Mitteln Schuhe zu produzieren. Mit dieser Form der wirtschaftlichen Selbsthilfe reihte er sich in handwerkliche und berufliche Traditionen ein, die schon länger in der Stadt Herzogenaurach und in seiner Familie bestanden.

In Herzogenaurach, das 1920 etwa 3.500 Einwohner zählte, war die Schuhherstellung bereits um das Jahr 1900 zum wichtigsten Gewerbezweig geworden. Rund die Hälfte der arbeitsfähigen Bevölkerung war in der Schuhindustrie beschäftigt.[3] Zum einen hatte sich seit den 1850er Jahren eine kleingewerbliche Fertigung von Hausschuhen aus Wollstoffen – die sogenannte „Schlappenschusterei“ – in der Stadt verbreitet. Zum anderen war eine Heimindustrie auf Verlagsbasis entstanden, die Hausschuhe aus Wollstoffen für Fürther und Nürnberger Unternehmen fertigte. Diese Verleger lieferten die Materialien, die in Herzogenaurach von ganzen Familien in Heimarbeit zu Hausschuhen verarbeitet und dann über Fürth und Nürnberg vermarktet wurden. Darauf basierte schließlich die spätere industrielle Fabrikation von Schuhen in der Stadt. Sie begann, als 1888 die Vereinigte Schuhfabriken AG Berneis-Wessels mit Sitz in Augsburg und Nürnberg, die damals weltweit größte Filzschuhfabrik, einen Zweigbetrieb in Herzogenaurach eröffnete.[4] Dort wurden ebenfalls vor allem Hausschuhe aus Wollfilz hergestellt. Das zweitgrößte Schuhunternehmen – die Schuhfabrik Heinrich Schürr – entstand aus den heim-

1 Die Vereinigte Schuhfabriken AG Berneis-Wessels in der Würzburger Straße in Herzogenaurach (ca.1920)

gewerblichen Ursprüngen als Verleger dieser ersten Firma heraus.[5]

Die Pioniere der Industrialisierung Herzogenaurachs waren seit den 1860er Jahren Tuchmacher gewesen, die erste Fabriken – mit Dampf betriebene Wollspinnereien, Färbereien und Walken – errichteten. Sie bildeten den Abschluss einer langen Tradition des Textilgewerbes in der Stadt. Nur wenige Jahre später begann die Verarbeitung von Wollstoffen zu Hausschuhen, den sogenannten „Schlappen", und verdrängte schließlich die Tuchherstellung. Diese neue Industrie fing die Folgen des Niedergangs des alten Gewerbezweiges auf. Personifizieren lässt sich dieser Wandel der führenden Gewerbe Herzogenaurachs seit dem späten 19. Jahrhundert an Christof Dassler, dem Vater der vier Geschwister Fritz, Marie, Rudolf und Adolf Dassler. Selbst gelernter Tuchmacher aus einer alteingesessenen Herzogenauracher Tuchmacherfamilie, lernte er auf Wanderschaft in Gera seine Frau Pauline kennen. Bei seiner Rückkehr nach Herzogenaurach 1896 musste er feststellen, dass in seinem Beruf kein Auskommen mehr in der Stadt zu finden war. So verdingte er sich stattdessen als Fabrikarbeiter in der größten Schuhfabrik am Ort: damals noch die „Vereinigten Fränkischen Schuhfabriken vorm. Max Brust vorm. B. Berneis AG". Seinen zweitältesten Sohn Rudolf (1898–1974) ließ er dort ab 1911 eine Lehre absolvieren;[6] seine Tochter Marie arbeitete als Stepperin ebenfalls in diesem Betrieb.[7]

Beginn einer Schuhproduktion durch Adolf Dassler (1920 bis 1923)

Nachdem Adolf Dassler eine Zeitlang beim Schuhmacher Hieronymus Wild in dessen Werkstatt ausgeholfen hatte, begann er im Februar 1920 mit einer eigenen Schuhproduktion.[8] Mit der Hilfe des Vaters fand diese zunächst in der stillgelegten Waschküche seiner Mutter im 1900 erbauten Wohnhaus seiner Eltern statt. Adolf Dasslers Geschäftspartner dieser frühen Zeit war Karl Zech.[9] Ihr Vorhaben entsprach – folgt man zeitgenössischen Dokumenten – auch einem spezifischen Gründertrend ihrer Zeit. Angesichts der anhaltenden wirtschaftlichen Krise der Schuhindustrie und hoher Arbeitslosigkeit unter den Schuhfabrikarbeitern in der Stadt verfasste im Dezember 1925 der Stadtrat von Herzogenaurach einen Bericht für die bayerische Staatsregierung in München. Hierin meldete der Stadtrat, dass von den 22 Schuhfabriken der Stadt lediglich fünf schon vor dem Ersten Weltkrieg existiert hatten. Die meisten waren während oder kurz nach dem Krieg gegründet worden – so wie die Schuhfabrik der Gebrüder Dassler. Über die Gründungswelle von Schuhfabriken seit dem Krieg hieß es in dem Bericht: „Während des Krieges war den jugendlichen Arbeitern in der Kriegsindustrie reichlich Verdienst geboten. [...] Die Inflation [ab 1920] mit ihren verlockenden Existenzmöglichkeiten bei sehr flottem Warenverkauf ließ Schuhfabrikationsbetriebe wie Pilze aus dem Boden wachsen. Die Befürchtung [...], es könnte einmal eine ganz unliebsame Enttäuschung eintreten, ist nun zu bald zur bitteren Wahrheit geworden."[10]

Als eine dieser Neugründungen nach dem Krieg wurde in dem Bericht die „Schuhfabrik Gebrüder Dassler" mit drei Fabrikarbeitern genannt. Dies waren vermutlich die beiden Brüder und eventuell Josef Erhard, der ab September 1921 bei den Dasslers arbeitete.[11] Heimarbeiter wurden keine beschäftigt.[12] Damit gehörte die Firma zu den sechs kleinsten „Schuhfabriken" in der Stadt. Die beiden größten waren die Vereinigten Schuhfabriken (mit 410 Fabrikarbeitern und 165 Heimarbeitern) und die Schuhfabrik Heinrich Schürr (mit 71 Fabrikarbeitern und 15 Heimarbeitern). Mittlerweile waren bereits drei der Fabrikgründungen wieder in Konkurs gegangen und viele der 912 Arbeiter in der Schuhindustrie arbeitslos geworden. Fünf der übrigen 19 Schuhfabriken hatten zu diesem Zeitpunkt vorübergehend ganz die Arbeit eingestellt. Drei Betriebe mussten Arbeiter entlassen. Die Schuhfabrik Gebrüder Dassler gehörte zu jenen vier Unternehmen, die ihre Produktion, z. B. durch Kurzarbeit, nur „wesentlich eingeschränkt" hatten. Doch auch an der jungen Firma der Dassler-Brüder ging die Krise Mitte der 20er Jahre nicht spurlos vorüber: Gegen Ende der damaligen Inflationszeit geriet der Absatz in eine Krise. Rohstoffe wurden knapp und teuer. Mit der Fertigung der bisherigen Produkte war kaum noch ein Geschäft zu machen. Die gesamte Produktion der Wintersaison musste schließlich billig an die wenig solide Firma Liebst & Co. in Nürnberg abgesetzt werden. Diese wurde zahlungsunfähig, sodass die Gebrüder Dassler Mühe hatten, dort ihre Außenstände einzutreiben.[13]

Das Unternehmen Gebrüder Dassler

In der frühen Zeit übernahm – gemäß späteren Angaben Adolf Dasslers – wie bereits erwähnt Karl Zech die Buchhaltung der Firma. Dieser trat im Juli 1921 wieder aus dem Unternehmen aus und erhielt einen Anteil von 5.875 Reichsmark, die Hälfte des damaligen Firmenkapitals, ausbezahlt.[14] Stattdessen führte Adolf nun mit seinem Bruder Rudolf die Schuhfabrikation fort. Rudolf Dassler

2 Ursprüngliches Fabrikgebäude in der Kreuzgasse 2, das 1927 angemietet und im September 1930 käuflich erworben wurde (Aufnahme ca. 1927)

brachte bei seinem Eintritt verschiedene Fachkenntnisse in das junge Unternehmen ein. Während Adolf Dassler gelernter Bäcker und als Schuhmacher Autodidakt war, hatte Rudolf 1911 eine Lehre im Zweigbetrieb der Vereinigten Fränkischen Schuhfabriken in Herzogenaurach begonnen und besaß also, wie der Vater Christof und die Schwester Marie, technische Vorkenntnisse der Schuhherstellung. Nach seiner Demobilisierung als Soldat wurde Rudolf in die Gendarmerie übernommen und schied dort 1922 wieder aus. Daraufhin war er in der Ledergroßhandlung Karl Schmidt in Nürnberg als kaufmännischer Angestellter tätig. Während der Inflationszeit wurde seine Versorgung über dieses Angestelltengehalt jedoch zunehmend problematisch: Adolf gab später an, dass Rudolf „durch die Geldentwertung nicht einmal so viel verdiente, um sich ein Mittagessen kaufen zu können".[15] Ab Juli 1923 betrieben Adolf und er die kleine Schuhfabrikation unter dem elterlichen Dach gemeinsam weiter, die fortan als „Schuhfabrik Gebrüder Dassler" firmierte. Die offizielle Eintragung im Handelsregister in Fürth fand einige Zeit später, am 1. Juli 1924

3 Adolf Dassler mit Mutter Pauline (ca. 1930)

statt.[16] Außerdem brachte Rudolf offenbar kaufmännische Verbindungen zu seinem alten Arbeitgeber Karl Schmidt in Nürnberg in das Unternehmen ein. Die Nürnberger Lederfirma half nicht nur bei der Erschließung von neuen Absatzmöglichkeiten für die Produkte, sondern sprang auch als Kreditgeber für das junge Unternehmen ein, zusammen mit der Sparkasse Herzogenaurach.[17] Während Adolf Dassler vorher vor allem mit zwei Handzwickstöcken und einer selbst gebauten Fräse mit Fußantrieb produzierte, wurden nun einige Schuhmaschinen angeschafft: eine maschinelle Fräse, eine Stanze und eine Glätte für die Bodenarbeit, eine Durchnähmaschine zur Befestigung der Sohlen und eine Steppmaschine für die Maschinennähte am Schuhschaft. Vater, Mutter und Schwester Marie, die als Stepperin in der frühen Zeit auch den Zuschnitt der Schaftteile übernahm, arbeiteten bei der Schuhherstellung mit.[18] Es war also ein ausgesprochener Familienbetrieb. Der Vertrieb der Produkte erfolgte über Hausierer. Ein wichtiger Abnehmer der ersten Turnschuhe war der Herzogenauracher Turnverein 1861.[19] Durch Bekannte des Vaters bestand zudem eine Verbindung zum Verkauf nach Sachsen.[20]

Als Gründungsdatum der Firma Gebrüder Dassler ist im Handelsregister des Amtsgerichts Fürth vom 16. August 1935 der 1. Juli 1924 vermerkt.[21] Diesem offiziellen Datum ging jedoch, wie bereits gezeigt, eine längere Firmengeschichte voraus. Diese ist vor allem in den Unterlagen dokumentiert, die der Treuhänder der Firma, Hans Ludwig Maier, im Januar 1946 mit Unterstützung Adolf Dasslers für die amerikanischen Militärbehörden anfertigte. Die Spruchkammerverfahren Adolf Dasslers 1946 waren der Anlass für einen ersten historischen Rückblick auf die Firmengeschichte.[22] Hier wurden der Februar 1920 als ursprüngliches Datum des Beginns der Schuhproduktion durch Adolf Dassler und der Juli 1923 als Eintrittsdatum Rudolf Dasslers in die Firma angegeben. Den 1. Juli 1924 als Zeitpunkt der Gründung der Schuhfabrik Gebrüder Dassler nannte Adolf Dassler schließlich auch beim Antrag auf eine Gewerbeerlaubnis im September 1945: Er beantrage eine „Genehmigung zur Fortführung seiner seit 1. Juli 1924 handelsgerichtlich eingetragenen Firma".[23] Der 1. Juli 1924 erscheint somit als das plausibelste Gründungsdatum – es war der Zeitpunkt, als beide Brüder, nach einer etwa zwölfmonatigen Mitarbeit Rudolf Dasslers, gemeinsam begannen, die Firma aufzubauen, und es ist das Datum ihrer handelsgerichtlichen Eintragung. Damit wurde erstmals ein Name für die Firma und die Organisationsform als „offene Handelsgesellschaft" amtlich dokumentiert.

Als einzige, scheinbar zeitgenössische Quelle aus der unmittelbaren Gründungsphase des Unternehmens Gebrüder Dassler ist eine Gewerbekarte aus dem Gewerberegister der Stadt Herzogenaurach erhalten.[24] Sie nennt als Gründungsdatum „Nov. 1919". Doch muss dieses Dokument mit der nötigen quellenkritischen Distanz interpretiert werden – bei näherer Betrachtung stammt es vermutlich von 1948.[25]

4 Adolf Dassler beim Hochsprung im Rahmen des Betriebssports (ca. 1938/39)

Sportbegeisterung

Beide Brüder, sowohl Adolf als auch Rudolf, waren begeisterte Freizeitsportler. Auch hier knüpften sie an vielfältige lokale Traditionen des Turnerwesens und der Sportvereine in Herzogenaurach an. Das „Herzogenauracher Tagblatt" berichtete ausführlich über die lokalen und regionalen Sportveranstaltungen sowie Vereinsaktivitäten der Zeit. Hier wird die große Bandbreite der Sportvereine deutlich, die Anfang der 20er Jahre die Freizeitgestaltung der Herzogenauracher prägten. Diese vielfältige Vereinskultur zeigt auch, welch wichtige Form der sozial segmentierten Vergemeinschaftung die Vereine für das Leben in der fränkischen Provinz darstellten. Meist gab es für einzelne Sportarten sogar mehrere Vereine. Die Zugehörigkeit zu einem bestimmten Verein signalisierte dabei, wo sich das Mitglied politisch und gesellschaftlich verortete – ob es sich z. B. eher dem bürgerlichen Lager oder der Arbeiterbewegung zugehörig fühlte und welcher Religion bzw. Konfession es angehörte. Die Einwohner von Herzogenaurach folgten damit einem allgemeinen Trend hin zu sportlicher oder kontemplativer Betätigung an der frischen Luft, der überall im Deutschen Reich nach dem Ersten Weltkrieg zu beobachten war – sei es in der Arbeitersportbewegung, in der bürgerlichen Turn- und Sportbewegung oder dem Wandervogel sowie später in der wachsenden Jugendbewegung. So gab es während der Weimarer Republik in Herzogenaurach neben einem Radfahrer-Verein mehrere Turnvereine und Fußballklubs – u. a. den „1. Fußball-Klub Herzogenaurach", in dem

5 Adolf Dassler beim 100-Meter-Lauf (ca. 1934)

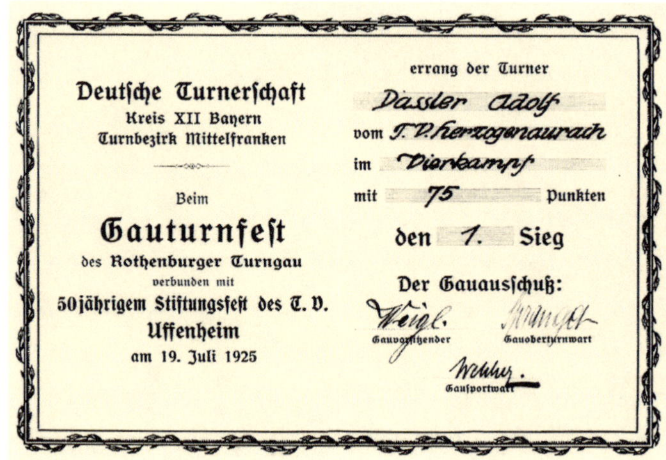

Deutsche Turnerschaft
Kreis XII Bayern
Turnbezirk Mittelfranken

Beim
Gauturnfest
des Rothenburger Turngau
verbunden mit
50jährigem Stiftungsfest des T. V.
Uffenheim
am 19. Juli 1925

errang der Turner
Dassler Adolf
vom T. V. Herzogenaurach
im Vierkampf
mit 75 Punkten
den 1. Sieg
Der Gauausschuß:
Gauvorsitzender Gauoberturnwart
Gausportwart

6 Urkunde Adolf Dasslers (1925)

Adolf Dassler seit etwa 1920 Mitglied war.[26] Als sportliche Heimat des jungen Adolf Dassler muss aber vor allem die „Turnerschaft 1861“ angesehen werden.[27] Seit 1912, bereits mit zwölf Jahren also, war er hier sportlich aktiv und nahm in der Leichtathletik und im Drei- bis Fünfkampf an „Jugend“-Wettbewerben teil.[28] Im Juni 1921 wurde Adolf Dassler in der Lokalzeitung als Gewinner des zweiten Platzes im „Jugendwettturnen“ in Bruck erwähnt, als insgesamt bester Sportler aus Herzogenaurach. Zwei Wochen später errang er im Wettturnen in Zirndorf den fünften Platz.[29] Im Juli wurde er unter den Gewinnern im „volkstümlichen Dreikampf“ auf dem Turnerfest in Forchheim hervorgehoben.[30] An sportlichen Wettkämpfen in der Region nahm Adolf Dassler mindestens bis 1942 teil. Im Unternehmensarchiv sind Siegerurkunden von Juli 1925, August 1927, 1935 und Mai 1942 für Drei-, Vier- und Fünfkämpfe sowie Kugelstoßen und Speerwurf erhalten.[31]

Adolf Dassler schloss sich nicht den zahlreichen Arbeitersportvereinen an, die Teil der sozialdemokratischen und christlich-katholischen Arbeiterbewegung in Herzogenaurach waren, sondern den bürgerlichen Vereinen. Hierzu sind auch seine Mitgliedschaften von etwa 1920 bis 1928 im „Gesangverein Liederkranz“ von Herzogenaurach und von etwa 1921 bis 1922 im Schützenverein zu zählen. Im Schützenverein war auch Rudolf Dassler aktiv, offenbar mit einigem Erfolg. Die Mitglieder des Vereins beglückwünschten im Mai 1928 „unseren Schützenkönig Rudolf Daßler“ zur Vermählung mit seiner Frau Friedl.[32]

2.2 Die „Ära Waitzer“: Sportliche Großereignisse, die Entwicklung des Produkts Sportschuh und die Zusammenarbeit mit staatlichen Organisationen

Entwicklung der Produkte

Der zentrale Faktor des Firmenwachstums in den Anfangsjahren waren die innovativen Produkte des jungen Unternehmens. Ab 1920, als in der Nachkriegswirtschaft immer noch Materialknappheit herrschte, fertigte Adolf Dassler Segeltuchturnschuhe, Ledersandalen, „Kamelhaarschuhe“, d.h. Hausschuhe aus Wollfilz, und besetzte Winterschuhe. Er verwendete dazu sowohl neues als auch wiederverwertetes Material, z.B. aus alten Säcken der Armee, Brotbeuteln und Helmfuttern aus Leder.[33] Dies waren jedoch noch eher konventionelle Produkte, die auch andere Herzogenauracher Schuhmacher herstellten.[34] Als Rudolf Dassler in die Firma eintrat, wurden offenbar in größerem Ausmaß Lederschuhe robusterer Konstruktionen in das Sortiment aufgenommen. Diese Produkte wurden in einer Anzeige der Firma im Herzogenauracher Tagblatt vom 26. Juni 1924 wie folgt beschrieben: „zwiegenähte Damen- und Herren-Sportstiefel sowie Haferlschuhe – alles Handarbeit“.[35]

Aus dieser Beschreibung wird auch deutlich, was in der deutschen Schuhwirtschaft bis dahin gemeinhin unter der Bezeichnung „Sportschuhe“ verstanden wurde: Dies waren schwere Lederschuhe in sehr robusten Konstruktionen – rahmengenäht oder zwiegenäht.[36] Sogenannte „Sportstiefel“ wurden erstens zum Wandern und Bergsteigen getragen und zweitens zum Skifahren.[37] Beide Verwendungszwecke sahen eine – meist mehrlagige – Ledersohle vor, die stark und dick genug war, um an den Kanten Metallbeschläge zum Bergsteigen oder Befestigungen für die Skier tragen zu können. Entsprechend unflexibel und hart war die Sohle. Ein früher Mitarbeiter der Dasslers in dieser Zeit, Josef Erhard, berichtete später, dass für das schwere Schuhwerk der Skistiefel eigens Schuhmacher aus Bamberg eingestellt werden mussten, um die Sohlen zwiezunähen.[38] Mitte der 20er Jahre begannen die Dassler-Brüder, unter „Sportschuhen“ etwas anderes zu verstehen: Sie entwickelten unter diesem Begriff besonders robustes oder leichtes Spezialschuhwerk aus Leder für einzelne Sportarten. Damit betraten sie in Deutschland weitgehend Neuland. Vorgänger und ähnliche Entwicklungen gab es vor allem in Großbritannien, den USA und den skandinavischen Ländern.

Vor allen anderen Sportnationen galt Großbritannien damals als wegweisend und technisch führend in der Sportschuhfertigung. Dort hatte die Firma Joseph William Foster in Bolton, Lancashire, bereits in den 1890er Jahren begonnen, Rennschuhe mit Metalldornen auf der Sohle für Leichtathleten herzustellen. Die Firma belieferte 1924 die britischen Teilnehmer an den Olympischen Spielen in Paris.[39] In den USA hatte sich dagegen der Sportartikelhersteller Spalding, der ursprünglich auf Baseball spezialisiert

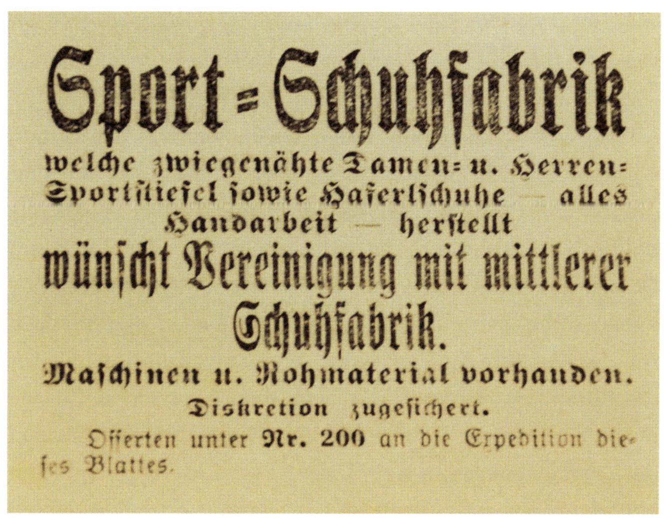

7 Anzeige vermutlich der Gebrüder Dassler im Herzogenauracher Tagblatt vom 26. Juni 1924

war, zum führenden Schuhhersteller entwickelt.[40] Zudem stellten in Großbritannien Gummiverarbeiter bereits lederlose Schuhe mit einem Schaft aus Segeltuch und Sohlen aus vulkanisiertem Kautschuk für einzelne Sportarten wie Tennis oder Golf, Segeln oder als Badeschuhe her. Diese wurden allerdings eher von Freizeitsportlern getragen.[41] Die Brüder Dassler gingen einen anderen Weg, indem sie begannen, den Lederschuh für verschiedene Sportarten zuzurichten. Von der Konstruktion her waren ihre Rennschuhe in der „durchgenähten Machart" hergestellt, Fußballschuhe anfangs genagelt.[42]

Josef Waitzer und die Professionalisierung des deutschen Sports

In den Jahren nach 1925 erfolgte eine erste Spezialisierung auf Ledersportschuhe, auch wenn weiterhin, bis Mitte der 30er Jahre, noch verschiedene Straßenschuhmodelle hergestellt wurden. Ab 1927 kam es auf eine Initiative von Josef Waitzer hin zur gemeinsamen Entwicklung von leichten Sportschuhen. Hier soll zunächst kurz auf die Biografie Josef Waitzers (1884–1966) eingegangen werden, der in den kommenden Jahren einen immensen Einfluss auf die Produktentwicklung, den wirtschaftlichen Erfolg sowie die politische Einbindung des Unternehmens der Gebrüder Dassler in die Sportorganisationen im Nationalsozialismus haben sollte. Seine Biografie steht dabei auch exemplarisch für die Entstehung des Typus des „Sportfunktionärs", für die Professionalisierung des deutschen Sports und für seine immer weitere Entfernung vom Amateurideal während der Zwischenkriegszeit.[43] Diese Entwicklungen bildeten wichtige Voraussetzungen für die Spezialisierung des Unternehmens Gebrüder Dassler auf Sportschuhe. Es konnte mit seinen Produkten eine Marktnische mit Gütern beliefern, die zunehmend von Funktionärsautoritäten, Regulierungen und formalen Standardisierungen der „Meisterschaften" und Wettbewerbe geprägt war. Produzenten wie die Dasslers verschafften sich Referenzen von Athleten und „Trainern", wie die neuen Experten für die Praxis des Sports hießen. Damit stieg auch der Anspruch an die „Funktionalität" und „Präzision" ihrer Produkte.[44] Gleichzeitig eröffnete die Kooperation mit Organisationen wie Sportverbänden stabile Absatzmöglichkeiten für die Hersteller von Sportartikeln. Diese verstanden die Brüder Dassler in wachsendem Ausmaß zu nutzen.

Josef Waitzer (1884–1966) wurde 1884 in München geboren.[45] Als aktiver Leichtathlet gründete der gelernte Bankangestellte die sogenannte „Naturriege", die Leichtathletikabteilung des TSV 1860 in München. Waitzer nahm 1912 als einer von fünf deutschen Leichtathleten an den Olympischen Spielen in Stockholm teil, errang jedoch keine Medaille. 1913 reiste er im Zuge der Vorbereitungen für die an Berlin vergebenen Olympischen Spiele von 1916 mit Carl Diem, Walter von Reichenau und Martin Berner als Delegation des Deutschen Reichsausschusses für die Olympischen Spiele in die USA. Ziel der Reise war es, die strukturellen Ursachen für die großen Erfolge der US-Athleten bei den Olympischen Spielen zu erkunden. Diese wurden von den deutschen Sportfunktionären als eine grundsätzliche Überlegenheit empfunden. Im Ergebnis hielt die Delegation den Sportstättenbau in den Städten, d.h. die Einrichtung von Zentren für die Sport- und Freizeitgestaltung, in denen auch erste Sportlehrer angestellt wurden, und die Sportförderung in den USA im Allgemeinen für die ausschlaggebenden Gründe.[46] Carl Diem (1882–1962), der Generalsekretär des Deutschen Reichsbunds für Leibesübungen von 1917 bis 1933 und spätere Organisator der Olympischen Spiele 1936 in Berlin,[47] versuchte daraufhin, in Deutschland ähnliche Strukturen zu schaffen. Er wurde ein Förderer Waitzers.[48] Diem ließ den deutsch-amerikanische Leichtathleten Alwin Kraenzlein (1876–1928), einen vierfachen Goldmedaillengewinner der Olympischen Spiele 1900 in Paris, vom Deutschen Reichsausschuss für Olympische Spiele als Olympiatrainer und Trainerausbilder für die deutschen Leichtathleten einstellen. Waitzer wurde dessen Assistent.

Der Erste Weltkrieg unterbrach die Sportkarriere Waitzers. Nach seiner Rückkehr aus der französischen Kriegsgefangenschaft 1920 arbeitete er zunächst bei dem führenden Sportartikelhersteller Kaspar Berg in Nürnberg. Dieser stellte Sportgeräte aller Art, jedoch keine Schuhe her.[49] Danach wurde Waitzer kurzzeitig Leichtathletiktrainer des Olympiateams der Schweiz und 1925 schließlich des Deutschen Reichs: Dort trat er die neu geschaffene Stelle eines „Reichssportlehrers" im Dienst der Deutschen Sportbehörde für Leichtathletik an. In dieser Funktion veröffentlichte er zahlreiche Aufsätze und Lehrbücher über Trainingsmethoden in der Leichtathletik.[50] 1927 hielt Waitzer die ersten Olympiakurse im Frankfurter Stadion ab. In diesem Kontext kam es offenbar zur Entwicklung eines neuen Typs von Rennschuhen, die auf den Namen Waitzers als Gebrauchsmuster geschützt und, gemäß Angaben der Hersteller in ihrer Werbung, exklusiv von der Firma Gebrüder Dassler hergestellt wurde.[51] Wie diese Zusammenarbeit entstanden war und wann genau sie begann, ist nicht mit Dokumenten belegbar. Die Olympia-Rennschuhe und die Gymnastikschuhe Modell „Waitzer" wurden in mehreren Qualitäts- und Preisklassen hergestellt und im Dezember 1927 erstmals in der Zeitschrift Start und Ziel, der Monatszeitschrift der Deutschen Sportbehörde für Leichtathletik, durch die Firma Dassler beworben.[52]

8 Werbeanzeige der Firma Gebrüder Dassler in der Zeitschrift Start und Ziel (1927)

Im Olympiajahr 1928 erhielt die Firma Dassler nach eigener Aussage von der Deutschen Sportbehörde für Leichtathletik den Auftrag, die Hälfte der männlichen und sämtliche weiblichen Mitglieder der deutschen Leichtathletik-Mannschaft bei den Olympischen Spielen in Amsterdam mit Rennschuhen auszurüsten.[53] Auch in seinem Spruchkammerverfahren im Zuge der sogenannten Entnazifierung 1946 gab Adolf Dassler an, dass „die von Deutschland zu den Olympiaden im Jahre 1928 und 1932 nach Amsterdam und Los Angeles entsandten Leichtathletik-Mannschaften [...] mit Dassler-Schuhen ausgerüstet" wurden. Dies sei ein wesentlicher Faktor für den wirtschaftlichen Erfolg der Firma gewesen.[54] Die Zusammenarbeit mit dem „Reichssportlehrer" und die gemeinsame Produktentwicklung des Modell „Waitzer" zahlte sich also bald aus. Sie bildeten die Grundlage des wirtschaftlichen Erfolgs der Firma in den folgenden Jahren. Rennschuhe des Modells „Waitzer" waren in den 30er Jahren die meistverkauften Produkte der Gebrüder Dassler und wurden von der Firma bis zur Stilllegung der Schuhproduktion im Oktober 1943 hergestellt. Auch Anleitungen von Waitzer zur Methodik des Trainings in der Leichtathletik wurden in die Dassler-Kataloge aufgenommen. In die Trainingswinke, einer mit vielen Informationen angereicherten Werbebroschüre, hielten die charakteristischen Strichmännchen und Schemazeichnungen von Waitzer Einzug, die er auch in seinen Lehrbüchern

9 Technische Kennzeichen des Modells „Waitzer“

verwendete.[55] Im Dassler-Katalog von 1936 war zu erfahren, dass eine „Anleitung für systematische Trainingsarbeit[,] von „Reichssportlehrer" J. Waitzer entworfen", jedem Paar gelieferter „Rennschuhe in der besseren Ausführung" beiliege.[56] Aus einer Preisberechnung eines Paars Rennschuhe, Modell „Waitzer", von Juli 1942 geht hervor, dass Waitzer bei einem Gestehungspreis von rund 30 bis 40 Reichsmark für jedes produzierte Paar 0,50 Reichsmark Lizenzgebühr von der Firma Dassler erhielt.[57] So war die Zusammenarbeit auch für Waitzer ein einträgliches Geschäft.

Die technischen Kennzeichen der Rennschuhe des Modells „Waitzer" waren: (1.) eine besonders passförmige und im Vorderfuß breite Leistenform; (2.) die Befestigung von Stahldornen auf einer eingenähten, biegsamen Stahlplatte, die ein Durchdrücken der Dornen nach innen verhinderte (durch Gebrauchsmuster geschützt), aber den Vorderfuß trotzdem biegsam machte; (3.) die Verstärkung des Schaftes am Ballen durch je zwei eingenähte „Spannbänder" gegen die Ausdehnung des Leders nach außen, diese Spannbänder waren durch ihre Nähte nach außen als zwei Streifen am Schaft erkennbar und bildeten somit ein Erkennungszeichen der Dassler-Schuhe; (4.) ein Keil aus Crepe-Gummi an der Ferse zur Abfederung und zum Schutz des Oberleders. Der Schuh bot daher einen besonderen Schutz der Ferse. (5.) Eine Sohlenkonstruktion, in der die Halbsohle unter der Langsohle verlief. Somit war die Sohle nicht in zwei ungleich harte Hälften aus verschiedenen Materialien geteilt, sondern der Ballen und das Fersenteil waren elastisch verbunden.[58]

Wirtschaftliche Entwicklung des Unternehmens (1923 bis 1933)

Über die wirtschaftliche Entwicklung des Unternehmens bis Anfang der 30er Jahre sind, bis auf eine Umsatzstatistik für die Jahre 1927 bis 1934, so gut wie keine zeitgenössischen Dokumente erhalten. Die wichtigsten Hinweise über diese Zeit sind den Unterlagen zu entnehmen, die anlässlich der Entnazifizierung in den Jahren unmittelbar nach dem Zweiten Weltkrieg verfasst wurden. Diese entstanden in einem zeitlichen Abstand von bis zu über 20 Jahren zu den Ereignissen. Auch die Frage, welchen Einfluss die sportlichen Großereignisse jener Zeit auf die wirtschaftliche Entwicklung des Unternehmens hatten, kann mangels zeitgenössischer Quellen nur mithilfe retrospektiver Dokumente beantwortet werden, die aus späterer Zeit stammen und größtenteils von Adolf Dassler verfasst wurden. Wichtige Anhaltspunkte bieten die Umsatz- und Gewinnzahlen, die Adolf Dassler für die *Property Control* der amerikanischen Militärregierung zusammenstellte (Tabelle 1).[59] Aus den Angaben geht hervor, dass der Umsatz des Unternehmens Gebrüder Dassler ab 1927 kontinuierlich anstieg – also zu einer Zeit, als die übrige deutsche Schuhindustrie deutlich von den negativen Auswirkungen der Weltwirtschaftskrise erfasst wurde.

Die Jahre 1927 und 1928 markierten den Beginn einer tiefen Krise der Schuhindustrie, die bis 1933 andauern sollte und eng mit der weltweiten Rezession, der Weltwirtschaftskrise, verbunden war.[60] Die Arbeitslosigkeit unter den Beschäftigten der Schuhindustrie erreichte in dieser Zeit einen Höhepunkt. Der Zentralverband der Schuhmacher zählte 1926 bereits 40 Prozent Arbeitslose. Diese Zahl war höher als in jedem anderen deutschen Gewerkschaftsverband. In Herzogenaurach stieg die Arbeitslosigkeit 1927/28 sogar auf 71 Prozent und war damit die höchste in ganz Bayern.[61] Auch die Zahl der Kurzarbeiter in der Schuhindustrie lag bis in die frühen 30er Jahre hinein noch über dem allgemein hohen Durchschnitt in Deutschland.[62]

Tabelle 1: Umsatz und Reingewinn der Firma Gebrüder Dassler (1927 bis 1947)

Jahr		Umsatz (in RM)	darunter Export	Gewinn (in RM)
1927		102.000	k. A.	k. A.
1928		150.000	k. A.	17.000
1929		204.000	k. A.	38.000
1930		237.000	k. A.	35.000
1931		245.000	k. A.	35.000
1932		261.000	17.400	38.000
1933		188.000	8.000	13.500
1934		270.000	1.000	43.500
1935		367.000	3.174	40.000
1936		467.000	1.566	53.000
1937		571.000	1.500	71.000
1938		706.000	569	101.000
1939		861.000	0	126.000
1940		670.000	0	118.000
1941		619.000	0	108.000
1942		661.000	0	90.000
	Umsatz mit Rüstungsgütern	Umsatz mit Schuhen		
1943	0	558.000	0	62.000
1944	563.000	62.000	0	31.000
1945	208.000	19.600	0	–7.877
1946[63]		274.192	k. A.	34.043
1947[64] (erstes Quartal)		59.638	k. A.	29.952
1948[65] (erstes Halbjahr)		k. A.	0	11.914

Quelle: Bericht an die Militärregierung *Property Control* über die Entwicklung der Sportschuhfabrik Gebrüder Dassler in HA, Kreuzgasse 2, in: StABamberg, K 270/3431, Bl. 71–74; Trinkle, Report of Business Analysis: Sportschuhfabrik Gebrüder Dassler, Herzogenaurach, 5.11.1946, in: ebd., Bl. 139; Georg Bauer für Gebrüder Dassler Sportschuhfabrik, Gewinn- und Verlustrechnung 1.1.-31.12.1946, in: ebd., Bl. 119; Georg Bauer für Gebrüder Dassler Sportschuhfabrik, Gewinn- und Verlustrechnung 1.1.-31.3.1947, in: ebd., Bl. 102; Umsatz (Jan. 1927–Juni 1934), 1934, in: aA, D-520

Tabelle 2: Einkommen Adolf Dassler laut Angaben für Military Government of Germany (1945)

Jahr	Einkommen Adolf Dassler (ca. Angaben in RM)
1931	15.000
1932	19.000
1933	6.000
1934	21.000
1935	20.000
1936	26.000
1937	36.000
1938	51.000
1939	63.000
1940	59.000
1941	54.000
1942	45.000
1943	31.000
1944	23.000
1945	k.A.

Quelle: Fragebogen Adolf Dassler, 17.9.1945, in: aA, D-716; Adolf Dassler: Meldebogen aufgrund des Gesetzes zur Befreiung von Nationalsozialismus und Militarismus vom 5.3.1946, 7.5.1946, in: StA Coburg, Spruchkammer Höchstadt a.d. Aisch/D 6

Gleichzeitig wurden im Jahr 1927 jedoch mehr Schuhe produziert als jemals zuvor im Deutschen Reich. In den folgenden Jahren verschlechterte sich die Lage dann drastisch. Die Produktion ging bis 1932, dem Jahr ihres Tiefststandes, kontinuierlich zurück und erreichte erst 1937 wieder den Umfang von 1927. Die Zahl der Insolvenzen von Schuhfabriken und Schuhgeschäften stieg auf Rekordhöhen.[66] Der Pro-Kopf-Verbrauch von Schuhen in Deutschland ging von 1,3 Paar im Jahr 1927 auf 0,9 Paar 1932 zurück. Der Umsatz des Einzelhandels mit Schuhwaren hatte im Jahr 1928 mit etwa 900 Mio. Reichsmark einen Höhepunkt erreicht. Danach sank er bis 1932 um mehr als ein Drittel ab.[67]

In diesem Kontext war das kontinuierliche Wachstum des Umsatzes der Gebrüder Dassler in den Jahren 1927 bis 1933 außergewöhnlich. Da keine Dokumente über die Absatzzahlen einzelner Produkte oder über die wichtigsten Auftraggeber erhalten sind, können über die Gründe dieses Wachstums hier nur Vermutungen angestellt werden. Offenbar war die Strategie der beiden Inhaber erfolgreich, mit ihrer zunehmenden Spezialisierung auf Sportschuhe einen ganz neuen Markt zu erschließen. Diese Spezialfertigung machte den Absatz der Firma von den allgemeinen Entwicklungen des Schuhhandels in dieser Zeit in erheblichem Maße unabhängig. Zudem gehörten Sportschuhe nicht zum modischen Segment von Schuhen, das dem saisonalen Wandel der Modelle unterworfen war, sondern waren ein ausgesprochenes Standardprodukt: Sie konnten, vom Modellschnitt immer gleich, potenziell in großen Stückzahlen über eine lange Dauer hinweg abgesetzt werden. Somit hatten die Dassler-Brüder auch nicht mit dem Mode-Risiko zu kämpfen, das nach der Entstehung der Schuhmode in den 20er Jahren die Schuhindustrie zum Teil vor große Probleme stellte.[68] Die kleinen bis mittelgroßen Unternehmen der Schuhbranche in Deutschland zielten oft auf eine Massenproduktion, waren aber erstens wegen der geringen Stückzahlen, die der Einzelhandel als wichtigste Handelsform im Deutschen Reich bestellte, und zweitens wegen der großen Modellvielfalt ihrer Produkte sowie drittens wegen des Materials Leder, das sie hauptsächlich verarbeiteten, oft auf eine Kleinserienproduktion beschränkt. Dies setzte einer Rationalisierung der Produktion enge Grenzen.[69] Mit ihrer Spezialfertigung von Standardprodukten, deren wenige Modelle sich über Jahre hinweg kaum veränderten, erreichten die Dasslers gewissermaßen in ihrer Nische ein ideales Produktionsformat – die Produktion in großen Serien. Ein solches Produktionsformat strebten viele deutsche Schuhhersteller ihrer Größenordnung in dieser Zeit an, konnten es aber in der Praxis aus den genannten Gründen nicht erreichen.

Der einzige Umsatzrückgang der Firma war im Jahr 1932/33 zu verzeichnen. Zu dieser Zeit hielt sich Adolf Dassler in Pirmasens auf. So war diese wirtschaftliche Entwicklung wohl eher auf den unternehmensinternen Faktor zurückzuführen, dass einer der Inhaber, in diesem Fall der technische Leiter, für längere Zeit nicht im Betrieb anwesend war. Damit fehlte auch der direkte Ansprechpartner für die Sportfunktionäre im Unternehmen, der die Spezialprodukte in der Konstruktion dem individuellen Bedarf der Vereine oder der Einzelsportler anpasste. Wie genau hier das Wechselverhältnis von in Serie produzierten Standardprodukten einerseits und individuell angepassten Einzelpaaren für Spitzensportler andererseits war, lässt sich aufgrund fehlender Dokumente nicht mehr rekonstruieren. Für die allgemeine Umsatzentwicklung war sicherlich die Herstellung der Serienprodukte weitaus wichtiger. Ein regelrechter Umsatzboom trat in den folgenden Jahren 1934 bis 1939 ein, die als eine Blütezeit der Firma bezeichnet werden können. Auf die Gründe hierfür wird weiter unten eingegangen.

Räumliche Expansion und Beschäftigtenzahlen

Rückschlüsse auf die wirtschaftliche Entwicklung lassen außerdem die verschiedenen Phasen der räumlichen Expansion des Unternehmens zu. Nach den ersten Ursprüngen in der Waschküche des elterlichen Wohnhauses versuchten die Brüder Dassler offenbar schon im Juni 1924,

10 Betriebsausflug 1937. Hintergrund: Firmengebäude nach Aufstockung des turmartigen Aufbaus auf einen Teil des Erdgeschosses (ca. 1937)

ihre Produktion auszuweiten. Im Herzogenauracher Tagblatt erschien am 26. und am 28. Juni 1924 folgende Anzeige (Abb. 7): „Sport-Schuhfabrik[,] welche zwiegenähte Damen- und Herren-Sportstiefel sowie Haferlschuhe – alles Handarbeit – herstellt[,] wünscht Vereinigung mit mittlerer Schuhfabrik. Maschinen u. Rohmaterial vorhanden. Diskretion zugesichert. Offerten unter Nr. 200 an die Expedition dieses Blattes."[70] Obwohl die Anzeige anonym, ohne Autor- oder Firmennamen, veröffentlicht wurde, handelte es sich bei der „Sport-Schuhfabrik" sehr wahrscheinlich um die Fabrik der Gebrüder Dassler. Andere Spezialfabriken für Sportschuhe waren in Herzogenaurach bis in die 30er Jahre nicht ansässig.[71] Interessant ist erstens der Zeitpunkt der Veröffentlichung der Anzeige: Sie erschien wenige Tage vor der Eintragung der Firma ins Handelsregister am 1. Juli 1924. Zweitens gibt sie einen Hinweis darauf, dass bereits zu diesem frühen Zeitpunkt feststand, dass es sich bei den Produkten hauptsächlich um Sportschuhe handeln sollte. Hier versuchten die Gebrüder Dassler, ihre Produktion in eine bereits bestehende Schuhfabrik, die leer stand, umzusiedeln, von denen es zur damaligen Zeit nur wenige gab. Eine solche Fusion versprach mehr Fläche

11 Fabrikgebäude in der Kreuzgasse 2 nach Aufstockung eines zweiten Vollgeschosses auf der erdgeschossigen Halle 1938 (Aufnahme ca. 1938)

12 Fabrikgebäude in der Kreuzgasse 2, nun „Betrieb I", nach allen Umbauten 1938 – angrenzend das Dreifamilienhaus, errichtet 1932/33 (Aufnahme ca. 1939)

für die Fertigung, aber wohl auch zusätzliche Ressourcen wie Schuhmaschinen, neue Absatzmöglichkeiten und Zugriff auf sonstige unternehmerische Wissensbestände und Netzwerke. Diese Initiative war 1924 jedoch offenbar nicht erfolgreich.

Erst 1927 konnte die Firma Dassler die ehemalige Schuhfabrik der Firma J. Weil aus Fürth in der Kreuzgasse 2 anmieten und siedelte künftig mit Produktion und Verwaltung dorthin um. Dieses Gebäude, 1899 von einer Schuhmacher-Genossenschaft erbaut, hatte den großen Vorzug, direkt am damaligen Bahnhof von Herzogenaurach zu liegen und über einen Eisenbahnanschluss zu verfügen. Nun konnten Rohstoffe direkt geliefert und Fertigprodukte direkt aufs Gleis gesetzt werden. Zudem war das Gelände im Zuge der Elektrifizierung der Stadt Herzogenaurach 1923 mit Stromanschlüssen versorgt worden.[72] So konnte zwar noch nicht die erste, bald aber die nächste Generation von Schuhmaschinen bereits mit elektrischem Einzelantrieb versehen werden.[73]

Im September 1930 erwarb die Firma das Gebäude und das Grundstück käuflich zum Preis von 12.500 Reichsmark.[74] Das Gebäudeensemble wurde 1932/33 um ein Wohnhaus für drei Familien erweitert (Abb. 12). 1934 ließen die Dasslers das eingeschossige Fabrikgebäude zunächst um einen turmartigen Aufbau auf einen Teil des Erdgeschosses über dem Haupteingang aufstocken (Abb. 10). 1938 kam der Aufbau eines zweiten Vollgeschosses auf dem übrigen Teil der erdgeschossigen Halle hinzu (Abb. 11). 1939 wurde schließlich eine weitere Schuhfabrik an der Würzburger Straße 13 angekauft.[75] Dabei handelte es sich um das bereits länger leer stehende Gebäude der 1937 aus wirtschaftlichen Gründen stillgelegten Schuhfabrik Johann Lohmaier & Söhne. Die ehemaligen Eigentümer wohnten weiterhin in dem ebenfalls zum Grundstück gehörenden Wohngebäude.[76]

Auch an diesen räumlichen Expansionen ist ein stetiges und beträchtliches Wachstum der Firma und des Produktionsumfangs seit 1923 ersichtlich. Mitten in den Krisenjahren der deutschen Schuhindustrie, als zahlreiche andere Unternehmen in den Bankrott gingen, war es den Brüdern Dassler möglich, nicht nur das Fabrikgebäude in der Kreuzgasse käuflich zu erwerben, sondern kurz darauf auch noch einen neuen Wohnhausbau in Auftrag zu geben. Die Zahl der Beschäftigten stieg zudem von drei „Fabrikarbeitern"

(1925) auf 39 Beschäftigte in der Produktion und zwei Angestellte (1934) und schließlich auf rund 100 Beschäftigte (1939) (Tabelle 3).[77]

Ein nicht unwesentlicher Faktor dieser rasanten wirtschaftlichen Expansion und des Erfolges war für die Firma Gebrüder Dassler der Export. Die Dassler-Produkte wurden, vermutlich mithilfe der Vermittlung Josef Waitzers, bald auch in anderen europäischen Ländern nachgefragt: 1928 und 1929 erfolgten Ausfuhren nach Holland sowie in die Schweiz – also in jenes Land, zu dem Josef Waitzer seit Jahren berufliche Beziehungen unterhielt. 1930 exportierte die Firma Dassler in die Schweiz, Holland, Österreich, Tschechoslowakei, England und Griechenland.[78] Jedoch sind erst ab 1932 Umsatzzahlen über den Export erhalten (Tab. 1). Wie hieraus ersichtlich ist, schwankten die Exportzahlen stark und gingen ab 1934, als die NS-Regierung mit ihrer Autarkiepolitik begann, immer mehr zurück. Von 1939 bis 1945 war die Ausfuhr nur noch in die deutsch besetzten Gebiete und verbündete Staaten möglich. Im August 1940 bemühte sich die Firma um einen Export ihrer Produkte nach Belgien, Holland, Dänemark, Norwegen und im März 1943 nach Rumänien, wo mittlerweile Josef Waitzer arbeitete. Doch beide Anträge wurden von der staatlichen Prüfungsstelle für Lederwirtschaft abgelehnt.[79] Erst im Juni 1946 reichte Adolf Dassler wieder Modellschuhe bei der Landesstelle für Leder des Bayerischen Landeswirtschaftsamts ein, um an der Bayerischen Exportschau im Haus der Kunst in München teilnehmen zu können.[80]

Tabelle 3: Beschäftigtenzahl der Firma Gebrüder Dassler

Jahr	Anzahl
1925	3
1934	39
1938	80
1939	80–100
März 1943	56
September 1943	43
September 1945	36
Februar 1946	43
März 1946	44
Juni 1948 (Gründung adidas)	47

Quelle: Stadtrat Herzogenaurach an die Bayer. Staatsregierung München, Die Erwerbsunternehmen in Herzogenaurach, 3.12.1925, in: Stadtarchiv Herzogenaurach, Akte VII.F.293; Arbeitsfürsorge 1934/1935, Bl. 312a, in: Stadtarchiv Herzogenaurach, Akte VII. 312; Betriebsluftschutzplan Gebrüder Dassler, 1.3.1943, in: Stadtarchiv Herzogenaurach, V 279 Luftschutz, 1943; Adolf Dassler an Militärregierung Höchstadt, Betr.: Gewerbegenehmigung, 17.9.1945, in: aA, D-717; Rechnungsaufstellung, in: StABamberg, K 270/3431, Bl. 61; Briefwechsel *Property Control*, in: StABamberg, K 270/3431, Bl. 44; Adolf Dassler: Meldebogen aufgrund des Gesetzes zur Befreiung von Nationalsozialismus und Militarismus vom 5.3.1946, 7.5.1946, in: StA Coburg, Spruchkammer Höchstadt a.d. Aisch/D 6

13 Zusammenarbeit der Gebrüder Dassler (Rudolf links und Adolf rechts) mit Josef Waitzer (Mitte) in den 30er Jahren

2.3 Verhältnis zum Nationalsozialismus und wirtschaftliche Entwicklung des Unternehmens nach 1933

Produkte der 30er Jahre

Schon vor 1933 hatten die Nationalsozialisten die Marschstiefel der SA und anderer Parteiformationen der NSDAP zum visuellen und akustischen Erkennungszeichen ihrer neuen politischen „Bewegung" gemacht. Nach der Machtübernahme der NSDAP im Januar 1933 entstand ein enormer Bedarf an diesen paramilitärischen Produkten.[81] So begann die Firma Dassler, wie viele andere Schuhhersteller auch, 1933 zusätzlich Marschstiefel zu produzieren, um an der Uniformierung und Militarisierung der Gesellschaft ökonomisch teilzuhaben.[82] Viele Unternehmen hofften, durch die Ausrüstung der Parteiorganisationen und des Arbeitsdienstes an größere staatliche Aufträge für standardisierte Produkte zu gelangen, um so die Folgen der Wirtschaftskrise der vorangegangenen Jahre zu überwinden. Die Gebrüder Dassler boten für die NSDAP-Kampfverbände den „Marschstiefel" mit dem Modellnamen „Kolonne" sowie Turnschuhe „für das Lagerleben (Arbeitsdienst etc.)" an. Daneben waren auch weiterhin Kinderstiefel, Wander- und Skistiefel im Programm. Die Fußballstiefel erhielten nun militärisch anmutende Modellbezeichnungen wie „Blitz" und „Bombe".[83]

Ab etwa 1934 spezialisierte sich die Firma schließlich ganz auf Spezialsportschuhe: Rennschuhe in diversen Ausführungen, Tennisschuhe, Fußballstiefel, leichte Trainingsschuhe, Rollschuhstiefel, Eishockeystiefel, Boxerstiefel und Handballstiefel. 1936 wurden Spezialschuhe für insgesamt elf verschiedene Sportarten hergestellt. Eine wichtige technische Voraussetzung für die Weiterentwicklung der Modelle war eine Weiterbildung Adolf Dasslers an der neu geschaffenen Schuhfachschule in Pirmasens. Dies war für ihn der erste längere Aufenthalt außerhalb Herzogenaurachs seit seiner Rekrutenzeit als Soldat von 1917 bis 1919. Pirmasens bildete damals das Zentrum der deutschen Lederschuhindustrie. Daher war die Fachschule der Deutschen Schuhindustrie, die Facharbeitskräfte für diesen Industriezweig ausbilden sollte und 1927 den Unterricht aufnahm, hier angesiedelt.[84] Auf der Schuhfachschule nahm Adolf Dassler vom 1. September 1932 bis zum 15. Juli 1933 als „Gastschüler am theoretischen und praktischen Unter-

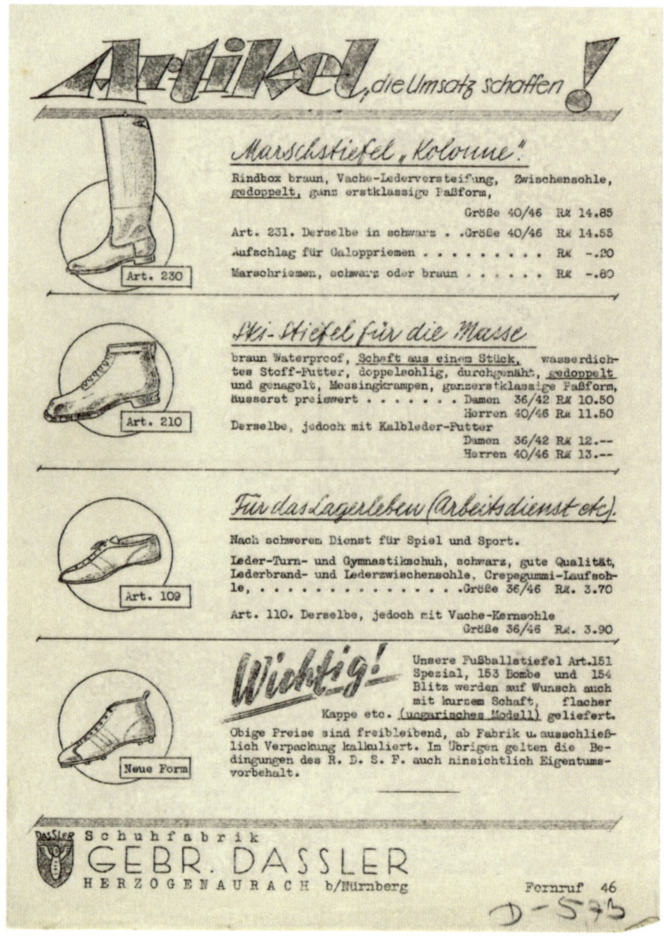

14 Werbeblatt der Firma Gebrüder Dassler (ca. 1933)

FACHSCHULE
DER DEUTSCHEN SCHUHINDUSTRIE PIRMASENS

KAISER-STRASSE 12
FERNSPRECHER 1629
SCHLIESSFACH PIRMASENS III Nr. 61

PIRMASENS, 13. Juli 1933.

B e s c h e i n[illegible] .

Es wird hiermit Herrn Adolf D a ß l e r , geboren am 3. November 19oo zu Herzogenaurach bescheinigt, dass er in der Zeit vom 1. September 1932 bis 15. Juli 1933 (Schuljahr 1932/3) als Gastschüler am theoretischen und praktischen Unterricht der Schaft- und Bodenabteilung teilnahm.

15 Teilnahmebescheinigung Adolf Dasslers von der Schuhfachschule Pirmasens (1933)

richt der Schaft- und Bodenabteilung teil".[85] Aufgrund seines fortgeschrittenen Alters, seiner erheblichen praktischen Vorkenntnisse und vermutlich auch wegen seines speziellen Interesses an bestimmten Gebieten der Schuhkonstruktion und -gestaltung war er kein regulärer Fachschüler für einen bestimmten Studiengang. Stattdessen suchte er sich gezielt einzelne Klassen und Bereiche für die Teilnahme aus. 1946 gab er an, die bevorstehende Olympiade 1936 habe ihn damals „zu größter Intensität angespornt", was die Produktentwicklung anging.[86] Dies sei der Grund dafür gewesen, sich in schuhtechnischen Fragen weiterzubilden. Vermutlich war dies letztlich auch der Anlass für die konsequente Konzentration auf Sportschuhe und die Aufgabe aller übrigen Produkte. In seinem Spruchkammerverfahren 1946 erläuterte Adolf Dassler seinen Entschluss, die Schuhfachschule zu besuchen: „Durch den Besuch der Schuhfachschule [...] konnte ich mir neue, fachliche Kenntnisse erwerben, die mich veranlassten, unsere gesamten Schuhmodelle grundlegend umzubauen. Nach Jahresfrist [also ca. 1934/35] kamen unsere neuen Modelle auf den Markt und fanden reißende Abnahme. Die Mehrzahl aller Leichtathleten von Ruf und Namen traten nun mit uns persönlich und schriftlich in Verbindung und stellten uns [...] ihre Erfahrungen zur weiteren Verbesserung unserer Artikel zur Verfügung."[87]

Schließlich brachte Adolf Dassler aber nicht nur neue Kenntnisse über Leistenbau, Schuhkonstruktion und neueste Werkstoffe und deren Verarbeitung mit nach Herzogenaurach. Auch seine spätere Frau Katharina Martz (1917–1984), genannt Käthe, lernte er in Pirmasens kennen. Ihr Vater, Franz Martz, war damals Modelleur und Betriebsleiter einer Leistenfabrik in Pirmasens: der Firma Schmitt & Co.[88] Als Fachmann für Leistenbau unterrichtete er auch

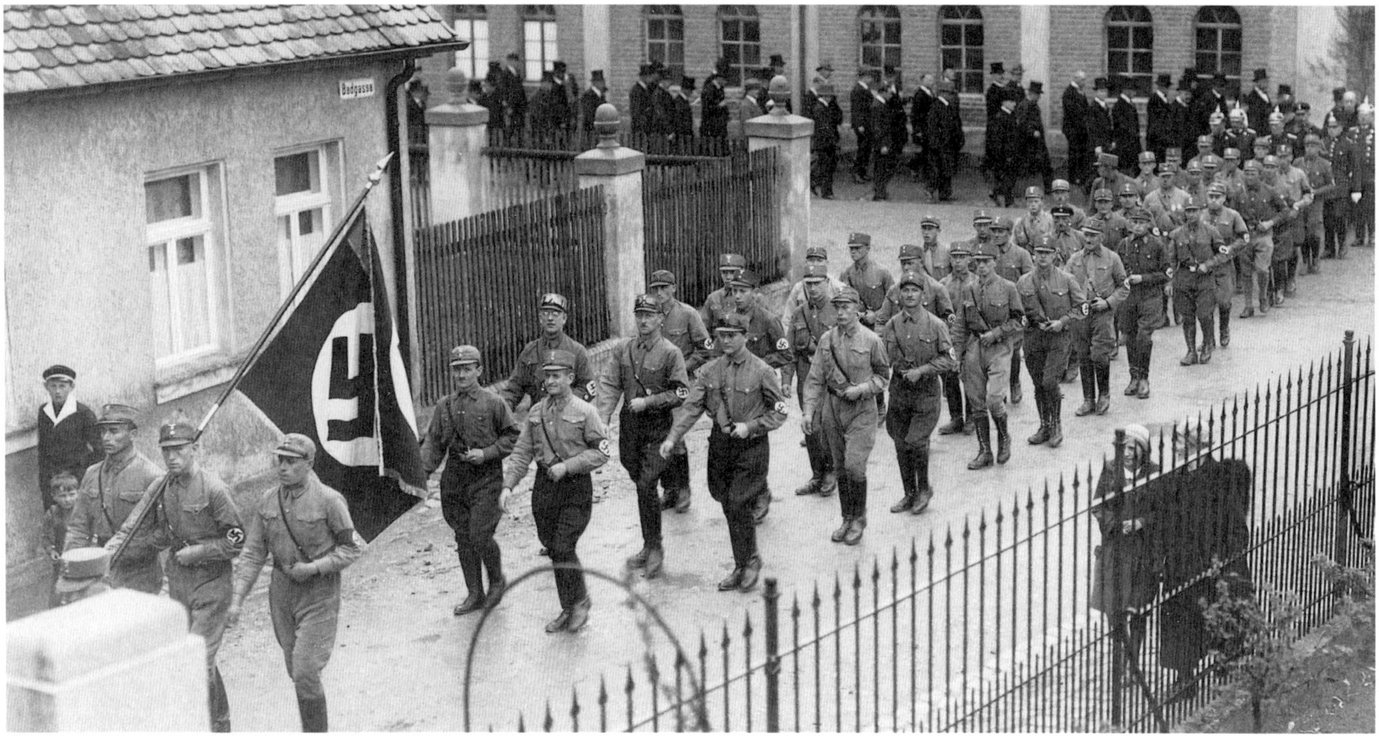

16 Aufmarsch der SA und der Honoratioren von Herzogenaurach anlässlich des 1. Mai 1933

als Lehrer an der Pirmasenser Schuhfachschule, wo Adolf Dassler ihn offenbar als Experten auf einem Teilgebiet der Schuhherstellung, das ihn damals besonders beschäftigte, kennen- und schätzen lernte. Nach eigenen Aussagen lieferte Käthe die Leistenformen, die Martz mit Dassler in Pirmasens entwickelte, zwischen den beiden hin und her.[89] Am 17. März 1934 heirateten Adolf Dassler und die damals 16jährige Käthe.

Mitgliedschaften in NSDAP und anderen Parteiorganisationen (1933 bis 1945)

Sowohl Adolf Dassler als auch Rudolf Dassler und Fritz Dassler, der dritte Dassler-Bruder, traten zum 1. Mai 1933 in die NSDAP ein und blieben Mitglieder bis Kriegsende 1945.[90] Friedl Dassler, Rudolfs Ehefrau, wurde zum 1. Dezember 1933 Mitglied der NS-Frauenschaft.[91] Damit war sie in der frühen NS-Zeit eines von nur 65 Mitgliedern der Frauenorganisation der NSDAP in Herzogenaurach, die im Juni 1933 gegründet wurde.[92] Käthe Dassler war zu diesem Zeitpunkt noch nicht mit Adolf verheiratet. Eine Mitgliedschaft in der NS-Jugendorganisation Bund Deutscher Mädel oder später in der NSDAP ist nicht dokumentiert.

Der 1. Mai 1933 wurde in Herzogenaurach, wie auch in Berlin und anderen Orten in ganz Deutschland, als Festtag begangen.[93] Die NSDAP definierte den traditionellen „Tag der Arbeit“ der internationalen Arbeiterbewegungen zum „Tag der nationalen Arbeit“ um und nutzte ihn zu einer großen Selbstdarstellung und Machtdemonstration im öffentlichen Raum. Es wurden überall in Deutschland Kundgebungen abgehalten und symbolisch die neue „Volksgemeinschaft“ beschworen. Am nächsten Tag begann das NS-Regime mit der Zerschlagung der Gewerkschaften, der Verfolgung und Inhaftierung ihrer Mitglieder und der Beschlagnahmung ihres Eigentums. In Herzogenaurach hatte man einen Festzug organisiert, in dem die Honoratioren der Stadt, die Vereine und Schulklassen mit ihren Lehrern aufmarschierten. Die Sportschuhfabrik Gebrüder Dassler gehörte zu den Unternehmen in der Stadt, die den Betrieb aus diesem Anlass für den ganzen Tag geschlossen hatten.[94] Nach einem Gottesdienst hielt der neue NSDAP-Bürgermeister Karl Körner eine Ansprache. Der Tag klang mit einer gut besuchten Abendveranstaltung im katholischen Vereinshaus aus, auf der ein Franziskanerpater die Festrede hielt.[95] Ob Rudolf Dassler mit seiner Familie an diesen Veranstaltungen teilnahm, ist den Quellen nicht zu entnehmen. Fritz Dassler arbeitete und wohnte damals in Nürnberg, wie seiner NSDAP-Mitgliedskarte zu entnehmen ist.[96] Und Adolf Dassler hielt sich im Mai noch zur Weiterbildung an der Schuhfachschule in Pirmasens auf.

Auch wenn die Mitgliedskarten der NSDAP aller drei Brüder das gleiche Eintrittsdatum aufwiesen, wurden sie doch nicht unbedingt genau zu diesem Zeitpunkt Mitglied. Denn auch in der Aufnahmepraxis neuer Mitglieder hatte der 1. Mai 1933 für die NSDAP eine besondere Bedeutung: Zu diesem Tag trat in der Partei eine Mitgliederaufnahmesperre in Kraft. Es wurden allgemein keine weiteren Parteieintritte mehr zugelassen. Die Parteileitung wollte mit dieser Maßnahme den massenhaften Zulauf von Opportunisten nach der Machtübernahme am 30. Januar 1933 und dem „Wahlsieg“ der NSDAP bei den Reichstagswahlen im März 1933 verhindern. Aufnahmen nach diesem Datum, die mitunter immer noch möglich waren, wurden auf dieses Datum rückdatiert.[97] Dies war eventuell auch bei den drei Dassler-Brüdern der Fall. Trotzdem ist festzustellen, dass alle drei tatsächlich 1933 Mitglied der NSDAP wurden, und nicht etwa in späteren Jahren.[98] Die Abfolge der Mitgliedsnummern lässt vermuten, dass zuerst Fritz, dann Rudolf und danach Adolf Aufnahme in die Partei fanden.[99] Da auf der NSDAP-Mitgliedskarte von Adolf Dassler als erster Wohnort

17 Adolf Dassler in HJ-Uniform als Trauzeuge auf der Hochzeit eines Funktionärs der Hitlerjugend, Philipp Philippi, und seiner Braut Maria Josten (21. Februar 1939)

„Pirmasens“ eingetragen wurde, erfolgte sein Eintritt wohl zwischen dem 1. Mai 1933 und dem 15. Juli 1933 – seiner Abreise aus Pirmasens.[100] Sowohl Adolf als auch Rudolf Dassler bestätigten zudem im Verlauf ihrer Spruchkammerverfahren, zum 1. Mai 1933 in die NSDAP eingetreten zu sein.[101]

Adolf Dassler wurde 1935 nicht nur Mitglied, sondern auch Funktionär in der Hitlerjugend. Hier hatte er das Amt eines „Sportwarts“ inne, das er über zehn Jahre aktiv ausfüllte. Unter anderem findet sich im Stadtarchiv Herzogenaurach ein Foto von Adolf Dassler vom 21. Februar 1939 in HJ-Uniform (Abb. 17). Dieses zeigt, dass er auch außerhalb seines „Dienstes“ als Sportwart als Mitglied dieser NS-Organisation in der Stadtöffentlichkeit auftrat. Das Foto wurde anlässlich der Trauung eines anderen Funktionärs der Hitlerjugend, Philipp Philippi, mit Maria Josten aufgenommen. Auf der Feier war Adolf Dassler Trauzeuge.[102] Sowohl Adolf als auch Rudolf Dassler waren als Autofahrer ab 1934 zudem vorübergehend Mitglieder des NS-Kraftfahr-Korps.

Es sind derzeit keine eigenen Aussagen der beiden Unternehmer Rudolf und Adolf Dassler aus der Zeit zwischen 1933 und 1945 bekannt, die über ihre Haltung zu den politischen und wirtschaftlichen Zielen der NS-Regierung Auskunft geben. Die Frage etwa, ob sie aus innerer Überzeugung oder weil sie sich davon wirtschaftliche Vorteile versprachen oder aus anderen Gründen Mitglied der NSDAP wurden, lässt sich aus den Dokumenten, die für diese Studie zur Verfügung standen, nicht beantworten. Zumindest Adolf Dassler gab über seine Motive für den Parteieintritt an, dass er „ein Bekenntnis zur Regierung ablegen" wollte.[103] An anderer Stelle sagte er, dass er seine „Bereitwilligkeit[,] die Regierung zu unterstützen, kundtun wollte", dass damit für ihn aber „kein politisches Bekenntnis" verbunden war.[104] Bei solchen Aussagen aus Entnazifizierungsverfahren ist grundsätzlich Vorsicht geboten, da die Formulierungen meist unter anwaltlicher Hilfe zustande kamen und oft mehr stereotypen Verteidigungsmustern in den juristischen Verfahren als individuellen Erinnerungen entsprachen. Doch wird an dieser Aussage deutlich, dass das Moment der öffentlichen Stellungnahme beim Parteieintritt für Adolf Dassler offenbar eine wichtige Rolle spielte.[105]

Staatliche Aufträge und erste Rohstoff-Knappheiten

Falls die Dassler-Brüder sich von ihrem Eintritt in die NSDAP ökonomische Vorteile versprachen, könnte als Hinweis auf eine solche Motivation angesehen werden, wenn in ihrem Unternehmen in der Folge größere staatliche oder direkte Parteiaufträge über Schuhe zu verzeichnen waren. Dies war beispielsweise bei dem Bekleidungsfabrikanten und mittelständischen Unternehmer im schwäbischen Metzingen, Hugo Boss, der Fall, der 1931 in Konkurs ging. Zur selben Zeit trat er in die NSDAP ein und erhielt kurz darauf umfangreiche Aufträge über die Produktion von Braunhemden für die NSDAP-Parteiorganisationen.[106] Bei den Dassler-Brüdern sind solche Aufträge, bis auf wenige unbedeutende Ausnahmen, allerdings nicht eingegangen. Dies soll im folgenden Abschnitt gezeigt werden.

Die Bekämpfung der Arbeitslosigkeit war vor 1933 eines der zentralen Wahlversprechen der NSDAP gewesen. So ergriff der NSDAP-Bürgermeister Körner, der selbst Schuhfabrikant war, im Dezember 1933 die Initiative und forderte bei verschiedenen Behörden und Parteistellen der NSDAP, Maßnahmen zur Förderung der örtlichen Schuhindustrie zu ergreifen. Bei der Regierung von Oberfranken und Mittelfranken, beim bayerischen Wirtschafts- und Innenministerium, beim Gauleiter der NSDAP für die bayerische Ostmark und bei den Landesführern des NS-Winterhilfswerks wurde Körner mit Briefen und persönlichen Besuchen vorstellig, um auf die drohende Arbeitslosigkeit von etwa 600 Arbeitern in der Schuhindustrie (bei rund 4.000 Einwohnern) hinzuweisen. Dies sei in den letzten Jahren ein periodisch wiederkehrendes, zentrales Problem in der Stadt geworden. Es hinge mit der saisonalen Auftragsflaute und daher meist zweimonatigen Schließung von Schuhfabriken im Januar und Februar sowie der monoindustriellen Wirtschaftsstruktur zusammen. Die bereits erwähnte hohe Arbeitslosenquote – mit 71 Prozent die höchste in ganz Bayern – führte zu „untragbaren Fürsorgelasten" für die Stadt.[107] Daher regte Körner an, dass der Arbeitsdienst, das Heer und Organisationen der NSDAP Schuhe abnehmen sollten und bat um Bestellungen seitens regionaler und überregionaler staatlicher Stellen.[108] Diese Bemühungen waren allerdings in Hinblick auf größere Aufträge erfolglos.[109] Ein Ledersportschuh für den Arbeitsdienst war in drei bayerischen Arbeitsgauen erprobt und daraufhin im Umfang von lediglich 48 Paaren bestellt worden. Auch eine SA-Dienststelle in München ließ sich eine kleinere Zahl von Schuhpaaren dieses Modells liefern.[110] Da zu diesem Zeitpunkt die Firma Gebrüder Dassler der einzige Sportschuhhersteller in Herzogenaurach war, kann davon ausgegangen werden, dass dieses Modell dort entwickelt und produziert worden war.[111]

Den wirtschaftlichen Aufschwung nach der großen Krise brachte Herzogenaurach schließlich vor allem der Bau und die Eröffnung des Flugplatzes. Ab 1934 entstand zunächst eine Großbaustelle auf einer Geländekuppe nördlich der Stadt. Nach der Fertigstellung erfolgte dann die Stationierung von Militärpersonal.[112] Im Zuge der offenen Aufrüstung des Deutschen Reichs, ab 1935 auch mit Luftstreitkräften, entstand hier ein militärischer Fliegerhorst und Herzogenaurach wurde Garnisonsstadt.

Auch im nächsten Winter 1934/35 stellten sämtliche Schuhfabriken die Arbeit im Januar und Februar ein, bevor im März die Produktion für die Sommersaison wieder aufgenommen wurde. Diesmal wurden fast 700 Schuharbeiter erwerbslos.[113] In der Liste dieser Unternehmen ist auch die Firma Gebrüder Dassler erfasst. Diese teilte mit, dass der Betrieb seit dem 1. Oktober 1934 auf Kurzarbeit umgestellt hatte und am 15. Dezember eine vorübergehende „Stilllegung" für einige Wochen beginnen sollte. Davon waren alle 39 Arbeiter und zwei Angestellte betroffen.[114] Ursache für die Stilllegung war jedoch nicht, wie bei anderen Unternehmen, ein Mangel an Aufträgen, sondern ein Mangel an Rohstoffen. Die Firmenleitung gab als Grund an, dass es unmöglich sei „Crepe-Gummi, der zum Hauptartikel benötigt wird, einzuführen".[115] Damit machte sich beim Rohstoff Naturkautschuk bereits früher als beim Leder die wirtschaftliche Autarkiepolitik der NS-Regierung bemerkbar, deren Ziel es war, im Zuge der Aufrüstung die deutsche Wirtschaft von ausländischen Rohstoffen unabhängig und damit „kriegsfähig" zu machen. Sie wurde ab dem ersten NS-Vierjahresplan von 1934 grundlegend für die deutsche Wirtschaftspolitik.[116]

Von den Einfuhrbeschränkungen war die Schuhindustrie zunächst vor allem im Bereich des Leders betroffen. 60 Prozent der Rohhäute und 85 Prozent der pflanzlichen Gerbstoffe mussten noch 1935 aus dem Ausland eingeführt werden.[117] Naturkautschuk verarbeiteten damals nur sehr wenige Schuhunternehmen. In normalen Lederschuhen wurde Gummi nur für Oberflecke in Absätzen verwendet.[118] Bei den Gebrüdern Dassler wurde das Crepe-Gummi, also nicht vulkanisierter Naturkautschuk, in verschiedenen leichten Modellen zu Sohlen und „Fersenkeilen" am Absatz verarbeitet – so etwa bei den Ausführungen des Rennschuhs und des Gymnastikschuhs Modell „Waitzer".[119] Interessant ist auch, dass die Firmenleitung zu diesem Zeitpunkt diese Schuhe als ihren „Hauptartikel" bezeichnete. Einen Ersatzstoff für das rare Crepe-Gummi fand die Firma in vulkanisiertem Gummi, der in dieser Zeit auch in Straßenschuh-Absätzen Verwendung fand. In einer zusätzlichen Anmerkung im selben Dokument hieß es: „Es kann sein, dass der als Ersatz für Crepe-Gummi verwendete gewöhnliche Gummi doch noch Anklang [bei den Auftraggebern] findet und die Weiterbeschäftigung auf verkürzter Basis gewährleistet." In den Jahren des Zweiten Weltkriegs ging die Firma schließlich dazu über, als Ersatz für Naturkautschuk den Synthesekautschuk Buna aus der Produktion der I.G. Farbenindustrie als Sohlenwerkstoff einzusetzen.[120]

Aus einer weiteren Aufstellung der Stadtverwaltung von Herzogenaurach ist außerdem zu erfahren, dass die Firma 1934 mit ihren 39 Beschäftigten in der Fertigung eine Produktionskapazität von 3.000 Paar Schuhen pro Woche hatte.[121] Gemessen an der Beschäftigtenzahl und Wochenproduktion war die Firma Gebrüder Dassler zu diesem Zeitpunkt der siebtgrößte von 13 Schuhherstellern in Herzogenaurach.

Als Ergebnis der Bemühungen des Bürgermeisters Körner um Aufträge von staatlichen Stellen für die Herzogenauracher Schuhfabrikbetriebe erhielt die Firma Dassler am 7. Januar 1935 einen Auftrag über 2.000 Paar Turnschuhe vom NS-Arbeitsdienst, des Arbeitsgaus Franken der Gauleitung der NSDAP für die bayerische Ostmark.[122] Dies war einer von lediglich drei kleineren Aufträge von Parteistellen in diesem Winter. Gemessen an der genannten Produktionskapazität war dieser Auftrag wirtschaftlich jedoch relativ unbedeutend und konnte in nur wenigen Tagen ausgeliefert werden.

Josef Waitzer als Verbindungsperson zu NS-Parteiapparat und staatlicher Sportförderung

Eine zentrale Kontaktperson der Gebrüder Dassler zu NS-Sportorganisationen und staatlichen Einrichtungen der Sportförderung in der NS-Zeit war Josef Waitzer. Wie schon ausgeführt, arbeiteten Adolf und Rudolf Dassler mit Waitzer spätestens seit 1927 intensiv zusammen. Bei zahlreichen Treffen in Herzogenaurach entwickelte sich offenbar eine persönliche Freundschaft Waitzers mit beiden Brüdern. Dies belegen Fotos aus der Zeit um 1930 und später (Abb. 13).[123] Waitzer machte nach 1933 Karriere als zentraler Funktionär im NS-Sportapparat. Nachdem er bereits in der Weimarer Republik eine wichtige Rolle beim Aufbau einer deutschen staatlichen Sportförderung, als Olympiatrainer und Trainerausbilder sowie Lehrer und Systematiker der Trainingsmethodik gespielt hatte, bildeten die Olympischen Spiele 1936 in Berlin den Höhepunkt seiner Karriere.[124] Doch trotz des großen deutschen Medaillenerfolgs in Berlin kam es offenbar zu Differenzen zwischen „Reichssportlehrer" Waitzer und dem „Reichssportführer" Hans von Tschammer und Osten.[125] Im Anschluss an die Spiele gab Waitzer sein Amt als „Reichssportlehrer" auf und wurde stattdessen Sportfunktionär in verschiedenen Parteiorganisationen der NSDAP. Im Dezember 1937 siedelte er von Berlin zurück nach München um.[126] Spätestens im Oktober 1939 wurde er schließlich Angestellter der Partei, als hauptamtlicher „Referent" in der Abteilung „Hauptamt für Volksgesundheit" der NSDAP.[127] Dort war er, unterbrochen durch einige Monate beim Wehrdienst, bis Kriegsende tätig. Im Frühjahr 1943 trainierte er Sportler in Rumänien. Zu diesem Zeitpunkt hofften die Dassler-Brüder wohl darauf, dass er auch in dieser Funktion als „Botschafter" ihrer Produkte dienen könne. Die Firma beantragte eine Exportgenehmigung für Rumänien, die jedoch nicht erteilt wurde.[128]

2.4 Die Olympischen Spiele 1936 in Berlin

In der journalistischen Berichterstattung über die Geschichte der Sportschuhfabrik Gebrüder Dassler wurde immer wieder die Bedeutung des persönlichen Besuchs Adolf Dasslers bei den Olympischen Spielen 1936 hervorgehoben, deren Sommerwettkämpfe vom 1. bis 16. August in Berlin stattfanden. Dabei maßen die Autoren vor allem der Kontaktaufnahme mit den führenden Sportlern verschiedener Länder besondere Bedeutung für den wirtschaftlichen Erfolg des Unternehmens in den folgenden Jahren zu.[129] So soll hier untersucht werden, ob ein Zusammenhang zwischen den Olympischen Spielen und dem vermehrten Konsum von Sportschuhen bzw. dem Unternehmenserfolg in den 30er Jahren bestand. Welche weiteren Faktoren trugen gegebenenfalls zu dem enormen Umsatzwachstum seit Mitte der 30er Jahre bei? Zudem soll die Frage behandelt werden, welche Informationen über die Ausstattung des amerikanischen Leichtathleten James Cleveland (Jesse) Owens (1913–1980) und anderer ausländischer Olympiasieger mit Dassler-Schuhen in den historischen Dokumenten zu finden sind.

Jesse Owens errang bei den Spielen in Berlin vier Goldmedaillen und stellte einen neuen Weltrekord im 200-Meter-Lauf auf.[130] Als „schnellster Mann der Welt" konnte er beim Publikum viele Sympathien gewinnen. Nachdem er und seine Kollegen von der NS-Presse zunächst als „schwarze Hilfstruppen" der amerikanischen Olympiamannschaft herabgewürdigt wurden, mussten die sportlichen Erfolge des afroamerikanischen Athleten schließlich vom rassistischen NS-Regime aus politisch-taktischen Gründen anerkannt werden.[131] Doch nach späterer Aussage des Reichsjugendführers, Baldur von Schirach, soll Adolf Hitler anlässlich des ersten Olympia-Sieges von Jesse Owens am 3. August 1936 sinngemäß geäußert haben: „Die Amerikaner sollten sich schämen, dass sie sich ihre Medaillen von Negern gewinnen lassen. Ich werde diesem Neger nicht die Hand geben."[132] NS-Rassebiologen vertraten die Auffassung, dass afroamerikanische Sportler aus rassischen Gründen minderwertig und primitiv, aber athletischer gebaut und von daher eigentlich keine faire Konkurrenz für „nordisch geprägte" Sportler seien. Als Beleg für diese Behauptung zog etwa Ernst Dobers in der sportwissenschaftlichen Fachzeitschrift Der Leichtathlet Vergleiche zwischen den Weitsprung-Techniken des deutschen Sportlers Luz Long und denen von Jesse Owens, dem dabei der „Sprung eines Tieres in der freien Wildbahn" zugeschrieben wurde.[133]

Adolf Dassler, der mit seinen Produkten auch international die besten Sportler auszustatten versuchte, hatte offenbar keine ideologischen Bedenken, Jesse Owens als Träger von Dassler-Sportschuhen zu gewinnen. Hier zeigte sich, dass er trotz seiner NSDAP- und HJ-Mitgliedschaft offenbar keine rassistischen Ressentiments gegenüber dem amerikanischen Sportstar hegte. Dieses Vorgehen zahlte sich ökonomisch aus. Über die Folgen der Olympiade für die wirtschaftliche Entwicklung der Firma machte Adolf Dassler im Juli 1946 in den Unterlagen für die Spruchkammer in seinem Entnazifizierungsverfahren folgende Aussage: „Bei der Olympiade 1936 in Berlin haben nicht nur die meisten deutschen Teilnehmer, sondern auch, wie wir anhand von Fotografien nachweisen können, eine ganze Reihe bekannter ausländischer Aktiver Dassler-Rennschuhe getragen und damit glänzende Siege erfochten. Diese Tatsachen wurden zum Angelpunkt unserer Geschäftsreklame gemacht, mit dem Erfolg, dass wir nur noch durch eine Betriebserweiterung der Nachfrage nach unseren Artikeln gerecht werden konnten."[134] Des Weiteren gab er als Erklärung für den enormen Umsatzzuwachs der Firma ab 1936 an: „Die Einführung des

Betriebssports, der sich kaum ein Betrieb entziehen konnte, und der allgemeine Zulauf der Jugend zu fast allen Sportarten seit der Olympiade trugen gleichfalls zur Steigerung unseres Umsatzes an Sportschuhen erheblich bei, zumal außer unserer Firma nur wenige andere Sportschuhfabriken von einer ins Gewicht fallenden Kapazität in Deutschland vorhanden waren."[135] Diese beiden Faktoren für das Unternehmenswachstum – die Vermarktung der olympischen Erfolge von Jesse Owens in der Dassler-Werbung und die Bedeutung des staatlich eingeführten Betriebssports ab 1936 – sollen im Folgenden untersucht werden.

Betriebssport als Massenphänomen ab 1936

Im Deutschland der 30er Jahre spielte der Betriebssport eine wichtige Rolle als Mittel der Mobilisierung der Bevölkerung für die nationalsozialistischen Ziele. Er wurde vor allem durch die NS-Unterorganisation der Deutschen Arbeitsfront (DAF), Kraft durch Freude, in die Unternehmen getragen und dort organisiert. So war der Betriebssport tatsächlich ein wichtiger Faktor für die Ausweitung sportlicher Aktivitäten in breiteren Bevölkerungsschichten in Deutschland ab 1936. Doch lag die Ursache hierfür nicht nur in der allgemeinen Sportbegeisterung im Gefolge der Olympischen Spiele, die Adolf Dassler anführte. Am 16. Dezember 1936 erließ der „Reichssportführer" von Tschammer und Osten in Abstimmung mit dem Leiter der Deutschen Arbeitsfront, Robert Ley, eine Verordnung, in der er der DAF die Aufgabe der „Einführung des Betriebssports" in die deutschen Unternehmen übertrug. In der Folgezeit stieg die Zahl der sogenannten Betriebssportgemeinschaften rapide an: 1937 auf rund 4.700 und 1938 auf 9.900. Bereits 1938 waren tatsächlich 15,3 Mio. Teilnehmer in deutschen Unternehmen in regelmäßige sportliche Aktivitäten eingebunden.[136] Zusammen mit den Teilnehmern an außerbetrieblichen Sportkursen, die von Kraft durch Freude angeboten wurden, summierte sich die Zahl der Sporttreibenden auf 22,5 Mio. Menschen. 27 Prozent davon waren Frauen. Bis 1942 halbierte sich diese Zahl durch kriegsbedingte Einschränkungen in den Belegschaften. Doch in der neuartigen Verbindung von Sport und Arbeitswelt wurden letztlich Millionen von potenziellen Sportschuhkonsumenten durch das NS-Regime mobilisiert.[137]

Arbeitswissenschaftliche Rationalisierungs-Experten im Dienst der Deutschen Arbeitsfront sahen Sport als ein Mittel „betrieblicher Gesundheitsführung" an. Im Sinne einer neuen betrieblichen Sozialpolitik sollte dieser es dem NS-Regime und den Unternehmern ermöglichen, die Produktion in den Betrieben mittels eines gestalteten Arbeitsalltags zu optimieren.[138] Auch im Betrieb der Dasslers wurde in den 30er Jahren viel Wert auf den Betriebssport gelegt. Der Mitarbeiter Josef Erhard erzählte später in einem Interview, dass „alle Tage [m]ittag(s) Fußball gespielt" wurde.[139] Auf vielen Fotos und Filmen aus dieser Zeit ist zu sehen, dass die beiden Inhaber an den Aktivitäten meist selbst teilnahmen und ihre sportliche Leistungsfähigkeit unter Beweis stellten. Auch in den Katalogen der Firma von 1936, 1937 und 1938 sind diese Aktivitäten dokumentiert.[140] Hier wurde jeweils gleich auf einer der ersten Seiten auf die eigene Betriebssportgemeinschaft hingewiesen und erklärt, dass bereits seit 1934 jährlich Leistungswettkämpfe mit der Sportgemeinschaft der Sportartikelfirma Kaspar Berg in Nürnberg stattfanden. Zu diesem Anlass besuchten sich die Belegschaften wechselseitig. Dies bot gleichzeitig die Möglichkeit, die eigenen Produkte zu testen.[141] Wie bereits erwähnt, war Kaspar Berg jene Firma, bei der Josef Waitzer nach dem Ersten Weltkrieg gearbeitet hatte.

18 Urkunde der Berg-Dassler Spiele, ausgetragen zwischen der Firma Berg und der Firma Gebrüder Dassler (1935)

Produktwerbung und Olympische Spiele 1936

Für die Frage nach der Ausstattung von Teilnehmern an den Olympischen Spielen in Berlin 1936 sind vor allem die Dassler-Kataloge eine wichtige Quelle. Im Katalog von Frühjahr/Sommer 1936 wurden bei den „Rennschuhen für Olympia-Anwärter" lediglich „ein deutscher Meister" und „ein ganz erstklassiger Läufer" zitiert, die die Schuhe mit Erfolg getragen haben sollen.[142] Im Katalog 1937 war die Werbung bereits auf die Erfolge bei den Olympischen Spielen fokussiert: „Dassler-Sportschuhe haben sich von Olympiade zu Olympiade in steigendem Maße bewährt. In Amsterdam 1928, in Los Angeles 1932 und in Berlin 1936 haben Dassler-Schuhe ihren Trägern verlässliche Dienste geleistet. Deutsche und ausländische Leichtathleten sowie deutsche Handballspieler haben viele goldene, silberne und bronzene Medaillen mit Dassler-Schuhen gewonnen."[143] Als Dassler-Modelle, in denen Medaillensiege errungen wurden, waren hier die Rennschuhe, die Weitwerferschuhe und Handballstiefel (Goldmedaille) genannt.[144] Der „Olympia-Trainer der amerikanischen Sprinter" wurde mit der Aussage zitiert: „Mein Schützling hat sie bei seinem olympischen Sieg getragen." Ob hier mit dem „Olympia-Trainer" Larry Snyder, Jesse Owens' persönlicher Trainer, oder einer der beiden US-Mannschafts-Trainer Dean Cromwell oder Lawson Robertson gemeint war, geht aus der Aussage nicht hervor. Auf der gegenüberliegenden Seite des Katalogs ist eine Fotografie des mehrfachen Olympiasiegers Jesse Owens abgebildet, der, von einer Schar Fotografen umlagert, weiße Rennschuhe trug und in die Kameras lächelte (Abb. 20). Der Untertitel im Katalog lautete: „Dassler Rennschuhe im olympischen Wettkampf 1936". Im Katalog von 1936 wurden solche Rennschuhe aus weißem Boxcalf-Oberleder als Modell „für Olympia-Anwärter" – mit „besonders dünnen Dornen", gesetzlich geschützter Sohlenkonstruktion und etwa 180 Gramm schwer – und in einer anderen Variante mit schwarzem Chromlederschaft angeboten.[145]

Der Katalog 1939 (Nr. 1) gab schließlich noch genauere Hinweise darauf, wie die ausländischen Teilnehmer der Olympiade mit den Dassler-Schuhen in Kontakt gekommen sein sollen: „Anerkennung deutscher Wertarbeit: Sehr viele Ausländer, darunter viele Amerikaner, erwarben im Olympia-Kiosk Dassler-Rennschuhe."[146] Beim „Olympia-Kiosk" handelte es sich um einen von dem Architekten Paul Baumgarten errichteten Bau auf dem Auguste-Victoria-Platz an der Kaiser-Wilhelm-Gedächtniskirche in Berlin.[147] Als Informationspavillon für die Besucher der Olympiade war er gleichzeitig mit den Sportstätten im Stadtzentrum Berlins erbaut worden. Damit stellte er eines unter vielen Elementen der propagandistischen Inszenierung der Spiele dar, die über das gesamte Hauptstadtgebiet verteilt waren.[148] Das „Reichssportfeld", der Austragungsort der olympischen Sommerwettkämpfe, lag dagegen weit im Westen der Stadt; und das Olympische Dorf, wo die Sportler untergebracht waren und trainierten, noch weitere 14 Kilometer westlich hiervon.[149] So ist davon auszugehen, dass die im Katalog erwähnten „Ausländer", die im „Olympia-Kiosk" Dassler-Schuhe erwerben konnten, eher zu den Zuschauern der Olympiade gehörten. Die Sportler verschlug es wohl selten dorthin.[150] Doch wirft diese Aussage im Dassler-Katalog über den Erwerb von Dassler-Schuhen im Olympia-Kiosk eher Fragen auf: Der Kiosk war sehr klein und beengt und als Informations-, nicht als Verkaufsort konzipiert. Es muss daher bezweifelt werden, dass hier neben den Werbebroschüren und Informationen über die Wettkämpfe auch Waren von Privatunternehmen vertrieben werden konnten.[151]

19 Eröffnung der Olympischen Spiele in Berlin (1936)

Im Katalog von 1939 (Nr. 1) war auch wieder die Fotografie von Owens zu sehen, diesmal mit der Bildunterschrift: „Owens-USA. Sieger im 100- und 200-m-Lauf, Weitsprung und in der 4x100-m-Staffel, trug Dassler-Schuhe".[152] Ein zweiter, ebenfalls auf 1939 datierter, aber zwischen September 1939 und Oktober 1943 entstandener Katalog, gab an, dass die Rennschuhe mittlerweile nur noch 150 bis 160 Gramm wogen. Weiter hieß es: „‚Das sind ausgezeichnete Schuhe', sagte der Olympia-Trainer der amerikanischen Sprinter von unseren Schuhen. ‚Owens hat sie bei seinen olympischen Siegen getragen.'" Auf einer der nächsten Seiten war zudem zu erfahren: „Viele ausländische Athleten, darunter die berühmtesten, haben im olympischen Dorf ‚Dassler-Schuhe' erworben und damit im olympischen Kampf gesiegt."[153] Damit gaben die Autoren des Katalogs, Adolf und Rudolf Dassler, einen Hinweis darauf, wie und wo der Kontakt zu Jesse Owens zustande kam: während eines oder mehrerer Besuche der Dasslers im olympischen Dorf. Bei einem solchen Besuch, der eventuell durch den „Reichssportlehrer" Josef Waitzer vermittelt wurde, kam Adolf Dassler möglicherweise mit führenden Leichtathleten in Berührung und versuchte, sie für seine Produkte zu interessieren. Vermutlich waren er und sein Bruder als Ausstatter verschiedener deutscher Teilnehmer – der Leichtathleten sowie der Handballer – ohnehin bereits vor Ort.[154] In

20 Werbekatalog der Firma Gebrüder Dassler (1939) mit der Bildunterschrift „Dassler-Rennschuhe im olympischen Wettkampf 1936“

einem Bericht über den Bau und die Funktionsstruktur des olympischen Dorfes von November 1935, die der spätere „Kommandant“ des olympischen Dorfes, Wolfgang Fürstner, verfasste, ist angegeben, dass dort neben einer Gaststätte auch verschiedene Läden angesiedelt waren.[155] Eventuell waren die Gebrüder Dassler hier mit ihren Produkten vertreten. Dies lässt sich jedoch nicht mit Dokumenten belegen.

Leider sind diese gedruckten Werbematerialien die einzigen zeitnahen Quellen zum olympischen Engagement der Gebrüder Dassler in Berlin 1936.[156] Überliefert ist noch eine Holzplatte, auf der unter dem handschriftlichen Titel „Wir erkämpften die Goldmedaille“ verschiedene Unterschriften von Olympia-Sportlern erhalten sind, darunter auch eine Unterschrift von Jesse Owens. Wie Adolf oder Rudolf Dassler an diese Unterschrift kamen, ist nicht bekannt. Es ist wahrscheinlich, aber nicht sicher belegt, dass es tatsächlich einer der Dassler-Brüder – und nicht z. B. Josef Waitzer – war, der sich solchermaßen als Autogrammjäger betätigte.[157] Da sich die Holzplatte im Bestand adidas erhalten hat, ist davon auszugehen, dass Adolf Dassler sie überlieferte.

Jesse Owens in Dassler-Schuhen?

Von Jesse Owens selbst existieren aus der Zeit seiner Teilnahme an den Olympischen Spielen stichwortartige Tage-

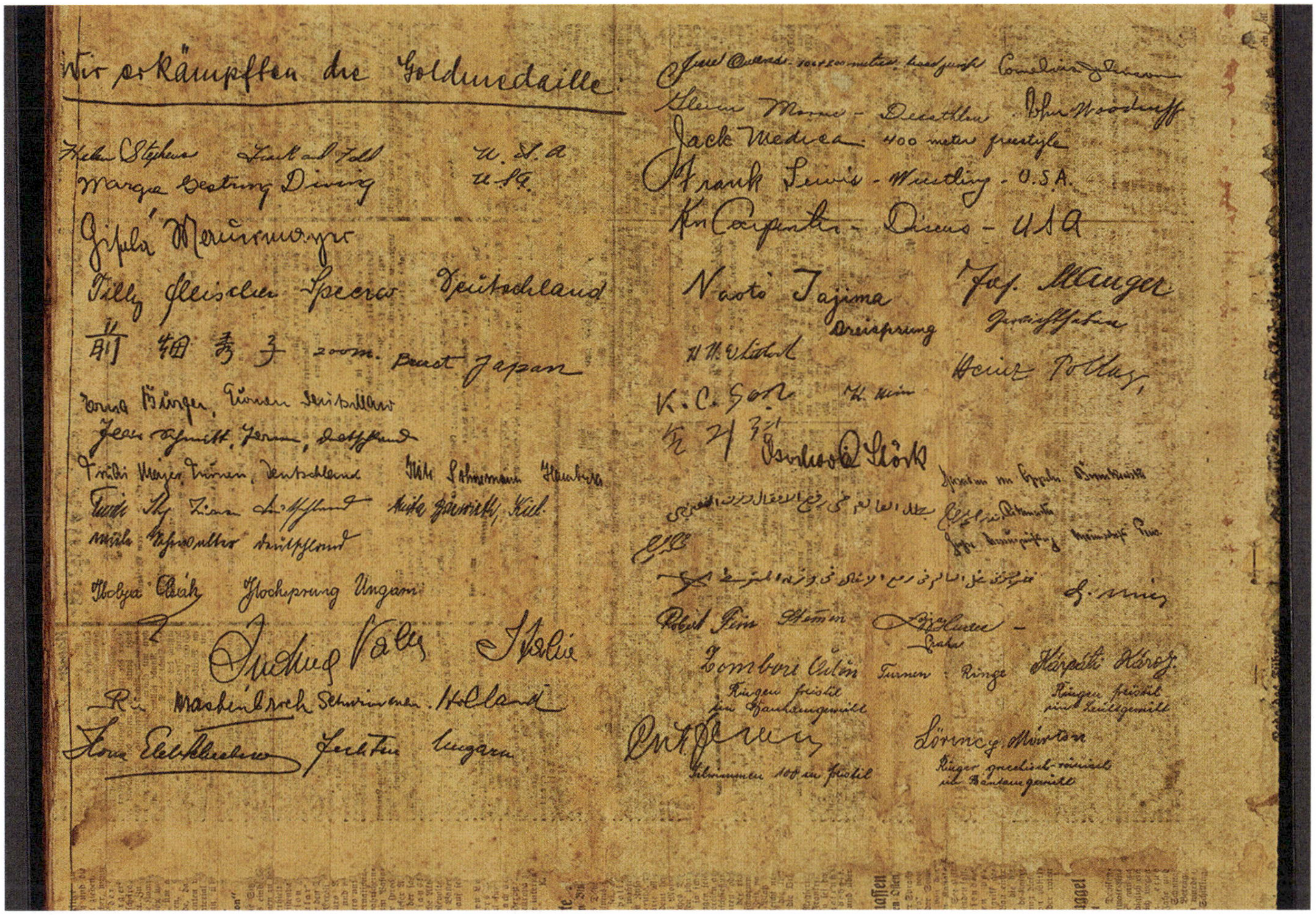

21 Gesammelte Unterschriften von den Olympischen Spielen (1936)

bucheinträge.[158] Hierin schilderte er seine Erlebnisse während der Dampfer-Überfahrt von New York nach Hamburg ab 15. Juli 1936 sowie erste Eindrücke nach seiner Ankunft im olympischen Dorf am 25. Juli.[159] Er schrieb: “The first day in the Village was very interesting. Met many people from strange lands and most of them could speak some English.” Er notierte sich die Wetterverhältnisse und Trainingsbedingungen auf der Laufstrecke der nächsten Tage. Nach dem 27. Juli rissen die Aufzeichnungen ab. Ein Kontakt mit einem der Dassler-Brüder oder Notizen zu seiner Kleidung oder dem Schuhwerk sind im Tagebuch nicht dokumentiert.[160]

Wie aus einem Bericht des Vorsitzenden des Uniform Committee (der Bekleidungskommission), Frederick W. Rubien, aus dem Jahr 1936 hervorgeht, wurde die amerikanische Olympiamannschaft vom führenden US-amerikanischen Sportartikelhersteller A. G. Spalding & Bros. ausgestattet. Ziel war es, ein einheitliches Auftreten der Athleten zu gewährleisten.[161] Dem Bericht zufolge traten die Männer auf der Eröffnungszeremonie in Berlin in „white sport shoes and white sox“, die Frauen in „white shoes and stockings“ auf. In dem Bericht gab Rubien weiter an: “The white sweaters were furnished by A. G. Spalding & Bro[ther]s as were the competitive suits, both for men and

22 100-Meter-Lauf mit Jesse Owens bei den Olympischen Spielen in Berlin (1936)

women." Und: "Mostly all athletic equipment was obtained through A. G. Spalding & Bro[ther]s." Doch bei den Schuhen und Strohhüten war dies anders: "The firm of Truly Warner supplied the men's shoes and straw hats." Gemäß Rubiens Bericht wurden die Kleidung und Schuhe erst vier Tage vor der Abreise der Sportler nach Europa ihren künftigen Trägern ausgehändigt. Die persönliche Anpassung der Schuhe an die individuellen Bedürfnisse der Athleten fand in den letzten drei Tagen vor der Abreise in New York statt. Hierzu war ein Team des Ausstatters drei Tage lang vor Ort. Darüber berichtete Rubien: "To ensure perfect fitting for each member of the Team, they kept a store open until midnight for a three-day period before the departure of the Team."[162] Dies weist darauf hin, dass die Schuhe keine Maßanfertigungen darstellten, sondern offenbar nach Größen ausgehändigt und danach noch individuell angepasst wurden. Jesse Owens trug solche weißen Teamschuhe während der Aufnahmen für eine Fotoserie an Bord des Schnelldampfers „Manhattan", auf dem die Mannschaft nach Europa reiste.[163]

Die aufschlussreichste zeitgenössische Quelle zu der Frage, welches Schuhwerk Jesse Owens während der Olympischen Wettkämpfe in Berlin trug, ist ein Erinnerungsbericht, den sein persönlichen Trainer, Larry Snyder, kurz nach der Rückkehr von Jesse Owens in die USA im Herbst 1936 für die amerikanische Zeitung Saturday Evening Post verfasste.[164] Darin wies Snyder darauf hin, dass das Olympische Komitee den Grundsatz verfolgte, dass alle Athleten ihr eigenes Schuhwerk für die olympischen Wettkämpfe zur Verfügung stellen mussten. Jesse Owens hatte drei Paar, darunter zwei neue Paar Rennschuhe, aus Ohio mitgebracht. Doch auf der Überfahrt von New York nach Hamburg stellte sich heraus, dass die zwei neuen Paare auf Randall Island in New York, wo am 11. und 12. Juli 1936 die *Men's Olympic Trials* stattfanden, abhanden gekommen waren. Snyder vermutete, dass sie, wie schon öfter, von Fans als Souvenir erbeutet wurden. In Berlin angekommen, wurde die Sache im Komitee besprochen. Für das Training und die Wettkämpfe selbst benötigte Owens mehr als das eine gebrauchte Paar Rennschuhe, das er jetzt noch bei sich hatte. Es wurde entschieden, ihm sofort in England ein neues Paar zu bestellen. Währenddessen ging Snyder jedoch auf Nummer sicher: "I had taken the bull by the horns and had combed Berlin for a sporting-goods store. I finally found a pair for him and paid for them myself. They gave him a beautiful set of corns, but it was a good thing I bought them, for the pair ordered from England never arrived at all. Jesse wasn't half so worried about the corns as I was. 'They'll make me jump farther when they begin to hurt,' he told me."[165] Snyder gab also an, in einem Sportgeschäft in Berlin selbst ein Paar Sprinterschuhe gekauft zu haben, die Owens auch benutzte – und die offenbar so schmal waren, dass sie Hühneraugen verursachten.[166] Über den Hersteller dieser Schuhe machte Snyder keine Aussage. Da es zu diesem Zeitpunkt nur wenige deutsche Sportschuhhersteller

23 Jesse Owens beim 200-Meter-Lauf während der Olympischen Spiele in Berlin (1936)

gab, ist die Wahrscheinlichkeit groß, dass es sich dabei um ein Dassler-Modell handelte. Doch lässt sich das aus dieser Quelle nicht mit Sicherheit belegen.

Auf den 22 Fotografien von den Wettkämpfen im Jesse-Owens-Nachlass ist Owens manchmal in weißen, manchmal in schwarzen Sportschuhen abgebildet.[167] Die Abbildungen sind aber nicht detailreich genug, um eine Identifikation des Herstellers zu erlauben. Ein Schuh der Größe 7 1/2 englischer Skalierung, der Jesse Owens zugeschrieben wird, existiert in der adidas-Objektsammlung.[168] Von ihm heißt es in der Beschreibung, Jesse Owens habe in ihm „1936 in Berlin Gold über die 200 m und in der 4x100-m-Staffel" gewonnen. Der Schuh sei von Adolf Dassler speziell für den amerikanischen Leichtathleten angefertigt worden. Doch sind die vorhandenen Angaben allein zu ungenau, um die Schuhe eindeutig als die Schuhe von Owens zu identifizieren. Auch die Aussagen Larry Snyders über die Art, wie Owens in den Besitz seiner deutschen Sprinterschuhe gelangte, machen es unwahrscheinlich, dass es sich dabei tatsächlich um die Medaillenschuhe handelt oder dass diese speziell für Owens angefertigt wurden.

So bleibt festzuhalten, dass die Gebrüder Dassler in den Katalogen ab 1938 damit warben, dass Jesse Owens bei einem oder mehreren seiner Olympiasiege Dassler-Schuhe trug. Es liegen jedoch, bis auf Snyders Aussage ohne Herstellernamen, keine weiteren Quellen von US-amerikanischer Seite, aus deutschen Archiven oder aus dem Unternehmensarchiv vor, die diese Behauptung stützen. Schon 1946 konnte sich Adolf Dassler nur auf Fotografien als Beweis für die eigene Aussage berufen. In keinem der von Owens in jener Zeit oder später verfassten Dokumente erwähnte dieser einen Kontakt mit den Dassler-Brüdern oder eine Nutzung von Dassler-Schuhen während seiner Teilnahme an den Olympischen Spielen 1936 in Berlin.[169] Es ist aber auch nicht auszuschließen, dass es, eventuell im olympischen Dorf, zu einer Begegnung Adolf oder Rudolf Dasslers mit Owens kam und dass dieser entweder einwilligte oder selbst vorschlug, Dassler-Schuhe auszuprobieren. Die erwähnte Unterschriftensammlung „Wir erkämpften die Goldmedaille", von der nicht klar ist, wer sie durchführte, weist zumindest auf einen persönlichen Kontakt zu Owens hin. Dass dieser flüchtige Moment der Autogrammjagd sich zu einer ersten professionellen Verbindung der Schuhhersteller mit einem internationalen Sportidol entwickelte, ist jedoch nur Adolf Dasslers eigener Aussage und der Selbstdarstellung in den Gebrüder-Dassler-Firmenkatalogen zu entnehmen.

Es gibt in den Quellen auch keinerlei Hinweise darauf, dass die Dassler-Brüder wegen der Ausstattung eines ausländischen Sportlers wie Jesse Owens mit Repressionen vonseiten des NS-Staates oder vonseiten der Sportorganisationen zu kämpfen hatten. Ganz im Gegenteil: Sie konnten mit der Tatsache in den 30er und 40er Jahren über Jahre hinweg offen Werbung machen – begrenzt nur durch die allgemeinen Beschränkungen für Konsumgüterwerbung in den Vorkriegs- und Kriegsjahren.[170] Dies steht also ganz im Gegensatz zu den filmischen Darstellungen von RTL (2016) und ARD (2017),[171] die beide suggerieren, die Dassler-Brüder hätten sich mit ihrer – damals von vielen Deutschen geteilten – Begeisterung für Owens in Opposition zum NS-Regime gebracht. Dies war offenbar nicht der Fall. Hätte es deswegen Sanktionen gegen die Firma gegeben, hätten beide Brüder diese Tatsache mit Sicherheit in ihren jeweiligen Spruchkammerverfahren zur Entnazifizierung 1946/47 zur Sprache gebracht. In dieser Zeit sammelten beide Brüder Zeugenaussagen und Beweise für ihre politische Neutralität gegenüber dem NS-Regime. Dies galt besonders, nachdem Adolf Dassler in einem ersten Verfahren wegen seiner frühen NSDAP-Mitgliedschaft als „Belasteter" eingestuft worden war und die amerikanischen Militärbehörden Einspruch gegen Rudolf Dasslers Einstufung als „Mitläufer" eingelegt hatten.[172] Die „Entlastungszeugnisse" und die Selbstdarstellung Adolf Dasslers über seine politische Haltung und sein Verhalten in der NS-Zeit sind vollständig erhalten. Von Restriktionen gegen das Unternehmen infolge der Olympischen Spiele in Berlin ist hierin nicht die Rede.

2.5 Sportartikelproduktion im Krieg

(1939 bis 1944)

Produktionslenkung in den Kriegsjahren

Die Kriegsproduktion bei der Firma Gebrüder Dassler lässt sich in zwei zeitliche Phasen unterteilen: Erstens die Zeit von Kriegsbeginn im September 1939 bis zur Stilllegung der Schuhproduktion im Oktober 1943 und zweitens die Phase von Oktober 1943 bis Kriegsende im April/Mai 1945. Zu Kriegsbeginn setzten staatliche Maßnahmen zur Lenkung der Schuhproduktion ein, von denen sämtliche Schuhunternehmen im Deutschen Reich betroffen waren. Diese knüpften an bereits seit 1933 eingeführte Schritte des Staates zur Vorbereitung eines neuen Krieges an. Erste Eingriffe in die Schuhwirtschaft fanden, durch die nationalsozialistische Neuordnung der Wirtschaft, bereits kurz nach der Machtübernahme statt. In mehreren Stufen begannen die staatlichen Stellen, die unternehmerische Produktion und Investition in politisch gewünschte Bahnen zu lenken. Dies geschah im Wesentlichen über die staatliche Koordinierung der drei wirtschaftlichen Engpassfaktoren Devisen, Rohstoffe und Arbeitskräfte.

Die Produktionslenkung von Schuhen im Nationalsozialismus vollzog sich in vier Schritten. Zuerst erfolgte die Begrenzung und Zuteilung der wichtigsten Rohstoffe, vor allem des Leders, durch eine zentrale, staatliche Steuerung der Importe und des Außenhandels unter dem Neuen Plan ab 1934.[173] Zweitens kam es zu einer Konzentration der Industrie, d.h. der Auskämmungen und Stilllegung einzelner Betriebe und der Überweisung ihrer Arbeitskräfte und Maschinen an andere, meist als „kriegswichtig“ eingestufte Unternehmen. Sie begann im Handwerk 1936 und in der Industrie im März 1940.[174] In einem dritten Schritt wurden ab September 1939 quantitative Beschränkungen der Produktion einzelner Unternehmen eingeführt. Viertens gingen die Bewirtschaftungsstellen ab 1942 zu einer direkten Kontrolle und zur Vereinfachung der Produkte selbst über, die im Januar 1944 in eine branchenweite Typisierung von Modellen mündete.

Während die Schuhindustrie seit 1934 in der Fachgruppe Schuhindustrie als Untergliederung der Wirtschaftsgruppe Lederindustrie organisiert war,[175] wurde sie im November 1942 als eigenständige Organisation (Gemeinschaft Schuhe) aus der Wirtschaftsgruppe Lederindustrie ausgegliedert. Mit der Gründung der Gemeinschaft Schuhe wurde die vorherige Trennung der Planungs-Kompetenzen zwischen Reichsstelle für Lederwirtschaft (Einfuhr und Verteilung von Rohstoffen, Devisenzuteilung), Wirtschaftsgruppe Lederindustrie (Produktionsfragen) und Prüfungsstelle (Ausfuhr-Angelegenheiten) im Bereich der Schuhproduktion aufgehoben. Die Gemeinschaft Schuhe übernahm fortan sowohl die Kontingentierung der Roh- und Hilfsstoffe für die Schuhunternehmen als auch die Planung, Lenkung und Kontrolle der Produktion und des Exports.[176] Sie bewirtschaftete neben dem Leder auch andere Rohstoffe und Werkzeuge, die zur Herstellung von Schuhen benötigt wurden. Darüber hinaus erhielt sie die Verfügungsmacht über die Rohstoffe und die Produktion von Wehrmachtschuhwerk, die zuvor noch in den Händen der Beschaffungsstellen der Wehrmacht selbst lag.[177] Als mittelständisches Unternehmen war die Firma Gebrüder Dassler nicht in den Gremien des branchenspezifischen Lenkungsapparates vertreten, die größtenteils mit Direktoren der führenden Unternehmen der Schuhindustrie und nur wenigen Vertretern der staatlichen Behörden besetzt waren. Die Dassler-Brüder gehörten damit nicht zu den Unternehmern, die mittels dieser Gremien und der Verteilung von Produktionsfaktoren Macht über ihre Konkurrenten ausüben konnten.

Seit ihrer Gründung entschied die Gemeinschaft Schuhe auch über die Stilllegung von Schuhunternehmen. Da es sich bei Schuhen überwiegend um als weniger kriegswichtig eingestufte Konsumgüter für die Zivilbevölkerung handelte, wurde schließlich die Hälfte aller Firmen der Schuhindustrie während der Kriegsjahre stillgelegt. Die wichtigste Phase war in dieser Hinsicht das erste Kriegsjahr mit über 250 Stilllegungen. Danach folgten jedes Kriegsjahr etwa 100 Unternehmen, die ihre Produktion einstellen mussten.[178] Auffällig ist, dass die Sportschuhfabrik Gebrüder Dassler, die eigentlich ein ziviles Konsumgüterunternehmen ohne erkennbaren Rüstungsbezug darstellte, die staatlichen Einschränkungen der Konsumgüterproduktion, was den Rohstoffbezug und die Produktionsaufträge anging, in den ersten Kriegsjahren zunächst erfolgreich und relativ unbeschadet überstand. Dies wird im Folgenden genauer gezeigt. Lediglich eine Abberufung von Arbeitskräften musste die Firma hinnehmen.[179] Erst zu einem sehr viel späteren Zeitpunkt, im Herbst 1943, wurde sie von einer weiteren Welle der Stilllegungen im Zuge der Rationalisierung der Kriegsproduktion erfasst.

Kriegswichtigkeit der Produktion, Uk-Stellung und Wehrdienst der Inhaber

Unmittelbar nach Kriegsbeginn wurde Adolf Dassler von der Wehrwirtschaftlichen Abteilung für den Wehrwirtschaftsbezirk XIII zu einer Unterredung nach Fürth bestellt.[180] Als Ergebnis dieser Unterredung wurde das Unternehmen Sportschuhfabrik Gebrüder Dassler am 1. November 1939 auf die Liste der „W-Betriebe“, d.h. Wehrwirtschaftsbetriebe, gesetzt. Rudolf Dassler wurde „Uk“ gestellt, das bedeutete als für die Kriegswirtschaft unabkömmlich vom Wehrdienst freigestellt.[181] Dies ist bemerkenswert, da es aus Sicht der NS-Wirtschaftsplaner bei Sportschuhen fast noch mehr als bei normalen Lederstraßenschuhen nahelag, diese Sparte von Konsumgütern als nicht kriegswichtig einzustufen. Dies geschah jedoch erst im Oktober 1943, nachdem die Firma Gebrüder Dassler als einzige deutsche Sportschuhfabrik weitere vier Jahre lang Sportschuhe aus Leder und Kautschuk hatte produzieren dürfen.[182] Wie es zu dieser Einordnung des Unternehmens in die W-Betriebe kam, ist aus den vorliegenden Dokumenten nicht ersichtlich.

Ab Kriegsbeginn im September 1939 schränkte die Firma ihre Modellauswahl von zuvor etwa 35 auf sechs Artikel ein.[183] Bei den weiter produzierten Modellen handelte es sich um zwei Fußballstiefel, zwei Rennschuhmodelle und zwei universale Turnschuhmodelle für diverse Sportarten. Gemäß der ihr von der staatlichen Reichsstelle für Lederwirtschaft (und ab 1942 von der Organisation Gemeinschaft Schuhe) zugeteilten Produktionsaufgabe stellte die Firma zu 80 Prozent die Turnschuhmodelle, zu 15 Prozent Fußballstiefel und zu fünf Prozent Rennschuhe her.[184] Im letzten Jahr vor der Stilllegung der Schuhproduktion am 28. Oktober 1943 stellte das Unternehmen durchschnittlich die enorme Menge von etwa 10.000 Paar Ledersportschuhen im Monat her.[185] Dies war bedeutend mehr als noch 1937, im Olympia-Folgejahr. In den Unterlagen der Gemeinschaft Schuhe ist die Gesamtzahl von 79.616 Paar angegeben, die im Zeitraum 1. November 1942 bis 30. Juni 1943 hergestellt wurden.[186]

Damit war das Unternehmen, was die Rohstoffversorgung anging, privilegiert. Denn neben der grundsätzlichen Begrenzung der Konsumgüterproduktion während des Krieges durften normale Straßenschuhe zu dieser Zeit kaum oder nur noch sehr eingeschränkt aus Leder hergestellt werden. Stattdessen galten Vorschriften zur Verwendung von Ersatzstoffen fur Leder in vielen Teilen des Schuhs.

Zu erklären ist diese vergleichsweise bevorzugte Versorgung des Unternehmens Dassler mit dem Rohstoff Leder und mit entsprechenden Produktionsaufgaben durch die Abnehmer der Produkte: Nach eigenen Aussagen Adolf Dasslers wurden diese Schuhe zu 75 Prozent an die Wehrmacht und an Wehrertüchtigungslager geliefert – allerdings über die herkömmlichen Vertriebswege und Handelskunden der Dasslers, vor allem über die Sportartikel-Einzelhandelshäuser in den großen Städten.[187] Wahrscheinlich spielte hier auch die lokale Verbindung zur Verwaltung und zu den Militärbehörden des Fliegerhorsts von Herzogenaurach eine Rolle. Außerdem reparierte die Firma in den ersten drei Kriegsjahren etwa 100.000 Paar Sportschuhe im Jahr. Zu diesem Zeitpunkt war sie die einzige noch arbeitende Sportschuhfabrik und deckte den gesamten Bedarf an Spezialsportschuhen und deren Reparatur im Deutschen Reich und den deutsch besetzten Gebieten.[188]

Roh- und Ersatzstofffragen sowie Kontakte zu Akteuren der wissenschaftlichen Schuhforschung in den Kriegsjahren

Doch auch die Firma Dassler setzte seit dem NS-Vierjahresplan 1936 und vor allem ab 1939 verstärkt Ersatzstoffe für Leder und für Naturkautschuk ein. Dabei wurden Gummisohlen spätestens ab 1939 nicht mehr aus (natürlichem) Crepe-Gummi, sondern aus Synthesekautschuk sowie aus Buna-Regenerat, also bereits gebrauchtem, wiederverwertetem synthetischem Gummi, verwendet.[189] Dies hing vor allem mit der durch die NS-Autarkiepolitik und Kriegswirtschaft initiierten Rohstoffumstellung der deutschen Schuhwirtschaft zusammen. Die staatliche Reichsstelle für Lederwirtschaft kontingentierte ab Kriegsbeginn die Rohstoffe, die jedes Unternehmen verarbeiten konnte. Der in der Wirtschaft zur Verfügung stehende Rohstoff Leder wurde zunehmend für Wehrmachtszwecke und die Ausstattung von NSDAP-Organisationen reserviert.[190] Schon ab Frühjahr 1939 galten Vorschriften, in welchen Teilen des Schuhs welche Art von Werkstoffen eingesetzt werden durften. Für Zivilschuhe war seit dem zweiten Vierjahresplan von Oktober 1936 das Ziel, die bis dahin fast ausschließlich aus Leder produzierten Schuhe zunehmend auf Ersatzstoffe umzustellen. Denn die Herstellung des Rohstoffs Leder war in hohem Maße von ausländischen Importen wie Rohhäuten und Gerbstoffen abhängig. Daher entwickelten die Schuhunternehmen und ihre Zulieferer, vor allem die ledererzeugenden Unternehmen und die Chemische Industrie, immer mehr sogenannte „Neue“ oder „Deutsche Werkstoffe“. Diese sollten möglichst ohne Rohstoffe aus dem Ausland hergestellt werden. Als „heimische“ Ersatzstoffe für das Leder entstanden ab 1936 in Deutschland erste Kunststoffe, die in Schuhen eingesetzt wurden. Darunter ist vor allem der Synthesekautschuk „Buna“ der I.G. Farbenindustrie zu nennen, der in Schuhsohlen sowohl das Leder als auch den Naturkautschuk ersetzen sollte. Einen weiteren wichtigen Ersatzstoff bildeten die sogenannten Lederfaserwerkstoffe. Diese wurden aus zermahlenen Lederabfällen und synthetisch erzeugten Bindemitteln gefertigt.[191] Beide Ersatzstoffarten kamen auch in Dassler-Schuhen zum Einsatz: Brandsohlen wurden aus Lederfaserwerkstoff statt aus Kernleder und Sohlen aus Regenerat-Gummi und Buna statt aus Naturkautschuk (Crepe-Gummi) hergestellt.[192] Dass damit möglichst keine wesentlichen Qualitätseinbußen bei den Produkten einhergingen, war die von Adolf Dassler zu lösende technische Aufgabe während der ersten Kriegsjahre.

Eine andere Möglichkeit, die Qualität trotz der widrigen Umstände für zivile Konsumgüterproduzenten in der Kriegswirtschaft zu halten, war es, für Spezialproduktionen weiterhin Leder als Rohstoff zugeteilt zu bekommen. Dies gelang den Brüdern Dassler in überdurchschnittlichem Maße. Ob dies eventuell auf die Parteimitgliedschaft in der NSDAP der beiden Brüder und die guten Verbindungen zu Parteistellen auf lokaler und regionaler Ebene (Gauwirtschaftskammer etc.) oder auf das Handeln einflussreicher Verbündeter unter den Sportfunktionären zurückzuführen war, lässt sich mangels Quellen nicht klären. Neben dem „Reichssportlehrer“ Waitzer gehörte auch der „Reichssportführer“ von Tschammer und Osten zu den Fürsprechern der Gebrüder Dassler. Dieser legte nach Aussage Adolf Dasslers gegen die Stilllegung der Sportschuhproduktion des Betriebes im Oktober 1943 nicht nur im Innenministerium in Berlin, sondern auch bei Rüstungsminister Albert Speer persönlich sein Veto ein. Diese Initiative hatte allerdings nicht den gewünschten Erfolg.[193]

Von Juni 1940 bis Kriegsende 1945 wurde im Konzentrationslager Sachsenhausen bei Berlin eine wissenschaftliche Forschungsanlage zur Industrieforschung am Produkt Schuh betrieben. Diese Forschungseinrichtung im KZ Sachsenhausen, „Schuhprüfstrecke“ genannt, verwendeten Unternehmen der Schuhindustrie und ihre Zulieferer dazu, neue Materialien für Schuhe zu entwickeln, die Leder ersetzen sollten. Hierzu wurden KZ-Häftlinge unter schwersten Bedingungen gezwungen, Schuhe und Sohlenwerkstoffe in „Trageversuchen“ Probe zu laufen, um diese auf ihren Materialabrieb zu testen.[194] Auch die Konstruktion von Schuhen und die Passform von Leisten war ab 1943 Gegenstand der Versuchsreihen auf der „Schuhprüfstrecke“. Zahlreiche Häftlinge wurden dabei zu Tode geschunden. Eine direkte Verbindung der Firma Gebrüder Dassler zu dieser Forschungseinrichtung lässt sich nicht nachweisen. Die Firma setzte aber Werkstoffe wie die Gummisohle Gu N und Gu T sowie einen Lederfaserwerkstoff für Brandsohlen in den eigenen Sportschuhmodellen ein, die auf der „Schuhprüfstrecke“ entwickelt wurden.[195] Auch sämtliche Klebstoffe, die ab 1940 noch für die Schuhproduktion erhältlich waren und mit denen auch die Firma Gebrüder Dassler arbeitete, waren auf der „Schuhprüfstrecke“ im KZ Sachsenhausen getestet worden.

Ab November 1943 korrespondierte Adolf Dassler allerdings mit zentralen Akteuren, die diese Menschenversuche im KZ organisierten und kontrollierten. Dies war vor allem Wilhelm Braunss von der Firma Freudenberg (gleichzeitig technischer Fachmann der Gemeinschaft Schuhe). Der Briefwechsel mit Braunss, der als fachlicher Austausch über neue Werkstoffe, deren Verarbeitung und Leistenformen begann, nahm im Verlauf des Jahres 1944 an Intensität zu. Das gesamte Jahr über arbeitete Adolf Dassler, obwohl die Schuhproduktion der Firma stillgelegt war, fast fieberhaft an weiteren künftigen Schuhmodellen. Dabei tauschte er sich neben Wilhelm Braunss regelmäßig mit Karl Benscheidt von der Leistenfirma Fagus und Prof. Dr. Wilhelm Thomsen, Oberarzt an der orthopädischen Universitätsklinik Friedrichsheim in Frankfurt am Main, aus.[196] Ein „Bunkerschuh“[197] für das Oberkommando der Wehrmacht war ebenso Gegenstand dieser Entwicklungen wie eine neue Formsohle aus Gummi (aus dem Synthesekautschuk Buna) und ein neuer Rennschuhleisten.

Im November 1944 sprach Adolf Dassler im Briefwechsel mit Braunss von praktischen Versuchen mit den eigenen Produkten: „Mit den Trageversuchen habe ich inzwischen begonnen.“[198] Damit bezog er sich offenbar auf eigene Testläufe mit den Schuhen in Herzogenaurach. Aus dieser Bemerkung ist auch nicht auf eine Kenntnis der Vorgänge im KZ Sachsenhausen zu schließen. Aber durch den engen Kontakt mit den Organisatoren der „Schuhprüfstrecke“ wurde die neue Methodik der praktischen Erprobung neuer Produkte durch Trageversuche als Qualitätstest auch bei der Firma Dassler in der forschungsbezogenen Korrespondenz erstmals thematisiert.[199]

2.6 Rüstungsgüterproduktion als Unterlieferant der Firma Schricker & Co.

(Oktober 1943 bis Mai 1945)

Stilllegung der Schuhproduktion

Offenbar auf Veranlassung des Landeswirtschaftsamtes Bayreuth und des Arbeitsamtes Bamberg wurde zum 28. Oktober 1943 die Schuhproduktion der Sportschuhfabrik Gebrüder Dassler auf amtliche Weisung hin stillgelegt.[200] Die Gauwirtschaftskammer begründete diese Maßnahme mit der Feststellung, dass Sportschuhe nicht kriegswichtig seien.[201] Dies geschah, obwohl die Gemeinschaft Schuhe der Firma bereits eine neue Produktionsaufgabe über monatlich 10.500 Paar Sportschuhe ab Oktober 1943 erteilt hatte.[202] Bereits in den Wochen zuvor wurden von den 43 Beschäftigten im Sommer 1943 neun vom Arbeitsamt abgezogen und in andere Betriebe versetzt (vgl. auch Tabelle 3). Damit waren von den staatlichen Stellen nach Kriegsbeginn bis zu diesem Zeitpunkt nahezu die Hälfte der Arbeitskräfte abberufen worden. Nach Bekanntgabe der Stilllegung der Schuhproduktion der Sportschuhfabrik Gebrüder Dassler wurde der Geschäftsleitung mitgeteilt, die Firma solle für „andere kriegswichtige Fertigungen“ zur Verfügung stehen. Bei Nachfragen erhielt die Geschäftsführung durch das Arbeitsamt Bamberg die Auskunft, der Betrieb sei für eine Rüstungsfertigung von Elektroteilen für die Bamberger Industriegesellschaft vorgesehen. Auf Anfrage teilte diese Firma jedoch mit, dass sie kein Interesse an einer Fertigung im Herzogenauracher Betrieb hatte. Um die Stilllegung der Schuhproduktion des Unternehmens zu verhindern, wurde Adolf Dassler bei der Gauwirtschaftskammer Bayreuth vorstellig. Dort erfuhr er, er solle sich nach einer anderen Rüstungsfertigung umsehen, wenn er die restlichen Arbeitskräfte nicht verlieren und eine völlige Betriebsschließung verhindern wolle. [203] 1946 berichtete Käthe Dassler über die Stilllegung der Schuhproduktion und die Umorientierung auf Rüstungsfertigung im Oktober 1943 bei der Firma Gebrüder Dassler: „Nun griff mein Mann zur erstbesten Rüstungsfertigung um die Leute und den Betrieb zu schützen, was ihm auch unter großen Schwierigkeiten gelang.“[204]

Die Suche nach einem geeigneten Unternehmen als Auftraggeber für eine Rüstungsfertigung gestaltete sich unkompliziert. Dassler wurde offenbar bald mit der Firma Schricker & Co. in Vach bei Nürnberg, einem Metall verarbeitenden Betrieb, einig: Am 13. Oktober 1943 erhielt er ein Bestätigungsschreiben des Rüstungskommandos Nürnberg, dass die Firma Dassler „für eine äußerst wichtige Kriegsfertigung als Unterlieferer der Firma Schricker & Co. in Vach bei Nürnberg eingesetzt“ werde. Vom weiteren Abzug von Arbeitskräften bei der Firma Dassler sei abzusehen.[205] Eine Betriebsbesichtigung der Firma Schricker in Herzogenaurach am 18. Oktober 1943 ergab, dass die beiden Betriebe der Firma Dassler geeignet waren, für Schricker als Zulieferer tätig zu werden. Schricker rechnete mit der Kapazität der beiden Dassler-Werke und bat darum, dass die gesamte Belegschaft bei Dassler erhalten bleiben solle. Über die genaue Umstellung der Betriebe auf die neue Fertigung müsse noch gesondert verhandelt werden. Die „Einzelteilfertigung“ sollte spätestens innerhalb von vier Wochen anlaufen. Dabei würden künftig bei den Gebrüdern Dassler „verschiedene Untergruppen für das Gerät 6030“ angefertigt werden.[206] So erfolgte in den folgenden Wochen und Monaten von November 1943 bis Kriegsende in beiden Betrieben der Firma Gebrüder Dassler die entprechende Fertigung für die Firma Schricker & Co. Schricker war eines von insgesamt sechs Unternehmen im Reich, die die „8,8-cm-Raketen-Panzerbüchse 54“, kurz „Panzerschreck“ genannt, herstellte (Abb. 24).[207] Ob es sich bei dem im Briefwechsel genannten Gerät 6030 tatsächlich um diese Panzerbüchse 54 handelte, lässt sich nicht mit Sicherheit, aber mit großer Wahrschein-

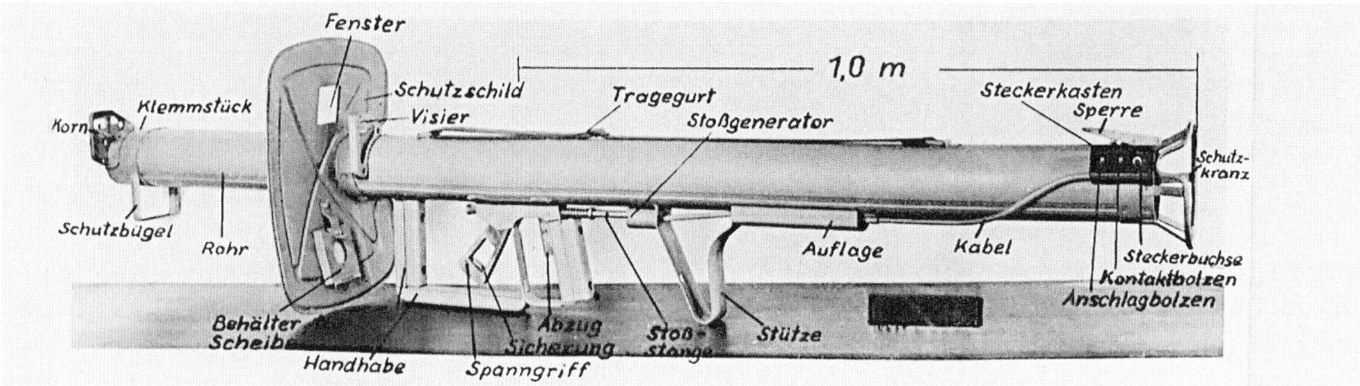

24 Die „8,8-cm- Raketen-Panzerbüchse 54“, genannt „Panzerschreck“

lichkeit sagen. Innerhalb acht Wochen wurden die beiden Betriebe der Gebrüder Dassler „vollauf für die Heeresfertigung eingesetzt“.[208] Am 22. Oktober traf dann der offizielle Stilllegungsbescheid für die Einstellung der Schuhproduktion am 28. Oktober 1943 ein. Das für dieses Quartal bereits zugeteilte Materialkontingent an Leder wurde gestrichen.[209]

Nur einen Tag später teilte das Rüstungskommando Nürnberg der Gauwirtschaftskammer Bayreuth mit, dass die Firma Gebrüder Dassler sich um eine Rüstungsfertigung bemüht habe, um eine Betriebsschließung zu verhindern. Vonseiten der Firma Schricker & Co. liege ein dringender Bedarf vor, die Firma Dassler in ihre Auftragsfertigung einzuschalten. Die Rüstungskommandos Nürnberg und Coburg billigten diese Einschaltung und hätten die Firmen aufgefordert, das Nötige zu veranlassen.[210] Adolf Dassler versuchte gleichzeitig, bei der Gemeinschaft Schuhe, der Fachgruppe Schuhindustrie und beim Reichswirtschaftsministerium in Berlin die Stilllegung der Schuhproduktion wieder rückgängig zu machen und verschiedene Sportorganisationen und Kunden wie den Reichsverband Deutscher Turn-, Sport- und Gymnastiklehrer, den NS-Reichsbund für Leibesübungen und den Sportwirtschaftsausschuss des Reichsministerium des Innern zu einer Intervention gegen die Stilllegung seiner Schuhproduktion zu mobilisieren.[211] Über den „Reichssportführer“ Hans von Tschammer und Osten wollte er sogar bei Rüstungsminister Speer persönlich vorstellig werden. Doch es gelang der Firma nicht, eine Rücknahme der Entscheidung zu erreichen.

Just Ende September war Rudolf Dassler zwar zu einem „Arbeitsurlaub“ von seinem Dienst beim Zollgrenzschutz der Reichsfinanzverwaltung freigestellt worden, um in Herzogenaurach seine Idee für einen neuen Fallschirmspringerstiefel bis zum Prototyp zu entwickeln. Dennoch scheinen in dieser schwierigen Zeit nicht beide Geschäftsführer im Unternehmen anwesend gewesen zu sein. Die Entscheidung für die Rüstungsfertigung für Schricker traf Adolf Dassler alleine. Dies machte ihm Rudolf Dassler wenig später zum Vorwurf.[212] Er verfolgte mit der Entwicklung seines Fallschirmspringerstiefels andere Pläne, um eine Schuhproduktion des Unternehmens bis Kriegsende zu sichern.

Rüstungsgüterproduktion

Anfang November 1943 ließ Adolf Dassler per Boten die „Zeichnungen für Lehren und Abbildungen“ für die neue Fertigung bei der Firma Schricker abholen. Nunmehr wurde die Sportschuhfabrik Gebrüder Dassler endgültig „auf Rüstung umgestellt“.[213] Die ersten „gespritzten Rohre“ holten Mitarbeiter mit dem Lkw aus Vach nach Herzogenaurach. Später wurden sie per Eisenbahn geliefert. Für die neue Fertigung waren Schlosserarbeiten im Betrieb nötig und „zum Zusammennageln der Tische“, vermutlich für die Montage, erhielt die Firma zusätzlich einen „Holzschein und einige Kilo Eisenmarken für Nägel“.[214]

Mitte November, als er sich kurzzeitig auf „Arbeitsurlaub“ vom Militärdienst in Herzogenaurach befand, bemühte sich Rudolf Dassler in einem Brief an die Gemeinschaft Schuhe, um eine Fertigung von „Bunkerschuhen" für die Wehrmacht. Darin gab er an, dass beide Betriebe der Gebrüder Dassler mittlerweile „für dringende Rüstungsfertigung (Metall) beschlagnahmt" worden seien. Angesichts der Bemühungen Adolf Dasslers um diese Rüstungsproduktion für Schricker entsprach diese Behauptung einer „Beschlagnahmung" allerdings nicht den Tatsachen. Falls, so Rudolf Dassler weiter, sich die Gemeinschaft Schuhe dazu entschließe, die Firma mit der Bunkerschuh-Produktion zu beauftragen, wie er es zu erreichen hoffte, müsse sie den Gebrüdern Dassler dafür „einen anderen Betrieb zuweisen".[215] Adolf Dassler hatte bei der Gemeinschaft Schuhe erwirkt, dass die letzten Ledervorräte der Firma noch zu Schuhen verarbeitet werden durften, anstatt das Leder abliefern zu müssen. So endete die Schuhproduktion bei den Gebrüdern Dassler schließlich erst Ende November 1943, während die Hälfte der Belegschaft bereits mit der Produktion für die Firma Schricker beschäftigt war.[216]

Im Rahmen der Rüstungsproduktion war die Firma Dassler nicht der Alleinhersteller des Geräts, sondern Teileproduzent („Unterlieferant"). Es ist davon auszugehen, dass es sich bei der Fertigung des rohrartigen Geräts um Arbeitsgänge der Metall- und nicht der Lederverarbeitung handelte. Denn in der Fertigung konnten keine der bei der Firma Dassler vorhandenen Maschinen für diese Rüstungsproduktion eingesetzt werden. Wie einem Brief Rudolf Dasslers vom 7. Januar 1944 zu entnehmen ist, wurden die meisten Maschinen zur Schuhherstellung für die Rüstungsproduktion für Schricker nicht benötigt und waren zu dieser Zeit „abmontiert".[217] Stattdessen wurden eigene Maschinen der Firma Schricker nach Herzogenaurach geliefert.[218] Schricker & Co. führte dazu 1946 aus: „Diese Firma [Gebrüder Dassler] war während des Krieges Unterlieferant für Kriegsfertigung. Es wurden ihr zu diesem Zwecke sowohl eigene [d. h. von der Firma Schricker] als auch fremde [d. h. von Drittfirmen] Maschinen sowie Material zur Verfügung gestellt."[219] Im April 1947 lagerten noch Restbestände der im Unternehmen verarbeiteten „Kriegsmaterialien" – vor allem Metall im Umfang von drei bis vier Tonnen – auf dem Firmengelände der Gebrüder Dassler.[220]

Die Mitarbeiter der Firma Dassler mussten für die Arbeitsgänge an den neuen Maschinen eigens angelernt werden. Vier Fünftel der Belegschaft, vor allem die älteren Mitarbeiter, Heimarbeiter und Invaliden, galten hierfür als nicht geeignet.[221] Daher ist unwahrscheinlich, dass es sich bei den Arbeitsschritten, welche für die Firma Schricker ausgeführt wurden, um Tätigkeiten der Lederverarbeitung handelte. Auch Käthe Dassler bestätigte in einem Interview von 1980 auf die Frage, worin die Rüstungsproduktion im Unternehmen in den Kriegsjahren bestand: „Ich habe es Ihnen ja schon gesagt, Panzerschrank [sic!], irgendwelche Teile anlöten."[222]

Wie aus Tabelle 1 zu entnehmen ist, entsprach der jährliche Umsatz der Firma Dassler mit den neuen Rüstungsprodukten fast genau dem, der bis zum Jahr 1943 mit Schuhen erzielt worden war. Lediglich der Gewinn des Unternehmens ging zurück. Der „große Verlust" mit den Produkten, der in den Spruchkammerverfahren Adolf Dasslers immer wieder erwähnt wurde, bezog sich nur auf einen letzten Bank-Scheck der Firma Schricker, der zu Kriegsende nicht mehr von der Sparkasse Herzogenaurach eingelöst werden konnte. Dies führte zu den etwa 100.000 Reichsmark an Schulden der Firma Schricker bei der Firma Dassler nach Kriegsende. In den Spruchkammer-Unterlagen hinterließ diese Aussage aber den wohl von den Verfassern gewollten Eindruck, als sei die Rüstungsfertigung für die Firma

Dassler insgesamt ein Verlust gewesen. Dies entsprach jedoch, wie den Zahlen in Tabelle 1 zu entnehmen ist, keineswegs den Tatsachen.

Einsatz von Zwangsarbeitern im Unternehmen (Oktober 1942 bis Mai 1945)

Im Zeitraum von vermutlich November 1942 bis Kriegsende 1945 waren in den beiden Betrieben der Sportschuhfabrik Gebrüder Dassler mindestens neun Zwangsarbeiter eingesetzt. Dabei handelte es sich um vier bis fünf russische Zwangsarbeiterinnen, einen Jugoslawen und vier oder mehr italienische oder französische Kriegsgefangene. Bei der Firma Gebrüder Dassler waren somit Zwangsarbeiter der Kategorie „Fremdarbeiter", also ausländische Zivilarbeiter und ausländische Kriegsgefangene, tätig.[223] Diese waren im Unternehmen sowohl zunächst in der Schuhproduktion als auch später in der Rüstungsfertigung für die Firma Schricker eingesetzt.

Ausländische Zivilarbeiter wurden als Arbeitskräfte in den deutsch besetzten Gebieten mehr oder weniger gewaltsam rekrutiert.[224] Die Bevölkerung der Sowjetunion, aus der die ersten Zwangsarbeiterinnen der Firma Dassler stammten, stand in der NS-Rassenhierarchie dabei ganz unten. Ohne auch nur den Schein legaler Verwaltungsakte erwecken zu wollen, gingen die deutschen Arbeitseinsatzbehörden hier von Anfang an zu Deportationen über, wenn die den kommunalen Gebietskörperschaften auferlegte „Freiwilligen"-Quoten nicht erfüllt wurden. Der Transport der oft willkürlich in Dörfern, städtischen Wohnvierteln oder Cafés aufgegriffenen Personen erfolgte normalerweise in geschlossenen Güterwagen nach Deutschland. Dort wurden die „Zivilarbeiterinnen" meist in Barackenlagern untergebracht, in denen ein Kontakt zur Außenwelt verboten war. Die Ernährung, Kleidung und gesundheitliche Versorgung waren durchschnittlich deutlich schlechter als die deutscher Arbeiter oder von „Fremdarbeitern" aus westeuropäischen Ländern. Kriegsgefangene der gegnerischen Armeen, wie hier Frankreichs oder Italiens, waren entgegen der Haager Konvention zur Arbeit in der deutschen Kriegswirtschaft gezwungen. Sie wurden nach der Gefangennahme hinter die Front in Durchgangslager und dann von dort in Kriegsgefangenenlager gebracht. Die Insassen, die arbeitsfähig waren, wurden dann über die Arbeitsämter als Arbeitskräfte an Unternehmen „ausgeliehen".[225]

Wie bereits dargestellt, hatte sich die Arbeitskräftesituation im Unternehmen Dassler, wie in anderen Schuhfirmen, in den Kriegsjahren verschlechtert. Von 1939 vermutlich um die 100 Beschäftigten[226] in der Produktion (Tabelle 3) waren bis März 1943 durch Einberufungen der männlichen Facharbeiter und Dienstverpflichtungen einiger Mitarbeiterinnen in andere Unternehmen noch 56 Personen übrig geblieben.[227] Die Produktionsaufgabe an Sportschuhen war, wie bereits ausgeführt, bis September 1943 hoch. Eine Möglichkeit, zusätzliche Arbeitskräfte zu erhalten, bestand darin, sich um die Zuweisung von ausländischen Zwangsarbeitern zu bemühen. Dies tat die Firmenleitung der Gebrüder Dassler und forderte im Oktober 1942 fünf „weibliche russische Zivilarbeiter" über die Fachgruppe Schuhindustrie beim zuständigen Landeswirtschaftsamt an.[228] Zum selben Zeitpunkt forderte in Herzogenaurach auch die Schuhfabrik Heinrich Schürr sechs russische Zwangsarbeiterinnen an. Über deren Ankunft und Unterbringung in Herzogenaurach sowie über ihre Behandlung durch die Firmenleitung, die Vorgesetzten und Kollegen geht aus den spärlichen Unterlagen nichts hervor. Ihre Erwähnung erschöpft sich in der rein quantitativen Aufzählung. Die einzelnen Personen mit ihren Lebensläufen, die hinter den Zahlen stehen und konkret von diesem Schicksal betroffen waren, konnten bislang namentlich nicht ermittelt werden.[229]

Als Adolf Dassler Ende Oktober 1943 bei der Fachgruppe Schuhindustrie Beschwerde gegen die Stilllegung der Sportschuhproduktion des Unternehmens zum 28. Oktober 1943 einlegte, versprach er für den Fall, dass diese Stilllegung zurückgenommen würde: „Wenn unsere Produktionsaufgabe erhalten bleibt, nehmen wir trotzdem mit einem Teil unserer Gefolgschaft und italienischen Militärinternierten die Rüstungsfertigung in unserem Betrieb [...] auf."[230] Zu diesem Zeitpunkt waren also entweder italienische Militärinternierte bereits als Zwangsarbeiter im Unternehmen tätig, oder Dassler plante, sie anzufordern, falls die Schuhproduktion wieder aufgenommen werden konnte. Nach dem Sturz Benito Mussolinis am 25. Juli 1943 und dem späteren Kriegsaustritt Italiens wurden 600.000 weitere italienische Soldaten interniert und draufhin in Deutschland als Zwangsarbeiter eingesetzt, die über die Arbeitsbehörden an deutsche Unternehmen verteilt wurden.[231]

1946 gab Adolf Dassler in seinem (zweiten) Spruchkammerverfahren selbst an: „Für diese neue [Rüstungs-] Fertigung [ab Oktober 1943] wurden auch 5 Verschleppte (4 Russen und 1 Jugoslave [sic!]) und vier Kriegsgefangene (Franzosen) beschäftigt."[232] Interessant ist hier, dass Dassler 1946 versuchte, die Beschäftigung der Zwangsarbeiter in seinem Betrieb auf die Zeit nach der Umstellung auf die Rüstungsfertigung für Schricker nach hinten zu „verschieben". Tatsächlich waren zumindest die fünf russischen Zwangsarbeiterinnen bereits im Oktober 1942, also ein Jahr vor der Stilllegung der Schuhproduktion bei Dasslers und vor der Aufnahme der Rüstungsproduktion für Schricker, von ihm über das Landeswirtschaftsamt bei der Fachgruppe Schuhindustrie in Berlin angefordert worden.[233] Eventuell waren aber auch jene italienischen Kriegsgefangenen zu diesem Zeitpunkt im Unternehmen tätig, die Dassler im Oktober 1943 erwähnte. Auch dass es sich bei den russischen Zwangsarbeitern um Frauen handelte, verschwieg Dassler hier. Die Unternehmen durften bei der Anforderung von Arbeitskräften gegenüber den Behörden selbst angeben, ob sie männliche oder weibliche „russische Zivilarbeiter" bevorzugten. Die Firma Dassler hatte im Oktober 1942 ausdrücklich weibliche Arbeitskräfte angefordert.[234] Auch bei den übrigen Beschäftigten überwogen in der Firma Dassler in den späteren Kriegsjahren die weiblichen Arbeitskräfte: Vom 27. September 1943, also ein Jahr nach dieser Anforderung, ist eine Aufschlüsselung der Belegschaft nach Geschlechtern erhalten: Zu diesem Zeitpunkt waren elf männliche und 32 weibliche Arbeitskräfte in der Produktion (ohne Angestellte und Heimarbeiter) beschäftigt.[235]

Die absolute Zahl der im Unternehmen Gebrüder Dassler tätigen Zwangsarbeiter lag also mindestens bei neun, die in den spärlichen Dokumenten belegt sind, eventuell aber auch höher. Wahrscheinlich waren verschiedene Zwangsarbeitergruppen nicht nur gleichzeitig, sondern nacheinander im Betrieb tätig: Eventuell wurden die italienischen Militärinternierten zu einem nicht bekannten Zeitpunkt durch die später dokumentierten französischen Kriegsgefangenen ersetzt, z. B. nachdem der Status der italienischen Militärinternierten von den deutschen Behörden im Juli 1944 in den Status ziviler Arbeitskräfte umgewandelt wurde.[236] Auch bei den russischen Zivilarbeiterinnen ist, in Ermangelung von Namen der Personen, nicht klar, ob dieselben Personen von 1942 bis 1945 im Unternehmen tätig waren oder ob in den Kriegsjahren einzelne Zwangsarbeiterinnen ausgetauscht wurden.

2.7 Bruderzwist: Beginn und Verlauf des Konflikts
(1940 bis 1948)

Der Streit zwischen den Brüdern Adolf und Rudolf Dassler, über den in der Vergangenheit in populärwissenschaftlichen und anderen medialen Darstellungen der Geschichte der Dassler-Familien viel spekuliert wurde, begann nicht erst in der Nachkriegszeit, sondern bereits lange vorher. Seine Ursprünge wurden schon im ersten Kriegsjahr manifest, wie im Folgenden gezeigt werden soll. Zudem war nicht ein einzelner Faktor, etwa der Einfluss der Ehefrauen oder eine bestimmte geschäftliche Divergenz, maßgeblich für den Konflikt. Wie sich anhand der zugänglichen Quellen zeigen lässt, waren die Gründe für das immer tiefere Zerwürfnis vielfältig und der Konflikt verschärfte sich phasenweise. Auch der Krieg als Ausnahmezustand in unternehmerischer wie in persönlicher Hinsicht, der längere Phasen der räumlichen Trennung der beiden Brüder voneinander bzw. von Herzogenaurach und gravierende Unterbrechungen der Routinen ihrer Geschäftsbeziehung mit sich brachte, ist als Grundbedingung für die Entwicklung des Konflikts nicht zu unterschätzen. Die persönlichen Gründe der Auseinandersetzung zwischen den beiden Brüdern Adolf und Rudolf Dassler, die schließlich zur Auflösung des Unternehmens Gebrüder Dassler führten, gehen aus den für diese Arbeit zugänglichen Quellen nicht hervor.[237] Daher konzentriert sich diese Darstellung auf die wichtigsten äußeren Ereignisse und den Verlauf des Konflikts zwischen den beiden Brüdern, der zur geschäftlichen Trennung, zur Liquidation der „Schuhfabrik Gebrüder Dassler“ und Ende der 40er Jahre schließlich zur Gründung zweier neuer Unternehmen, adidas und Puma, führte.

Ein zentraler Gegenstand und gleichzeitig Ausdruck des Bruderzwists war die Tatsache, dass beide Brüder nach der Stilllegung der Schuhproduktion unterschiedliche Strategien verfolgten, um dem Unternehmen aus der tiefen Krise wieder herauszuhelfen. Rudolf Dassler setzte dabei auf einen neuartigen Fallschirmspringerstiefel für die Luftwaffe, Adolf Dassler dagegen auf den sogenannten „Bunkerschuh“, ebenfalls eine Neuentwicklung für die Wehrmacht.

Fallschirmspringerstiefel versus Bunkerschuh: Neue Produkte und die Arbeit an Alternativen zur Rüstungsgüterproduktion (1943 bis 1945)

Der Fallschirmspringerstiefel, den er im Sommer 1943 entwickelte, sollte nach Vorstellungen Rudolf Dasslers unter Berücksichtigung eines Patents des Münchener Orthopädieschuhmachers Hans Asam für das Reichsluftfahrtministerium als Prototyp gefertigt werden.[238] Später, so hoffte er, konnte der Stiefel von der Firma Gebrüder Dassler in Serie für das Beschaffungsamt der Luftwaffe hergestellt werden. Dieser neue Stiefel wurde mit einem „Gelenklederband“ versehen, das von Asam patentiert worden war und die Füße der Fallschirmspringer vor Verletzungen und besonders vor Brüchen der Zehenknochen schützten sollte.[239] Das Produkt kam jedoch nie über das Planungsstadium hinaus. Dies lag erstens daran, dass Rudolf Dassler mit dem Erfinder des Patents in Konflikt geriet.[240] Zweitens konnte Rudolf Dassler keinen ausreichend hochwertigen Prototyp anfertigen lassen, der die potenziellen Auftraggeber von der Qualität des Produkts zu überzeugen vermochte. Und drittens erhielt Rudolf Dassler nur einmal „Arbeitsurlaub“ vom Wehrmachtsdienst, um das Projekt in Herzogenaurach praktisch in die Wege zu leiten.[241]

Adolf Dassler verfolgte dagegen als Lösungsstrategie für den Erhalt der Fertigungskapazitäten und Schuhmaschinen im Unternehmen das Projekt, einen von ihm entwickelten Bunkerschuh im eigenen Unternehmen herzustellen. Diesen Schuh, eine Art Hausschuh, sollten Soldaten in Ruhestellung oder nach Beendigung ihres Dienstes in den Unterkünften tragen.[242] Er sollte im leichtesten Marsch-Gepäck mitgeführt werden können und ganz aus Leder-Ersatzstoffen oder wiederverwertetem Material hergestellt sein.

Die Entwicklung des Schuhs begann im Auftrag der Gemeinschaft Schuhe für das Oberkommando der Wehrmacht. Adolf Dassler widmete sich dieser Aufgabe mit großer Energie ab November 1943. Sein Ziel war es, in Zusammenarbeit mit anderen Fachleuten der Gemeinschaft Schuhe ein tragfähiges Bunkerschuh-Modell zu entwickeln. Damit wollte er eine Serienfertigung im eigenen Betrieb und die Verpflichtung zu einer größeren Produktionsaufgabe für die Herstellung des Modells durch die Gemeinschaft Schuhe und das Oberkommando der Wehrmacht erreichen. Gleichzeitig begründete Adolf Dassler sein Engagement damit, dass in der Herstellung von Bunkerschuhen diejenigen älteren Beschäftigten der Firma, die in der Rüstungsproduktion für die Firma Schricker & Co. nicht eingesetzt werden konnten, weiter Arbeit finden würden.[243]

Die Bemühungen Adolf Dasslers, die von November 1943 an viele Monate Entwicklungszeit beanspruchten, waren am Ende erfolgreich. Nach den Planungen der Gemeinschaft Schuhe von Ende des Jahres 1944 wurde die Firma Dassler ab 1. März 1945 als eine von zwölf Schuhfirmen im Reich mit der Herstellung des Bunkerschuhs beauftragt.[244] Aufgrund des Kriegsendes ging das Produkt aber nicht mehr in Produktion.

Gesellschaftsbeschlüsse als Konfliktregulierung zwischen den Brüdern

Mit ihren jeweiligen Plänen und Strategien sprachen sich die beiden Brüder als Geschäftsführer nicht mehr untereinander ab und verfolgten getrennt unterschiedliche Tätigkeiten. Dies führte dazu, dass Geschäftspartner oft verschiedene, ja widersprüchliche Informationen erhielten oder Partei ergreifen mussten. Gerade in den Kriegsjahren erschwerte dies die Arbeit für alle Beteiligten. Auch in den Gesellschafterbeschlüssen für die Firma schlug sich der Konflikt zwischen den beiden Inhabern Adolf und Rudolf Dassler nieder. Diese geben Aufschluss über den Beginn der Auseinandersetzung, die zunehmende Entfremdung der beiden Brüder und die Maßnahmen, welche sie ergriffen, um eine spätere Trennung vorzubereiten. Dies gilt noch nicht für den ersten erhaltenen Gesellschaftsvertrag vom 1. März 1929. Er regelte, dass beide zu gleichen Teilen Inhaber der Firma waren. Jeder für sich allein war zur Vertretung der Gesellschaft berechtigt und verpflichtet. Die Gesellschafter sollten ihre Tätigkeit ausschließlich dem Unternehmen widmen und beiden war verboten, sich an Konkurrenzunternehmen zu beteiligen. Als Arbeitsteilung war festgelegt, dass Rudolf Dassler die kaufmännische Geschäftsführung und Adolf die technische Leitung des Betriebs übernahm. Beide erhielten dafür eine monatliche Vergütung – nicht jedoch, wenn sie durch Krankheit verhindert waren. Bei größeren Käufen und Verkäufen und bei Einstellung und Entlassung von Personal hatte der eine die Einwilligung des anderen Gesellschafters einzuholen. Konflikte sollten durch ein Dreimännerschiedsgericht entschieden werden, nicht durch den ordentlichen Rechtsweg. Für den Fall des Todes eines der Gesellschafter war festgelegt, dass der entfallene Kapitalanteil auf dessen Rechtsnachfolger überging. Die Geschäftsführung sollte allein vom überlebenden Gesellschafter ausgeübt werden.[245]

Ein folgender Gesellschafterbeschluss vom 11. Juni 1940 war offenbar anlässlich der ersten Einziehung Adolf Dasslers zum Wehrdienst getroffen worden. Für die Dauer der

Fernruf: Nr. 46 · Drahtwort: GEDA Herzogenaurach

Städtische Sparkasse Herzogenaurach · Postscheckkonto: Nürnberg 269 75

DASSLER

DASSLER

Gebrüder Dassler

SPORTSCHUHFABRIK HERZOGENAURACH

ALLEINHERSTELLER DER BEWÄHRTEN OLYMPIA-RENNSCHUHE DASSLER MODELL WAITZER

Gesellschafts- Beschluss.

25 Gesellschaftsbeschluss der Firma Gebrüder Dassler (27. Dezember 1941)

Kriegszeit wurde vereinbart: Falls ein Gesellschafter zur Wehrmacht verpflichtet wurde, erhielt er für diese Zeit weiterhin ein monatliches Gehalt von 300 Reichsmark. Der zurückbleibende Gesellschafter übernahm die Arbeit des Eingezogenen und erhielt dafür 100 Reichsmark zusätzliches Gehalt – in beiden Fällen nur, soweit der Geschäftsgang es gestattete. Der Zurückbleibende verpflichtete sich, „unter Zurückstellung aller vorherigen Differenzen", der Familie des Eingezogenen „mit Rat und Tat beizustehen". Ansonsten konnte dessen Familie das Schiedsgericht anrufen.[246] Hier hatte es bereits einen oder mehrere Konflikte gegeben, auf die der Beschluss Bezug nahm.

Am 27. Dezember 1941 fiel der erste offizielle Beschluss zur Trennung der Besitzer des Unternehmens. Wörtlich heißt es dazu im Gesellschaftsbeschluss: „Die beiden Gesellschafter der Firma Gebrüder Dassler, Herzogenaurach, Herr Rud. und Ad. Dassler[,] wünschen im beiderseitigen Interesse eine baldige Trennung." Da aber gegenwärtig, vermutlich wohl wegen der Kriegssituation, in der sich das Unternehmen und das Land befanden, „eine totale Auseinandersetzung" nicht möglich sei, sollte ein Schiedsgericht einberufen werden. Dies hatte die Aufgabe, die Auseinandersetzung vorzubereiten. Beide Inhaber ernannten eine Vertrauensperson, die für sie diese Verhandlungen führen sollte. Das Schiedsgericht sollte entscheiden: (1.) Wer die Firma Gebrüder Dassler und damit den Stammbetrieb, Kreuzgasse 2, übernehmen durfte. (2.) Wer aus der Firma Gebrüder Dassler auszuscheiden habe. (3.) Ob der Ausscheidende weiterhin die gleichen Artikel wie der Stammbetrieb vor dem Krieg herstellen durfte. (4.) Bis zur vollkommenen Trennung sollte schon jetzt eine neutrale Vertrauensperson bestimmt werden, die noch kommenden Differenzen zu klären hatte, um ein häufiges Zusammentreten des Schiedsgerichts zu vermeiden.[247]

Nur drei Wochen später vereinbarten die beiden Brüder, dass künftig jeder der beiden einzeln auf seinen Namen Gebrauchsmuster, Geschmacksmuster und Patente anmelden konnte.[248] Hiervon machte Adolf Dassler zum Beispiel am 14. März 1943 Gebrauch, als er eine „Befestigung eines Rennschuhdorns am Sohlenleder" auf seinen Namen zum Patent anmeldete, und am 24. September 1943, als er ein weiteres Patent „Formgummisohle für Sport- und Straßenschuhe" als Patent beantragte.[249]

Zum 1. März 1943, als Rudolf Dassler seinen aktiven Dienst in der Wehrmacht antrat, erinnerten sich die Inhaber noch einmal an den ursprünglichen Gesellschaftsvertrag, in dem festgelegt war, dass im Fall des Todes eines Gesellschafters die Gesellschaft mit seinen Erben fortgesetzt wurde und auch die Versorgung der Eltern dem verbleibenden Gesellschafter auferlegt war.[250] Am 2. April 1945 schließlich, als Rudolf Dassler nach langer Abwesenheit wieder nach Herzogenaurach zurückgekehrt war, erklärten die Brüder in einem weiteren Gesellschaftsbeschluss „alle bisher getätigten Verträge und Gesellschaftsbeschlüsse" für ungültig.[251] Als Rudolf Dassler allerdings am 17. Juli 1945 von den amerikanischen Militärbehörden verhaftet und interniert wurde und im Dezember 1945 das Unternehmen einem Treuhänder unterstellt wurde, sah sich Adolf Dassler erneut in der Situation, die Geschäfte so gut es ging alleine bzw. in Zusammenarbeit mit dem Treuhänder Georg Bauer weiterzuführen. Dieser Prozess zog sich bis Juni 1947 hin, als die Entnazifizierung abgeschlossen war und Rudolf wieder auf freien Fuß kam. Dann begannen die langwierigen Vorbereitungen zur Trennung und zur Auflösung des Unternehmens Sportschuhfabrik Gebrüder Dassler.

Wehrdienstzeiten der beiden Brüder (1940 bis 1945)

Ein bedeutendes Problem der Geschäftsführung des Unternehmens, das zur Entstehung und Eskalation des Bruderzwistes beitrug, war die phasenweise Einberufung jeweils eines der beiden Inhaber zum Wehrdienst. Anfang Juli 1940 wandte sich Rudolf Dassler mit einem Schreiben an das Arbeitsamt Nürnberg. Darin bat er offenbar um Aufhebung seiner eigenen Uk-Stellung als Geschäftsführer und Inhaber.[252] Die Firma sei zwar von der Reichsstelle für Lederwirtschaft mit einer erhöhten Produktionsaufgabe betraut worden. Doch Adolf Dassler sei im Betrieb anwesend und seine eigene Anwesenheit daher nicht erforderlich. Er wolle zur Wehrmacht eingezogen werden.

Am 15. Juli wurde daraufhin allerdings nicht er selbst, sondern Adolf Dassler zum Wehrdienst verpflichtet, den er aktiv leistete. Von Juli bis Ende November 1940 war er zunächst Rekrut, um dann vom 1. Dezember 1940 bis 23. Januar 1941, also nur wenige Wochen, im III. Luftgau Nachrichten-Regiment 13 der 20. Ergänzungs-Kompanie Buchenbühl-Zirndorf als Fernsprecher und Kraftfahrer im Rang eines Unteroffiziers zu dienen. Zirndorf liegt nicht weit von Herzogenaurach entfernt – es handelte sich also um einen Wehrdienst in der Heimat und nicht an einer der Fronten. Dort führte er sich, gemäß seinem späteren Entlassungsschein, „sehr gut" und wurde am 23. Januar 1941 als Unteroffizier entlassen.[253] Von Oktober 1944 bis Kriegsende gehörte Adolf Dassler später dem Volkssturm-Bataillon Herzogenaurach an.[254] Dies war ein letztes militärisches Aufgebot, organisiert von der lokalen NSDAP, SS, SA und Hitlerjugend, zur Verteidigung Herzogenaurachs gegen die Einnahme durch die US-amerikanische Armee.

Rudolf Dassler hingegen, der während der Abwesenheit Adolfs im Unternehmen weiter die Geschäftsführung innehatte, wurde zum 1. März 1943 zur Wehrmacht eingezogen.[255] Adolf, der bis dahin als „technischer Leiter" fungierte, übernahm zu diesem Zeitpunkt die gesamte Geschäftsführung.[256] Rudolf Dassler leistete seinen Wehrdienst beim Zollgrenzschutz der Reichsfinanzverwaltung an der deutsch-polnischen Grenze, und damit ebenfalls nicht an einer der zahlreichen Fronten.[257] Worin genau seine Tätigkeit dort bestand, geht aus den zugänglichen Dokumenten nicht hervor. Der Zollgrenzschutz umfasste als „bewaffneter Arm" der Reichsfinanzverwaltung im Jahr 1942 etwa 56.000 Personen, die polizeiliche Aufgaben an der Grenze übernahmen.[258] Zu dessen Arbeitsfeld gehörte die Überwachung der Devisenausfuhrverbote, die sich zu einem zentralen Instrument der Ausplünderung jüdischer Emigranten entwickelte. Die Tätigkeit der Zollbeamten trug so, gerade an der deutsch-polnischen Grenze, wo Rudolf Dassler tätig war, erheblich zur Kriminalisierung jüdischer Emigranten bei. Hierbei bestand eine enge Kooperation mit der Geheimen Staatspolizei (Gestapo) und der SS. Gestapobeamten wurden an wichtigen Grenzübergängen eingesetzt und auch SS-Leute waren in den Grenzschutz integriert.[259] Nachdem bereits 1937 Hermann Göring entschieden hatte, dass für die gesamte Grenzpolizei die Geheime Staatspolizei zuständig war, wurde der Zollgrenzschutz am 31. Juli 1944 ganz dem Reichsführer-SS, Heinrich Himmler, unterstellt.[260] Schon vorher galt die Regelung, dass ein erheblicher Teil der Personen, die der Zollgrenzschutz festnahm, direkt der Gestapo – und damit einer zentralen Organisation des Terrorapparates des NS-Regimes – übergeben wurde.

Nachdem Rudolf Dassler ab Anfang März 1943 innerhalb dieser Organisation tätig war, wurde er von Ende September 1943 bis 6. Dezember 1943 für einen Arbeitsurlaub freigestellt und kehrte nach Herzogenaurach zurück. Dies geschah just zu dem Zeitpunkt, als die Schuhproduktion der Firma Dassler stillgelegt wurde. Daher vermuteten Adolf und Käthe Dassler, dass Rudolf im Vorfeld von der Stilllegung wusste und seine Beurlaubung damit zusammenhing.[261] Ab dem 7. Dezember 1943 reiste Rudolf Dassler über Berlin wieder zu seiner Dienststelle beim Zollgrenzschutz zurück, obwohl er sich gleichzeitig bei der Gauwirtschaftskammer intensiv um seine Entlassung aus dem Wehrdienst bemühte.[262] Später versuchte er nochmals, zur Entwicklung und Produktion eines neuen Fallschirmspringerstiefels „Wirtschaftsurlaub“ zu erhalten.

Rudolf Dasslers nächste dokumentierte Anwesenheit im Betrieb in Herzogenaurach war danach erst wieder am 2. April 1945. Mit diesem Datum liegt ein von beiden Inhabern unterschriebener Gesellschaftsvertrag der Firma vor.[263] Wie und wo Rudolf Dassler die Zeit von Januar 1944 bis April 1945, in denen er offenbar außerhalb Herzogenaurachs tätig war, verbracht hatte, ist bislang unbekannt. Da die Spruchkammerakte Rudolf Dasslers bislang in keinem der hierfür zuständigen bayerischen Staatsarchive Nürnberg, Coburg, Bamberg oder München aufzufinden war, sind belastbare Informationen entsprechend rar.

Gemäß einer Aussage von Käthe Dassler, Adolfs Ehefrau, vom 11. November 1946 vor der Spruchkammer Höchstadt kehrte Rudolf Dassler im März 1945 nach Herzogenaurach zurück. „Trotz all [der vorangegangenen Konfliktfälle seit 1943] nahm ihn mein Mann in den letzten Märztagen in die Rüstung hinein [d. h. er beteiligte ihn am Management der Rüstungsproduktion für die Firma Schricker im Betrieb Gebrüder Dassler], um zu vermeiden, dass sein Bruder weiterhin bei der Gestapo arbeiten muss. Er war ordnungsgemäß bei seiner Gestapo-Dienststelle abgemeldet gewesen und trotzdem wurde er am 5. April 1945, als er mit meinem Mann eine geschäftliche Besprechung hatte, verhaftet. Daraufhin war mein Mann 2 1/2 Tage unterwegs, um seinen Bruder frei zu bekommen. Aber nirgends erfuhr er, warum er verhaftet wurde.“[264] Rudolf Dassler war also gemäß dieser Darstellung in den letzten Kriegsmonaten bei der Gestapo und außerhalb Herzogenaurachs tätig. Im Licht der vorne ausgeführten engen Verbindungen des Zollgrenzschutzes, bei dem Rudolf Dassler ab März 1943 tätig war, und der Gestapo bzw. der SS erscheint die Darstellung Käthe Dasslers plausibel. Alle drei Organisationen unterstanden direkt dem Reichsführer-SS, Heinrich Himmler, und hatten ihr

Hauptquartier und Befehlszentrum im Reichssicherheitshauptamt in Berlin.

Ein Jahr vor der Erklärung Käthe Dasslers, im November 1945, als Adolf Dassler von den amerikanischen Militärbehörden die Betriebsgenehmigung für die Weiterführung der Schuhproduktion verweigert wurde, distanzierte dieser sich von seinem Bruder Rudolf, dem „Mitinhaber der Fa. Gebrüder Dassler, z. Zt. in Haft", der „angeblich im Dienst des SD [also des Sicherheitsdienstes der SS] gestanden haben soll".[265] Damit brachte Adolf Dassler eine weitere sicherheitspolizeiliche Organisation in die Diskussion über die Tätigkeit seines Bruders. Er betonte, dass er „seit Jahren jeden gesellschaftlichen und familiären Verkehr [...] abgebrochen" habe. Wenn in den Augen der Besatzungsbehörde eine „Weiterführung der Firma in der bisherigen Zusammensetzung untragbar" sei, sei er bereit, „einer Änderung der Firma und des Gesellschafterverhältnisses zuzustimmen".

Inhaftierung Rudolf Dasslers

Wie aus seiner Entlassungsurkunde aus dem US-amerikanischen Gefangenenlager Hammelburg vom 8. August 1946 hervorgeht, wurde Rudolf Dassler nach Kriegsende am 17. Juli 1945 vom *Counter Intelligence Corps* (CIC), also der Spionageabwehr der US-Armee, verhaftet.[266] Grund war, wie von Adolf Dassler vermutet, der Verdacht auf Mitgliedschaft im Sicherheitsdienst (SD) der SS („suspected SD agent"), und damit einer Tätigkeit in einer zentralen Organisation des NS-Terrorapparates: dem Geheimdienst der SS, der bis 1942 von Reinhard Heydrich aufgebaut und geleitet wurde. Dieser Verdacht hing vermutlich direkt mit Rudolf Dasslers früherer Tätigkeit beim Zollgrenzschutz zusammen. Hieraus könnte sich auch eine spätere Umorientierung und ein Wechsel Dasslers in eine andere Organisation des Reichssicherheitshauptamts, wie die Gestapo oder den Sicherheitsdienst der SS, ergeben haben. Nahe lag ein solcher Verdacht auch deshalb, weil der SD mit seiner Führung im Reichssicherheitshauptamt unter Heinrich Himmler in Berlin sich u. a. aus ehemaligen Polizeikräften rekrutierte.[267] Rudolf Dassler war bekanntlich vor seinem Einstieg in das Unternehmen des Bruders in der Gendarmerie in Nürnberg tätig gewesen.

Ob sich dieser Verdacht der Amerikaner auf Spionagetätigkeit und Mitgliedschaft in einer NS-Terrororganisation während der weiteren Ermittlungen des CIC erhärtete oder nicht, geht aus dem vorliegenden Dokument nicht hervor. Vom 5. August 1945 bis zum 31. Juli 1946 war Rudolf Dassler im CIC-Lager Hammelburg Nr. 9 inhaftiert, in dem auch hochrangige NS-Funktionäre, wie etwa der NSDAP-Kreisleiter Wachsmuth aus Forchheim, gefangen saßen.[268] Schließlich wurde Rudolf Dassler entlassen, mit der Begründung: „keine Bedrohung für die öffentliche Sicherheit" („not a security threat").[269] In seinem Fragebogen zu den Mitgliedschaften in den Organisationen der NSDAP gab Rudolf Dassler keine SS-Mitgliedschaft an.[270] Diese Angaben machte er nach seiner Entlassung aus dem CIC-Lager. Dass die Spionage-Experten der US Army Rudolf Dassler jedoch nicht für gänzlich unbescholten hielten, zeigte sich daran, dass die amerikanischen Militärbehörden Einspruch gegen sein Spruchkammerurteil einlegten. Die Spruchkammer von Höchstadt an der Aisch beurteilte ihn am 9. Februar 1947 als „Mitläufer" (Gruppe IV). Insgesamt definierte das Kontrollratsgesetz, das Grundlage der Entnazifizierungsverfahren in Deutschland war, fünf Kategorien für die Beurteilung der individuellen Verantwortung jener Menschen in Deutschland, die „die nationalsozialistische Gewaltherrschaft aktiv unterstützt oder sich durch Verstöße gegen die Grundsätze der Gerechtigkeit und Menschlichkeit oder durch eigensüchtige Ausnutzung der dadurch geschaffenen Zustände verantwortlich gemacht" hatten. Dies waren: 1. Hauptschuldige; 2. Belastete (Aktivisten, Militaristen, Nutznießer); 3. Minderbelastete (Bewährungsgruppe); 4. Mitläufer; 5. Entlastete.[271] Die *Special Branch* der amerikanischen Militärbehörde in Höchstadt hielt es aber für angemessener, Rudolf Dassler in die Gruppe III („Minderbelastete")[272] einzustufen.[273] Ob dieser Einspruch der amerikanischen Militärbehörde Erfolg hatte, bleibt wegen der bislang fehlenden Spruchkammerakte Rudolf Dasslers offen.

Im Fall seiner Verhaftung durch den CIC verdächtigte Rudolf Dassler seinen Bruder Adolf, ihn denunziert zu haben.[274] Während Adolf Dassler im Verlauf seines Entnazifizierungsverfahrens vor der Spruchkammer Höchstadt an der Aisch auf freiem Fuß blieb – wenn auch ohne Verfügung über sein Vermögen oder sein Unternehmen –, war Rudolf bis zum Ende seines zweiten Spruchkammerverfahrens im Februar 1947 in einem Gefangenenlager der amerikanischen Militärbehörden inhaftiert. Dies lag, wie zuvor geschildert, in der Tatsache begründet, dass in seinem Verfahren eine Spionagetätigkeit im Sicherheitsdienst (SD) der SS und nicht, wie bei Adolf Dassler, eine NSDAP-Mitgliedschaft verhandelt wurde. Wie den gegenseitigen Beschuldigungen der Brüder und ihrer Familienangehörigen zu entnehmen ist, ging die Verschärfung des Konflikts – auch angesichts der äußeren Faktoren, die zu Kriegsende die Familien und das Unternehmen in ihrer Existenz bedrohten – mit einem Vertrauensverlust einher, der nicht wiedergutzumachen war. Dabei wurde der Bruch offenbar durch einen graduellen Erosionsprozess und nicht durch ein singuläres Ereignis herbeigeführt. Die Gründe hierfür lagen wohl auch in den unterschiedlichen Alltagserfahrungen, die die Brüder während der Kriegs- und unmittelbaren Nachkriegsjahre machten, sowie in den zunehmend getrennten Welten, in denen sie sich bewegten.

2.8 Nachkriegswirtschaft, Treuhandschaft und Entnazifizierung

Kriegsende und unmittelbare Nachkriegszeit

Der Krieg endete in Herzogenaurach am 16. April 1945, als Einheiten der 42. US-Infanterie-Division kampflos die Stadt besetzten und den militärischen Ausnahmezustand verhängten.[275] Die Firma Gebrüder Dassler arbeitete bis in die letzten Kriegstage weiter in der Rüstungsfertigung für die Firma Schricker. Am 25. April 1945 musste sich Adolf Dassler als Unternehmer ordnungsgemäß bei der amerikanischen Militärbehörde auf dem Bürgermeisteramt von Herzogenaurach melden.[276] Das Wohnhaus der Brüder Dassler wurde von den amerikanischen Militärbehörden beschlagnahmt, um dort amerikanische Offiziere einzuquartieren. Im Dezember 1946 hieß es, das Haus werde seit 12. März 1946 von „einer polnischen Wachteinheit" bewohnt. Die Gebrüder Dassler erhielten dafür eine reguläre Miete von monatlich 110 Reichsmark.[277] Die beiden Familien Dassler zogen derweil in die Schuhfabrik in der Kreuzgasse 2 um. Bereits im Juli 1945 wurde der Sportschuhfabrik Gebrüder Dassler ein großer Auftrag für die US Air Force, *Special Services,* in Aussicht gestellt: Es sollten 40.000 Paar Basketballstiefel des Dassler-Modells Nr. 145 hergestellt werden.[278] Die Produktion sollte im August beginnen und mit 10.000 Paar im Monat etwa der Menge der letzten Kriegsproduktion vor der Stilllegung im Oktober 1943 entsprechen. Als Rohstoffe hierfür waren Materialien vorgesehen, die aus Beschlagnahmungen der *Special Forces* in Bayern stammten. Zudem wurden auf dem Gelände des Betriebs Zelte und anderes gebrauchtes Material der Wehrmacht und der US Army aus Gummi und Segeltuch zertrennt, um als Schaft- und Sohlenmaterial verwendet zu werden.[279]

Für diese Produktion musste Adolf Dassler Mitte September 1945 bei der amerikanischen Militärbehörde eine Genehmigung beantragen. Zu diesem Zeitpunkt waren in der Fabrik der Gebrüder Dassler 36 Personen beschäftigt, die bereits wieder Schuhe zur Verteilung durch das bayerische Landeswirtschaftsamt produzierten.[280] Die Genehmigung zur Herstellung, die in der Praxis schon angelaufen war, wurde jedoch am 5. November 1945 verweigert. Stattdessen kam es zu einer Überprüfung der Geschäftsleitung durch die Militärregierung. Adolf Dassler legte sogleich dagegen Berufung ein, jedoch erfolglos.[281] Er sah, wie bereits dargestellt, die Existenz des Unternehmens vor allem durch das Spruchkammerverfahren seines Bruders und dessen vermutete SD-Tätigkeit gefährdet.[282] Tatsächlich entschloss sich die amerikanische Militärbehörde, das Unternehmen Gebrüder Dassler im Dezember 1945 einer Treuhänderschaft zu unterstellen. Diese sollte enden, wenn die beiden Spruchkammerverfahren abgeschlossen wären. Die Beschlagnahmung des Unternehmens durch die amerikanische *Property Control* wurde später offiziell mit der Tatsache begründet, dass beide Inhaber seit 1933 Parteimitglieder der NSDAP waren.[283]

Am 21. Dezember 1945 wurde die Geschäftsführung der Firma dem Treuhänder Georg Bauer aus Herzogenaurach unterstellt. Über ihn ist in den Unterlagen zu erfahren, dass er „Schuhfachmann" war, „aber kaufmännisch nicht vorgebildet".[284] Später trat auch Hans Ludwig Maier aus Herzogenaurach in der Funktion als Treuhänder in Erscheinung. Die Treuhänderschaft dauerte bis 1. Juni 1947. Die wirtschaftliche Entwicklung des Unternehmens, das in dieser Zeit weiter produzierte, ist gut dokumentiert. Der Treuhänder schickte regelmäßig Bilanzen an die *Property Control* bzw. das Bayerische Landesamt für Vermögensverwaltung und Wiedergutmachung, die in einer Akte erhalten sind.[285]

Spruchkammerverfahren und Ende der Treuhänderschaft

Adolf Dasslers Entnazifizierungsverfahren wurde vom 15. Juli 1946 bis 30. Juli 1946 von der Spruchkammer Höchstadt an der Aisch verhandelt. Er wurde als „Minderbelasteter" (Gruppe III) eingestuft, obwohl die Anklage ihn ursprünglich als „Belasteter" (Gruppe II) angeklagt hatte.[286] Es wurde von der Spruchkammer als erwiesen angesehen, dass Adolf Dassler aufgrund seiner Mitgliedschaft in der NSDAP ab 1933, in der Hitlerjugend im Rang eines Sportwarts seit 1935, im NS Kraftfahr-Korps von 1934 bis 1935 zwar ein „100%iger Nazist" und „in antifaschistischen Kreisen nicht beliebt" war. Jedoch konnte er auch „Opfer des Faschismus" vorweisen, denen er geholfen hatte. So wurde ihm positiv angerechnet, dass er den „Halbjuden" Hans Wormser im Februar 1945 vor der Verhaftung und Einweisung in ein KZ bewahrt habe, indem er ihn warnte. Wormser war zur Zeit des Spruchkammerverfahrens Bürgermeister einer kleinen Nachbargemeinde Herzogenaurachs. Seine Aussage hatte deswegen wohl einiges Gewicht. Desweiteren führte Dassler an, er habe als Geschäftsleiter weiterhin bei jüdischen Firmen eingekauft. Schließlich wurde er von der Spruchkammer zu einer Geldbuße von 30.000 Reichsmark verurteilt. Zudem wurde ihm eine „Bewährungsfrist" von zwei Jahren auferlegt. In dieser Zeit durfte er kein Unternehmen führen, sondern „nur in gewöhnlicher [Lohn-]Arbeit beschäftigt sein".[287]

Gegen diese Einstufung als „Minderbelasteter" und die damit verbundene letzte Auflage legte Dasslers Anwalt Berufung ein.[288] Adolf Dassler sei „Mitläufer" (Gruppe IV) gewesen, nicht „Minderbelasteter" (Gruppe III). Eine Treuhänderschaft sei unzumutbar, da der Treuhänder nicht „die Erfahrungen Dasslers" ersetzen könne und inzwischen wichtige Exportaufträge für die USA akquiriert werden müssten. Dies berühre auch die Interessen der gesamten Belegschaft. Über den Handelskunden Sport Münzinger, ein Handelshaus in München, konnte der Anwalt nachweisen, dass konkrete Aufträge des *US Army Exchange Service* in Aussicht standen.[289] Auch die Landesstelle für Leder bescheinigte Dassler im Oktober 1946, dass seine Firma bereits jetzt wieder „durch ihre Herstellung von Sportschuhwerk führend am Export beteiligt" und Adolf Dassler unabkömmlich sei.[290] Bei einer erneuten Verhandlung der Spruchkammer wurde das Urteil vom 30. Juli 1946 tatsächlich aufgehoben und Adolf Dasslers Fall neu aufgerollt.

In seiner ausführlichen Stellungnahme darüber, dass Adolf Dassler kein überzeugter Nationalsozialist gewesen sei, führte sein Rechtsanwalt Ludwig Rohnfelder im September 1946 auch an: „An den Wänden seines Büros hängen Bilder von der Olympiade, wo Jesse Owens und die amerikanische Sprinterstaffel auf der Olympiade 1936 in Berlin photographiert ist, mit Schuhen in den Händen, die von Dassler entworfen, in mühevollen Läufen erprobt wurden und die seiner Fabrik in Sportkreisen Weltruf gebracht haben." Weiter argumentierte er: „Wenn er sich im Jahre 1935 in die HJ begab und dort mit den Jungens an jedem Sonntag mit zweierlei Sportschuhen angetan, einen Waldlauf machte [um] im harten Training auszuprobieren, welches Modell oder welches Material sich am besten eignet, so war dies wohl keine politische Betätigung des Sportwartes der HJ oder [...] Förderer[s] der Nazi-Idee."[291] Zudem stellte sich Dassler nun als Opfer der „rücksichtslosen nationalsozialistischen Besteuerungsmethoden" dar. Eine vom Finanzamt „verhältnismäßig unbedeutende Differenz in der Steuerabführung" sei als „Steuerhinterziehung" angeprangert und mit einer Geldstrafe verfolgt worden. Hier beschwerte er sich darüber, dass die vorab gezahlte „Spende"

26 Adolf und Käthe Dassler (Mitte oben), Friedl und Rudolf Dassler (Mitte unten) mit Geschäftspartnern (30er Jahre)

27 Modell „Flügelschuh" (Sprint, ca. 1929), benannt nach dem damaligen Logo der Firma Gebrüder Dassler

von 10.000 Reichsmark, die die Firma der NSDAP als „Hitlerspende" und an das NS-„Winterhilfswerk" zahlte, nicht ihre intendierte Wirkung gehabt habe, eine Anklage vor Gericht zu verhindern.[292] Dassler wurde am 4. Mai 1944 wegen überhöhter Verkaufspreise – und damit Verstoßes gegen die geltenden Preisvorschriften in den Jahren 1943 – verurteilt und musste eine Ordnungsstrafe entrichten.[293]

Adolf Dassler verfolgte also folgende Argumentationsstrategie: (1.) Er sei politisch neutral gewesen und habe sich nur für die sportlichen Seiten des Nationalsozialismus interessiert. (2.) Der wirtschaftliche Aufschwung in den 30er Jahren sei allein auf die große Qualität der Dassler-Produkte bei den Olympischen Spielen zurückzuführen, nicht auf eine Förderung durch NS-Institutionen. (3.) Er habe Verfolgten des NS-Regimes persönlich geholfen. (4.) Die Firma sei selbst grundlos Opfer ungerechter Verfolgung durch das Finanzamt gewesen, obwohl sie in Form der beiden „Spenden" Vorkehrungen dagegen zu treffen hoffte. (5.) Er habe sich weiterhin von jüdischen Lieferanten beliefern lassen. (6.) Er habe die neun Zwangsarbeiter in seinem Betrieb täglich mit „Kaffee, dazu meist Brot" versorgen lassen. (7.) Er habe nie versucht, seine Beschäftigten im Unternehmen „nazistisch" zu beeinflussen.

Solche Argumente gehörten in Entnazifizierungsverfahren zu den üblichen Verteidigungsstrategien – und Adolf Dassler war auch im zweiten Spruchkammerverfahren damit erfolgreich. Diesmal kam die Spruchkammer zu dem Urteil, dass der Angeklagte „nur nominell" Mitglied der NSDAP war. Seine Tätigkeit als Sportwart in der Hitlerjugend sei „tatsächlich nur sportlicher Natur" gewesen und habe „mit einer politischen Erziehung der Jugend nichts zu tun" gehabt. Die Spruchkammer – jetzt in anderer Besetzung – hob am 22. November 1946 Adolf Dasslers Einstufung als „Minderbelasteter" und seine Strafe von 30.000 Reichsmark auf und wandelte diese in eine Beurteilung als „Mitläufer" und eine Geldsühne von 2.000 Reichsmark um.[294] Damit kann Adolf Dasslers Verfahren als typisches Produkt der „Mitläuferfabrik" angesehen werden, wie der Sozialhistoriker Lutz Niethammer die Prozesse in Bayern und die Ergebnisse der US-amerikanischen Entnazifizierungspolitik in ihrer Besatzungszone treffend charakterisierte.[295] In ihrer Urteilspraxis verhängten die Kammern bis 1947 überwiegend milde Urteile und „billigten den meisten Betroffenen", was ihre NSDAP-Parteimitgliedschaften anging, zunehmend „das vielbeschworene Recht auf den politischen Irrtum zu".[296]

Auch Friedl Dassler musste sich wegen ihrer Mitgliedschaft in der NS-Frauenschaft einem Spruchkammerverfahren vor der Spruchkammer Höchstadt unterziehen. In dem Verfahren gelang es ihr, die Angehörigen der Spruchkam-

28 Innensohle Fußballschuh mit Gebrüder-Dassler-Logo (ca. 1937)

mer glauben zu machen, sie sei erst 1935 in die NS-Frauenschaft eingetreten. Tatsächlich fand dieser Eintritt jedoch am 1. Dezember 1933 statt.[297] Ihr Urteil von der Spruchkammer Höchstadt an der Aisch erging am 4. Dezember 1946. Als „Hausfrau", die nicht politisch in Erscheinung getreten sei, wurde sie in die Gruppe der „Mitläufer" eingereiht und zu einer Geldsumme von 500 Reichsmark verurteilt.[298]

Im November 1946, im selben Monat, in dem Adolf Dasslers und Friedl Dasslers Verfahren stattfanden, wurde auch Rudolf Dasslers Fall vor der Spruchkammer Höchstadt verhandelt.[299] Offenbar versuchten beide Brüder sich selbst zu entlasten, indem sie die Initiative und Verantwortung für die Rüstungsfertigung im Unternehmen Gebrüder Dassler dem jeweils anderen unterstellten.[300] Rudolf Dasslers Verfahren war im Januar 1947 beendet und das Urteil wurde am 14. Februar 1947 rechtskräftig.[301] Wegen der Nachermittlungen infolge des amerikanischen Einspruchs gegen sein erstes Spruchkammerurteil zog sich der Abschluss jedoch noch bis April 1947 hin.[302] Um den 14. Mai 1947 herum wurde Rudolf Dassler schließlich aus der Gefangenschaft entlassen.[303] Am 19. Mai beantragte er die Aufhebung der Treuhänderschaft des Unternehmens, da sein Spruchkammerverfahren abgeschlossen war. Diesem Antrag entsprach die *Property Control* und die Treuhänderschaft wurde zum 1. Juni 1947 aufgehoben.[304] Die beiden Inhaber konnten die Unternehmensführung der Gebrüder Dassler sowie die Kontrolle über ihr persönliches Eigentum wieder übernehmen. Nun begannen die langwierigen Verhandlungen um die Trennung und Auflösung des Unternehmens Gebrüder Dassler.

Auf der Gewerberegisterkarte des Unternehmens im Stadtarchiv Herzogenaurach ist als Datum der Auflösung des Unternehmens der 1. Juni 1948 angegeben.[305] Zum 1. November 1948 kam schließlich ein „Auseinandersetzungsvertrag" zwischen den Brüdern zustande.[306] Darin wurde die Firma Gebrüder Dassler Sportschuhfabrik mit Wirkung vom 1. November 1948 aufgelöst. Das Gesellschaftsvermögen erhielten zu gleichen Teilen die beiden Gesellschafter. Adolf Dassler wurde der Betrieb I in der Kreuzgasse 2 zugesprochen, Rudolf Dassler der Betrieb II in der Würzburger Straße 13, jeweils mit der gesamten maschinellen Ausstattung und dem dazugehörigen Grundstück. Das Eigentum am Wohnhaus wurde geteilt. Von den bisher für die Gesellschaft eingetragenen Warenzeichen erhielt Adolf das Zeichen mit den fünf Olympiaringen und Rudolf das Zeichen „Schuhtragender Vogel". Beide Gesellschafter verpflichteten sich, weder die alten Warenzeichen noch die alten Modellbezeichnungen oder sonstige werbliche oder betriebliche Kennzeichen weiter zu verwenden. Beide garantierten sich außerdem, die Patente und Gebrauchsmuster, die auf den Namen des jeweils anderen eingetragen waren, nicht nachzuahmen. Die Brüder versicherten sich gegenseitig, dass sie weder gegeneinander noch gegenüber dritten Personen Vorwürfe über frühere Handlungen oder Vorkommnisse erheben würden. Damit war die erste Phase der Unternehmensentwicklung abgeschlossen – zeitgleich mit der Währungsreform in den Westzonen Deutschlands.

3

DAS ANDERE „WUNDER VON BERN“. DER AUFSTIEG VON ADIDAS UND MARKENORIENTIERTE UNTERNEHMENSFÜHRUNG NACH DEM ZWEITEN WELTKRIEG

CHRISTIAN KLEINSCHMIDT

3.1 Neugründung und Markenfindung

Die Besetzung Herzogenaurachs durch die Amerikaner, die Requirierung der Dassler-Villa, die Internierung Rudolf Dasslers im Lager Hammelburg sowie das Entnazifizierungsverfahren Adi Dasslers erschwerten die Wiederaufnahme der Produktion nach Kriegsende und beförderten familieninterne Streitigkeiten, die im April 1948 zur Trennung der Brüder Adi und Rudolf führten. Am 1. April 1948 kam es zur Aufteilung der Werksanlagen und der Vermögenswerte der Gebrüder Dassler Schuhfabrik, wobei Rudolf Dassler die Immobilien an der Würzburger Straße übernahm, während Adi die Firmenzentrale und die Familienvilla zugesprochen wurden.[1]

Die Besatzungszeit bot aber auch die Chance einer erfolgreichen Wiederaufnahme der Sportschuhherstellung, denn die Freizeitgestaltung der amerikanischen Soldaten bestand zu einem nicht unbeträchtlichen Anteil aus sportlichen Aktivitäten. Bereits im Sommer 1946 hatte ein Sportgeschäft aus München die Firma Gebrüder Dassler angefragt, ob sie nicht für den US *Army Exchange Service* Sportausrüstung in Form von Fußball-, Basketball-, Box- und Tennisschuhen herstellen könnten. Dies stellte eine sehr gute Ergänzung der Produktpalette dar, die sich nach dem Krieg vornehmlich auf die Herstellung von Segeltuchschuhen, Kinderstiefeln und Schlittschuhen konzentriert hatte. Im Jahr 1946 stellten 44 Beschäftigte etwa 1.000 Paar Schuhe her. Die Aufträge der Amerikaner ermöglichten ein Anknüpfen an das vor allem auf die Produktion von Sportschuhen ausgerichtete Programm der Vorkriegszeit und zugleich eine deutliche Ausweitung der Produktion. Noch im selben Jahr meldete das Unternehmen beim Bayerischen Landeswirtschaftsrat in München seine Teilnahme an der Exportschau der Industrie an, um dadurch die Wahrnehmung in der Öffentlichkeit und den Wiedereinstieg in den Sportartikelmarkt zu fördern.[2]

1 Nachkriegsschuh gefertigt aus einem amerikanischem Militärzelt (während der Besatzungszeit)

Die Entstehung der Marke adidas

Insgesamt gesehen waren die Bedingungen für eine erfolgreiche Wiederaufnahme der Produktion nach Kriegsende trotz der krisenhaften innerfamiliären Rahmenbedingungen also recht günstig. Der von Adi Dassler übernommene Unternehmensteil führte im Jahr 1948 mit 47 Beschäftigten die Produktion fort, wobei es für Adi Dassler vor dem Hintergrund der Konkurrenzsituation mit seinem Bruder darauf ankommen musste, ein eigenständiges Profil und zugleich eine breite Öffentlichkeitswirksamkeit zu erzielen.

Frühzeitig informierte Adi Dassler die bisherigen Kunden von der Trennung der Firma Gebrüder Dassler und gab „in eigener Sache" seinem Wunsch Ausdruck, „in Zukunft Ihre Bestellungen in Sportschuhen meiner Firma zu übertragen". Dabei verwies er nicht nur auf die Fortführung der bisherigen Traditionen und Erfahrungen, sondern auch auf personelle Kontinuitäten, etwa in Person von Josef Waitzer, der auch dem neuen Unternehmen weiterhin beratend zur Seite stünde. Für die Zukunft sah Dassler eine „allgemeine Besserung der deutschen Wirtschaftslage", nicht nur mit Blick auf den anlaufenden Marshall-Plan, sondern auch vor dem Hintergrund der unmittelbar bevorstehenden Währungsreform, die am 20. Juni 1948 entscheidende Weichenstellungen für Produzenten und Konsumenten bringen sollte.[3]

Wichtige Voraussetzungen für eine erfolgreiche Firmengründung waren, neben dem Eintrag ins Firmenregister, ein unverwechselbarer Firmenname sowie ein Logo bzw. ein Signet – ein Unterscheidungsmerkmal, das mit dem Unternehmensnamen korrespondieren und über hohe Signalwirkung und Wiedererkennungseffekte verfügen sollte. Die Sportschuhe der Vorkriegszeit waren teilweise ohne Verzierungen oder besondere Symbole ausgekommen oder besaßen, wie die Schuhe der Medaillengewinner der Olympischen Spiele 1936, einen oder zwei parallel verlaufende Querstreifen. Dies betraf beispielsweise die Spikes des Goldmedaillengewinners im Kugelstoßen, Hans Wöllke, sowie der Speerwerferin Tilly Fleischer. Die ersten Nachkriegsmodelle, wie etwa die 1946 produzierten Segeltuchschuhe, verfügten zunächst über keinerlei Erkennungszeichen.[4] An die Tradition der Streifen als Markenzeichen knüpfte Adi Dassler dann im Zuge der Neugründung des Unternehmens 1948 an. Statt der zwei Streifen, die das Kennzeichen der ehemaligen Firma Gebrüder Dassler darstellten, wählte er – ein Jahr nach dem Eintrag des Unternehmens ins Firmenregister am 18. August 1949 – drei Streifen, die fortan als Markenzeichen fungierten. Als Firmenname war zunächst die Bezeichnung „Addas" vorgesehen. Noch in einem Brief an seine Kunden vom Juni 1948 schrieb Adi Dassler unter dem Briefkopf „Adolf Dassler – Spezial-Sportschuh-Fabrik" von „Addas-Sportschuhen". Diese Bezeichnung scheiterte jedoch an einem Einspruch des Frankfurter Kinderschuhproduzenten „ada ada". Schließlich wurde die Firma unter dem Namen „adidas", der sich aus Dasslers Spitznamen Adi und den ersten drei Buchstaben seines Nachnamens zusammensetzt, ins Firmenregister eingetragen. In einem der ersten Firmenprospekte aus dem Jahr 1949 rahmen die beiden „d" im Schriftzug „adidas" die stilisierte Darstellung eines spikebesetzten Laufschuhs ein, der bereits, wenn auch sehr klein, die drei Streifen trug. Das Logo besaß in dieser Form jedoch noch nicht die Bedeutung als Markenträger, die ihm in den folgenden Jahren zukommen sollte.

Stattdessen warb Adolf Dassler, der hier auch noch seinen vollen Namen ausschrieb, für seine Fußball-, Eishockey- und Rennschuhe mit einem Logo, welches die drei Buchstaben „ASS" in der Mitte des Namens, von einem Pik-Zeichen umrahmt, in den Vordergrund stellte. Betont wurde vor al-

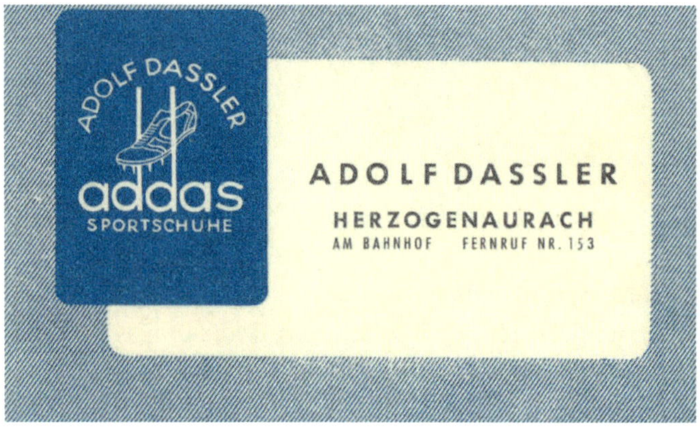

2 Visitenkarte Adi Dasslers der zuerst angemeldeten Firma addas

lem, dass die in Zusammenarbeit mit der Firma „Vorwerk" hergestellte Leichtgummisohle für besondere Bequemlichkeit und Elastizität sorgt. „Man läuft wie auf einem Teppich" lautet dementsprechend das Titelblatt dieses frühen Werbeprospekts, der noch sehr sachlich und spartanisch wirkt.[5] Bereits ein Jahr später erschien ein deutlich aufwändiger und offensiver gestalteter Werbeprospekt, der „Die Marke mit den drei Riemen" anpries und mit dem Slogan „Von Erfolg zu Erfolg mit adidas Sportschuhen" warb. Fotos von erfolgreichen Sportlern und Produkten sowie ein Verweis auf die Siege von adidas bei den Deutschen Leichtathletikmeisterschaften 1950 enthalten bereits jene Elemente, die das Prinzip der adidas-Werbung der nächsten Jahre ausmachten. „Von 28 Einzeldisziplinen", so heißt es auf der Prospektvorderseite, „errangen 24 Deutsche Meister den Sieg mit adidas Sportschuhen. Das sind 85 Prozent".[6]

Betont wurde hier die drückende Überlegenheit der adidas-Produkte, die sich allein quantitativ in der Anzahl der Siege bei Wettkämpfen niederschlug. Bereits von Beginn an verfolgte adidas eine offensive Werbepolitik, die zugleich die Internationalität des Unternehmens betonte, indem darauf hingewiesen wurde, dass adidas Sportschuhe „nicht nur in Deutschland begehrt sind, sondern bereits nach 8 Ländern exportiert werden", und sogar Amerikaner adidas-Fußballstiefel tragen, denn: „Eine amerikanische Mannschaft, die kürzlich Deutschland bereiste, ist von den neuen adidas Fußballstiefeln Modell ‚Vulkan' hellauf begeistert."[7]

Die Entscheidung für den Markennamen „adidas" und das Markenlogo der „3 Riemen" kann mit Blick auf deren Erfolgsgeschichte im Nachhinein gar nicht hoch genug eingeschätzt werden. adidas zählt bis in die Gegenwart hinein zu den bekanntesten und erfolgreichsten deutschen Markenprodukten überhaupt. Diese Bedeutung war allerdings in den Jahren 1948/49 nicht absehbar, ebenso wenig wie der Wert einer Marke für den Unternehmenserfolg. Die Entstehung des Markennamens sowie des Logos erscheint dabei allerdings eher als individueller und intuitiver Suchprozess nach dem Trial-and-Error-Verfahren denn als zielgerichtete Markenstrategie, die wenige Jahre nach Kriegsende noch nicht im Zentrum der Unternehmenspolitik stand. Dabei spielten zu diesem Zeitpunkt Markenartikel durchaus eine Rolle, und bereits 1947 gab es erste Erhebungen zum Markenbewusstsein in den Westzonen. Zu den bekanntesten Marken gehörten damals u. a. Maggi, Erdal, Nivea, Persil und Salamander.

Der klassische Markenartikel entstand im 19. Jahrhundert während der Phase der Hochindustrialisierung und der damit einhergehenden Entwicklung der Marktwirtschaft sowie der beginnenden Massenproduktion von Konsumgütern. Beim Kauf von Waren ging der unmittelbare Kontakt und das damit verbundene persönliche Vertrauen zwischen Konsumenten und Herstellern zunehmend verloren. Der Markenartikel sollte dieses Gefühl ersetzen, indem er eine hochwertige und gleichbleibende Qualität von Massenkonsumgütern versprach. Kathreiners Malzkaffee und Leibniz Cakes (1892), Odol (1893) oder Dr. Oetker (1899) waren die ersten deutschen Unternehmen, die in den 1890er Jahren diesen neuen Weg der Markenartikel erfolgreich beschritten und die teilweise heute noch auf dem Markt sind. Eine wissenschaftliche Auseinandersetzung mit diesem

3 Prospekt „Von Erfolg zu Erfolg mit adidas Sportschuhen" (1950)

Phänomen erfolgte in Deutschland in den 1920er und vor allem in den 30er Jahren, als Hanns W. Brose und Hans Domizlaff sich der Erforschung des Markenartikels zuwandten: Letzterer prägte 1939 den Begriff des „Markenvertrauens". Diese Diskussionen wurden nach 1945 neu aufgenommen und die „Wiedergeburt" der Marken vorangetrieben.[8] Während große Konsumgüterhersteller nach dem Krieg auf die Beratung von Marken- und Werbefachleuten wie Domizlaff und Brose zurückgreifen und an die Strategien der Vorkriegszeit anknüpfen konnten, war Adi Dassler in seiner kleinen Firma auf sich allein gestellt und verließ sich bei der Suche nach einem neuen Markennamen und einem Logo auf sein Gefühl, wobei der sich bald einstellende Erfolg des Unternehmens nicht allein von der Marke, sondern von zahlreichen Faktoren abhing, bei denen die Qualität der Produkte und technische Aspekte der Schuhproduktion im Mittelpunkt standen.

Parallel zur Neugründung von Adolf Dassler hatte auch Rudolf Dassler sein Unternehmen mit zunächst 13 Beschäftigten in Herzogenaurach ins Leben gerufen. Er war ebenfalls auf der Suche nach einem neuen Firmennamen und orientierte sich dabei zunächst an der Idee seines Bruders, die Anfangsbuchstaben des eigenen Namens hierfür als Grundlage zu nehmen. Entsprechend plante er, das Unternehmen „Ru-Da" zu nennen, entschied sich aber kurz darauf um und ließ schließlich den Firmennamen „Puma" registrieren.[9] Beide Firmenzeichen sollten sich in der Folgezeit als erfolgreiche Logos konkurrierender Sportschuhhersteller etablieren. Mit dem Jahr 1948 begann zugleich ein lang anhaltender, harter Kampf auf dem Sportschuhmarkt, der sich vor allem bei sportlichen Großereignissen wie den Olympischen Spielen und Fußball-Weltmeisterschaften beobachten ließ und die Marktkonstellation der folgenden Jahrzehnte prägte.

Fußball und Leichtathletik waren die Sportarten, die in den 50er bis 70er Jahren stark an Bedeutung gewannen und vor allem in Europa und Amerika als Publikumsmagneten wirkten. Sie boten die wichtigsten Absatzmärkte für die Sportartikelindustrie. Der Aufstieg neuer Massenmedien ermöglichte zugleich neue Wege der Produkt- und Markenkommunikation im weltweiten Maßstab, die von adidas und Puma erfolgreich genutzt wurden.

3.2 Sportliche Großereignisse und familiäre Markenführung – das „System Adi Dassler"

Olympische Spiele waren *die* Sportereignisse des 20. Jahrhunderts. Auch heute noch stehen sie für sportlichen Wettkampf und Wettbewerb, für Tradition und Körperkult ebenso wie für Internationalität und Völkerverständigung. Die ersten Olympischen Spiele nach dem Zweiten Weltkrieg fanden 1948 in London statt, also im selben Jahr, als adidas gegründet wurde. Die große Bedeutung der Olympischen Spiele hatte Adolf Dassler bereits in der Zeit vor dem Zweiten Weltkrieg erfahren, denn der Aufstieg des Unternehmens der Gebrüder Dassler war eng mit den Olympiaden 1928 in Amsterdam und 1936 in Berlin verknüpft. In diesem Zusammenhang spielten persönliche Kontakte zum damaligen Trainer der deutschen Olympiamannschaft, Josef Waitzer, eine wichtige Rolle. Waitzer war zu einem engen Berater der Firma Gebrüder Dassler geworden und hielt sich häufig in Herzogenaurach auf. In Kooperation mit ihm entwickelte Adi Dassler einen Rennschuh, der schließlich unter dem Namen Modell „Waitzer" auf den Markt kam und mit dem die deutsche Mittelstreckenläuferin Lina Radke 1928 die Goldmedaille im 800-Meter-Lauf errang. Die Sprinterin Leni Schmidt gewann als Teilnehmerin der 4x100-Meter-Staffel die Bronzemedaille in Schuhen der Gebrüder Dassler. Diese internationalen Erfolge erwiesen sich als wirksame Werbung für das Unternehmen, welches im Olympiajahr 1928 einen deutlichen Absatzschub für Fußball- und Rennschuhe erfuhr. Waitzer war allgemein eine wichtige Kontaktperson, was die Verbreitung von Dassler-Schuhen im Ausland anging. Dies zeigte sich vor allem bei den Olympischen Sommerspielen 1936 in Berlin, die erstmals in Deutschland ausgetragen wurden und damit eine besondere Aufmerksamkeit des heimischen wie auch des internationalen Publikums auf sich zogen. Auch 1936 war Waitzer Trainer der deutschen Olympiamannschaft und öffnete Adi Dassler den direkten Zugang zum olympischen Dorf. Dadurch boten sich für die Firma Gebrüder Dassler umfangreiche Möglichkeiten, individuelle Kontakte zu Trainern, Sportlern und Funktionären zu knüpfen.[10] In erster Linie war es Adi Dassler, der in seiner Funktion als Schuhspezialist und Techniker an diesen Kontakten interessiert war, unabhängig davon, ob es sich um deutsche oder ausländische Sportler handelte. Ihn interessierte vor allem die technische Weiterentwicklung seiner Produkte, die Innovation von Sportschuhen und die optimale Anpassung und Ausrichtung auf die individuellen Bedürfnisse der Athleten. Die Olympischen Spiele in Berlin boten dafür die günstigsten Rahmenbedingungen. Hier liegen die Ursprünge der netzwerkartigen, persönlichen Beziehungen zu Spitzensportlern, die eine individuelle Betreuung der Athleten und zugleich eine enge Bindung an die Firma der Gebrüder Dassler ermöglichten. Dieses „System Adi Dassler" sollte nach dem Zweiten Weltkrieg weiter ausgebaut werden.

Die Olympischen Spiele in Berlin drohten allerdings zunächst an amerikanischen Boykottmaßnahmen gegen das nationalsozialistische Deutsche Reich zu scheitern, doch nach Fürsprache des Präsidenten des amerikanischen Olympischen Komitees, Avery Brundage, konnten sie wie geplant stattfinden. Hitler und dem NS-Regime boten sie die Möglichkeit, Deutschland im Sinne der nationalsozialistischen Propaganda als weltoffenes, friedfertiges Land sowie begeisterte Sportnation zu inszenieren und der Weltöffentlichkeit entsprechend zu präsentieren.[11] Das entsprach durchaus dem Interesse der Dassler-Brüder, die zum 1. Mai 1933 beide der NSDAP beigetreten waren. Adi Dassler war zudem Mitglied der Hitler-Jugend und, ebenso wie sein Bruder Rudolf, Mitglied des NS-Kraftfahrkorps (NSKK). Dass es sich dabei offenbar weniger um ideologische Überzeugung

4 Auszug adidas-Katalog mit Jesse Owens als Werbeträger (ca. 1950)

als um ein hohes Maß an Anpassungsfähigkeit handelte, insbesondere mit Blick auf die ökonomischen Interessen des Unternehmens, zeigte sich nicht zuletzt an Adi Dasslers Bemühungen, Kontakte zu dem schwarzen US-amerikanischen Spitzensportler Jesse Owens zu knüpfen, die wiederum den Erfolg und das Prestige des Unternehmens befördern sollten. Owens gewann 1936 nicht nur den Weitsprung mit der damals magischen Weite von mehr als acht Metern, sondern holte auch über 100 Meter und 200 Meter sowie im Staffellauf die Goldmedaille. Und auch wenn bis heute nicht mit letzter Sicherheit belegt werden kann, ob er dabei Schuhe der Gebrüder Dassler trug – das Unternehmen warb mit dieser „Tatsache" in einem Katalog aus dem Jahr 1939 neben einem Foto des Olympiasiegers.[12]

Owens galt weltweit als einer der erfolgreichsten Leichtathleten und war somit ein idealer Markenbotschafter. Nationalsozialistische Ideologie und rassistisches Gedankengut standen den geschäftlichen Interessen Adi Dasslers in dieser Situation entgegen. Ihm ging es darum, die erfolgreichsten Athleten – unabhängig von ihrer „Rasse" und Hautfarbe – mit adidas-Schuhen auszurüsten und damit Werbung für das Unternehmen zu betreiben. Dies sollte sich auch langfristig auszahlen. Zahlreiche weitere deutsche wie ausländische Sportler unterschiedlicher Disziplinen erzielten ihre Erfolge in Dassler-Schuhen, sodass das Unternehmen die ganze Breite seiner Produktpalette anlässlich der Berliner Olympischen Spiele erfolgreich präsentieren konnte und so weltweit zunehmend in den Focus der Sportöffentlichkeit geriet. Sportler wie Trainer wurden auf das Unternehmen aufmerksam und suchten nun ihrerseits den Kontakt zur Firma Dassler in Herzogenaurach.[13] In der Folge der Olympischen Spiele publizierte Dassler Werbematerialien und Preislisten für die Firmenvertretungen in Baden, Bayern, Hessen-Nassau, Rheinland, Sachsen, Thüringen und

Westfalen, in denen vor allem das Goldmedaillen-Modell „Waitzer“ angepriesen und auf Schuhe für andere Sportarten wie Handball, Boxen oder Eishockey hingewiesen wurde.[14]

An diese Erfolge wollte Adi Dassler nach der Neugründung seines Unternehmens anknüpfen. Voraussetzung dafür war, die Aufmerksamkeit der nationalen und internationalen Sportöffentlichkeit nun auf die Firma adidas zu lenken. Gegenüber seinem Bruder Rudolf hatte er dabei zwei entscheidende Vorteile: Aufbauend auf seiner Schumacher-Ausbildung und einer Spezialisierung auf Sportschuhe war er ein Techniker und Tüftler, eine Art „Erfinder-Unternehmer“, der in seinem Bestreben, qualitativ hochwertige und individuell anpassungsfähige Schuhe für Spitzensportler zu fertigen, auf persönliche Kontakte zu seinen Kunden setzte. Bruder Rudolf verkörperte eher die kaufmännische Seite, wobei sich im klassischen Sinne Techniker und Kaufmann während der gemeinsamen Unternehmensführung ideal ergänzt hatten. In der Nachkriegszeit erwies sich das spezielle Know-how und das während der großen Sportereignisse seit Mitte der 20er Jahre gesammelte Erfahrungswissen inklusive der netzwerkartig ausgebauten persönlichen Kontakte für diese Branche als wertvolle Geschäftsbasis. 1948, anlässlich der Olympischen Spiele in London und mehr noch 1952 bei den Olympischen Spielen in Helsinki, bot sich die Möglichkeit, dieses Geschäftsmodell auszubauen. Und wiederum stach dabei ein Sportler heraus, der durch seine Erfolge weltweites Aufsehen erregte und der, zumindest aus westlicher Perspektive – ähnlich wie seinerzeit Jesse Owens –, eine Art Außenseiterposition einnahm. Emil Zátopek, die „tschechische Lokomotive“, der aus einem Land kam, welches sich seit der Teilung der Welt im Zuge des Kalten Krieges auf der anderen Seite des „Eisernen Vorhangs“ befand.

5 Die „tschechische Lokomotive“ Emil Zátopek bei den Olympischen Spielen in Helsinki (1952)

Zátopek stammte aus einfachen Verhältnissen, und der Sport ermöglichte ihm, aus diesen auszubrechen und außerhalb seines eigentlichen Berufes als Schuhmacher internationale Anerkennung zu erlangen. In London 1948 gewann er eine Gold- und eine Silbermedaille und in Helsinki 1952 sogar drei Goldmedaillen, auf der 5.000- und 10.000-Meter-Distanz sowie im Marathonlauf.[15] Als Athlet eines kommunistischen Landes trug er dabei Sportschuhe aus dem kapitalistischen Ausland, wobei er allerdings einen der drei Streifen auf seinen adidas-Schuhen entfernt hatte, um die politischen Machthaber seines Heimatlandes nicht zu provozieren. Es sollte noch einige Jahre dauern, bis Sportler aus den realsozialistischen Ländern ganz offiziell in adidas-Arti-

6 Katalog adidas Sportschuhe (1950)

keln auftraten. Auch Zátopeks Frau Dana gewann in Helsinki die Goldmedaille in adidas-Schuhen, und zwar im Speerwerfen. Als Paar zogen die beiden damit zusätzlich die Blicke der Öffentlichkeit auf sich. Emil Zátopek, der bis Mitte der 50er Jahre den Langstreckenlauf dominierte, war auch im Westen ein gefeierter Star. Insgesamt errang er 18 Weltrekorde während seiner Karriere. Für Adi Dassler war er damit, ähnlich wie Jesse Owens, der ideale Markenbotschafter in dieser Phase des noch jungen Unternehmens adidas.[16]

Erfolgsfaktor Fußball

Neben der Leichtathletik spielte der Fußballsport und die Produktion und Vermarktung von Fußballschuhen eine zentrale Rolle beim Aufstieg von adidas. Fußball war während der 20er Jahre in Deutschland zum Volkssport geworden. In den 30er Jahren trat mit dem FC Schalke 04 ein Verein hervor, der sich zu einem Mythos entwickelte und einzelne Spieler zu Helden und Identifikationsfiguren machte. Nach 1945 stachen in den Meisterschaften der Besatzungszonen der 1. FC Nürnberg und der VfB Stuttgart in der amerikanischen Zone sowie der 1. FC Kaiserslautern in der französischen Besatzungszone heraus. Die erste westdeutsche Meisterschaft errang 1948 der 1. FC Nürnberg durch einen 2:1 Sieg gegen den 1. FC Kaiserslautern. Abgesehen vom VfR Mannheim, der die erste Fußballmeisterschaft nach der Gründung der Bundesrepublik im Jahr 1949 gewann, teilten sich Nürnberg und Kaiserslautern zu Beginn der 50er Jahre die Meistertitel, und adidas setzte auch beim Mannschaftssport Fußball auf die erfolgreichen Siegermannschaften. Der adidas-Jubiläumsprospekt des Jahres 1950 zum 30jährigen Geschäftsjubiläum und zum 50. Geburtstag von Adi Dassler hob hervor, dass „die bekanntesten Fußball-Mannschaften in adidas Fußballstiefeln [spielen]".[17] Mit Mannschaftsfotos des 1. FC Nürnberg, des FC St. Pauli oder des aktuellen Meisters des Jahres 1950, dem VfB Stuttgart, wurde für Fußballstiefel der Modelle „Export", „ASS" oder „Profi" geworben. Präsentiert wurden die Produkte, die, wie die Modelle „Profi" oder „Standard", noch ohne die drei Streifen angeboten wurden, auf eine sehr sachliche und technische Art und Weise: In Modellzeichnungen mit Zahlenzuordnungen wurden die Funktionseigenschaften wie etwa die „zum Patent angemeldete Vulkanfieber-Einlage", das Vorhandensein von „drei Gelenkzugriemen", von „Klötzchenschrauben" und einem „Schaft ohne Hinterriemen" angepriesen, was offensichtlich den Vorstellungen des Schuhtechnikers Adi Dassler entsprach.[18]

Fußball-Weltmeisterschaften sollten schließlich, ähnlich wie die Olympischen Spiele, für die Entwicklung von adidas und die „Marke mit den 3 Riemen" eine herausragende Bedeutung spielen. Allerdings hatte die deutsche Mannschaft, außer bei der WM 1934 in Italien, als sie den dritten Platz errang, bis zu diesem Zeitpunkt noch keine große Rolle bei internationalen Turnieren gespielt. Die erste Nachkriegsweltmeisterschaft 1950 in Uruguay entschied der Hausherr für sich. Der Deutsche Fußball-Bund war damals noch nicht wieder in die FIFA aufgenommen worden, sodass diese WM in der westdeutschen Öffentlichkeit kaum als sportliches Großereignis wahrgenommen wurde. Dies änderte sich 1954 mit der Austragung der Fußball-Weltmeisterschaft in der Schweiz, an der erstmals nach dem Krieg eine deutsche Mannschaft teilnahm und dann auch gleich den Weltmeistertitel errang. Für adidas war diese WM ein Schlüsselereignis von nicht zu überschätzender Tragweite für die Entwicklung des Unternehmens. Und auch hier kam wieder den persönlichen Kontakten Adi Dasslers eine zentrale Bedeutung zu – als Vorteil erwies sich insbesondere seine enge Verbindung zum Trainer der deutschen Nationalmannschaft, Sepp Herberger. Ähnlich wie einst Josef Waitzer die Türen zu den Sportlern der Olympiamannschaft geöffnet hatte, ermöglichte Herberger den direkten Zugang zu den Spielern der Fußball-Nationalmannschaft. Doch war diese Entwicklung zugleich von persönlichen Konflikten begleitet und spiegelte einmal mehr die Wettbewerbssituation mit Puma wider.

Bereits seit 1948 trugen DFB-Auswahlmannschaften größtenteils Schuhe von adidas, was zu Verstimmungen mit dem Konkurrenten Puma führte. Vertragliche Regelungen existierten damals noch nicht. Letztendlich entschieden die Spieler selbst, mit welchen Schuhen sie spielten, wobei der Amateurstatus finanzielle Regelungen auf diesem Gebiet untersagte. Herberger hatte anfänglich zu beiden Dassler-Brüdern guten Kontakt. Sowohl Puma als auch adidas hatten ein besonderes Interesse daran, dass die Spieler der deutschen Nationalmannschaft ihre Produkte trugen. Aus dieser Konkurrenzsituation versuchte Herberger Anfang der 50er Jahre finanzielle Vorteile für sich zu ziehen, indem er Puma seine Vermittlerdienste gegenüber dem DFB anbot. Rudolf Dassler war allerdings nicht bereit, Herberger für solche Dienste zu bezahlen. Dieser wendete sich daraufhin an Adi Dassler, der ihm ein Honorar anbot. Damit war im doppelten Sinne eine wichtige Weichenstellung vollzogen: Das Tor für Geldzahlungen im Bereich des Sports war

7 Sepp Herberger und Adi Dassler bei der Fußball-Weltmeisterschaft in der Schweiz (1954)

geöffnet, und für adidas begann eine jahrzehntelange intensive Kooperation mit der deutschen Fußball-Nationalmannschaft. Die damit verbundenen Multiplikatoreffekte erwiesen sich als wesentlicher Startvorteil gegenüber den Konkurrenten und bildeten einen wichtigen Grundstein für den Erfolg des Unternehmens.[19]

Bereits seit Beginn der 50er Jahre hatte Adi Dassler beharrlich um die Aufmerksamkeit Herbergers geworben. Ein intensiver Briefwechsel belegt, wie Adi Dassler über Herberger versuchte, seine neuesten technischen Entwicklungen auf dem Gebiet der Fußballschuhe der Nationalmannschaft anzubieten und darüber hinaus weitere Kontakte zu Vereinen und Mannschaften herzustellen. „Heute habe ich noch eine Bitte an Sie", so Adi Dassler zu Beginn des Jahres 1951 in einem Schreiben an Herberger. „Es dürfte Ihnen sicherlich nicht unbekannt sein, dass die Schuhindustrie zurzeit nicht auf Rosen gebettet ist und sogar die größten und bekanntesten Schuhfabriken zur Kurzarbeit gezwungen sind. Ich muss mich daher mehr als bisher auf den Export verlegen. Während bisher in erster Linie im Ausland meine Rennschuhe gefragt waren, sind mit Österreich und der Schweiz in Bezug auf Fußballstiefel bereits Verbindungen geknüpft. Ich möchte gern über die Landestrainer, die die Nationalmannschaften betreuen, meine Fußballstiefel bekannt machen. Sicherlich verfügen Sie über Anschriften der Fußballtrainer, und ich wäre Ihnen zu Dank verpflichtet, wenn Sie mir dieses Adressen-Material übersenden würden."[20] Auch in der Frage neuester technischer Innovationen wandte sich Adi Dassler mit großer Ausdauer an Herberger. Zu Beginn des Jahres 1951 verwies er auf seine „neuen Fußballschuhe" mit „auswechselbaren Klötzchen", die besser seien als die der Konkurrenz, nicht ohne zugleich eine „vertrauliche" Kritik am Konkurrenten Puma zu üben.[21] Wenige Monate später schrieb Adi Dassler erneut ungeduldig an den Bundestrainer: „Leider habe ich inzwischen nichts mehr wegen der aufschraubbaren Klötzchen gehört und möchte doch für die einzelnen Spieler der Ländermannschaft Fußballstiefel mit auswechselbaren Klötzchen herstellen. Ich wäre Ihnen daher dankbar, wenn Sie mir Nachricht geben würden, ob Ihnen die Ausführung der innen versenkten Schraubengewinde, wie sie Werder Bremen trägt und wie ich Ihnen 1 Paar vor dem Länderspiel zugehen ließ, zusagt."[22] Immer wieder wandte sich Dassler an Herberger, schickte ihm Modelle der neuesten Produkte mit der Bitte, diese etwa mit zu den Olympischen Spielen nach Helsinki zu nehmen und weitere Kontakte herzustellen. „Vielleicht können wir damit für Auslandswerbung etwas beginnen", so seine Hoffnung im Jahr 1952.[23] Das gilt etwa auch für die Verbreitung von „adidas-Trainingswinken", eine mit Tipps angereicherte Werbebroschüre, die bereits die Firma Gebrüder Dassler vertrieben hatte und die für Adi Dassler die Möglichkeit eröffnen sollten, über bekannte Trainerpersönlichkeiten wie Sepp Herberger oder Hennes Weißweiler Verbreitung zu finden.[24]

Auch an den beim DFB für den Pressedienst verantwortliche Carl Koppehel wandte sich Adi Dassler mit der Bitte, den neuen „Schraubstollenprospekt" der Schiedsrichterzeitung beizulegen, um so eine weitere Zielgruppe hinsichtlich der adidas-Produkte anzusprechen.[25] Die Schreiben Adi Dasslers an Herberger nahmen im Vorfeld der WM 1954 beinahe servile Züge an, etwa wenn Dassler versicherte, dass Herberger „jederzeit über [ihn] verfügen" könne. „Ich bin stets bereit, in der Schuhfrage Ihnen mit Rat und Tat zur Seite zu stehen [...]. Außerdem verbindet mich inzwischen eine tiefe Freundschaft zu vielen von Ihren Jungens, sodass meine Aufgabe als Fußballschuh-Fachmann eine Idealaufgabe geworden ist [...]. Sicher haben Sie jetzt wieder alle Hände voll zu tun, um allmählich die Vorbereitungen zur Weltmeisterschaft und zum Ausscheidungsspiel Deutschland/Saar zu treffen."[26]

Die unermüdlichen Versuche einer Kontaktaufnahme zu Herberger zeigten schließlich Erfolg. Es entwickelte sich eine enge Zusammenarbeit, die sogar freundschaftliche Züge annahm, sodass Adi Dassler fortan zum engsten Kreis der Nationalmannschaft gehörte und damit über gute Direktkontakte zu den einzelnen Spielern verfügte. Sein Bruder Rudolf hatte für Puma kurz vor der Weltmeisterschaft 1954 hingegen eine große Chance vertan, indem er Herberger eine finanzielle Zusammenarbeit verweigerte. Adi Dassler sah sich aufgrund seiner Nähe zu Sepp Herberger und der Fußball-Nationalmannschaft aber auch dem Vorwurf des unlauteren Wettbewerbs ausgesetzt, wobei ihm Herberger schließlich noch vor Beginn der WM 1954 zur Seite sprang, indem er das Qualitäts- und das Serviceargument in den Vordergrund stellte: „Es trifft zu", so seine „Stellungnahme in der Angelegenheit Dassler", „dass die Nationalmannschaft und das Gros der Nationalspieler den adidas-Schuh und den adidas-Schuhbeschlag bevorzugen. Wenn dem so ist, dann deshalb, weil die meisten unserer Spieler aufgrund ihrer Erfahrungen die betr. Erzeugnisse der Firma adidas für die tauglichsten und besten halten. Ich bin derselben Meinung wie die Spieler. Wer von den Nationalspielern anderer Meinung ist, braucht sich nicht zu scheuen, diese kund zu tun oder entsprechend zu handeln. Er kann völlig unbeeinflusst mit dem Schuh spielen, den er sich wählt."[27] Zugleich stellte Herberger in dieser Stellungnahme dar, worin für ihn der Ursprung der engen Beziehung Adi Dasslers zur Nationalmannschaft bestand:

VORWORT

für adidas-Trainingswinke

Von Jakl Streitle

Wettkampf und Training gehören eng zusammen. Der Sinn des Wettkampfes ist der Sieg. In der Regel siegt der Bessere. Darum gilt es, durch Üben und Trainieren sich die besten Bedingungen für den Wettkampf zu schaffen.

Das Gros unserer kleinen und kleinsten Vereine hat meist keinen Trainer und auch keinen geregelten Trainingsbetrieb. Aber das Leistungsstreben der Aktiven dieser Vereine ist nicht geringer als das Leistungsstreben der Spieler in den großen Vereinen.

Die adidas-Trainingswinke sollen darum, dem allseitigen Wunsch unserer Aktiven entsprechend, dazu dienen, Helfer beim Aufbau und der Durchführung eines zielstrebigen und zweckgerichteten Trainings zu sein.

Jakl Streitle

8 Trainingswinke adidas in Zusammenarbeit mit Sepp Herberger (1953)

„Dassler ist in Istanbul zum Schuhmacher unserer Mannschaft avanciert. Dort hatten die Türken noch am Samstagnachmittag den Platz mit schweren Walzen bearbeitet und ihn so in einen Zustand ganz besonderer Art gebracht. Meine Versuche, einen türkischen Schuhmacher aufzutreiben, schlugen alle fehl. Aus dieser Patsche half uns Dassler. Er hat erst die halbe Nacht und dann mithilfe der Ersatzleute den ganzen Sonntagvormittag damit zugebracht, unsere Schuhe entsprechend zu beklötzeln."[28] Auch gegen Vorwürfe unlauterer Werbung für adidas im Zusammenhang mit den „Trainingswinken" bezog Herberger Stellung und betonte: „Adolf Dassler hat sich immer streng an meine Forderung gehalten, mit meinem Namen keine Reklame zu machen."[29] Demgegenüber habe vielmehr „Puma-Dassler" seinen Namen dazu benutzt, „eine groß aufgezogene Reklame einzuleiten". Dieses „unqualifizierbare, unwahre Vorgehen der Firma Puma-Dassler war für mich der Anlass, Herrn Adolf Dassler zu sagen, dass er sich in Zukunft nicht so streng daran zu halten brauche, meinen Namen nicht zu erwähnen".[30] Damit hatte sich Herberger endgültig auf die Seite Adi Dasslers geschlagen und den Weg für eine enge und langfristige Kooperation geebnet.

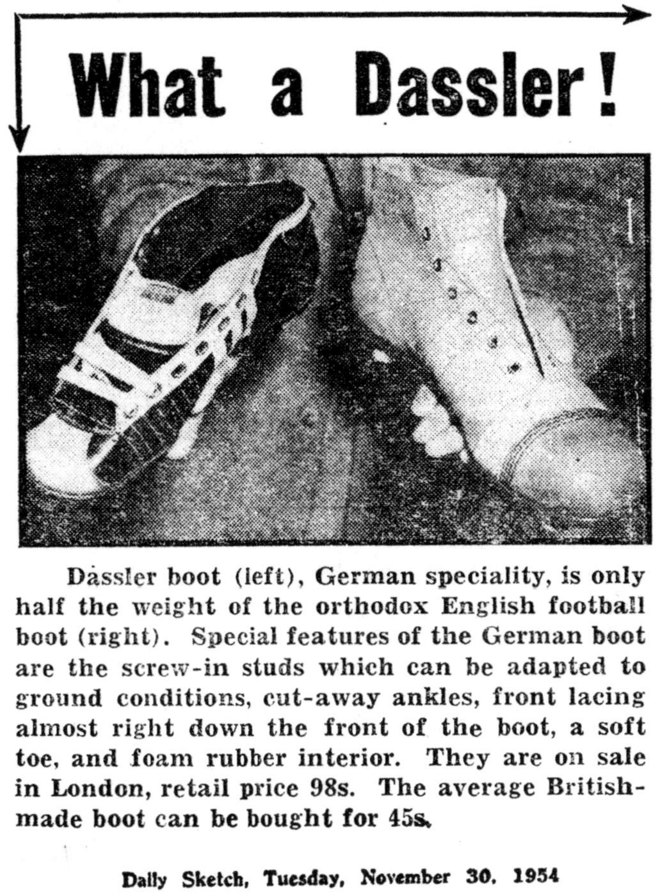

What a Dassler!

Dassler boot (left), German speciality, is only half the weight of the orthodox English football boot (right). Special features of the German boot are the screw-in studs which can be adapted to ground conditions, cut-away ankles, front lacing almost right down the front of the boot, a soft toe, and foam rubber interior. They are on sale in London, retail price 98s. The average British-made boot can be bought for 45s.

Daily Sketch, Tuesday, November 30, 1954

9 What a Dassler! – Ausschnitt aus der englischen Zeitung Daily (1954)

Das im Sommer folgende „Wunder von Bern" erwies sich schließlich auch als eine Art „Wunder für adidas", denn der Name adidas ist seitdem untrennbar mit der deutschen Fußball-Nationalmannschaft und ihren Erfolgen verknüpft. Ausschlaggebend dafür war nicht zuletzt die Geschichte der Schraubstollen, die sich in der deutschen Fußballgeschichte fast ebenso zu einem Mythos entwickeln sollte wie das „Wunder von Bern" selbst. Vielfach wurde seitdem die Geschichte des Schraubstolleneinsatzes beim WM-Endspiel im Berner Wankdorfstadion gegen den vermeintlich übermächtigen Gegner Ungarn beschrieben. Bereits ein zeitgenössisches „Kicker"-Sonderheft zur Fußball-Weltmeisterschaft berichtete nicht nur minutiös über den Weg der deutschen Nationalmannschaft zum WM-Titel, sondern zeigte auch ein Foto Adi Dasslers mit der Unterschrift „Schuh-Marschall", wobei erwähnt wird, welch besondere Verantwortung Dassler hinsichtlich der Fußballschuhe und der Klötzchenauswahl zukam. 1954 waren selbst der britischen Presse die „Dassler boots" eine besondere Erwähnung unter dem Titel „What a Dassler!" wert.[31]

Bis in die Gegenwart wird die Geschichte kolportiert, dass Sepp Herberger und Adi Dassler an „jenem schicksalhaften Tag" des Endspiels froh über den einsetzenden Regen waren, der ermöglichte, dass Adi Dassler „in seine Trickkiste griff" und „eine neue Erfindung präsentierte:

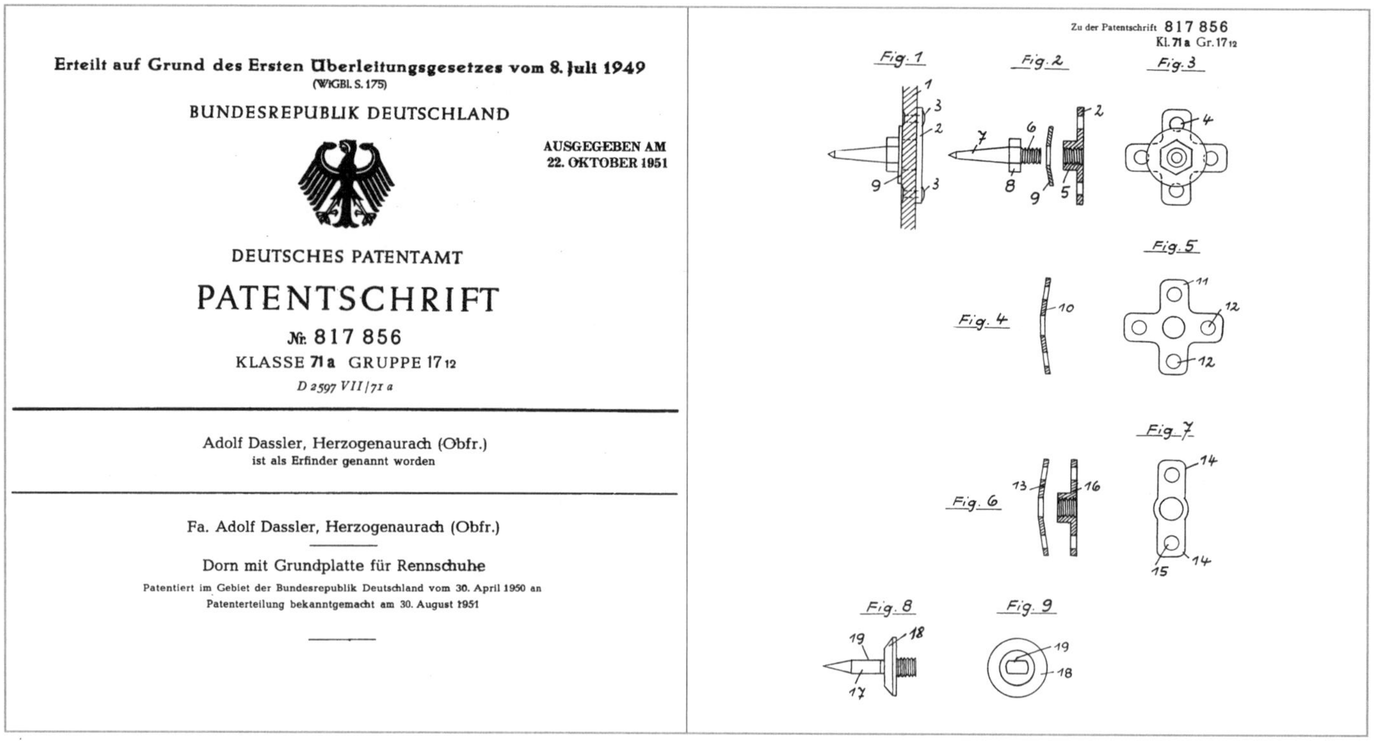
Erteilt auf Grund des Ersten Überleitungsgesetzes vom 8. Juli 1949
(WiGBl. S. 175)

BUNDESREPUBLIK DEUTSCHLAND

AUSGEGEBEN AM
22. OKTOBER 1951

DEUTSCHES PATENTAMT

PATENTSCHRIFT

Nr. 817 856

KLASSE 71a GRUPPE 17 12

D 2597 VII/71 a

Adolf Dassler, Herzogenaurach (Obfr.)
ist als Erfinder genannt worden

Fa. Adolf Dassler, Herzogenaurach (Obfr.)

Dorn mit Grundplatte für Rennschuhe

Patentiert im Gebiet der Bundesrepublik Deutschland vom 30. April 1950 an
Patenterteilung bekanntgemacht am 30. August 1951

10 Auszug aus der Patentschrift: Dorn mit Grundplatte mit auswechselbare Dornen (1950)

auswechselbare Stollen".[32] In dem anlässlich des 50. Jubiläums des WM-Gewinns 1954 gedrehten Film „Das Wunder von Bern" von Sönke Wortmann wird dies wirkungsvoll in Szene gesetzt. Die bei starkem Regenwetter im Endspiel eingesetzte „Geheimwaffe" Adi Dasslers, die „auswechselbaren Klötzchen", so wird dort betont, seien ein Garant für den WM-Sieg gegen Ungarn gewesen. Selbst in die wissenschaftliche Marketing-Literatur hat diese Geschichte Eingang gefunden.[33]

Der weit verbreitete Eindruck, die auswechselbaren Schraubstollen seien erst kurzfristig für die WM zum Einsatz gekommen und anlässlich des einsetzenden Regenwetters im Endspiel sogar spielentscheidend gewesen, wird allerdings durch Adi Dasslers eigene Entwicklungsarbeiten widerlegt. Die „Nockenschuhe" hatte er bereits 1949 patentieren lassen, und auswechselbare Klötzchen waren schon lange vor der WM 1954 im Einsatz. Im Übrigen erinnerte sich Fritz Walter, dass die Spieler individuell unterschiedliche Schuhe bzw. Schuhsohlen favorisierten. Er selbst bevorzugte kurze Stollen, Liebrich höhere Stollen, und Hans Schäfer spielte sogar bei Regenwetter in Nockenschuhen.[34]

Schuhe mit Schraubengewinde, die den Vorteil hatten, je nach Wetterlage schnell ausgetauscht werden zu können, waren ursprünglich für Rennschuhe entwickelt worden. Das entsprechende Schraubstollensystem ließ Adi Dassler im April 1950 patentieren.

Für Fußballschuhe meldete er im November 1952 zunächst ein Gebrauchsmuster beim Patentamt an, wobei der Gewindekanal für die Stollen durch die Brand- und Laufsohle hindurchführte und so für eine größere Stabilität des Stollens und eine leichtere Auswechselung des Gewindeeinsatzes sorgte.

Schon im Jahr 1953/54, noch vor der WM in der Schweiz, warb adidas in einem Prospekt über Fußballschuhe mit dem Satz: „Punktverlust vermeiden! Was kosten 2 Punkte: 11 x 5,95 D-Mark."[35] Dies war der Preis für die neuen Schraubstollen pro Mannschaft. Die eigentliche Patenterteilung erfolgte letztlich im Jahr 1957.[36] In der Zwischenzeit hatte das neue Schraubstollensystem bei der WM 1954 öffentlichkeitswirksam Furore gemacht.

Schließlich reklamierte auch Puma für sich die Erfindung der neuen Technik. So entstand aus dieser Frage ein weiterer Konflikt zwischen den beiden Sportschuhherstellern, der sich möglicherweise aber durch den Hinweis schlichten lässt, dass es sich, wie bei vielen technischen Entwicklungen, auch in diesem Fall weniger um eine Basisinnovation, sondern eher um eine Erweiterungsinnovation handelte, die zahlreiche Vorläufer bzw. Entwicklungsschritte aufweist und die sich bis zum Beginn des 20. Jahrhunderts in Großbritannien und den USA zurückverfolgen lässt.[37] Für adidas stellte sich letztlich weniger die Innovation als die „Diffusion", also die Marktgängigkeit dieses Produkts, als entscheidend heraus, verbunden mit der Tatsache, dass der Name des Unternehmens bzw. Adi Dasslers direkt mit der neuen Technik sowie indirekt auch mit dem Sieg Deutschlands bei der Fußball-WM in der Schweiz konnotiert wurde. Davon wiederum profitierte die Sportschuhherstellung bei adidas, die in der Folge deutlich anstieg. Der jährliche Schuhverkauf stieg von 157.000 Paar im Jahr 1954 auf 221.000 im Jahr 1955, der entsprechende Umsatz von 3,1 auf 4,9 Mio. D-Mark, bei einer Belegschaft von ca. 170 Personen.[38] In den neuen Werbeprospekten des Jahres 1955 warb adidas unter der Überschrift „Punktverlust" in Deutsch, Englisch, Französisch und Spanisch mit der Weltmeistermannschaft von Bern und mit dem „adidas-Fußballstiefel ‚Weltmeister'" als „Krone der adidas-Modelle". Daneben wurde nach bewährtem Muster, d. h. in Zusammengang mit Erfolgen bei sportlichen Großereignissen, auch auf neue Leichtathletik-Schuhe sowie Hockey-, Box-

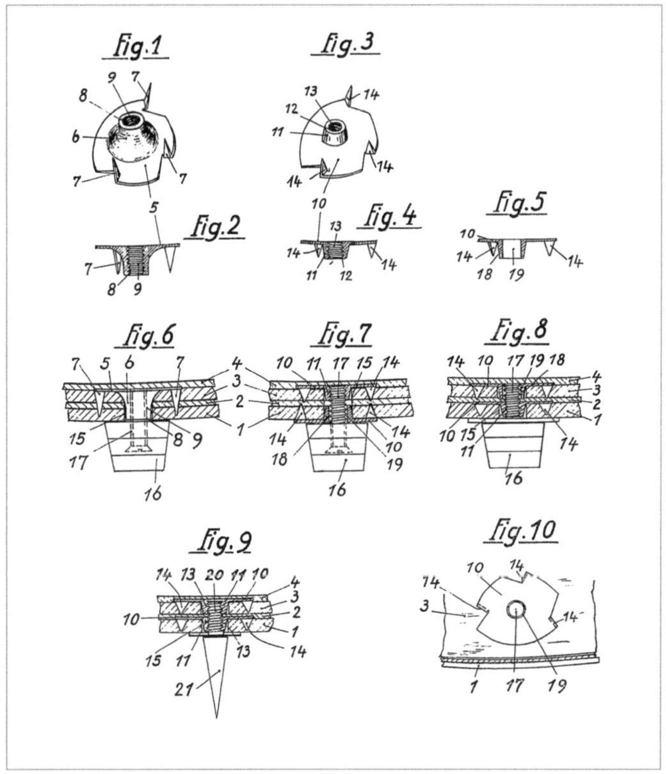

11 Auszug aus der Gebrauchsmusterhilfsanmeldung (späteres Patent) „Buchse mit durchgehender Gewindebohrung" (1952)

und Eishockeystiefel verwiesen: „In 40 Ländern der Welt erfreuen sich adidas-3-Riemen-Schuhe einer ungewöhnlichen Bevorzugung durch die Sportler. Fußball-Weltmeisterschaft und 7 neue Leichtathletik-Weltrekorde im Jahre 1955 beweisen die hoch qualifizierte Güte unserer Sportschuhe."[39]

Einmal mehr zeigte sich also auch hier der Erfolg des „Systems Adi Dassler", eines Konzepts, das bereits vor dem Zweiten Weltkrieg wesentlich für den Aufstieg der Firma der Gebrüder Dassler gewesen war: die Kombination aus Produkt und Marke, persönlichen Beziehungen und technischem Know-how. In den ersten beiden Jahrzehnten von adidas wurden nicht nur in der Fußballschuhtechnik neue Akzente gesetzt, sondern insgesamt 40 Patente, Patentanmeldungen und Gebrauchsmuster für unterschiedliche Sportschuhe bzw. Sportarten herausgebracht. Neuland beschritt das Unternehmen auch bei der Verwendung von

Tabelle 1: **Schuhverkauf und Umsätze 1951 bis 1962**

Jahr	Schuhverkauf/ Paare	Gesamtumsätze in Mio. D-Mark
1951	62.100	1,3
1952	89.121	1,8
1953	115.300	2,3
1954	157.218	3,1
1955	220.700	4,9
1956	273.000	6,2
1957	344.520	7,8
1958	405.800	9,6
1959	485.900	11,9
1960	520.550	12,7
1961	617.570	14,2
1962	781.670	17,7

Quelle: Produktion und Umsätze 1950 bis 1965, in: aA, D-5928

Kunststoffen für unterschiedliche Teile der Schuhproduktion und war damit einer der Vorreiter auf dem Weg ins „Kunststoffzeitalter".[40] Schon die ersten adidas-Nachkriegsmodelle verfügten über eine Leichtgummisohle der Firma Vorwerk. Kunststoffe wurden auch bei der Schaumgummipolsterung und bei Gelenkstützen für Rennschuhe verwendet, für Nocken und Schraubstollen sowie für Schuhbeutel und Taschen, die adidas seit Beginn der 50er Jahre herstellte. 1957 wurden die ersten Fußballschuhe mit Nylonsohle, 1960 die ersten Spikes mit Nylonsohle und eingespritzten Dornen produziert. 1962 folgten dann Rennschuhe mit Schraubdornen, 1964 Intervall-Trainingsschuhe. Ein wesentliches Ziel der Entwicklungsarbeiten bestand in der Herstellung von Leichtgewichtsschuhen für unterschiedliche Sportarten, wobei die Berücksichtigung von Kunststoffen eine zentrale Rolle spielte. Zugleich blieb Leder die Grundlage der Schuhproduktion, bei der zahlreiche unterschiedliche Arten zum Einsatz kamen. Bis Mitte der 60er Jahre meldete Dassler in 25 Ländern Patente und in 80 Ländern sein Warenzeichen an.[41]

Hinzu kamen eine außerordentliche Akribie bei der Schuhherstellung sowie ein Service, bei dem sich Adi Dassler auch um Fragen individuell und medizinisch angepasster Schuhe, insbesondere für Spitzensportler, kümmerte. Hierbei ging nicht allein Adi Dassler auf die Athleten zu, sondern diese traten auch an ihn heran, mit ihren Problemen und Beschwerden, mit Anregungen und Sonderwünschen. Dabei wurde auf individuelle Fragen und Besonderheiten eingegangen, es wurden Maßschuhe hergestellt, spezielle Gelenkstützen für Gewichtheber, Speerwerfer, Hindernisläufer, Ruderer etc. angefertigt und damit ein Höchstmaß an Qualität angestrebt.[42]

Mit dem Wachstum des Unternehmens konnte das „System Adi Dassler" zunehmend perfektioniert und erweitert werden. Adi Dassler war allerdings nicht in der Lage, sich allein um alle Fragen der Unternehmensführung sowie der technischen Seite der Schuhherstellung zu kümmern. Schon frühzeitig hatte er seine Frau Käthe mit wichtigen Aufgaben betraut. Bereits 1948 übernahm sie als Autodidaktin den Versand, später auch die Bereiche Export und Verwaltung. Auch die Töchter Inge, Karin und Brigitte gingen direkt nach der Ausbildung in die Firma. Sohn Horst baute ab 1959 das erste Tochterunternehmen in Frankreich auf.[43] Und nicht nur die eigenen Kinder, sondern auch deren Familien, wie etwa der Ehemann der Tochter Inge, Alfred Bente, wurden in die Unternehmensführung miteinbezogen; Käthe Dasslers Schwester Marianne Hoffmann war als Assistentin Adi Dasslers u. a. für den Vertrieb Deutschland zuständig.

Das „System Adi Dassler" steht allerdings nicht allein für ein familiengeführtes Unternehmen, sondern auch für eine existierende „Unternehmensfamilie", in welche die Sportler sowie neu hinzukommende Mitarbeiter und Funktionäre integriert wurden. Der deutsche Meister im Zehn-

12 Werner von Moltke (Mitte) am adidas-Messestand (60er Jahre)

kampf und späterer Europameister in dieser Disziplin, Werner von Moltke, beschreibt die familiäre Atmosphäre, die „Herzlichkeit" und die „menschliche Wärme", die das „System Adi Dassler" auszeichnete.[44] Der Begriff der „Familie" wird häufig als ideologisches Konstrukt zur Selbstbeschreibung und Selbststilisierung von Unternehmen benutzt und instrumentalisiert. Die Schilderungen Moltkes, der Mitte der 60er Jahre als Sportler zu adidas kam, veranschaulichen, dass Adi und Käthe Dassler ein offenes Haus führten, in das Sportler, Funktionäre und leitende Mitarbeiter ein und aus gingen. Die damit verbundene Familienatmosphäre, die engen persönlichen Beziehungen und Bindungen, die das „System Adi Dassler" ausmachten, waren zugleich Ausdruck einer stark informellen, emotionalen und semiprofessionellen Unternehmensführung, die mit zunehmendem Wachstum der Firma an ihre Grenzen stieß und nach dem Tod Adi Dasslers schließlich ihr Ende fand.[45] Das zeigt sich auch am Beispiel von Moltkes. Von Moltke hatte als aktiver Sportler noch enge Kontakte mit Puma gepflegt, bevor er 1965 zu adidas wechselte. Dort fühlte er sich sofort „gut aufgehoben" und war für den Bereich „Promotion Deutschland" zuständig. Hier arbeitete er Inge Bente zu und hatte engen Kontakt zu deren Ehemann sowie zu Adi und Käthe Dassler. Als Sportler konnte er seine Erfahrungen in die Schuhentwicklung einbringen, kümmerte sich aber genauso um Public Relations und zahlreiche andere Aufgaben. Eine professionelle Aufgaben- und Arbeitsteilung existierte kaum, jeder hat quasi „alles gemacht – in allen Bereichen".[46]

Die Kontakte zu den mit adidas verbundenen Sportlern waren so eng, dass diese bei ihren Aufenthalten in Herzogenaurach auch privat bei den Familien Dassler und Bente wohnten, dort intensiv betreut wurden und sogar Feste mitfeierten. Die Familie Dassler war laut den Schilderungen von Moltkes „Tag und Nacht" für die Sportler da. Diese enge Verquickung von privater und geschäftlicher Atmosphäre führte zu quasi-familiären Bindungen und Loyalitäten, die aufzulösen nur schwer möglich waren. Die Sportler „fühlten sich dem Hause sehr verpflichtet", sodass eine Trennung kaum im Bereich des Denkbaren lag und die meisten deshalb „begeistert und überzeugt" bei adidas geblieben sind.[47] Die Sportlerbetreuung ging schließlich so weit, dass das Unternehmen auch zur Lösung alltäglicher Probleme angefragt wurde, bei der Beratung zum Kauf von Autos und Fernsehgeräten bis hin zur Buchung von Flugreisen – das „System Adi Dassler" sorgte im Rahmen einer individuell-familiären Atmosphäre für eine Rundumversorgung seiner Sportler.

3.3 MEDIALISIERUNG, PROFESSIONALISIERUNG, KOMMERZIALISIERUNG

Das semi-professionelle „System Adi Dassler" war eng mit der Person des Unternehmensgründers und seiner Familie verbunden. Der Aufstieg des Unternehmens erfolgte zeitgleich mit dem Wiederaufstieg der Bundesrepublik zu einer der führenden Wirtschafts- und Exportnationen der Welt, dem sogenannten „Wirtschaftswunder". Seit Beginn der 50er Jahre konnten westdeutsche Unternehmen zu einem nicht geringen Teil an die traditionellen Wirtschaftskontakte aus der Vorkriegszeit anknüpfen, was auf die technische Leistungsfähigkeit und Qualitätsorientierung der westdeutschen Industrie zurückzuführen war. Damit verbunden war die Etablierung der „Sozialen Marktwirtschaft", die von Seiten der Unternehmen wie auch der Konsumenten eine Neuorientierung sowie Anpassungsleistungen an geänderte Herausforderungen verlangte. Diese fielen im Rahmen der amateurstatusorientierten Sportlandschaft sowie des auf persönlichen Beziehungen und Loyalitäten beruhenden „Systems Adi Dassler" nicht leicht. Die Entwicklung neuer Massenmedien boten erhebliche Chancen für den Sportartikelmarkt, stellten ihn aber zugleich vor neue Herausforderungen. Die Fußball-WM 1954 brachte einen ersten Vorgeschmack auf die Veränderungen der Sportwelt. Sie kann durchaus als Beginn der massenmedialen Präsentation des Fußballs, u. a. im damals neuen Medium Fernsehen, gelten. Zwar gab es bereits Ende des 19. Jahrhunderts Printmedien, wie etwa die Zeitschrift Sport im Bild, die sich auch dem Thema Fußball widmeten. In den 20er Jahren kam dann der Rundfunk hinzu. Allerdings wurden etwa vom Sender Berlin Ende der 20er bzw. Anfang der 30er Jahre nicht mehr als acht Sendungen pro Jahr ausgestrahlt. Nach dem Zweiten Weltkrieg stieg dann die allgemeine massenmediale Aufmerksamkeit für den Sport. Dies galt für Tageszeitungen und spezielle Sportzeitungen wie das „Kicker Sportmagazin" ebenso wie für das Radio oder das neue Massenmedium Fernsehen. Der Nordwestdeutsche Rundfunk hatte am Weihnachtsfeiertag 1952 seinen Betrieb aufgenommen. Die Übertragung von Großereignissen wie etwa den Olympischen Sommerspielen 1952 oder der Krönung der englischen Königin Elizabeth II. hatten zunächst nur einige Zehntausend Zuschauer verfolgt. Das Endspiel 1954 sahen dann etwa ein halbe Mio. Menschen, die meisten davon in Gaststätten, viele auch vor Schaufenstern oder bei Verwandten oder Freunden. Mit der Fußball-Weltmeisterschaft erreichte das Fernsehen in der Bundesrepublik eine „neue Dimension" und breitete sich in der zweiten Hälfte der 50er Jahre rasch aus. 1957 hatten sieben Prozent der Haushalte ein Fernsehgerät angemeldet, 1960 bereits 25 Prozent.[48] Mit dem „Beginn des Fernsehzeitalters" entwickelte sich die Unterhaltungselektronik zu einem wichtigen Wirtschafts- und Werbefaktor in der sich ausbreitenden Massenkonsumgesellschaft der Bundesrepublik. Es sollte jedoch noch eineinhalb Jahrzehnte dauern, bis die fernsehaffine „Werbung am Mann" vom DFB-Bundestag offiziell freigegeben wurde. 1972 hatte Günter Mast, damals Geschäftsführer des Wolfenbütteler Spirituosenherstellers Jägermeister und zugleich Präsident von Eintracht Braunschweig, bei seinem Verein die Trikotwerbung eingeführt. Bereits bei der WM 1970 in Mexiko war es Jägermeister gelungen, als erstes deutsches Markenartikel-Unternehmen im Fernsehen präsent zu sein. 1974 starteten dann weitere Vereine mit Trikotwerbung in die Bundesliga-Saison, darunter Bayern München mit Werbung für adidas, was sich nicht nur hinsichtlich der direkten Sponsoreneinnahmen auswirkte, sondern – insbesondere nach der Gründung privater Fernsehanstalten ab Mitte der 80er Jahre sowie entsprechender Sportübertragungen – auch in Form rasch steigender Fernseheinnahmen. Diese hatten sich zwischen 1970/71 (drei Mio. D-Mark) und 1984/85 (zehn Mio. D-Mark) mehr als verdreifacht[49]

Mit der Medialisierung des Sports und insbesondere des Fußballs war eine Kommerzialisierung und schließlich auch Professionalisierung verbunden, die bei adidas im Grunde schon Mitte der 50er Jahre eingesetzt hatte. Dabei spielten die Olympischen Spiele in Melbourne 1956 eine wichtige Rolle, in deren Rahmen Horst Dassler, der älteste Sohn von Adi und Käthe Dassler, eine zentrale Funktion im Unternehmen übernahm.

13 Horst Dassler Mitte der 70er Jahre

Übergang vom Amateur- zum Profisport

Die Zeit ab Mitte der 50er Jahre markiert zugleich eine Phase des Aufweichens des Amateurstatus im Sport. Diese Entwicklung hatte zwar schon vor dem Zweiten Weltkrieg eingesetzt, beschleunigte sich nun aber im Zuge der Durchsetzung marktwirtschaftlichen Denkens in unterschiedlichen gesellschaftlichen Bereichen. Bis dahin durften Sportler, insbesondere der Leichtathletik, offiziell von Unternehmen keine Gelder annehmen, die im Zusammenhang mit ihren sportlichen Leistungen standen. Der Amateurstatus im Sport war eng verbunden mit der Wiedereinführung der Olympischen Spiele Ende des 19. Jahrhunderts und dem Namen Pierre de Coubertins. Dieser hatte auf dem Internationalen Leibeserziehungskongress im Jahr 1894 in Paris festgelegt, dass bei den ersten Olympischen Spielen der Neuzeit 1896 in Athen – abgesehen von den Fechtern – nur Amateure zugelassen sein sollten. Dabei definierte sich der Amateurstatus dadurch, dass die entsprechenden Sportler weder Sportlehrer noch bezahlte Trainer sein durften, keine Gelder oder Geldpreise annahmen und bei Wettkämpfen nicht gegen Profisportler antraten.[50] Diese Vorstellung des Amateursports hielt sich insbesondere auch in Deutschland unter dem maßgeblichen Einfluss des Sportfunktionärs Carl Diem (1882–1962). Diem war vor dem Ersten Weltkrieg Generalsekretär des Deutschen Reichsausschusses für die Olympischen Spiele (DRAfOS), 1920 Mitbegründer der ersten deutschen Sporthochschule in Berlin sowie ab 1947 Rektor der Sporthochschule in Köln. Auch während der Zeit des Nationalsozialismus und bis weit nach dem Zweiten Weltkrieg bekleidete er einflussreiche Ämter. Doch waren es nicht nur konservativ-national ausgerichtete Funktionäre wie Diem, die sich gegen den Berufssport aussprachen.[51] Auch Vertreter der Arbeitersportbewegung hatten noch in der Weimarer Republik das „verkappte Berufssportlertum“ der bürgerlichen Sportbewegung sowie den „Individualismus“ eines „kapitalistischen Wettbewerbssports“ angeprangert.[52] In dieser Tradition linker wie konservativer Berufssportkritik prägte nach 1945 in der Bundesrepublik zunächst Carl Diem das idealistische Bild eines Sports, den er als „Eigenwelt" verstand und als „zweckfreies, lusterfülltes, leistungsstrebendes Spiel" definierte. In dieser „Eigenwelt" hatten Profisportler keinen Platz, seien es „Amateurbetrüger", die sich als Amateure ausgaben, obwohl sie tatsächlich Profis waren, oder sogenannte „Staatsamateure", die im Zeitalter des Kalten Krieges in den „Ostblockstaaten" von Berufsarbeit befreit ausschließlich ihre sportlichen Tätigkeiten ausübten. Diese Haltung Diems prägte auch die offizielle Einstellung des IOC bis zum Beginn der 70er Jahre unter Führung von Avery Brundage.[53]

Die Eigenwelttheorie Carl Diems bezog sich in erster Linie auf die olympischen Sportarten. Sofern eine Aufweichung der Amateurregeln befürchtet wurde, drohte der entsprechenden Sportart der Ausschluss von den Olympischen Spielen. So wurde 1928 beispielsweise Tennis aus dem olympischen Programm gestrichen, weil der internationale Tennisverband ITF die Zulassung ehemaliger Profisportler gefordert hatte.[54]

Insbesondere der Fußball kann als ein Vorreiter auf dem Weg zum Profisport betrachtet werden. Zu Beginn der 30er Jahre erhielten etwa einige Spieler des FC Schalke 04 Gehälter und Spesen, die es ihnen ermöglichten, leichteren beruflichen Tätigkeiten nachzugehen und sich darüber hinaus ausschließlich dem Fußball zu widmen. Und nachdem in einigen anderen europäischen Ländern bereits eine Professionalisierung des Ligabetriebs eingesetzt hatte, beschloss auch der DFB im Jahr 1932, diesen Weg einzuschlagen. Mit der Machtübernahme der Nationalsozialisten folgte ein Jahr später jedoch ein „Verbot des Professionalismus",[55] das den Weg der Kommerzialisierung zunächst unterbrach.

1948 führten die südlichen Spielklassen des DFB das Vertragsspielertum ein, und in den Folgejahren gab es in der Bundesrepublik intensive Diskussionen um die Frage des Berufsfußballs. Im Vorfeld der Gründung der Bundesliga im Jahr 1963 wurde an diese Entwicklung schließlich angeknüpft. Bundesligaspieler galten als „bezahlte Angestellte eines lizensierten Vereins".[56] Daneben existierte, nicht nur bezüglich des Fußballs, eine Grauzone. Auch in anderen Sportarten ließ sich seit Beginn der 50er Jahre eine schleichende De-Amateurisierung bzw. Professionalisierung in Form von Nebenverdiensten für Sportler, Honoraren für Trainer und steigenden Werbemaßnahmen bei Sportvereinen beobachten.

Aus der Sicht Adi Dasslers war dies keine begrüßenswerte Entwicklung. Mit einem gewissen Fatalismus kommentierte er die wachsende Bedeutung der Werbung im Sport. „Man muss in unserer Branche", so Adi Dassler rückblickend im Jahr 1966, „der wir erst durch unsere Patente und Forschungen von der Schuhbranche her ein anderes Gewicht gegeben haben, aus einem Floh einen Elefanten machen können. Wer am meisten trommelt, hat recht [...]. Das Ganze kotzt einen an, oder man muss sich umstellen und sich den Standpunkt aneignen, die Menschheit will betrogen sein, denn das Gute setzt sich ohne übergroße Werbung nicht mehr durch, wenn es nicht äußerlich gut sichtbar ist".[57] Hier sprach noch ganz der Schuhmacher und Techniker, der einerseits davon ausging, dass die Qualität seiner Produkte für sich sprach, und der durch seine persönlichen Kontakte quasi-familiäre Beziehungen zu den Sportlern aufgebaut hatte. Zu diesem „System Adi Dassler" gehörte jedoch auch die Promotion seiner Sportschuhe. Wenn er nun die „übergroße Werbung" anprangerte, so zeigte dies auch die Widersprüchlichkeit seiner Einstellung zum Sportgeschehen, die einerseits durch freundschaftlich-familiäre Beziehungen geprägt war, andererseits auf diesem Wege aber auch die Promotion seiner Produkte beförderte. Eine Trennung zwischen emotional-familiären Einstellungen und rationaler Geschäftsführung sah das „System Adi Dassler“ nicht vor. Seinem Sohn Horst fiel dies leichter. Während Adi Dassler in Fragen der Kommerzialisierung und Werbung noch eine defensiv-kritische Position einnahm, forcierte Horst Dassler – nicht zuletzt vor dem Hintergrund der Konkurrenz mit Puma – die Kommerzialisierung und Professionalisierung des Geschäfts. Zugleich setzte er, etwa bei den Olympischen Spielen in Melbourne und Rom und der Fußball-Weltmeisterschaft 1962 in Chile, die erprobten Geschäftspraktiken sowie die Tradition der Kontakt- und Markenpflege fort. Auf diese Weise bereitete Horst Dassler den Boden für eine Transformation der Unternehmensstrategie im Sinne eines erweiterten, den neuen Entwicklungen angepassten Systems, das er insbesondere auch mit seiner Person verkörperte.

Vom Vater zum Sohn: Das „System Horst Dassler“

Horst Dassler wurde 1936 geboren, verbrachte seine Kindheit und Jugend im Umfeld der elterlichen Firma. Ähnlich wie seine Schwestern wurde er von seinen Eltern in Richtung eines entsprechenden beruflichen Werdegangs gelenkt. Nach einer handwerklichen Ausbildung und dem Besuch des Gymnasiums besuchte er die Handelshochschule in Nürnberg und die Schuhfachschule in Pirmasens, sodass er schließlich nicht nur über handwerklich-technische Kenntnisse der Schuhherstellung, sondern auch über wissenschaftlich-betriebswirtschaftliches Know-how verfügte. Zudem war er als Hobbyfußballer, Hockey- und Eishockeyspieler auch mit der sportlichen Praxis vertraut. Als bedeutsam für seinen persönlichen beruflichen Werdegang, aber auch für die Entwicklung der Firma adidas, sollten sich jedoch vor allem seine bei Auslandsaufenthalten erworbenen Sprachkenntnisse erweisen, zumal diese in der Elterngeneration noch wenig ausgeprägt waren. Als 17jähriger lernte er auf Initiative seiner Eltern in Spanien die Landessprache, und drei Jahre später ging er nach London, wo er nicht nur Sprachkenntnisse erwarb, sondern sich bei einem adidas-Vertreter vor Ort auch mit Fragen der Buchhaltung, Werbung, des Sponsoring und der Promotion auseinandersetzte. Eine Art „Meisterstück“ lieferte Horst Dassler dann als 20jähriger mit seiner Reise zu den Olympischen Spielen nach Melbourne ab, wo er, ganz in der Tradition seines Vaters, geschäftliche Verbindungen sowie Kontakte zu Sportlern knüpfte und dabei für adidas-Schuhe warb.[58] adidas hatte anlässlich der Olympischen Spiele in Melbourne spezielle Schuhe für unterschiedliche Sportarten entworfen, so etwa Spikes mit vier Dornen und seitlicher Kunststoffverstärkung, in denen der Amerikaner Glenn Davis die Goldmedaille im 400-Meter-Hürdenlauf gewann. Auch der amerikanische Diskuswerfer Al Oerter errang in adidas-Schuhen eine Goldmedaille. Schließlich entwickelte er sich zu einem der erfolgreichsten Leichtathleten der 60er Jahre, indem er auch bei den folgenden Olympischen Spielen 1960 in Rom, 1964 in Tokio und 1968 in Mexiko-Stadt siegte und sich so für adidas als weiterer, herausragender Markenbotschafter erwies. Bei all diesen Olympischen Spielen war das Unternehmen in ganz unterschiedlichen Disziplinen mit jeweils speziellem Schuhwerk am Erfolg beteiligt und konnte so mit Verweis auf den vielfachen Gewinn von Medaillen und Weltrekorden in adidas-Schuhen Werbung machen.[59] „In Melbourne kämpfte die Jugend der Welt“, so das Titelblatt eines adidas-Werbeprospektes aus

14 Al Oerter bei den Olympischen Spielen 1956 in Melbourne

dem Jahr 1956, „72 Olympia-Medaillen, 33 Weltrekorde wurden im Olympia-Jahr mit adidas errungen".[60] Der mit Fotos der Olympischen Spiele und adidas-tragenden Spitzensportlern reich bebilderte Werbeprospekt resümierte: „Melbourne wurde zum überragenden Triumph für adidas-3-Riemen-Schuhe."[61] Den Grundstein dafür legte, wie früher bei Adi Dassler, die offensive Kontaktaufnahme Horst Dasslers zu Spitzensportlern, Funktionären und Händlern während der Spiele. Dazu hatte er ein großes Kontingent an Schuhen mit nach Melbourne gebracht, was zu erheblichen Problemen mit dem Zoll und den Vertragshändlern vor Ort führte. Diese konnten umgangen werden, indem die Schuhe als technische Ausrüstung deklariert und zum Teil vor Ort an Sportler verschenkt wurden, was sich zugleich als geschickte Werbekampagne entpuppte. Fast schon generalstabsmäßig plante Horst Dassler die Kontaktaufnahme zu erfolgreichen oder auch erfolgversprechenden Sportlern mit dem Ziel, vor allem Medaillengewinner als adidas-Werbeträger zu gewinnen. Die Strategie erwies sich mit Blick auf die hohe Zahl an Medaillengewinnern in adidas-Schuhen als gelungen und führte sogar dazu, dass zunehmend Sportler von sich aus den Kontakt zu adidas mit dem Wunsch nach einer Schuhausrüstung aufnahmen. Dieser Effekt sollte sich langfristig auch auf den „normalen" Endverbraucher übertragen.[62] In der modernen Sprache des Marketing, die Mitte der 50er Jahre noch nicht Eingang in die adidas-Unternehmensstrategie gehalten hatte, würde man in diesem Zusammenhang von „Sales Promotion" bzw. „Trade Promotion" sprechen, von Maßnahmen sowie Anreizen der Verkaufsförderung, u.a. in Form von Provisionen und Geschenken.[63] Dies waren zugleich die Kernelemente des sich langsam herausbildenden „Systems Horst Dassler".

Der in den 50er Jahren noch bestehende Amateurstatus bei zahlreichen Sportarten, insbesondere in der Leichtathletik, setzte diesem Vorgehen jedoch zunächst noch Grenzen. Geld durfte offiziell nicht gezahlt werden, aber das Überlassen von Schuhen und Ausrüstung war nach den Statuten

15 Von Al Oerter nach den Olympischen Spielen 1960 an Adi Dassler übergebener Schuh

16 Uwe Seeler im Gespräch mit Adi Dassler (Ende der 60er Jahre)

möglich und durchaus üblich. Zu dieser Form der Promotion äußerte sich Horst Dassler einige Jahre später rückblickend: „Am Anfang war es so, dass die Promotion über Sportler sehr preisgünstig war. Es floss kein Geld, es ging nur um Ausrüstung. Die Werbung in den Medien war vergleichsweise teuer. Heute hat sich das ausgeglichen. Man kann heute nicht mehr sagen, dass Promotion billiger ist als Werbung in den Printmedien. Das Anpeilen der Zielgruppen über die Promotion ist jedoch exakter zu bewerkstelligen. Ein Spitzensportler, der sich in Sportartikeln präsentiert, spricht gezielt die potenziellen Kunden an. Wenn ich in Publikumszeitschriften Anzeigen schalte, muss ich mit einem Streuverlust von 30 oder gar 40 Prozent rechnen."[64] Und noch einen weiteren Vorteil bot der Kontakt zu den Spitzensportlern: Nach Beendigung ihrer Karriere konnten sie als Mitarbeiter angeworben und dank ihrer ausgezeichneten Kenntnisse der Sportszene als Promotoren, Handelsvertreter, Repräsentanten oder Verkaufsleiter für adidas einsetzt werden. Zu den ersten Repräsentanten, die nach ihrer sportlichen Karriere bei adidas anheuerten, gehörten die Franzosen Jocelyn Delecour und Michel Jazy; Horst Dassler hatte sie nach den Olympischen Spielen 1956 in Melbourne für das Unternehmen gewonnen.[65]

Einer der bekanntesten Spitzensportler, der sogar noch während seiner aktiven Sportlerlaufbahn in die Dienste von adidas in Herzogenaurach eintrat, war Uwe Seeler. Als Sohn eines Hamburger Hafenarbeiters spielte er zunächst in der Jugendmannschaft des HSV, bevor er ab 1953 in den Oberligakader aufgenommen wurde und dort zwei Jahrzehnte bis zu seinem Karriereende aktiv war. Noch in der Oberliga Nord avancierte Seeler rasch zum Torschützenkönig und wurde nach der Fußball-WM 1954 von Sepp Herberger in den Kreis der Nationalmannschaft berufen, für die er dann 1958 an der WM in Schweden teilnahm. Mit dem HSV wurde Seeler 1960 Deutscher Meister, wobei er im Endspiel zwei entscheidende Treffer zum Sieg über den 1. FC Köln

17 Bernd Trautmann beim englischen Pokalfinale 1956 im Londoner Wembley-Stadion

beitrug. Im gleichen Jahr wurde er zum Fußballer des Jahres gewählt. Seeler galt sowohl deutschland- als auch weltweit als einer der besten Mittelstürmer, was dazu führte, dass europäische Spitzenteams auf ihn aufmerksam wurden. 1961 bot Inter Mailand die damals sagenhafte Ablösesumme von 1,2 Mio. D-Mark für einen Wechsel Seelers nach Mailand. Die Verdienstmöglichkeiten für Fußballer waren zu dieser Zeit in der Bundesrepublik bescheiden. In den Oberligen galt noch der Amateurstatus; für ihren Lebensunterhalt mussten die Spieler durch Berufe in der freien Wirtschaft sorgen. Mit den Worten: „Wenn Du das nicht annimmst, bist Du schön doof",[66] rieten Seelers Vereinskameraden ihm deshalb zum Wechsel nach Italien. Wollte man Seeler in Deutschland halten, musste man ihm eine entsprechende Verdienstmöglichkeit verschaffen. Seeler war inzwischen selbst aktiv geworden und hatte sich als Alternative zum Wechsel nach Italien um eine Tätigkeit bei Unternehmen der Bau- und Werbebranche bemüht. In dieser Situation kamen die guten Kontakte Sepp Herbergers zu adidas zum Tragen. Herberger drängte adidas, Seeler ein Angebot zu unterbreiten, denn dies sei „die letzte Gelegenheit, ihn für uns zu gewinnen, bevor er sich einen anderen Job ausgesucht hätte".[67] Der adidas-Vertreter Richard Alisch bot an, Uwe Seeler als Kompagnon bzw. „freien Mitarbeiter" für den von ihm betreuten norddeutschen Raum aufzunehmen. Laut Vertrag sollte Seeler mit 28 Prozent an Alischs Jahresgehalt sowie an Umsatzsteigerungen beteiligt sein.[68] Für den bodenständigen und bescheidenen Familienmenschen Uwe Seeler war die Aussicht auf ein solches Gehalt, verbunden mit einer Tätigkeit in der Heimat sowie dem Verbleib beim HSV, offensichtlich attraktiver als hohe Verdienstmöglichkeiten in der Fremde bei einem italienischen Verein, sodass er im Frühjahr 1961 als neuer Mitarbeiter von adidas eingestellt wurde. Damit übernahm Seeler nicht nur die Rolle als Fußballidol und Werbeträger für adidas, sondern leistete im „System Adi Dassler" auch konkrete Arbeit als Vertreter, Kontaktperson und Vermittler gegenüber Sportlern, Vereinen, Verbänden und Funktionären; so etwa, als es gleich zu Beginn seiner Tätigkeit um die Ausrüstung des FC Barcelona mit adidas-Trainingsschuhen oder um eine Verbindungsaufnahme zur argentinischen Nationalmannschaft ging.[69] Ähnlich wie bei Sepp Herberger entstand zur Familie Adi Dassler eine freundschaftliche, fast schon familiäre, vor allem aber loyale Beziehung. Mit Adi Dassler stand Seeler auf „Du und Du", Briefe an die Familie Dassler begann er mit „Ihr Lieben", und bevor er darin zum geschäftlichen Teil überging, berichtete er bisweilen über das Wohlergehen seiner Kinder.[70] Privates und Geschäftliches sowie sportliche Begeisterung gingen so fließend ineinander über.

Ähnlich verhielt sich auch Adi Dassler, der als Geschäftsmann einerseits am wirtschaftlichen Erfolg seines Unternehmens interessiert war, gleichzeitg aber zu zahlreichen Persönlichkeiten der sportlichen Öffentlichkeit intensive persönliche und freundschaftliche Kontakte pflegte. Während für ihn selbst dabei der kommerzielle Aspekt als Teil seines Handelns selbstverständlich war, gestand er den Sportlern, die nominell ja Amateure waren, eine solche marktorientierte Denkweise allerdings nicht zu. Darin unterschied er sich von seinem Sohn Horst, der in der Kommerzialisierung des Sports keine negative Entwicklung sah, sondern sie vielmehr aktiv beförderte. Das sei „etwas, was meinem Vater sehr gegen den Strich ging. Er hat nie verstanden, dass ein Sportler für Geld ein Produkt trägt, das unter Umständen qualitativ und technisch schlechter ist als eines aus unserer Produktion. Mein Vater war Schuhtech-

18 Armin Hary bei der Leichtathletik-WM 1960 in Berlin

niker, und unsere Firma hat dank unseres technischen Know-hows ihren Erfolgsweg einschlagen können".[71]

Ende der 50er Jahre änderte sich die Sportwelt jedoch rasant. Der Wandel fiel zusammen mit der Hochzeit des „Wirtschaftswunders" und der sich entwickelnden Markt- und Massenkonsumgesellschaft, die auf einem raschen Wirtschaftswachstum in einer Wettbewerbswirtschaft sowie steigendem Einkommen und mehr Freizeit beruhte. Die damit verbundene Kommerzialisierung des Alltagslebens wirkte sich auch auf den Sport aus. Insbesondere der Fußball erfuhr durch die Gründung der Bundesliga 1963 dahingehend einen deutlichen Schub, der sich auch bei den Spielergehältern bemerkbar machte, selbst wenn diese zunächst noch gedeckelt waren.[72] Der Wunsch, mit seinen sportlichen Tätigkeiten und dem hohen Trainingsaufwand auch eine materielle Absicherung und Anerkennung zu erfahren, war aber nicht allein auf die Spitzenfußballer beschränkt, sondern betraf um das Jahr 1960 auch andere Sportarten. Erfolgreiche Sportler wie Armin Hary, der als 100-Meter-Olympiasieger von Rom im Zentrum der medialen Öffentlichkeit stand, dachten nicht mehr allein in den Kategorien von Amateuren, sondern zunehmend auch in denjenigen der Professionalität sowie der Markt- und Wettbewerbswirtschaft. Dazu trug im Falle Armin Harys auch dessen USA-Aufenthalt bei, der nicht nur zur professionellen Vorbereitung auf die Olympischen Spiele in Rom diente, sondern ihm zugleich neue Erfahrungen in einer bereits stark kommerzialisierten Gesellschaft ermöglichte. Adi Dassler hatte, wie für zahlreiche andere Spitzensportler, auch für Armin Hary spezielle Schuhe für die Olympischen Spiele in Rom angefertigt. Aus finanziellen Gründen wechselte Hary dann jedoch kurz vor dem 100-Meter-Finale zum adidas-Konkurrenten Puma. Für einen erneuten Wechsel zurück zu adidas forderte er ein Honorar oder aber eine Generalvertretung von adidas in den USA. Den 100-Meter-Endlauf gewann er schließlich in Puma-Schuhen, während er bei der Siegerehrung wieder adidas-Schuhe trug.[73] Ein solches Verhalten war für den in Kategorien des Amateursports denkenden Adi Dassler eine große Enttäuschung. Am Ende trennten sich sowohl adidas als auch Puma im Streit von Hary. Die De-Amateurisierung des Sports konnten sie dadurch jedoch nicht aufhalten. Und letztendlich hatte „Rudolf Dassler diese Büchse der Pandora geöffnet", so urteilt die Wirtschaftsjournalistin Barbara Smit etwas pathetisch, „als er bei den Spielen von Rom dem Sprinter Armin Hary Geld dafür bezahlte, dass er bei seinem Siegeslauf über 100 Meter Puma-Schuhe trug. Von da an stellten Sportler hemmungslos Forderungen und scherten sich nicht um die Verletzung der Amateurregeln".[74]

Nüchtern betrachtet befand sich die gesamte Sportbranche in einer Transformationsphase, die durch eine schleichende Abkehr vom Amateursport gekennzeichnet war. Dieser Prozess der Modernisierung und Professionalisierung verlief über mehrere Jahrzehnte. Nachdem er bereits vor dem Zweiten Weltkrieg begonnen hatte, beschleunigte er sich im Rahmen der prosperierenden Markt- und Konsumgesellschaft während der späten 50er Jahre. Im Fall von adidas zeigte er sich im Übergang vom „System Adi Dassler" zum „System Horst Dassler", von einem familiär-emotional zu einem stärker rational geführten Unternehmen, wie es bei adidas France unter Leitung von Horst Dassler bereits der Fall war. Dabei konnte es auch zu Grenzüberschreitungen kommen, zum Einsatz unlauterer Mittel bei der Erreichung hoch gesteckter Unternehmensziele, wobei die einmal in Gang gesetzte Spirale der Kommerzialisierung zunehmend die gesamte Sportwelt umfasste.

Die Fußball-WM 1962 in Chile

Auch wenn der Fall Armin Hary zu dieser Zeit ein Extrembeispiel darstellte, so zeichnete sich doch ab, dass der Kampf um Spitzensportler zunehmend härtere Dimensionen annahm, dass Geld dabei eine wichtige Rolle spielte, und dass der Amateurstatus von Sportlern, nicht nur beim Fußball, an Bedeutung verlor. Für ein Unternehmen wie adidas musste es in dieser Phase des Wandels darauf ankommen, auf entsprechende Entwicklungen nicht nur zu reagieren, sondern sie selbst aktiv mitzugestalten. Horst Dassler besaß ein besseres Gespür dafür als sein Vater. Einerseits übernahm er dessen Vorgehensweise der Netzwerkbildung und Promotion mit Sportlern, Vereinen und Funktionären, andererseits entemotionalisierte und professionalisierte er dieses System. Und während Adi Dassler als ein „Pionier der Sportwerbung" gelten kann, wird Horst Dassler als „Gründer des modernen Sport-Sponsorings" und als „legendärer Manager und Macher im internationalen Sport-Business" betrachtet.[75] Neben seinem Engagement bei den Olympischen Spielen 1956 in Melbourne haben dazu sicherlich seine Aktivitäten während der Fußball-WM in Chile 1962 beigetragen, die er für adidas im Alter von nur 26 Jahren managte. Von Bedeutung dürften in diesem Zusammenhang seine Englisch- und Spanischkenntnisse gewesen sein.

Die Chile-Reise Horst Dasslers war gekennzeichnet durch den Ausbau des bereits von Adi Dassler praktizierten Netzwerks in Form intensiver Kontaktpflege zu Sportlern, Mannschaften und Funktionären. Ergänzt wurde dieses Vorgehen durch den Einsatz materieller und finanzieller Promotion-Methoden sowie durch eine mediale Flankierung, die eine insgesamt deutlich professionellere und strategische Herangehensweise erkennen ließ. Seinen Eltern erstattete Horst Dassler laufend Bericht über den Fortgang der Aktivitäten in Chile. Zusammen mit seinen Mitarbeitern ging es ihm vor allem darum, Kontakte zu unterschiedlichen Nationalmannschaften herzustellen und diese mit Fußballschuhen auszurüsten – und dabei möglichst dem Konkurrenten Puma zuvorzukommen. Zudem galt es, zu Werbezwecken möglichst viele Fotos und Filmszenen von Nationalmannschaften und Spielern in adidas-Schuhen zu verbreiten – und dabei auf eine internationale Ausrichtung zu achten. „Werbung am besten nicht zu sehr auf Deutschland, sondern auf international", so Horst Dassler in den telegrammstilartigen Berichten an die Eltern, „da Deutschl. kaum sehr weit kommen wird".[76] So stellte Horst Dassler nach seiner Ankunft in Chile zunächst Kontakte zu Brasilianern und Argentiniern her, gefolgt von den „Russen“, zu denen der Kontakt u. a. über einen jugoslawischen Journalisten geknüpft wurde, schließlich auch zu Spaniern und Tschechen. Seinen Eltern konnte Horst Dassler zur Beruhigung mitteilen: „Von Puma haben wir noch nicht viel gesehen + gehört.“[77]

Ziel Dasslers war es, möglichst viele Teilnehmermannschaften der WM mit adidas-Schuhen auszurüsten. Das war ein anstrengendes und aufreibendes Geschäft, bei dem Dassler auch mit Rückschlägen zu kämpfen hatte und permanent „am Ball“ bleiben musste. „Auf dem Weg zur Engl. Mannschaft kamen wir am Training der Argentinier vorbei. Wir hielten sofort und stellten fest, dass alle Spieler ein argentinisches Fabrikat mit einem breiten Riemen trugen. Sprachen sofort Lorenzo (Trainer) an und vereinbarten Treffpunkt für nächsten Morgen 9:30, obwohl es schien, dass er nicht über unser Kommen erfreut schien. Wie sich am nächsten Tag zeigte, ist er uns nicht freundlich gesinnt und anscheinend an den argentinischen Schuhen interessiert. Besuchten dann Engländer. […] Sämtliche Spieler waren schon von umbro ausgerüstet […]. Gaben noch 5 Paar Spielschuhe aus sowie 30 Paar Miniaturschuhe. Durch eine unbedachte Äußerung des chilenischen Betreuers Robledo erfuhren wir, dass er für Puma arbeitet. Oswaldo brachte noch heraus, dass Benz (Puma-Dirigent) schon gestern dagewesen war, aber nur Musterpaare hinterlassen hatte.“[78] Die Konkurrenz war offensichtlich hart, und neben Puma traten auch andere Hersteller als Ausrüster der Nationalmannschaften auf. Dabei war die Entscheidung, welche Schuhe bzw. Marke die Spieler trugen, noch diesen selbst überlassen. Und genau hier galt es anzusetzen und Überzeugungsarbeit zu leisten. „Wie viel Spieler unsere Schuhe tragen, ist schwer festzustellen“, so Horst Dassler in seinem Bericht, aber „unser Schuh ist mit weitem Abstand der meistgespielte Schuh“.[79] Doch wollte Horst Dassler sich auf diesen Lorbeeren nicht ausruhen. Auch nicht auf der Tatsache, dass Puma kaum vertreten war. Nach den Vorrundenspielen stellte er eine Art adidas-Tabelle auf, die kenntlich machte, wie viele Spieler in den einzelnen Nationalmannschaften adidas-Schuhe trugen: „Russland = 8 Spieler, Jugoslawien = 4 Spieler, Tschechien = 8 Spieler, England = 8 Spieler, Ungarn = 8 Spieler, Deutschland natürlich alle.“[80] Damit war das Potenzial noch lange nicht ausgeschöpft. Aber zu einigen Mannschaften erwies sich die Kontaktherstellung als

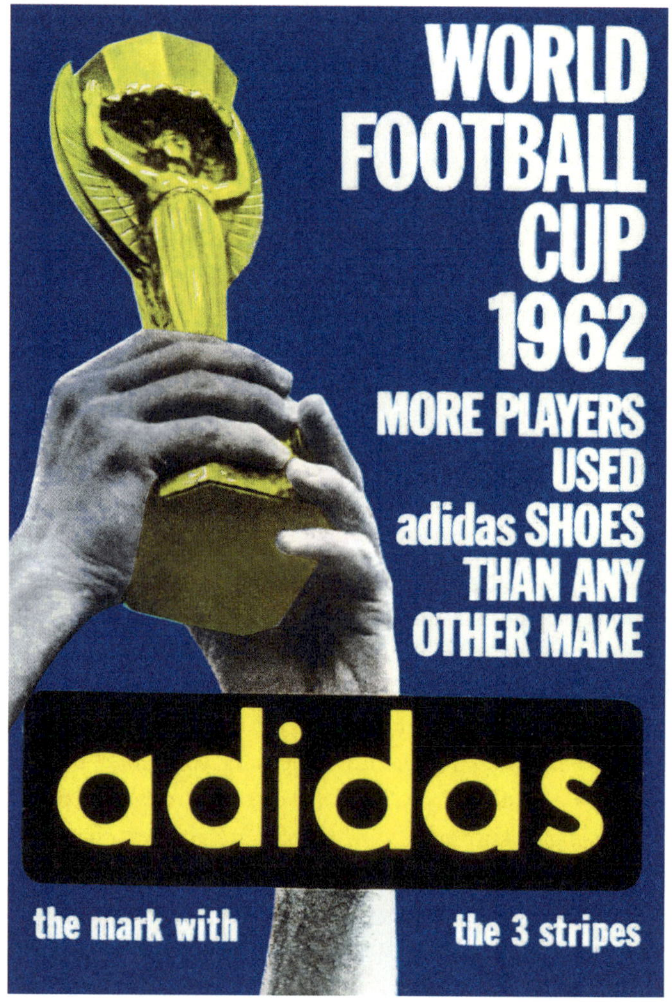

19 Katalog zur Fußball-Weltmeisterschaft 1962 in Chile

schwierig. Erst nach der Vorrunde gelang es bezüglich der Brasilianer, „dass wir die Mannschaft besuchen und mit den einzelnen Spielern verhandeln. Wahrscheinlich wird dies finanziell sehr teuer werden. Ich weiß noch nicht, ob wir vor dem Halbfinale so viel Geld einsetzen wollen, da die Hoffnung besteht, dass Brasilien noch ausscheidet [...]. Man muss jetzt unbedingt den Erfolg ausnutzen, solange Deutschland noch dabei ist und die Zeitungen gefressen werden".[81] Während aber Deutschland im Viertelfinale an Jugoslawien scheiterte, blieb Brasilien im Turnier und errang schließlich seinen zweiten Weltmeistertitel. Schon zuvor hatten die Brasilianer für Trainingsaufnahmen, die Horst Dassler angefragt hatte, 1.000 US-Dollar pro Spieler verlangt, was diesen wiederum verärgerte: „Beschlossen Brasilianer links liegen zu lassen und Ergebnisse abzuwarten. Falls Sieger nochmals mit Geld",[82] was heißen sollte, dass bei einem sportlichen Erfolg der Brasilianer durchaus das geforderte Honorar bezahlt werden sollte.

Geld oder Sachleistungen spielten offenbar eine immer größere Rolle. Dies galt beispielsweise auch für Einladungen von FIFA-Funktionären zum Mittagessen sowie die Anbahnung von Geschäften mit Vertretern der tschechoslowakischen Mannschaft. „Morgens gleich zu den Tschechen", so Horst Dassler über die Verhandlungen am Rande des Turniers. „Auch Schuhe f. Hauptmann Schöppke mitgebracht. Schuhe an Spieler verteilt Art. 341. Bin mit Masopust gleich ins Zimmer, habe ihm Armbanduhr geschenkt und ausgefragt [...]. Sprach anschließend allein mit Vytlacil [Trainer, Vorname: Rudolf] und sagte ihm, dass ich wisse, dass Puma ihnen Geld angeboten habe, und wir auch etwas für die Mannschaft tun möchten, jedoch Geschenke. Er versprach, dass keiner wechseln würde und dass er uns wegen der Geschenke noch Bescheid sagen würde."[83] Das waren, wenn auch noch in kleinem Maßstab, erste Grenzüberschreitungen, Begleiterscheinungen der Kommerzialisierung des Sports, bei denen Bestechung und Korruption im Rahmen von internationalen sportlichen Großereignissen zunehmend eine Rolle spielten. Dies wurde so oder in ähnlicher Weise aber offenbar von zahlreichen Unternehmen praktiziert. „Auslandskorruption" war seit den 50er Jahren in vielen Branchen ein „wesentlicher Bestandteil des westdeutschen Exportwunders"[84] und wurde bis in die 80er Jahre von der Bundesregierung weitgehend gebilligt. Ausschlaggebend dafür waren unterschiedliche Rechts- und Moralvorstellungen in einigen Staaten, die selbst den Bundesgerichtshof anlässlich eines Korruptionsfalles dazu brachten, festzustellen, dass Schmiergeldzahlungen in einigen Ländern geradezu eine Voraussetzung dafür sind, Geschäfte abschließen zu können.[85]

Insgesamt kann die Chile-Reise Horst Dasslers für das Unternehmen als großer Erfolg betrachtet werden, schließlich spielten die meisten Spieler in Schuhen von adidas, neue konnten hinzugewonnen werden, und die mediale Aufbereitung sorgte für eine hohe Werbewirksamkeit. Der Bericht Horst Dasslers an seine Eltern ermöglicht einen plastischen Einblick in das „System Horst Dassler", das eine zunehmende Professionalisierung und Internationalisierung sowie eine offensive Wettbewerbsorientierung der Aktivitäten auf dem Gebiet des Sponsorings und der Promotion erkennen lässt. Dies sollte sich bei den sportlichen Großereignissen der 60er Jahre fortsetzen, wobei die Konkurrenz zu Puma weiterhin eine wichtige Rolle spielte.

Bei der Fußball-WM in Chile hatte Puma gegenüber adidas noch das Nachsehen, auch wenn man mit Pelé einen wichtigen Spieler der brasilianischen Weltmeistermannschaft als Aushängeschild gewonnen hatte. Insge-

20 Wilma Rudolph bei den Olympischen Spielen 1960 in Rom

samt hinkte Puma bezüglich seiner Promotion-Strategie hinter adidas her. Erst mit der Verpflichtung von Eusébio da Silva Ferreira, dem portugiesischen Nationalspieler und Fußballer des Jahres 1965, beschritt auch Puma konsequent den bereits von adidas seit vielen Jahren eingeschlagenen Weg, Spitzensportler als Werbeträger langfristig an sich zu binden. Eusébio erhielt ein Honorar in Höhe von 10.000 D-Mark. Ein Fußballschuh wurde nach ihm benannt. Ebenso wie Adi Dassler verfolgte auch Rudolf Dassler diese Entwicklung widerwillig, ohne sie letztendlich aufhalten zu können. Und ähnlich wie bei adidas war es Rudolfs Sohn Armin, der die Kommerzialisierung des Fußballsports mit vorantrieb und etwa anlässlich der WM 1970 in Mexiko die Kontakte zu Pelé intensivierte und mit diesem einen hoch dotierten Honorarvertrag abschloss, der dem Fußballstar außerdem zehnprozentige Tantiemen an den nach ihm benannten Fußballschuhen zugestand. Dabei hatten die Cousins Armin und Horst Dassler im Vorfeld ein Abkommen geschlossen, wonach beide auf einen Werbevertrag mit Pelé verzichteten. Dieser „Pelé-Pakt" wurde allerdings von Puma einseitig gebrochen, was zu erheblichen Verstimmungen bei Horst Dassler führte und die Konkurrenz beider Unternehmen weiter anheizte.[86]

Diese Konkurrenzsituation setzte die Repräsentanten und Vermittler zunehmend unter Druck. Es musste vor allem darum gehen, neue Sportler für adidas zu gewinnen bzw. sie dazu zu bewegen, von der Konkurrenz zu adidas zu wechseln. Der Amerikaner Dick Bank hatte anlässlich der Olympischen Spiele in Tokio 1964 erfolgreich damit begonnen, „gewisse Athleten (besonders die englischen wie Brightwell, Rand, Hymann etc.) dazu zu bringen, ihre Schuhe zu wechseln". Insbesondere konnte er Al Oerter, der im Laufe seiner Karriere zu einem Aushängeschild von adidas werden sollte, dazu bewegen, von Puma zu adidas zu wechseln. Banks Ziel war es, „die USA-Olympiamannschaft 100-prozentig in adidas-Schuhen zu sehen."[87] Doch Bank konnte sein selbst gestecktes Ziel nicht erreichen. Vier Jahre später trugen die meisten amerikanischen Sport-

21 Schuhmodell für die Olympischen Spiele 1960

ler inzwischen Puma-Schuhe, sodass Horst Dassler zukünftig auf die Dienste von Banks verzichtete. Der Wettbewerb zwischen Puma und adidas nahm zunehmend härtere Züge an, wobei immer höhere Geldsummen sowie auch Bestechungsgelder eingesetzt wurden. Die Sportler nutzten diese Situation wiederum zu ihren Gunsten, indem sie die beiden Unternehmen zum eigenen Vorteil gegeneinander ausspielten.[88] Beide Unternehmen überboten sich gegenseitig mit den Erfolgen „ihrer" Spitzenathleten. Dabei gelang es adidas immer wieder, nicht nur erfolgreiche, sondern auch außergewöhnliche Sportler an sich zu binden, die von der internationalen Öffentlichkeit auch aufgrund ihres Charakters oder der Art und Weise, wie sie ihre Siege erlangten, wahrgenommen wurden und die zum Teil bis heute im Gedächtnis geblieben sind. Dies galt etwa für die Sprinterin Wilma Rudolph, die „schwarze Gazelle", die als eine von 22 Geschwistern unter Kinderlähmung gelitten hatte und bei den Olympischen Spielen in Rom schließlich mehrere Goldmedaillen gewann.

Weitere Beispiel sind Cassius Clay, der als Muhammad Ali zu einem der größten Boxer aller Zeiten wurde und Dick Fosbury, der mit dem nach ihm benannten „Fosbury Flop" bei den Olympischen Spielen in Mexiko 1968 die Goldmedaille gewann und so den Hochsprung revolutionierte.[89]

Wie bereits von Adi Dassler seit den Olympischen Spielen in Amsterdam 1928 praktiziert und anlässlich der Fußball WM in Chile 1962 von Horst Dassler noch einmal bekräftigt, setzte adidas dabei vor allem auf internationale Sportler, da allein auf Basis der bundesdeutschen Spitzensportler, insbesondere in der Leichtathletik, die kritische Masse in Bezug auf eine erfolgreiche Werbung nicht ausreichte. Das betraf nicht nur die westlichen Staaten. Ebenso wie beim Fußball wurden im Rahmen der Leichtathletik schon früh Kontakte

22 Dick Fosbury bei den Olympischen Spielen 1960 mit dem sogenannten „Fosbury Flop"

zum sowjetischen Verband aufgenommen und dabei Angebote für den Gebrauch von adidas-Schuhen unterschiedlicher Disziplinen unterbreitet.[90] Dies war in Zeiten des Kalten Krieges durchaus brisant und auf politischer Ebene nicht unumstritten, andererseits bewegte adidas sich damit auf einer ähnlichen Linie wie andere Industriebranchen, die sich im Rahmen des Osthandels gute Absatzmöglichkeiten in den osteuropäischen Staaten versprachen.[91]

Der heimische Markt sowie heimische Sportgrößen spielten im Bereich des Fußballs aber weiterhin eine große Rolle – mit international bekannten Stars wie Uwe Seeler oder Franz Beckenbauer warben auch erfolgreiche deutsche Spieler für adidas. Die speziell für sie angefertigten Fußballschuhe wurden schließlich als Modell „Uwe" oder „Franz Beckenbauer" erfolgreich in das adidas-Schuhprogramm aufgenommen.

23 Werbekampagne Jugendschuhmodell „Uwe" (ca. 1971)

24 Werbekampagne Jugendschuhmodell „Franz Beckenbauer" (ca. 1971)

Offizielle Ausrüster- bzw. Ausstatterverträge

Wie bereits erwähnt waren es vor allem die Fußballer, die die Kommerzialisierung des Sports in der zweiten Hälfte der 60er Jahre weiter vorantrieben und bezüglich der Sportartikelwerbung neue Akzente setzten. Nach dem Gewinn der Fußball-Weltmeisterschaft 1954 und der Gründung der Fußball-Bundesliga 1963 nahm auch die mediale Aufmerksamkeit für diesen Sport zu. Allerdings tat sich der DFB zunächst schwer mit der De-Amateurisierung des Fußballs. Der Begriff des Berufsspielers bzw. Profis wurde lange Zeit gemieden und stattdessen von „Lizenzspielern" gesprochen, was de facto nichts daran änderte, dass die Kommerzialisierung unaufhörlich voranschritt, begleitet von sportlichen Erfolgen wie etwa der Vize-Weltmeisterschaft 1966 in England sowie dem Gewinn des Europapokals der Pokalsieger durch Borussia Dortmund im selben Jahr. Und nicht nur die Mannschaft als Ganzes, sondern auch einzelne Spieler gerieten dabei zunehmend in den Focus der medialen Aufmerksamkeit. Das galt zwar auch schon für die 50er Jahre und deren Fußballidole wie Fritz Walter, Max Morlock oder Helmut Rahn, aber im Zeitalter des Fernsehens und der Etablierung einer Profiliga entwickelten sich einzelne Bundesligaspieler zu regelrechten Medienstars, die als potenzielle Werbeträger für die Sportartikelindustrie eine ungleich größere Bedeutung bekamen. Da der Amateurstatus mit der Gründung der Bundesliga beim Fußball zumindest in der obersten Spielklasse keine Rolle mehr spielte, konnten die Unternehmen

25 Werbeanzeige für Fußballstutzen „Gerd Müller" (ca. 1971)

nun auch ganz offiziell Ausrüster- bzw. Ausstatterverträge mit einzelnen Spielern sowie mit den Vereinsmannschaften abschließen. Dazu gehörte die aus heutiger Sicht erfolgreichste deutsche Fußball-Vereinsmannschaft, der FC Bayern München, sowie einige seiner Spieler. Einer der frühen Ausrüsterverträge wurde beispielsweise 1969 mit Gerd Müller abgeschlossen, der in München zum bis heute erfolgreichsten deutschen Stürmer avancierte. Bayern München und Spieler wie Gerd Müller waren damit ideale Werbepartner für adidas. Bayern München war erst 1965 in die Bundesliga aufgestiegen und hatte bereits ein Jahr später den DFB-Pokal gewonnen, was der Mannschaft auch 1967 und 1969 gelang. Ebenfalls 1967 siegte mit den Bayern die zweite deutsche Vereinsmannschaft nach Borussia Dortmund im Europapokal der Pokalsieger. 1969 folgte dann die erste deutsche Meisterschaft der Bayern. Ebenso steil war die Karriere Gerd Müllers verlaufen, der ein Jahr nach seinem ersten Bundesligaspiel für die Bayern bereits in die Nationalmannschaft berufen wurde und 1967 und 1969 als Torschützenkönig die Bundesligasaison beendete. Als adidas den Ausrüstervertag mit Gerd Müller abschloss, hatte er die ersten Höhepunkte seiner Karriere bereits erreicht und war ein international bekannter Fußballstar. Der Vertrag sah vor, dass Müller bei Bildaufnahmen, Fernseh- und Filmaufzeichnungen sowie bei Interviews in adidas-Sportartikeln auftreten musste sowie „jede Gelegenheit in der Öffentlichkeitswerbung zu benutzen [hatte], adidas-Sportartikel in gut sichtbarer Weise herauszustellen“.[92] Das galt nicht nur für die laufende adidas-Kollektion, sondern auch für neue adidas-Produkte. Außerdem durfte der Sportler keine Verträge mit anderen Herstellern abschließen, ansonsten drohte eine Konventionalstrafe. Für seine Leistungen erhielt Müller jährlich 10.000 D-Mark. Der Vertrag wurde dann mehrmals verlängert, ergänzt und aktualisiert. Bei einem durchschnittlichen Jahresverdienst von ca. 60.000 D-Mark in der Saison 1969 war dies ein ordentlicher Zuverdienst.[93]

Ähnliche Verträge schloss adidas in den folgenden Jahren mit Spielern, Mannschaften und Verbänden unterschiedlicher Sportarten und Nationen ab. Dabei wurden neben Geldleistungen auch Ausrüstungen und erfolgsabhängige Prämien bezahlt. Errang beispielsweise eine bestimmte Bundesligamannschaft einen der ersten drei Plätze, so erhöhten sich die Prämien, im Falle eines Abstiegs wurden sie deutlich abgesenkt. Bei eher randständigen Sportarten wurden anstelle von Geld- bevorzugt Sachleistungen, vor allem Schuhe, Taschen und Sportkleidung, zur Verfügung gestellt. Insgesamt schloss adidas seit den 60er Jahren mit unzähligen Spielern und Vereinen bzw. Verbänden Ausrüsterverträge ab und sicherte sich damit eine hohe Werbepräsenz in den Medien. Ein geplanter Exklusivvertrag zwischen adidas und dem DFB im Jahr 1972 scheiterte jedoch an einem von Puma angestrengten Prozess wegen des Verdachts auf eine marktbeherrschende Stellung von adidas. Das Bundeskartellamt untersagte schließlich einen solchen Ausrüstervertrag. Der Kampf um die Fußballschuhe der Nationalmannschaft sollte dann zwei Jahre später während der WM 1974 in Deutschland für Unruhe sorgen, als einige Spieler nicht nur hohe Siegprämien vom DFB verlangten, sondern auch von adidas für das Tragen der entsprechenden Marke.[94] Adi Dassler, der im WM-Quartier engen Kontakt zu den Spielern der Nationalmannschaft pflegte, zeigte sich einmal mehr über diese Art der kommerziellen Entwicklung des Fußballs enttäuscht, die nicht zuletzt sein Sohn Horst Jahre zuvor mit angestoßen hatte.

3.4 Internationalisierung und Diversifikation

26 Skofabrik Norwegen (50er Jahre)

National und international stand adidas in den ersten beiden Jahrzehnten nach der Unternehmensgründung für „The World's Largest Sport Shoe Manufacturer". Die Werbung war zunehmend international ausgerichtet und berücksichtigte nationale Schwerpunkte wie etwa Rugby in Frankreich oder Baseball sowie Basketball in den USA. Wie bereits seit den 50er Jahren üblich, verwiesen die Werbeprospekte auf die von Athleten in adidas-Schuhen erbrachten Höchstleistungen sowie auf die große Verbreitung der Produkte. Betont wurde etwa, dass 75 Prozent aller Spieler bei der WM 1966 in England adidas-Schuhe trugen: „The world's best wore adidas".[95]

In zahlreichen Ländern wurden Lizenz- und Vertreterverträge geschlossen. Den Anfang machten Norwegen und Frankreich in den 50er Jahren, gefolgt von Australien, Argentinien, Österreich und Japan in den 60er Jahren. 1966 gab es einen ersten Vertrag mit dem „blockfreien" Jugoslawien und wenige Jahre später auch mit „Ostblock"-Staaten wie Rumänien.[96] Promotion-Verträge mit einzelnen Spitzensportlern unterschiedlicher Sportarten wurden vor allem seit den 70er Jahren abgeschlossen.

Ein Coup gelang adidas mit der Eroberung des amerikanischen Basketball-Schuhmarktes, der bis dahin von einheimischen Unternehmen wie der Converse Rubber Company dominiert wurde, die in erster Linie Schuhe aus Segeltuch herstellten. Seit den 50er Jahren hatten die USA einen regelrechten Basketball-Boom erlebt. Dieser stand in Zusammenhang mit der Gründung der professionellen National Basketball Association (NBA), der Entwicklung der Massenmedien – hier insbesondere des Fernsehens – sowie mit der öffentlichen Wahrnehmung und Vermarktung des Basketballs als Trendsportart. Mitte der 60er Jahre hatten adidas-Schuhe bereits einen weltweiten Bekanntheitsgrad, und so lag es nahe, den Basketball-Boom aufzugreifen und damit zugleich den amerikanischen Sportschuhmarkt zu erobern. Dabei kamen adidas Veränderungen der Welthandelspolitik entgegen. Im Rahmen des 1947 beschlossenen Allgemeinen Zoll- und Handelsabkommens, GATT, hatte es mehrere Zollsenkungen gegeben, und zwischen 1964 und 1967 tagte die sogenannte Kennedy-Runde, durch deren Beschlüsse der amerikanische Markt weiter geöffnet wurde. In enger Kooperation mit den amerikanischen Generalvertretern, insbesondere mit Chris Severn in Kalifornien, entwickelte Horst Dassler erste Basketball-Modelle wie den „Supergrip" als flaches oder den „Pro Model" als hohes Modell, die nicht aus Segeltuch, sondern aus Leder gefertigt wurden, gleichwohl aber leicht und komfortabel waren.[97] Im Katalog für die Olympischen Spiele 1968 wurde der „Supergrip" als „the most advanced basketball shoe yet produced" und das „Pro Model" als „revolutionary new" angepriesen[98] und entsprechend von den Konsumenten – trotz eines recht hohen Verkaufspreises – angenommen. Das war nicht zuletzt auf die Marke adidas und ihr hohes Prestige zurückzuführen. Die seit 1970 unter dem Namen „Superstar" firmierenden Modelle von adidas France machten in der NBA Furore, zahlreiche Mannschaften der Liga erzielten in diesen Schuhen große Erfolge. Zunächst waren Werbemodelle an einzelne Spieler verteilt worden,

27 Katalog Frankreich – Produktion der Firma adidas mit Berma (50er Jahre)

der Starbasketballer der Los Angeles Lakers, Kareem Abdul-Jabbar, mehrfach zum wertvollsten Spieler der NBA gewählt, erhielt schließlich 1976 einen Promotionvertrag für das Tragen des „Superstar", der ihm im ersten Jahr 10.000 US-Dollar und aufgrund einer progressiven Staffelung ab dem vierten Jahr 25.000 US-Dollar jährlich garantierte. Einmal mehr ging die bewährte Strategie von Adi und Horst Dassler auf. Schon 1973 trugen etwa 85 Prozent der Basketball-Profis in den USA diesen Schuh, und ca. zehn Prozent des adidas-Verkaufs entfielen zu dieser Zeit auf Basketball-Schuhe, die sich zunehmend zu einem Modeartikel für Teenager entwickelten.[99]

Vergleichbares gelang adidas auch in anderen Bereichen. Mit den Tennisstars Robert Haillet und Stan Smith als Werbepartner, die zuvor in Segeltuchschuhen von Converse und Uniroyal gespielt hatten, eroberte das Unterneh-

28 Clifford Severn führte in den 50er Jahren gemeinsam mit seinem Bruder Chris die Marke adidas in den USA ein (Messestand 1959)

men den Tennis-Markt. Der von adidas France produzierte Tennisschuh „Stan Smith" ist bis heute eines der bekanntesten und erfolgreichsten adidas-Modelle. Wie bei anderen Sportarten setzte Horst Dassler beim Tennis auf weitere Stars wie etwa Ilie Năstase, der zu Beginn der 70er Jahre auf der Basis eines lukrativen Ausrüstervertrages zu adidas wechselte und nach dem ebenfalls ein eigenes Modell benannt wurde.[100] Die rechtliche Beziehung zwischen adidas France und adidas Deutschland führte dazu, dass beide Unternehmen Sublizenzverträge hinsichtlich der Übertragung von Rechten zur Produktion, zum Verkauf sowie zur Werbung – etwa mit dem Namen Ilie Năstase – abschlossen.[101]

Bisweilen konnte es zu Konflikten um Promotion-Verträge kommen, wenn etwa Sportler sich ungerecht behandelt fühlten oder einzelne Vertragspunkte als nicht erfüllt betrachteten.[102] Mit zunehmendem Bekanntheitsgrad verbesserte sich dabei die Verhandlungsposition der Sportler. Gestärkt durch Angebote anderer Sportartikelhersteller, drohten erfolgreiche Spitzensportler nicht selten, als Werbepartner zur Konkurrenz zu wechseln. So hatte Michel Platini seit 1977 einen lukrativen Lizenzvertrag mit adidas France abgeschlossen, andere Anbieter wie beispielsweise Puma versuchten jedoch, ihn durch attraktive Angebote abzuwerben, worauf adidas France seinerseits mit einer Angebotserhöhung reagierte. Auf diese oder ähnliche Weise war in den 70er Jahren eine regelrechte Preisspirale in Gang gesetzt worden, was die Zahlungen an erfolgreiche Spitzensportler anging.[103] Neue Konkurrenten wie Nike heizten den Markt ab Ende der 70er Jahre zusätzlich an. Im Falle von adidas in Herzogenaurach kam erschwerend hinzu, dass die geschiedene Frau des ehemaligen Zehnkampf-Europameisters und adidas-Beraters, Werner von Moltke, zwischenzeitlich eine eigene PR-Firma etabliert hatte und auch für Nike aktiv war. Sie verfügte über zahlreiche Insider-Informationen und versuchte, einzelne Sportlerinnen und Sportler zu einem Ausrüsterwechsel zu bewegen. adidas konterte diese Versuche daraufhin, wie etwa im Fall von Ulrike Meyfahrt, durch entsprechend höher dotierte Verträge und Jobangebote.[104] Auf diese Weise etablierte sich ein erbitterter Wettstreit um die besten Sportler, wie er zuvor nur auf dem US-amerikanischen Markt existierte. Damit einhergehend breitete sich in Europa in immer mehr Sportarten ein Starkult aus, der ebenfalls Ausdruck zunehmender Professionalisierung und „Amerikanisierung" bei der Vermarktung des Sports war.

29 adidas Basketballschuhmodell „Superstar" (1969)

30 Werbeanzeige Sports Illustrated USA (1970)

Auf dem damaligen Höhepunkt der erfolgreichen Zusammenarbeit mit internationalen Spitzensportlern wollte adidas diese entsprechend dokumentieren. Mit der Eröffnung eines adidas-Schuhmuseums im neuen Verwaltungsgebäude konnte das Unternehmen 1970 die in diesem Zusammenhang erbrachten Leistungen einer breiten Öffentlichkeit präsentieren. Vor allem wurden dort die Schuhe von Spitzensportlern ausgestellt, die wie beispielsweise Helmut Rahn, Armin Hary oder Muhammad Ali (Cassius Clay) besondere Erfolge in adidas-Produkten errungen hatten.[105] Zudem konnte adidas sich dabei als größten Sportschuhhersteller der Welt präsentieren.

Die Entstehung und Bedeutung von adidas France

Die Produktion hielt mit der Nachfrage kaum noch Schritt. Darauf reagierte das Unternehmen mit der Errichtung neuer Produktionsstätten, vor allem auch außerhalb der deutschen Grenzen. Damit folgte adidas einem Trend, der bei zahlreichen Unternehmen und Branchen der westdeutschen Industrie seit Ende der 50er/Anfang der 60er Jahre zu beobachten war: der Schritt in Richtung Internationalisierung. Unter Internationalisierung versteht man zunächst einmal die Ausweitung der unternehmerischen Aktivitäten über die Staatsgrenzen hinaus. Diese können in Form von Exporten, Beteiligungen, Joint Ventures oder auch über Vertrags- und Lizenzfertigungen umgesetzt werden. Die Motive dafür sind vielfältig und reichen von tarifären und nichttarifären Handelshemmnissen bis hin zu Standortfaktoren wie Infrastruktureinrichtungen und Lohnkostenvorteilen im Ausland. Im Zuge des westdeutschen „Wirtschaftswunders"

31 Kareem Abdul-Jabbar vor dem adidas-Sporthotel (70er Jahre)

und infolge steigender Lohnkosten in der Bundesrepublik waren westdeutsche Produkte auf internationalen Märkten einer wachsenden Konkurrenz ausgesetzt. Zahlreiche Unternehmen dachten über eine Verlagerung der Produktion bzw. die Gründung zusätzlicher Produktionsstätten im Ausland nach. Direktinvestitionen im Ausland spielten ab Ende der 50er Jahre bei zahlreichen westdeutschen Unternehmen eine Rolle.[106] Dies galt auch für die Schuhindustrie. Der damals größte deutsche Schuhersteller, die Salamander AG in Kornwestheim, dachte erstmals 1957 über die Gründung neuer Produktionsstätten in Italien und Anfang der 60er Jahre in Frankreich nach. Hier geriet vor allem das Elsass in den Focus. Während in Deutschland ein erheblicher Arbeitskräftemangel herrschte, standen Fachkräfte in dieser Region zahlreich zur Verfügung, nicht zuletzt infolge der Krise der dortigen Textilindustrie. Zudem verfügte das Elsass über gute Standortfaktoren in Bezug auf die Energieversorgung und die Verkehrsanbindung. Auch betrieb die französische Regierung eine gezielte Strukturförderung zum Zwecke der Krisenbewältigung in dieser Randregion.[107]

Ähnliche Wege beschritt adidas Ende der 50er Jahre. Schon seit Gründung des Unternehmens wurde ein großer Teil der adidas-Produktion ins Ausland geliefert. In dieser ersten Phase der Internationalisierung wurden die Exporte über Generalvertreter im Ausland abgewickelt. Das Geschäft hatte sich gut entwickelt, und es stellte sich nun die Frage nach weiteren Expansionsschritten, die insbesondere von Horst Dassler forciert wurden, der aufgrund der Verkaufserfolge insbesondere nach den Olympischen Spielen in Melbourne weiterhin auf eine offensive Unternehmensstrategie setzte. Die günstigen Produktionsmöglichkeiten und die vergleichsweise niedrigen Lohnkosten im Elsass veranlassten die Familie Dassler, neue Produktionsstandorte im benachbarten Frankreich zu errichten und den erst 22jährigen Sohn Horst mit deren Leitung zu betrauen. Horst Dassler selbst sprach in diesem Zusammenhang von einer Art „Gesellenstück".[108] Im Jahr 1959 kaufte er mit Unterstützung seiner Familie eine kleine Schuhfabrik im elsässischen Dettwiller und begann mit der Herstellung von Sportschuhen. Dettwiller war somit die Keimzelle von adidas France.[109] Das Unternehmen expandierte rasch, sodass im Verlauf der 60er Jahre weitere Standorte in Landersheim, das als Zentrale fungierte, sowie in La Walck im nördlichen Elsass eröffnet wurden. Anfangs gab es von Seiten der deutschen Firmenleitung in Herzogenaurach ab und an Beschwerden über Produktionsfehler und mangelnde Kommunikation, was etwa von Käthe Dassler bei Besuchen in Dettwiller mo-

32 Zusammenarbeit mit Georg Schwahn zur Herstellung von Trainingsanzügen u.a. bei dem Modell „Fritz Walter" (70er Jahre)

niert wurde.[110] Doch schon wenige Jahre später verhandelte Horst Dassler eigenständig mit dem westdeutschen Sportbekleidungsproduzenten Georg Schwahn über die Gründung einer gemeinsamen Firma, die vor allem Trainingsanzüge und andere Sportbekleidung herstellen sollte, wobei der Vertrieb über adidas erfolgte.[111]

adidas France entwickelte sich unter der Leitung Horst Dasslers immer mehr zu einem eigenständigen, multinationalen Unternehmen und koppelte sich weitgehend von der Zentrale in Herzogenaurach ab. Es entstand sogar eine zunehmende Konkurrenz zwischen beiden Unternehmen, die sich auch negativ auf das Verhältnis zwischen Horst Dassler und seinen Eltern auswirkte.[112] Neben diesen familiären Spannungen waren es unterschiedliche Strategien der Unternehmensführung, die das Verhältnis zwischen adidas France und adidas Herzogenaurach belasteten. Das betraf u.a. divergierende Produktschwerpunkte aufgrund der unterschiedlichen Märkte in Frankreich und Deutschland, was wiederum zu Unstimmigkeiten bezüglich der gemeinsamen Kollektionen führte. Es berührte zudem die Tatsache, dass beide Unternehmen parallel Sublizenzverträge mit Verkaufs- und Werberechten abschlossen. Zudem verfügte adidas France über eigene Lieferanten und beschritt, wie noch zu zeigen ist, eigene Wege im Bereich Werbung und Marketing. Der Erfolg von adidas France wiederum, so sehen es ehemalige Mitarbeiter, führte zu einer Art „Neidverhältnis" zwischen beiden Unternehmensteilen. adidas France beklagte sich seinerseits über mangelnde Unterstützung von Seiten der Zentrale in Herzogenaurach,[113] was insgesamt den Eindruck einer zunehmend komplizierten Beziehung verstärkt.

Doch trotz oder vielleicht gerade wegen dieser internen Konkurrenz kamen von adidas France wichtige Innovationen, die neue Produkte hervorbrachten wie etwa die bereits erwähnten Modelle „Superstar" oder „Stan Smith", mit denen adidas weltweit erfolgreich war und neue Märkte erschloss. Zudem legte Horst Dassler von Anfang an großen Wert auf eine erfolgreiche Absatz- und Werbepolitik. Dabei knüpfte er an die Werbestrategien aus Herzogenaurach an und baute diese weiter aus. In Frankreich warb adidas für „La Marque aux Trois bandes", startete eine umfangreiche Einführungs-Werbekampagne Anfang der 60er Jahre und knüpfte ein enges Netz zu Händlern und Vertretern von Sportartikelfirmen. Ähnlich wie im Fall Sepp Herberger liefen bei adidas France wichtige Kontakte über den Trainer der französischen Fußball-Nationalmannschaft, der offizi-

33 Katalog adidas France (1969)

ell als „technischer Berater“ fungierte. In Melbourne und Chile hatte Horst Dassler unter Beweis gestellt, dass er, etwa indem er Sportschuhe an Athleten verschenkte, auch unkonventionelle Wege der Promotion und der Werbung einschlug. Nach außen präsentierte sich adidas France als Teil des großen adidas-Konzerns und warb mit zum Teil den gleichen Inhalten wie in Deutschland: „adidas – la plus grand marque des chaussures de sport“.[114] Die interne Konkurrenz gegenüber Herzogenaurach nahm allerdings schließlich so starke Züge an, dass Adi Dassler seinen Sohn in einem Brief beschwor, im Verhältnis der beiden Unternehmen „kein[en] Spielraum für Diadochenkämpfe“ zuzulassen. Es sollte klar sein, „dass nur eine konstruktive Zusammenarbeit unsere Vormachtstellung auf dem Weltmarkt erhalten kann“.[115]

Neben der Gründung von adidas France hatte es in der Zwischenzeit weitere Direktinvestitionen und Lizenzproduktionsstandorte als Ausdruck der Internationalisierungsstrategie von adidas gegeben, u. a. in Österreich, der Schweiz, Norwegen, Australien und Mexiko. Dies geschah einerseits, um neue Märkte zu erobern, zunehmend aber auch, weil der internationale Wettbewerb, verbunden mit steigenden Lohnkosten in der Bundesrepublik und in Westeuropa, die Suche nach alternativen Produktionsstätten verstärkten. Vor diesem Hintergrund erfolgte schließlich auch der Schritt in Richtung Osteuropa. In Jugoslawien, Rumänien, Ungarn und der Tschechoslowakei lagen die Herstellungskosten deutlich unter dem westdeutschen Niveau. Mitte der 80er Jahre zeigte dann ein Produktionskostenvergleich für Sportschuhe zwischen Europa und Fernost, dass dort noch einmal erhebliche Kostensenkungspotenziale existierten. Im Vergleich zur Fertigung in Deutschland war die Produktion in Österreich um acht Prozent, in Jugoslawien um elf Prozent, in Taiwan um 32 Prozent und in Korea sogar um 47 Prozent günstiger.[116]

Begleitet wurde diese Internationalisierungsstrategie durch die Akquirierung zusätzlicher Marken, u. a. von Sportherstellern im Ausland, sowie durch eine Differenzierung des Produktangebots seit Mitte der 60er Jahre. Bereits seit 1952 stellte adidas Sporttaschen her, die später in verschiedenen Modellen, als Schuhtragetasche, als Reisetasche sowie als Schuhkoffer, jeweils aus Plastik, angeboten wurden. Zu den Olympischen Spielen in Mexiko 1968 hatte adidas bereits fünf unterschiedliche Taschenmodelle im Programm, und das Angebot wurde ständig erweitert. Neben normalen Sporttaschen wurden auch Trage- und Umhängetaschen, spezielle Tennistaschen sowie auch Sanitätskoffer hergestellt.[117]

Produktion von Bällen

1963 folgte dann die Herstellung von Bällen. Der erste von adidas produzierte Fußball erhielt den Namen „Santiago". Es handelte sich um einen handgenähten und aus Naturleder hergestellten Ball. Die Ballherstellung ist ein komplexer Produktionsprozess, bei dem der Anteil von lohnintensiver Handarbeit damals von großer Bedeutung war. Beim Neueinstieg in die Ballproduktion war adidas France zunächst auf Know-how aus Deutschland angewiesen und kooperierte mit dem Hersteller B.O.S. Es ging jedoch nicht nur um Fuß- und Handbälle, daneben wurden vor allem auch Basket- und Volleybälle produziert, Letztere in Japan, einer der erfolgreichsten Volleyballnationen der 60er und 70er Jahre. Für den französischen Markt stellte adidas zudem Rugby-Bälle her.[118]

34 Taschenkatalog (1971)

Ähnlich wie bei der Schuhproduktion erwiesen sich die Herstellungskosten in den meisten europäischen Ländern als zu hoch, was vor allem auf den hohen Anteil an Handarbeit zurückzuführen war. Ein Fußball besteht aus 32 Teilen, die mithilfe von Nylonfäden zusammengenäht werden müssen. adidas France suchte deshalb nach kostengünstigen Alternativen und fand diese schließlich im Nachbarland Spanien, welches zu dieser Zeit durch den Diktator Franco regiert wurde, in dessen Gefängnissen zahlreiche politische Gefangene einsaßen. adidas nahm dies billigend in Kauf. Die Herstellung der Lederteile und vorbereitende Arbeiten erfolgten weiterhin in La Walck bei adidas France, die Handarbeiten wurden hingegen nach Spanien ausgelagert, und zwar in eigens errichtete Nähzentren in verschiedenen spanischen Dörfern (u. a. Alicante, Larida, Huesca, Santona, Puerto de Santa Maria) sowie in Gefängnissen; die Fertigstellung der Bälle (Finishing) erfolgte dann wiederum in La Walck. 1969 wurde, nach dem Vorbild der Fabrik in La Walck, in der spanischen Kleinstadt Caspe in der Provinz

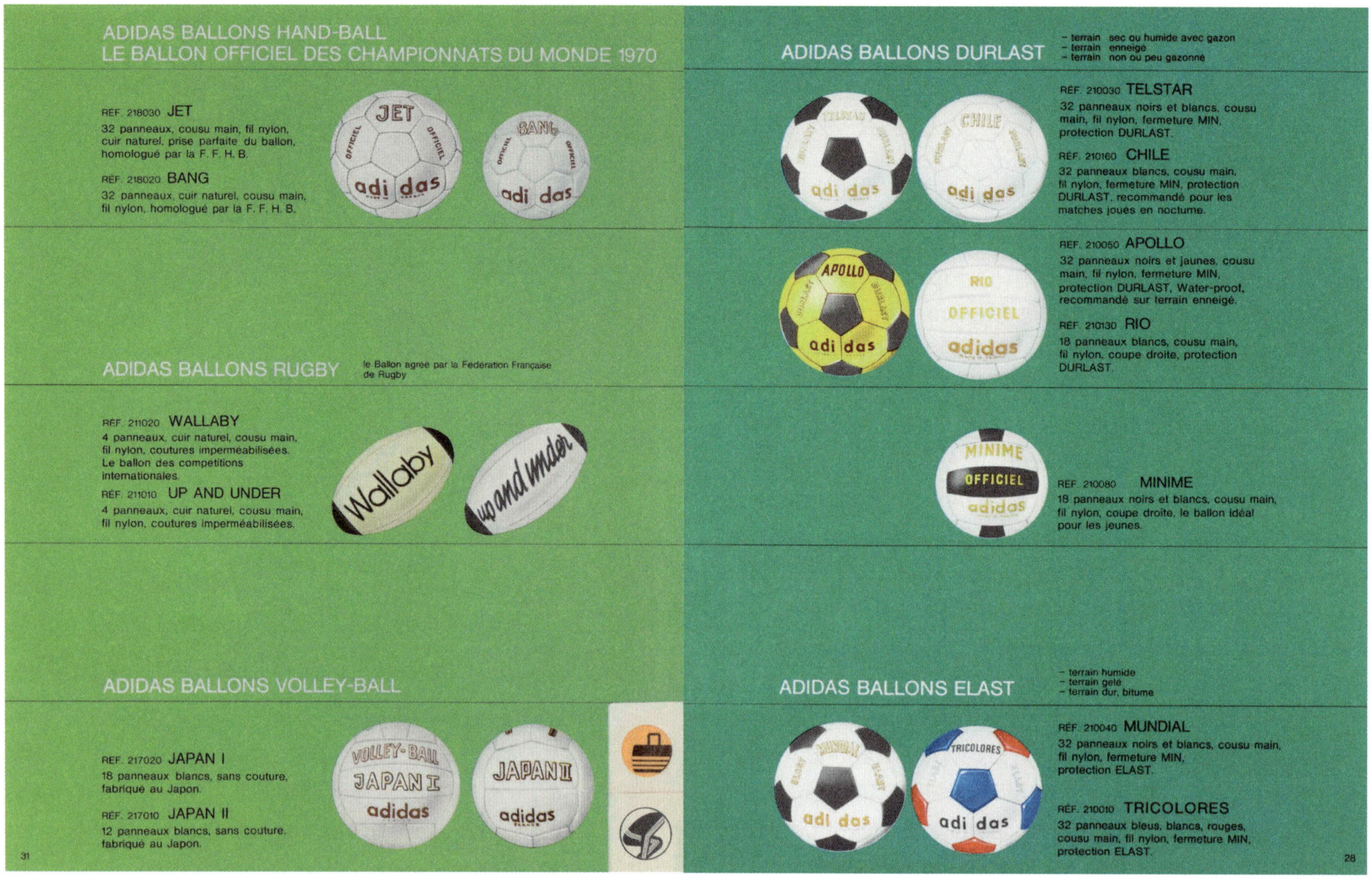

35 Katalog Ballproduktion (1970)

Saragossa im Zuge der Gründung der zum adidas-Konzern gehörenden spanischen „arena Sport S.A." (ab 1981 dann „adidas Espana S.A.") eine neue Ballfabrik mit zunächst 80 Beschäftigten errichtet. 100 Prozent der Näharbeiten für adidas-Bälle erfolgten dabei in Spanien, wo sich um das Zentrum Caspe in den 70er Jahren ein umfangreiches System der Ballproduktion mit Zulieferung aus Gefängnissen im ganzen Land etabliert hatte. Produziert wurde dort neben dem „Telstar", dem Fußball der Weltmeisterschaften 1970 in Mexiko und 1974 in Deutschland, auch der „Tango" für die WM Argentinien 1978.[119] Mit dem Ende des Franco-Regimes ließ auch die Attraktivität des Standorts Spanien für die Ballproduktion nach. Amnestieregelungen nach Francos Tod und Revolten in den Gefängnissen erhöhten das Unsicherheitspotenzial der spanischen Ballproduktion. Vor allem aber erwiesen sich die Lohnkosten in Spanien im internationalen Vergleich inwischen ebenfalls als zu hoch, nicht zuletzt aufgrund einer Regelung, welche für die in spanischen Gefängnissen geleistete Arbeit nun Sozialabgaben vorsah. Der Wegfall der Gefängnisarbeit sowie die Aktivitäten der im Zuge der Demokratisierung wieder zugelassenen Gewerkschaften war schließlich mit einem weiteren Lohnanstieg verbunden. Bereits gegen Ende der Franco-Ära hatte sich adidas nach Alternativen der Ballproduktion umgeschaut und fand diese schließlich vor allem in Asien und Afrika, wo die Lohnkosten deutlich geringer waren. Techniker aus Caspe hatten ihr Wissen über die Ballproduktion bereits nach Marokko, China und Pakistan transferiert, und 1975 wurden erste Testfirmen in Pakistan, Indien und Thailand in die engere Wahl genommen. Im Laufe der 80er Jahre kamen weitere Standorte in Afrika, dem Nahen Osten sowie in Südamerika hinzu, während der Produktionsstandort Caspe 1978 geschlossen wurde.[120]

Insofern war auch die Ballherstellung in den Internationalisierungsprozess bei adidas eingebunden. Das war vor dem Hintergrund der Doppelstruktur mit adidas France, von wo aus die Ballproduktion erfolgte, und adidas Deutschland nicht unkompliziert. So schloss adidas France im Jahr 1975 einen Vertrag über die Herstellung, die Vermarktung und den Verkauf von adidas-Produkten einschließlich Bällen mit der Kenianischen Firma Orbitsports Ltd. in Nairobi. Zu Beginn der 80er Jahre wurde dann ein Lizenzvertrag zwischen adidas France, adidas Deutschland und Orbitsports zur Herstellung, Vermarktung und zum Vertrieb von Bällen auf dem afrikanischen Kontinent abgeschlossen.[121] In Syrien schloss adidas France 1977 einen Vertrag mit der Firma Kababji & Co. ab. Und auch in diesem Fall gab es ein kompliziertes Konstrukt, wonach adidas Deutschland das Unternehmen adidas France autorisierte, der Firma Kababji & Co. eine Warenzeichenlizenz für adidas-Bälle zu gewähren, unterzeichnet von Käthe Dassler (für adidas Deutschland) und Horst Dassler (für adidas France). Schwierigkeiten ergaben sich zudem, da Syrien mit der Ballproduktion Neuland beschritt und kaum über das notwendige Know-how verfügte. Kababji war der erste Ballproduzent im Nahen Osten überhaupt. Es fehlte an Strom für die Produktion und es mangelte an Rohmaterialien. Erfahrenes Personal war in Syrien kaum zu bekommen, sodass pakistanische Ballnäher aushelfen sollten. Das Personal bei Kababji bestand zunächst aus 15 Frauen und 25 Kindern im Alter von zwölf Jahren. Schließlich stellte Kababji 1981 die Produktion ein, und adidas löste den Vertrag ein Jahr später auf.[122] Im Fall eines indischen Lizenznehmers kam es zu Problemen, weil dieser den Eindruck erweckte, als adidas-Lizenznehmer für den gesamten Bereich von adidas-Sportprodukten aufzutreten und zudem über keine offizielle Genehmigung von der indischen Regierung für die Kooperation verfügte, was „das gesamte zukünftige adidas-Geschäft in Indien gefährden“ konnte.[123] Diese verschiedenen Probleme bei der Ballproduktion verweisen auf ein Phänomen, welches im Sinne des „Prinzipal-Agenten-Ansatzes“ auf Informations- und Wissensvorsprünge des Auftragnehmers („Agent“), etwa bezüglich der Produktionsbedingungen, gegenüber dem Auftraggeber („Prinzipal“/adidas) hinweisen, die in einer Phase der zunehmenden Internationalisierung des Unternehmens nicht selten zu Kontrollproblemen des Auftraggebers führen. Dies konnte, wie das Beispiel Kababji zeigt, auch in die Auflösung des Vertrages münden, welche in diesem Falle allerdings in erster Linie durch die Produktionseinstellung des syrischen Produzenten begründet war.

36 Ballfabrik Caspe in Spanien (70er Jahre)

Gleichwohl stellte die Verlagerung der Ballproduktion aus Kostengründen und im Sinne der Produktionsausweitung aufgrund der enorm gestiegenen Nachfrage eine erfolgreiche Entwicklung dar, denn „von null auf diese Mengen zu kommen, war schon ein ganz schöner Schritt nach vorne", so Alexander Sauer, der von 1974 bis 1980 technischer Direktor der Ballproduktion bei adidas France war.[124] Sauer spricht hier von „Meilensteinen" der Ballproduktion, wobei neben der Verlagerung der Nähzentren von Spanien nach Pakistan und in andere Teile der Welt auch die Platzierung des Logos auf die Bälle von großer Bedeutung war. Insbesondere bei Fußball-Weltmeisterschaften und Olympischen Spielen gerieten die Bälle zunehmend in die öffentliche Aufmerksamkeit und eigneten sich damit hervorragend als Werbeträger mit hohem Wiedererkennungseffekt.

37 Ball „Telstar" – Made in Spain (1970)

Für jedes sportliche Großereignis wurden neue adidas-Bälle kreiert und mit eigenem Namen versehen; so etwa der Fußball „Mundial" für die Olympischen Spiele 1968 in Mexiko-Stadt oder der „Telstar" für die Fußball WM im gleichen Land. Dieser Name verdeutlicht, dass im Zuge der immer bedeutsameren Fernsehberichterstattung nicht mehr allein die Sportler, sondern auch die Sportgeräte als „Stars" betrachtet wurden. Die Fußball WM 1966 gilt als die erste „Fernseh-Weltmeisterschaft", und so war es nur folgerichtig, dass die Sportartikelindustrie sich bemühte, ihre Produkte massenmedial zu präsentieren. Es waren schließlich die engen Kontakte Horst Dasslers zur FIFA, durch die es adidas vertraglich ermöglicht wurde, den Fußball „Telstar" exklusiv als „offiziellen Ball der Fußball-Weltmeisterschaft 1970 in Mexiko" zu präsentieren.[125] Anlässlich der nachfolgenden Weltmeisterschaften wurden neue Verträge abgeschlossen, die adidas auch weiterhin als offiziellen Balllieferanten in Erscheinung treten ließen. Während aber Schuhe und Kleidung durch die drei Streifen oder das Dreiblatt sofort als adidas-Produkte identifizierbar waren, war das bei den Bällen zunächst nicht der Fall. Der „Tango" war schließlich der erste Ball, der mit einem spezifischen adidas-Design bedruckt wurde und damit im Fernsehzeitalter auch als adidas-Produkt erkennbar war.[126]

Ein dritter Meilenstein der Ballproduktion war schließlich auch hier – wie schon bei der Schuhproduktion – der Einstieg von adidas ins „Kunststoffzeitalter". Da sich Leder bei Nässe vollsaugt und die Bälle dann kaum noch bespielbar sind, fertigte adidas die Bälle zunächst mit einer „Durlast-" bzw. „Elast"-Beschichtung, sodass diese wasserdicht waren und bei jedem Wetter gespielt werden konnten. Die vollständige Herstellung von Bällen aus Kunststoff erfolgte dann zu Beginn der 80er Jahre.[127]

Die Ausweitung des Geschäfts mit Sportbekleidung

Einen weiteren wichtigen Schritt hin zur Produktdiversifizierung bedeutete im Jahr 1967 der Einstieg von adidas in die Herstellung von Sportbekleidung. „Von Sieg zu Sieg mit adidas" lautete Ende der 60er Jahre der Slogan eines neuen Werbe- und Produktkatalogs, in dem nicht mehr nur Schuhe, sondern auch Textilien vorgestellt wurden. Als „sportgerecht und modisch chic" wurden Trainingsanzüge aus einer Nylon-Baumwollmischung angeboten, wobei nicht mehr nur Spitzen-, sondern vor allem auch Freizeitsportler angesprochen wurden. Eine Erweiterung der Zielgruppe zeigt sich zudem an der Gestaltung des Katalogs, der u. a. Frauen in Tennis- und Segelkleidung zeigt und dabei den modischen Aspekt der Kleidung betont. Zugleich wurden Kinder sowie der Schulsport als Zielgruppe angesprochen.[128] Franz Beckenbauer präsentierte dann zu Beginn der 70er Jahre eine eigene Sporthosen-Kollektion, die sich ebenfalls nicht ausschließlich an Fußballer richtete, sondern auch an Handballer, Freizeitsportler und „Privat-Trimmer".[129] Doch zugleich war klar: „Der Deutsche Meister und DFB-Pokalsieger Bayern München trägt: adidas-3-Streifen-Trainingsanzüge, Modell Franz Beckenbauer […]."[130]

Der Freizeitsportmarkt sollte in den 70er Jahren weiter an Bedeutung gewinnen. Die im Vorfeld der Olympischen Spiele von München 1972 ins Leben gerufenen „Trimm Dich"-Bewegung sprach zunehmend Freizeitsportler an, die als neue Zielgruppe für den Absatz eines weiter ausdifferenzierten Produktangebots von Interesse waren. Initiiert hatte die „Trimm Dich"-Bewegung der Deutsche Sportbund im Jahr 1970. Städte, Kommunen, Unternehmen, Medien und Politik unterstützten diese Kampagne zur Förderung des Breitensports und der Gesundheit, die insbesondere auch Frauen und Kinder animieren sollte, Sport zu treiben. Die „Trimm

38 Katalog mit „Franz Beckenbauer"-Trainingsanzug (1969)

Dich"-Bewegung führte zu einer deutlichen Zunahme der Mitgliedschaften in Sportvereinen und erhöhte damit auch das Potenzial an Sportartikelkonsumenten.[131] Zusätzlichen Schwung gaben ihr noch einmal die Olympischen Spiele in München. Darauf stellte adidas sich nicht nur durch die Herstellung neuer Sportschuhmodelle wie den ab 1975 produzierten „Trimm-Trab" ein, sondern nahm die Entwicklung auch zum Anlass, das Produktportfolio im Rahmen des 1967 begonnenen Engagements im Bereich Textilien auf Badebekleidung auszuweiten.[132] Es war auch diesmal Horst Dassler, der anlässlich seiner Kontakte zu dem siebenfachen Goldmedaillengewinner Mark Spitz die Idee zu einem Engagement von adidas im Bereich der Badebekleidung entwickelte. Mit

39 „Trimm Dich"-Werbekampagne (1976)

40 Mark Spitz im Finale über 200-Meter-Schmetterling – Olympische Spiele München (1972)

41 Aufstellung Markenportfolio (1989)

diesen Plänen stieß er allerdings auf deutlichen Widerstand seiner Eltern, für die die Marke adidas in erster Linie mit der Herstellung von Sportschuhen in Verbindung stand. Auch hier zeigten sich einmal mehr Differenzen zwischen adidas France und dem Mutterkonzern in Herzogenaurach. Horst Dassler setzte sich in dieser Frage über die Bedenken aus Herzogenaurach hinweg. Bereits ein Jahr nach den Olympischen Spielen wurde die Marke „arena" für adidas-Schwimmbekleidung ins Leben gerufen und Mark Spitz als Werbeträger gewonnen. Der bis dahin auf dem Schwimmbekleidungsmarkt dominanten Firma „speedo" konnten in kurzer Zeit erhebliche Marktanteile abgenommen werden. Schon bei der Schwimm-Weltmeisterschaft in Cali im Jahr 1973, also noch im Jahr der arena-Gründung, trugen bereits zwei Drittel aller Athleten Produkte dieser neuen adidas-Marke. Der Textilbereich und die Schwimmbekleidung hatten durch die Olympischen Spiele und sicherlich auch im Zuge des Breitensports und der „Trimm Dich"-Bewegung einen deutlichen Aufschwung erfahren, sodass auch die Schwimmbekleidung zunehmend auf den Freizeitsport zugeschnitten wurde. Diese Entwicklung spiegelte sich auch in den adidas-Umsätzen wider. Auf über 40 Prozent des gesamten adidas-Umsatzes stieg der Textilbereich innerhalb kurzer Zeit an und erwies sich damit als Erfolgsmodell.[133]

Das wiederum bestärkte das Unternehmen zur Akquisition weiterer Marken in den 70er Jahren. Bereits 1972 hatte adidas, ebenfalls auf Initiative Horst Dasslers, den amerikanischen Sportschuh- und Bekleidungshersteller Pony übernommen.[134] Damit sollten der amerikanische Markt und neue Felder wie Basketball, Baseball, Tennis und Aerobic stärker in den Blick genommen werden. 1974 erfolgte die Übernahme der französischen Marke „le coq sportif". Dieses Unternehmen war bereits 1929 gegründet worden und produzierte vornehmlich Sportbekleidung. Die Übernahme durch adidas war mit erheblichen Problemen und nationalen Ressentiments verbunden. Eine im Vorfeld der Übernahme praktizierte Kooperation hatte zur Nutzung des adidas-Markenlogos der drei Streifen durch das französische Unternehmen und damit zu Konflikten geführt, die durch die adidas-Übernahme auch nicht endgültig geklärt werden konnten. Dieser Streit sollte sich noch über viele Jahre hinziehen und schließlich gerichtlich im Sinne von adidas entschieden werden. Unterdessen profitierte adidas von der neuen Marke, die nicht nur für den französischen Markt von Interesse war, sondern in

70 Ländern der Erde vertrieben wurde und 25 verschiedene Sportarten abdeckte. Außerdem wurden durch le coq sportif neue Promotion-Partner wie der französische Tennisstar Yannick Noah gewonnen.[135] Innerhalb weniger Jahre konnte die Marke im Rahmen des adidas-Konzerns bei internationalen Großveranstaltungen wie Olympischen Spielen und Fußball-Weltmeisterschaften an Profil gewinnen und das Portfolio von adidas deutlich stärken.

Als letzter Schritt der Ausdifferenzierung bzw. Diversifizierung im Rahmen der adidas-Markenstrategie der 70er Jahre kam die Marke „erima" 1976 zum Unternehmen. Auch bei erima handelt es sich um eine Traditionsmarke, die 1936 von dem Sportartikel- und Bekleidungshersteller Erich Mak gegründet worden war. Der Schwerpunkt lag im Bereich der Bade-, Gymnastik- und Radsportbekleidung. Als Marke unter dem Dach von adidas vertrieb erima Sportbekleidung sowohl für Spitzen- als auch für Freizeitsportler und für unterschiedliche Sportarten wie Fußball, Handball, Rudern, Boxen, Gymnastik u. a. Spitzenmannschaften wie der 1. FC Kaiserslautern oder der Handball-Bundesligist TUSEM Essen liefen in „erima"-Bekleidung auf.[136]

Die Diversifizierung der Produkte und Marken unter dem Dach von adidas umfasste mit arena, erima, le coq sportif und Pony – die jeweils über ein eigenes Logo verfügten – ein breites Spektrum, das nahezu sämtliche Sportarten in fast allen Ländern der Erde einschloss. Die Kernmarke adidas hatte 1971 mit dem Dreiblatt ein neues Logo eingeführt, das die Vielfältigkeit der Marke widerspiegeln sollte.[137] Allein auf dem Gebiet der Sporttextilien war das Unternehmen Ende der 70er Jahre mit etwa 400 Modellen vertreten. Diese Expansionsstrategie war u. a. eine Reaktion auf die wachsende Zahl von Konkurrenten auf dem Markt. Allein im Bereich der Sporttextilien gab es zu dieser Zeit etwa 150 Anbieter weltweit.[138] Darunter waren auch einige, die mit dem Logo der drei Streifen als Trittbrettfahrer von den adidas-Erfolgen profitieren wollten. adidas trat daraufhin mit den entsprechenden Unternehmen in Kontakt. Konnten die Warenzeichenverletzungen nicht gütlich geregelt werden, so mussten die entsprechenden Konflikte auf dem Rechtsweg ausgetragen werden.[139] In manchen Ländern stellte sich die rechtliche Situation allerdings kompliziert dar. In den USA existierte in den 50er Jahren kein Schutz der adidas-Marke. Versuche, dies beim US-Patentamt im Jahr 1952 zu erreichen, blieben erfolglos. Klagen gegen Plagiatoren scheiterten häufig an enorm hohen Kosten, und erst in den 70er Jahren wurden solche Versuche überhaupt in Angriff genommen.[140] Im Jahr 1967 tauchte ein Sportschuhkatalog aus der Volksrepublik China auf, in dem Fußballschuhe mit drei Streifen angepriesen wurden. Anders als in 135 Ländern der Erde existierte ein Kennzeichnungs-Schutz für adidas-Produkte in China jedoch nicht. Zumindest konnte aber in Form eines Importstopps darauf reagiert werden.[141] Die zunehmenden Plagiatsfälle waren schließlich ein weiterer Grund dafür, dass adidas im 1971 das neue Markenlogo einführte. Nicht nur das adidas-Markenzeichen, sondern auch die Produkte und Innovationen selbst wurden kopiert. „Es ist nun mal der Fluch des Führenden", so hieß es in einem internen „Geheimschreiben" aus dem Jahr 1964, „wieder dann etwas Neues zu bringen, wenn die Kopisten aufgeholt haben".[142] In einer internen Aufstellung über „adidas-Erfindungen" unter der Überschrift „Was kopierten und kopieren die Konkurrenten" wurde 1976 deutlich, dass deutsche wie ausländische Konkurrenten, angefangen vom Schnitt und den Farben der Sportschuhe über Sohlen und Fersenversteifungen sowie anderen technischen Details bis hin zu Sporttaschen und Trainingsanzügen, zahlreiche adidas-Innovationen nachahmten.[143]

Tabelle 2: **adidas-Produktion und Vertrieb im Ausland (1979)**

Eigene Fabriken	Frankreich, Österreich, USA
Eigene Verkaufsfirmen	Brasilien *(mit Lohnherstellern)*, Kanada, Mexiko *(mit Lohnherstellern)*, Schweiz, Südafrika *(mit Lohnherstellern)*
Lizenzfabrikationen	Argentinien *(Schuhe, Taschen, Textilien)*, Australien *(Schuhe, Taschen, Import und -Verkauf von Schuhen und Textilien)*, England *(Taschen durch Peter Black, T-Shirts und Anzüge durch Umbro)*, Finnland *(Taschen, Trainingsanzüge)*, Irland *(T-Shirts)*, Italien *(LL-Anzüge)*, Jugoslawien *(S. Lohnhersteller, teilweise Verkauf in Jugoslawien auf Lizenzbasis)*, Neuseeland *(Schuhe, Taschen durch -O'Brien und Schuhimport, Textilien durch Lane Walker Rudkin und Taschenverkauf, bezogen von O'Brien)*, Norwegen *(Schuhe, Taschen)*, Philippinen *(Schuhe, Textilien, Taschen)*, Schweden *(Taschen, T-Shirts)*, Spanien *(Taschen, Schuhe/Caspe)*, Syrien *(Bälle)*, Taiwan *(Schuhe, Allwetterkleidung, -Hemden)*, Uruguay *(Lizenzverkauf durch H. Kneit, Schuhe, Textilien, Taschen)*
Lohnhersteller	Ghana *(Schuhe/Halbfabrikate)*, Hongkong *(Taschen, Miniaturen, Leuchtbällchen, Kalender)*, Jugoslawien *(Schuhe, Taschen, Anzüge)*, Kanada *(Ski-Cross-Country--Anzüge)*, Korea *(Trainingsanzüge, -Tennis-Shorts, Tennisschläger, Allwetterbekleidung)*, Rumänien *(Sportschuhe)*, Spanien *(Bälle und Schuhe)*, Taiwan *(Schuhe, Allwetter-kleidung, Hemden)*, Ungarn (*Sportschuhe)*, USA *(T-Shirts, Tennis-Shorts, Sonnenblenden, Tennis--Socken, Tennis-Hemden, Tennis-Hosen)*

Quelle: Aufstellung der Firmen, die adidas-Erzeugnisse im Ausland fertigen oder vertreiben, 23.4.1979, in: aA, D-5624

Dies war ein weiterer Hinweis darauf, dass der Wettbewerb in den 70er Jahren gegenüber deutschen und ausländischen Konkurrenten zunehmend härter geführt wurde. Bis dahin hatte sich dieser vornehmlich zwischen adidas und Puma – insbesondere mit Blick auf sportliche Großereignisse wie Olympische Spiele und Weltmeisterschaften, in erster Linie auf den Gebieten Leichtathletik und Fußball – abgespielt. Die Rechts- und Patentstreitigkeiten mit Puma hatten kurz nach der Gründung der beiden Unternehmen begonnen und sollten sich über die nächsten Jahrzehnte fortsetzen. Dabei ging es aus Sicht von adidas zumeist um die widerrechtliche Nachahmung bestimmter Produkte sowie technischer Details durch Puma, insbesondere bei Sportschuhen, was die Patentanwälte und die Rechtsabteilungen beider Unternehmen und in zahlreichen Fällen auch die Gerichte beschäftigte.[144]

Herausforderung durch neue Konkurrenten

Mit der zunehmenden Bedeutung des Freizeitsports und dem weltweiten Aufkommen neuer Sportarten veränderte sich der Sportartikelmarkt dramatisch. Neue bzw. auf dem Markt an Bedeutung gewinnende Marken wie etwa Nike, Reebok oder asics, die zumindest aus deutscher und europäischer Perspektive bislang keine große Rolle im internationalen Sportgeschäft gespielt hatten, stellten innerhalb kürzester Zeit eine große Herausforderung für die etablierten Unternehmen dar. Die japanische Firma asics, die zunächst Basketballschuhe herstellte, war zwar schon 1949 gegründet worden, aber erst die Fusion mit zwei anderen Herstellern im Jahr 1977 brachte eine Ausweitung des Produktangebots und führte zu einer stärkeren Präsenz in Europa. Fast zur gleichen Zeit kamen die erste Nike-Sportschuhe auf den europäischen Markt. Das zu Beginn der 60er Jahre gegründete Unternehmen begann als Vertriebspartner des japanischen Sportschuhherstellers „Onitsuka Tiger". Erst nach einigen Jahren begann es, unter der Firmierung „Blue Ribbon Sports" eigene Schuhe in enger Kooperation mit Sportlern zu produzieren, ähnlich wie Adi Dassler es praktiziert hatte. 1972 folgte die Umbenennung in „Nike". Im Jahr der Olympischen Spiele von München gelangen Sportlern in „Nike"-Schuhen erste Erfolge, wenn auch nicht auf Medaillenrängen. Rasch etablierte sich die neue Marke auf dem amerikanischen Sportschuhmarkt und setzte hier vor allem, neben der Entwicklung technischer Innovationen im Bereich des Spitzensports, auf die Joggingwelle und den Freizeitsport. Ähnliches war auch Converse mit seinen „Chucks" gelungen, die als „Lifestyle"-Produkt am Markt sehr erfolgreich waren.[145] Innerhalb weniger Jahre entwickelten sich adidas und Nike zu ernsthaften Konkurrenten – und Nike löste Puma allmählich als bis dahin größten Herausforderer auf dem Sportartikelmarkt ab. Insbesondere auf dem amerikanischen Markt machte sich dies bemerkbar. Intern wurde bereits Mitte der 70er Jahre von einer „US-Misere" für adidas gesprochen. Der wichtigste adidas-Schuh auf dem US-Markt, der „SL 72", belegte nur noch die elfte Stelle in einer Rangliste der meistverkauften Schuhe, und andere Produkte landeten abgeschlagen im hinteren Feld. „Bei 100 Paar ‚Nike'-Trainingsschuhen", so die bedrohliche adidas-interne Analyse, wurde „nur 1 Paar adidas-Trainingsschuhe verkauft".[146] Betroffen von dieser „Misere" war nicht nur das Produktportfolio, sondern auch die bisherige Markenstrategie, die Werbung sowie das Marketing insgesamt. Die Bedeutung von Marken erreichte auf dem Sportschuhmarkt durch diesen Zweikampf seit Ende der 70er Jahre eine neue Dimension. Und hier musste sich, nicht nur mit Blick auf den amerikanischen Markt, bei adidas grundlegend etwas ändern.

3.5 Selbstsicherheit und defizitäre Markenstrategie

Nun machte sich auch bemerkbar, dass bei adidas von einer integrierten Markenstrategie bis zu diesem Zeitpunkt nicht gesprochen werden konnte. Bis Ende der 70er Jahre hatte es bei adidas noch keine elaborierten Werbekampagnen gegeben.[147] Seit der Gründung des Unternehmens zeichneten sich die Maßnahmen auf diesem Gebiet eher durch eine situative, an sportlichen Großereignissen orientierte und auf Spitzensportler zugeschnittene Markenpflege aus. Diese durch ein umfangreiches personales Netzwerk getragene, von Adi Dassler begonnene Politik war von Horst Dassler im Rahmen der allgemeinen Kommerzialisierung des Sports in Richtung eines stärker professionalisierten Markenmanagements und einer markenorientierten Unternehmensführung – zunächst bei adidas France – seit Beginn der 60er Jahre ausgebaut worden. Die Werbemittel und Aktivitäten von adidas konzentrierten sich jedoch auf einen überschaubaren Bereich. Neben sportlichen Großveranstaltungen und Fachmessen war die Marke vor allem durch Anzeigen und Inserate in Sportzeitungen und Sportzeitschriften, durch Prospekte und Kataloge, die von der Firma Fick in Nürnberg betreut wurden, und in Form von Schaufensterplakaten, Aufstellern und Preisschildern für den Einzelhandel sowie durch Trainingsbroschüren („Fußballtraining mit Fritz Walter") präsent. Die Firma Fick hatte etwa 1964 für die Olympischen Spiele in Tokio Werbematerial produziert. Anlässlich der Fußball-Weltmeisterschaft in Chile hatte Horst Dassler Miniatur-Fußballschuhe als Werbemittel verteilt, später kamen noch Schlüsselanhänger, Leuchtbällchen und adidas-Abzeichen hinzu, was als Einstieg in das Merchandising betrachtet werden kann.[148] Von Herzogenaurach aus wurden auch Kataloge, Anzeigen und Prospektmaterial für ausländische Märkte wie die USA, Kanada, Großbritannien, Südafrika, die westeuropäischen Staaten und Jugoslawien konzipiert. Im Jahr 1970, dem Jahr der Fußball WM in Mexiko, lag der Werbeetat bei bescheidenen 1,05 Mio. D-Mark und umfasste lediglich die Erstellung eines Fußball-Kalenders, Schaufensteraktionen und Anzeigenwerbung für die WM, eine Anzeigenserie für die Handball-WM in Frankreich sowie Einladungskarten für adidas-Kunden zur ISPO in München. Der größte Anteil am Werbeetat entfiel dabei auf die Anzeigenwerbung sowie das Prospekt- und Katalogmaterial. Viel Geld wurde für Werbeanzeigen im einzig verbliebenen US-Sportmagazin „Sports Illustrated" ausgegeben, wo u.a. mit Rod Laver und Billie Jean King für adidas-Tennisschuhe geworben wurde.[149] Mit Blick auf die Olympischen Spiele in München fielen die Werbeanstrengungen ein wenig umfangreicher aus. Zu Beginn der 70er Jahre stellte adidas für seine Händler einen Werbemittelkatalog mit Tipps für eine „durchschlagende Werbung für Sie" zusammen. Merchandising-Produkte wie Olympiadecken, Sitzkissen oder Wasserbälle mit adidas-Aufdruck spielten dabei ebenso eine Rolle wie Hinweise auf die „Trimm Dich"-Aktion, die einmal mehr den Freizeitsport in den Mittelpunkt stellte. Hinzu kamen Anzeigen- und Schaufensterwerbung sowie die Produktion eines adidas-Werbefilms.[150]

Die Olympischen Spiele 1972 in München boten einerseits neue Möglichkeiten der Werbung und Promotion für adidas, zeigten aber auch die Grenzen der noch stark an traditionellen Maßstäben orientierten Werbung innerhalb des „Systems Adi Dassler", die zudem durch das Reglement des Internationalen Olympischen Komitees (IOC) eingeschränkt war. „Ich kann mich noch genau an den Tag erinnern", so Adi Dassler rückblickend, „es war am 26. April 1966 in Rom." Was nur die kühnsten Optimisten erwartet hatten, wurde plötzlich Wirklichkeit: Die Bundesrepublik

42 Katalog adidas für die Olympischen Spiele München 1972

Deutschland erhielt den Zuschlag – sie durfte die XX. Olympischen Sommerspiele ausrichten.[151] Für Adi Dassler bedeutete dies vor allem auch, neue Sportschuhe für die Olympia-Teilnehmer zu entwickeln. Im Dezember 1971 wurde eine „Technische Olympia-Konferenz" durchgeführt, auf der Dassler seine Mitarbeiter auf strikte Geheimhaltung über die Technik der neuen Rennschuhe einschwor.[152] Doch während die Olympischen Spiele auf technischem Gebiet strategisch weitblickend vorbereitet wurden, verliefen die Werbeplanungen für München weitgehend nach dem traditionellen „System Adi Dassler" im Familienverbund, wobei „jeder alles gemacht hat". Dasslers Tochter Inge Bente kam dabei eine zentrale Rolle zu. Mit dem Olympischen Komitee wurde ein Ausrüstervertrag abgeschlossen, und adidas trat nicht nur als „Offizieller Ausrüster der deutschen Olympiamannschaft" in Erscheinung, sondern auch als „Offizieller Ausrüster für die Spiele der XX. Olympiade" in München. Es wurden zudem weitere Ausrüsterverträge mit Sportlern abgeschlossen, und wie bereits bei den Olympischen Spielen in Rom, Tokio und Mexiko eröffnete ein „adidas-Olympia-Shop", der zugleich Werbezentrum und Anlaufstelle für Sportler während der Spiele war.[153]

Die Grenzen der Werbemöglichkeiten wurden adidas jedoch durch das IOC und seinen Präsidenten gesetzt. Avery Brundage, noch ganz in der Tradition Pierre de Coubertins sowie von Carl Diems „Eigenwelttheorie" des Sports stehend und als Verteidiger des Amateurstatus auftretend, hatte bereits im Jahr 1970 anlässlich eines Treffens des „IOC Executive Board" eine Brandrede mit dem Titel „Olympic Games in Danger" gehalten, in der er vehement gegen die Kommerzialisierung des Sports und für die Beibehaltung des Amateurstatus der Sportler argumentierte: „The Olympic Games must be confined to amateurs or they are a commercial enterprise with all idealism lost, and when the day comes, as has just now been demonstrated by the overwhelming vote of the good citizens of Zurich, the Olympic Games, mark well my words, are doomed."[154] Nach den Olympischen Spielen in München äußerte er sich enttäuscht über die Kommerzialisierung und Vulgarisierung des Olympischen Emblems, das auf Souvenirs weltweit Verbreitung gefunden habe.[155] Zudem achtete Brundage streng auf die Einhaltung der Regel Nr. 53, wonach „auffällige Markierung zu Reklamezwecken" verboten war. Die Kleidung der Sportler durfte nicht die Bezeichnung des Herstellers tragen, und auch Taschen mit Reklame-Namen waren nicht zulässig. „We are simply trying to keep Olympic premises free from advertising", so Brundage in einem Schreiben an Adi Dassler im August 1972.[156] Es kam zu einem ausführlichen Briefwechsel zwischen adidas und dem IOC, in den sich auch Horst Dassler einschaltete, der nicht nur Brundage, sondern auch dem Vorsitzenden des Nationalen Olympischen Komitees, Willi Daume, unterstellte, die Olympischen Regeln zuungunsten von adidas auszulegen und „unsere Marke im IOC schlecht zu machen und zu attackieren".[157] Die Situation eskalierte vor allem deshalb, weil es bei den Winterspielen 1972 in Sapporo einen Vorfall gegeben hatte, bei dem der österreichische Skirennläufer Karl Schranz wegen Werbung (bei einem Hobby-Fußballspiel) aus Sicht Avery Brundages den Amateurstatus verletzt hatte und von den Spielen ausgeschlossen wurde. Der „Schranz-Skandal" sollte sich bei den Sommerspielen nicht wiederholen, und Brundage blieb bei seiner harten Haltung: „We now have a rule which prohibits advertising [...] and Adidas Stripes are certainly advertising."[158] Diese strikte Haltung wirkte in Zeiten eines zunehmend kommerzialisierten Sportbetriebs durchaus anachronistisch und stieß vor allem bei Horst Dassler, der diese Entwicklung ja maßgeblich mit vorangetrieben hatte, auf massiven Widerstand. Wenn Trainingsanzüge mit drei Streifen als Werbung betrachtet würden, so schrieb er an Monique Berlioux vom IOC, so wirke sich das vor allem negativ auf den Amateursport aus, da die Amateure dann nicht mehr von den Hilfen der Hersteller profitieren könnten.[159]

Diskussionen um den Amateurstatus von Sportlern waren allerdings nicht nur aufgrund kommerzieller Interessen westlicher Sportler und Unternehmen geführt worden, sondern – vor dem Hintergrund der Ost-West-Spannungen – auch hinsichtlich des Status von „Staatsamateuren" aus sozialistischen Ländern, die den Amateurstatus ebenfalls zunehmend aushöhlten.[160] Insofern trug der Kalte Krieg und der auf sportlicher Ebene geführte Systemwettbewerb seinen Teil zur Kommerzialisierung des Sports bei, nicht zuletzt, weil auch die Spitzensportler der osteuropäischen Staaten zunehmend auf Produkte westeuropäischer Anbieter wie etwa adidas zurückgriffen.[161]

Zwischen Übergang und Umbruch

Unterdessen hatte Horst Dassler mit adidas France bereits in den 60er Jahren die Professionalisierung von adidas

France vorangetrieben, einige französische Werbeagenturen aufgekauft, Marketingfachleute eingestellt und den Bereich der Promotion professionalisiert.[162] Seine Aktivitäten hatten auch dazu geführt, dass adidas als offizieller Balllieferant bei Olympischen Spielen und Weltmeisterschaften auftrat. Die IOC-Regeln legten dem „System Horst Dassler" jedoch ein enges Korsett an. Als kurz vor den Olympischen Spielen 1972 ein amerikanischer Sportler adidas anklagte, ihm sei Geld für das Tragen von adidas-Schuhen während der Olympischen Spiele angeboten worden (was sich im Nachhinein als haltlos herausstellte), wandte sich Horst Dassler an das IOC, nicht nur, um diesen Fall als Intrige der Konkurrenz bloßzustellen, sondern um zugleich auf die grundsätzliche Gefahr aufmerksam zu machen, die ein Gegeneinander-Ausspielen der Hersteller durch die Athleten beschwor. Der Fall Armin Hary hatte zwölf Jahre zuvor für einen ähnlichen Skandal gesorgt. Durch neue Regeln sollten solche Vorfälle vermieden werden.[163] Es war naheliegend, dass die Gründung neuer Institutionen, welche die Vermarktung von Werberechten bei sportlichen Großereignissen wie den Olympischen Spielen regeln sollten, eine weitere Konsequenz aus den Münchener Erfahrungen darstellte. Entsprechende Initiativen Horst Dasslers sollten allerdings erst etwa ein Jahrzehnt später in Angriff genommen werden.

Bis dahin verlief die adidas-Werbung, vor allem in Herzogenaurach, in den gewohnten Bahnen. In der Nachbereitung der Olympischen Spiele in München wurde festgestellt, dass zwar mehr als 80 Prozent der Sportlerinnen adidas-Produkte trugen, aber nur gut 50 Prozent der männlichen Sportler. Hier sollte eine gezielte Ansprache sowie eine Ausstattung mit Schuhen und Kleidung für Abhilfe sorgen. Gleichzeitig umwarb adidas – aus heutiger Sicht sehr bieder und bescheiden – die erfolgreichen deutschen Olympioniken mit kleinen Geschenken, um die Bindung an das Unternehmen auch weiterhin zu gewährleisten. So gab es etwa Zinnuhren für die Hockey-Nationalmannschaft sowie Kassetten-Recorder und tragbare Fernsehgeräte für Ringer und Gewichtheber und andere Medaillengewinner.[164] Dies war Ausdruck einer weiterhin situativ orientierten semi-professionellen Werbepolitik.

adidas warb noch immer mit Superlativen, mit den „besten", den „schnellsten" und den „leichtesten Schuhen", den erfolgreichsten Athleten und den meisten Medaillen und Siegen. Diesen Erfolgen war es möglicherweise aber auch geschuldet, dass das Unternehmen bis Ende der 70er Jahre über keine umfassende, koordinierte Marketingstrategie verfügte. Die traditionelle Form der Werbung und der Kundenkommunikation hatte sich als ausreichend erwiesen, um Marktanteile zu behaupten und Konkurrenten sowie neuen Herausforderungen und Trends auf dem Sportartikelmarkt erfolgreich zu begegnen. Drei wesentliche Aspekte dürften dabei eine Rolle gespielt haben:

1. adidas war noch immer der größte Sportartikelhersteller der Welt. Das Unternehmen hatte sich flexibel auf neue Herausforderungen eingestellt. Das betraf die Ausweitung des Produktangebots und die Akquisition weiterer Marken, sodass man auch weltweit gut aufgestellt war. Den amerikanischen Basketball-Markt hatte man mit dem „Superstar" erobert und selbst in die sozialistischen Staaten waren Kontakte geknüpft. Und schließlich hatte adidas sich im Zuge der „Trimm Dich"-Bewegung von der bisherigen Konzentration auf den Spitzensport stärker in Richtung Breitensport ausgerichtet. Dem neuen Trendsport „Jogging" begegnete das Unternehmen Ende der 70er Jahre mit innovativen Schuhmodellen. All dies

dürfte die Überzeugung gestärkt haben, auf dem richtigen Weg zu sein.

2. Die Selbstsicherheit von adidas führte, zusammen mit der Konzentration auf den Konkurrenzkampf mit Puma, zu einer Verengung der Perspektiven, die eine verspätete Wahrnehmung neuer Marken auf dem Sportartikelmarkt nach sich zog. Von einer Ignoranz[165] gegenüber den Wettbewerbern kann in diesem Zusammenhang jedoch kaum gesprochen werden.
3. Ende der 70er Jahre hatten sich am Markt für Sportartikel deutlich die Grenzen der Wachstumsmöglichkeiten gezeigt, nicht zuletzt aufgrund der wachsenden internationalen Konkurrenz und der sich abzeichnenden weltweiten Rezession infolge der zweiten Ölpreiskrise. Dies waren aber eher Signale einer neuen Normalität, die bei adidas noch keine besorgniserregenden Reaktionen oder gar eine Revision der bisherigen Unternehmenspolitik und Marketingstrategie auslösten, da das Unternehmen noch immer ein überdurchschnittliches Wachstum aufwies.[166]

Eine solche Selbstsicherheit trotz sich abzeichnender veränderter Rahmenbedingungen war kein adidas-spezifisches Problem. Hier zeigten sich Phänomene, die auch bei anderen deutschen Unternehmen während dieser Zeit zu beobachten waren. Die deutsche Automobilindustrie etwa, die sich aus Selbstüberzeugung und mit Blick auf die vermeintliche technische Überlegenheit ihrer Produkte „Made in Germany“ vor allem an Vorbildern der amerikanischen Branche orientiert hatte, reagierte sehr spät auf die „japanische Herausforderung“ und sah sich Ende der 70er Jahre mit einem Verlust an Marktanteilen konfrontiert. Ähnlich lässt sich eine selektive Wahrnehmung, Selbstüberschätzung und Überheblichkeit der westdeutschen Kamerahersteller beobachten, die schließlich mit dem Niedergang einer ganzen Branche endete, da sie der aufstrebenden japanischen Konkurrenz nicht mehr gewachsen war.[167] Als weiteres Beispiel gilt der Reifenhersteller Continental, dessen verengtes Konkurrenzdenken sich Anfang der 70er Jahre vor allem auf die amerikanischen Hersteller richtete. In der Folge hatte man den französischen Aufsteiger Michelin aus dem Blick verloren, der Continental in den Folgejahren dann deutliche Marktanteile abnahm.[168]

43 Porträt Adi Dassler (Mitte 70er Jahre)

Vergleichbare Entwicklungen waren auch bei adidas zu beobachten. Sie wurden jedoch nicht zum Problem, solange sich kein ernsthafter Wettbewerber abzeichnete, der die bislang erfolgreiche Stellung von adidas auf dem Weltmarkt ernsthaft gefährdete. Der Zweikampf mit Puma war über viele Jahrzehnte hinweg zu einem weitgehend berechenbaren Faktor geworden. Das galt allerdings nicht für Nike, eine Marke, die innerhalb kürzester Zeit nicht nur in den USA eine Führungsposition einnahm, sondern sich auch weltweit zu einem ernsthaften Konkurrenten von adidas entwickelte und die „gefestigte Position auf dem Weltmarkt“[169] zunehmend infrage stellte. Es galt, sich dieser neuen Herausforderung bewusst zu werden und vor allem durch entsprechende Maßnahmen im Bereich der Produkt- sowie der Marken- bzw. Marketingstrategien gegenzusteuern. Kurz vor seinem Tod scheint Adi Dassler die Notwendigkeit einer Neuausrichtung des Unternehmens erkannt zu haben. Im Jahr 1978 plante er eine Amerikareise, bei der er sich über die neuesten Entwicklungen auf dem amerikanischen Markt informieren wollte. Kurz vor Antritt dieser Reise verstarb Adi Dassler jedoch. Es sollte daraufhin noch einige Zeit vergehen, bis seine Nachfolger eine grundlegende Neuausrichtung von adidas einleiteten.

Das Ende der 70er und der Beginn der 80er Jahre markieren somit eine Zäsur in der Geschichte von adidas, die einerseits durch den Tod Adi Dasslers und andererseits durch strukturelle Veränderungen auf dem weltweiten Markt der Sportartikelindustrie gekennzeichnet war.

4

VOM FAMILIENUNTERNEHMEN ZUR AKTIENGESELLSCHAFT (1948 BIS 1995)

JÖRG LESCZENSKI

4.1 UNTERNEHMEN UND FAMILIE BIS ZUM TOD ADI DASSLERS

(1948/49 BIS 1978)

Als Adi Dassler am 1. April 1948 im Betrieb I der ehemaligen Gebrüder Dassler Schuhfabrik in seinem eigenen Unternehmen die Arbeit aufnahm, hatte er bereits zu Genüge erfahren, wie schwer es fällt, ein Familienunternehmen zu führen. Die Generationen übergreifende Präsenz der Gründerfamilie und ihrer Nachkommen in der Leitung und im Eigentümerkreis „ihres" Unternehmens ist grundsätzlich von zahlreichen Voraussetzungen abhängig. Vor allem müssen die Interessen der Familienmitglieder, der Teilhaber und die Unternehmenspolitik über einen langen Zeitraum in Einklang gebracht werden. Der Interessenausgleich kommt von vornherein einem Balanceakt gleich, da es in der Familie, im Gesellschafterkreis und im Unternehmen unterschiedliche Erwartungen, Regeln und Kommunikationsformen gibt. Um die zwischenmenschlichen Beziehungen im privaten Kreis der Familie zu pflegen und ein harmonisches Familienleben zu führen, sind Liebe, Empathie, gegenseitiges Verständnis und Vertrauen notwendig. Als ökonomische Akteure müssen die Angehörigen einer Unternehmerfamilie jedoch anderen Qualitäten gerecht werden: einem ausgeprägten Arbeitsethos, Konkurrenzdenken, Marktorientierung und Zweckrationalität.

1 adidas Sportschuhfabrik und Dassler Villa (ca. 1965)

Die Lebensdauer eines Familienunternehmens ist ferner von weiteren Bedingungen abhängig. Die wesentlichste Voraussetzung sind Nachkommen, die sich mit dem Lebenswerk der Gründerfamilie identifizieren und die bereit sind, den eigenen Lebenslauf gleichfalls in den Dienst des Unternehmens zu stellen. Ebenso wichtig ist das erfolgreiche Management von Krisen, Konflikten oder Fragen der Nachfolge. Ein Unternehmen, das über mehr als zwei oder drei Generationen am Markt bestehen will, muss sich schließlich auch dem fortlaufenden politischen, wirtschaftlichen, sozialen und technischen Wandel anpassen.[1]

Der Streit über die Produktpolitik während des Zweiten Weltkriegs, die persönlichen Animositäten zwischen den Familienmitgliedern sowie die geschäftliche Trennung von seinem Bruder Rudolf führten bei Adi Dassler allerdings nicht dazu, seinen Glauben an die Bedeutung familiärer Ressourcen für den Aufbau und die Expansion eines Unternehmens zu verlieren. Im Gegenteil: In den nächsten rund drei Jahrzehnten folgten die Besitzverhältnisse und die Geschäftsleitung einem klaren Prinzip – an der Familie führte kein Weg vorbei.

Nachdem die Brüder Dassler ihre Firma 1948 aufgeteilt hatten und getrennte Wege gingen, kam es in den ersten Monaten freilich zunächst darauf an, den fortlaufenden Betrieb in der Kreuzgasse zu gewährleisten. Gefragt waren die Kunst der Improvisation und eine situative Personalpolitik, die sich aus aktuellen Bedürfnissen ergab. Da unter den anfangs rund 40 Beschäftigten kaum jemand genügend kaufmännische Kompetenz mitbrachte, holte Adi Dassler im Frühjahr 1948 den Lebensmittelkaufmann Wolfgang Krause

2 adidas Sportschuhfabrik (Anfang der 50er Jahre)

ins Unternehmen, der die Buchhaltung übernahm, den Ein- und Verkauf besorgte und letztlich sein gesamtes Berufsleben lang bei adidas blieb.[2] Wenige Wochen später begann der 15jährige Franz Schacher als Lehrling in der Zuschneiderei. Seine Leidenschaft für Sportschuhe, der Enthusiasmus, mit dem er die Ideen Adi Dasslers aufnahm und mit großer Ausdauer umsetzte, seine Begeisterung, mit der er selbst an der Korrektur von Details arbeitete, sorgten dafür, dass Franz Schacher zu einem der wichtigsten Ansprechpartner und Vertrauten Adi Dasslers wurde. Auch er blieb während seiner gesamten beruflichen Laufbahn adidas treu.[3] Als adidas-Vertreter für Süddeutschland gewann Adi Dassler Fritz Zehlein, einen ehemaligen Mitarbeiter der Münchener HypoVereinsbank, zu dem er in freundschaftlicher Beziehung stand. Zur selben Zeit wurden noch vier weitere Vertreter auf Provisionsbasis engagiert.[4]

„Wir haben als ganz kleiner Familienbetrieb begonnen, alle arbeiteten mit.“[5]

Seit den frühen 50er Jahren lag das laufende Geschäft immer eindeutiger in den Händen von Familienmitgliedern, die sich gewissermaßen arbeitsteilig in den Dienst der Firma stellten. Adi Dassler konzentrierte sich auf seine Fähigkeiten als „Erfinder- und Techniker-Unternehmer“, spielte seine Qualitäten als nimmermüder „Tüftler“ aus und trieb die Entwicklung neuer Produkte für zahlreiche Sportarten (Fußball-, Radrenn- und Ringerschuhe, Boxer- und Eishockeystiefel etc.) wesentlich voran. Daneben repräsentierte er mit seinen vielen Reisen zu Sportlern und Trainern das Familienunternehmen nach außen.[6]

Gleichzeitig gewann seine Frau Käthe für das „Innenleben“ des Unternehmens allmählich immer größere Bedeutung. Seit den späten 40er Jahren arbeitete sie sich beflis-

3 Inge Bente, Karin Essing, Adi und Käthe Dassler, Horst Dassler, Brigitte Baenkler-Dassler sowie Sigrid Dassler (Mitte der 70er Jahre)

sen und mit schneller Auffassungsgabe in die Aufgaben des Versands ein, den sie bald führte. Später fiel auch die Leitung des Exports und der allgemeinen Verwaltung in ihren Verantwortungsbereich. Genauso wichtig waren die Aufgaben, die sie als „Haushaltmanagerin" in der Dassler-Villa übernahm.

Das eigene Heim hatte im „System Adi Dassler" überaus wichtige Funktionen. Hier wurde „pfälzische Gastfreundschaft"[7] gepflegt, hier saßen Familie, Sportler, Trainer und Funktionäre regelmäßig an einem Tisch zusammen und konstituierten ein enges persönliches Netzwerk.[8] So gerne Adi Dassler dabei mit Sportlern und Trainern über die Vorzüge der adidas-Sportschuhe diskutierte – dem häuslichen geselligen Leben gewann er wenig ab und überließ den „Small Talk" mit Freunden und Geschäftspartnern in erster Linie seiner Frau. Wie selbstverständlich lagen überdies die Erziehung der gemeinsamen fünf Kinder sowie die tägliche Arbeit im Haushalt auf ihren Schultern, die sie mithilfe der Hausangestellten Veronika Bretting verrichtete. 1952 trat Käthes Schwester Marianne Hoffmann in das Unternehmen ein, begann im Versand und wurde alsbald zur Prokuristin bestellt. Sie stand schließlich über 33 Jahre „in vorderster Front des nationalen Verkaufsmanagements" und war wesentlich daran beteiligt, die Vertriebsorganisation in der Bundesrepublik Deutschland aufzubauen.[9]

Nach Abschluss ihrer Schulzeit fanden auch die Töchter von Adi und Käthe ihren Platz im Unternehmen. Im Herbst 1954, unmittelbar nach der Mittleren Reife, begann für die älteste Tochter Inge Dassler ihr Weg bei adidas. Sie bearbeitete zunächst Aufträge, lernte die Abläufe im Lager kennen, korrespondierte mit Athleten und bekam schließlich die Betreuung der Sportler im Inland übertragen.[10] Von der Pieke auf wurde drei Jahre später auch Karin Dassler in das Geschäft mit Sportschuhen eingeführt, die anschließend für Werbung und Public Relations verantwortlich war.[11] „Da wurdest Du eben ins kalte Wasser geworfen. Du musstest

Dich bewähren. Aber es hat Spaß gemacht", erinnerte sich Brigitte Baenkler-Dassler an ihre ersten Schritte im familieneigenen Unternehmen.[12] Später betreute sie die ausländischen Sportler und pflegte die Beziehungen zu den Geschäftspartnern in Osteuropa. Zu guter Letzt trat auch die jüngste Tochter Sigrid bei adidas ein und leitete vorübergehend die Textilsparte, bevor sie im Herbst 1977 ihrem Ehemann Christoph Malms in die Schweiz folgte.[13]

Als richtungweisender Schritt erwies sich im Nachhinein die Entscheidung, den Schuhmachermeister Alfred Bente, der 1958 Arbeitszeitstudien in Schuhfabriken durchgeführt hatte, zu adidas zu holen – nicht zuletzt deshalb, weil er im September 1958 Inge Dassler heiratete und fortan als Schwiegersohn Adi Dasslers zur Familie gehörte. Bente trug zunächst die Verantwortung für den Bau einer neuen Fabrik in Scheinfeld und rückte schnell in den engsten Führungszirkel auf. Als Generalbevollmächtigter bestimmte er die Geschichte des Unternehmens in den nächsten rund 25 Jahren entscheidend mit. Alfred Bente führte die Verhandlungen, um Mannschaften mit adidas-Schuhen und -Trikots auszurüsten, galt schließlich als „Mister adidas"[14] und war in den frühen 80er Jahren für Technik, Produktion, Entwicklung und Materialwesen zuständig.[15]

Nicht nur in den Büros, auch bei der täglichen Kommunikation in der Dassler-Villa ließen sich Familie und Unternehmen faktisch nicht trennen. „Beide Eltern waren ja berufstätig, also mit dem Aufbau des Unternehmens befasst [...]. Bei uns gab es eigentlich wenig andere Themen. Es gab immer nur Sport und alles, was das Geschäft betroffen hat. [Mein Vater] hat der Familie immer erklärt, was er für neue Ideen hat", blickte Brigitte Baenkler-Dassler später auf das Alltagsleben zurück.[16] „Wir haben fast jeden Abend Sport gemacht. Hochsprung, es gab Diskus, Kugel. [Mein Vater] hat eine

4 Alfred Bente, Geschäftsführer bis 1983

Weitsprunggrube gebaut [...]. Also früher hätten kleine Kinder [...] ihre Burgen gebaut, aber wir haben eben Weitspringen [geübt]", führte sie in einem Interview weiter aus.[17]

Die Bilanz des „kleinen Familienunternehmens" konnte sich in den 50er Jahren sehen lassen. Entgegen dem Branchentrend – zahlreiche Betriebe der Schuhindustrie waren während der ersten Hälfte der 50er Jahre öfter zu Kurzarbeit gezwungen – wurde in der Sportschuhfabrik Adi Dassler „stets voll gearbeitet" und Schritt für Schritt neue Arbeitskräfte eingestellt.[18] Das „Wunder von Bern", der unerwartete Erfolg der deutschen Nationalmannschaft im Endspiel der Fußball-Weltmeisterschaft 1954 in der Schweiz, bescherte adidas öffentliche Aufmerksamkeit, die Schuhproduktion

5 Horst Dassler galt bei adidas früh als „Kronprinz"

(Paarzahl) nahm von 158.210 (1954) auf 408.415 (1958) zu. Im gleichen Zeitraum erhöhten sich der Umsatz von 2,31 Mio. D-Mark auf 9,65 Mio. D-Mark und der Gewinn von 154.719 D-Mark auf 831.837 D-Mark.[19] Es passt gewissermaßen ins Bild des Familienbetriebs, dass die persönlich haftenden Gesellschafter und Kommanditisten ausschließlich aus dem Kreis der Dasslers stammten. Im Handelsregister des Amtsgerichts Fürth wurde Adolf Dassler als Geschäftsinhaber bzw. persönlich haftender Gesellschafter und seine Frau Käthe sowie seine fünf Nachkommen als Kommanditisten der „adidas Sportschuhfabriken Adi Dassler KG" geführt (mit einer Einlage von jeweils 100.000 D-Mark, die in den nächsten Jahren sukzessive erhöht wurde).

Die Sonderrolle von Horst Dassler

Während die vier Töchter Adi Dasslers quasi als „mithelfende Familienangehörige" zum Erfolg des Unternehmens beitrugen, wurde Horst Dassler von seinem Vater für eine leitende Funktion ausgebildet. Wie häufig in Familienunternehmen üblich, fiel auch bei adidas dem erstgeborenen Sohn die Rolle des Kronprinzen und potenziellen Nachfolgers zu: „Durch meinen Vater wurde ich nicht nur von Kind auf zum Sportler erzogen, sondern gleichzeitig auf technisches Denken vorbereitet. Bei Waldläufen testeten wir Schuhe; später spielte ich Eishockey und Tennis", erinnerte sich Horst Dassler später an seine Kindheit.[20]

Nach der Volksschule besuchte er vier Jahre das Humanistische Gymnasium in Ettal und für zwei weitere Jahre das Erlanger Gymnasium, das er – wohl auf Wunsch des Vaters – nach der Mittleren Reife verließ. Horst Dassler setzte seine Ausbildung an der Handelshochschule in Nürnberg fort und legte anschließend wie Adi Dassler seinen Abschluss an der Deutschen Schuhfachschule in Pirmasens ab. Noch während seiner Ausbildung sammelte er erste Erfahrungen im Ausland. In Barcelona lernte er Spanisch, bevor er 1956 mithilfe eines adidas-Vertreters in Großbritannien sein Englisch verbesserte. Für die weitere Laufbahn Horst Dasslers wurde sein Aufenthalt in London noch aus einem anderen Grund wegweisend. In einem Telefonat bat ihn seine Mutter Käthe, adidas bei den Olympischen Spielen in Australien zu vertreten, da die Reise für seinen Vater zu strapaziös sei und ihm auch die nötige sprachliche Kompetenz fehle. Die Feuertaufe in Melbourne bewältigte Horst Dassler mit Bravour. Seine offene Art und seine unkonventionellen Werbestrategien – er verschenkte adidas-Schuhe an die Sportler – kamen bei Aktiven, Trainern und Funktionären sehr gut an und etablierten ihn auf der internationalen

Sportbühne. Letztlich trugen insgesamt 70 Olympioniken auf ihrem Weg zur Goldmedaille Schuhe von adidas.

Nach der Bewährung in Australien dauerte es rund drei Jahre, bis Horst Dassler vor einer weiteren großen Herausforderung stand. In den späten 50er Jahren reichten die Produktionsstätten von adidas nicht mehr aus, um die steigende Nachfrage nach Sportschuhen zu befriedigen. Auch die vergleichsweise hohen Lohnkosten in Westdeutschland sprachen dafür, nach neuen, weniger kostenintensiven Standorten zu suchen. Die Wahl fiel schon bald auf das Elsass, wo die Schuhindustrie seit längerem Spezialschuhe für die „Kumpel" im saarländischen Kohlenbergbau produzierte. Nachdem die Bevölkerung des Saarlands in einer Volksabstimmung für ihren Beitritt zur Bundesrepublik Deutschland gestimmt hatte und die örtlichen Gruben ihren Bedarf nun über westdeutsche Produzenten befriedigten (Lieferungen aus Frankreich wären nun mit erheblichen Zöllen belastet gewesen), suchten die elsässischen Schuhfabrikanten händeringend nach neuen Aufträgen. Adi und Käthe entschieden sich, den Aufbau einer Produktionsstätte in Frankreich ihrem Sohn anzuvertrauen, der während seiner Zeit in Pirmasens höchstwahrscheinlich auch das Elsass besucht hatte.[21]

Wenig spricht dafür, dass Horst Dassler, wie teilweise vermutet wurde, Herzogenaurach 1959 im Streit mit der Familie verlassen hat. Dafür war die Unterstützung, die er aus dem Familienkreis erfuhr, zu groß. Seine Eltern und Alfred Bente suchten gemeinsam mit ihm nach einer geeigneten Fabrik, die der adidas-Tross in Dettwiller fand. Adi Dassler half dabei, die Maschinen in der Werkstatt aufzubauen und einzurichten.[22] Außerdem sprach viel dafür, dass die Aufbauarbeit von Horst Dassler im Elsass für die gesamte Familie von Vorteil sein würde. Aus der Sicht seiner Eltern schienen sein hohes Arbeitsethos, seine Leidenschaft für den Sport, seine Fachkompetenz sowie sein bemerkenswerter Coup in Melbourne seinen Erfolg in Frankreich fast schon zu garantieren. Auch Horst Dassler kam die neue Aufgabe gerade recht, um seinen Drang nach Selbstständigkeit und seiner Suche nach neuen Geschäftsmodellen, die mit seinem Erfolg in Australien vermutlich wesentlich befeuert worden waren, auszuleben.

Der Aufstieg von adidas France

Unter Horst Dasslers Regie entwickelte sich der kleine adidas-Ableger im Elsass in den folgenden rund zehn Jahren zu einem „multinationalen Unternehmen",[23] das auf eine clevere Sortimentspolitik (u. a. avancierte der Basketballschuh „Superstar" seit den späten 60er Jahren zum Verkaufsschlager), eigene Abteilungen für Export und Marketing sowie niedrige Produktionskosten setzte (u. a. dank neuer Produktionsstandorte in Ungarn, Rumänien und der Tschechoslowakei). Als Mitte der 60er Jahre die räumlichen Kapazitäten in Dettwiller ausgereizt waren, errichtete Horst Dassler 1967 für adidas France in Landersheim eine neue Verwaltungszentrale sowie Lager- und Versandanlagen. Im Wettbewerb um neue Kunden erwies sich im Übrigen das Gästehaus „Auberge du Kochersberg" als unschlagbarer Vorteil. Das ehemalige Jagdhaus, das nun ein Hotel und ein Sternerestaurant aufnahm, eignete sich bestens, um in einem famosen Ambiente Kontakte zu Geschäftspartnern, Sportlern und Funktionären zu pflegen.[24]

So erfreulich der rasante Aufstieg der französischen Tochter für Horst Dassler auch gewesen sein mag – die selbstbewusst arrangierte Expansion musste das Verhältnis zu den „Herzogenaurachern" essenziell berühren. Aus Kooperationspartnern wurden langsam Konkurrenten, die um

6 Verwaltungsgebäude adidas France Landersheim (70er Jahre)

7 Auberge du Kochersberg (70er Jahre)

Märkte, Verkaufsstrategien und das Design aktueller Kollektionen stritten. Die Voraussetzungen für eine faire Zusammenarbeit zwischen den Exportabteilungen wurden ebenso leidenschaftlich diskutiert wie die Fragen, wer welche neuen Schuhmodelle auf Messen ausstellen durfte oder welche Folgen eine Lieferung qualitativ schlechter Fußbälle für die weiteren Beziehungen zum Deutschen Fußball-Bund und der Nationalmannschaften habe.[25]

Wer in der eigentümergeführten adidas-Gruppe welche Entscheidung traf, lässt sich nur unter Vorbehalt beantworten. Die Funktion eines „obersten Koordinationszentrums“ übernahmen höchstwahrscheinlich interne Familienbesprechungen, an denen bisweilen auch Prokuristen teilnahmen. Ob die Meetings regelmäßig oder nur bei Bedarf anberaumt wurden, um aktuell anstehende unternehmenspolitische Fragen zu erörtern, lässt sich nicht mit Sicherheit beantworten. Ging in Frankreich am Wort Horst Dasslers faktisch kein Weg vorbei, nahm in Herzogenaurach seine Mutter im Führungszirkel eine exponierte Position ein. Vorschläge für eine bessere Zusammenarbeit zwischen Landersheim (adidas France) und der Firmenzentrale wurden an Käthe Dassler adressiert, wichtige Personalentscheidungen waren ohne ihr Plazet nicht möglich; zähe Konflikte unter leitenden Angestellten sollten „durch einen Direktanruf [von] der Chefin und eine massive Zurechtweisung geregelt werden“. Daneben gab es „sachbezogene Clearingstellen“. So wurden beispielsweise ein- bis zweitägige Exportkonferenzen mit allen Sachbearbeitern in Frankreich und Westdeutschland einschließlich der Mitarbeiter in der Werbung und Promotion organisiert. Ferner hatten verschiedene regelmäßige Treffen einen eher informellen Charakter, wie etwa die täglichen Gespräche zwischen Adi Dassler und Franz Schacher.[26]

Trotz der keineswegs leichten Kooperation zwischen der Zentrale und adidas France, oder vielleicht gerade wegen der ehrgeizigen Unternehmenspolitik in Frankreich, setzte sich der Boom für die Firmengruppe mit dem Rückenwind aus Dettwiller und Landersheim in den 60er Jahren fort. Die Zahl der Beschäftigten stieg von 1962 bis 1966 von 510 auf 778, der Umsatz von 17,63 auf 36,65 Mio. D-Mark. Zur Expansion trug maßgeblich der Export bei: Sein Anteil am Gesamtumsatz erhöhte sich von 18 (1962) auf 30 Prozent (1966).[27] Der Anteil der Fußballer, die bei einer Weltmeisterschaft in adidas-Schuhen aufliefen, stieg von 75 Prozent 1966 auf 85 Prozent 1970. Ebenso stark vertreten waren die drei Streifen bei den Olympischen Spielen. In Mexiko bestritten 1968 gleichfalls 85 Prozent der Leichtathleten ihre Wettkämpfe in Sportschuhen aus dem Hause adidas. Fortlaufende Innovationen trugen zu ihrer Attraktivität wesentlich bei. Zu den Olympischen Spielen 1964 in Tokio wurde der weltweit leichteste Sprintschuh (140 Gramm) präsentiert, 1968 erstmals Nockensohlen aus Polyurethan im Spritzverfahren produziert. Für Fußballschuhe konstruierte adidas eine Laufsohle mit Biegezone (1964) und eine Fersenpolsterung zum Schutz der Achillessehne (1967). In den 60er Jahren nahm die Firmengruppe auch neue Sparten auf und begann mit der Produktion von Bällen (1963) und Trainingsanzügen (1967).[28]

Die Idee, adidas als Familienunternehmen zu führen, hatte sich augenscheinlich bewährt und sollte nach dem Willen Adi und Käthe Dasslers auch in Zukunft wesentlich die Corporate Governance der Firmengruppe bestimmen. Beide brachten in einem gemeinschaftlichen Testament vom 9. Juni 1972 ihren Wunsch zum Ausdruck, die Unternehmensgruppe nach ihrem Tod als Familienunternehmen zu erhalten.

Von der Konkurrenz zum Konflikt

Im lange so erfolgreichen Modell des arbeitsteiligen Familienbetriebs zeigten sich in den 70er Jahren jedoch ernstzunehmende Risse. Die Konkurrenzsituation zwischen adidas France und der Konzernzentrale in Herzogenaurach erwies sich in vielfacher Hinsicht als Belastung für die Familie. In Frankreich „wuchs Horst Dassler zum Riesen":[29] Er übernahm neben dem französischen Marktführer le coq sportif auch erima und Pony, stieg mit der Marke arena in den Schwimmsport ein und engagierte sich im Profi-Tennis. Die forsche, innovative Gangart Horst Dasslers stieß bei seinen Familienangehörigen auf Misstrauen, bisweilen auf Entrüstung. Sein Vater war bis ins hohe Alter hinein bemüht, adidas-Produkte fortlaufend zu verbessern. Allein die Überlegung, Badehosen oder überhaupt mehr modische Sportbekleidung zu produzieren, musste ihn als „fanatischen Schuhtechniker" fast schon brüskieren. Die Schwestern Horst Dasslers, allesamt in Diensten des Stammhauses, sahen sich nahezu täglich einem zähen Wettbewerb mit adidas France ausgesetzt und beobachteten seine Geschäftspolitik, aber auch Horst Dasslers persönliches Auftreten mit Argwohn. Bei ihnen musste der Eindruck entstehen, dass ihr Bruder sie offenkundig für nicht kompetent genug hielt, ein großes Sportartikel-Unternehmen entscheidend voranzubringen.

Für Unmut sorgten ferner die Beteiligungsverhältnisse bei adidas France. Zu Beginn der 70er Jahre hielt Horst Dassler 49 Prozent, sein Vater Adi 51 Prozent der Firmenanteile. Gleichwohl verstand Horst die französische Gesellschaft als „sein" Unternehmen. Da sich die Beteiligungsverhältnisse nicht nur in Frankreich, sondern auch in anderen Auslandgesellschaften von der Anteilsstruktur der deutschen Muttergesellschaft unterschieden, entschloss sich die Familie zu einem neuen Gesellschaftervertrag, der am 1. Oktober 1972 in Kraft trat.[30]

Adolf und Käthe Dassler schenkten ihre Kapital- und Kommanditanteile ihren Kindern, verbunden mit der Auflage, dass ihrem Vater ein Kapitalanteil in Höhe von 10.000 D-Mark vorbehalten blieb. Die Geschäftsanteile der ausländischen Firmen wurden dem Vermögen der KG in Deutschland zugeführt, „damit keiner der verschiedenen Gesellschafter und insbesondere nicht Horst Dassler hinsichtlich der verschiedenen adidas-Gesellschaften eine verschiedene Interessenlage haben kann".[31] Neben Adolf Dassler trat als zusätzlicher persönlich haftender Gesellschafter die neugegründete Adolf Dassler GmbH (ohne Kapitalanteil) in die KG ein. Ihre Gründung lässt sich gewissermaßen als Vorgriff auf die Zukunft verstehen. Sie wurde ins Leben gerufen, um nach dem Tod von Adolf und Käthe den gleichberechtigten Einfluss von Horst Dassler und Alfred Bente bei der Leitung des Konzerns zu gewährleisten.

Der bis dahin gültige Erbvertrag sah vor, dass nach dem Tod von Adolf Dassler zunächst seine Frau Käthe Komplementärin der deutschen KG wird. Nach ihrem Ableben sollten dann Horst Dassler und Alfred Bente das Unternehmen führen. Alfred Bente konnte allerdings kein Gesellschafter werden, da nur leibliche Abkömmlinge Adolf und Käthes das Recht zufiel, Gesellschaftsanteile zu halten. So wurde beschlossen, bereits zu Lebzeiten des Ehepaares eine GmbH mit den gleichgestellten Geschäftsführern Horst Dassler und Alfred Bente an der Spitze zu konstituieren und diese als Komplementärin in die neue KG aufzunehmen. Dassler sollte für den kaufmännischen, Bente für den technischen Bereich zuständig sein. Beide hatten aber das Recht, Maßnahmen des jeweils anderen Geschäftsführers zu widersprechen. Da Unstimmigkeiten zwischen

8 Klaus-Werner Becker (seit 1978 im Controlling)

beiden von vornherein als wahrscheinlich galten, wurde ein Beirat eingerichtet, der u. a. in Konfliktfällen entscheiden und das letzte Wort haben sollte. In den ersten Beirat wurden Horst Grüner (gesetzlicher Vertreter von Sigrid Dassler), Marianne Hoffmann und der Betriebswirt Dr. Brun-Hagen Hennerkes berufen. Unklar ist, ob und wie oft das Gremium in den Geschäftsalltag eingriff und Konflikte zwischen Horst Dassler und Alfred Bente lösen musste. Unverändert blieb in der „neuen" Gesellschaft der Kreis der Kommanditisten. Mit einer Kapitaleinlage von jeweils 418.000 D-Mark gehörten ihm die fünf Geschwister Horst Dassler, Inge Bente, Karin Essing, Brigitte Baenkler-Dassler und Sigrid Dassler an.[32]

Die Reorganisation des adidas-Konzerns sorgte im juristischen Sinn zwar für klare Verhältnisse, konnte die Spannungen zwischen Horst Dassler und seinen Familienangehörigen auf Dauer aber nicht unterbinden. Im Frühjahr 1978 verdichteten sich die Hinweise darauf, dass Horst Dassler mittlerweile Geschäften hinter dem Rücken der Familie und des Stammhauses nachging. Die Familie wurde auf erhebliche Bürgschaften aufmerksam, die von Deutschland aus für adidas France geleistet worden waren. Nur wusste niemand, für welche Unternehmen und Geschäfte die Sicherheiten überhaupt geleistet worden waren. Es schien dringend notwendig, der Unternehmenspolitik Horst Dasslers genauer nachzugehen. Auf seiner Suche nach einem ausgewiesenen Wirtschaftsprüfer mit beruflichen Erfahrungen in Frankreich wurde der Jurist Albert Henkel, den Adi Dassler kurz zuvor als Berater verpflichtet hatte, bei der Deutschen Treuhandgesellschaft (DTG) fündig.[33] Hans-Jürgen Martens, der seit 1975 die Niederlassungen der DTG in Paris und Luxemburg in Personalunion leitete, erfüllte das Anforderungsprofil wie kein Zweiter. Seine Aufgabe, die ihm Henkel mit auf den Weg gab, führte ihn quasi in die Herzkammer des Unternehmens: Er müsse „ein familiäres Problem lösen"[34] – das „Problem" sollte schon bald den Zusammenhalt der Dasslers erheblich auf die Probe stellte.

Neben den Konflikten zwischen Landersheim und Herzogenaurach kam ein weiterer Punkt hinzu, der die Effizienz des Familienunternehmens zusehends infrage stellt. Die Organisation der Muttergesellschaft, die nicht strukturiert geplant war und keine konsequente Abgrenzung von Ressorts erkennen ließ, befand sich in einem eher „wildwüchsigen" Zustand. Die Geschäfte hatten mittlerweile eine Größenordnung erreicht, die sich in der bisherigen, stark auf die Familie ausgerichteten Struktur nur noch schwer bewältigen ließen. Eine Personalabteilung gab es nicht, Personalstatistiken fehlten, die Personalakten waren „in einem desolaten Zustand", Aufstellungen über die Bestellungen von Sportschuhen lagen allenfalls handschriftlich vor, von einem Controlling konnte keine Rede sein.[35] Mit einer neuen Generation von Führungskräften, die anders als die bisherigen leitenden Angestellten allesamt ein Studium absolviert hatten und aus anderen Unternehmen zu adidas stießen, ging die Firmengruppe nun dazu über, sich organisatorisch besser auf die Bedürfnisse eines modernen Konzerns einzustellen. Der studierte Volkswirt Roland Horcher wurde 1977 ursprünglich in der Exportabteilung angestellt, wenig später zum Assistenten der Geschäftsleitung ernannt und 1979 zum Personalleiter des Konzerns berufen. Klaus-Werner Becker, ebenfalls Diplom-Volkswirt, kam von der Textilgruppe Hof, wo er als Prokurist für Finanzen und Personal zuständig war, nach Herzogenaurach und leitete ab 1978 die Hauptabteilung Controlling und Beteiligung. Nach Abschluss eines Betriebswirtschaftsstudiums sowie verschiedenen beruflichen Zwischenstationen folgte Hans-Jörg Bauer als Produktmanager Bekleidung im gleichen Jahr Sigrid Dassler-Malms nach.[36]

Das sensible Zusammenspiel zwischen Unternehmen und Familie wurde schließlich nicht nur durch die Irritationen zwischen Herzogenaurach und Landersheim sowie einer ineffizienten Organisationsstruktur gestört. Inmitten wachsender familiärer Spannungen, inmitten einer Zeit, als die neue Welt des Sports von adidas France kraftvoll kreiert wurde, ging der Pionier alter Schule, ging eine wichtige Integrationsfigur inerhalb der Familie von Bord. Nach kurzer schwerer Krankheit verstarb Adi Dassler am 6. September 1978.

9 Dr. Hans-Jörg Bauer (seit 1978 Produktmanager Bekleidung)

4.2 Die Ära Käthe und Horst Dassler. Der lange Abschied vom Familienunternehmen

(1978 bis 1987)

Der Tod des Firmengründers war zweifellos ein schwerer und schmerzlicher Verlust für die Familie und das Unternehmen. Von einer Paralyse blieb die Firmengruppe freilich weit entfernt. Käthe Dassler hatte sich zu Lebzeiten ihres Ehemanns genügend Fachkompetenz und Respekt im Unternehmen sowie hohes Ansehen bei den Geschäftspartnern erarbeitet, um nun als anerkannte „Chefin" im Alter von 60 Jahren die Leitung von adidas zu übernehmen. Überdies standen ihr langjährige Berater und Vertraute, wie Alfred Bente, weiterhin zur Seite.

Darüber hinaus beschloss die Gesellschafterversammlung im Dezember 1978 „in Anbetracht der Entwicklung des adidas-Konzerns und der großen Verantwortung der Gesellschafter und Geschäftsführer" einen personell neu aufgestellten Beirat zu bilden, der neben fachlicher Kompetenz die „Bejahung des adidas-Konzerns als Familiengruppe und die möglichen Fortentwicklungen daraus" mitbringen sollte. Die Gesellschafter wollten in das nunmehr fünfköpfige Gremium ein Familienmitglied als Vorsitzender bzw. Vorsitzende, einen „Markenartikler aus dem industriellen Bereich", einen „Spitzenbankier, der das volle internationale Geschäft abdeckt", eine „weitere industrielle Persönlichkeit" und eine „Persönlichkeit, die in Kombination die wirtschaftlichen und rechtlichen sowie familienbezogenen Aufgaben abdecken kann", berufen. Brun-Hagen Hennerkes wurde im Dezember 1978 aus dem Beirat abgewählt, Hans-Günther Essing zum Mitglied bestellt und Käthe Dassler beauftragt, „die Bildung des Beirats bis zum 31. März [1979] sachlich und personell herbeizuführen". In welcher Weise sich die personelle Zusammensetzung des Beirats in den nächsten Jahren veränderte, lässt sich nur schwer nachzeichnen. Zu den längerjährigen Mitgliedern gehörten bis zum Vorabend der späteren Stiftungsgründung im Herbst 1983 hinein offenkundig Hans-Günther Essing, Albert Henkel (Nürnberg), Dr. Günther Tückmantel (Wuppertal) und Dr. Johannes Völling (Düsseldorf).[37]

Auch wenn Käthe Dassler nun zusätzlicher Sachverstand zur Seite stand, war sie um ihre Aufgabe nicht zu beneiden. Sie rückte inmitten eines beschleunigten Branchenwandels, der adidas zunehmend mehr abverlangte (Aufstieg des US-amerikanischen Konkurrenten Nike, wachsende Be-

10 Porträt Käthe Dassler (Anfang der 80er Jahre)

11 Katalog le coq sportif und adidas (70er Jahre)

deutung von Sportrechten, Sportpolitik und Sportmarketing etc.), an die Unternehmensspitze.[38] Zugleich war sie innerhalb der Familie als Krisenmanagerin gefordert: Ähnlich wie bei anderen eigentümergeführten Unternehmen erwies sich bei adidas der Streit zwischen Familienzweigen als sprichwörtliche Achillesferse.

Familiensolidarität auf dem Prüfstand

Zu den wichtigsten Voraussetzungen, um den Einfluss der Gründerfamilie und ihrer Nachkommen auf das operative Geschäft auf Dauer sicherzustellen, gehört ein Mindestmaß an Solidarität und Vertrauen zwischen den Familienmitgliedern. Seit den ausgehenden 70er Jahren nahmen die Spannungen in der Familie Dassler jedoch deutlich zu und schwächten den Familienverband spürbar. Der Grund: die eigenwillige Unternehmenspolitik Horst Dasslers in Frankreich und ihre ungeahnten Folgen. In Herzogenaurach war bekannt, dass Horst Dassler und adidas France seit Mitte der 70er Jahre in Geschäftsbeziehungen zu André Guelfi standen; einem ehemaligen Formel-1-Rennfahrer, Multimillionär, Lebemann und risikofreudigem Investor, der in Wirtschaftskreisen nicht unbedingt als seriöser Geschäftspartner galt.

Beide zogen erstmals an einem Strang, als sie zwischen 1974 und 1976 die Anteile an der französischen Sportartikelfirma le coq sportif erwarben. Auf dem Papier beteiligten sich André Guelfi mit 51 Prozent und Horst Dassler mit 49 Prozent an dem Unternehmen. In einer Zusatzvereinbarung übertrug Guelfi zwei Prozent seiner Beteiligung an Dassler, der zudem die Option besaß, auch die restlichen Anteile zu erwerben. Dieser Coup, der Horst Dassler die Chance eröffnete, le coq sportif nun nach seinen Vorstellungen zu leiten, blieb der Familie offenbar verborgen. Überdies nahm Horst Dassler in der zweiten Hälfte der 70er Jahre gemeinsam mit dem britischen Werbefachmann Patrick Nally ein neues Geschäftsmodell in Angriff: Die im Februar 1977 gegründete Société Monégasque de Promotion International West Nally SAS, Monaco (SMPI) erwarb für sportliche Großereignisse die Marketingrechte von internationalen Sportverbänden (FIFA, IOC etc.) und verkaufte sie an Sponsoren weiter. 1982 hob er, gemeinsam mit der japanischen Werbeagentur Dentsu, die International Sports Culture and Leisure (ISL) aus der Taufe. Die Gesellschaft – 51 Prozent der Anteile hielt seinerzeit Horst Dassler, 49 Prozent Dentsu – schloss u. a. mit dem IOC und der FIFA Verträge über eine exklusive Vermarktung von Olympischen Spielen und der Fußball-Weltmeisterschaft ab.[39]

In den Jahren 1982/83 kam nun allerdings ein Stein ins Rollen, der das wahre Ausmaß der intransparenten Sonderwege, die Horst Dassler eingeschlagen hatte, offenlegte und die Gesellschafter in Herzogenaurach unvorbereitet traf. Die französischen Zollbehörden hatten bereits seit 1982 Ermittlungen gegen Horst Dassler angestellt, die am 31. Januar 1983 in Marseille einen vorläufigen Höhepunkt fanden. Er wäre vermutlich gar nicht ins Visier der Zollfahnder geraten, wenn nicht ein bis heute anonymer Informant schriftlich und mündlich auf verdächtige Finanzierungspraktiken der SMPI hingewiesen hätte. In den Büros

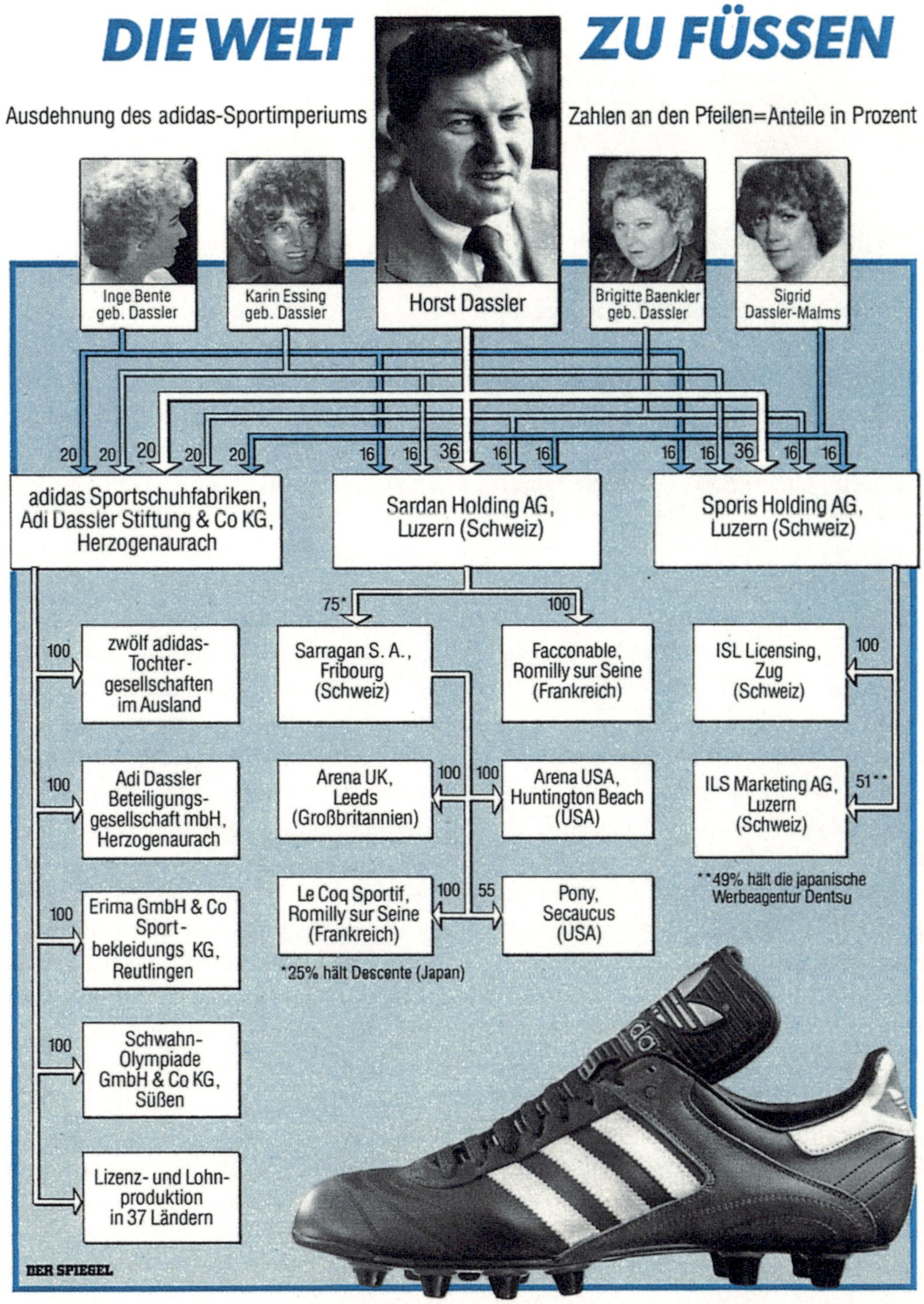

12 Artikel „Der gekaufte Sport" im Spiegel (1986)

der örtlichen Zollfahndung wurde allerdings nicht alleine Horst Dassler vernommen. Der französische Beamte befragte darüber hinaus den Verwaltungsratsvorsitzenden der SMPI Marceau Crespin. Den beiden Unternehmen adidas France und SMPI warfen die Zollfahnder vor, gegen Vorschriften über die finanziellen Beziehungen mit dem Ausland – insbesondere gegen devisen- und kreditrechtliche Vorschriften – verstoßen zu haben. So hielten die Ermittler Horst Dassler u. a. Bürgschaften vor, die es der SMPI ermöglicht hatten, ungenehmigte Kredite in Fremdwährung (etwa bei der Schweizer Volksbank) aufzunehmen. Gleichzeitig wurde der SMPI, an der adidas France zum Zeitpunkt der Kreditaufnahme in der Schweiz mehrheitlich beteiligt war, die Inanspruchnahme ungenehmigter Devisenkredite außerhalb des französischen Währungsgebietes zur Last gelegt. Die Ermittlungen wegen der Verstöße gegen die französische Devisen- und Kreditbestimmungen waren gewiss unangenehm, in ihren Folgen aber überschaubar. Horst Dassler hatte sich als Geschäftsführer der adidas France lediglich eines Formaldelikts schuldig gemacht, da die Bürgschaften nie in Anspruch genommen wurden. Seine Anwälte erwarteten allenfalls eine Geldstrafe in Höhe von rund 50.000 Franc.[40]

Die „Zoll- und Steueraffäre“ hatte aber nicht nur eine juristische Dimension. Wesentlich brisanter für Familie und Konzern waren andere Hinweise des anonymen Informanten. Horst Dassler hatte offenkundig in Zusammenarbeit mit André Guelfi ohne Wissen der Familie über den Kauf von le coq sportif hinaus ein Firmenimperium aufgebaut und hielt Beteiligungen und Optionsrechte (Vorkaufsrechte) an zahlreichen Schweizer Unternehmen. Im März und April 1978 waren beide übereingekommen, dass Horst Dassler 51 Prozent von Anteilen an Beteiligungsgesellschaften André Guelfis erwirbt. Der Erwerb der Beteiligungen erfolgte über die CORPORIM Holding SA, Holding für Industrie- und Grundstücksbeteiligungen, Fribourg, sowie über die Gesellschaft Sekarino mit Sitz in Vaduz. Seitdem hielt Horst Dassler Beteiligungen und Optionsrechte an Firmen, die Sportbekleidung und -artikel produzierten und vertrieben (le coq sportif, Pradet, Pony International, Afri Sports SA etc.), sowie an Unternehmen, die Sportmarketing betrieben bzw. Sportrechte erwarben und verkauften (Rofa Sportmanagement AG, seit 1982 ISL Marketing AG etc.).[41]

Ließen sich die Verstöße gegen das Devisenrecht bei wohlwollender Betrachtung noch als Kavaliersdelikt interpretieren, traf der Aufbau eines weitverzweigten Konzerns am Stammhaus vorbei die Familie und das Unternehmen quasi ins Mark. Die Rechtsanwälte befürchteten einen schwerwiegenden Imageschaden und sahen „in einem Bekanntwerden der Vorgänge und [...] in einer unerwünschten Publizität [...] das größte Risiko“.[42] Darüber hinaus kamen die Ermittlungen der französischen Behörden und die Diskussionen über die eigenwillige Strategie Horst Dasslers zu einem ausgesprochen ungünstigen Moment auf. Käthe Dassler dachte schon seit Längerem darüber nach, mit wem und in welcher Unternehmensform adidas für die Zukunft am besten aufgestellt sei. Eine der wichtigsten Personalentscheidungen hatte sie schon vor den unerfreulichen Nachrichten aus Frankreich getroffen: Ihr Sohn Horst sollte zukünftig nicht mehr bei adidas France, sondern in Herzogenaurach maßgeblich die Unternehmenspolitik mitgestalten. Am 28. Mai 1982 hatten Käthe Dassler und die übrigen Gesellschafter ferner einstimmig beschlossen, adidas in eine Stiftung zu überführen. Die Idee nahm die Grundgedanken der bisherigen Gesellschafterverträge schlüssig auf. Der kontinuierliche Einfluss der Familie sollte nun über die

Gründung einer Stiftung samt einer entsprechenden Satzung auf Dauer festgeschrieben werden.[43] Die Vorgänge in Frankreich und in der Schweiz sowie ihre ungewissen Folgen drohten nun allerdings die längerfristigen Ziele der Gesellschafter zu unterlaufen. Kurzum: Es gab dringenden Gesprächsbedarf.

Wie sehr sein Verhalten die Konzernzentrale in Herzogenaurach irritierte und die Zukunftspläne der Familie infrage stellte, erfuhr Horst Dassler gleich zu Beginn der zähen Debatten, die sich nun über annähernd zwei Jahre hinzogen. So hieß es in einem Brief, der Anfang des Jahres 1983 aller Wahrscheinlichkeit nach von seiner Mutter formuliert worden war: „Lieber Horst, die Information, die wir über Deine unternehmerischen Aktivitäten, die Du ohne unser Wissen und unsere Billigung seit 1978 entfaltet hast, erhalten haben, veranlassen uns zu einer grundlegenden Überprüfung unserer künftigen Zusammenarbeit. Wir weisen darauf hin, dass wir trotz der bisher erhaltenen Aufklärung nicht alle entscheidenden Fakten und Unterlagen über Deine Tätigkeit erhalten haben, die u. E. mit Deiner Stellung als Kommanditist und Geschäftsführer unserer Firmengruppe, insbesondere der adidas Sportschuhfabriken Adi Dassler KG, nicht zu vereinbaren sind. Ob und wie nach vollständiger Aufklärung dieser Vorgänge sich unsere Zusammenarbeit weitergestalten wird und welche Rechtsfolgen sich ergeben, werden wir entscheiden, wenn die abschließende umfassende Erklärung vorliegt. Selbstverständlich werden wir ein gemeinsames Gespräch im Rahmen der Entscheidungsfindung anstreben, insbesondere auch Gelegenheit zu einer persönlichen Aufklärung und Aussprache geben."[44]

In den nächsten Wochen stand für die Gesellschafter in erster Linie die Aufklärung über den genauen Aufbau der Schweizer Holdings, ihre konkreten Beteiligungsverhältnisse und die Optionsrechte Horst Dasslers im Mittelpunkt, der gemeinsam mit seinen Rechtsberatern die notwendigen sachdienlichen Hinweise zur Verfügung stellte. Es dauerte allerdings nicht lange, bis sich die Debatte auf das Verhalten Horst Dasslers, seine Position als Gesellschafter und seine zukünftige Rolle bei adidas konzentrierte. Dabei spitzten sich die Fronten zwischen dem vermeintlichen Kronprinzen und Teilen der Familie im Frühjahr 1983 rasch zu. Die Familienstämme Dassler-Malms, Essing und Baenkler-Dassler interpretierten das Devisenstrafverfahren und seine Unternehmenspolitik als groben Vertrauensbruch, forderten seine Abberufung als Geschäftsführer in Frankreich, die Berufung eines neuen, externen Managements und verlangten, ihn als Gesellschafter der KG auszuschließen.[45] Der Auftrag an die Prüfungsgesellschaft Klynveld Main Goerdeler (KMG)/Deutsche Treuhandgesellschaft (DTG), die juristischen Voraussetzungen für seinen Ausschluss aus dem Gesellschafterkreis zu prüfen, unterstrich zusätzlich, wie ernsthaft über eine Trennung nachgedacht wurde.

Für Horst Dassler kam es freilich nicht infrage, seinen Platz als Gesellschafter zu räumen. Wenn die Familie allerdings seinen Abschied unbedingt wünsche, so bereits seine Überlegungen in einem Gespräch mit seiner Mutter und den Rechtsanwälten Martens und Henkel im März 1983, „gäbe es für ihn nur drei Alternativen".[46] Eine Möglichkeit sei, dass ihm die Teilhaber seinen Geschäftsanteil voll auszahlen. Bei den Verhandlungen würde er aber nicht den Buchwert seiner Beteiligung von 50 Mio. D-Mark, sondern den Ertragswert zugrunde legen, den er auf wenigstens 150 Mio. D-Mark taxierte. Daneben war es für ihn denkbar, als Geschäftsführer auszuscheiden und seine Beteiligung an der KG weiter zu halten. Bedingung sei allerdings, dass er freie Hand bekäme, um die Schweizer Unternehmensgruppen le coq sportif und

Rofa weiter nach seinen Vorstellungen zu führen und auszubauen. Schließlich gab es seiner Ansicht nach noch die „Alternative, dass die Familie ihm die Geschäftsführung in Deutschland für den Gesamtkonzern anvertraut". Dieses Modell kam für ihn gleichwohl nur dann infrage, wenn alle Familienmitglieder zustimmten. Er wäre „dann [auch] bereit, die Schweizer Optionen nach Wunsch der Familie auszuüben und voll bei adidas einzubringen".[47]

Damit lagen die Karten offen auf dem Tisch. Die Gesellschafter standen nun vor einer keineswegs leichten Entscheidung. Auf der einen Seite war das Vertrauen in Horst Dassler in Teilen der Familie erschüttert. Auf der anderen Seite stand das nüchterne finanzielle Argument, das letztlich noch schwerer wog. Da Horst Dassler nicht von seiner Forderung abging, bei seinem Abschied als Gesellschafter über den Ertragswert seiner Beteiligung zu verhandeln, blieb der Familie kaum eine Wahl. Eine Entnahme von rund 150 Mio. D-Mark war nicht zu stemmen, an der weiteren Zusammenarbeit ging faktisch kein Weg vorbei. Wer in der Familie die Diskussion maßgeblich bestimmte, lässt sich nur vermuten. Möglicherweise war es Käthe Dassler, die ihrem Sohn während dieser Zeit wohl noch am nächsten stand und seine Entlassung auch aus emotionalen Gründen nur schwer befürworten konnte. Sicher ist hingegen, dass der Beirat bestrebt war, innerhalb der Familie eine gütliche Einigung mit Horst Dassler anzuregen.[48]

Nachdem im Gesellschafterkreis zugunsten seines weiteren Verbleibs entschieden worden war, rückte die zweite wichtige Frage in den Mittelpunkt: Wie sollten die Familie und das Unternehmen mit den Schweizer Firmenkomplexen (die innerhalb der Führungsgremien von adidas als „ASTRA" bezeichnet wurden) und den Optionsrechten Horst Dasslers umgehen? Hier zeichnete sich schon Anfang 1983 eine mögliche Lösung ab. Horst Dassler hatte sich bereit erklärt, „seiner Familie in der geschwisterlichen Aufteilung seine Optionsrechte voll zur Verfügung [zu] stellen".[49] Der Ball lag nun bei den übrigen Familienmitgliedern, die eine gemeinsame Position finden mussten.

Das Angebot, an den Firmenkomplexen in der Schweiz beteiligt zu werden, betrachteten die vier Schwestern offenbar als eine attraktive Offerte. In zahlreichen Gesprächen ging es nun in erster Linie darum, die wirtschaftliche Situation des sogenannten ASTRA-Konzerns zu überprüfen. Die KMG/DTG analysierte die Bilanzstruktur, die Erträge und die rechtlichen Verhältnisse; zudem wurden weitreichende steuer- und kartellrechtliche Fragen erörtert. Alles in allem zeichnete sich ein verhalten optimistisches Urteil über die Rentabilität der Schweizer Firmen ab. Familie und Beirat gingen davon aus, dass die ASTRA-Gruppe das Geschäftsjahr 1983 noch mit einem Verlust abschließen, 1984 ein ausgeglichenes Ergebnis erzielen und ein Jahr später schließlich deutliche Gewinne erwirtschaften würde. Die schwierigen Diskussionen mündeten noch im Jahr 1983 in einen Vorvertrag zwischen Käthe Dassler, Horst Dassler und seinen Schwestern. Die ASTRA-Gruppe sollte „organisatorisch als Parallel-Konzern" aufgebaut und die fünf Kinder von Adolf und Käthe Dassler zu gleichen Teilen an der Firmengruppe beteiligt werden. Daneben wurde festgelegt, Horst Dassler eine führende Position im ASTRA-Konzern einzuräumen.[50]

Die Adolf und Käthe Dassler Stiftung

Noch während der Gespräche über die Zukunft der „ASTRA"-Unternehmensgruppe setzte die Familie ihren Beschluss vom 28. Mai 1982 um, den adidas-Konzern in eine Stiftung zu transformieren. Die Gesellschafter trieben

13 Auszeichnung zur Aufnahme von Adi Dassler in die Hall of Fame der International Sporting Goods Industries – Entgegennahme durch Horst und Käthe Dassler (1978)

die Gründung der Adolf und Käthe Dassler Stiftung wohl kaum zufällig im Frühjahr und Sommer 1983 voran. Das Familienunternehmen bewegte sich in einem unruhigen Fahrwasser: Die geschäftlichen Operationen Horst Dasslers hatten den Familienverband geschwächt, die endgültige Entscheidung über die konkrete Zukunft der Schweizer Firmenkomplexe (und damit über die Organisation des gesamten Konzerns) stand noch aus. Ebenfalls offen war, welcher Familienzweig fortan welchen Einfluss auf die Unternehmenspolitik haben würde. Die Gründung einer Stiftung versprach Stabilität, den kontinuierlichen Einfluss der Familienzweige und verlässliche Zukunftsperspektiven in unruhigen Zeiten.

Im Vorfeld kamen die Familienstämme überein, „die Priorität der Familie Adolf und Käthe Dassler und ihrer Abkömmlinge" sicherzustellen und „das Stammesprinzip [...] in der Satzung der Adolf und Käthe Dassler Stiftung [...] konsequent" durchzusetzen.[51] Am 5. Oktober 1983 genehmigte das Bayerische Staatsministerium des Inneren die Adolf und Käthe Dassler Stiftung als nichtöffentliche (private)

14 Dr. Hans-Jürgen Martens (Wirtschaftsprüfer und späterer Finanzvorstand, Ende der 80er Jahre)

Stiftung des bürgerlichen Rechts, die zwei Ziele verfolgte: Sie wollte die „Destinäre", die „gemeinsamen Abkömmlinge von Adolf und Käthe Dassler sowie deren leibliche eheliche Abkömmlinge, in den nachfolgenden Generationen durch Leistungen von Fall zu Fall oder durch wiederkehrende Leistungen" unterstützen. Außerdem schrieb sich die Stiftung auf die Fahnen, dem „Wohle der Familie Adolf und Käthe Dassler dadurch zu dienen, dass sie [...] für die wirtschaftliche Sicherheit, den Fortbestand und das Wachstum der adidas-Unternehmensgruppe im Geiste und nach den Zielsetzungen der Gründer Adolf und Käthe Dassler Sorge trägt". Mit einer „wirtschaftlichen Betriebsführung innerhalb der adidas-Unternehmensgruppe" sollten Arbeitsplätze in Bayern erhalten bzw. neue Arbeitsplätze geschaffen werden.[52]

Mit dem Bescheid des Bayerischen Innenministeriums trat die Adolf Dassler GmbH aus der adidas KG aus und löste sich zugleich auf. Käthe Dassler stiftete ihren Kapitalanteil in Höhe von 10.000 D-Mark der neuen Stiftung und schied als persönlich haftende Gesellschafterin aus der alten Gesellschaft aus. Überdies brachte sie das Gründungskapital auf und schenkte der Stiftung drei Mio. D-Mark in bar. Die Adolf und Käthe Dassler Stiftung trat als persönlich haftender Gesellschafter in die adidas KG ein und leitete über den Stiftungsvorstand seitdem die adidas Sportschuhfabriken Adi Dassler Stiftung & Co. KG.[53]

In der Personalpolitik setzte die Stiftung auf Kontinuität. Laut Satzung sollten der Hälfte des sechsköpfigen Vorstands, der für die Unternehmenspolitik maßgeblich verantwortlich war, „Mitglieder der Familienstämme Horst Dassler, Inge Bente, Karin Essing, Brigitte Baenkler-Dassler oder Sigrid Dassler-Malms" angehören, „soweit [sie] hierfür fachlich und persönlich geeignet" waren.[54] Die Familienzweige waren sich darüber einig, dass der adidas-Konzern auch externe personelle Ressourcen benötigte, um das weitere Unternehmenswachstum mit hoher fachlicher Kompetenz zu meistern. Entsprechend sollten die drei übrigen Vorstandsmitglieder keinem der Familienstämme angehören. Unmittelbar nach der Stiftungsgründung lag die Verantwortung für die Vorstandsarbeit zunächst auf den Schultern von Käthe Dassler (Vorsitzende des Gremiums), ihrem Sohn Horst (stellvertretender Vorsitzender) sowie Hans-Jürgen Martens.[55]

Dem Stammesprinzip sowie der Idee, geeignetes Personal von außen für das Unternehmen zu gewinnen, folgten auch die personelle Zusammensetzung des einflussreichen Beirats. Das oberste Organ der Stiftung koordinierte die Interessen der Familienstämme, wählte und bestellte die Vorstandsmitglieder, kontrollierte die Arbeit des Vorstands und hatte bei wichtigen unternehmenspolitischen Entscheidungen ein Mitspracherecht. So blieben etwa die „Mittel- und Langfristplanung des Unternehmens für Investitionen, Pro-

15 Unterzeichnung der Verträge zur Gründung der Adolf und Käthe Dassler Stiftung (1983)

duktion, Marketing, Umsatz und Rentabilität", der Kauf und die Inbetriebnahme neuer Produktionsanlagen mit Anschaffungskosten von mehr als zwei Mio. D-Mark, der Erwerb und die Veräußerung von Beteiligungen, oder auch der Abschluss und die Auflösung von Lizenzverträgen von seiner Zustimmung abhängig.[56] Von den insgesamt zehn Mitgliedern des Stiftungsbeirats stellten die Familienstämme jeweils ein Mitglied. Aus dem Kreis der Familie gehörten zu Beginn Alfred Bente, Brigitte Baenkler-Dassler, Hans-Günther Essing, Monika Dassler (Ehefrau Horst Dasslers) und Christoph Malms dem Beirat an. Hinzu kamen, so die Satzung, fünf „qualifizierte Persönlichkeiten aus der Wirtschaft". Die Stiftung vertraute dem bewährten Personal und übernahm mit Albert Henkel, Marianne Hoffmann, Günther Tückmantel und Johannes Völling die bisherigen familienfremden Beiratsmitglieder der adidas KG für die Dauer ihrer restlichen Amtszeit in den Stiftungsbeirat (das fünfte externe Mitglied wollte Käthe Dassler möglichst schnell benennen).[57]

Reorganisation der ASTRA-Gruppe

Alle Beteiligten setzten hohe Erwartung in die Stiftungsgründung, die nicht nur vom Beiratsvorsitzenden Albert Henkel als „ein historischer Akt der Stabilisierung" interpretiert wurde.[58] Die neu beschworene Solidarität zwischen Familie, Vorstand und Beirat stand in den nächsten Wochen sogleich auf dem Prüfstand – unverändert musste über das Schicksal des ASTRA-Konzerns entschieden werden. Trotz des Vorvertrages gab es weiterhin genügend Stoff für kontroverse Diskussionen. Die Idee, die Leitung der adidas-Gruppe und des ASTRA-Komplexes Horst Dassler in Personalunion zu übertagen, teilten keineswegs alle Beiratsmitglieder. In der Debatte kamen zudem unterschiedliche Ansichten zur grundsätzlichen Stoßrichtung der Unternehmenspolitik zum Ausdruck. Horst Dassler sprach sich dafür aus, die Expansion von adidas über Firmenbeteiligungen und „Diversifikation von Marke und Produkt" zu forcieren. Die Mehrheit im Beirat hielt dagegen einen anderen Weg für angebracht. adidas müsse sich „im Wachstum auf sich selbst konzentrieren" und die Markenpolitik viel deutlicher auf die eigene Marke hin ausrichten.[59]

Auf der Suche nach dem kleinsten gemeinsamen Nenner nahmen alle Parteien schließlich die wesentlichen Grundgedanken des Vorvertrages von 1983 auf. Allerdings mit einem Unterschied: Steuerrechtliche Gründe legten es nahe, den ASTRA-Konzern in zwei Holdings (ASTRA I und ASTRA II) aufzuteilen. Am 19. Dezember 1984 wurden in Luzern die Sardan Holding AG (ASTRA I) mit einem Grundkapital von drei Mio. Franken und die Sporis Holding AG (ASTRA II) mit einer Kapitalausstattung von einer Mio. Franken ins Leben gerufen. Unter dem Dach der Sardan fanden sich Firmen der Sportartikel- und Sportbekleidungsindustrie zusammen, während die Sporis die Funktion einer Obergesellschaft für Unternehmen der Sparte Sportwerbung und Sportrechte übernahm. Beide Holdings verfolgten das Ziel, Tochtergesellschaften zu gründen sowie Beteiligungen an anderen Gesellschaften zu erwerben und zu verwalten. Die Anteile an Sardan und Sporis hielten jeweils zu 36 Prozent Horst Dassler und zu je 16 Prozent Brigitte Baenkler-Dassler, Inge Bente, Karin Essing und Sigrid Dassler-Malms.

Gemeinsam mit der Gründung der Luzerner Holdings unterzeichneten die Teilhaber einen Aktionärsbindungsvertrag, um ihre Rechte und gegenseitigen Verpflichtungen verbindlich zu regeln. Die Vereinbarung orientierte sich an der Idee, die Interessen der Familienstämme auszutarieren und im Gleichgewicht zu halten. Der Vertrag räumte einerseits Horst Dassler umfassende Kompetenzen ein. „In Würdigung seiner Erfahrung" vertrauten die Geschwister ihm als Präsidenten der Verwaltungsräte von Sardan und Sporis die Geschäftsführung beider Holdings an. Andererseits gewährte der Kontrakt seinen Schwestern umfassende Kontrollrechte, um Alleingängen Horst Dasslers einen Riegel vorzuschieben. Die Vergangenheit sollte sich nicht wiederholen. So standen etwa „allen Geschwistern [...] umfassende Informations- und Kontrollrechte" zu, „die mittels einer Vertretung in den Verwaltungsräten der ASTRA I und ASTRA II [...] sichergestellt werden". In beiden Gremien sollte jeweils eine Person ihres Vertrauens das Amt des Vizepräsidenten übernehmen. Wichtige strategische Entscheidungen bedurften ferner der Zustimmung der Geschwister, wie z. B. die mittel- und langfristige Investitions- und Finanzplanung, die Markenpolitik, die Marketingprogramme sowie die „mittel- und langfristige Vertragspolitik mit den großen internationalen Sportorganisationen".[60]

Die Vereinbarung vom 19. Dezember 1984 markierte den Schlusspunkt einer rund zweijährigen lebhaften Debatte über den Einfluss der Familienzweige auf die Unternehmenspolitik und die Corporate Governance des adidas-Konzerns. Die Gründung der Adolf und Käthe Dassler Stiftung, die Reorganisation des ASTRA-Konzerns und der Aktionärsbindungsvertrag sorgten allerdings lediglich für eine trügerische Ruhe und erwiesen sich nur für eine begrenzte Zeit als Stabilitätsanker für das Familienunternehmen. Das Ableben Käthe Dasslers nur wenige Tage nach der Gründung beider Holdings, die wider Erwarten schwierige wirtschaftliche Lage der Sardan-Unternehmensgruppe, der frühe Tod Horst Dasslers und das fortgesetzte Misstrauen zwischen den Familienzweigen höhlten die mühsam errungenen Kompromisse der Jahre 1983/84 viel schneller aus als erwartet.

Wenige Tage nach der Unterzeichnung des Aktionärsbindungsvertrages suchte Käthe Dassler Ruhe bei einem Weihnachtsurlaub in Kärnten, den sie allerdings überraschend abbrechen musste. Die Seniorchefin fühlte sich körperlich nicht wohl und wurde in die Erlanger Universitätsklinik eingewiesen. Obwohl sie bis dahin als sprichwörtliche „Rossnatur" galt, verschlechterte sich ihr gesundheitlicher Zustand gegen Jahresende. Am 31. Dezember 1984 erlag Käthe Dassler im Alter von 67 Jahren überraschend einem Herzversagen.[61] Der plötzliche Tod von geschäftsführenden Gesellschaftern ist in Familienunternehmen häufig genug Anlass für zähe Debatten über die Nachfolgeregelung. Da Horst Dassler aber bereits als designierter Nachfolger galt und seine Bedeutung auch schon längst über die Rolle des „Kronprinzen" hinausreichte, blieb adidas eine lähmende Führungskrise erspart. Wie nicht anders zu erwarten, ernannten die Gesellschafter und der Stiftungsbeirat Horst Dassler wenige Wochen später zum neuen Vorstandsvorsitzenden. Dennoch markierte der Tod seiner Mutter für die Geschichte des Familienunternehmens eine Zäsur, galt Käthe Dassler doch, wie die Erlanger Nachrichten anmerkte, „bei adidas als letzter Repräsentant einer Firmenpolitik, die noch größten Wert auf das ‚Familiäre' legte".[62] Die Branchenkenner lagen durchaus richtig. Unter der Führung von Horst Dassler nahm der Konzern in den nächsten Monaten immer deutlicher den Charakter eines „Management-Betriebs"[63] an.

Um den Aufgaben einer international aufgestellten Sportartikelfirma gerecht zu werden, war adidas bereits zu Lebzeiten Käthe Dasslers zunehmend auf leitende Angestellte angewiesen, die nicht im eigenen Unternehmen beruflich groß geworden waren. Ihr Sohn Horst war bei seiner Berufung zum Vorstandsvorsitzenden schon lange davon überzeugt, dass sich der Konzern nicht mehr wie ein „Krämerladen"[64] führen lasse und die Unternehmensleitung stärker in den Händen eines Management-Teams mit ihm als Koordinator an der Spitze liegen müsse. Der einst kleine Familienbetrieb hatte seiner Meinung nach mittlerweile eine Größe und eine Komplexität in der Organisation erreicht, die sich nicht mehr alleine mit den personellen Ressourcen der Familie bewältigen ließ.[65] Nur folgerichtig ging Horst Dassler nun mehr denn je dazu über, die Geschäftsleitung mit Führungskräften zu verstärken, die nicht aus dem Familienkreis kamen.

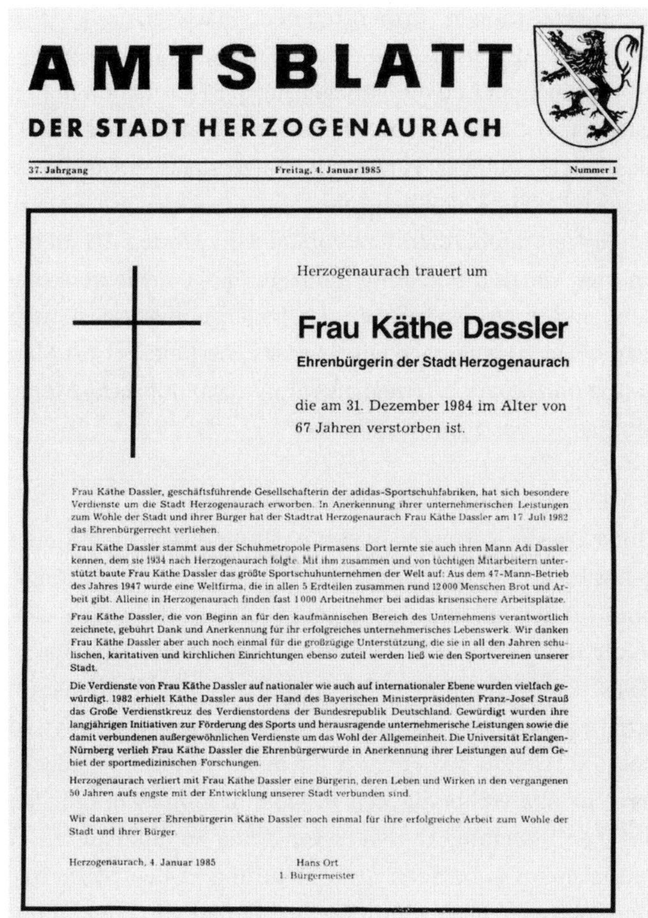
AMTSBLATT
DER STADT HERZOGENAURACH

37. Jahrgang — Freitag, 4. Januar 1985 — Nummer 1

Herzogenaurach trauert um

Frau Käthe Dassler

Ehrenbürgerin der Stadt Herzogenaurach

die am 31. Dezember 1984 im Alter von 67 Jahren verstorben ist.

Frau Käthe Dassler, geschäftsführende Gesellschafterin der adidas-Sportschuhfabriken, hat sich besondere Verdienste um die Stadt Herzogenaurach erworben. In Anerkennung ihrer unternehmerischen Leistungen zum Wohle der Stadt und ihrer Burger hat der Stadtrat Herzogenaurach Frau Käthe Dassler am 17. Juli 1982 das Ehrenbürgerrecht verliehen.

Frau Käthe Dassler stammt aus der Schuhmetropole Pirmasens. Dort lernte sie auch ihren Mann Adi Dassler kennen, dem sie 1934 nach Herzogenaurach folgte. Mit ihm zusammen und von tüchtigen Mitarbeitern unterstützt baute Frau Käthe Dassler das größte Sportschuhunternehmen der Welt auf: Aus dem 47-Mann-Betrieb des Jahres 1947 wurde eine Weltfirma, die in allen 5 Erdteilen zusammen rund 12000 Menschen Brot und Arbeit gibt. Alleine in Herzogenaurach finden fast 1000 Arbeitnehmer bei adidas krisensichere Arbeitsplätze.

Frau Käthe Dassler, die von Beginn an für den kaufmännischen Bereich des Unternehmens verantwortlich zeichnete, gebuhrt Dank und Anerkennung für ihr erfolgreiches unternehmerisches Lebenswerk. Wir danken Frau Käthe Dassler aber auch noch einmal für die großzügige Unterstützung, die sie in all den Jahren schulischen, karitativen und kirchlichen Einrichtungen ebenso zuteil werden ließ wie den Sportvereinen unserer Stadt.

Die Verdienste von Frau Käthe Dassler auf nationaler wie auch auf internationaler Ebene wurden vielfach gewürdigt. 1982 erhielt Käthe Dassler aus der Hand des Bayerischen Ministerpräsidenten Franz-Josef Strauß das Große Verdienstkreuz des Verdienstordens der Bundesrepublik Deutschland. Gewürdigt wurden ihre langjährigen Initiativen zur Förderung des Sports und herausragende unternehmerische Leistungen sowie die damit verbundenen außergewöhnlichen Verdienste um das Wohl der Allgemeinheit. Die Universität Erlangen-Nürnberg verlieh Frau Käthe Dassler die Ehrenbürgerwurde in Anerkennung ihrer Leistungen auf dem Gebiet der sportmedizinischen Forschungen.

Herzogenaurach verliert mit Frau Käthe Dassler eine Bürgerin, deren Leben und Wirken in den vergangenen 50 Jahren aufs engste mit der Entwicklung unserer Stadt verbunden sind.

Wir danken unserer Ehrenbürgerin Käthe Dassler noch einmal für ihre erfolgreiche Arbeit zum Wohle der Stadt und ihrer Bürger.

Herzogenaurach, 4. Januar 1985 — Hans Ort, 1. Bürgermeister

16 Todesanzeige Käthe Dasslers (1984)

Der adidas-Beirat bestellte zum 1. August 1985 mit Hans-Jörg Bauer eine erfahrene Führungskraft aus dem eigenen Haus zum stellvertretenden Vorstandsvorsitzenden. Bauer, seit 1978 als Produktmanager Bekleidung in Diensten von adidas und seit 1983 in Verantwortung für den gesamten Textilsektor, führte nunmehr die Sparte Beschaffung und Logistik Textil. Zugleich vertraute der Beirat zwei weitere Leitungspositionen firmenfremden Managern an. Uwe Breithaupt, der als ausgewiesener Fachmann für die Schuhproduktion galt und die Verlagerung der Fabrikation in den asiatischen Raum vorantreiben sollte, übernahm ebenfalls als stellvertretender Vorstandsvorsitzender den Geschäftsbereich Leder. Schließlich nahm adidas noch Peter Haac unter Vertrag, der bis dahin im Vorstand der Horten AG für die Sparten Herrenbekleidung, Freizeit, Sport sowie verschiedene andere Warengruppen des Unternehmens zuständig war. In Herzogenaurach leitete er das Vorstandsressort Marketing und Vertrieb, schied allerdings nach nur sechs Monaten im Februar 1986 wieder aus.[66]

Der Einstieg von René C. Jäggi bei adidas

Horst Dassler gelang es in den nächsten Wochen, mit dem gebürtigen Züricher René C. Jäggi eine talentierte Führungskraft für den adidas-Konzern zu gewinnen. Nach einer Lehre als technischer Zeichner hatte Jäggi an der Universität Basel das Studium der Philosophie und der Sportwissenschaften aufgenommen, das er zwischen 1970 und 1973 in Tokio fortsetzte, wo er auch Japanisch lernte. Der begeisterte Judoka wollte die Zeit in Japan u.a. nutzen, um sich auf eine Teilnahme an den olympischen Sommerspielen in München vorzubereiten – die Berufung in den Schweizer Olympiakader blieb allerdings aus. In den nächsten Jahren absolvierte Jäggi u.a. ein „System-Marketing-Studium" an der Handelshochschule in St. Gallen, um anschließend für unterschiedliche Unternehmen in der Schweiz, den Vereinigten Staaten und in Japan zu arbeiten. Im Frühjahr 1986 hatte er schließlich bei der Daimon-Duracell GmbH in Köln die Funktion des „Zonenmanager Zentral Europa" inne.[67]

Seine weitere Laufbahn lief nun aber keineswegs direkt auf adidas zu. Die ersten Dienstreisen nach Herzogenaurach führten Jäggi zunächst zu Puma in das Büro von Armin Dassler. Daimon-Duracell war damals Hauptsponsor des Fußball-Bundesligisten 1. FC Köln und auf der Suche nach weiterer finanzieller Unterstützung für den Verein. Der bestehende Vertrag des 1. FC Köln mit adidas ließ sich, so die Erinnerung Jäggis, nicht mehr weiter aufbessern: „Ich habe damals als Hauptsponsor gesagt: [...] Wir müssen mehr Geld generieren für den FC Köln. Und die [Manager des Vereins] haben mir gesagt: Bei adidas gibt es nicht mehr, die wollen sowieso weg, wollen weniger machen. Da sind wir zu Puma. Und dann habe ich mich [...] damals mit [...] Armin Dassler unterhalten zum Thema ‚Mehr Geld für den FC Köln'. Und er hat gesagt: Was, habt ihr mit adidas Streit? [...] Ja gut, dann mache ich das sofort, blind."[68] Die Gespräche liefen offenkundig so harmonisch, dass Armin Dassler Jäggi vorschlug, für Puma zu arbeiten. Zur selben Zeit nahm allerdings ein Headhunter, der für adidas arbeitete und den Jäggi persönlich kannte, Kontakt zu ihm auf. Er ließ sich davon überzeugen, nicht vorschnell bei Puma zu unterschreiben, und traf sich mit Horst Dassler zu einem ersten vielversprechenden Gespräch in Luzern. Nachdem er daraufhin aber länger nichts mehr von adidas hörte (Horst Dassler musste sich zwischenzeitlich in einem New Yorker Krankenhaus behandeln lassen) und er bei Puma mittlerweile abgesagt hatte, unterschrieb Jäggi kurzerhand bei American Express einen Dreijahresvertrag, um in Zü-

17 Neuer Geschäftsführer René C. Jäggi (1990)

rich die dortige Schweizer Niederlassung zu leiten. Nur wenige Tage später warf Horst Dassler, so Jäggi, in einem Telefongespräch mit Erfolg seine rhetorischen Fähigkeiten sowie seine Überzeugungskraft und Begeisterungsfähigkeit in die Waagschale. Nach nur einer Woche kündigte Jäggi daraufhin bei American Express. Letztlich waren für ihn die „Omnipräsenz" einer Weltmarke, ihre „gewaltige Dominanz im Sport" und die „Person Dassler" die ausschlaggebenden Gründe, adidas zuzusagen.[69]

Allerdings verlief die Zusammenarbeit anfangs keineswegs ohne Reibungen. René C. Jäggi fiel es zunächst schwer, sich in einem Familienunternehmen zu akklimatisieren. Die Kommunikationswege empfand er als gewöhnungsbedürftig und sie waren seiner Ansicht nach zu sehr auf Horst Dassler hin ausgerichtet. Darüber hinaus war es für ihn „frustrierend", dass „ein so großes Unternehmen so wenig Transparenz" an den Tag legte, wenn es um konkrete betriebswirtschaftliche Kennzahlen ging.[70] Da seiner Meinung nach auch die Aufgabe als „Marketingchef" nicht präzise genug definiert war, häuften sich zu Beginn die Missverständnisse zwischen ihm und Horst Dassler. Ein gemeinsamer Flug von Chicago nach Tokio sorgte schließlich für Klarheit, wie Jäggi rückblickend berichtete: „Da hatten wir sehr viel Zeit zu reden. Und da hat er mir in etwa zehn Stunden – wir haben beide nicht geschlafen – eigentlich zum ersten Mal so erzählt, was er gerne machen möchte im Sport, warum er es so macht und was mit seiner Familie ist. [...] Und dann hat sich das Verhältnis von ihm zu mir und [von] mir zu ihm völlig verändert."[71]

Die Berufung von Jäggi zum stellvertretenden Vorstandsmitglied zum 1. Juli 1986 sowie die Bestellung von Bernhard Odinet (vormals adidas France) für die Sparte International Operations zum 23. Februar 1987 bildeten die vorläufigen Schlusspunkte einer Personalpolitik, die unter Horst Dassler darauf ausgerichtet war, den „Übergang zu einem von der Familie getrennten Management" zu forcieren.[72]

Neues Personal, alte Probleme

Aber auch im neuen personellen Gewand stand der über Jahre erfolgsverwöhnte Konzern unverändert vor zahlreichen Problemen, die sich nicht von heute auf morgen lösen ließen. Ein hoher Kostenfaktor blieb die Schuhproduktion im Inland. Im Januar 1987 kündigte adidas an, in den Werken Scheinfeld, Thüngfeld und Wallhaben insgesamt 450 Mitarbeiter abzubauen. Dafür sollte die Auftrags- und Lizenzproduktion verstärkt nach Taiwan und Korea verlagert werden.

18 adidas-Werk Thüngfeld (80er Jahre)

19 adidas-Werk Scheinfeld (80er Jahre)

Hinter den Erwartungen blieb zu dieser Zeit insbesondere das Geschäft in den USA zurück, wo adidas seit 1975 Geschäften in den Sparten Schuhe und Textilien nachging. Für die Vereinigten Staaten musste der Konzern im Februar 1987 einen erneuten operativen Verlust in Höhe von 12,3 Mio. US-Dollar vermelden.[73] Die Konkurrenten Nike und Reebok setzten auf leichte, modische Schuhe jenseits des Leistungssports, die insbesondere bei Frauen beliebt waren, und liefen so – getragen von der Fitness- und Joggingwelle – dem fränkischen Wettbewerber zusehends den Rang ab. Nicht nur, dass adidas in den USA den „Trend verpennt" hatte.[74] Sorgen bereiteten daneben die Vertriebsstrukturen. Horst Dassler beschloss, die zuvor selbstständigen amerikanischen Vertriebsgesellschaften für geschätzte 96 Mio. D-Mark zu kaufen und den Absatz über ein eigenes Tochterunternehmen in New Jersey zu steuern.[75]

Für Horst Dassler lagen die Gründe für die Probleme in den USA in der Führungsschwäche des gesamten Managements, in der mangelhaften Koordination und Kommunikation sowie in der „übertriebenen Großzügigkeit auf der Ausgabenseite".[76] Eine besondere Verantwortung für die Misere trug seiner Ansicht nach der Leiter der USA-Tochter Stephen D. Tannen. Er gehöre ohne Zweifel zu den fähigsten Top-Managern der Unternehmensgruppe und habe mit dafür gesorgt, dass der „Break even" in den USA langsam absehbar sei. Dennoch stehe ihm seine „mangelnde Härte" immer wieder im Weg. Er müsse bis zum Jahresende endlich beweisen, ob er der Position des CEO (Chief Executive Officer) in den USA gewachsen sei. Vorher war Horst Dassler auch nicht bereit, ihn für eine Position im International Board des Konzerns vorzuschlagen.[77]

Die Ursachen für die Flaute in den Vereinigten Staaten lagen gleichwohl auch in Herzogenaurach. Die schon lange verabschiedete Finanzierung des USA-Geschäfts und die Absicherung der Kredite wurden nicht zügig genug umgesetzt. Das „ständige Hick-Hack" mündete letztlich in einem Vertrauensverlust der US-amerikanischen Banken, teilweise auch bei europäischen Instituten wie etwa der BNP (Banque Nationale de Paris). Aus der Sicht Stephen D. Tannens und seiner Mitarbeiter mangelte es der Finanzabteilung in der westdeutschen Konzernzentrale gehörig an Kompetenz.[78]

Die immer noch unbefriedigende Situation in den USA war nicht die einzige größere „Baustelle" in der Unternehmensgruppe. In einem Lagebericht, den Horst Dassler Ende März 1987 an die Adresse seiner Vorstandskollegen richtete, nannte er die wichtigsten Probleme beim Namen und ließ seinem Unmut freien Lauf. Er habe „nach wie vor das Gefühl, dass die Prioritäten falsch gesetzt werden". Die „blamable Lagersituation [...] auf dem Schuhsektor“ sei nur ein Grund für seinen Verdruss, der vielmehr auf „grundsätzliche Dinge“ zurückgehe, die nicht so laufen würden, wie er sich das wünsche. Wie er schon häufig betont habe, sei in der Sportartikelbranche, die „von Mode und Technik“ lebe, immer noch das „Produkt der entscheidendste Faktor“. Während die großen Konkurrenten Nike und Reebok dank zahlreicher Produktinnovationen weltweit nach vorne drängten, sei bei adidas die Forschung und Entwicklung „stark vernachlässigt“ worden. Weiter führte Horst Dassler aus: „Wir haben nicht nur den Trend in Richtung Active und Freizeit verpasst, wo wir einmal führend waren, sondern wir haben auch auf dem technischen Sektor Boden verloren, da z. B. unsere Laufschuhe trotz guten Aussehens den technischen Anforderungen nicht entsprechen, während Asics ohne irgendwelche Kommunikationsanstrengungen sich durch qualitative und technische gute Laufschuhe überall große Marktanteile geholt hat.“ Weder die Marktforschung noch die Abteilungen Marketing, Vertrieb oder Technik würden „Inputs“ liefern, um die Position auf dem Markt für Sportschuhe zu verbessern. Da adidas die Wettbewerber aber auf dem Textilsektor mit innovativen Produkten auf Distanz gehalten habe, sei es zumindest gelungen, „unser Image nach außen [zu] retten“.[79]

Ausführlich setzte sich Horst Dassler in seiner Aktennotiz auch mit der Kostensituation und der Gewinnspanne in der Unternehmensgruppe auseinander. Er sei es „langsam satt, über Kostensenkungen und damit leicht zu erreichende Gewinne zu diskutieren“. Um möglichst einträgliche Gewinne zu generieren, sei es viel wichtiger, die Rohertragsspanne zu erhöhen, die zwar im zweiten Halbjahr 1986 ordentliche 34,4 Prozent betragen hätte, unter dem Strich aber „durch die unglückselige Schuhlagersituation“ immer noch „gewaltig vermindert“ werde.[80] Schließlich lag Horst Dassler einiges daran, Bernhard Odinet den Rücken zu stärken, der bei seiner Aufgabe, Organisations- und Kostenstruktur sowie den Einsatz der elektronischen Datenverarbeitung zu optimieren, die volle Unterstützung im Unternehmen erhalten müsse.[81]

20 adidas USA – Geschäftsführer Stephen D. Tannen (Mitte der 80er Jahre)

Die deutlichen Worte lassen sich fast schon als unternehmenspolitisches Vermächtnis Horst Dasslers lesen. Ihm blieben nur noch wenige Tage vergönnt, das Tagesgeschäft selbst mitzugestalten. Nachdem er im Sommer 1986 von stechenden Schmerzen hinter dem linken Auge überrascht worden war, führte die Suche nach den Ursachen im

21 Horst Dassler vor einem Porträt seines Vaters (um 1985)

Universitätsklinikum Erlangen zu einer niederschmetternden Diagnose. Horst Dassler war an Augenkrebs erkrankt und folgte dem ärztlichen Rat, sich in New York einer Operation zu unterziehen. Der keineswegs leichte Eingriff verschaffte ihm jedoch nur für kurze Zeit Erleichterung, da sich auch in anderen Organen bösartige Tumore bildeten. Am 9. April 1987 verstarb Horst Dassler im Alter von nur 51 Jahren.[82]

Der Tod Horst Dasslers und die schwierige Suche nach einem Nachfolger

Innerhalb von nur wenigen Jahren verlor die Familie damit zum dritten Mal ihr Mitglied an der Firmenspitze. Der plötzliche Tod eines Vorstandvorsitzenden aus dem Kreis der Familie belastet eigentümergeführte Unternehmen in besonderer Weise. Nicht nur, dass die Nachfolgefrage schneller als erwartet gelöst werden muss. Überdies stehen eingespielte Formen der Kommunikation zwischen den Vorstandsmitgliedern, innerhalb der Familie, mit den Geschäftspartnern, möglicherweise auch die strategischen Ziele der Unternehmensgruppe zur Disposition. Während nach dem Ableben von Käthe Dassler quasi nur eine Regelung der Nachfolge denkbar gewesen war, warf der Tod Horst Dasslers ungleich mehr Fragen auf.

Aus der Familie kam niemand ernsthaft für die Unternehmensleitung infrage. Horst Dasslers 24jähriger Sohn Adolphe und seine nur ein Jahr ältere Tochter Suzanne waren noch zu jung. Die Töchter Adi Dasslers, Inge Bente, Karin Essing, Brigitte Baenkler-Dassler und Sigrid Dassler-Malms kannten zwar das Geschäft durchaus, brachten aber letztlich nicht das notwendige Know-how und das Standing mit, die personelle Lücke an der Firmenspitze zu schließen. Ob Horst Dassler selbst jemals daran gedacht hat, jemanden aus dem Familienkreis zu seinem Nachfolger aufzubauen, scheint außerdem fraglich. Von seiner Überzeugung, dass die schiere Größe des Konzerns mittlerweile die Ressourcen und Strukturen eines Familienunternehmens überfordere, war bereits die Rede. Darüber hinaus betonte er noch zu Lebzeiten die hohe fachliche Kompetenz der Geschäftsführung. Aus ihren Reihen sollte sich seiner Ansicht nach später einmal leicht eine Person für die Unternehmensspitze rekrutieren lassen.

Für den Beirat galt zunächst die Losung: Ruhe bewahren. Hans-Jürgen Martens ließ verlauten, dass der Tod Horst Dasslers den Konzern zwar schmerzlich getroffen habe, gleichwohl gingen Beirat und Vorstand wie gewohnt ihren Aufgaben nach. Die „Kontinuität der Unternehmensführung“ bleibe gewahrt, zu übereilten Beschlüssen bestehe kein Anlass.[83] Auch wenn die Suche nach einer angemessenen Nachfolgeregelung keinem unmittelbaren Zeitdiktat unterlag, durfte die Entscheidung auch nicht über Gebühr auf sich warten lassen. Rund drei Wochen nach dem Tod Horst Dasslers präsentierte adidas das Ergebnis der Diskussionen. Der zehnköpfige Stiftungsbeirat beschloss, dem Präsidium des Beirats mehr Verantwortung bei der Unternehmensleitung zu übertragen. Dem Gremium gehörten als Vorsitzender Albert Henkel sowie Hans Günther Essing und Brigitte Baenkler-Dassler an. Das Präsidium sollte die Arbeit des Vorstands koordinieren, an der Unternehmenspolitik mitwirken und die Aufgabe des Vorstandssprechers übernehmen. Daneben verständigte sich der Beirat darauf, ein weiteres Vorstandsmitglied für die Sparte „Planung und Controlling" zu berufen. Schließlich konstituierte der Beirat aus seinen Reihen zwei Ausschüsse („Planung, Controlling und Logistik", „Investitionen und Finanzen"), die für den regelmäßigen Austausch und die konstruktive Zusammenarbeit mit dem Vorstand verantwortlich waren.[84]

Nach Meinung der Gesellschafter musste Albert Henkel in der neuen Führungsstruktur nahezu zwangsläufig eine Schlüsselposition einnehmen. Die Teilhaber sahen sich nicht nur „für den adidas-Konzern", sondern namentlich „für die Sardan Holding AG und Sporis Holding AG [...] in großer Verantwortung".[85] Gerade über die Zukunft der beiden Schweizer Dachgesellschaften war sich der Gesellschafterkreis aber nicht einig. Hier sollte Albert Henkel als Vizepräsident der Holdings dafür sorgen, dass eine konsensfähige Lösung gefunden würde. Es müsse unverändert „das seit Jahren anerkannte Prinzip gelten, dass keine Sicherheiten von Sardan [und] Sporis oder einer ihrer Tochtergesellschaften abgegeben werden dürfen, kraft welcher die Aktionäre der Sardan [und] Sporis oder die Gesellschafter der adidas mit ihrem Privatvermögen oder adidas mit ihrem Gesellschaftsvermögen in Anspruch genommen werden könnten". Sämtliche Finanzierungsverpflichtungen müssten sich „vollumfänglich auf die Schweizer Gruppe beschränken". Allein deshalb müsse der uneingeschränkte Grundsatz gelten, „Informationen, Verhandlungen, Entscheidungen und die Führung" auf die Schultern Henkels zu legen.[86]

Die neue Struktur der Firmenleitung erwies sich allerdings nur als Interimslösung. Es zeigte sich schnell, dass die Organisation der Unternehmensspitze zu komplex ausgefallen war und im Geschäftsalltag schnelle Entscheidungsfindungen erschwerte. Schreiben und Vorlagen der Vorstandsmitglieder gingen zunächst über den Schreibtisch von Albert Henkel, wurden anschließend mit den Familienmitgliedern diskutiert, um anschließend wieder dem Vorsitzenden des Präsidiums vorgelegt zu werden. Ebenso schnell kamen Zweifel im Konzern und in der Öffentlichkeit auf, ob die Entscheidung, Albert Henkel faktisch in die Position eines Generalbevollmächtigten zu hieven, richtig gewesen sei. Einige Vorstandsmitglieder hielten ihn für nicht kompetent genug, ein so verschachteltes Unternehmen wie adidas zu führen. Intern stellte offenkundig René C. Jäggi immer wieder die unternehmerischen Fähigkeiten Henkels infrage. Mit dem Nürnberger Juristen an der Spitze sei der Abstieg von adidas beschlossene Sache.[87]

Auch Teile der Wirtschaftspresse fanden für Henkel wenig freundliche Worte. Besonders scharf ging das Manager Magazin mit seinen Qualifikationen und seinen Ergebnissen ins Gericht. Er sei „führungsunerfahren", habe Mitte der 70er Jahre bei dem Augsburger Textilkonzern Glöggler als Generalbevollmächtigter versagt und führe nun den Weltkonzern adidas amateurhaft. Die komplexe Führungsstruktur und seine fehlende wirtschaftliche Kompetenz sorgten

HORST DASSLER

* 12. März 1936 † 9. April 1987

Wir haben die traurige Pflicht, bekanntgeben zu müssen, daß Herr Horst Dassler, Gesellschafter und Vorstandsvorsitzender der adidas-Sportschuhfabriken Adi Dassler Stiftung & Co. KG, nach schwerer Krankheit am 9. April 1987 verstorben ist.

Horst Dassler setzte das Erbe seiner Eltern Adi und Käthe Dassler mit Dynamik, Weitblick, Entschlossenheit und Umsicht fort. Er hat wesentlich zum Aufbau und zur Gestaltung des adidas-Konzerns beigetragen.

Für sein großes Engagement im Sport wurden Horst Dassler zahlreiche Auszeichnungen verliehen. Er war Träger des Olympischen Ordens des IOC, des „Distinguished Service Award of the United States" sowie Ehrenmitglied der „Académie des Sports".

Horst Dassler wird für uns im adidas-Konzern und in der Adolf- und Käthe-Dassler-Stiftung fortleben.

Tiefbewegt nehmen wir Abschied

Beirat, Vorstand und Mitarbeiter
der adidas Sportschuhfabriken
Adi Dassler Stiftung & Co. KG

Herzogenaurach, im April 1987

22 Todesanzeige Horst Dasslers (1987)

für ein „Entscheidungstohuwabohu", für ein „Drunter und Drüber von Aufgaben, Funktionen und Kompetenzen".[88] Mag diese Analyse auch übertrieben und einseitig ausgefallen sein – unter der Führung von Albert Henkel blieben zweifelsohne zu viele drängende unternehmenspolitische Fragen ungelöst. adidas trat auf der Stelle.

Es gab keinen Zweifel, dass die diffizile Führungsstruktur mit Albert Henkel an der Spitze von Beginn an nur als eine kommissarische Lösung gedacht war. Im Herbst 1987 machten die Führungsgremien „reinen Tisch" und legten sich endgültig auf einen Nachfolger von Horst Dassler fest. Die Wahl fiel auf René C. Jäggi, der noch gar nicht lange die Sparte Marketing und Vertrieb leitete. Möglicherweise hat er sich mit seiner Kritik an Albert Henkel im Vorstand und im Gesellschafterkreis profiliert, möglicherweise trug sein Habitus als sprachbegabter „Erfolgsmanager" mit „großer, sportlicher Statur, gut geschnittenem Gesicht, vollem Haar" und „jungenhaftem Lächeln" dazu bei,[89] im Gesellschafterkreis Sympathie zu wecken und Vertrauen zu schaffen. Aus unternehmenspolitischer Sicht gab es für das einstimmige Votum im Beirat gewiss gute Gründe. Für die weitere Professionalisierung des Marketings und die Modernisierung der Marke adidas schien Jäggi Voraussetzungen wie kein anderer im Führungszirkel mitzubringen.

4.3 Auf dem Weg in die Aktiengesellschaft
(1987 bis 1989/90)

Die Berufung Jäggis zum Vorstandsvorsitzenden zum 1. November 1987 kam einer bemerkenswerten Zäsur in der Geschichte des Unternehmens gleich. Seit der Gründung von adidas in der Nachkriegszeit – genau genommen seit Gründung der Firma Gebrüder Dassler – gehörte erstmals kein Familienmitglied mehr der Geschäftsführung bzw. dem Vorstand an. Die Trennung von Eigentum und Leitung im Unternehmen adidas, die sich seit der Stiftungsgründung 1983 Schritt für Schritt abzeichnete, erwies sich als unwiderruflich. Dennoch ließen sich drängende unternehmenspolitische Entscheidungen weiterhin nur mit dem Plazet der Dasslers treffen. Die Gesellschaftsanteile verblieben wie gehabt bei den Familienstämmen, die über den Stiftungsbeirat unverändert die Gesamtstrategie und die Personalpolitik der Unternehmensgruppe beeinflussten. Überdies waren die Familienstämme an der Sardan- und an der Sporis Holding beteiligt. Namentlich die Debatten über das weitere Schicksal der Sardan-Gruppe belasteten schon bald das Verhältnis zwischen den beiden Kindern Horst Dasslers und den vier Töchtern Adi Dasslers und bestimmten so die Unternehmenspolitik Jäggis wesentlich mit.

Die strategischen Ziele von adidas blieben mit dem neuen Spitzenpersonal ähnlich ambitioniert wie unter der Führung von Horst Dassler. Es galt, die Position als weltweit größter Sportartikel-Konzern zu behaupten und in den USA und Japan endlich wieder deutliche Marktanteile zu gewinnen. Das Sortiment wurde gestrafft und um 30 Prozent reduziert, die Produktion von Sportschuhen sollte von Westeuropa schneller nach Fernost verlagert und die Zeit von der Produktidee bis zur Präsentation der marktreifen Artikel im Handel deutlich verringert werden. Um seine Ziele rasch umzusetzen, veränderte Jäggi die Führungsstruktur und die Kompetenzen des Vorstands. Die Unternehmensleitung, die bislang für das Tagesgeschäft im In- und Ausland zuständig war, konzentrierte sich in Zukunft auf die internationalen Märkte. Die neue Ausrichtung der Vorstandsarbeit schlug sich auch in der Personalpolitik nieder. Im Juli 1988 wurde der Schotte Roderick A. Campbell für die Sparte Marketing zum stellvertretenden Vorstandsmitglied berufen. Rund drei Monate später stand zudem fest, dass der Schweizer Michel Perraudin, der bei der Unternehmensberatung McKinsey u.a. für die Projekte mit adidas zuständig war, zum 1. April 1989 seinen Dienst in Herzogenaurach antreten und Uwe Breithaupt im Vorstandressort Beschaffung und Logistik Schuhe ablösen würde. Für den Markt in der Bundesrepublik Deutschland trug seit Anfang Juli 1988 nunmehr Klaus-Werner Becker die Verantwortung, der seit 1978 in verschiedenen Funktionen bei adidas unter Vertrag stand und seit Juli 1987 das Amt des Präsidenten bei der Sardan-Holding innehatte.[90]

Die neue Führungsspitze musste schnell feststellen, dass sich die Altlasten der Unternehmenspolitik nicht zügig abtragen ließen. Die Eigenfertigung wurde zwar auf 15 Prozent reduziert, galt intern wegen der beträchtlichen Lohnkosten aber immer noch als zu hoch. Die gesamte Logistik blieb noch hinter den Erwartungen zurück und wurde nun mithilfe der Unternehmensberatung McKinsey optimiert. Die Achillesferse des Konzerns blieb vor allem das USA-Geschäft. Häufige Wechsel im Topmanagement ließen keine kontinuierliche Unternehmenspolitik zu. Noch unter der Führung von Albert Henkel löste Joachim Kiemen den bisherigen Leiter der US-Tochter Stephen D. Tannen ab. Anschließend schieden auch die stellvertretenden Vorstandsvorsitzenden für die Sparten Marketing (Dave Morgan) und Verkauf (Tom Hess) aus. Ihre Aufgaben übernahm Joseph Kirchner, der im Vorstand bislang für den Geschäftsbereich

Textil verantwortlich war. Die Reorganisation der Lagerhaltung und die Inbetriebnahme des Zentrallagers in South Carolina verliefen ebenfalls schwierig, da die EDV-Software für die Arbeitsgänge ungeeignet war.[91]

Die Reorganisation der Sardan-Unternehmensgruppe

Zu den Problemen, die Horst Dassler zeitlebens nicht mehr hatte lösen können, gehörte insbesondere die Suche nach einer angemessenen Strategie für die Sardan-Unternehmensgruppe. Zwar war es ihm gelungen, das von ihm aufgebaute Firmenkonglomerat in der Schweiz und in Frankreich mit der Gründung der beiden Holdings Sardan und Sporis im Dezember 1984 neu zu ordnen. Der wirtschaftliche Erfolg namentlich der Sardan-Holding ließ allerdings auf sich warten. Nach seinem Tod wurde rasch deutlich, dass Konzern und Familie eine drückende Erblast zu bewältigen hatten, die in den nächsten Monaten in der Geschäftsleitung und im Gesellschafterkreis für gehörige Unruhe sorgte. Eine vom Konzern-Vorstand beauftragte Projektgruppe überprüfte eingehend die finanzielle Situation und legte im Frühjahr 1988 ernüchternde Zahlen vor. Die Sardan-Holding schloss (konsolidiert) das Geschäftsjahr 1987 mit einem Verlust von 27 Mio. Schweizer Franken ab, für 1988 müssten die prognostizierten Umsätze und Erträge nach unten korrigiert werden, ein neuer Verlust von rund zehn Mio. Schweizer Franken sei zu erwarten.[92]

Die Gründe für die wirtschaftlich schlechte Situation waren vielfältig und von grundlegend struktureller Natur. Der Organisation der Unternehmensgruppe lagen in erster Linie persönliche Motive Horst Dasslers und steuerliche Überlegungen zugrunde. Es gab zu viele kleine „Business Units", zu wenige qualifizierte Manager und zu wenige Kontrollmechanismen. Die Struktur der französischen Gesellschaften, die räumlich zu weit auseinander lagen, erschien geradezu „chaotisch".[93] Überdies wurde mit EDV-Systemen gearbeitet, die zwischen den Konzernfirmen nicht kompatibel waren. Der Aufbau von Sardan ohne Eigenkapital, die starke Abhängigkeit von der Sporis-Gruppe, der hohe Zinsaufwand und zu hohe Ausgaben für das Marketing ließen keine nennenswerten Erträge zu. Die nicht ausreichenden bzw. gar nicht veranschlagten Abschreibungen auf Beteiligungsbuchwerte, der aktivierte Goodwill, verdeckte Subventionen durch den adidas-Konzern und die Rofa Sportmanagement AG bzw. die ISL Marketing AG beschönigten über Jahre die faktisch schlechte Kapitalausstattung der Sardan-Gruppe.

Über die Zukunft der schwer angeschlagenen Sardan-Holding (und auch über die Zukunft der Sporis-Gruppe) gab es im Gesellschafterkreis offensichtlich unterschiedliche Vorstellungen. Es ist davon auszugehen, dass die vier Töchter Adi Dasslers einem Verkauf ihrer Beteiligungen und letztlich einer Auflösung der Holdings aufgeschlossener gegenüberstanden als die Kinder von Horst Dassler, die eher das Erbe ihres Vaters bewahren wollten.[94] Letztlich beugten sich alle Familienzweige im Frühjahr 1988 den ökonomischen Zwängen. Die Sardan-Gruppe war am Ende des Geschäftsjahres 1987 mit 105 Mio. D-Mark überschuldet. Ihre Auflösung hätte vor allem Sporis und adidas unmittelbar betroffen, da Sardan eine Darlehensschuld von rund 65 Mio. D-Mark gegenüber der Sporis-Gruppe in den Büchern stehen hatte. Daher wäre ein Zusammenbruch von Sardan mit einem Crash der Sporis Holding verbunden gewesen, die Ende 1987 nur noch Eigenmittel von zehn bis 15 Mio. D-Mark auswies. Eine Liquidation des Sardan-Komplexes hätte auch den adidas-Konzern erschüttert, der in Frankreich an vier Gesellschaften beteiligt war, die zur Sardan-Gruppe gehörten. Von weiteren unkalkulierbaren Fol-

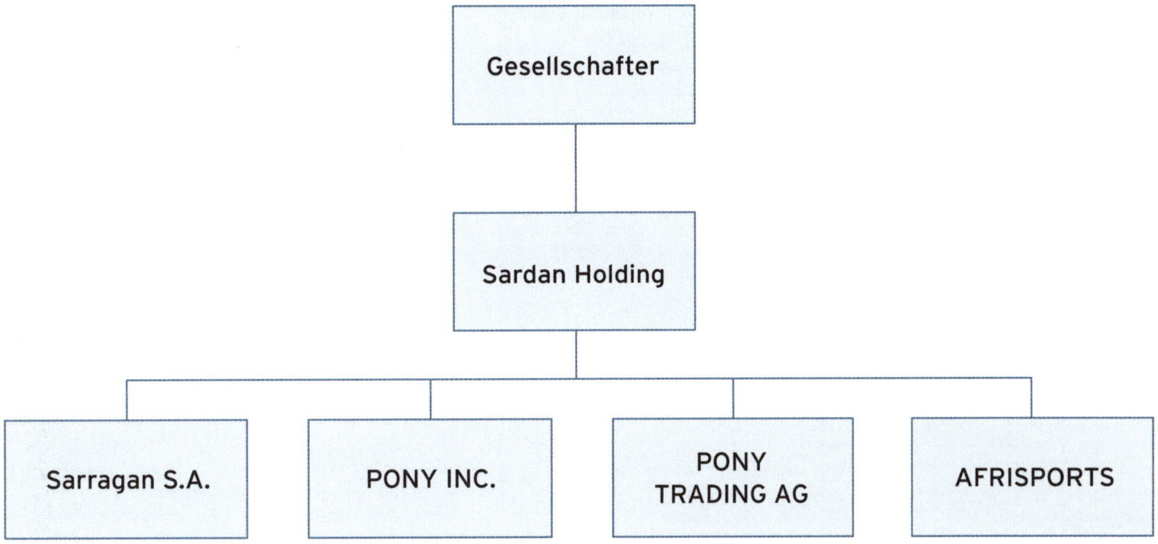

23 Organigramm Sardan-Gruppe (1988)

gen abgesehen, die unterschiedliche Kreditverträge und in Anspruch genommene Kreditlinien betroffen hätten, wären bei einer Auflösung vor Sardan auch noch Liquidationskosten von wenigstens 30 bis 40 Mio. Schweizer Franken zu erwarten gewesen.[95]

Die wenig erfreulichen Szenarien veranlassten den Stiftungsbeirat, der Empfehlung des Vorstands zu folgen: Die Familienstämme der Dasslers stimmten einer sofortigen „Finanzspritze" von 35 Mio. US-Dollar an Sardan zu, um die Liquidität der Unternehmensgruppe zu gewährleisten.[96] Damit war es aber nicht getan. Nachdem die regelmäßigen Verluste nicht zu dringend notwendigen Korrekturen geführt hatten, ging nunmehr an umfassenden Restrukturierungen kein Weg mehr vorbei, „um die Gruppe [überhaupt] wieder führbar zu machen".[97]

Die Sanierung hatte faktisch schon vor der finanziellen Soforthilfe begonnen und bediente sich zunächst personalpolitischer Hebel. Der adidas-Beirat und der Verwaltungsrat von Sardan und Sporis berief René C. Jäggi an die Spitze der Verwaltungsratspräsidien beider Schweizer Holdings, die gleichzeitig mit neuen Generaldirektoren besetzt wurden: die Sporis Holding mit Jean-Marie Weber, dem Finanzexperten bei adidas France, der zu den engsten Beratern von Horst Dassler gehört hatte, die Sardan-Gruppe mit Klaus-Werner Becker.[98] Nach der Entscheidung, die Sardan-Holding finanziell massiv zu stützen, folgte im Sommer der nächste wegweisende Schritt. Die adidas-Stiftung übernahm zum 13. Juli 1988 das gesamte Aktienkapital der Sardan-Gruppe, um die verschuldete Holding in den Konzern zu integrieren. Die Transaktion war kein Zusammenschluss im herkömmlichen Sinn, sondern eine „rein konzerninterne Umstrukturierung", die alleine auf „finanztechnischen Gründen" beruhte.[99] An den Beteiligungsverhältnissen änderte sich nichts. Die Nachkommen von Adi und Horst Dassler blieben die Gesellschafter, übten ihren Einfluss nun aber gewissermaßen indirekt über die Stiftung aus.

Die Sanierungspolitik der nächsten Monate mit ihren zahlreichen Einzelmaßnahmen, die adidas mithilfe der Unternehmensberatung McKinsey erarbeitete, konzentrierte sich besonders auf die Sarragan-Holding in Fribourg, einer Unternehmensgruppe des Sardan-Komplexes. In den Firmengruppen le coq sportif, Pony und arena, die unter dem

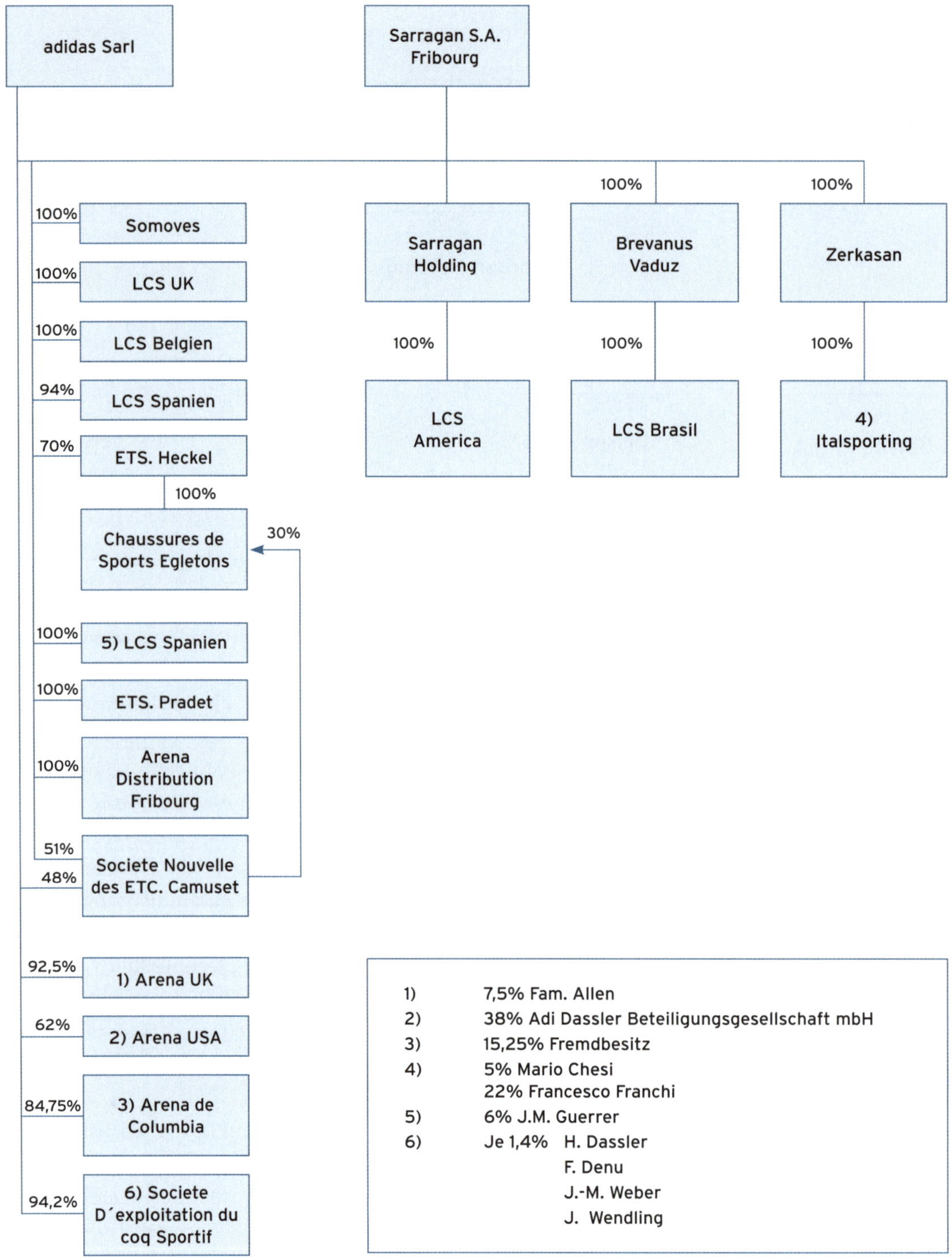

24 Organigramm Sarragan Holding (1988)

Dach der Sarragan zusammengefasst waren, wurden Beschäftigte in der Textilproduktion und der Verwaltung abgebaut und die Gruppenstruktur bereinigt (z. B. durch Fusion aller Gesellschaften in Frankreich, die zur Sarragan gehören, wie etwa le coq sportif, Pradet und Camuset). Der Zusammenschluss der Holdinggesellschaften Sardan und Sarragan zur „neuen" Sarragan S.A., Fribourg, zum 1. Januar 1989 bildete einen ersten Schlusspunkt der Reorganisation.[100]

Die Umwandlung in eine Aktiengesellschaft

Der hohe Wettbewerbsdruck auf den internationalen Märkten, das verlustreiche USA-Geschäft und die finanzielle Unterstützung der Sardan-Holding kosteten den Konzern viel Geld. Fast schon zwangsläufig stellte sich bei adidas deshalb die Frage, ob die Unternehmensgruppe in der bestehenden Rechtsform für den beschleunigten Branchenwandel gut gerüstet sei und sich über die Stiftung genügend Kapital mobilisieren lasse, um international wettbewerbsfähig zu bleiben. Wann und von wem die Diskussion ausging, lässt sich nicht genau rekonstruieren. In der Wirtschaftspresse gab es bereits in den frühen 80er Jahren Spekulationen darüber, ob innerhalb der Geschäftsleitung über die Gründung einer Aktiengesellschaft nachgedacht werde. Einiges spricht dafür, dass Horst Dassler, der wiederholt auf die Grenzen eines eigentümergeführten Unternehmens verwies, die Idee längerfristig wohl kaum abgelehnt hätte. Die Debatte gewann nach dem Tod Horst Dasslers aus sachlichen Zwängen heraus schnell an Fahrt und wurde vom neuen Vorstandsvorsitzenden René C. Jäggi gewiss befeuert, der offenkundig früh davon überzeugt war, dass adidas dringend frisches Kapital für die notwendigen strategischen und organisatorischen Reformen benötige, um auf den Sportartikelmärkten nicht weiter an Boden zu verlieren.

Fest steht: Im Frühjahr 1988 tauschte sich der Vorstand auf einer Klausurtagung in der Schweiz genauer über die Vor- und Nachteile der Stiftungsverfassung aus. Dabei standen in erster Linie steuerliche Überlegungen im Vordergrund. Die gegenwärtige Rechtsform schien für adidas nur noch bedingt die bestmögliche Lösung zu sein. Als Stiftung standen adidas zu viele steuerliche Hürden im Weg, um Verluste im Konzern ausgleichen zu können. So war es für Personengesellschaften nur schwer möglich, Einbußen im Ausland vom Inlandsergebnis abzusetzen. Außerdem sah die damals bevorstehende Steuerreform ab 1990 für Personengesellschaften einen Steuersatz von 53 Prozent, für Kapitalgesellschaften hingegen von 50 Prozent vor.[101] Die Debatte über die Umwandlung der adidas KG in eine Aktiengesellschaft schritt nun zügig voran. In einem Gutachten vom 28. Juni 1988 nahm die KPM/DTG zu allen steuerlichen Fragen umfassend Stellung. Der Bericht wies auch darauf hin, dass die Gründung einer AG „eine Neuordnung der gesellschaftsrechtlichen Einflussnahme der Gesellschafter auf das Unternehmen" bedinge.[102] Ein Wandel der Rechtsform würde die Existenz der Stiftung nicht weiter berühren, die entsprechend ihrem bisherigen Anteil an der KG Aktien der neuen AG erwerben könne. Den Gesellschaftern der KG empfahl das Gutachten, über einen Konsortialvertrag nachzudenken, „der die den Familienangehörigen zustehenden Stimmrechte bündelt und für ein einheitliches Auftreten der Familienstämme in der Hauptversammlung der Gesellschaft Sorge trägt".[103]

In der Tat: Ohne die Zustimmung der Familie, ohne das einstimmige Votum der Gesellschafter war die Umwandlung von adidas in eine Aktiengesellschaft nicht möglich. Im Sommer 1988 schlug der Stiftungsvorstand den Kommanditisten vor, die KG mit Wirkung vom 1. Januar 1989 in eine Aktiengesellschaft umzuwandeln. In den nächsten Wochen gelang es der zerstrittenen Familie offenkundig, Gespräche zu führen, die „vom Einigungswillen und der Bereitschaft aller [...] geprägt" waren, „persönliche Interessen den Familieninteressen nachzuordnen".[104] Im Februar 1989 beschlossen die Kommanditisten, der adidas Sportschuhfabriken Adi Dassler Stiftung & Co. KG die Rechtsform einer Aktiengesellschaft zu geben.

Unter dem Strich verfolgten die Familienzweige mit der Gründung einer AG, fünf Ziele. Erstens sollte die neue Rechtsform helfen, dringend notwendiges Kapital für das operative Geschäft zu beschaffen, zweitens die Führungsstruktur an die Größe des Konzerns und die „künftigen Erfordernisse des Marktes" anzupassen, und drittens dazu beitragen, finanzielle Mittel zu beschaffen, um Steuern der Konsorten und ihrer Rechtsnachfolger über die Beleihung oder den Verkauf von Aktien zu begleichen. Zwei weitere Gründe kamen hinzu: Viertens ermöglichte es die Rechtsform einer AG den Kommanditisten überdies, ihr im Unternehmen gebundenes Kapital in das steuerliche Privatvermögen zu transferieren. Fünftens beabsichtigten die Konsorten schließlich, die Aktien frei an der Börse handeln zu lassen, „sobald es der Stand des Unternehmens und die allgemeine Wirtschaftslage angezeigt erscheinen lassen".[105]

Die konkrete Umwandlung der KG erfolgte zwischen Februar und Mai 1989 in zwei Schritten. Zum Vehikel der Transformation wurde die 1974 gegründete adidas Beteiligungs-GmbH (Stammkapital 50 Mio. D-Mark), eine 100prozentige Tochter der KG, die am 18. April 1989 formwechselnd in eine Aktiengesellschaft umgewandelt wurde. Anschließend brachten die Gesellschafter der KG ihre Anteile im Nennwert von 150 Mio. D-Mark als Sacheinlage in die adidas AG ein – als Gegenleistung erhielten sie 1,4 Mio. Stück neue Aktien mit einem Nennbetrag von jeweils 50 D-Mark. Gleichzeitig wurde die KG aus dem Handelsregister gelöscht. Den Besitzverhältnissen nach blieb adidas auch in der Rechtsform einer AG ein Familienunternehmen. Brigitte Baenkler-Dassler, Inge Bente, Sigrid Dassler-Malms und Karin Essing hielten jeweils 19,999 Prozent, Adolphe und Suzanne Dassler jeweils 9,999 Prozent der Aktien. Ein kleiner Teil von 0,0006 Prozent ging an die Adolf und Käthe Dassler Stiftung. Die „neue" adidas AG trat fortan als Trägergesellschaft für das Inlandsgeschäft und als Holdinggesellschaft für die Töchter im Ausland auf. An der personellen Zusammensetzung der Unternehmensleitung änderte sich nichts. Die bisherigen Mitglieder des Stiftungsvorstands René C. Jäggi (Vorsitzender), Hans-Jörg Bauer (Beschaffung und Logistik Textil), Roderick A. Campbell (Vertrieb, Marketing, Entwicklung), Olaf Gempt (Planung, Controlling, EDV), Hans-Jürgen Martens (Verwaltung, Finanzen, Rechnungswesen), Hans-Hermann Westedt (Human Ressources) und Michel Perraudin (Beschaffung und Logistik Schuhe) bildeten nun auch den AG-Vorstand.[106]

Der formaljuristische Akt der Umwandlung war für die Familie aber nur die eine Seite der Medaille. Mit ihrer Entscheidung, der AG-Gründung zuzustimmen, vereinbarten die Familienstämme – vermutlich bewusst dem Gutachten der KPM/DTG im Juni 1988 folgend –, einen Konsortialvertrag auszuarbeiten, der dem Interessenausgleich in der Familie dienen und ihre gegenseitigen Rechtsbeziehungen als Aktionäre für die Zeit nach der AG-Gründung regeln sollte. Ausdrücklich bekannten sich die Familienzweige in dem Entwurf dazu, „die Gesellschaft auch in der Rechtsform der Aktiengesellschaft als Familienunternehmen weiterzuführen".[107] Außerdem brachten alle Kommanditisten ihren Wunsch zum Ausdruck, „dass die Adolf und Käthe Dassler

Stiftung weiterbestehen" und der „Koordination der Familieninteressen" dienen soll.[108]

Bei den Gesprächen über die Umwandlung der adidas KG in eine AG war die Frage der Zusammensetzung des zukünftigen Aufsichtsrats von wesentlicher Bedeutung. Das Kontrollgremium bot der Familie noch die beste Möglichkeit, das operative Geschäft zumindest zu kontrollieren.[109] Da adidas im Inland mehr als 2.000 Arbeitnehmer beschäftigte, musste das Gremium nach dem Mitbestimmungsgesetz paritätisch mit insgesamt zwölf Personen besetzt werden: sechs Arbeitnehmervertreter (davon zwei Vertreter der Gewerkschaft) und sechs Mitglieder der Anteilseigner. Es lag auf der Hand, dass jeder Stamm ein Familienmitglied für die Wahl in den Aufsichtsrat benannte. Wie sollte aber das sechste Mandat vergeben werden? Die Kommanditisten waren sich grundsätzlich einig, über den sechsten Platz gemeinsam zu entscheiden, und verständigten sich schließlich darauf, ihre Interessen über die Adolf und Käthe Dassler Stiftung zu koordinieren und ihr das Recht einzuräumen, einen Vertreter für den Aufsichtsrat zu benennen. Das Entsendungsrecht der Stiftung wurde in der Satzung der adidas AG festgeschrieben und veröffentlicht, eine neue Fassung der Stiftungssatzung blieb hingegen aus, was später noch zu manchen juristischen Auseinandersetzungen zwischen den Familienzweigen führen sollte.[110]

Im Frühjahr 1989 waren die vorbereitenden Gespräche in der Familie de facto abgeschlossen. Der unterschriftsreife Konsortialvertrag lag quasi auf dem Tisch. In allerletzter Minute nahmen die vier Töchter Adi Dasslers jedoch davon Abstand, den Kontrakt zu unterzeichnen, da Adolphe und Suzanne Dassler wichtige Absprachen nicht eingehalten hätten. Die vier Dassler-Schwestern standen kurz davor, ihre Beteiligungen an der Sporis-Holding (64 Prozent des gesamten Aktienkapitals) mit der Unterstützung von Jäggi an die japanische Dentsu Inc. zu verkaufen, die bereits 49 Prozent der Anteile an der ISL hielten und auch an einem Erwerb der Beteiligungen sehr interessiert waren. Der Verkauf hätte sowohl den Schwestern als auch dem adidas-Konzern neue Finanzmittel in die Kasse gespült. Zu den wichtigen Voraussetzungen für die Gespräche über einen Konsortialvertrag gehörte die Zusage von Adolphe und Suzanne Dassler, einem Verkauf der Sporis-Anteile ihrer Tanten zuzustimmen und gleichzeitig auf jegliches Ankaufsrecht zu verzichten. Ihr Rechtsanwalt Walter Meier hatte dieses Versprechen unter der Voraussetzung gebilligt, dass sich anschließend eine akzeptable Regelung der Gesellschaftsverhältnisse für seine Mandanten finden lasse. Da den Nachkommen Horst Dasslers bei einem Erwerb der Anteile durch Dentsu nur noch die Position eines Minderheitsaktionärs verblieben wäre, brachte Walter Meier im Februar 1989 den Vorschlag ins Spiel, mit der japanischen Gruppe einen Aktionärsbindungsvertrag abzuschließen, um die zukünftigen Rechte seiner Mandaten zu klären.[111]

Sowohl bei adidas als auch bei Dentsu gab es in der Führungsspitze niemanden, der versucht hätte, einen solchen Aktionärsvertrag zu unterbinden. Ein Kontrakt, der die Rechte der Minderheitsaktionäre regelt, wurde innerhalb der Familie und des adidas-Konzerns grundsätzlich als faire Lösung für die Interessen Adolphe und Suzanne Dasslers betrachtet. Gerade den japanischen Verhandlungspartnern war einiges daran gelegen, bei ihrem Erwerb der Sporis-Anteile ein für alle Beteiligten akzeptables Arrangement zu finden. Das Problem: Walter Meier überspannte bei den Verhandlungen den Bogen, täuschte seine Gesprächspartner, schürte den Vertrauensverlust zwischen den Familienzwei-

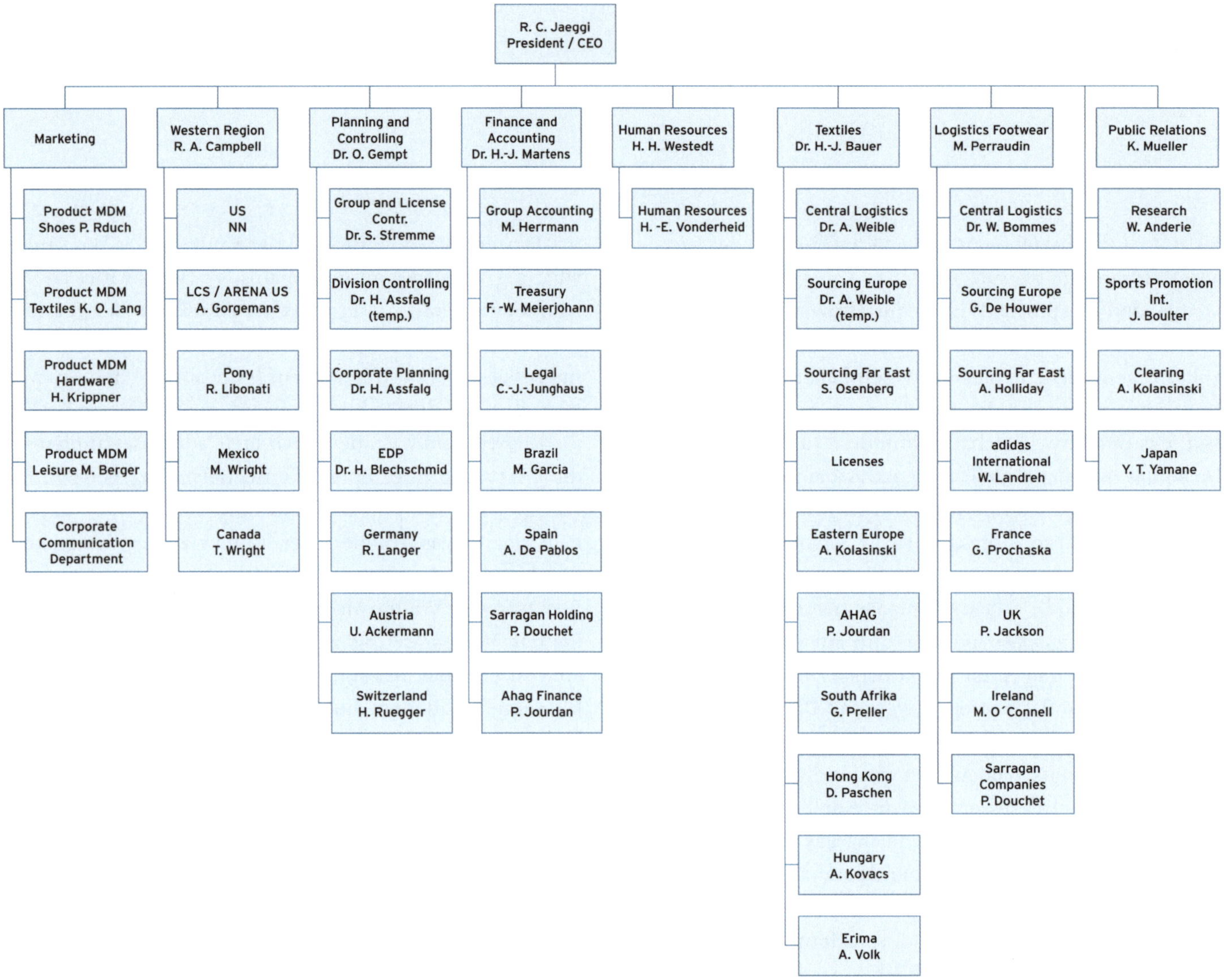

25 Organigramm adidas AG (1989)

gen und manövrierte sich und seine Mandanten bei der Sporis-Holding und im adidas-Konzern ins Abseits.

Am 15. März 1989 legte Meier einen Aktionärsvertrag vor, der für Dentsu nicht annehmbar war, da das Abkommen den Erben von Horst Dassler Befugnisse einräumte, die sich mit ihrer Stellung als Minderheitsaktionäre kaum vereinbaren ließen (z. B. die Ernennung eines stellvertretenden Generaldirektors). Ende April präsentierte die japanische Seite ihrerseits einen revidierten Entwurf, der den Einfluss von Adolphe und Suzanne Dassler in den Entscheidungsgremien begrenzte. Nachdem der Vertrag am 8./9. Mai 1989 mit Walter Meier diskutiert worden war, interpretierten beide Parteien diese Vorlage als wesentliche Grundlage für den Abschluss der Verhandlungen.

In den nächsten zwei Wochen führten eigenwillige Interventionen Meiers zum überraschenden Abbruch der Gespräche. Offensichtlich ging es ihm um weit mehr als nur um einen Minderheitenschutz für seine Mandanten. Er behauptete gegenüber seinen Verhandlungspartnern bei Dentsu, dass die Dassler-Schwestern ihre Sporis-Anteile nur mit Zustimmung von Adolphe und Suzanne Dassler verkaufen könnten, stellte den Verkaufspreis als völlig überhöht dar und brachte seine Mandanten als mögliche Käufer der Sporis-Beteiligungen ins Spiel. Das alles widersprach seinen Aussagen während der Gespräche über den Konsortialvertag: Wenn die Töchter Adi Dasslers ihre Sporis-Anteile an Dentsu verkaufen wollten, werde es kein Veto geben. Überdies fehle es Adolphe und Suzanne Dassler an finanziellen Mitteln, um die Sporis-Beteiligungen ihrer Tanten zu erwerben.[112]

Darüber hinaus sorgten weitere überraschende Forderungen Meiers und seiner Mandanten für Unruhe, die verdeutlichten, welche weitreichenden Absichten die Erben Horst Dasslers verfolgten. Der Übernahme von Sporis-Anteilen durch Dentsu würden seine Mandanten nur zustimmen, wenn die japanische Firmengruppe anschließend eine Beteiligung von 15 Prozent wiederum an Adolphe und Suzanne verkaufen, die damit ihren 36-prozentigen Anteil auf 51 Prozent aufgestockt hätten. Davon abgesehen, dass die Dassler-Schwestern für die Veräußerung ihrer Sporis-Anteile keineswegs eine Zustimmung benötigten – solche Verkaufskonditionen, die darauf hinausgelaufen wären, ausgerechnet den Erben Horst Dasslers, quasi durch die Hintertür, die Mehrheit bei Sporis einzuräumen, wären für sie nicht denkbar gewesen. Wie sehr es letztlich um den Einfluss seiner Mandanten bei der Sporis ging, unterstrich schließlich auch die Forderung Meiers, Adolphe Dassler bei der Sporis verantwortungsvolle Management-Funktionen zu übertragen. Zu guter Letzt sollte nach der Unterzeichnung einer Aktionärsvereinbarung René C. Jäggi alle Posten bei der Sporis-Gruppe räumen.[113] Aus der Perspektive von Adolphe und Suzanne Dassler war es ihr gutes Recht, alle Möglichkeiten zu nutzen, die versprachen, „bei der von ihrem Vater geschaffenen ISL-Gruppe ein angemessenes Mitspracherecht zu sichern“.[114] Mit nur eingeschränkten Rechten von Minderheitsaktionären wollten sich beide nicht zufriedengeben. Überhaupt entsprach ihr Verhalten nach Ansicht Adolphe Dasslers dem Gerechtigkeitsprinzip. Seinen Tanten stehe der Erlös „aus dem Verkauf der Anteile moralisch gar nicht zu“, da die Sporis-Gruppe „einzig und allein dem Aufbauwerk von Horst Dassler zu verdanken sei“.[115]

Am Ende der zähen Auseinandersetzung gab es praktisch nur Verlierer. Dentsu war über die langwierigen Debatten zunehmend verärgert, verlangte Aufklärung über die genauen Vereinbarungen der Familienzweige und legte die Gespräche im Juni 1989 auf Eis. Die Dassler-Schwestern bewerteten das Verhalten von Adolphe und Suzanne sowie ihres Rechtsvertreters nicht ohne Grund als „außerordentlichen Bruch gegebener Zusagen und der gebotenen familiären und gesellschaftsrechtlichen Solidarität“, der „ein Festhalten an dem angestrebten Konsortialvertag [...] für die Schwestern Dassler schlechthin ausschloss“. Die Kinder Horst Dasslers fühlten sich ihrerseits in der Familie und im Konzern zusehends übergangen und an den Rand gedrängt. Zudem hielten sie Jäggi vor, einseitig die Interessen der vier Dassler-Schwestern zu vertreten. Im Übrigen hatte der Streit auch für Walter Meier Folgen. Bei der Sporis hatte er sämtlichen Kredit verspielt. Der Verwaltungsrat warf ihm vor, „Partikularinteressen“ verfolgt zu haben, und nahm sein „treuwidriges Verhalten“ im Oktober 1989 zum Anlass, ihm die Entlastung zu verweigern.[116]

Mit dem misslungenen Verkauf der Sporis-Anteile scheiterte die Idee, den Einfluss der Familie auch in der AG einvernehmlich und dauerhaft zu bewahren. Die Familienzweige hielten zwar die Anteile an der neu gegründeten Gesellschaft, waren aber in ihrer Position schon kurz nach der Umwandlung der Rechtsform nachhaltig geschwächt. Eine Zusammenarbeit im und für das Unternehmen, die sich auf Vertrauen und Solidarität der Familienangehörigen gründet, war de facto nur noch schwer vorstellbar.

Schwierige Übergangszeit: Identitätskrise und finanzielle Engpässe

Der Übergang von adidas zur Aktiengesellschaft war nicht nur für die Familie mit ihren divergierenden Interessen und Konflikten, sondern auch für die Belegschaft eine unruhige Zeit. Die Transformation erschütterte offenkundig die berufliche Identität zahlreicher Mitarbeiter schwer. Der Konzern befände sich, so eine Untersuchung der Alexander Demuth GmbH aus dem Frühjahr 1990, in einem tiefgreifenden Identitätswandel: Die „alte patriarchalisch geprägte Identität" sei „zerfallen, eine neue noch nicht gefunden". Der „Übergang von einer ‚absolutistischen' zu einer teamorientierten Kultur" habe gerade erst begonnen. Entsprechend fehle Führungskräften und Mitarbeitern „eine positive Vision der Unternehmenszukunft". Die Mitarbeiter in Produktion und Verwaltung seien „unzufrieden und verunsichert – sie vermissen Freiräume zur Entfaltung von Fähigkeiten und Eigeninitiative". Negative Schlagzeilen trügen das ihre zu einer „Erosion der Marke" bei. Für die Identitätskrise der Belegschaft sei in erster Linie die „Kommunikationskultur von adidas" verantwortlich, die sich in einem „katastrophalen Zustand" befinde.[117]

Die betriebswirtschaftlichen Kennzahlen von adidas blieben nach dem Wandel der Rechtsform weiter kritisch. Unverändert hohe Verluste in den USA (72 Mio. US-Dollar) und die Restrukturierung namentlich der Sarragan-Holding sorgten im Geschäftsjahr 1989 für einen Jahresfehlbetrag von 112 Mio. D-Mark (gegenüber neun Mio. D-Mark 1988). Im Mai 1990 hielt der adidas-Vorstand neues Eigenkapital in Höhe von 350 bis 400 Mio. D-Mark für erforderlich, um z. B. die Liquidität der AG zu gewährleisten und noch anstehende Restrukturierungs- und Sanierungsprojekte weiterzuführen.[118] Auf die unbefriedigende wirtschaftliche Situation wiesen nun auch die Kreditinstitute mehrfach hin. Die Bayerische HypoVereinsbank, wichtigste Hausbank des Konzerns, war nicht mehr bereit, unbegrenzt Mittel in den Konzern zu schießen, und zweifelte daran, ob das Unternehmen als „Familien-AG" in der Lage sei, das notwendige Kapital zu beschaffen. Es sei doch Zeit, über neue Beteiligungsstrukturen mit finanzkräftigen Gesellschaftern nachzudenken, die bereit sein müssten, persönlich Geld in den Konzern zu investieren.[119] Kurzum: Die internationale Wettbewerbsfähigkeit des Konzerns ließ sich nur mit erheblicher Kapitalzufuhr von außen aufrechterhalten.

Die Familie erklärte freimütig, dass sie nicht in der Lage sei, zusätzliche Mittel aufzubringen. Die vier Töchter Adi Dasslers waren sich der prekären finanziellen Situation mehr als bewusst und gaben Jäggi ihr Einverständnis, nach potenziellen Investoren zu suchen. „Das kam eigentlich sogar", so René C. Jäggi rückblickend, „von den Schwestern. Weil [s]ie gesagt haben: Wir wollen nicht, dass adidas [et] was passiert. [...] Wenn wir jetzt noch länger [...] warten, dann ist es plötzlich so, dass man uns diktiert, was wir zu tun haben. Und so ist es ein Prozess, den wir [...] unterstützen können. [...] Da habe ich mich lange mit [Hans-Günther] Essing unterhalten und dann haben sie gesagt: [...] Wenn es gelingt, Geld für die Familie zu [erhalten], damit die Familienstämme [...] abgesichert sind, und gleichzeitig Geld für die Firma [auszuhandeln], dann würden wir diesen Weg wählen".[120]

Jäggi setzte sich bei den Dassler-Schwestern zunächst mit Erfolg dafür ein, den Kalifornier Peter V. Ueberroth für das Unternehmen zu gewinnen, um das flaue USA-Geschäft zu beleben. Gewiss keine schlechte Wahl. Der ehemalige Inhaber eines Reisebüros hatte sich in den vergangenen Jahren in der Sportbranche einen exzellenten Ruf erworben. Er organisierte die Olympischen Spiele 1984 in Los Angeles und präsentierte nach Abschluss der Großveranstaltung einen Überschuss von 225 Mio. US-Dollar. Anschließend brachte er als „Chief Executive" frischen Wind in die US-amerikanische Baseball-Liga. Die intensive Vermarktung des „verlotterten Profibetriebs" brachte der Liga 1988 einen Gewinn von 100 Mio. US-Dollar ein.[121] Ueberroth stieg als Leiter der USA-Töchter bei adidas ein und erhielt überdies das Angebot, Mitgesellschafter im Konzern zu werden. Jäggi bot ihm an, bis zum 31. Dezember 1992 eine Option auf den Erwerb neuer Aktien zu ziehen, die jedoch auf einen Anteil von unter zehn Prozent am gesamten Grundkapital begrenzt wurde. Gleichzeitig wurde Ueberroth bei den Tochtergesellschaften in den USA ein Vorkaufsrecht auf Aktienanteile von etwas unter 50 Prozent eingeräumt.

Die Entscheidung, Peter V. Ueberroth zu engagieren, fiel offenkundig ohne vorherige Absprache mit den Aktionären Adolphe und Suzanne Dassler. Ihr Rechtsanwalt Hermann Menzel wies Jäggi darauf hin, dass mit dem Stamm Horst Dassler über eine Option an Ueberroth, sich an adidas zu beteiligen, nicht gesprochen worden sei. Das Verhalten sei „außerordentlich befremdlich" und verstoße im Übrigen auch gegen das Aktiengesetz, das vorschreibe, alle Aktionäre gleich zu behandeln.[122] Die Personalie Ueberroth trieb die Dassler-Familienzweige noch aus einem anderen Grund weiter auseinander. Inge Bente, Karin Essing, Brigitte Baenkler-Dassler und Sigrid Dassler-Malms stellten im August 1989 beim Vorstand der AG den Antrag, den anwaltlichen Vertreter und Testamentsvollstrecker der Horst-Dassler-Erben Walter Meier aus dem Aufsichtsrat abzuberufen. Meier genieße, so die Begründung, „nicht mehr das Vertrauen der Mehrheit der Aktionäre". Seine Amtsenthebung sei „dringlich", da die Mehrheitsaktionäre „in dem künftig mitbestimmten Aufsichtsrat der adidas AG schwerwiegende Nachteile durch die Gegnerstellung des Aufsichtsratsmitglieds Dr. Walter Meier drohen würden". In den Aufsichtsrat sollte stattdessen Ueberroth gewählt werden.[123] Der entsprechende Beschluss der Hauptversammlung vom 27. Oktober 1989 provozierte wenig überraschend den Widerspruch Adolphe und Suzanne Dasslers, die darauf verwiesen, dass die Einladung zur Versammlung und die Abstimmung nicht den formellen Kriterien entsprochen hätten. Damit ließ sich die Entscheidung zwar verzögern, aber nicht revidieren. Nach mehreren Anläufen bestätigte die Hauptversammlung am 26. April 1990 nochmals – und juristisch nicht mehr angreifbar – ihren Beschluss aus dem Oktober 1989.

Da eine Verständigung über die zukünftigen Eigentümerverhältnisse bei adidas zwischen den Familienzweigen faktisch ausgeschlossen war, gingen im Frühjahr 1990 nunmehr auch Adolphe und Suzanne Dassler dazu über, Interessenten für ihre Aktienanteile zu finden. Beide mussten den Markt möglicher Käufer nicht lange sondieren. Im Juni räumten sie Otto Beisheim, Gründer der Düsseldorfer Handelsgruppe Metro, eine Option auf ihren 20-prozentigen Anteil der adidas-Aktien ein. Wenig später veräußerten beide nicht 20, sondern 15 Prozent ihrer Aktien. Die anstehende hohe Erbschaftssteuer war ein Grund für die Offerte,

26 René C. Jäggi, Bernard Tapie und adidas France Geschäftsführer Gerhard Prochaska (1990)

die gleichzeitig wohl auch als Antwort und „Retour-Kutsche" auf die Verkaufsabsichten ihrer Tanten zu lesen ist.[124]

Unterdessen ging bei Jäggi und den Dassler-Schwestern die Suche nach Investoren weiter. Es wurde eine Liste von fünf bis sechs vielversprechenden Kandidaten erstellt, zu denen etwa der italienische Modeunternehmer Luciano Benetton, der japanische Multimillionär Seiji Tsutsumi und auch Klaus J. Jacobs gehörten. Im gebürtigen Bremer, der 1973 den Hauptsitz des Kaffee-Handelshauses Joh. Jacobs & Co in die Schweiz verlegt hatte, sahen die vier Familienzweige einen erfolgreichen Familienunternehmer mit Stil, der schon bald als Wunschkandidat für das Geschäft galt. Die Verhandlungen waren so gut wie beendet und Jäggi im Juni bereits mit einer kleinen Delegation zu einem Treffen mit Klaus J. Jacobs nach Zürich geflogen, als die Gespräche kurz vor Toresschluss doch noch abgebrochen wurden. Seine hohen privaten Schulden in Höhe von rund 700 Mio. Schweizer Franken veranlassten Klaus J. Jacobs, das nur kurz zuvor erworbene Unternehmen Jacobs Suchard an den US-Konzern Philip Morris zu verkaufen. Die vier Familienzweige befürchteten, dass Jacobs auch an adidas nicht längerfristig interessiert sei und die Anteile rasch wieder verkaufen würde. Nach einem Telefonat mit Christoph Malms beendete Jäggi die Verhandlungen in Zürich.[125]

Der „Unternehmer-Populist"[126] Bernard Tapie als Mehrheitsgesellschafter

Es dauerte keine zwei Tage, bis sich für den Verkauf der Aktien eine neue Tür öffnete. Hans-Günther Essing bat Jäggi, den Münchener Anwalt Ulrich Nehm aufzusuchen, um dort mit Laurent Fabius, einem Unterhändler der Bernard Tapie Finance S.A. (BTF), zusammenzutreffen. Die französische Gesellschaft sei ernsthaft an einem Kauf der Aktien, die in den Depots der Dassler-Schwestern liegen, interessiert. Möglicherweise hatte, wie Jäggi vermutete, der Aufsichtsratsvorsitzende Gerhard Ziener, der ebenfalls für die vier Familienstämme nach Investoren fahndete, den Kontakt zu Bernard Tapie geknüpft.[127] Dieser galt als schillernde Persönlichkeit, die in Frankreich den einen als „Wunderheiler der französischen Industrie" erschien, von anderen hingegen als „Emporkömmling", „Schaumschläger" und „Scharlatan" verunglimpft wurde.[128] Der Elektroingenieur Tapie hatte sich, nach einigen Fehlschlägen als Unternehmer, in überschuldete Firmen eingekauft, die er u.a. mithilfe von

Massenentlassungen sanierte und rasch wieder verkaufte. Die Holding BTF – 57 Prozent des Aktienkapitals lagen bei Tapie, rund ein Drittel bei Versicherungen und Banken – hielt Mehrheitsbeteiligungen bei den Unternehmen Terraillon (Haushaltswaagen und Messgeräte), Testut (Industriewaagen und Wägegeräte), La Vie Claire (biologische Nahrungsmittel) und Donnay (Tennis- und Squashschläger). Neben seiner Karriere als Unternehmer nahm die Öffentlichkeit regen Anteil an Tapies Leben als Schlagersänger, Fernsehmoderator, Manager von Sportevents, Präsident des Fußballclubs Olympique Marseille sowie als Politiker.[129]

Der Griff nach der Aktienmehrheit bei adidas war für Bernard Tapie ohne Zweifel ein mutiger Schritt, da sich die wirtschaftliche Bedeutung und die Größenordnung der beiden Unternehmensgruppen doch beträchtlich unterschieden. Weltweit erzielten 1989 ca. 9.000 Arbeitnehmer bei adidas einen Umsatz von rund 4,6 Mrd. D-Mark. Die BTF setzte hingegen mit ca. 1.730 Beschäftigten rund eine Mrd. D-Mark um. Von ihren Tochtergesellschaften war in der Bundesrepublik Deutschland lediglich Donnay mit einem Marktanteil von 2,5 Prozent vertreten.[130] Den Dassler-Schwestern war durchaus bewusst, dass die Marktposition und die Kapitalausstattung nicht unbedingt für die BTF sprachen. Für sie war in erster Linie die Überzeugungskraft Tapies ausschlaggebend, „der mit seinem persönlichen Engagement, seinem Bekanntheitsgrad, seiner Begeisterung für den Sport und seinen persönlichen Beziehungen im öffentlichen und wirtschaftlichen Leben [...] Gewähr dafür bot, dass ihr traditionsreiches Unternehmen in geeignete Hände kommen würde".[131]

Eindruck hinterließ insbesondere sein politisches Engagement und seine Nähe zum französischen Präsidenten François Mitterand, wie sich Brigitte Baenkler-Dassler er-

27 Bernard Tapie bei einer Pressekonferenz (1990)

innert: „Das war eigentlich einer der Hauptgründe [...]. Er war ein Ziehsohn von Mitterand. Und wir haben immer gedacht: Wenn Mitterand, also sprich die französische Regierung, mit dahinter steht, dann müsste das einigermaßen funktionieren."[132] Hinzu kam eine wichtige Zusage: Die Familien verließen sich auf das Versprechen Tapies, ihnen nicht nur die Aktienpakete abzukaufen, sondern darüber hinaus rund 300 Mio. D-Mark in adidas zu investieren.

Bernard Tapie verstand es durchaus, seine Absicht, die Aktien zu erwerben, der Dassler-Familie rhetorisch eloquent und inhaltlich gewandt zu begründen. Er stellte den Kauf geradezu als ein Akt der Völkerverständigung dar, der Europa stärke und die besonderen Beziehungen zwischen Deutschland und Frankreich symbolisiere. Nicht weniger geschickt nahm er Bezug auf die Geschichte von Unternehmen und Familie. Er wolle sich mit seiner ganzen Energie dafür einsetzen, dass die Erinnerung an Adi Dassler nicht verloren gehe und das Unternehmen auch nach der Transaktion in dessen Geist weitergeführt werde. Mit dem Kapital, das er zur Verfügung stelle, sei das weitere Wachstum des Konzerns sichergestellt. Das Unternehmen und seine Mitarbeiter stünden vor einer rosigen Zukunft.[133]

René C. Jäggi war sich unsicher, ob Tapie genügend finanzielle Ressourcen mitbrächte, um den Aktienkauf zu stemmen, und hielt die Veräußerung an die BTF nicht unbedingt für die bestmögliche Lösung. Das einnehmende Wesen des Franzosen zerstreute allerdings auch bei ihm letzte Vorbehalte: „Bernhard war rhetorisch noch eine Stufe besser als Horst. [...] Ich war immer wieder begeistert [...] und ich erlag auch seinem Charme. [...] Der Typ hat eine Aura, die ist phantastisch. [...] Er war ein Rattenfänger, [...] ein Schauspieler, mit einer gehörigen Portion Frechheit [und] unternehmerischem Grundwissen."[134]

Rund zwei Tage vor dem Finale der Weltmeisterschaft in Italien zwischen der Bundesrepublik Deutschland und Argentinien (8. Juli 1990) vermeldeten die Verhandlungspartner offiziell Vollzug. Zur Überraschung der adidas-Mitarbeiter und der Öffentlichkeit verkauften die Dassler-Schwestern für 440 Mio. D-Mark ihre adidas-Anteile an Bernard Tapie. Der Kaufpreis wurde von Branchenkennern als fast schon lächerlich gering eingeschätzt, da der Wert des Konzerns eher bei rund 800 Mio. bis einer Mrd. D-Mark gelegen haben dürfte. Seine Mehrheitsbeteiligung von 80 Prozent an adidas hielt Tapie über die neu gegründete Bernard Tapie Finance GmbH mit Sitz in Essen, einer 100prozentigen Tochter der Pariser Holding Bernard Tapie Finance S.A.[135]

Der Kontrakt löste im Übrigen nicht nur wegen der Veräußerung der Anteile an Tapie die Beziehungen zwischen Familie und Unternehmen so gut wie ganz auf. Die Bestimmungen setzten sich auch mit dem Recht der Adolf und Käthe Dassler Stiftung auseinander, ein Aufsichtsratsmitglied zu benennen. Die Dassler-Familien verpflichteten sich (§ 10), mit ihrer Stimmenmehrheit bei der nächsten Hauptversammlung, die den Aktienverkauf beschließen würde, auch dafür zu sorgen, das Entsendungsrecht der Stiftung aus der Satzung zu streichen.[136] Der Beirat der Stiftung beschloss am 8. Oktober 1990 einstimmig, auf das Entsendungsrecht in den Aufsichtsrat zu verzichten, und verständigte sich ebenso einstimmig darauf, die von der Stiftung gehaltenen Aktien zu verkaufen.[137]

Die Motive für den Verkauf ihrer Aktien legten Inge Bente, Karin Essing, Brigitte Baenkler-Dassler und Sigrid Dassler-Malms in einer Erklärung an die Beschäftigten der adidas-Gruppe nochmals dar. Die Veräußerung der Anteile, die ihnen sehr schwer gefallen sei, diene der „langfristigen Sicherung der Unternehmenskontinuität" und erlaube es, „dass die Maßnahmen zur Verbesserung der Wettbewerbsfähigkeit von adidas konsequent fortgeführt werden können und das von unserem Vater gegründete und aufgebaute Unternehmen seine Marktposition festigen und ausbauen kann". Der neue Mehrheitsaktionär sei international aufgestellt, in der Sportartikelindustrie und der Medienbranche erfahren und bringe die „notwendigen unternehmerischen und kapitalmäßigen Voraussetzungen" mit, um adidas aus der Krise zu führen.[138] Rund sechs Monate später stockte Tapie seine Mehrheitsbeteiligung auf 95 Prozent auf. Die Schweizer Ligapart AG, eine Tochter der Metro-Holding AG, die mittlerweile den 15prozentigen Aktienanteil von Adolphe und Suzanne Dassler an adidas hielt, ging nun ebenfalls an die Essener BTF GmbH.[139] Die Hoffnungen, die das Unternehmen und die vier Dassler-Schwestern in Tapie gesetzt hatten, sollten jedoch schon bald zerplatzen. Stattdessen ging der Poker um die Besitzverhältnisse in die nächste, ausgesprochen turbulente Runde.

4.4 Unruhige Jahre. adidas als Spielball von Investoren und zerstrittenen Familienzweigen. Von Bernard Tapie zu Robert Louis-Dreyfus

(1989/90 bis 1995)

Mit dem Einstieg von Bernard Tapie hatte adidas – von blumigen Versprechen einmal abgesehen – noch nichts gewonnen. Im September 1990 wies René C. Jäggi darauf hin, dass der Konzern möglichst schnell zusätzliches Kapital in Höhe von 200 bis 250 Mio. D-Mark benötige. Mit dem frischen Geld sollte die Eigenkapitalquote von 13 Prozent erhöht und die laufende Restrukturierung finanziert werden, z. B. die Einführung von Qualitätskontrollen in den asiatischen Produktionsstätten.[140]

Vorstand und Familie warteten in den nächsten Wochen vergeblich auf die dringend notwendige Kapitalspritze. An die lediglich mündlich gegebene Zusage fühlte sich Tapie offenbar nicht mehr gebunden. Für Irritationen sorgten auch seine unkonventionellen Geschäftsideen. Sein Vorschlag, adidas müsse sich die Welt der Haute Couture erschließen und mit modisch-luxuriösen Textilien auf den internationalen Laufstegen präsent sein, stieß im Konzern auf wenig Gegenliebe. Die Art und Weise, wie Bernard Tapie als Mehrheitsgesellschafter auftrat, sorgte gleichfalls eher für Unruhe. Der Versuch, das Markenimage der adidas-Gruppe von seinem Pariser Schreibtisch aus mit immer wieder neuen, wenig ausgereiften Vorschlägen zum Marketing und zur PR-Arbeit aufzupolieren, stieß langgediente Führungskräfte überwiegend vor den Kopf.[141] Tapies Interessen in Herzogenaurach vertrat seine Landsmännin und Vertraute Gilberte Beaux, die ein Mandat im adidas-Aufsichtsrat wahrnahm und für ihren Auftrag zweifelsohne ausgezeichnet qualifiziert war. Die Tochter eines Bankiers galt in Frankreich als Star-Managerin, die bislang Kreditinstituten, Immobiliengesellschaften und Medienkonzernen erfolgreich ihren Stempel aufgedrückt hatte und zur Zeit ihrer Berufung in den Aufsichtsrat die Bankgeschäfte der Générale Occidentale führte.[142]

Gilberte Beaux war weit mehr als nur eine Statthalterin oder gar Marionette Tapies und übernahm nach ihrer Berufung in den Aufsichtsrat im Herbst 1990 persönlich wichtige personal- und unternehmenspolitische Aufgaben. Bei der Suche nach einem neuen Aufsichtsratsvorsitzenden formulierte sie das Anforderungsprofil wesentlich mit und

28 Mitglied des Aufsichtsrates und spätere adidas-Vorstandsvorsitzende Gilberte Beaux (1992)

führte persönlich die Verhandlungen mit den Kandidaten. Bernard Tapie den Posten anzuvertrauen und zum Nachfolger von Gerhard Ziener zu ernennen, hielt sie für keine gute Lösung. Stattdessen müsse bei adidas ein namhafter Repräsentant der westdeutschen Wirtschaft an der Spitze des Aufsichtsrats stehen.[143] Ihr Wort hatte augenscheinlich Gewicht. Die Wahl fiel schließlich auf den ehemaligen Wirtschaftsminister Hans Friderichs, der im Übrigen dem Aufsichtsrat des französischen Luftfahrt- und Rüstungskonzern Aérospatiale SA angehörte.[144] Darüber hinaus brachte Gilberte Beaux eigene Vorstellungen in die Unternehmenspolitik ein. Sie war in erster Linie für die Restrukturierung der Beteiligungsverhältnisse zuständig und sprach sich in ihren Vorschlägen u. a. dafür aus, in den USA sowie in Deutschland und Frankreich möglichst schnell steuerliche Verlustvorträge auszunutzen und „durch Strukturmaßnahmen auch steuerlicher und gesellschaftsrechtlicher Art" und „durch die Steuerung der Finanzergebnisse aller [...] Tochtergesellschaften eine kurzfristige Ertragssteigerung" zu realisieren.[145]

In der Familie Dassler zeigten sich namentlich Adolphe und Suzanne über den Führungsstil Tapies irritiert. Sie wiesen den adidas-Vorstand darauf hin, dass Tapie nicht im Geringsten daran interessiert sei, die im Aktienrecht vorgesehene Kompetenzverteilung der Führungsorgane einzuhalten. Er greife über Gebühr in die Geschäftsführung ein und vereine „die Hauptversammlung, den Aufsichtsrat und den Vorstand in einer Person".[146] Des Weiteren monierten beide den Informationsfluss zwischen Mehrheits- und Minderheitsgesellschafter. Tapie werde offenbar stets über die Geschäftsgänge der AG auf dem Laufenden gehalten, während sie selbst nicht einmal den Pressespiegel von adidas erhielten.[147]

Der Ärger über Bernard Tapie führte allerdings nicht dazu, dass Adolphe und Suzanne Dassler etwa bereit gewesen wären, ihre restlichen Anteile von fünf Prozent am Unternehmen zu verkaufen. Ganz im Gegenteil: Da es immer noch eine „hohe Affinität zur Firma" gebe, wollten sie ihre Minderheitsbeteiligung auf keinen Fall veräußern. Außerdem forderten sie bei Tapie ein Aufsichtsratsmandat ein, das ihnen durch die Abwahl Walter Meiers entzogen worden sei. Aktionären mit einer nur fünfprozentigen Beteiligung einen Sitz im Aufsichtsrat einzuräumen, kam für Tapie jedoch nicht infrage.[148]

Der geplatzte „Pentland-Deal"

Im adidas-Konzern wurden immer häufiger Zweifel an den Qualitäten Tapies als „Heilsbringer" laut. Zwar spülte der Verkauf von Markenrechten an le coq sportif und arena in Fernost adidas im Geschäftsjahr 1990 noch rund 56 Mio. D-Mark außerordentliche Erlöse in die Kasse; von einer durchgreifenden Sanierung oder einer neuen Positionierung des Konzerns konnte hingegen nicht die Rede sein. Seine Absicht, nur ein Jahr nach dem Erwerb der Anteile die Beteiligungsverhältnisse neu zu ordnen, verunsicherten Management und Belegschaft zusätzlich. Es wurde immer offensichtlicher, dass sich Tapie, der für den Aktienkauf einen Kredit von 470 Mio. D-Mark aufgenommen hatte, finanziell übernommen hatte. Seine leeren Kassen und nunmehr fällige Darlehensraten (die erste Rate einschließlich Zinsen wurde in der Presse auf annähernd 288 Mio. D-Mark taxiert) zwangen ihn, einen Teil seiner Mehrheitsbeteiligung wieder zu veräußern.[149] Von den rund 95 Prozent, die bis dato die Essener Bernard Tapie Finance GmbH am adidas-Kapital hielt, verkaufte er 20,05 Prozent für rund 135 Mio. D-Mark an die britische Pentland Ventures Ltd., einer 100prozenti-

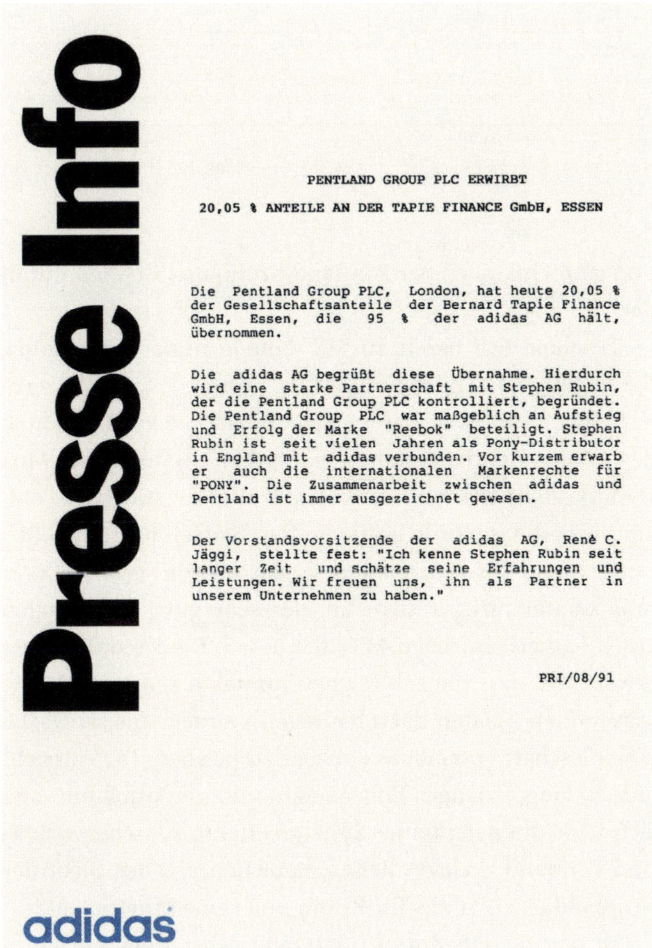

Presse Info

PENTLAND GROUP PLC ERWIRBT

20,05 % ANTEILE AN DER TAPIE FINANCE GmbH, ESSEN

Die Pentland Group PLC, London, hat heute 20,05 % der Gesellschaftsanteile der Bernard Tapie Finance GmbH, Essen, die 95 % der adidas AG hält, übernommen.

Die adidas AG begrüßt diese Übernahme. Hierdurch wird eine starke Partnerschaft mit Stephen Rubin, der die Pentland Group PLC kontrolliert, begründet. Die Pentland Group PLC war maßgeblich an Aufstieg und Erfolg der Marke "Reebok" beteiligt. Stephen Rubin ist seit vielen Jahren als Pony-Distributor in England mit adidas verbunden. Vor kurzem erwarb er auch die internationalen Markenrechte für "PONY". Die Zusammenarbeit zwischen adidas und Pentland ist immer ausgezeichnet gewesen.

Der Vorstandsvorsitzende der adidas AG, René C. Jäggi, stellte fest: "Ich kenne Stephen Rubin seit langer Zeit und schätze seine Erfahrungen und Leistungen. Wir freuen uns, ihn als Partner in unserem Unternehmen zu haben."

PRI/08/91

adidas

29 Presseinformation zur Übernahme von Anteilen durch Stephen Rubin – Pentland (1991)

gen Beteiligungsgesellschaft der Pentland Group PLC, die als Mischkonzern Schuhe, Bademode und Textilien herstellte und vertrieb, aber auch etwa Geschäften mit Elektroartikeln, keramischen Kacheln und Grußkarten nachging.[150] An der Spitze der Holding-Gesellschaft stand ein Geschäftsführer, der zweifellos etwas vom Sportbusiness verstand. Stephen Rubin hatte 1981 für 77.500 US-Dollar einen 60prozentigen Anteil an der damals noch kleinen US-amerikanischen Sportschuhfirma Reebok erworben, die sich in den nächsten Jahren unter der Leitung von Paul Fireman hinter dem US-Konkurrenten Nike zum zweitgrößten Sportschuhhändler der Welt aufschwang. Bevor Rubin seine Anteile an Reebok 1991 bis auf 13 Prozent reduzierte, hatte die Beteiligung an der Schuhfirma erheblich zum Erfolg der Pentland Group beigetragen. Bisweilen gingen 80 Prozent des gesamten Firmengewinns auf das florierende Geschäft bei Reebok zurück. Stephen Rubin zählte offenbar schon vor dem Geschäft mit Tapie zum engeren Kreis potenzieller Investoren, die Jäggi und die Dassler-Schwestern als Käufer der adidas-Aktien in Betracht gezogen hatten. Seinerzeit kam er aber nicht zum Zug. Seinen Einstieg bei der BTF GmbH betrachtete Rubin keinesfalls als Eintagsfliege. Sein Ziel war von vornherein ein längerfristiges Engagement. Rubin ließ sich ein Vorkaufsrecht auf weitere fünf Prozent und eine Option auf die noch verbliebenen BTF-Anteile einräumen. Als weitere neue Teilhaber der BTF GmbH (55 Prozent verblieben bei ihr bzw. Bernard Tapie) kamen im Sommer 1991 die französische Versicherungsgruppe AGF, die Kreditinstitute Crédit Lyonnais und Banque Worms (mit einer Beteiligung von zusammen 19,95 Prozent) sowie Gilberte Beaux über die Efficacité Finance Conseil SA (fünfprozentige Beteiligung) hinzu.[151] Augenscheinlich dachte auch René C. Jäggi darüber nach, Anteile in Höhe von fünf Prozent zu erwerben, konnte ein solches Geschäft aber nicht finanzieren. Kreditinstitute in der Schweiz waren anscheinend nicht bereit, ihm ein Darlehen in Höhe von 30 Mio. D-Mark zu gewähren.[152]

Anders als von den neuen Gesellschaftern erhofft, erwies sich die neue Eigentümerstruktur nicht als dauerhaftes Konstrukt. In den nächsten Monaten war es erneut Tapie, der mit wechselnden beruflichen Zukunftsplänen und wenig verbindlichen öffentlichen Statements zu seinem Engagement bei adidas die Diskussion über die Zukunft der Unternehmensgruppe beharrlich anheizte. Nachdem er im April 1992 das Angebot des damaligen französischen Premier Pierre Bérégovoy angenommen hatte, als Minister für Stadtentwicklung in dessen Kabinett einzutreten, sprach einiges dafür, dass sich Tapie von seiner Mehrheitsbeteiligung trennen würde. Ein Rechtsstreit mit einem ehemaligen Geschäftspartner sowie ein drohendes Ermittlungsverfahren wegen Veruntreuung veranlassten den jüngst ernannten Minister bereits im Mai zum Rücktritt. Über seine Beteiligung bei adidas wurde seitdem allenthalben spekuliert. Die hohe Verschuldung der Pariser Holding BTF – es war die Rede von 1,9 Mrd. D-Mark – sprach zusätzlich dafür, dass Tapie dringend frisches Geld benötigte und letztlich dazu bereit sei, seine Kapitalbeteiligung bei adidas zu veräußern, zumal die bisherigen Verkäufe von Unternehmen seines Firmenimperiums (u. a. Donnay und La Vie Claire) nur etwa 100 Mio. D-Mark eingebracht hatten.[153]

Im Frühjahr und Sommer 1992 pokerte Tapie mit zwei ernsthaften Interessenten um den Verkauf seiner adidas-Anteile. Stephen Rubin und die Pentland Group hatten ihre Ambitionen schon zur Genüge unterstrichen – die Option auf weitere Anteile an der BTF GmbH sprach für sich. Daneben stellte René C. Jäggi eine internationale Investorengruppe von Geldgebern aus der Schweiz, Österreich, Japan und Großbritannien unter der Führung der Londoner Botts & Company Ltd. zusammen, der u. a. auch Klaus J. Jacobs angehörte. Das Konsortium wäre wohl bereit gewesen, insgesamt eine Mrd. D-Mark (Kauf der Anteile sowie anschließende Kapitalspritze) in adidas zu investieren. Für Jäggi wäre der Deal auch persönlich interessant gewesen. Er hätte, wohl gemeinsam mit anderen Top-Managern bei adidas, einen Anteil von zehn Prozent an der Firmengruppe erhalten. Bernard Tapie sollte sich bis zum 1. Juli 1992 entscheiden, ob er bereit sei, die Offerte der Investorengruppe anzunehmen – er ließ die Frist jedoch ablaufen und gab schließlich der Pentland Group um Stephen Rubin den Zuschlag.[154]

Pentland war bereit, für die Anteile an der BTF GmbH, die noch nicht in ihrem Besitz waren (79,95 Prozent) 621 Mio. D-Mark in bar zu zahlen. Nach der Übernahme der Aktienmehrheit sollten außerdem weitere 200 Mio. D-Mark ins Unternehmen fließen.[155] Der Einstieg von Pentland bei adidas wurde auch von den Banken nachdrücklich unterstützt. Das Unternehmen galt als ein sachkundiger und kapitalkräftiger Investor, der sehr gute Erfahrungen auf US-amerikanischen Märkten besaß. Die Kreditinstitute erwarteten, dass die zahlreichen Kontakte Pentlands in die Vereinigten Staaten dazu beitragen würden, das schwache USA-Geschäft von adidas spürbar zu beleben. Die Aussicht auf ein längerfristiges Engagement und die Annahme, dass sich über die Beteiligung Synergieeffekte zwischen adidas und Pentland erzielen ließen, sprachen aus der Sicht der Großbanken ebenfalls für Rubin und seine Mitstreiter.[156]

In der Tat sah Rubin trotz zahlreicher Rückschläge in den vergangenen Jahren für adidas große Chancen auf dem US-amerikanischen Markt. Er wollte alles daran setzen, den bescheidenen dreiprozentigen Marktanteil bei Sportschuhen spürbar zu erhöhen. Genauso wichtig war es ihm, Mitarbeitern und Kunden ihre Zweifel an einem erfolgreichen Weg der adidas-Gruppe zu nehmen und Vertrauen in die Arbeit der neuen Eigentümer zu generieren. Die Übernahme der Aktienmehrheit war zwar vereinbart, aber noch längst nicht unterschrieben. Pentland machte die Transaktion von mehreren Voraussetzungen abhängig. Die Aktionäre mussten für den Kauf der Anteile stimmen, die Finanzierung sauber arrangiert sein und vor allem sollte eine Due-Dilligence-Prüfung genauere Informationen über die konkrete wirtschaftliche Situation bei adidas liefern.[157]

Eine genauere Risikoprüfung und die detaillierten Gespräche über die Konditionen des Aktienverkaufs betrachteten beide Seiten im Vorfeld eigentlich nur als Formalität. Umso überraschender war es, dass Pentland im Oktober die Verhandlungen abbrach und sein Angebot zurückzog. Über die Gründe lässt sich nur spekulieren. Jäggi sah adidas als „Opfer eines Preispokers" zwischen Pentland und der BTF. Stephen Rubin wollte im November 1992 in der Sitzung des Aufsichtsrats nicht über Details reden und bekräftigte, er sei der Verschwiegenheit verpflichtet, während Gilberte Beaux bedauerte, dass die Gespräche gescheitert seien. Ihrer Ansicht nach lagen die Ursachen nicht in einer intransparenten „Rechnungsführung des Unternehmens bzw. der [...] BTF GmbH", sondern in den „ungünstigen Zahlen" bei adidas und der „allgemeinen Entwicklung der Gesellschaft". Vorstand und Aufsichtsrat wussten seit dem Frühjahr, dass es um den Konzern wirtschaftlich nicht gut bestellt war. Ende April lag der Umsatz um 166 Mio. D-Mark unter dem Budget, im Mai prognostizierte der Finanzvorstand Axel Markus für 1992 einen Verlust von ca. 100 Mio. D-Mark.[158]

Der geplatzte Pentland-Deal hinterließ einen Scherbenhaufen. Das Presse-Echo war verheerend: Der Stoßseufzer des FAZ-Kommentators: „Wie gut, dass Adi und Käthe Dassler das nicht mehr erleben",[159] brachte die Stimmung in der Öffentlichkeit auf den Punkt. Der Vorstand sorgte sich um den Ruf des Unternehmens und befürchtete negative Folgen für die laufenden Geschäfte.[160] Jäggi zeigte sich „völlig ratlos" und hielt nun „fast diktatorische Zustände [für] notwendig, um das Unternehmen wieder ins Lot zu bringen".[161]

Der Abbruch der Gespräche hatte zwangsläufig für alle Beteiligten Folgen. Stephen Rubin zog sich aus dem Aufsichtsrat zurück, René C. Jäggi, der bereits zum Jahresanfang verlauten ließ, seinen bis zum 31. Dezember 1992 laufenden Vertrag nicht zu verlängern, legte seinen Posten als Vorstandsvorsitzender im November nieder. Zu seiner Nachfolgerin wurde Gilberte Beaux bestellt, die sich selbst nur als Interimslösung betrachtete, da sie „nicht das ideale Profil für die dauerhafte Übernahme dieser Aufgabe" besitze.[162] Ihr Verhandlungsgeschick war gleichwohl unmittelbar gefragt. Nach dem Ausstieg Pentlands aus den Verhandlungen musste dringender denn je neues Kapital her. Es war vorrangig ihr Verdienst, dass sich der Crédit Lyonnais an die Spitze jener französischen Banken stellte, die bereits an der BTF GmbH beteiligt waren und nun die Kapitalerhöhung von 144 Mio. D-Mark zeichneten. Zum Leidwesen der französischen Kreditinstitute hielt die Pentland Group immer noch 20,05 Prozent an der BTF GmbH. Die Versuche, die britische Investorengruppe zu einem Verkauf ihrer Anteile zu bewegen, hatten schlussendlich Erfolg. Pentland gab die Beteiligung für 147,75 Mio. D-Mark wieder an die Bernard Tapie Finance S.A. zurück. Auch wenn Stephen Rubin bedauerte, dass die Akquise von adidas misslungen war, zeigte er sich über den Verlauf erleichtert, der ihm auch noch einen satten Gewinn von etwa 13 Mio. Pfund Sterling sowie Wechselkursgewinne von ca. 34 Mio. Pfund vor Steuern einbrachte. Die Transaktion bedeutete allerdings nicht, dass Bernard Tapie wieder ernsthafte Ambitionen gehabt hätte, seine Mehrheitsbeteiligung bei adidas dauerhaft zu halten. Das Gegenteil war der Fall. Seine Entscheidung, endgültig bei adidas auszusteigen, und sein Auftrag an die Banque du Phénix und Clinvest, einen Käufer für seinen 78prozentigen Anteil an der BTF GmbH zu finden, zog gewissermaßen einen Schlussstrich unter das turbulente Geschäftsjahr 1992, der zugleich die Tür für neue Akteure und neue Zukunftspläne öffnete.[163]

30 Schließung Werk Thüngfeld (1991)

Neue Hoffnungsträger: Robert Louis-Dreyfus und Christian Tourres

Während Vorstand und Aufsichtsrat in Herzogenaurach die Scherben mühsam zu kitten versuchten, wurden woanders erste Gespräche über das weitere Schicksal von adidas geführt. Jean-Paul Tchang, Geschäftsführer der Banque du Phénix, und Henri Filho, Leiter von Clinvest, hatten sich den Bericht über die Due-Dilligence-Prüfung von adidas besorgt und die Franzosen Robert Louis-Dreyfus und Christian Tourres als aussichtsreiche Kandidaten für den Kauf der Tapie-Anteile ausgemacht.[164] Louis-Dreyfus, Spross einer französischen Handelsfamilie, arbeitete nach seinem Studium an der Harvard Business School zunächst im Unternehmen der Familie, stieg 1982 mit einer Beteiligung von fünf Prozent beim New Yorker Marktforschungsinstitut IMS Health ein, das er ab 1984 leitete und 1988 mit erheblichem Gewinn verkaufte. Im Dezember 1989 trat er in die Londoner Werbeagentur Saatchi & Saatchi ein, die er zusammen mit Christian Tourres zügig sanierte.

Als treibende Kraft erwies sich in den nächsten Wochen Christian Tourres, der früher als Louis-Dreyfus von einem Geschäft mit Tapie bzw. von einem Engagement bei adidas überzeugt war. Die ersten Gespräche im Herbst 1992 verliefen freilich eher schleppend und drohten bereits an dem Kaufpreis von einer Mrd. D-Mark zu scheitern, den Tchang und Filho für sämtliche Tapie-Anteile ins Spiel brachten. Die weiteren Verhandlungen fanden in den folgenden Wochen vor allem zwischen Jean-Paul Tchang und Christian Tourres statt. Tourres, der inzwischen den Risikobericht genauer studiert hatte, schätzte die Perspektiven des Konzerns durchaus zuversichtlich ein und trieb die Gespräche weiter voran. Anfang Januar 1993 waren Tourres und Louis-Dreyfus noch nicht daran interessiert, als Manager selbst Verantwortung für das operative Geschäft von adidas zu übernehmen. Sie betrachteten den Sportartikelkonzern als Investitionsobjekt, dessen Wert sich steigern ließ und das steuerlich günstige Veräußerungsgewinne versprach. Unter der Voraussetzung, einen fünfprozentigen Anteil an der BTF GmbH zu erhalten (mit der Option auf weitere fünf Prozent), wollten beide ernsthaft über ihren Einstieg bei adidas nachdenken.

Da Louis-Dreyfus in Freundschaft bei Saatchi & Saatchi ausscheiden wollte und überdies plante, die Expertise dieser Agentur für eine Reform der Markenpolitik von adidas zu nutzen, bot er den Brüdern Carles und Maurice Saatchi Mitte Januar 1992 an, sich mit 25 Prozent an dem fünfprozentigen BTF-Anteil zu beteiligen. Mit dem gleichen Angebot holte er auch Thomas Russell, einen Geschäftsfreund aus seiner Zeit bei der IMS Health, ins Boot. Ungefähr zur gleichen Zeit favorisierte offenkundig Christian Tourres die Idee, dass sich die Investorengruppe um Louis-Dreyfus ein Vorkaufsrecht auf die noch verbleibende große Mehrheit der BTF-Anteile einräumen lassen solle. Nachdem sich nun auch langsam abzeichnete, welche französische Bank wie viele Anteile an der Essener BTF GmbH halten würde, die Anfang Februar 1992 in adidas International Holding GmbH (aIH) umfirmiert worden war, traf Louis-Dreyfus noch eine weitere Entscheidung: Mit seinen Geschäftsfreunden erwarb er nicht fünf, sondern 15 Prozent der

Tapie-Anteile, um gemeinsam mit der Banque du Phénix und Clinvest die Mehrheit an der aIH zu halten.

Am 12. Februar 1993 war der Vertrag endgültig unterschriftsreif. Die Tapie-Anteile an der aIH gingen für insgesamt 2,08 Mrd. Franc (616 Mio. D-Mark) an acht Investoren. Die neu gegründete Ricesa SA, an der Robert Louis-Dreyfus, Christian Tourres, Thomas Russell und die Saatchi-Brüder mit jeweils 25 Prozent beteiligt waren, übernahmen für rund 401 Mio. Franc wie vereinbart 15 Prozent der aIH-Anteile. Zugleich wurde ihnen das Recht eingeräumt, bis zum 31. Dezember 1994 eine Option auf den Kauf der übrigen aIH-Anteile zu ziehen (der Kaufpreis wurde auf 1,1 Mrd. D-Mark festgesetzt). Zu den Mitgesellschaftern an der aIH gehörten nach der Vertragsunterzeichnung nunmehr Clinvest (19,9 Prozent), die Banque Générale du Phénix et du Crédit Chimique SA (5,2 Prozent), die Métropole SA (zwölf Prozent), Gilberte Beaux über die Efficacité Finance Conseil SA (acht Prozent), Matinvest SA (fünf Prozent) sowie die Investmentgesellschaften Omega Ventured Ltd. (19,9 Prozent) und Coatbridge Holdings Ltd. (15 Prozent).[165] Kurzum: Die adidas-Gruppe hatte sich binnen weniger Jahre von einem Familienunternehmen in einen „französischen Staatskonzern"[166] verwandelt – mit Clinvest, Banque du Phénix, Métropole SA und Matinvest SA gehörten gleich vier Gesellschafter zu den staatlichen Unternehmen Crédit Lyonnais, Banque Worms und Assurances Générales de France.[167]

Die Zeitenwende bei adidas brachten schließlich zwei weitere Aktientransfers im März und April 1993 zum Ausdruck. Adolphe und Suzanne Dassler sowie die Adolf und Käthe Dassler Stiftung veräußerten ihre adidas-Aktien an die SEBA Investissements SA, eine Luxemburgische Tochtergesellschaft von Clinvest, an der Louis-Dreyfus und seine Familienangehörigen beteiligt waren, wobei die genauen Beteiligungsverhältnisse nicht bekannt sind. Zu guter Letzt waren sich die neuen Gesellschafter und der Aufsichtsrat darüber einig, das Recht der Stiftung, einen Vertreter für den Aufsichtsrat zu benennen – darum hatten Adolphe und Suzanne Dassler vor Gericht lange ohne Erfolg gekämpft –, im April endgültig aus den Statuten zu streichen. Die Trennung von Gründerfamilie und Unternehmen, die sich seit Jahren abgezeichnet hatte, fand damit ihren Schlusspunkt und erwies sich als unwiderruflich.[168]

31 Neuer Vorstandsvorsitzender Robert Louis-Dreyfus (1993)

„Turnaround" – adidas im Aufwind

Der Aufsichtsrat berief zum 7. April 1993 Robert Louis-Dreyfus zum Vorstandsvorsitzenden und Christian Tourres zum Vorstandsmitglied bei adidas. Für Teile der Öffentlichkeit

32 Vorstellung Equipment-Kampagne durch Rob Strasser und René C. Jäggi (1990)

hatte die Berufung von Louis-Dreyfus alle Qualitäten einer „Seifenoper". Der „vorlaute Emporkömmling aus dem Pariser Vorort, erst Schlagerstar, dann halbseidenes Symbol des neuen französischen Kapitalismus, schließlich Fußballmanager und Politiker" trete ab. „Auf die Bühne" komme, wie die Zeit weiter süffisant kommentierte, stattdessen „der distinguierte Sprössling einer alteingesessenen Pariser Familie von Bankiers und Waffenproduzenten mit einem Diplom von der Harvard Business School, ein erfolgreicher Unternehmer und Sanierer".[169]

Für spöttische Untertöne gab es jedoch schon bald keinen Grund mehr. Unter dem Vorstandsvorsitzenden Louis-Dreyfus nahm die adidas-Gruppe rasch wieder Fahrt auf. Ein wichtiger Schritt vorwärts war dem Konzern bereits einige Wochen vor seiner Berufung gelungen. Um das schwächelnde USA-Geschäft zu beleben, stellte sich adidas in Nordamerika organisatorisch und personell neu auf. Die Tochtergesellschaften adidas USA und adidas Canada schlossen sich im Februar 1993 mit der Sports Inc. zu adidas America Inc. mit Sitz in Oregon zusammen. Das Marketing-Unternehmen Sports Inc. war von den beiden ehemaligen „Kreativ-Köpfen" des US-Konkurrenten Nike Rob Strasser und Peter Moore gegründet worden. Bei adidas America wurde Strasser zum Chief Executive Officer und

Moore zum Creative Director ernannt. Die neue Konzerngesellschaft führte die Geschäfte in Nordamerika und war überdies für die Produktentwicklung und das Marketing von weltweit wichtigen Geschäftsbereichen (wie etwa Basketball und adidas Equipment) zuständig.[170]

In den folgenden Monaten stand nun die Repositionierung der Marke adidas im Mittelpunkt. Dabei berief sich der Konzern just zu einem Zeitpunkt, als sich auch die letzten Angehörigen der Gründerfamilie als Miteigentümer aus dem Konzern zurückgezogen hatten, auf das Vermächtnis und den Geist Adi Dasslers. Die Geschäftsführung folge nun konsequent der „Philosophie, dass die Marke adidas ein Herzstück des Sports ist". Adi Dasslers Werk sei „von fortwährender Tradition geprägt" gewesen. adidas habe „seinen Erfolg erneuert, indem es dieser Philosophie treu" blieb. Sie sei die „Grundlage für die Echtheit unserer Rolle als eine der führenden Sportmarken, und mit ihrem Leitgedanken verfolgen wir das Ziel, die beste Sportmarke der Welt zu sein". Die „adidas-Tradition" bleibe ein unerlässlicher Bestandteil der Zukunft.[171]

Adi Dassler hätte der Rekurs auf seine Biografie und seine Leistungen als Unternehmer sicherlich gefallen, zumal die neue Philosophie, gekleidet in den „Mantel der Geschichte", ihren Praxistest bemerkenswert gut bestand. In der Marke adidas sah Louis-Dreyfus von Anfang an ein „phantastisches Asset",[172] das freilich mächtig entstaubt und modernisiert werden musste. Mit hohen Investitionen in Werbung und in zielgruppenspezifisches Marketing, das auf Konsumenten unter 20 Jahren ausgerichtet war, gelang es, adidas ein neues, jugendliches Image zu verleihen. Neben der Professionalisierung des Marketings trug die Senkung der Produktionskosten einiges zum Aufschwung bei. Textilien wurden zunehmend in Fernost und in der Türkei, Sportschuhe fast vollständig in Asien produziert. Der „fast bis zur Exzentrik unprätentiöse" Habitus von Louis-Dreyfus, sein Führungsstil der „langen Leine" und die Dynamik eines jungen, multinationalen Vorstands brachten zusätzlich frischen Wind in den Konzern.[173] Die strategische Rosskur zahlte sich schnell aus. Hatte die Gewinn- und Verlustrechnung 1992 noch einen Fehlbetrag von 149 Mio. D-Mark ausgewiesen, stand für das Geschäftsjahr 1993 ein Jahresüberschuss von neun Mio. D-Mark und für 1994 von 128 Mio. D-Mark in den Büchern.

Mit dem steilen wirtschaftlichen Aufstieg der Unternehmensgruppe rückte erneut die Frage nach der zukünftigen Eigentümerstruktur auf die Agenda. Konkret ging es seit Sommer 1994 um das Vorkaufsrecht von Louis-Dreyfus und der Ricesa an sämtlichen Anteilen der aIH. Während Louis-Dreyfus der Lesart folgte, dass die Option im Februar ausschließlich ihm und Christian Tourres eingeräumt worden war, sahen sich die Saatchi-Brüder als Mitanteilseigner der Ricesa ebenfalls in der Position von Begünstigten und riefen den Luxemburger High Court an, der ihre Rechte klären und Geltung verschaffen sollte. Um einen langwierigen Rechtsstreit zu vermeiden, entschloss sich Louis-Dreyfus, den Saatchi-Brüdern ihren Anspruch an die Option im Herbst 1994 für 67 Mio. D-Mark abzukaufen. Damit war der Weg frei: Ende Dezember 1994 gingen sämtliche Anteile der adidas International Holding an die neu gegründete belgische Sogedim über. Zu ihren Teilhabern gehörten Robert Louis-Dreyfus und Christian Tourres (mit jeweils 24,9 Prozent) sowie die britischen Investoren David Bromilow (45,45 Prozent), Thomas Russell (3,75 Prozent) und Mary H. Friday (ein Prozent). Die restlichen etwa vier Prozent, die noch Crédit Lyonnais an adidas hielt, wurden wenig später von der SEBA Investissements SA übernommen.

Der Börsengang

Die Renaissance der Firmengruppe und die deutlich steigenden Gewinne veranlassten die adidas-Eigentümer, die Chancen für einen Börsengang genauer auszuloten. Auf der Münchener Sportartikelmesse ISPO erklärte Louis-Dreyfus im Februar 1995, dass die Teilhaber möglicherweise 1996 20 bis 30 Prozent des Aktienkapitals an der Börse platzieren wollen. Allerdings müsse adidas eine Bruttoumsatzrendite, die derzeit noch bei rund 4,5 Prozent liege, von etwa zehn Prozent erzielen, wie die US-amerikanischen Konkurrenten Nike und Reebok.[174] Der Kennzahl näherte sich adidas schneller als erwartet. In den ersten neun Monaten des Geschäftsjahres 1995 stieg der Umsatz im Vergleich zum Vorjahreszeitraum um zwölf Prozent auf 2,84 Mrd. D-Mark und der Konzerngewinn um 78 Prozent auf 251 Mio. D-Mark. Im November 1995 brachten die Eigentümer 50,1 Prozent des Grundkapitals (27,3 Mio. Aktien) an die Frankfurter Börse, in erster Linie, um mit den Emissionserlösen ihre Bankschulden zu tilgen. Die begehrten Wertpapiere erwarben zu einem Drittel deutsche Anleger, zu jeweils einem Viertel Investoren aus den USA und Großbritannien sowie zu einem Zehntel Schweizer Finanziers – die restlichen etwa zehn Prozent gingen an Anleger aus Frankreich und an Käufer verschiedener anderer Staaten. Im neuen Eigentümerkreis blieb Sogedim in der Position des Hauptaktionärs. Die Investoren um Robert Louis-Dreyfus hielten nach dem Verkauf der Aktien 39,8 Prozent der adidas-Anteile.[175]

Nach einem jahrelangen Gezerre um die Eigentümerstruktur und wirtschaftlich schwierigen Zeiten hatte der Vorstand allen Grund, das Geschäftsjahr 1995 als Turnaround und als „ein Meilenstein in der Geschichte von adidas" herauszustellen.[176] Die Unternehmensgruppe wurde erfolgreich an den Wertpapierbörsen in Frankfurt am Main und Paris eingeführt, die Beteiligungsstruktur bereinigt und zu guter Letzt ein Rekordergebnis von 245 Mio. D-Mark (bei einem Umsatz von 3,5 Mrd. D-Mark) vermeldet.[177] In der Ära Louis-Dreyfus wurde die Eigentümerstruktur schließlich noch einmal neu geordnet. Im April 1997 zog sich die Sogedim aus adidas zurück. Ihr Aktienpaket wurde teils an private, teils an institutionelle Anleger verkauft. Je 6,5 Prozent der Papiere übernahmen Robert Louis-Dreyfus und Christian Tourres, die beide wenige Tage vor Weihnachten ihre Vorstandsverträge um weitere fünf Jahre verlängerten.[178]

33 Global Share Offering – Börsengang der adidas AG (1995)

4.5 Fazit

Innerhalb von rund 45 Jahren entwickelte sich adidas von einem Familienunternehmen zu einem Unternehmen ohne Familie. So paradox es auch klingen mag: Zu einem wichtigen Motor, der zum Wandel der Corporate Governance beitrug, wurde der bemerkenswerte Erfolg des „Systems Adi und Käthe Dassler". Mit dem „Techniker-Unternehmer" Adi Dassler an der Spitze, seiner „rechten kaufmännischen Hand" Käthe und mit ihren Kindern und Verwandten, die sich in den Familienbetrieb einbrachten, wuchs die kleine Firma bis in die 70er Jahre hinein zu einem international aufgestellten Sportartikelunternehmen. Die fortlaufende Expansion führte das Familienunternehmen langsam an erste Grenzen. Die wenig funktional ausdifferenzierte Organisationsstruktur entsprach nicht mehr den Bedürfnissen eines modernen Sportartikelproduzenten. Innovative Werbekampagnen gab es nicht, ein professionelles Marketing fehlte. Das Wachstum ließ sich mit den personellen Ressourcen der Familie nicht mehr stemmen. Die Jahre unter der Leitung von Käthe Dassler kamen dabei einer Übergangszeit gleich. Die Gründung der Adolf und Käthe Dassler Stiftung war letztlich der Versuch, einerseits den Familieneinfluss zu sichern, andererseits das Unternehmen quasi weiter zu öffnen und seine Professionalisierung mithilfe familienfremder Ressourcen voranzutreiben. Es ist keineswegs außergewöhnlich, dass ein schnelles Unternehmenswachstum die Kapazitäten der Gründerfamilie längerfristig überfordert. Die stark mittelständisch geprägte, im Vergleich zu anderen Wirtschaftszweigen junge Sportartikelbranche erlebte – darauf verweist zumindest die Geschichte von adidas – nach dem Zweiten Weltkrieg ein Entwicklungsmuster, das eigentümergeführte Unternehmen traditioneller Industriezweige bereits seit dem ausgehenden 19. Jahrhundert wesentlich mitbestimmt hatte.

In der Geschichte von adidas spielten die Beziehungen und Dynamiken innerhalb der Familie Dassler eine besonders große Rolle. Auch das ist für Familienunternehmen zunächst nicht außergewöhnlich. Familiärer Unfrieden, Streit, Kämpfe um Anerkennung, tiefes Misstrauen und verletzte Gerechtigkeitsgefühle brachten in Herzogenaurach das Gleichgewicht zwischen Familie und Unternehmen gerade seit den späten 70er Jahren gehörig aus der Balance. Bei den Dasslers kamen spezifische Bedingungen hinzu, die den dauerhaften Interessenausgleich zwischen allen Familienzweigen und den unternehmenspolitischen Zielen erschwerten. Bemerkenswert ist der Verlust von drei Familienmitgliedern an der Unternehmensspitze binnen weniger Jahre. Mit dem frühen Tod von Horst Dassler stand die Familie vor einem Nachfolgeproblem, vor einer personellen Lücke im Vorstand, die sich nicht mehr aus dem Kreis der Familienangehörigen schließen ließ. Zu den familienspezifischen Sonderbedingungen gehörte auch die „übergroße Figur" des Horst Dassler. Erfolgsverwöhnt, selbstbewusst, gegenüber der Familie und dem Stammhaus bisweilen anmaßend, war er beides: Sowohl der letzte einflussreiche Repräsentant der Familie, als auch derjenige, der den Abschied der Familie aus dem operativen Geschäft vorantrieb.

Letztlich kamen Spezifika hinzu, die als Katalysatoren den Familienstreit schürten und die Trennung von Familie und Unternehmen noch beschleunigten. Schwiegersöhne, die auf Mitsprache in der Geschäftspolitik pochten, juristische Berater, die wenig bis nichts taten, um die starren Fronten zwischen den Familienstämmen aufzulösen, oder auch die Haltung René C. Jäggis, der die Dynamiken in einer zerstrittenen Familie unterschätzte und eher ungeschickt zwischen den Familienstämmen agierte. Zu den

34 adidas Firmenzentrale (Anfang der 80er Jahre)

Besonderheiten der adidas-Geschichte gehörten schlussendlich auch charismatische „Paradiesvögel“: Die Hoffnung der Töchter Adi Dasslers, mit dem Verkauf ihrer Aktien an Bernard Tapie dem Unternehmen eine Phase der wirtschaftlichen Konsolidierung eröffnet zu haben, erwies sich im Nachhinein als Trugschluss. Die Sanierung und Repositionierung der Marke adidas gelang erst dem Führungsteam um Robert Louis-Dreyfus, der auf die Interessen der Familie Dassler keine Rücksicht mehr nehmen musste.

Die Übernahme von Salomon S.A.

Die bemerkenswerte Renaissance von adidas unter der Regie von Louis-Dreyfus fand im Projekt „Bubbles“, so der interne Arbeitstitel, einen vorläufigen Abschluss: Das ehrgeizige Ziel, auf dem Weltmarkt in der ersten Reihe mitzuspielen, wurde durch die Übernahme des französischen Sportartikelunternehmens Salomon S.A. untermauert. Lose Kontakte zwischen den Unternehmen hatte es bereits seit Jahren gegeben. Die gemeinsame Arbeit an „Cross Country Ski Boots“ setzte einen Dialog in Gang, der zwischen den Vorsitzenden Louis-Dreyfus und Jean-François Gautier seit dem Frühjahr 1997 intensiviert wurde und in der Überzeugung mündete, dass ein Zusammenschluss beider Unternehmen erhebliche Vorteile bringen würde. Nach Ansicht der beiden Top-Manager ergänzten sich die Produkte beider Firmen mustergültig. adidas war in den Sparten Sportschuhe, -bekleidung und -zubehör sehr gut aufgestellt, Salomon kam als weltweit marktführender Anbieter von

Wintersportausrüstung (Alpin und Skilanglauf) und mit seinen Sparten Golf (TaylorMade), Radfahren (Mavic) und Wandern hinzu. Eine Fusion versprach auch in Hinsicht auf die zukünftigen Vertriebswege Synergieeffekte. Salomon profitierte bislang von seinem dichten Vertriebsnetz in Nordamerika und Japan, adidas hingegen von seiner starken Präsenz in Europa. Im September 1997 war der Deal beschlossene Sache. adidas übernahm für rund 1,2 Mrd. D-Mark den französischen Wettbewerber und firmierte fortan als adidas-Salomon AG. Jean-François Gautier wurde zum Vorstandsmitglied ernannt und war neben Louis-Dreyfus und Tourres im strategischen Ausschuss der Unternehmensgruppe vertreten.[179]

Die hohen Erwartungen, die beide Unternehmen in den Zusammenschluss setzten, erfüllten sich auf Dauer aber nicht. Der Gesamtumsatz des Konzerns entwickelte sich, u.a. dank starker Zuwächse in Nordamerika, Asien und Lateinamerika, im längerfristigen Trend zwar durchaus erfreulich. Allerdings erwies sich die Fremdfinanzierung der Übernahme als keineswegs einfache Hypothek. Darüber hinaus kam Salomon mit der Wintersportsparte besonders nach der Jahrtausendwende nicht mehr richtig auf die Beine. Umsätze und Erträge gingen Jahr für Jahr zurück, eine Restrukturierung (u.a. wurde angekündigt, die Produktion von Skiern teilweise vom französischen Stammsitz in Annecy nach Rumänien zu verlagern) blieb ohne nennenswerten Erfolg. Schließlich blieb es dem Nachfolger von Robert Louis-Dreyfus, Herbert Hainer, vorbehalten, einen Schlussstrich

35 Fusion adidas und Salomon (1997)

zu ziehen. Im Mai 2005 wurde Salomon mit seinem Wintersportgeschäft für rund 500 Mio. Euro an den finnischen Konkurrenten Amer Sports veräußert. Die Muttergesellschaft konzentrierte sich fortan, nunmehr wieder unter dem Firmennamen adidas AG, auf die traditionellen Geschäftszweige Sportschuhe und -bekleidung sowie die boomende Golfsparte – die Golfmarke TaylorMade verblieb bei adidas.[180]

5

WANDEL DURCH HANDEL. DIE „OSTVERTRÄGE“ VON ADIDAS

RAINER KARLSCH

5.1 Osteuropäische Werbeikonen im Kalten Krieg

Die Geschichte von adidas war und ist untrennbar mit der Geschichte populärer Sportler und Vereine verbunden. Dabei spielte es für die im August 1949 gegründete Adi Dassler adidas Sportschuhfabrik keine entscheidende Rolle, aus welchen Ländern die Sportler kamen. Was vor allem zählte, waren ihre Leistungen, ihr Bekanntheitsgrad und der damit verbundene Werbeeffekt für das aufstrebende Unternehmen.

In den olympischen Sportarten standen noch bis Anfang der 80er Jahre die Regeln des Amateursports dem Trend zur Kommerzialisierung entgegen. Die großen Sportartikelhersteller gaben deshalb Sportschuhe und Sportbekleidung kostenlos an die Athleten bzw. ihre Verbände ab. Zu den nicht nur von adidas, sondern ebenso vom Konkurrenten Puma umworbenen Athleten gehörten auch Spitzensportler aus den Ostblockländern, wie der tschechoslowakische Langstreckenläufer Emil Zátopek. Bei den Olympischen Spielen in Helsinki 1952 gewann Zátopek in adidas-Schuhen den 5.000- und 10.000-Meter-Lauf sowie den Marathon; eine Leistung, die bis heute einmalig ist.[1] Nach dem Ende seiner Sportkarriere diente er als Oberst in der Sportabteilung der tschechoslowakischen Armee und gehörte der kommunistischen Partei an. Während des Prager Frühlings 1968 stellte sich Zátopek auf die Seite der Reformer und wurde nach dem Einmarsch der Truppen des Warschauer-Paktes aus der Armee entlassen. Sämtliche staatliche Auszeichnungen wurden ihm genommen. Zátopek blieb adidas sein Leben lang verbunden und wirkte auch nach der „samtenen Revolution" von 1989 an adidas-Werbekampagnen mit.

Außer zu Zátopek, dem erfolgreichsten Langstreckenläufer seiner Zeit, pflegte adidas während der 50er Jahre in Osteuropa auch zu ungarischen Leichtathleten gute Beziehungen. Ungarn hatte bei der Leichtathletik-Europameisterschaft in Bern 1954 in der Länderwertung mit viermal Gold, einmal Silber und viermal Bronze den dritten Platz belegt. Vor allem die Läufer sorgten für Furore. Daher bemühte sich adidas, auch sie als Werbeträger zu gewinnen. Politische Bedenken gegen Kontakte zu Sportfunktionären aus

1 Drei Goldmedaillen-Siege des tschechoslowakischen Langstreckenläufers Emil Zátopek während der Olympischen Spiele 1952 in Helsinki

der ČSR und Ungarn – in beiden Ländern herrschten zu dieser Zeit besonders rigide kommunistische Regime, die eine Reihe von Schauprozessen mit Todesurteilen zu verantworten hatten – gab es auf Seiten des Herzogenauracher Unternehmens offenbar nicht. Adi Dassler war auf den Sport und den unternehmerischen Erfolg fixiert.

Zátopek und die ungarischen Leichtathleten erhielten in den 50er Jahren kostenlos Laufschuhe, ohne selbst aktiv für adidas werben zu dürfen. Erst zwei Jahrzehnte später wurde entsprechende Werbung zunehmend personalisiert und durch Promotion-Verträge zwischen Sportlern und Ausrüstern verbindlich geregelt. Zur Werbeikone wurde z. B. der rumänische Tennisspieler Ilie Năstase aufgebaut. Eigens für ihn und seinen späteren Wimbledon-Finalgegner Stan Smith entwickelte adidas 1971 Tennisschuhe. Năstase war 1973/74 schließlich 40 Wochen lang die Nummer Eins in der Tennisweltrangliste und ein entsprechend gefeierter Star. Der extrovertierte Rumäne wechselte von Nike zu adidas, als ihm das Herzogenauracher Unternehmen einen lukrativen Vierjahresvertrag für die Vermarktung des gesamten Tennissortiments anbot.[2] Mit adidas-Geschäftsführer Horst Dassler verband ihn eine enge Freundschaft, die sich für beide wirtschaftlich auszahlte. Die Tennisschuhe Modell „Nastase" wurden zu einem ganz großen Erfolg.

Zu den besten Zeiten Zátopeks standen Sportler aus der DDR noch nicht im Blickfeld von adidas. Im Jahr 1952 wurde erstmals nach dem Krieg wieder ein deutsches Team für die Olympischen Spiele zugelassen, die Sportler kamen allerdings nur aus der BRD. Karl Ritter von Halt, der Präsident des Nationalen Olympischen Komitees für Deutschland (NOK), verfügte über enge persönliche Kontakte zum Präsidenten des Internationalen Olympischen Komitees

2 Tennisstar Ilie Năstase und Horst Dassler (70er Jahre)

(IOC) Avery Brundage und konnte einen Alleinvertretungsanspruch durchsetzen. Nach der vorläufigen Aufnahme der DDR ins IOC wurde für die Olympischen Spiele 1956 eine gesamtdeutsche Mannschaft gebildet. Die Bundesregierung und das westdeutsche NOK hatten vergeblich versucht, diese Entwicklung aufzuhalten. Ende der 50er Jahre gelang der DDR im Leistungssport ein Sprung nach vorn, was auf den Aufbau eines ausgeklügelten Sportfördersystems zurückzuführen war.[3]

Die anhaltenden deutsch-deutschen Grabenkämpfe im olympischen Sport hielten die westdeutschen Sportartikelhersteller nicht davon ab, Kontakt mit dem Deutschen Verband für Leichtathletik (DVfL) der DDR zu suchen. Hingegen wurden Gespräche mit dem Deutschen Turn- und Sportbund (DTSB), der in der Praxis unmittelbar dem Zentralkomitee (ZK) der SED unterstand und im März 1961 in der BRD zur verfassungsfeindlichen Organisation erklärt worden war, noch vermieden.[4] Mitte der 60er Jahre – die DDR hatte inzwischen die BRD in der Leichtathletik leistungsmäßig überholt und stellte mehr Mitglieder für die gemeinsame Olympiamannschaft für die Sommerspiele in Tokio 1964 – wurde eine erste Absprache zwischen adidas und dem DVfL getroffen.[5] Demnach sollten die DDR-Leichtathleten bei internationalen Wettkämpfen nur adidas-Schuhe tragen. Die Sportschuhe erhielt der DVfL von adidas kostenlos, ohne dass damit Werbeverpflichtungen verbunden waren.

Ähnliches hatte adidas bereits mit dem Leichtathletikverband der UdSSR im Vorfeld der Olympischen Sommerspiele 1964 in Tokio vereinbart. Firmenchef Adi Dassler persönlich hatte auf Bitten des Vorsitzenden des Leichtathletikverbandes, Gawril Korobkow, Spezialschuhe für die sowjetischen Athleten fertigen lassen und ihm detailliert die qualitativen Vorteile der adidas Hochsprungschuhe erläutert.[6]

Die getroffene Vereinbarung zwischen adidas und dem DVfL spielte eine wichtige Rolle in Zusammenhang mit einem sportpolitischen Skandal während der Leichtathletik-Europameisterschaft in Budapest 1966. Ausgelöst wurde dieser durch die erbitterte Konkurrenz zu Puma, der Firma von Adis Bruder Rudolf. Der westdeutsche Mittelstreckenläufer Karl Eyerkaufer steckte in Absprache mit dem Puma-Generalvertreter Heinz Fütterer[7] – bis 1958 einer der besten deutschen Sprinter – dem DDR-Mittelstreckler Jürgen May, dessen Wettkampf schon beendet war, einige Paar Puma-Laufschuhe und 100 US-Dollar zu. May sollte die Puma-Produkte unter seinen Teamkollegen anpreisen und insbesondere Jürgen Haase, der bereits den 10.000-Meter-Lauf gewonnen hatte, 500 US-Dollar Handgeld in Aussicht stellen, wenn er das Finale über 5.000 Meter mit Puma-Schuhen anstelle von adidas-Schuhen bestreiten würde.[8] Der Schuhwechsel wurde von Inge Dassler beobachtet und dem Generalsekretär des DVfL, Erhard Schöber, mitgeteilt. Sie drohte ihm damit, die Angelegenheit der Presse zuzuspielen, falls der DVfL nichts unternähme.[9]

Haase hatte, ohne es zu ahnen, gegen die erwähnte Vereinbarung zwischen adidas und dem DVfL verstoßen. Diese sah vor, dass allein adidas die für die Europameisterschaft nominierten DDR-Sportler mit Schuhen ausrüstet. Im Gegenzug hatte sich der DVfL verpflichtet, dass seine Athleten die Wettkämpfe ausschließlich in adidas-Schuhen absolvieren. Über diese Absprache wurden die Sportler jedoch nicht informiert. Zudem verstieß die Annahme von Geld gegen die Amateurstatuten des Weltleichtathletikverbands (IAAF). Schöber stellte Haase zur Rede, der alles sofort zugab und den Sachverhalt bestätigte. Mit den ausgehändigten Dollar-Noten und Puma-Schuhen in der Hand trat Schöber schließlich auf dem 25. IAAF-Kongress auf und prangerte die Bestechungspraktiken westlicher Firmen an.[10]

In die DDR zurückgekehrt, traf der Zorn der Sportfunktionäre in erster Linie Jürgen May. Während Haase begnadigt wurde, legte der Präsident des DTSB, Manfred Ewald, dem „Anstifter" May einen Rücktritt aus „gesundheitlichen Gründen" nahe. May weigerte sich und wurde daraufhin vom DVfL „wegen Verletzung der IAAF-Regeln von der Teilnahme an jeglichen weiteren Wettkämpfen" ausgeschlossen. Jürgen May, 1965 zum Sportler des Jahres der DDR gewählt, wurde so nicht allein ein Opfer des Kalten Krieges, sondern auch des Bruderkampfes zwischen adidas und Puma.[11]

Wirtschaftliche Verbindungen

Während adidas frühzeitig den Werbewert von Spitzensportlern aus dem Ostblock erkannte und sie, soweit es von deren Verbänden gestattet wurde, kostenlos mit Sportschuhen ausrüstete, spielten die sozialistischen Länder als Märkte und Produktionsstandorte für adidas lange kaum eine Rolle. Zwar beteiligte sich adidas seit den 50er Jahren an der Leipziger Messe – der mit Abstand wichtigsten West-Ost-Messe in der Zeit des Kalten Krieges – doch lohnte sich das Geschäft mit den sozialistischen Ländern nicht. Die Kosten für den Messestand in Leipzig lagen im Frühjahr

3 adidas-Messestand (50er Jahre)

1954 in etwa so hoch wie der Messeumsatz.[12] Weder konnte der staatliche Außenhandel der DDR Waren von adidas kaufen, da dafür die Devisen fehlten, noch stellten DDR-Betriebe Produkte her, die für adidas interessant gewesen wären. Die Textil- und die Lederwarenindustrie gehörten nicht zu den Branchen, die sich einer besonderen staatlichen Förderung erfreuten – sie litten eher unter der auf den Ausbau der Schwerindustrie und des Energiewesens ausgerichteten Wirtschaftspolitik der SED. Daher wurde das Vorkriegsniveau (1936) bei der Produktion von Lederschuhen auch erst Ende 1953 wieder erreicht.[13] Ähnliches kann für die übrigen sozialistischen Staaten gesagt werden, die sich in noch weit höherem Maße als die DDR auf den Aufbau einer Schwerindustrie konzentrierten, weil sie hofften, dadurch ihre ökonomische Rückständigkeit überwinden zu können. Die Vernachlässigung der Konsumgüterindustrien sowie ein niedriger Lebensstandard waren die Folgen. Für Importe von Sportbekleidung und Sportartikeln blieb unter diesen Prämissen kaum Spielraum.

Zu einem ersten nennenswerten Geschäft zwischen adidas und einem Außenhandelsbetrieb der DDR kam es Mitte der 60er Jahre. Inzwischen hatten in der DDR Wirtschaftsreformen begonnen, in deren Zuge auch die bis dahin vernachlässigte Leichtindustrie stärker gefördert werden sollte. adidas war derweil zum Weltmarktführer aufgestiegen und baute Lohn- und Lizenzfertigungen in zahlreichen westeuropäischen Ländern auf. Schuh- und Textilfabriken in sozialistischen Ländern waren wegen verschiedener Handelshemmnisse, Währungsproblemen und unzureichender Qualität für adidas bisher nicht als Partner infrage gekommen. Dabei gab es vor allem in der Tschechoslowakischen Republik (ČSR; ab 1960 ČSSR) und der DDR sowie in Teilrepubliken von Jugoslawien (Slowenien und Kroatien) eine lange Tradition in der Herstellung von Textilien und Schuhen. Diese wurde Mitte der 60er Jahre im Zuge veränderter industriepolitischer Prioritäten reaktiviert, was adidas nicht verborgen blieb. Ein Beispiel dafür war die Modernisierung der Produktion beim VEB „Granit" Schuhfabrik in Storkow, Bezirk Brandenburg.[14] Dort war eine moderne Vulkanisierungsanlage zur Überführung von Kautschuk in Kunststoffe in Betrieb genommen worden. adidas bemühte sich deshalb, vom VEB Granit Formsohlen zu beziehen. Da Produzenten und Außenhandel in der DDR strikt getrennt waren, konnte man nicht direkt mit dem Betrieb in Kontakt treten, sondern musste sich an das Ministerium für Außenhandel und Innerdeutschen Handel (MAI) in Ost-Berlin und die für die Leichtindustrie zuständigen Außenhandelsbetriebe (AHB) wenden. Die entsprechenden Gespräche verliefen erfolgreich und führten dazu, dass adidas rund 100.000 Paar Formsohlen pro Jahr aus Storkow bezog.[15]

Der Aufschwung der Schuhindustrie in der DDR verhalf auch deren Führungskräften zu neuem Selbstbewusstsein. So führte Erika Richter, Sektorenleiterin im Ministerium für Leichtindustrie, während einer Fachmesse in Wiesbaden Gespräche mit dem Mitglied der Geschäftsführung von adidas, Alfred Bente,[16] und dem Juniorchef von Puma, Armin Dassler. Beide bekundeten Interesse an einer Sportschuhproduktion in der DDR.[17] Ob dies mehr als Höflichkeitsfloskeln waren, sei dahingestellt. Tatsache bleibt, dass es mit Ausnahme des Formsohlengeschäfts in den 60er Jahren zu keinen weiteren Geschäftsabschlüssen mit DDR-Betrieben kam. Der innerdeutsche Handel bewegte sich in dieser Zeit auf einem bescheidenen Niveau.[18] Für adidas waren Kontakte zu den meisten anderen Ländern der Welt einfacher aufzubauen als zur DDR. Rascher voran kamen die Geschäftsbeziehungen z. B. zu Betrieben bzw. Außenhandelsunternehmen in Jugoslawien, Ungarn und Rumänien. Dort wurden bereits 1967 bzw. 1970 Lohn- und Lizenzfertigungen aufgenommen.[19]

In der unternehmensinternen Konkurrenz zwischen adidas Deutschland und adidas France bildeten die Produktionskosten einen entscheidenden Faktor. Die Lohnstückkosten in der Schuh- und Textilindustrie lagen in den 60er Jahren in Frankreich etwas unter denen in der Bundesrepublik.[20] Dies ermöglichte adidas France ein rascheres Wachstum als dem Stammhaus. Alfred Bente, als Leiter der Produktion von adidas Deutschland zuständig für den Aufbau neuer Fertigungen und damit auch für den Abschluss von Lizenzverträgen, versuchte für Herzogenaurach die Kosten durch Produktionsverlagerungen ins Ausland, vor allem nach Fernost und Jugoslawien, zu senken.[21] Die Konkurrenz im eigenen Unternehmen führte somit etwas früher als bei anderen Sportartikelherstellern zur Internationalisierung der Produktion. Das Muster dafür war vergleichsweise einfach: In Länder, in denen günstige Voraussetzungen für Lohn- und Lizenzproduktionen bestanden und deren Lohnkosten deutlich unter dem deutschen Durchschnitt lagen, wurden Aufträge vergeben. Dies traf in Europa insbesondere auf Jugoslawien zu.

Jugoslawien nahm damals als sogenannter blockfreier Staat einen Sonderstatus ein. Das Land hatte sich gegenüber dem Westen geöffnet, seine Bürger konnten frei reisen und mit der 1965 begonnenen Wirtschaftsreform war die staatliche Kontrolle von Produktion, Preisen und Löhnen abgeschafft worden. In Jugoslawien sollte eine „sozialistische Marktwirtschaft" etabliert werden.[22] Auch war die jugoslawische Währung, der Dinar, im Gegensatz zu den Währungen aller anderen sozialistischen Staaten konvertierbar, was den Außenhandel mit westlichen Staaten erleichterte. Allerdings hatte die Bundesrepublik Deutschland die diplomatischen Beziehungen zu Jugoslawien im Oktober 1957 abgebrochen, nachdem Belgrad die Deutsche Demokratische Republik anerkannt hatte. Dieser Schritt war auf Grundlage der 1955 formulierten Hallstein-Doktrin erfolgt, mit der die Bundesrepublik einen Alleinvertretungsanspruch für alle Deutschen beanspruchte. Zur Wiederaufnahme der diplomatischen Beziehungen kam es erst im Januar 1968. Die Hallstein-Doktrin entsprach zu diesem Zeitpunkt nicht mehr den realen Gegebenheiten und wurde nach der Bundestagswahl 1969, als die SPD mit Willy Brandt erstmals den Kanzler stellte, im Rahmen der neuen Ostpolitik endgültig aufgegeben.[23] Teile der westdeutschen Wirtschaft hatten diese Wende durch die Anwerbung jugoslawischer Arbeiter quasi schon vorweggenommen; auch adidas setzte bereits 1967 auf die Kooperation mit jugoslawischen Betrieben.

Auch den Geschäften mit Ungarn kam die neue Ostpolitik zugute. Zu ungarischen Sportlern und Sportfunktionären pflegte adidas seit 1954 gute Beziehungen. Mit Interesse schaute man bei adidas France auf die 1968 in Budapest beschlossene Wirtschaftsreform, mit der sich Ungarn deutlich von den anderen sozialistischen Ländern abhob. Die staatliche Planung wurde de facto aufgegeben und den Betrieben eine weitgehende Autonomie gewährt.[24] Diese Reform, die 1973 jedoch wieder zurückgenommen wurde, verhalf der ungarischen Wirtschaft zu einem Aufschwung. Die günstigen Rahmenbedingungen erleichterten adidas France den Schritt, in Ungarn produzieren zu lassen, wobei die Konkurrenz zu den Herzogenaurachern eine gewisse Rolle gespielt haben dürfte. Auf Vermittlung des ungarischen Ministeriums für Außenhandel kam adidas France 1969 in Kontakt mit der größten Schuhfabrik des Landes, Tisza in Martfű. Auch nach Rumänien wurden Kontakte aufgebaut und im Frühjahr 1969 der Aufbau einer Verkaufsorganisation in Bukarest mit der Firma von Nikolaus Berger vereinbart.[25]

4 Walerji Borsow siegt in adidas-Schuhen im 100-Meter-Lauf bei den Olympischen Spielen 1972 in München

Während also Jugoslawien, Ungarn und Rumänien als Produktionsstandorte seit Ende der 60er Jahre für adi-

5 Leichtathletin Heide Rosendahl – Werbeträgerin für adidas (70er Jahre)

das interessant wurden, spielten die sozialistischen Länder bis zum Zerfall des Ostblocks als Absatzmärkte kaum eine Rolle. Zunehmend wichtiger wurden jedoch die Sportfunktionäre dieser Staaten für die Bestrebungen von Horst Dassler, entscheidenden Einfluss auf die Politik und die Personalentscheidungen der internationalen Sportorganisationen, vor allem des IOC, der Fédération Internationale de Football Association (FIFA) sowie des Weltleichtathletikverbands (IAAF) zu nehmen.[26]

Einen Meilenstein auf diesem Weg stellten die Olympischen Sommerspiele von München 1972 dar. In deren Vorfeld war es adidas gelungen, mit Verbänden aus zahlreichen Ländern Promotion-Verträge abzuschließen. Dies führte dazu, dass die meisten Olympiasieger in München adidas-Schuhe trugen. Individuelle Werbeverträge durften Sportler aus den sozialistischen Ländern jedoch nicht schließen, dem standen die Richtlinien ihrer Sportverbände entgegen.

Der sowjetische Sprinter Walerij Borsow brach in München die Dominanz der Sprinter aus den USA und gewann den 100- und 200-Meter-Lauf in Schuhen, die Adi Dassler eigens für ihn gefertigt hatte.[27] Später machte Borsow Karriere als Sportfunktionär in der UdSSR und ab 1992 in der Teilrepublik Ukraine, worauf noch zurückzukommen sein wird.

Die Olympischen Sommerspiele von München brachten auch eine gewisse Entspannung in den deutsch-deutschen Sportbeziehungen. Erstmals konnte die DDR mit einer eigenen Olympiamannschaft antreten. Ein herausragendes Sprintduell lieferten sich in München die 4 x 100-Meter-Damen-Staffeln der BRD und der DDR. Schlussläuferin für die DDR war Renate Stecher, die über 100 und 200 Meter bereits die Einzel-Goldmedaillen gewonnen hatte. Für die BRD ging Heide Rosendahl, die bereits Gold im Weitsprung und Silber im Fünfkampf geholt hatte, als Letzte ins Rennen. Rosendahl rettete einen knappen Vorsprung ins Ziel und gewann mit ihren Teamkolleginnen Gold. Das Bild vom knappen Ausgang des Rennens ging um die Welt. Es stand einerseits für die Systemkonkurrenz zwischen Ost und West und die Aufwertung des Sports als Leistungsschau. Andererseits enthielt es, wenn auch unterschwellig, eine verbindende Werbebotschaft. Beide Ausnahmesportlerinnen trugen nämlich adidas-Schuhe.[28]

6 Heide Rosendahl und Renate Stecher im 4 x 100-Meter-Staffel-Lauf bei den Olympischen Spielen 1972 in München

5.2 Promotion-Verträge mit osteuropäischen Verbänden und Vereinen

Mitte der 70er Jahre stand ein Generationswechsel bei den wichtigsten internationalen Sportverbänden bevor. Die alte Garde an der Spitze von FIFA und IOC gab ihre Ämter ab. An ihre Stelle traten mit dem Brasilianer João Havelange und dem Spanier Juan Antonio Samaranch zwei Männer, die sich der Vermarktung des Sports nicht entgegenstellten, sondern diesen Trend förderten. Im letzten Moment hatte Horst Dassler bei der Wahl des FIFA-Präsidenten 1974 eine Kehrtwende vollzogen und unterstützte nicht, wie ursprünglich geplant, den Briten Stanley Rous, sondern João Havelange.[29] Dieser Schachzug sollte sich für adidas auszahlen. Unter ihrem neuen Präsidenten begann die FIFA, die Fußball-Weltmeisterschaften in großem Stil zu vermarkten.

Die Kommerzialisierung der Olympischen Spiele erfolgte nicht ganz so rasch. Ihr stand in erster Linie der Amateurparagraf der olympischen Charta entgegen, nach dem Profisportler nicht zugelassen wurden. Zudem durften die Olympioniken keine aktive Werbung für Sportartikelhersteller betreiben. Der Sport sollte nach dem Willen des Begründers der Olympischen Spiele der Neuzeit, Pierre de Coubertin, den Idealen der Völkerverständigung verpflichtet sein, nicht aber dem Geschäft. Auch der langjährige Präsident des IOC, der amerikanische Unternehmer Avery Brundage (er stand von 1952 bis 1972 an dessen Spitze) bekannte sich zu diesen Idealen. Brundage wurde in seiner Haltung von den Sportverbänden des Ostblocks und der blockfreien Staaten, aber auch von westeuropäischen Verbänden unterstützt. Im Vorfeld des Ausscheidens von Brundage aus dem höchsten Amt des IOC wurden die Karten jedoch neu gemischt. Als Kandidat für den Posten des Präsidenten ging Juan Antonio Samaranch ins Rennen, der zur Zeit der Franco-Diktatur Staatssekretär für Sport in Spanien gewesen war. Dem IOC gehörte Samaranch seit 1966 an. Er fungierte von 1968 bis 1975 und erneut von 1979 bis 1980 als Protokollchef. Nach dem Tod Francos 1975 hatte es in Spanien Proteste gegen Samaranch gegeben. Um ihn aus der Schusslinie der öffentlichen Kritik zu nehmen, wurde er 1977 für zwei Jahre als spanischer Botschafter nach Moskau entsandt.

Horst Dassler hatte vor allem über Christian Jannette,[30] einen Mitarbeiter der sportpolitischen Abteilung von adidas France, frühzeitig beste Beziehungen zum umstrittenen Spanier aufgebaut und dessen Wahlkampf für den IOC-Posten unterstützt. Dasslers Kalkül ging auf. Während der Präsidentschaft von Samaranch schaffte das IOC die Amateur-

7 Verleihung des Olympischen Ordens an Horst Dassler durch IOC-Präsident Juan Antonio Samaranch (1983)

sportler-Regelung ab und ließ Profisportler zu den Spielen zu. Zugleich wurde das Programm an olympischen Wettbewerben ausgebaut.

Diese hier nur grob umrissenen Zäsuren in der internationalen Sportpolitik bildeten den Hintergrund für das gesteigerte Interesse von adidas an handels- und sportpolitischen Kontakten zu den Ländern des Ostblocks, zuvorderst der Sowjetunion. Dabei kam dem Herzogenauracher Familienunternehmen dessen frühzeitige internationale Ausrichtung ebenso zugute, wie das große Geschick von Horst Dassler im Umgang mit anderen Kulturen. Er hatte keine Illusionen, was den diktatorischen Charakter der Ostblockländer betraf, schätzte aber klare Machtverhältnisse.[31]

Nachdem Horst Dassler bei adidas France eine Promotion-Abteilung gegründet und deren Leitung John Boulter[32] übertragen hatte, entschied die Dassler-Familie im Jahr 1972, dass ein ähnliches Ressort auch in Herzogenaurach geschaffen werden müsse.[33]

Als Chefin der neuen Promotion-Abteilung in Herzogenaurach agierte Brigitte Baenkler-Dassler,[34] die drittälteste Tochter von Adi und Käthe Dassler. Aufgrund ihrer sehr guten Russischkenntnisse interessierte sie sich für den Aufbau der Beziehungen zu den Ländern des Ostblocks. Später standen in raschem Wechsel Hans Werner Brings, Dieter Wiest, Fedor Radmann, Thomas Bach, John Boulter und Werner von Moltke an der Spitze der Promotion-Abteilung.[35]

Eine strikte Trennlinie zwischen Promotion auf nationaler und internationaler Ebene gab es nicht. Die sportpolitische Abteilung bei adidas France und die Abteilung Promotion International in Herzogenaurach stimmten ihr Vorgehen ab und waren teilweise gemeinsam tätig. Eine Aufgabenteilung erfolgte zunächst nach Ländergruppen,

8 Horst Dassler, Ilie Năstase und John Boulter in Herzogenaurch (Mitte der 70er Jahre)

wobei Herzogenaurach u.a. für Osteuropa und Skandinavien verantwortlich war. Die USA und Westeuropa wurden, abhängig von der Sportart und dem Produkt, gemeinsam betreut. Später unterteilte man grundsätzlich nach Sportarten: Herzogenaurach übernahm die Promotion für Fußball, American Football, Baseball und Gymnastik sowie für die olympischen Sportarten; Landersheim kümmerte sich um Tennis, Schwimmen und Basketball. Ein gewisses Spannungsverhältnis zwischen beiden Standorten blieb dennoch bestehen. Letztendlich sollte sich die firmeninterne Konkurrenz aber eher als fördernder, denn hemmender Faktor erweisen.

Der Abschluss von Promotion-Verträgen stellte einen der effektivsten Hebel für die Einflussnahme auf Sportverbände und Vereine dar. Häufig war schwer zu unterscheiden, ob dabei der Werbeeffekt oder ob sportpolitische Ziele im Vordergrund standen. Die Promotion-Verträge mit den Staaten des Ostblocks sahen die kostenlose Abgabe von Sportartikeln sowie die Zahlung einer jährlichen Gebühr dafür vor, dass sich der jeweilige Verband bzw. Club dazu verpflichtete, bei allen wichtigen internationalen Sportveranstaltungen seine Sportler ausschließlich mit adidas-Material antreten zu lassen. Da diese Veranstaltungen von Millionen Zuschauern in der ganzen Welt gesehen wurden und die beteiligten Spitzensportler als Idole galten, war der Werbeeffekt enorm und trug dazu bei, den Bekanntheitsgrad der Marke adidas weiter zu erhöhen.

Die ersten Promotion-Verträge mit Verbänden und Clubs eines sozialistischen Landes schloss adidas 1971 ab;[36] mehrere renommierte tschechoslowakische Fußballvereine, darunter Sparta Prag, wurden damals zu Partnern. Ein Jahr später folgten Verträge mit dem tschechoslowakischen Basketball- und Handballverband. Ebenfalls 1972 kam es zu Abschlüssen mit jugoslawischen Sportverbänden und Vereinen; Verträge mit bulgarischen, rumänischen und ungarischen folgten zwischen 1973 und 1978. Die meisten Promotion-Verträge, insgesamt 16, wurden mit ungarischen Partnern geschlossen. Die Sportbeziehungen zu ungarischen Verbänden reichten bis zur Leichtathletik-Europameisterschaft 1954 in Bern zurück. Bereits bei den Olympischen Sommerspielen in Rom 1960 trug die Mehrzahl der ungarischen Sportler adidas-Schuhe. Ab 1972 wurden dann auch adidas-Textilien zur Verfügung gestellt.[37]

Gespräche in Moskau und Ost-Berlin

Natürlich war adidas bestrebt, Promotion-Verträge auch mit den beiden erfolgreichsten Sportnationen des Ostblocks, der Sowjetunion und der Deutschen Demokratischen Republik, abzuschließen. Entsprechende Verhandlungen wurden Mitte der 70er Jahre parallel geführt. Von herausragender Bedeutung waren dabei die Gespräche mit sowjetischen Sportfunktionären. Nachdem 1974 die Entscheidung gefallen war, dass Moskau die Olympischen Sommerspiele 1980 ausrichten sollte, hatte Horst Dassler ein neues großes Ziel. Er wollte die sowjetische Sportführung sowohl für Geschäfte mit adidas gewinnen als auch deren Unterstützung bei der Wahl ihm genehmer Kandidaten für die wichtigsten Gremien des internationalen Sports erreichen. Dassler beauftragte Christian Jannette mit den Verhandlungen. Als Protokollchef der Olympischen Spiele von München hatte Jannette vielfältige Kontakte zu Sportfunktionären in der ganzen Welt geknüpft. Er reiste zwischen 1974 und 1980 nicht weniger als 62 Mal nach Moskau.[38] Horst Dassler, seine persönliche Assistentin Huguette Clergironnet (die zuvor bei der französischen Botschaft in der Sowjetunion gearbeitet hatte und perfekt Russisch sprach) und Jannette agierten bei den Geprächen mit den sowjetischen Funktionären äußerst geschickt. In besonderem Maße galt dies für ihre Verhandlungen mit dem sowjetischen Sportminister Sergej Pawlow.[39] Als Protegé Nikita Chruschtschows war Pawlow zunächst bis ins Zentralkomitee der KPdSU aufgestiegen, 1968 aber von Leonid I. Breschnew zum Sportminister „degradiert" worden. Unter Pawlows Leitung entwickelte sich der sowjetische Spitzensport sehr erfolgreich. In die Annalen der Sportgeschichte gingen die Jahre von 1968 bis 1981 als das „Pawlowsche Zeitalter" ein. An der bisherigen sportpolitischen Linie seines Landes hielt er zwar offiziell fest, zeigte sich auf internationalem Parkett aber flexibel. Zu hochrangigen westlichen Sportfunktionären und Industriellen, darunter Willi Daume und Berthold Beitz, pflegte er gute Kontakte. Während der Olympischen Sommerspiele in Montreal 1976 arrangierte Jannette für Pawlow sogar einen geheimen Ausflug zu den Niagara-Fällen.[40] Zuvor war es Dassler und Jannette bereits gelungen, Pawlow für den Abschluss eines Promotion-Vertrages zu gewinnen. Dieser wurde Anfang 1976 unterzeichnet.[41] Der Vertrag sicherte adidas die exklusive Ausstattung von neun sowjetischen Sportverbänden – darunter die Verbände für Fußball, Handball, Eishockey und Leichtathletik sowie des Fußballvereins Dynamo Kiew – mit Schuhen, Trainingsan-

9 Einzug der DDR-Olympiamannschaft – Eröffnung der Olympischen Sommerspiele 1980 in Moskau

zügen und sonstigen Sportartikeln für den Zeitraum vom 1. März 1976 bis 31. Dezember 1980.[42]

Die Sportführung der DDR betrachtete Pawlows „Alleingänge" mit Sorge.[43] Auf verschiedenen Leitungsebenen gab es in dieser Zeit Spannungen zwischen sowjetischen und DDR-Sportfunktionären. Allzu viel drang davon jedoch nicht an die Öffentlichkeit. Bei adidas ging man davon aus, dass nach dem „Moskauer Paukenschlag" auch sehr bald ein Vertragsabschluss mit dem Deutschen Turn- und Sportbund (DTSB) folgen werde. Alfred Bente und Brigitte Baenkler-Dassler hatten schon seit einigen Jahren am Rande von Messen und Sportveranstaltungen Gespräche mit den Spitzenfunktionären des DTSB geführt.

Organisations- und Machstrukturen des DDR-Sports

Bevor die Verhandlungen von adidas mit der Leitungsebene des DDR-Sports genauer beleuchtet werden, sollen hier überblicksartig die Organisations- und Machstrukturen des DDR-Sports dargelegt werden. Die SED als Staatspartei beherrschte und kontrollierte alle Bereiche des politischen und gesellschaftlichen Lebens in der DDR und somit auch den Sport.[44] Das Politbüro des Zentralkomitees (ZK) der SED bildete eine Art „Überregierung". Zuständig für den Sport war der sogenannte zweite Sekretär des ZK. In dem hier in Rede stehenden Zeitraum handelte es sich dabei um Paul Verner[45] (1971–1983) und Egon Krenz[46] (1983–1989). Beide gehörten zum innersten Machtzirkel. Mit ihnen mussten

10 Erich Honecker und Manfred Ewald (rechts) beim Deutschen Turn- und Sportfest 1977 in Leipzig

sämtliche wichtigen sportpolitischen Entscheidungen abgestimmt werden.

Das politische Tagesgeschäft wurde von den Abteilungen des ZK-Apparates mit ihren rund 2.000 Mitarbeitern erledigt. Sie residierten seit 1959 in Berlin-Mitte am Werderschen Markt in einem riesigen, zwischen 1934 und 1940 für die Reichsbank errichteten Gebäude. Die Struktur der ZK-Abteilungen entsprach etwa derjenigen eines Regierungsapparates. Die jeweilige Abteilung stand, wenn auch nicht formal, so doch faktisch allen ihrem Aufgabenbereich zugeordneten Einrichtungen vor, einschließlich der Ministerien.[47] Maßgeblich für die Lenkung des Sports war im ZK-Apparat die „Abteilung Sport". Zu ihren Aufgaben gehörte die Ausarbeitung grundlegender sportpolitischer Beschlüsse sowie die Kontrolle ihrer Durchsetzung. Daneben analysierte sie für die Parteiführung die Lage und Entwicklung im Sport und nahm Einfluss auf Personalangelegenheiten innerhalb des DTSB, des Staatssekretariats für Körperkultur, der Deutschen Hochschule für Körperkultur (DHfK) und der Sportschulen. Zudem lenkte sie den Sportverkehr zwischen der Bundesrepublik und der DDR.[48] Die ZK-Abteilung Sport wurde von 1960 bis 1989 durch Rudolf Hellmann[49] geleitet.

Zur „einheitlichen sozialistischen Sportorganisation" hatte sich der im April 1957 gegründete DTSB entwickelt.[50] Dessen Bundesvorstand steuerte insgesamt 33 Mitgliedsverbände. Im Jahr 1971 gehörten dem DTSB rund 2,2 Mio. und 1989 sogar rund 3,7 Mio. Mitglieder an.[51] Der DTSB verfügte über rund 10.000 Mitarbeiter, darunter annähernd 5.000 hauptamtliche Trainer.[52] Während der Spitzensport systematischer und erfolgreicher als in den meisten anderen Ländern der Welt gefördert wurde, sah es beim Breitensport anders aus; im Gegensatz zum propagierten Leitbild von der „Sportnation DDR" herrschte dort auf vielen Gebieten ein realer Mangel.

Seit 1961 stand Manfred Ewald[53] an der Spitze des DTSB. Er gehörte seit 1963 dem Zentralkomitee der SED an und war von 1973 bis 1990 Präsident des NOK der DDR.[54] Unter seiner Leitung stieg die DDR zu einer Großmacht in der Welt des Sports auf. Das System der Sportförderung wurde – ebenso wie das systematische Doping – perfektioniert. Ewald war bis zu seiner Entmachtung im Sommer 1988 der einflussreichste Sportfunktionär der DDR. Ihm zur Seite standen mehrere Vizepräsidenten und Mitglieder des Bundesvorstands. Für die hier in Rede stehenden Zusammenhänge ist vor allem Franz Rydz[55] zu nennen. Dieser war seit 1966 Vizepräsident des DTSB mit Zuständigkeit für den Bereich Finanzen und Wirtschaft. Rydz wurde vom langjährigen Torwart der Fußball-Nationalmannschaft, Jürgen Croy, als machtbewusster Funktionär beschrieben.[56] Brigitte Baenkler-Dassler nannte ihn einen „ausgekochten Ökonom, mit dem ziemlich schwer zu verhandeln ist".[57]

Die entscheidenden Ost-Berliner Akteure in Sachen Promotion-Verträge waren Ewald, Rydz und seine Mitarbeiterin Doris Basel.[58] Rydz und Basel reisten regelmäßig nach Herzogenaurach, um adidas-Material abzuholen.

Bereits Jahre vor dem Abschluss des ersten Promotion-Vertrages mit dem DTSB hatte adidas begonnen, einige herausragende DDR-Leichtathleten mit Sportschuhen auszurüsten. Dabei handelte es sich aus der Sicht von adidas um vertrauensbildende Maßnahmen. Vom DTSB gab es dazu keinen offiziellen Kommentar. Lange Zeit hatte die DDR um ihre völkerrechtliche Anerkennung gekämpft und 1973 mit der Aufnahme in die UNO den entscheidenden Durchbruch erreicht. Die sportpolitischen Beziehungen zwischen beiden deutschen Staaten hatten bis dahin in besonderem Maße unter dem Kalten Krieg gelitten.[59]

Die Sportclubs und Vereine in der DDR waren angewiesen, nur in der DDR oder anderen Ostblockstaaten produzierte Sportartikel zu nutzen. Werbung für westliche Sportartikelhersteller zu treiben war verboten. Noch bis Ende der 70er Jahre versuchten Partei- und Sportfunktionäre, auch mithilfe des Ministeriums für Staatssicherheit (MfS), diese Linie gegenüber Verbänden und Sportlern durchzusetzen. Als Anfang 1979 bei einem kleinen Sportverein in der mecklenburgischen Provinz adidas-Trainingsanzüge verteilt wurden, deuteten dies die übergeordneten Instanzen des DTSB als Zeichen „politischer Infiltration".[60] Es gab mehrere solcher „Vorfälle", die umso bizarrer wirkten, als adidas, gewissermaßen auf leisen Sohlen, längst im Spitzensport der DDR angekommen war. Die Politik der Restriktionen und Selbstbeschränkung erwies sich zunehmend als Hemmnis für Spitzenathleten, die auf das beste Material angewiesen waren, um im Wettkampf erfolgreich zu sein. Diese Tatsache konnte die auf Erringung von Spitzenpositionen im internationalen Sport fixierte DTSB-Führung nicht länger ignorieren.

Wiederholt waren die Mängel bei der Produktion von Sportartikeln aller Art, insbesondere von Sportschuhen, Gegenstand von Aussprachen zwischen dem DTSB-Präsidium und dem Ministerrat der DDR. An den grundsätzlichen Problemen einer inflexiblen Wirtschaft änderte das nur wenig. Um wenigstens den dringendsten Bedarf zu decken, wurden kurzfristig Importe vereinbart. So stellte beispielsweise der Ministerrat 1973 rund vier Mio. D-Mark für den Import von 150.000 Paar Sportschuhen zur Verfügung. Sie wurden ausschließlich an Sportclubs, Trainingszentren usw. ausgeliefert.[61] Einfache DTSB-Mitglieder mussten sich hingegen mit den DDR-Erzeugnissen begnügen.

Zwar war der wertmäßige Umfang der Sportartikeleinkäufe der DDR im Westen eher unbedeutend, doch wurden die sich ausweitenden Beziehungen des Bundesvorstands des DTSB zu adidas und anderen westlichen Sportartikelherstellern von manchen Parteifunktonären mit Argwohn beobachtet.[62] Sie sahen darin einen Bruch mit der bisher verfolgten Linie der Abgrenzung. Mitarbeiter des MfS prüften daneben Verdachtsmomente für eine eventuelle Korrumpierung der beteiligten Personen. Rydz und Basel genossen jedoch Rückendeckung von DTSB-Präsident Ewald und blieben unbehelligt. Sie handelten ja nicht gegen die Interessen der DDR, sondern versuchten, den Spitzensportlern besseres Material zu verschaffen, indem sie auf den Abschluss eines Vertrages mit adidas hinarbeiteten.

Erfolglose Verhandlungen über einen Promotion-Vertrag mit dem DTSB

Ein erster Vertragsentwurf zwischen der adidas Sportschuhfabrik, Adi Dassler KG und dem DTSB der DDR stand Anfang 1977 zur Diskussion.[63] Federführend auf Seiten von adidas waren Brigitte Baenkler-Dassler und Christian Jannette. Der auf vier Jahre befristete Vertrag sollte am 1. Januar 1978 in Kraft treten und bis zum 31. Dezember 1981 laufen. adidas bot an, unentgeltlich Material in Höhe eines Gesamtwerts von 130.000 D-Mark zu liefern oder den Betrag in Höhe des Gesamtwerts in bar für insgesamt 13 Sportdisziplinen, darunter alle wichtigen Ballsportarten,

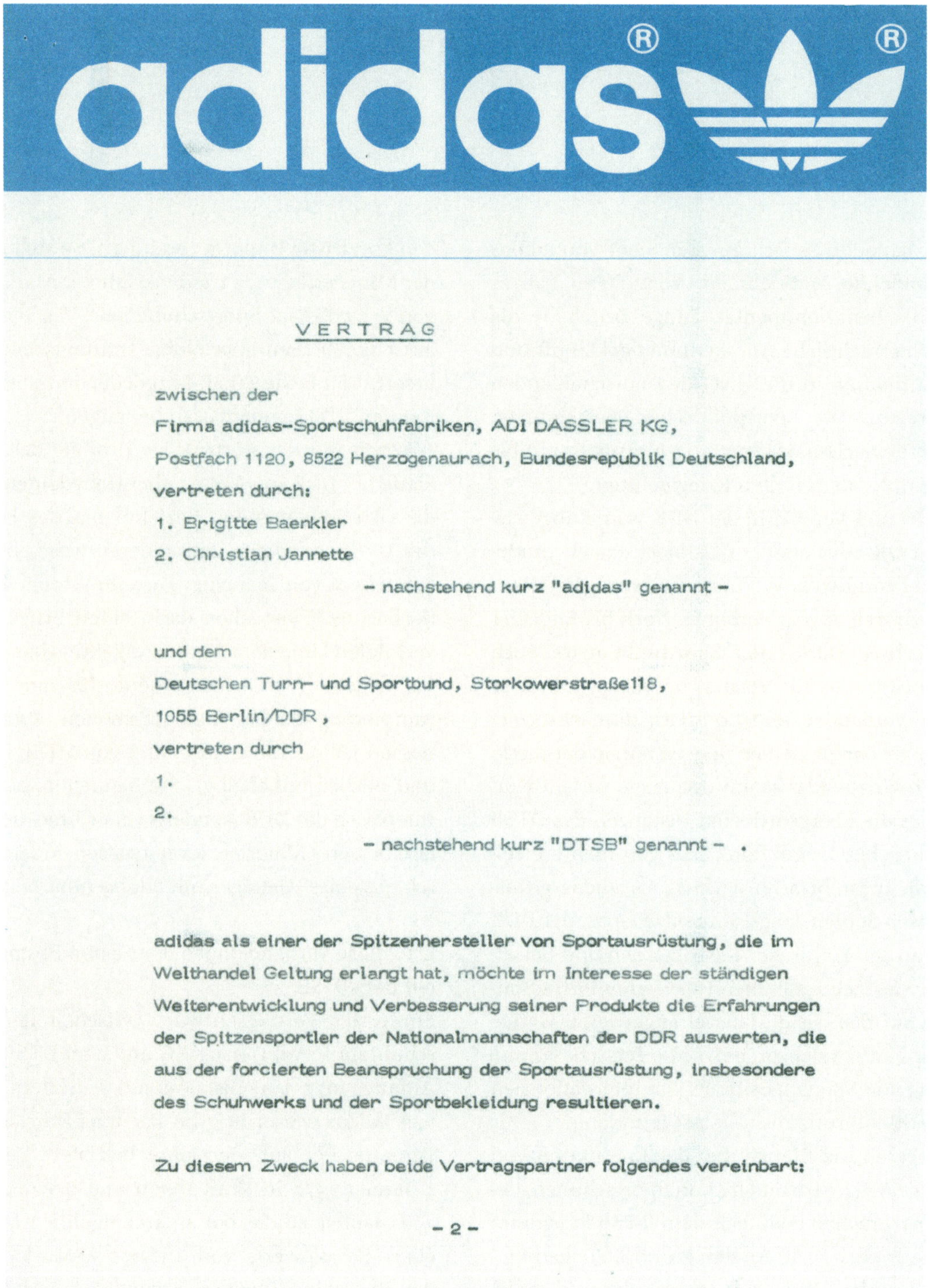

VERTRAG

zwischen der

Firma adidas-Sportschuhfabriken, ADI DASSLER KG,

Postfach 1120, 8522 Herzogenaurach, Bundesrepublik Deutschland,

vertreten durch:

1. Brigitte Baenkler

2. Christian Jannette

– nachstehend kurz "adidas" genannt –

und dem

Deutschen Turn- und Sportbund, Storkowerstraße118,

1055 Berlin/DDR,

vertreten durch

1.

2.

– nachstehend kurz "DTSB" genannt – .

adidas als einer der Spitzenhersteller von Sportausrüstung, die im Welthandel Geltung erlangt hat, möchte im Interesse der ständigen Weiterentwicklung und Verbesserung seiner Produkte die Erfahrungen der Spitzensportler der Nationalmannschaften der DDR auswerten, die aus der forcierten Beanspruchung der Sportausrüstung, insbesondere des Schuhwerks und der Sportbekleidung resultieren.

Zu diesem Zweck haben beide Vertragspartner folgendes vereinbart:

– 2 –

11 Entwurf eines Promotion-Vertrages zwischen adidas und dem DTSB (1977)

zur Verfügung zu stellen. Der DTSB sollte sich verpflichten, Sportler und Trainer der im § 1 des Vertrages genannten Nationalmannschaften bei offiziellen Anlässen, wie Olympischen Spielen sowie Welt- und Europameisterschaften, ausschließlich mit adidas-Sportausrüstungen auszustatten. Außerdem sollte der DTSB zusichern, dass im Zeitraum der Gültigkeit des Abkommens die Sportler und Trainer jederzeit ihr Einverständnis zur Nutzung ihrer Fotos mit oder ohne Namen für Veröffentlichungszwecke geben, „ohne dabei den Status des Amateursportlers zu verletzen".[64] Wer diesen Passus in den Vertrag einbrachte ist unklar. Es dürfte aber vor allem im Interesse des DTSB gelegen haben, den Schein des Amateurstatus zu wahren. Eine entsprechende Passage findet sich auch in den schließlich 1982 und 1983 geschlossenen Verträgen. Die Aufschrift „DDR" sollte auf der Sportbekleidung vermerkt werden. Für Spitzensportler, die der DTSB benennen sollte, konnten gegebenenfalls nach individuellen Vorstellungen Schuhe und Sportbekleidung geliefert werden. In einer Anlage zum Vertrag waren außerdem noch Leistungen der Firma arena in einem jährlichen Gesamtumfang von 30.000 D-Mark für die Schwimmnationalmannschaften der DDR vorgesehen.

Roland Horcher,[65] der bei adidas in der Personalabteilung arbeitete, erkundigte sich beim Bundesamt für gewerbliche Wirtschaft in Eschborn, das für spezielle Fragen, die den innerdeutschen Handel betrafen, zuständig war, ob es seitens der Bundesrepublik devisenrechtliche Bedenken gegen den Vertrag gäbe. Dies wurde verneint. Allerdings machte das Bundesamt darauf aufmerksam, dass gegen Sachleistungen Vorbehalte bestünden. Derartige Kompensationen, so das Bundesamt, seien im innerdeutschen Waren- und Dienstleistungsverkehr nicht zulässig.[66]

Zu einem Vertragsabschluss kam es zu diesem Zeitpunkt nicht. Die Gründe für das Scheitern der Verhandlungen gehen aus den Akten nicht hervor. Sie dürften aber vor allem in der zu dieser Zeit im DTSB noch dominierenden Abgrenzungsdoktrin zu suchen sein. Auch die parallel geführten Verhandlungen über einen Lizenzvertrag zur Produktion von adidas-Fußballschuhen in der DDR scheiterten. Der DTSB blieb damit in den 70er Jahren die einzige große Sportorganisation des Ostblocks, die keinen Vertrag mit adidas abschloss. Intern kritisierte der DTSB die „weiche Haltung" der anderen Ostblocksportorganisationen. Ewald bezeichnete den sowjetischen Sportminister Sergej Pawlow abschätzig als „Mr. adidas", da Pawlow sich vom Hardliner zum Befürworter von Promotion-Verträgen mit adidas gewandelt hatte.[67] Für adidas bedeutete der Fehlschlag in den Verhandlungen mit dem DTSB kein großes Problem. Die Gespräche sollten bei der nächsten sich bietenden Gelegenheit fortgesetzt werden.

5.3 Die Promotion-Verträge mit dem DTSB

Handlungszwänge

Anfang der 80er Jahre mussten mehrere Ostblockländer ihre Zahlungsunfähigkeit gegenüber westlichen Gläubigern erklären. Internationale Banken schätzten nun auch die Bonität der DDR als unbefriedigend ein, zogen kurzfristige Einlagen ab und verweigerten neue Kredite. Die DDR geriet an den Rand der Zahlungsunfähigkeit.

Auch der DTSB sah sich angesichts der dramatischen wirtschaftlichen Lage der DDR zu Einsparungen gezwungen. Bei den alljährlichen Verhandlungen über die Zuweisungen aus dem Staatshaushalt wurde der DTSB im Oktober 1981 vom Leiter der Abteilung Finanzverwaltung und Parteibetriebe beim Zentralkomitee der SED zur Reduzierung seiner Ausgaben aufgefordert.[68] Zu dieser Zeit nahm der DTSB rund 305 Mio. Mark der DDR ein, davon kamen rund 226 Mio. aus dem Staatshaushalt. Außerdem erhielt der DTSB rund 2,5 Mio. D-Mark, vorwiegend für Reisen von Sportlern zu internationalen Wettkämpfen. Vizepräsident Rydz musste einen Sparplan erarbeiten und avisierte für 1981 Kürzungen von 3,5 Mio. Mark der DDR und für 1982 von drei Mio. Mark.[69] Etlichen Sportlern wurden Auslandsreisen gestrichen oder verkürzt, um Devisen zu sparen.[70] Auch für 1983 forderte der Leiter der Abteilung Finanzverwaltung und Parteibetriebe beim Zentralkomitee der SED, Heinz Wildenhain, vom DTSB, „den Verbrauch von Valuten auf ein unbedingt notwendiges Mindestmaß zu beschränken."[71] Rydz war in der Folgezeit gewieft genug, geringfügige Einsparungen anzubieten, den Etat des DTSB aber in nahezu unveränderter Größenordnung zu halten bzw. noch auszuweiten. Trotzdem waren die Zeichen der Zeit für den DTSB unübersehbar: Wollte die Organisation ihre Position im Machtgefüge der DDR behaupten, so musste sie einen Beitrag zur Erwirtschaftung von Devisen leisten. Das Festhalten an den Prinzipien des nichtkommerziellen Sports wurde dabei zum Hindernis. Dennoch fiel ein Kurswechsel den verantwortlichen Funktionären im ZK-Apparat und im DTSB angesichts der von ihnen jahrzehntelang vertretenen Positionen schwer.

Auf einer Tagung des Olympischen Kongresses in Baden-Baden im September 1981 lehnte Ewald die Kommerzialisierung, wie schon in den Jahren zuvor, mit scharfen Worten ab.[72] Auch der Leiter Abteilung Sport des ZK der SED, Rudolf Hellmann, sah den Trend zur Kommerzialisierung des Sports mit Sorge. Er schrieb an das Mitglied des Politbüros Paul Verner: „Die Sportorganisationen der sozialistischen Länder und Föderationen werden gegenüber Föderationen bzw. Gesellschaften, die den Sport vermarkten, total abhängig und der Veranstalter hat keinen Einfluss, welche Werbung u. a. auf den Sportplätzen zum Tragen kommt."[73] Hellmann bezog sich auf Tagungen der IAAF, auf denen diese Tendenzen immer spürbarer wurden. Kurz darauf diskutierte das Präsidium des DTSB darüber mit Verner. Am liebsten hätte die DTSB-Führung ihre bisherige Haltung beibehalten, doch sie sah sich inzwischen im Ostblock isoliert. Das Verhältnis zur sowjetischen Sportführung war schon seit einigen Jahren von Missgunst geprägt. Die sportlichen Erfolge des einstigen Juniorpartners DDR wurden von den sowjetischen Funktionären mit Argwohn betrachtet. In einem internen Papier von 1989 hieß es dazu rückblickend: Die Führungsspitze des Sports der UdSSR misstraute seit Mitte der 70er Jahre dem Präsidium des DTSB und führte die Erfolge des DDR-Sports auf die „Verwendung von in der UdSSR unbekannten Wundermitteln" zurück. „Die Befürchtungen um den sportlichen Konkurrenten DDR hatten bis in höchste Kreise der Partei- und Staatsführung der UdSSR Fuß gefasst."[74]

Hinzu kamen die wirtschaftlichen Probleme der DDR. Obwohl die DDR im Sport eine Großmacht war und auf diesem Gebiet die Bundesrepublik überflügelt hatte, litt der Breitensport unter allen möglichen Versorgungsengpässen. Die zentral gelenkte Wirtschaft konnte den Bedarf bei Lauf- und Fußballschuhen, Tischtennisplatten, Tennisbällen usw. nicht decken. Dies führte zu der grotesken Situation, dass sich die Partei- und Staatsführung wiederholt mit der Frage der fehlenden Sportartikel befassen musste.[75]

Hinter den Kulissen kam unterdessen Bewegung in die scheinbar unverrückbaren sportpolitischen Standpunkte. Den letzten Anstoß gab ein Gespräch am Rande des Olympischen Kongresses in Baden-Baden im November 1981 zwischen Manfred Ewald, Günther Heinze und Horst Dassler. Der adidas-Chef wusste einmal mehr mit seinem Detailwissen über alle wichtigen Vorgänge in den internationalen Sportgremien zu beeindrucken. Geschickt betonte er die Unterschiede zwischen dem Sponsoring einzelner Sportler und der Förderung von Clubs oder Verbänden. Damit gab er der DTSB-Führung ein deutliches Signal und baute ihr gleichzeitig eine Brücke.[76] Bereits einen Monat vor diesem Gespräch hatte Heinze ein Positionspapier zur „Werbung am Mann" verfasst.[77] Es stellte einen Bruch mit der bisherigen Politik dar. Der DTSB wollte künftig Markenzeichen auf importierter Sportbekleidung akzeptieren und dafür Devisen erhalten. Heinze verwies darauf, dass es sich bei der „Werbung am Mann" „um eine bereits weltweit praktizierte und anerkannte Praxis handelt – auch bei den Olympischen Spielen (siehe Moskau, einschl. Jury und Kampfrichter/Arena)".[78] Auf ein Feigenblatt wollte der DTSB dennoch nicht verzichten. Das adidas-Warenzeichen sollte akzeptiert werden, nicht jedoch der Schriftzug.

Ausgehend von diesen Überlegungen verfassten Manfred Ewald, Thomas Köhler, ehemaliger Rennschlittensportler und Mitglied des DTSB-Präsidiums, und Günther Heinze ein Strategiepapier und legten es dem für den Sport verantwortlichen Politbüromitglied Verner vor. Sie betonten darin, dass die DDR-Sportführung selbst im Ostblock keine Verbündeten für ihre ablehnende Haltung in Sachen Kommerzialisierung mehr fände und in Isolierung zu geraten drohe. Sie befürworteten deshalb den Abschluss von Werbeverträgen, um die wirtschaftliche Situation des DTSB zu verbessern.

Für die Sportführung der DDR war adidas unter allen Sportartikelherstellern die Nummer Eins. Wenn der DTSB auch weiterhin im internationalen Sportgeschehen eine führende Rolle spielen wollte, dann musste er ideologische Bedenken über Bord werfen und für eine Steigerung seiner Einnahmen sorgen. Die von adidas offerierten Promotion-Verträge, die man in den 70er Jahren noch ausgeschlagen hatte, boten die Chance, der SED-Führung zu zeigen, dass sich auch der Sport um eine Erhöhung der Deviseneinnahmen bemühte.

Vertragspoker

Für adidas führte Alfred Bente die Verhandlungen mit dem DTSB; zur Seite stand ihm der Leiter der Abteilung Internationale Beziehungen Fedor Radmann.[79] Letzterer war für die Details zuständig. Am 7. April 1982 sandte Radmann dem DTSB einen Vertragsentwurf zu.[80] Er schlug den Abschluss eines Promotion-Vertrages vor, „ähnlich wie es derartige bereits seit einigen Jahren mit anderen sozialistischen Ländern gibt".[81] Das kostenlos offerierte adidas-Material sollte ausreichen, um die Spitzenathleten der einzelnen Verbände ordentlich auszustatten. Der Gesamtwert des Vertrages sollte

12 Leiter der Abteilung Internationale Beziehungen von adidas Fedor Radmann (links) bei einem Empfang

sich auf 600.000 bis 700.000 D-Mark belaufen. Im Vergleich zu der 1977 in Rede stehenden Summe von 130.000 D-Mark hatte adidas sein Angebot also erheblich erhöht.

Am 26./27. Mai 1982 fand eine Verhandlungsrunde in Herzogenaurach statt. Rydz erreichte dabei, sicherlich mit Verweis auf die Medaillenspiegel der Olympischen Spiele, eine Aufstockung der Vertragssumme auf 900.000 D-Mark.[82] Trotz dieses Verhandlungserfolgs war der Abschluss des Vertrages kein Selbstläufer. Der Leiter der Abteilung Körperkultur und Sport des ZK der SED, Hellmann, äußerte in einem Schreiben an Politbüromitglied Verner Vorbehalte. Wenn der DTSB den Vertrag unterschreibe, so Hellmann, dann darf „kein Sportler mehr unsere Einlaufschuhe Zeha oder Germina-Produkte tragen. Auch Auswahlmannschaften, die bisher noch keine adidas-Produkte trugen, sind verpflichtet, das in Zukunft zu tun. Außerdem muss gesichert werden, dass unser Staatsemblem und die Buchstaben DDR wie bisher getragen werden, ohne dass die adidas-Buchstaben auf dem Jersey Verwendung finden".[83]

Blockieren konnte Hellmann die Gespräche aber nicht mehr, zumal das Präsidium des DTSB sich grundsätzlich positiv zum Vertrag positioniert hatte. Rydz wusste um seine sensible Aufgabe und hatte in Herzogenaurach strenges Stillschweigen über die Verhandlungen vereinbart.[84] Er hielt Verner über alle Verhandlungsschritte auf dem Laufenden.[85] Dieser ließ dem DTSB freie Hand. Verner war zu dieser Zeit bereits erkrankt und an der Sportpolitik ohnehin nicht sonderlich interessiert. Die mit den Vertragsverhandlungen mit adidas zusammenhängenden Fragen leitete er an Gerhard Beil, Staatssekretär im Ministerium für Außenhandel, weiter. Das letzte Wort in allen wichtigen wirtschaftlichen Angelegenheiten hatte aber der Sekretär des Zentralkomitees für Wirtschaftsfragen, Günter Mittag. Mittag hatte Ende der 70er Jahre die Konzentration der DDR Wirtschaft durch die Kombinatsbildung auf die Spitze getrieben. Die immer größeren Wirtschaftseinheiten ließen sich zwar zentral einfacher steuern, allerdings verlor die DDR-Wirtschaft mit der durchgängigen Kombinatsbildung an Flexibilität. Der Generalsekretär des ZK, Erich Honecker, der von ökonomischen Fragen wenig verstand, überließ Mittag und seiner Wirtschaftskommission die Gestaltung der Wirtschaftspolitik. Als de facto Herr über 133 Kombinate vereinte Mittag mehr Macht auf sich als jeder Manager eines Großkonzerns. Er hatte sich ausbedungen, dass alle mit dem adidas-Vertrag zusammenhängenden Fragen „von ihm persönlich geregelt und auch verantwortet werden müssen".[86] Angesichts der dramatischen Verschuldung der DDR fiel der Promotion-Vertrag mit adidas zwar volkswirtschaftlich kaum ins Gewicht, konnte aber durchaus den Auftakt für Handels- oder Lizenzverträge mit größerem Wertumfang darstellen. Aus diesen Erwägungen befürwortete Mittag den Vertragsabschluss.

Für adidas war der Abschluss weiterer Promotion-Verträge wirtschaftlich verkraftbar, obwohl das Unternehmen zu Beginn der 80er Jahre noch unter den Folgen eines Konjunktureinbruchs nach der zweiten Ölpreiskrise litt.[87] Hinzu kamen hausgemachte Probleme, vor allem der Dualismus zwischen adidas Deutschland und adidas France. Nach dem Tod von Adi Dassler (6. September 1978) hatte Käthe Dassler die Führung des Familienunternehmens übernommen. Der Familienrat, in dem Alfred Bente den größten Einfluss besaß, beriet die meisten Problemfelder. Bente war jedoch immer weniger in der Lage, die Fäden in der Hand zu behalten. Fedor Radmann, Leiter der Abteilung Internationale Beziehungen, Hans-Jörg Bauer,[88] Leiter der Textilabteilung, und der Hauptabteilungsleiter Controlling und Beteiligungen, Klaus-Werner Becker,[89] setzten sich dafür ein, dass Horst Dassler unverzüglich nach Herzogenaurach zurückkehren und die Leitung des Familienunternehmens übernehmen sollte.[90] Käthe Dassler lenkte schließlich ein. Sie blieb zwar formal Vorsitzende der Geschäftsführung, doch de facto führte seit 1982 ihr Sohn Horst das Unternehmen. Alfred Bente schied aus der Geschäftsführung aus. An seine Stelle trat als Finanzchef Hans-Jürgen Martens, zuvor Wirtschaftsprüfer bei adidas.[91] Er wurde mit der Änderung der Satzung des Familienunternehmens und dessen Umwandlung in eine Stiftung beauftragt. Nach der Umwandlung in die adidas Sportschuhfabriken Adi Dassler Stiftung & Co. KG, Herzogenaurach schien die Krise überwunden.[92]

Auf spezielle Probleme im innerdeutschen Handel wies das von adidas konsultierte Bundesministerium für Wirtschaft hin.[93] Eine Zahlung in Waren sollte nach Möglichkeit vermieden werden, da dies zu den in der Dienstleistungsvereinbarung des Berliner Abkommens – es bildete von 1951 bis 1990 die rechtliche Grundlage für den Interzonen- später für den deutsch-deutschen Handel – vereinbarten Tatbeständen gehörte.[94] Die vereinbarte Summe musste auf einem speziellen Verrechnungskonto eingezahlt werden. Nachdem geklärt werden konnte, dass die von adidas im Rahmen des Vertrages mit dem DTSB zur Verfügung gestellten Sportartikel nicht auf das Kontingent des

Innerdeutschen Handels angerechnet werden sollten, stand der Vertragsunterzeichnung aus der Sicht des Bundeswirtschaftsministeriums nichts mehr entgegen.

Der Vertrag wurde schließlich am 20. Juli 1982 von Rydz und Bente in Ost-Berlin unterzeichnet.[95] Demgemäß erhielten 14 Sportverbände der DDR adidas-Produkte. Auf eine öffentliche Pressemitteilung verzichtete der DTSB. Stattdessen wurde eine Parteiinformation zur „Ausrüstung von DDR-Nationalmannschaften ausgewählter Sportarten mit Wettkampfbekleidung und -ausrüstung der Firma adidas" herausgegeben.[96] Darin hieß es: „Aufgrund der Tatsache, dass der Leistungssport der DDR seit vielen Jahren in zahlreichen Sportarten die Weltspitze bestimmt und mitbestimmt, hat die Firma ‚adidas' dem DTSB der DDR einen Vertrag angeboten, der die kostenlose Bereitstellung von Wettkampfbekleidung und -ausrüstung mit dem Warenzeichen der Firma vorsieht. Solche Verträge mit Sportartikelfirmen sind bereits alle Länder, darunter auch die sozialistischen Länder, seit Jahren eingegangen. Um unsere Sportler der Nationalmannschaften in ausgewählten Sportarten weiterhin mit hochwertigen Erzeugnissen ausrüsten zu können und unter den verschärften außenhandelspolitischen Bedingungen Devisen einzusparen, wird durch den DTSB der DDR ein entsprechender Vertrag mit der Firma ‚adidas' abgeschlossen."[97] Solche Papiere enthielten die Sprachregelungen und Argumentationsmuster für einfache Parteimitglieder. Es gehörte zu den Herrschaftstechniken des „Geheimhaltungsstaates", Informationen nur gefiltert und stückweise an die Öffentlichkeit zu geben.[98]

Das Meinungsbild in der DDR-Bevölkerung zu den Promotion-Verträgen mit adidas reichte, sofern sich dies überhaupt noch rekonstruieren lässt, von anerkennender Zustimmung bis hin zu heftiger Kritik an der Praxis, die adidas-Artikel lediglich Spitzensportlern zur Verfügung zu stellen. Noch eine Zeit lang versuchten Partei- und Sportfunktionäre des Staatssekretariats und des DTSB-Bundesvorstands, einfachen DTSB-Mitgliedern, vor allem Studenten, das Tragen von adidas-Kleidung zu untersagen. Es sollte keine „private Werbung" für kapitalistische Unternehmen betrieben werden.[99] Solche Versuche liefen meist ins Leere – die Doppelmoral war zu offensichtlich. Nach einiger Zeit stellte das Tragen von adidas-Schuhen oder -Sportbekleidung keinen Stein des Anstoßes mehr dar.

Der geschlossene Vertrag hatte eine Laufzeit vom 1. September 1982 bis zum 31. Dezember 1985 und verlängerte sich ohne rechtzeitige Kündigung automatisch um jeweils zwei Jahre. adidas stellte dem DTSB jährlich für die A-Nationalmannschaften von 14 Verbänden Sportartikel zur Verfügung. Besonders wichtig war für den DTSB, dass auf der Sportbekleidung das Staatswappen der DDR oder die Buchstaben „DDR" angebracht wurden.

Der Gesamtwert des Vertrages belief sich auf 900.000 D-Mark pro Jahr. Ein Drittel des Wertes wurde in Sportartikeln abgegolten und zwei Drittel als Werbebeitrag in D-Mark zur Verfügung gestellt. Die Zahlungen erfolgten vierteljährlich. Mindestens einmal pro Jahr sollten technische Gespräche entweder in Herzogenaurach oder in Ost-Berlin stattfinden. Auf Seiten von adidas waren dafür Horst Widmann, langjähriger Assistent von Adi Dassler und Betreuer von Spezialprojekten, sowie Dieter Wiest, International Relation und Sports Marketing, zuständig.

Parallel zum Hauptvertrag wurde zwischen der arena Sport- und Vertriebsgesellschaft, Bayreuth, einer Tochtergesellschaft von adidas, und dem DTSB ein Werbevertrag geschlossen. Für seine Leistungen im Rahmen dieses Vertrages erhielt der DTSB 100.000 D-Mark jährlich.[100]

Ein neuer Promotion-Vertrag und mehrere Nachträge

Bereits im Sommer 1983 wurden die Karten neu gemischt. Der DTSB drängte auf die Neuverhandlung des Vertrages. Mit Blick auf die Olympischen Winterspiele in Sarajevo und die Sommerspiele in Los Angeles 1984 wollte der DTSB von adidas nun auch Material für die A-Nationalmannschaften der Fechter, Judokas, Segler, Eisschnellläufer und Sportschützen erhalten.[101] Daraufhin bereitete die Rechtsabteilung von adidas, die seit Anfang 1983 von Carl J. Junghans geleitet wurde, einen Nachtrag vor.[102]

Wie schon 1981, so wurden auch dieses Mal die Verhandlungen über den Werbevertrag zumindest indirekt durch Gespräche zwischen Horst Dassler und Manfred Ewald positiv beeinflusst. Dassler und seine Assistentin Clergironnet trafen Ewald am 5. Oktober 1983 anlässlich eines Kongresses in Belgrad. Der Leiter der Abteilung Sport beim ZK, Hellmann, informierte darüber Verner und merkte an: „Entscheidungen im internationalen Sport und von Dassler getroffene Vorhersagen haben sich in den letzten Jahren sehr oft als zutreffend erwiesen."[103]

Den Notizen von Ewald war zu entnehmen, dass die Diskussion hauptsächlich um die sportpolitischen Probleme im Vorfeld der Olympischen Spiele in Los Angeles kreiste. Nachdem zahlreiche westliche Staaten aufgrund der sowjetischen Intervention in Afghanistan die Olympischen Spiele in Moskau 1980 boykottiert hatten, drohte ein Gegenboykott. Dassler wollte Ewald dafür gewinnen, dass sich dieser im gesamten sozialistischen Lager für eine Teilnahme stark machen sollte. Die DDR wollte einen Boykott ebenfalls vermeiden, doch ihr Spielraum war in dieser Frage eng begrenzt. Ewald nutzte bei diesen Gesprächen die Gelegenheit, um auf den gestiegenen Marktwert des DDR-Sports zu verweisen und erwartete, „dass zukünftig die hohen sportlichen Leistungen noch besser honoriert werden".[104]

Die von Ewald vorgegebene Linie – mehr Werbegeld für hohe sportliche Leistungen – sollte Rydz bei den weiteren Verhandlungen in Herzogenaurach durchsetzen. Dabei kam ihm zugute, dass auch andere Sportartikelhersteller, insbesondere Puma, daran interessiert waren, einen Vertrag mit dem DTSB zu schließen. Dementsprechend selbstbewusst traten Rydz und seine Mitarbeiterin Doris Basel am 19. Oktober 1983 bei den Verhandlungen in Herzogenaurach auf.[105] Junghans und Horcher unterbrachen daraufhin die Gespräche und kamen – offenbar nach Rücksprache mit Horst Dassler – zu dem Ergebnis, auf die Forderungen des DTSB einzugehen. Der erst im November 1982 geschlossene Werbevertrag sollte demnach bereits zum 31. Dezember 1983 auslaufen und durch einen neuen Vertrag mit einer Laufzeit vom 1. Januar 1984 bis 31. Dezember 1988 ersetzt werden.[106] Den Wünschen des DTSB zur Aufnahme der genannten fünf weiteren Verbände in das Vertragswerk wurde entsprochen und der jährliche Werbeertrag auf nunmehr 1,2 Mio. D-Mark festgesetzt. Zusätzlich übernahm adidas sämtliche Kosten für die zu Werbezwecken zu tragende Sportausrüstung und -bekleidung in Höhe von 500.000 bis 600.000 D-Mark jährlich. Außerdem wurden für die Olympischen Spiele, die Leichtathletik-Weltmeisterschaft, die Schwimm-Weltmeisterschaft und die Fußball-Weltmeisterschaft, jeweils bei Teilnahme bzw. Endrundenteilnahme, Prämien zwischen 200.000 D-Mark bis 600.000 D-Mark offeriert. Ein entsprechender Vertragsentwurf wurde von Junghans am 25. Oktober 1983 an Rydz gesandt.[107]

Auf einer Sitzung des Familienrats der Dasslers informierte Horst Dassler am 26. Oktober 1983 die Firmeninhaber darüber, dass sowohl die Vertreter der UdSSR als auch

13 Werbekampagne „Spirit of the games“ (1984)

der DDR Forderungen nach einer Erhöhung der Summen für die Promotion-Verträge gestellt hatten.[108] Man einigte sich darauf, dass „ein einigermaßen vertretbares Arrangement" erreicht werden solle. Zum Zeitpunkt der Sitzung waren aber die Weichen schon gestellt, da der Vertragsentwurf ja bereits am Vortag nach Ost-Berlin gesandt worden war. Auf der Gegenseite musste auch Rydz die Zustimmung seiner höchsten Instanz einholen. Er informierte Verner, der den Vorgang Erich Honecker vorlegte. Dieser zeichnete ihn am 3. November 1983 mit „Einverstanden" ab.[109]

Nach nur 16 Monaten Laufzeit wurde der alte Promotion-Vertrag schließlich aufgehoben und ab 1. Januar 1984 durch den neuen Vertrag ersetzt. Die Gründe für die Neufassung sind in den konkreten Zeitumständen zu suchen; diese waren günstig für den DTSB. Die politische Großwetterlage war angespannt, doch zwischen den beiden deutschen Staaten ging die Entspannungspolitik trotz des Regierungswechsels in Bonn weiter. Die neue Bundesregierung unter Helmut Kohl (CDU) setzte die Ostpolitik der Vorgängerregierung unter Helmut Schmidt (SPD), wenn auch mit etwas anderen Akzenten, fort. Die Olympischen Spiele 1984 standen bevor. Noch war nicht entschieden, dass die meisten sozialistischen Länder auf eine Teilnahme an den Sommerspielen in Los Angeles verzichten würden. Die DDR war bei sportlichen Großveranstaltungen inzwischen immer erfolgreicher, was den Werbewert ihrer Spitzensportler erhöhte.

Bei adidas hatten wichtige Veränderungen stattgefunden. Das Unternehmen firmierte nach der Umwandlung in eine Stiftung als adidas Sportschuhfabriken Adi Dassler Stiftung & Co. KG, Herzogenaurach und befand sich in einer komfortablen wirtschaftlichen Lage. Im Jahr 1983 erzielte adidas mit rund 3,7 Mrd. D-Mark den bis dahin höchsten weltweiten Umsatz.[110] Nach der Neufassung des Gesellschaftsvertrages war Horst Dassler nach Herzogenaurach zurückgekehrt und führte das Unternehmen. Er legte großen Wert auf den weiteren Ausbau der Beziehungen zu den osteuropäischen Sportverbänden. Dassler ließ es sich nicht nehmen, den neuen Vertrag mit dem DTSB am 24. November 1983 persönlich zu unterzeichnen.[111] Seitens des DTSB wurde er wiederum von Rydz unterschrieben. Für Rydz war dieser Abschluss ein großer persönlicher Erfolg und ein Höhepunkt seiner Karriere. In einem Schreiben an den Minister für Außenhandel der DDR, Gerhard Beil, hob er hervor, dass der neue Werbevertrag zu wesentlich günstigeren finanziellen Bedingungen abgeschlossen wurde.[112]

In den Folgejahren wurden noch sechs Nachträge zum Generalvertrag vereinbart. Der erste Nachtrag vom Oktober 1984 betraf die Nichtteilnahme der DDR an den Olympischen Sommerspielen von Los Angeles. Die eigentlich dafür vorgesehene Summe von 600.000 D-Mark wurde aber nicht gestrichen, sondern lediglich auf 300.000 D-Mark reduziert.[113] Das galt als großzügige Geste von adidas, mit der dem DTSB das Interesse an einer Fortsetzung der Zusammenarbeit signalisiert wurde.

Ein zweiter Nachtrag folgte im April 1985. Aufgrund des starken Anwachsens der Sportveranstaltungen und der damit verbundenen zusätzlichen Ausrüstungskosten erhöhte adidas den im Grundvertrag festgelegten Werbebeitrag von 1985 bis 1988 jährlich um 100.000 D-Mark. Weitere Nachträge folgten im Februar 1986, April 1986 und Juli 1988. Sie beinhalteten die Aufnahme weiterer A-Nationalmannschaften der DDR in den § 1 des Generalvertrages vom November 1983, zusätzliche Materialausrüstungen sowie weitere Erhöhungen der jährlichen Werbebeiträge. Die Nachträge zwei, drei und vier wurden jeweils von Dassler für adidas und Rydz für den Bundesvorstand des DTSB unterzeichnet.

Beide schätzten offenbar die Professionalität des jeweils anderen. Davon zeugt u.a. auch ein vom DTSB herausgegebener Bildband über die Olympischen Sommerspiele in Montreal, der mit einer persönlichen Widmung von Rydz an Dassler übergeben wurde.

Ein letztes Treffen zwischen Dassler und Ewald fand Ende Januar 1987 am Rande eines IOC-Kongresses in Paris statt.[114] Freimütig umriss Dassler die Probleme von adidas auf dem amerikanischen Markt, die zu Entlassungen an deutschen Standorten geführt hatten. Am Ausbau von Wirtschaftsbeziehungen zur DDR zeigte er sich weiterhin sehr interessiert. Er war auch bereit, ein Angebot der von ihm gegründeten Marketingfirma ISL (International Sport and Leisure) an das NOK der DDR nachzubessern. Auch bei diesem Gespräch zeigte sich, wie sehr im Denken und Handeln von Horst Dassler wirtschaftliche und sportpolitische Fragen miteinander verschränkt waren. Allerdings blieb es ihm versagt, seine Pläne zum Aufbau von Lizenzproduktion in der DDR umzusetzen. Horst Dassler verstarb am 9. April 1987. Auf seinen überraschenden Tod reagierte der DTSB mit einer Beileidsbekundung.

Der neue adidas-Geschäftsführer René C. Jäggi[115] setzte in Bezug auf die Gespräche mit DDR-Vertretern den Kurs Dasslers bruchlos fort. Verhandlungen über den Abschluss eines neuen Generalvertrages fanden am 20. Mai 1988 in Ost-Berlin statt. Auf Seiten von adidas nahmen daran Jäggi sowie Antje König,[116] Managerin Promotion International, und für den DTSB Ewald, Rydz und Basel teil.[117] Erneut wünschte der DTSB eine Erhöhung der jährlichen Werbeeinnahmen. adidas bot eine Verlängerung des zum 31. Dezember 1988 auslaufenden Generalvertrages um weitere vier Jahre an.[118] Von 1989 bis Ende 1992 sollten 2,8 Mio. D-Mark pro Jahr gezahlt werden. Die DTSB-Führung war einverstanden, verlangte aber als kleine Zugabe noch die Vorfinanzierung der Teilnahmeprämie für die Olympischen Spiele 1992. Ansonsten sollten die bisherigen Teilnahmeprämien beibehalten werden. Ausrüstungen für Mannschaften, die sich für den Mitropacup (einem Vorgänger des Fußball-Europapokals) qualifiziert hatten, sollte es künftig jedoch nicht mehr geben. Am Mitropacup nahmen nur noch mittelklassige Teams teil, die keine Chance auf einen Europapokalstartplatz hatten. Ewald ließ bei dem Gespräch mit Jäggi auch durchblicken, dass der DTSB an einem Werbevertrag von adidas mit der mehrfachen Olympiasiegerin und Weltmeisterin im Eiskunstlaufen, Katarina Witt, interessiert war; das „schönste Gesicht des Sozialismus" unter Vertrag zu nehmen, schien für adidas verlockend.

Jäggi beauftragte nach den Gesprächen in Berlin Carl J. Junghans mit der Ausarbeitung des neuen Vertrages. Er und John Boulter, seit 1987 Direktor Promotion/International Relation, sandten daraufhin am 10. Juni 1988 ein Telex an Doris Basel in Ost-Berlin und bekundeten Interesse an der Fortsetzung der Zusammenarbeit.[119] Eine Neufassung des Generalvertrages hielten sie indes nicht für erforderlich, sondern insistierten auf einem Nachtrag mit den genannten neuen Konditionen. Dieser nunmehr fünfte Nachtrag wurde im Juli 1988 vereinbart und trat ab 1. Januar 1989 in Kraft. Den fünften und schließlich auch den sechsten, zugleich letzten Nachtrag zum Generalvertrag unterzeichneten Jäggi und Ewald in Ost-Berlin. Der DTSB erhielt ab 1989 2,8 Mio. D-Mark pro Jahr, davon 2,15 Mio. D-Mark in bar und den Rest in Form von Materiallieferungen.[120]

Auch mit anderen Ostblockverbänden verlängerte adidas im Verlauf des Jahres 1988 die Promotion-Verträge. In einer Presseerklärung von adidas hieß es dazu: „adidas unterstreicht damit seine langjährigen guten Beziehungen zu den sozialistischen Staaten und hat sich zum Ziel gesetzt, die geschäftlichen Aktivitäten weiter auszubauen."[121]

Im November 1988 äußerte der DTSB den Wunsch nach einem weiteren Nachtrag und legte dafür einen Textentwurf vor. Der DTSB wollte die Prämienzahlungen für die Teilnahme an den Olympischen Spielen 1992 in Höhe von 600.000 D-Mark nun schon in vier Jahresraten im Voraus erhalten. Zudem strebte er an, die Prämien für die Teilnahme an der Fußball-Weltmeisterschaft, Leichtathletik-Weltmeisterschaft und Schwimm-Weltmeisterschaft in Höhe von maximal 700.000 D-Mark zur Hälfte in Form von adidas-Ware und zur Hälfte in bar – für den Einkauf von Fremdartikeln (Zeitmesstechnik, Kopierer, usw.) – zu bekommen.[122] adidas stimmte diesen Wünschen nach entsprechender Prüfung zu. Im Februar 1989 wurde dieser sechste Nachtrag unterzeichnet.[123]

Im Juli 1989 besuchten Rydz und Basel erneut Herzogenaurach und führten Gespräche mit adidas-Finanzvorstand Hans-Jürgen Martens. Sie kamen überein, die mit dem fünften Nachtrag vereinbarten Materiallieferungen in Höhe von jährlich 650.000 D-Mark für 1989 und 1990 auf jeweils 725.000 D-Mark zu erhöhen. Eine Klausel zur Preisanpassung bot dafür die Grundlage. Damit konnte der DTSB den Ausfall der Prämie für die Teilnahme an der Fußball-Weltmeisterschaft 1990, für die sich die DDR nicht qualifiziert hatte, kompensieren. Erstmals wurden den beiden Ost-Berliner Unterhändlern auch Fremdartikel, ein Fernseh- und ein Videogerät, von adidas bezahlt.[124]

Zwischen 1983 und 1989 hatte der DTSB somit mehr als eine Verdoppelung seiner Einnahmen aus den Promotion- und Prämienverträgen mit adidas erreicht. Dies wurde von Ewald gegenüber der SED-Führung und dem Ministerium für Außenhandel als großer Erfolg verkauft. Angesichts der permanenten Devisenknappheit der DDR war es für den DTSB äußerst wichtig, steigende Deviseneinnahmen nachzuweisen. Damit sollte der Anspruch auf fortgesetzte Zuweisungen aus dem Staatshaushalt untermauert werden. Nach Angaben von Ewald erhielt der Hochleistungssport in den 80er Jahren pro Jahr rund 13 Mio. Valuta-Mark aus dem Staatshaushalt.[125] Auf Rosen gebettet war der DTSB damit wahrlich nicht, doch selbst diese vergleichsweise bescheidenen Beträge für die Sportförderung konnte sich die DDR damals kaum noch leisten.

Im Jahr 1985 nahm der DTSB knapp 5,7 Mio. Valuta-Mark ein und führte diese Summe an den Staatshaushalt ab.[126] Die Einnahmen stammten aus Lehrgängen für ausländische Sportler in der DDR, Bandenwerbung sowie Werbeverträgen mit internationalen Sportartikelherstellern. Rund 2,45 Mio. Valuta-Mark entfielen dabei allein auf den Promotion-Vertrag mit adidas. Dies unterstreicht die überragende Rolle des adidas-Vertrages für den DTSB.

Was für adidas zählte, das war der Werbewert. Da DDR-Sportler in den 80er Jahren, mit Ausnahme des Fußballs, international sehr erfolgreich waren, viele Medaillen gewannen und entsprechend häufig im Fernsehen zu sehen waren, zahlten sich die Promotion-Verträge für die Firma aus.

5.4 Lohn- und Lizenzproduktionen in Jugoslawien und im Ostblock

Jugoslawien: Planika, Slovenijašport und Jugoplastika

Bereits Mitte der 50er Jahre hatte adidas damit begonnen, Lohn- und Lizenzproduktionen im Ausland aufzubauen. Erster Lizenznehmer war eine norwegische Firma in Gjovik.[127] Die Vergabe einer Lizenz bedeutete, einem ausländischen Vertragspartner das Recht einzuräumen, Produkte nach Vorgaben von adidas und unter Verwendung der adidas-Warenzeichen (auch Patente, Gebrauchsmuster und Geschmacksmuster) im Vertragsgebiet selbst herzustellen oder herstellen zu lassen und dort zu vertreiben. Da, anders als bei reinen Warenzeichen-Lizenzen, auch ein steter Know-how-Transfer stattfand, sprach man noch präziser von einem Lizenz- und Know-how-Vertrag.[128] Maßgeblicher Grund für die Einräumung einer Lizenz waren zumeist bestehende Importbeschränkungen in dem betreffenden Land. Dazu konnten beispielsweise Devisenmangel, hohe Einfuhrzölle oder anderer Restriktionen gehören, die den Marktzugang entweder beschränkten oder gänzlich verhinderten.

adidas band den Abschluss von Lizenzverträgen an eine Reihe von Bedingungen. Vor allem durften durch die Lizenzproduktion die adidas-Warenzeichen nicht gefährdet werden. Bestandteil von Lizenzverträgen war eine Pauschale (Lump-sum) für den Know-how-Transfer, die nach Abschluss des Vertrages vom Lizenznehmer zu entrichten war und nicht auf die jährliche Lizenzgebühr angerechnet wurde. Der Pauschalbetrag sollte so bemessen werden, dass damit der gesamte Aufwand bis zum Anlauf der Lizenzproduktion angemessen abgedeckt werden konnte. Die Lizenzgebühren waren entweder in einer bestimmten Relation zum Umsatz oder als Stücklizenz zu bezahlen. Feste Abnahmeverpflichtungen wollte adidas nach Möglichkeit vermeiden.

14 Die Planika Schuhfabrik im slowenischen Turnišče (um 1970)

Der Abschluss von Lizenzverträgen bot beiden Seiten Vorteile: adidas konnte auf diesem Wege leichter neue Märkte erschließen und kostengünstige Produktionen im Ausland aufbauen; die Vertragspartner erwarben das Recht, weltweit bekannte Sportartikel mit dem Know-how von adidas herzustellen und zu vermarkten. Ein Risiko für adidas bestand darin, dass der Lizenznehmer bei Vertragsende zum Wettbewerber, schlimmstenfalls zum Imitator werden konnte. Der Lizenznehmer seinerseits riskierte, in eine zu starke Abhängigkeit von adidas zu geraten. Das Für und Wider von Lizenzverträgen musste daher von beiden Seiten gut abgewogen werden.

Als Vorstufe für spätere Lizenzproduktionen wurden oftmals Verträge zur sogenannten Lohnveredelung geschlossen. In diesen Fällen gab adidas Ware zur Weiterverarbeitung an einen ausländischen Partner ab. Bestimmte

Arbeitsprozesse wurden also aus dem eigenen in ein fremdes Unternehmen ausgelagert. Hauptgrund für solche Verträge war die Ausnutzung eines Lohngefälles. Sofern die Lohnveredelung gut anlief, konnte der Vertragspartner mit den erwirtschafteten Devisen Maschinen und Material kaufen und später Lizenznehmer werden.

Bis Ende der 70er Jahre baute adidas in zahlreichen Ländern – darunter Norwegen, Australien, Argentinien, Japan, Jugoslawien, Schweden, Finnland, Spanien, Italien, Neuseeland, Philippinen, Taiwan, Kenia, Uruguay und Syrien – Lohn- und Lizenzfabrikationen auf.[129] Zu den wichtigsten Lizenznehmern gehörten bereits seit Ende der 60er Jahre jugoslawische Firmen. Die Grundlage dafür bildeten Verträge mit den Firmen Planika in Kranj und Slovenijašport in Ljubljana. Beide Firmen waren in Slowenien, der mit Abstand wohlhabendsten Republik des Vielvölkerstaates, ansässig. Planika besaß eine Schuhfabrik in Turnišče, die nach dem Vertragsabschluss mit adidas einen Boom erlebte, der bis Anfang der 90er Jahre anhielt.

Tabelle 1: Entwicklung der Beschäftigtenzahl und der Schuhproduktion bei Planika 1960 bis 2004

Jahr	Beschäftigte	Schuhproduktion (Paar)
1960	130	70.000
1964	90	105.000
1974	230	318.000
1979	552	1.000.000
1993	813	Keine Daten
1998	568	Keine Daten
2004	387	240.000

Quelle: Zahlen zusammengestellt nach: http://planika.bg/EN/chronology [letzter Zugriff 8.9.2016]

In den 70er Jahren verzeichnete die jugoslawische Wirtschaft hohe Wachstumsraten und erlebte einen Investitionsboom. Ernsthafte Krisenanzeichen wie die rasante Zunahme des Haushaltsdefizits und hohe Inflationsraten wurden ignoriert.[130] Von den Problemen der jugoslawischen Volkswirtschaft waren die adidas-Partner noch bis Ende der 80er Jahre kaum betroffen. Daher setzte adidas auf den Ausbau der Geschäfte.

Im Frühjahr 1985 strukturierte adidas seine Auslandsgeschäfte um. Die adidas-Handels AG in Luzern übernahm einen Teil des Vertriebs.[131] Unter anderem wurde eine Reorganisation der Kooperationsbeziehungen vorbereitet. Die jugoslawischen Partner hatten bis dahin Direktlieferungen an adidas Deutschland und verschiedene adidas-Tochtergesellschaften getätigt. Ihre Exporte sollten ab 1985 über die adidas-Handels AG, Luzern und die adidas Sportschuhfabriken GmbH, Österreich laufen.[132] Dafür war der Abschluss dreiseitiger Kooperationsverträge zwischen der adidas Sportschuhfabriken GmbH, Österreich, der adidas Handels AG, Luzern und den jugoslawischen Unternehmen Slovenijašport (Ljubljana), Planika (Kranj) und Jugoplastika (Split) notwendig.[133]

In den 80er Jahren begann Slovenijašport, mit der Textilproduktion höhere Lizenzumsätze als Planika mit Sportschuhen zu erzielen. adidas weitete die Zusammenarbeit mit Slovenijašport – und deren Kooperationspartnern Pletenina (Ljubljana), Pik (Maribor) und Mura (Murska Sobota) – aus und schloss einen neuen Vertrag mit einer Laufzeit von 1987 bis 1996. adidas lieferte Rohstoffe und Halbprodukte, aber auch Fertigwaren und erhielt im Gegenzug Sport- und Schwimmbekleidung, Sportsocken und Pullover.[134]

Mit Jugoplastika kam in den 80er Jahren ein weiterer Lizenznehmer hinzu. Das 1952 gegründete staatliche Kom-

Tabelle 2: **Lizenzverträge mit jugoslawischen Firmen (Stand 30. Oktober 1987)**

Vertragsdatum (Vorläufer)	Firma	Standort	Produkt	Lizenzgebühr
26.2.1987 (3.3.1967)	Planika	Kranj	Schuhe	1,00–1,50 DM je Paar
10.5.1985 (1967)	Slovenijašport	Ljubljana	Textilien	3 %
11.2.1986 (ca. 1980)	Jugoplastika	Split	Taschen	3 %

Quelle: Stiftungssitzung vom 7.12.1987, TOP 8: neue Lizenzverträge, in: aA, D-BF-17

binat mit Hauptsitz in Split (Kroatien) zählte über 13.000 Beschäftigte, rund 80 Prozent davon waren Frauen.[135] Die Produktionspalette reichte von Textilien bis hin zu Verpackungsmaterial. Jugoplastika produzierte für adidas zwischen 1985 und 1989 pro Jahr 350.000 Sporttaschen und Sportkoffer im Wert von insgesamt 21,1 Mio. D-Mark und bezog von adidas im gleichen Zeitraum Kunstleder und Nylongewebe im Wert von rund 6,5 Mio. D-Mark.[136]

Das Geschäft mit den jugoslawischen Produzenten bot in dieser Zeit aufgrund der günstigen Wechselkursrelation gute Wachstumschancen. adidas wollte die Rückgänge bei den Lizenzumsätzen in Asien durch Zuwächse bei den jugoslawischen Lizenzunternehmen ausgleichen. Mit den neuen Lizenzverträgen wurden die Lizenzgebühren angehoben. Diese Strategie ging bis Ende der 80er Jahre auf. Allein zwischen 1983 und 1987 wuchsen die Lizenzumsätze von 43,4 Mio. D-Mark auf 105 Mio. D-Mark, d.h. um mehr als 100 Prozent.[137] Hinter Gatic (Argentinien) und Descente (Japan) standen die jugoslawischen Firmen damit auf dem dritten Platz unter allen adidas-Lizenznehmern. Auf sie entfielen mehr als zehn Prozent der gesamten Lizenzproduktion von adidas.[138]

Während sich die Wirtschaft in Slowenien und teilweise auch in Kroatien noch immer gut entwickelte, ging es mit der jugoslawischen Volkswirtschaft insgesamt bergab. Die Inflation zog an und erreichte ab 1985 eine jährliche Rate von 100 Prozent. Die Auslandsverschuldung war kaum noch beherrschbar.[139] Im Vielvölkerstaat verstärkten sich die zentrifugalen Kräfte, die schließlich zum Zerfall Jugoslawiens führten. Im Juni 1991 erklärten sich Slowenien und Kroatien für unabhängig. adidas stand vor der Frage, ob die Kooperation mit den dortigen Partnern noch fortgesetzt werden konnte.[140]

Ungarn: Lohnverträge mit Tisza und Gründung der adidas Budapest Kft.

Nachdem adidas Deutschland damit begonnen hatte, Verträge mit jugoslawischen Firmen abzuschließen, wollte auch adidas France in Osteuropa produzieren lassen. Das reformfreudige Ungarn bot sich dafür an. adidas France nahm Kontakt zur größten staatlichen Schuhfabrik Ungarns, Tisza in Martfű, auf.[141] Der ursprünglich zum tschechoslowakischen Schuhkonzern Bata gehörende Betrieb war nach dem Zweiten Weltkrieg verstaatlicht worden und hatte sich zum wichtigsten Schuhproduzenten Ungarns entwickelt. Tisza erreichte in den 70er Jahren eine Jahresproduktion von rund neun Mio. Paar Schuhen und produzierte in einer Qualität, wie sie ansonsten im Ostblock kaum zu finden war.[142]

Im Jahr 1970 wurde ein Pilotvertrag über die Lohnproduktion von 30.000 Paar Fußballschuhen (Modell „La Paz“) mit dem für Tisza zuständigen genossenschaftlichen ungarischen Außenhandelsunternehmen Hungarocoop abgeschlossen. Nachdem Tisza diesen Auftrag zur Zufriedenheit von adidas France realisiert hatte, wurde die Lohnproduktion ab 1971 auf 1,5 Mio. Paar Sportschuhen pro Jahr ausgeweitet.[143] Es folgten weitere Kooperationsverträge mit einer Laufzeit von jeweils fünf Jahren.[144] Bei guter Qualität sollte die Produktion bis 1985 sogar auf bis zu drei Mio. Paar erweitert werden.

Mit der Rolle des Lohnproduzenten gab sich Tisza nicht zufrieden, sondern begann mit dem Aufbau einer eigenen, weltmarktfähigen Marke. adidas diente dabei, sofern man es positiv ausdrücken möchte, als Vorbild. Das Markenzeichen für die neuen Tisza-Sportschuhe war den drei Streifen nachempfunden. Sie wurden ab 1976 auf denselben Maschinen gefertigt wie die Sportschuhe für adidas. Mit den adidas-ähnlichen Sportschuhen erzielte Tisza im In- und Ausland beachtliche Verkaufserfolge. Da sich die Markenzeichen von adidas und Tisza ähnelten, ging adidas juristisch gegen den ungarischen Betrieb vor. Es kam zu einem Kompromiss: adidas stimmte der Nutzung des „T“ auf der Außenseite der ungarischen Schuhe zu, im Gegenzug verzichtete Tisza auf ein weiteres „T“ auf der Innenseite und bildete stattdessen einen einzelnen Streifen ab.[145]

Auch Sporttaschen und Textilien ließ adidas seit 1975 in Ungarn in Lohnproduktion herstellen. Mit rund 500.000 Taschen pro Jahr erreichte die Fertigung in der ersten Hälfte der 80er Jahre ihren Höhepunkt. Vertragspartner auf ungarischer Seite war wiederum Hungarocoop.[146]

Mitte der 80er Jahre war der Höhepunkt der Lohnproduktion von Sportschuhen in Ungarn überschritten. Die technischen Einrichtungen bei Tisza waren zum Teil veraltet, was zu Qualitätsproblemen führte. Nach wie vor musste der Betrieb sämtliche Hauptmaterialien importieren, da qualitativ geeignetes Leder in Ungarn nicht zu beschaffen war.[147] Ein neuer, im Juni 1985 zwischen adidas und Hungarocoop geschlossener Kooperationsvertrag sah daher für die Jahre von 1986 bis 1990 nur noch eine jährliche Produktion von 1,5 Mio. Paar Sportschuhen vor.[148] Doch diese Größenordnung wurde nicht mehr ganz erreicht. Der Markt für Sportschuhe befand sich im Umbruch, was adidas vor allem in den USA zu spüren bekam. Im Dezember 1990 wurde mit Hungarocoop nur noch ein Einjahresvertrag geschlossen. Preise und Mengen sollten fortan jeweils pro Saison festgelegt werden. Letztmalig wurde der Vertrag 1991 für ein Jahr verlängert, zum Dezember 1992 lief er aus. adidas suchte nach Alternativen. Die zweitgrößte ungarische Schuhfabrik, Sabaria in Szombathely, bot sich als neuer Partner an. Zu einem Vertragsabschluss kam es jedoch nicht mehr.

Chancen und Grenzen eines Joint Ventures

Mitte der 80er Jahre taten sich für adidas erstmals Perspektiven für Direktinvestitionen in Ungarn auf. Dies hing mit den Versuchen der ungarischen Regierung zusammen, die immer bedrohlicher erscheinenden wirtschaftlichen Probleme des Landes durch weitere Schritte in Richtung Marktwirtschaft sowie ein Programm zur Liberalisierung der politischen Ordnung in den Griff zu bekommen. Große Hoffnungen setzten die Ungarn auf die Gründung von Joint Ventures, um westliches Kapital und Know-how ins Land zu holen.

Seit Anfang 1984 verhandelte adidas mit mehreren ungarischen Stellen über die Gründung eines Joint Ventures für die Vermarktung von Sportartikeln.[149] Schon bestehende Exporte aus Ungarn an adidas-Firmen sollten künftig über ein Joint Venture abgewickelt werden. Zudem bot sich die Chance, mit der Erschließung des ungarischen Binnenmarktes zu beginnen. Diesem Ziel sollte der Aufbau eines adidas-Prestige-Einzelhandelsgeschäfts in Budapest dienen.

Am 10. Dezember 1985 konnte die adidas Budapest Kft. gegründet werden.[150] Am Stammkapital des Unternehmens in Höhe von 2,5 Mio. D-Mark waren adidas mit 51 Prozent, die ungarische Außenhandelsbank und die Firma Tricotex mit jeweils 15 Prozent, Hungarocoop mit zehn Prozent und Artex mit neun Prozent beteiligt. Die Anlaufkosten des Unternehmens wurden von der ungarischen Außenhandelsbank bis zu einer Höhe von zwölf Mio. Forint kreditiert.[151]

Die adidas Sportschuhfabriken, Adi Dassler Stiftung &. Co. KG und die adidas Budapest Kft. unterzeichneten im Dezember 1986 ein Lizenzabkommen.[152] Die Lizenzgebühren wurden im Unterschied zur sonst üblichen Praxis auf lediglich ein Prozent festgesetzt. Das Abkommen berechtigte die adidas Budapest Kft. zum Alleinvertrieb von in Ungarn hergestellten und importierten adidas-Produkten. Mit zunächst 20 Beschäftigten wurde für 1987 ein Umsatz von acht Mio. D-Mark angepeilt.[153] Das Budapester adidas-Geschäft zog nicht nur Einheimische, sondern auch zahlreiche Touristen aus anderen Ostblockstaaten an, auch wenn diese aufgrund der streng limitierten Umtauschsätze nur über wenige Forint verfügten.

Umsatz und Gewinn der adidas Budapest Kft. entwickelten sich in der Folgezeit sehr gut. Trotzdem drohte dem Joint Venture nur drei Jahre nach seiner Gründung das Aus. Schuld daran waren neue devisenrechtliche Bestimmungen der ungarischen Regierung. Diese sahen vor, dass ein bestimmter Mindestexport in westliche Staaten realisiert werden musste, bevor ein Teil der Einnahmen für Importe zur Verfügung gestellt werden konnte. Der ungarische Staat reagierte mit diesen Maßnahmen zur Devisenbewirtschaftung auf die dramatische Auslandsverschuldung des Landes. Ungarn war 1982 dem Internationalen Währungsfonds (IWF) beigetreten und wollte seine Zahlungsbilanzprobleme durch strenge Import- und Exportkontrollen in den Griff bekommen.

Im Fall von adidas hatten die ungarischen Lieferungen 1985 mit Waren im Wert von mehr als 36 Mio. D-Mark ihren Höhepunkt erreicht. Doch ab 1986 gingen die Exporte an adidas von Jahr zu Jahr zurück und lagen 1988 unter 25 Mio. D-Mark.[154] Hauptursache dafür waren wiederum die Probleme von adidas auf dem US-Markt, wo ein Großteil der in Ungarn produzierten Schuhe verkauft wurde. Verschärfend hinzu kamen die Konkurrenz aus Fernost und interne Probleme der ungarischen Hersteller.[155]

Zu einem Scheitern des Joint Ventures wollten es jedoch weder adidas noch die ungarischen Partner kommen lassen. Im Vorfeld eines Besuchs von René C. Jäggi und Brigitte Baenkler-Dassler im Juni 1988 in Budapest loteten beide Seiten die Chancen für einen Kompromiss aus. Ein ungarischer Politiker offerierte dafür in einem privaten Schreiben an Brigitte Baenkler-Dassler Vorschläge.[156] adidas sollte für die nächsten Jahre neue Produktionen in Ungarn in Aussicht stellen. Im Gegenzug würde dann von ungarischer Seite das Devisenverhältnis geändert werden. Auch ein Hinweis auf das gewachsene Interesse der Konkurrenz an Sponsoring-Verträgen mit ungarischen Sportlern fehlte nicht. Erforderlich sei ein Strategieplan von adidas für die osteuropäischen Länder.

Bei adidas sah man die von den ungarischen Behörden verordneten Devisenquoten skeptisch.[157] Bauer verwies die Geschäftsführung darauf, dass der ungarische Staat sein Außenhandelsmonopol de facto aufgegeben hatte. adidas müsse sich daher nicht mehr an frühere Absprachen gebunden fühlen, nach denen die adidas Budapest Kft. selbst keine Exporte in westliche Länder durchführt. Damit würden auch die von den ungarischen Behörden verordneten Quoten ihren Sinn verlieren. Die gegenwärtige Regelung würde zur Insolvenz der adidas Budapest Kft. führen. Bauer empfahl angesichts der starren Position der ungarischen Partner ein hartes Vorgehen. Der Vorstandsvorsitzende Jäggi folgte seiner Empfehlung. In Schreiben an den Präsidenten der Nationalbank Ferenc Bartha und den Staatssekretär im Ministerium für Handel und Industrie, László Szabó, legte er nach seinem Besuch in Budapest die Position von adidas dar und bat um eine Änderung der Quotenregelung. Andernfalls wäre adidas gezwungen, „zum 31.12.1988 sämtliche Aktivitäten aufgrund von Devisenknappheit in Ungarn einzustellen".[158]

Die ungarischen Außenhandelsbetriebe schlugen daraufhin eine Zusammenarbeit mit dem adidas-Partner Slovenijexport vor. In diesem Falle hätte die adidas Budapest Kft. Wareneinkäufe ohne Inanspruchnahme der Devisendisponibilität tätigen können.[159] Interessanter erschien der Geschäftsführung von adidas die Idee des stellvertretenden ungarischen Ministerpräsidenten Péter Medgyessy, für die adidas Budapest Kft. eine Sondervereinbarung zu schließen.[160] Sándor Fazekas vom Ministerium für Handel und Industrie unterstützte diesen Vorschlag.[161] Für 1988 wurde der adidas Budapest Kft. einer Devisenzuteilung von sieben Mio. D-Mark zugesichert. Damit war die Gefahr der Liquidation des so gut gestarteten Unternehmens abgewendet. Allerdings blieb das Grundproblem des Joint Ventures ungelöst. Nur im Fall steigender ungarischer Exporte an adidas war auf mittlere Sicht eine ausreichende Finanzierung der adidas Budapest Kft. gesichert. Das Modell des Joint Ventures für den Ost-West-Handel hatte viel von seinem Reiz verloren.

Lizenzverhandlungen mit der DDR, der ČSSR und Bulgarien

Nachdem es mit Ungarn zum Abschluss eines Lizenzvertrages gekommen war, schien das Eis gebrochen. adidas wollte nun auch in anderen Ostblockländern produzieren lassen. adidas Deutschland und adidas France lieferten sich einen regelrechten Wettlauf um weitere Vertragsabschlüsse. Marketingfachleute aus Herzogenaurach sondierten in der DDR und Bulgarien, ihre „Konkurrenten" aus Landersheim in der UdSSR und ČSSR.

Die Schuhindustrie der DDR hatte nach Jahren der Stagnation deutliche Fortschritte gemacht. Die wichtigsten Hersteller waren im VEB Kombinat Schuhe Weißenfels zusammengeschlossen worden. Da in der DDR Produktion und Außenhandel voneinander getrennt waren, musste adidas mit dem jeweils zuständigen Außenhandelsbetrieb (AHB) verhandeln. In diesem Fall war das der AHB Unionexport, Ost-Berlin, der dem Ministerium für Außenhandel direkt unterstand. Im Frühsommer 1976 legte adidas einen Vertragsentwurf vor.[162] Dieser sah eine zunächst auf fünf Jahre begrenzte Produktion von Fußballschuhen in der DDR vor. In den ersten beiden Jahren sollten von einem DDR-Betrieb jeweils mindestens 100.000 Paar Fußballschuhe aus der adidas-Kollektion produziert werden. adidas war bereit, diese Schuhe für den Verkauf in der DDR zur Verfügung zu stellen. Der „adidas-Qualitätsstandard" sollte durch periodische Qualitätskontrollen beim Herstellerbetrieb gewährleistet werden. Der Lieferpreis sollte jeweils für mindestens ein Jahr gelten, durfte aber nicht über „den von anderen ausländischen Bezugsquellen, insbesondere in Jugoslawien, für gleiche oder vergleichbare Schuhe in Rechnung gestellten günstigen Preisen" liegen.[163] Der Vertragsentwurf folgte in allen wesentlichen Punkten den von adidas mit jugoslawischen und ungarischen Herstellern geschlossenen Verträgen.

Alfred Bente war zum Geschäftsabschluss entschlossen und sandte den Entwurf Mitte Juni 1976 an Unionexport. Am 22. Juli 1976 erhielt er jedoch eine abschlägige Antwort vom Direktor des AHB Unionexport, Matylewicz.[164] Unionexport sah die im Vertrag vorgesehenen Rechte des Verkäufers zu stark eingeschränkt und sagte einen bereits für Ende Juli avisierten Gesprächstermin ab. Bente war darüber sehr enttäuscht.[165]

15 Unterzeichnung des ersten Lizenzvertrages zwischen adidas und dem sowjetischen Außenhandelsunternehmen Licensintorg (LIT) (23. Mai 1978)

Ob es wirklich nur die von Matylewicz genannten wirtschaftlichen Gründe waren, die zum Scheitern der Verhandlungen führten, darf bezweifelt werden. Ein Geschäft mit adidas war ein Politikum und bedurfte der Zustimmung des für Sportpolitik verantwortlichen Mitglieds des ZK der SED, Paul Verner, sowie des DTSB. Die DTSB-Führung stand aber in dieser Zeit der Professionalisierung des Sports noch sehr ablehnend gegenüber und betrachtete Kontakte zum führenden Sportartikelhersteller der Welt argwöhnisch.[166] Lediglich an Kleinstgeschäften, wie dem Kauf von 2.500 Stück Cordhosen von adidas, zeigten sich AHBs der DDR interessiert.[167] Für adidas war es in dieser Zeit einfacher, in anderen Ostblockländern zu erfolgreichen Abschlüssen zu kommen als in Ost-Berlin.

Sogar mit der ČSSR, deren Sportführung einen ähnlich restriktiven Kurs verfolgte wie der DTSB, konnte adidas France 1982 einen Lohnveredelungsvertrag für Sportschuhe schließen. Partner wurde das Kombinat JAS Bardejov in der Ostslowakei. Es handelte sich um eine der größten Schuhfabriken der ČSSR mit insgesamt rund 8.000 Beschäftigten.[168] Es erstaunt ein wenig, dass der Vertrag mit der traditionsreichen tschechoslowakischen Schuhindustrie erst 1982 zustande kam. Vor dem Zweiten Weltkrieg war der in der ČSSR schließlich verstaatlichte Bata-Konzern der weltweit größte Exporteur von Lederschuhwerk gewesen.[169] Unter sozialistischen Bedingungen belieferten die tschechoslowakischen Schuhhersteller überwiegend die Länder des Ostblocks, vor allem die Sowjetunion.

Bereits im Oktober 1984 war ein Lizenzvertrag für die Herstellung und den Vertrieb von Schuhen und Bällen mit dem bulgarischen Kombinat DSO Mladost, Sofia, unterschrieben worden.[170] Erstmals wurde darin einem Lizenznehmer das Recht zugesichert, in andere Ostblockstaaten, mit Ausnahme von Ungarn und Jugoslawien, zu exportieren. Weitere Verträge, die nun auch die Produktion von Bällen und Textilien betrafen, wurden mit DSO Mladost im Mai 1986 abgeschlossen.

UdSSR: Lizenzvertrag mit Licensintorg

Bereits einige Jahre vor dem Abschluss der Verträge mit tschechoslowakischen und bulgarischen Staatsbetrieben war adidas ein großer Wurf in der Sowjetunion gelungen. Am 23. Mai 1978 wurde zwischen der adidas Sportschuhfabriken Adi Dassler KG und der Allunions-Export-Import Vereinigung „Licensintorg“ (LIT) ein Lizenzvertrag unterzeichnet.[171] Dieser war nach sehr schwierigen Verhandlungen zustande gekommen. Der von den Dasslers mit der

16 In Moskau produzierte adidas Sportschuhe des Modells „Sputnik" (1983)

Ausarbeitung des Vertrages beauftragte Rechtsanwalt Dieter Louis teilte der Familie mit, dass das „Vertragswerk gerade noch an der Grenze dessen liegt, was mir im Hinblick auf die Interessenlage von adidas vertretbar erschien. Unter anderen Umständen, wenn also nicht in diesem Falle ganz spezielle Gründe für das Zustandekommen des Vertrages vorgelegen hätten, würde ich von der Unterzeichnung des Vertrages abgeraten haben."[172] Die sowjetischen Verhandlungsführer hatten bei den Lizenzgebühren, der Abnahmeverpflichtung und der Haftungsfrage von adidas erhebliche Zugeständnisse erreicht. Unter anderem brauchte LIT nicht, wie sonst üblich, kalenderjährliche Mindestlizenzgebühren zahlen. adidas ging auf diese Bedingungen ein, um rechtzeitig zu den Olympischen Sommerspielen in Moskau die prestigeträchtige Lizenzproduktion in der Sowjetunion beginnen zu können.

Der Lizenzvertrag vom Mai 1978 hatte eine Laufzeit von drei Jahren und wurde mehrfach verlängert und erweitert.[173] Ergänzend zum Lizenzvertrag schlossen adidas und LIT am 6. Dezember 1978 ein „Abkommen über die Zusammenarbeit auf dem Gebiet der Herstellung und des Absatzes von Sportschuhen". Dieses Zusatzabkommen regelte die Kompensationslieferungen aus der UdSSR und die Materialbeschaffung für die sowjetischen Betriebe.[174] Die sowjetische Seite musste die Einhaltung der von adidas gesetzten Qualitätsstandards garantieren und den Materialeinkauf über adidas abwickeln. Die Preise für die von den sowjetischen Betrieben zu liefernden Sportschuhe sollten sich am jugoslawischen, rumänischen und ungarischen Preisniveau orientieren. Bei adidas sah man die RGW-Länder (Rat für gegenseitige Wirtschaftshilfe)[175] als einen wirtschaftlichen Großraum mit ähnlichen Rahmenbedingungen an – wobei Jugoslawien zwar eine Sonderrolle spielte, einigen Organen des RGW aber seit 1964 ebenfalls angehörte. Der Einfachheit halber wurden die Verträge mit RGW-Ländern daher nach demselben Muster gestaltet.

adidas unterstützte seine sowjetischen Partner beim Aufbau von Sportschuhproduktionen in Moskau, Kiew, Tbilissi (Tiflis) und Jerewan und stellte dafür auf Grundlage des Lizenzvertrages Produktbeschreibungen, technische Dokumentationen, Patente, Warenzeichen und Zukaufteile zur Verfügung. Der Schutz des Markennamens hatte für adi-

17 Übergabe des sowjetischen Olympiamaskottchens an adidas Firmenchefin Käthe Dassler (1980)

das dabei oberste Priorität und der Lizenzvertrag besaß Vorrang gegenüber dem Zusatzabkommen Der Lizenzvertrag und das Zusatzabkommen stellten einen Coup dar. Bis dahin galten die sowjetischen Sportfunktionäre als eiserne Verfechter des Amateurstatus und Gegner der Kommerzialisierung. Doch nun hatten sie mit Blick auf die Olympischen Sommerspiele in Moskau 1980 ihre nicht mehr zeitgemäßen Prinzipien aufgegeben. Dies hatte Signalwirkung für den gesamten Ostblock.

In Herzogenaurach entschied man sich, das Inkrafttreten des Lizenzvertrages medial groß herauszustellen. In der Presseerklärung wurde darauf verwiesen, dass dieser Vertrag Teil eines Gespräches war, dass der Erste Vorsitzende des Obersten Sowjets Leonid I. Breschnew anlässlich seines Staatsbesuchs in der Bundesrepublik Anfang Mai 1978 mit Brigitte Baenkler-Dassler geführt hatte.[176]

Längst nicht alle führenden sowjetischen Parteifunktionäre waren über die Verträge mit adidas glücklich. Hinter den Kulissen gab es heftige Kritik. Besonders hervor tat sich dabei Marat Gramow, stellvertretender Vorsitzender der Propagandaabteilung beim Zentralkomitee (ZK) der KPdSU. Er sah im Promotion-Vertrag ein Diktat von adidas und forderte eine drastische Beschneidung der exklusiven Werberechte des Herzogenauracher Unternehmens.[177] Mit seinem Protest drang Gramow aber nicht durch. Nachdem er 1981 Vorsitzender des Staatlichen Sportkomitees beim Ministerrat der UdSSR wurde und die Nachfolge von Pawlow antrat, wandelte auch Gramow sich vom Kritiker zum adidas-Sympathisanten.

Beginn der Lizenzproduktion in der Sowjetunion

Der Produktionsbeginn in der Sowjetunion war für Mitte 1979 avisiert. Dieser Termin konnte jedoch nicht eingehalten werden. Anfang April 1980 reisten adidas-Mitarbeiter nach Moskau, um den Produktionsbeginn beim Experimentellen Kombinat für Sportartikel (EKSI) zu begleiten. Sie gewannen zwiespältige Eindrücke: „Die gute Qualität der Erzeugnisse, der harmonische technische Ablauf und die Sauberkeit waren zum Teil ‚Kosmetik'."[178] Das sowjetische Leder unterlag starken Qualitätsschwankungen, auch hatte es EKSI versäumt, rechtzeitig mit jugoslawischen Lieferanten Verträge abzuschließen, sodass ein Produktionsstillstand von vier bis sechs Wochen drohte. adidas griff helfend ein und übernahm kurzfristig die Beschaffung von Materialien aus Jugoslawien. Ende Mai 1980 begann die Ausbildung sowjetischer Fachleute in Herzogenaurach und in Jugoslawien.[179]

Der Beginn der Lizenzproduktion fiel in eine Zeit sich verschärfender Ost-West-Spannungen. Sowjetische Truppen waren Ende 1979 in Afghanistan einmarschiert, was zur Aufforderung der amerikanischen Regierung an ihre Verbündeten führte, die Olympischen Sommerspiele in Moskau zu boykottieren. Das deutsche NOK kam der

18 Ab 1982 wurden Fußballschuhe des Modells „Breitner Super" von der Schuhfabrik EKSI in Moskau produziert

19 Schuhkarton „Breitner Super" aus sowjetischer Produktion

Empfehlung der Bundesregierung nach und stimmte am 15. Mai 1980 – nach heftigen Debatten mit 59:40 Stimmen – für ein Fernbleiben von den Spielen. Der Großteil der westeuropäischen NOKs widersetzte sich hingegen den Empfehlungen der Regierungen und vereinbarte differenzierte Formen des Protests. Die Geschäftsführung von adidas war aus verständlichen Gründen gegen den Boykott und setzte die Kooperation mit EKSI fort.

Die ersten 40.000 Paar adidas-Schuhe aus sowjetischer Produktion wurden während der Olympischen Sommerspiele innerhalb weniger Stunden verkauft. Der Verkauf fand nicht in Geschäften statt, sondern auf den Straßen von Moskau. Die Kunden standen vor den Lieferwagen oft viele Stunden Schlange, um die begehrten Sportschuhe zu erwerben. Um dieses Käuferverhalten zu verstehen, muss man sich in die Zeit der Mangelwirtschaft in der Sowjetunion zurückversetzen. Sportschuhe aus westlicher Produktion galten als Luxus und waren bis dahin nur wenigen Sportstars vorbehalten gewesen. Diese Schuhe nun ebenfalls tragen zu können, war eine Frage des Lifestyles. Die Nachfrage übertraf alle Erwartungen.[180]

Von den Anlaufproblemen der adidas-Lizenzproduktion bei EKSI erfuhren die Kunden nichts. Die ersten Lieferungen von Exportschuhen erfüllten nicht die von adidas vorgegebenen Qualitätsstandards, was auf nachlässige oder unsaubere Arbeit zurückgeführt wurde.[181] Die sowjetischen Partner machten demgegenüber technische Probleme geltend.

Wiederholt kam die Produktion infolge von Materialmangel zum Stillstand.[182] Einige sowjetische Zulieferer kamen ihren vertraglichen Verpflichtungen nicht nach. Auch mussten neue, aus der Bundesrepublik eingeführte Maschinen erst zum Laufen gebracht werden. Bei der Planung der Materialbestellungen kam es zu groben Fehlern und Verzögerungen. Der Einkauf von adidas leitete alle möglichen Hilfsmaßnahmen ein. Unter anderem wurde Material von Herzogenaurach per Lkw nach Moskau transportiert.

Anfang 1982 wurde von EKSI die Produktion eines neuen Fußballschuhs Modell „Breitner Super" aufgenommen. Qualitätsmängel zwangen jedoch zur Produktionsunterbrechung.[183] Diese wurde von einer sowjetischen Expertenkommission auf technische Mängel bei den deutschen Maschinen zurückgeführt, was die Experten von adidas verneinten und mehr Eigeninitiative bei der Behebung von technischen Problemen forderten. „Unser Fehler war es, zu glauben, dass das, was in SEF (Scheinfeld/Franken) möglich ist, auch in Moskau möglich sein müsste."[184]

EKSI konnte im Jahr 1982 seine Exportverpflichtungen gegenüber adidas aufgrund der hier nur angedeuteten Anlaufprobleme nicht realisieren. Trotzdem war adidas an einer einvernehmlichen Beseitigung der Produktionshemmnisse interessiert, da sich ein Ausbau des Geschäfts in der Sowjetunion abzeichnete. Aus Moskauer Insiderkreisen erfuhr Dr. Mühleder – er war bei adidas der Verantwortliche für die Handelsbeziehung zur Sowjetunion – dass sich das Sportkomitee „den Lizenzvertrag mit adidas aufgrund der besseren Verbindungen und unter Ausnutzung fehlender Leitlinien im Leichtindustrie-Ministerium der UdSSR unter den Nagel gerissen" hatte.[185] Sportminister Sergej Pawlow sah in der Kooperation mit adidas ein Prestigeprojekt und signalisierte sein Interesse an einer Ausweitung der Lizenzproduktion. In der Tat wurde bereits 1983 mit verschiedenen sowjetischen Ministerien über die Aufnahme von Lizenzproduktionen von Skilanglaufschuhen und Tennisschlägern verhandelt.[186] Auch konnte adidas Verträge über die Lieferung von Tennisbekleidung in die Sowjetunion in Millionenhöhe abschließen. Angesichts dieser Perspektiven befürwortete die Abteilung Export von adidas die Verlängerung des Lizenzvertrages, der andernfalls Ende 1985 ausgelaufen wäre.

Verlängerung und Erweiterung des Lizenzvertrages mit Licensintorg

Die Weichen für die Vertragsverlängerung waren gestellt, als im Sommer 1983 die Rücksendung von über 7.000 Paar Fußballschuhen nach Moskau wegen einer Reklamationsquote von 30 Prozent die Beziehungen zu den sowjetischen Partnern belastete.[187] Die Juristen von LIT zweifelten sowohl die Korrektheit der von adidas gelieferten Technologie als auch die Qualität des Materials an. Die Sachlage war nicht eindeutig zu klären. Ein Präzedenzfall erwuchs daraus jedoch nicht. Auch in anderen Ländern hatte adidas immer wieder mal mit Qualitätsproblemen bei seinen Lizenznehmern zu kämpfen. Zumeist ließen sich diese Probleme gütlich regeln. Im spezifischen Fall der Lizenzproduktion in Moskau sprachen sowohl sportpolitische als auch wirtschaftliche Gründe dagegen, den Konflikt überzubewerten, zumal es nur um einen vergleichsweise kleinen Streitwert ging. Die Erschließung des sowjetischen Marktes hatte erst begonnen und LIT stellte weitere Produktionen und damit eine erhebliche Vergrößerung des Absatzes in Aussicht. Im Interesse der künftigen Geschäftsbeziehungen verzichtete adidas daher auf die Stornierung der besagten Lieferung, womit einer Erweiterung der Lizenzproduktion in der UdSSR nichts mehr im Wege stand.

Am 27. Oktober 1984 unterzeichneten adidas und LIT einen neuen Lizenzvertrag mit einer Laufzeit von sieben Jahren.[188] Anfang 1985 konnte daraufhin ein Abkommen mit dem Ministerium für Leichtindustrie über die Produktion und den Vertrieb von 200.000 bis 300.000 hochwertigen Skilanglaufschuhen pro Jahr geschlossen werden.[189] Diese Produktion wurde in Kiew aufgezogen. Mit der Ausweitung der Produktion in der Sowjetunion entwickelte sich LIT zu einem der weltweit wichtigsten Lizenznehmer von adidas.

Nachdem im März 1985 der Reformer Michail Gorbatschow zum neuen Generalsekretär der KPdSU gewählt worden war, begann in der Sowjetunion eine Politik der Offenheit (Glasnost) und Umstrukturierung (Perestroika). Gorbatschows strategische Ziele waren eine grundlegende Erneuerung des sozialistischen Systems und die Beendigung des Kalten Krieges. Ein durchdachtes Konzept zur Reformierung der sowjetischen Wirtschaft besaß er nicht. Dennoch sahen sich die bereits in der Sowjetunion tätigen ausländischen Firmen in ihrem Engagement bestätigt und hofften auf eine Liberalisierung des Handels.

20 Besuch einer sowjetischen Handelsdelegation im adidas-Schuhmuseum in Herzogenaurach (1987)

Der Leiter des Sportschuhbereichs von adidas, Uwe Breithaupt, besprach 1987 mit dem Ministerium für Leichtindustrie der UdSSR neue Projekte. Es ging um Lohnveredelungsverträge, die Erweiterung der Lizenzproduktion und die Errichtung eines Joint Ventures.[190] Im Dezember 1987 schlossen adidas und LIT einen weiteren Lizenzvertrag. Dieser sah den Aufbau einer Lizenzproduktion für Trainingsanzüge, Fußballtrikots, T-Shirts in der georgischen Hauptstadt Tbilissi ab 1989 vor.[191] Beliefert werden sollten der sowjetische Markt und andere Ostblockländer, ausgenommen Ungarn und Bulgarien. Außerdem wurde über die Produktion von adidas-Trainingsanzügen in Charkow verhandelt. Die sowjetische Seite drängte darauf, dass adidas mindestens zehn Prozent der Gesamtproduktion abnehmen sollte, mindestens aber den Gegenwert der jährlichen Lizenzgebühr.[192] Ganz ähnlich verliefen die Gespräche in Vilnius, der Hauptstadt der Litauischen SSR.

Die UdSSR befand sich Ende der 80er Jahre, nach einer Reihe von zaghaften Wirtschafts- und Verwaltungsreformen, in einer Krise. Die Zuständigkeiten wechselten rasch, die einzelnen Sowjetrepubliken strebten nach größerer Autonomie und die Wirtschaftsleistung stagnierte. Ab 1. Januar 1987 trat die Allunionsvereinigung „Internationales Alpinensportzentrum“ an die Stelle von LIT.[193] Bereits am 21. Januar 1987 wurde diese Allunionsvereinigung mit der Devisenabteilung der Allunionsvereinigung „Sojussportobespetschenie“ zusammengelegt und erhielt den Namen „Sovintersport“.[194] Damit trat ein neuer, rasch an Bedeutung gewinnender Akteur auf den Plan. Das Unternehmen war für die Organisation von Sportveranstaltungen in der UdSSR und im Ausland, für Auslandreisen der sowjetischen Sportler und Trainer sowie für den Ex- und Import von Sportausrüstungen und den Abschluss von Werbeverträgen mit ausländischen Firmen verantwortlich.[195] Sovintersport zog die Verhandlungen mit adidas an sich und schloss 1990 mit dem Herzogenauracher Unternehmen Verträge über den Kauf von Sportartikeln und das Sponsoring von Sportlern und Vereinen.[196]

Gorbatschows Reformpolitik führte zu größeren Freiräumen für die Akteure in der Wirtschaft, vermochte es aber nicht, das System der Planwirtschaft effizienter zu gestalten. Im Gegenteil, die Wirtschaftsleistung sank und die Auslandsverschuldung stieg. Daher bestanden alle Verhandlungspartner von adidas darauf, die Lizenzgebühren nur durch Warenlieferungen zu bezahlen. Dies veranlasste den Leiter der Rechtsabteilung von adidas, Carl J. Junghans, 1987 zum Abfassen eines Grundsatzpapiers.[197] Er führte mehrere Voraussetzungen für die Lizenzvergabe ein und sprach sich dafür aus, künftige Lizenzgeschäfte restriktiv zu handhaben: „Bei den Verhandlungen in der UdSSR, ČSSR und DDR ist deutlich geworden, dass (jedenfalls in Zukunft) Lizenzvereinbarungen dort nur noch möglich sein werden, wenn parallel dazu durch Exportgeschäfte entsprechende Devisenmittel zur Aufbringung der Lizenzzahlungen in D-Mark beim Lizenznehmer erwirtschaftet werden können."[198]

Allen inneren Problemen der Sowjetunion zum Trotz wurde der Lizenzvertrag mit LIT am 4. Oktober 1990 bis zum 31. Dezember 1995 verlängert und nochmals erweitert.[199] Die Sportschuhproduktion am Standort Kiew sollte verdoppelt und die Kollektion um 14 neue Modelle für die Sportarten Tennis, Lauf, Training und Baseball ergänzt werden. adidas verpflichtete sich, jährlich bis zu 15 Prozent der Jahresproduktion, jedoch maximal 150.000 Paar Schuhe bei EKSI einzukaufen. Die Vereinbarung mit dem Kombinat „Sport" in Jerewan in Armenien wollte adidas nur noch um ein Jahr verlängern. In den späten 80er Jahren wurde die Tendenz zur Selbstständigkeit der Unionsrepubliken immer spürbarer, was für adidas einen Wechsel von Ansprechpartnern nach sich zog.

5.5 Produktionsstandort DDR?

Verhandlungen mit DDR-Betrieben

Nachdem adidas in mehreren Ostblockländern Sportschuhe, Sportbekleidung und Taschen produzieren ließ, schien es nur eine Frage der Zeit zu sein, bis es auch mit DDR-Betrieben zu entsprechenden Verträgen kommen würde. Unter der Leitung von Alfred Bente waren diesbezügliche Verhandlungen, wie bereits dargestellt, in den späten 70er Jahren zunächst gescheitert. Nach der Rückkehr von Horst Dassler nach Herzogenaurach wurde das DDR-Projekt wieder aufgegriffen.

In der Leichtindustrie der DDR vollzogen sich in dieser Zeit bemerkenswerte Veränderungen.[200] Die Betriebe erhielten mehr Investitionsmittel, um ihr Anlagevermögen zu erneuern.[201] Zugleich suchte der Außenhandel der DDR eine stärkere Kooperation mit westdeutschen Firmen. In weit größerem Umfang als zuvor wurden Konsumgüter, vor allem Schuhe, aus westlichen Ländern importiert. Vorreiter beim Schuhgeschäft mit der DDR war seit dem Herbst 1973 die Salamander AG, Kornwestheim.[202] Beim Import sollte es jedoch nicht bleiben. Die DDR strebte den Abschluss von Lizenzabkommen an, um im eigenen Land Schuhe nach westlichen Standards zu produzieren. Im Jahr 1976 vereinbarten die Salamander AG und das Außenhandelsunternehmen Interpelz, Leipzig, eine Lizenzproduktion. In der DDR wurde dafür der Ausdruck Gestattungsproduktion verwendet. Pro Jahr sollten rund fünf Mio. Paar Salamander-Schuhe in der DDR gefertigt werden.[203]

Im Oktober 1977 verabschiedete das Politbüro der SED einen Beschluss „zur Entwicklung der Versorgung der Bevölkerung mit Exquisit- und Delikat-Erzeugnissen". Dieser sah die Produktion von hochwertigen Waren, vor allem Schuhen, Textilien und Bekleidung, vor. Die im Rahmen von Lizenzabkommen mit westdeutschen Unternehmen hergestellten Waren wurden in speziellen Läden deutlich über den Preisen für gewöhnliche Waren aus DDR-Produktion verkauft. Die Exquisit-Läden sollten die Bedürfnisse der Kunden nach hochwertigen und modischen Waren befriedigen und Kaufkraft abschöpfen. Im Jahr 1982 gab es in der DDR bereits 320 Exquisit-Läden. Ihr Anteil am Gesamtumsatz bei Textilien, Bekleidung und Schuhe lag bei rund 15 Prozent.[204] Trotz der hohen Preise für Exquisit-Erzeugnisse stieg die Nachfrage rascher als das Angebot. Daher wurde im Juni 1983 die Ausweitung der Exquisit-Produktion beschlossen.

In diesem Zusammenhang mussten die Staatliche Plankommission und das Ministerium für Leichtindustrie konstatieren, dass auch der Bedarf an Sportschuhen bei Weitem nicht gedeckt werden konnte. Die Schuhindustrie produzierte rund 6,8 Mio. Paar Sportschuhe pro Jahr, die Nachfrage wurde aber auf rund 9,5 Mio. Paar geschätzt. An den Versorgungsengpässen vermochten auch Importe von adidas-Sportschuhen, 1983 rund 35.000 Paar, kaum etwas zu ändern; dies war lediglich ein Tropfen auf den heißen Stein.

Die adidas-Schuhe wurden in der DDR für rund 100 Mark der DDR verkauft. Die Preise für gewöhnliche Sportschuhe waren staatlich festgesetzt und lagen nur zwischen 25 und 60 Mark, ihre Produktion musste folglich subventioniert werden.[205] Diese Preispolitik war nicht länger durchzuhalten. Preiserhöhungen waren jedoch nach einem Dogma der SED-Führung nur bei einer deutlichen Verbesserung der Gebrauchswerteigenschaften des jeweiligen Produkts möglich. Daher sollte die Schuhindustrie der DDR hochwertige Ledersportschuhe unter den Marken „Germina" und „Sprint" entwickeln. Einen entsprechenden Beschluss fasste das Politbüro am 20. September 1983.[206] Dieser zielte darauf, die Produktion von Sportschuhen von rund 6,9 Mio. Paar im Jahr 1983 auf rund 8,8 Mio. Paar im Jahr 1984 zu steigern. Der VEB Kombinat Schuhe Weißenfels erhielt den Auftrag, im Rahmen eines Sondervorhabens Kapazitäten für die Produktion von zwei Mio. Paar Sportschuhe aufzubauen.[207]

Kaum war das Sportschuhprogramm angelaufen, da wurde es durch weitere Politbürobeschlüsse konterkariert. Ab 1984 rückte die Produktion von Kinderschuhen in den Fokus der Politik. Der Direktor des Schuhkombinats Weißenfels, Joachim Lezoch, beschwerte sich beim Minister für Leichtindustrie über die ständigen Eingriffe und Änderungen in die Produktionsprogramme seiner Betriebe.[208] Allein im Jahr 1987 erwiesen sich schließlich fast 700.000 Paar Sportschuhe als unverkäuflich.[209]

Das Sportschuhprogramm konnte nicht darüber hinwegtäuschen, dass die DDR-Industrie bei einer Reihe von Sportartikeln und -geräten nicht in der Lage war, hochwertige Produkte herzustellen. Insofern lief die von der Plankommission wiederholt vorgebrachte Forderung nach einer möglichst kompletten Eigenproduktion ins Leere. DTSB-Präsident Manfred Ewald, der zunehmend unter dem selbstauferlegten Druck stand, die Spitzenstellung der DDR im Weltsport zu behaupten, wehrte sich gegen solche Forderungen. Wiederholt wies er Egon Krenz, der als Nachfolger von Paul Verner seit Ende 1983 im Politbüro auch für den Sport zuständig war, auf die Engpässe hin. Bei Rennrädern, Segelzubehör, Skiern, Fußbällen, Fußballschuhen und noch weiteren Artikeln sah er im Interesse des Spitzensports keine Möglichkeit, auf Importe zu verzichten.[210] Abgesehen vom Spitzensport erwarteten auch Millionen von Freizeitsportlern grundlegende Verbesserungen des Angebots bei Sportartikeln und Sportbekleidung aller Art. Die DDR-Industrie konnte diesen Bedarf nicht befriedigen und setzte daher zunehmend auf eine Zusammenarbeit mit internationalen Partnern.

In Herzogenaurach verfolgte man die Hinwendung der DDR zu Kooperationen mit westdeutschen Herstellern, Versandhäusern und Handelsketten mit Interesse. Horst Dassler wollte dieses Geschäft nicht länger den „Ostpionieren" der Salamander AG überlassen, sondern ebenfalls daran teilhaben. Für adidas war die DDR inzwischen sowohl als Absatzmarkt als auch als Produktionsstandort von Interesse. Horst Dassler nahm die Dinge selbst in die Hand. Anfang Oktober 1985 besuchte er gemeinsam mit seinen Vorstandskollegen Hans-Jörg Bauer (Leiter des Textilbereichs) und Uwe Breithaupt (Leiter des Sportschuhbereichs) das Ministerium für Außenhandel der DDR in Ost-Berlin. Dort wurde die adidas-Delegation von Minister Gerhard Beil, seinem stellvertretenden Staatssekretär Claus Kühnel, Klaus Braunsdorf (Generaldirektor des VE AHB Textil Commerz), Generaldirektor Joachim Lezoch (VEB Kombinat Schuhe Weißenfels), Manfred Beier (Generaldirektor des VEB Trikotagen) sowie weiteren Herren empfangen.[211] Es war gewissermaßen ein deutsch-deutsches Gipfeltreffen der Sportschuhindustrie. Dassler und Beil erklärten ihr grundsätzliches Interesse am Ausbau der Zusammenarbeit. Beil strebte den Abschluss eines Kooperationsvertrages bis Ende November 1985 an.[212] Es wurden drei Arbeitskreise gebildet, in denen sich die Textil- und Schuhfachleute gegenübersaßen. Verhandlungspartner in Sachen Sportschuhe waren Breithaupt und Lezoch. Generaldirektor Lezoch stellte seine Betriebe vor und sprach unverblümt davon, dass diese nur schwer gegen Importe aus Billiglohnländern bestehen können. Auch wären die Anforderungen an die Qualität der DDR-Schuhe nicht vergleichbar mit den Anforderungen an adidas-Produkte. Dennoch sah er Möglichkeiten, an den Standorten Weißenfels und Burg eine Lizenzproduktion zu beginnen. Zuvor wollte er adidas-Produkte, auch Überproduktion und zweite Wahl, importieren und in der DDR absetzen.

Am 18. Oktober 1985 besuchte eine von Breithaupt geleitete Expertengruppe das Kombinat Schuhe Weißenfels, um die dortigen Produktionsmöglichkeiten zu beurteilen, die vorgesehenen Modelle technisch und preislich zu besprechen und einen Terminplan für den Produktionsbeginn festzulegen. Die Besichtigung der Betriebsstätten in Weißenfels hinterließ bei den adidas-Mitarbeitern einen zwiespältigen Eindruck. Der Betrieb war zum Teil mit westlicher Technik ausgestattet. Allerdings war das verwendete Polyurethan zu hart und daher für adidas-Schuhe nicht geeignet.

Während die Leitung des Schuhkombinats die Produktion für adidas und die Lizenzfertigung in der DDR getrennt behandeln wollte, favorisierte Bauer eine Paketlösung. Er bekundete Interesse an einem Kompensationsgeschäft, d. h. Weißenfels sollte adidas-Schuhe für den Verkauf in der Bundesrepublik produzieren. Die Lizenzgebühr wurde von ihm mit zwei D-Mark je Paar angegeben. Ein Pauschalpreis für das zur Verfügung gestellte Know-how sollte Gegenstand weiterer Verhandlungen sein. Bauer und Kollegen sprachen auch mit den Direktoren des AHB Textil Commerz, des VEB Kombinat Trikotagen Karl-Marx-Stadt (heute Chemnitz) sowie der *Association of Foreign Trade Agencies of the GDR*. Verhandlungen mit den DDR-Textilbetrieben liefen bereits seit 1983, hatten jedoch noch nicht zu Geschäftsabschlüssen geführt. Hauptprobleme waren aus Sicht von adidas die mangelhafte Qualität und zu geringe Flexibilität der DDR-Betriebe. Nunmehr wurden die Möglichkeiten für die Produktion von Trainings- und Jogginganzügen, T-Shirts, Sporttrikots, Skianzügen und Schwimmbekleidung ausgelotet. Diese Waren sollten nur für den Export gefertigt werden. Erst in späterer Zeit war an eine Produktion für den DDR-Binnenmarkt gedacht. Auch eine Lohnkonfektion stand zur Debatte.[213]

Die für Ende November 1985 in Aussicht gestellten umfangreichen Verträge kamen jedoch weder im Sportschuhnoch im Textilbereich zustande. adidas konnte in anderen Ostblockländern preiswerter produzieren lassen als in der DDR. Für den Außenhandel der DDR wiederum waren die Konditionen der Verträge mit der Salamander AG günstiger, sodass die disponiblen Kapazitäten der Schuhindustrie vor allem dafür eingesetzt wurden. Abgeschlossen wurde 1985 lediglich ein Geschäft über den Verkauf von 80.000 Paar adidas-Sportschuhen an die DDR.[214]

Die Verhandlungen wurden in den Folgejahren fortgesetzt. Auf Seiten von adidas war dafür nun Hans-Udo Gaßdorf,[215] Leiter des Vertriebs Ausland, zuständig. Auch in Ost-Berlin hatten sich die Konstellationen verändert. Noch mehr in den Vordergrund drängten sich Außenhandelsunternehmen, die zum Bereich Kommerzielle Koordinierung (KoKo) des Ministeriums für Außenhandel der DDR gehörten. Nunmehr führten die Direktoren des AHB Berliner-Import-Export GmbH (BIEG), Exquisit Berlin-Leipzig und Textilvertretung GmbH die Gespräche. BIEG gehörte zu den wichtigsten KoKo-Firmen und handelte vor allem mit Textilien, Schuhen, Haushaltsgeräten, Lebensmitteln und Elektrotechnik, aber auch mit Blutkonserven.[216]

Über die von BIEG und anderen KoKo-Firmen betriebenen Geschäfte wurden Teile der DDR-Wirtschaft mehr und mehr zu einer „verlängerten Werkbank“ westlicher Unternehmen. Ob dies aus volkswirtschaftlicher Sicht eher positiv zu bewerten war, im Sinne des Zugangs zu westlichem Know-how und Markenprodukten, oder eher negativ, da die

Innovationsschwäche der DDR-Wirtschaft damit noch verstärkt wurde, ist umstritten.

Für den 12. Juni 1986 wurde eine große adidas-Präsentation im Internationalen Handelszentrum in Ost-Berlin vereinbart. Die DDR-Seite war vor allem an einer Lizenzproduktion interessiert. Auf der Leipziger Frühjahrsmesse im März 1987 sprach der Generaldirektor von BIEG, Hans-Joachim Hertzer darüber mit Hans-Udo Gaßdorf. Hertzer ließ durchblicken, dass der Leiter des Bereichs Kommerzielle Koordinierung (KoKo) Alexander Schalck-Golodkowski positive Ergebnisse wünsche.[217] Erstmals tauchte damit der Name des Mannes im Schriftverkehr von adidas auf, der eine überragende Rolle in den deutsch-deutschen Geschäften spielte. Die zu KoKo gehörenden Firmen realisierten einen wichtigen Teil des innerdeutschen Handels und wollten die Geschäfte im Konsumbereich mit Salamander, Schiesser, Quelle, Triumph, Nivea, Otto-Versand und anderen weiter ausbauen. Gaßdorf hielt fest, worum es ging: „Für adidas bedeute dies eine Lizenzvergabe für Produktion und Vertrieb unserer Artikel mit allen Auflagen, die wir bei klassischen Lizenzverhandlungen zu machen haben."[218]

BIEG war hauptsächlich an der Produktion von Trainings- und Jogginganzügen, T-Shirts, Jacken und Taschen interessiert. Rund 30 Prozent der Kollektion sollte in den Exquisit-Läden, der Rest im normalen Handel verkauft werden. Die Lizenzgebühren wollte BIEG über den Verkauf von in der DDR hergestellten adidas-Produkten über den Otto-Versand erwirtschaften. Hinsichtlich der Produktion von Sportschuhen war von der ursprünglichen Idee einer Lizenzproduktion nicht mehr viel zu vernehmen.

Ende April 1987 wurden die Verhandlungen von adidas mit BIEG und weiteren DDR-Betrieben fortgesetzt.[219] Generaldirektor Hertzer verwies auf die gute Kooperation mit der Salamander AG als Modellfall für eine mögliche Zusammenarbeit mit adidas. Anschließend stellten die Generaldirektoren des VEB Kombinat Trikotagen Karl-Marx-Stadt, des VEB Kombinat Oberbekleidung Erfurt und des VEB Kombinat Lederwaren Schwerin ihre Ideen für künftige Fertigungsprogramme vor.

Die Chancen für größere Vertragsabschlüsse standen allerdings nicht sonderlich gut. Schalck-Golodkowski wies den Generaldirektor von BIEG an, die Verhandlungen mit adidas fortzusetzen, er sollte aber auch „Sondierungen mit anderen geeigneten Gestattungsgebern aufnehmen".[220] Offenbar versprachen sich KoKo und das Ministerium für Leichtindustrie nicht mehr sonderlich viel von den Verhandlungen.[221]

Ein drittes Gespräch in Sachen Lizenzproduktion fand am 22. Juli 1987 im Haus der BIEG in Ost-Berlin statt.[222] An der Spitze von BIEG stand inzwischen Werner Schlitzer. Diskutiert wurde über die Lizenzproduktion von Taschen, Trikotagen und Konfektion. Schlitzer wünschte dafür einen einheitlichen Vertrag.[223] Beste Voraussetzungen sah Gaßdorf dabei im Bereich Taschen. Die Fertigung sollte beim VEB Kombinat Lederwaren Schwerin erfolgen. Avisiert war für 1989 eine Stückzahl von 500.000. Im Bereich Textilien waren die Vorbereitungen noch nicht so weit gediehen.

Rechtsanwalt Carl J. Junghans übergab einen von seiner Abteilung ausgearbeiteten Lizenzentwurf. Kritisch sahen Gaßdorf und Kollegen den von den DDR-Vertretern zumindest für drei bis vier Jahre favorisierten ausschließlichen Verkauf der adidas-Waren über die Exquisit-Geschäfte. Hans-Jörg Bauer wandte ein, dass ein Verkauf von Sportbekleidung in Geschäften, die ansonsten nur hochpreisige Textilien anboten, den normalen Endverbraucher nicht erreichen würde. adidas hatte aber Interesse daran, möglichst breiten Schichten der DDR-Bevölkerung seine Produkte anzubieten. Gaßdorf insistierte daher auch auf einen Verkauf von adidas-Artikeln außerhalb der „Exquisit-Schiene". Es ging ihm um das Markenimage. Zu den Kunden von adidas gehörten viele junge Menschen; dies sollte entsprechend auch in der DDR möglich sein.

Salamander versus adidas

Leitende Wirtschaftsfunktionäre der DDR hofften mithilfe einer erheblichen Ausweitung der Gestattungsproduktion (Lizenzproduktionen), die wachsende Nachfrage nach modernen Konsumgütern besser befriedigen zu können. Ein alternatives sozialistisches Konsummodell gab es längst nicht mehr. Der Unmut über das nach wie vor begrenzte und qualitativ nicht ausreichende Warenangebot in der Bevölkerung der DDR war groß und barg politischen Zündstoff. Daher sollte das Konsumangebot nun, nach dem Vorbild des bereits 1977 mit der Salamander AG geschlossenen Vertrages, in Zusammenarbeit mit zahlreichen anderen renommierten westdeutschen Firmen, darunter Schiesser, Triumph, Nivea, Blaupunkt, Burda und adidas, verbessert werden. Eigens dafür wurde beim Ministerium für Leichtindustrie ein zentraler Arbeitsstab Gestattungsproduktion gebildet. Geleitet wurde dieses Gremium anfangs von Minister Werner Buschmann,[224] später von seinem Stellvertreter Paul Liehmann.[225] Mitte 1987 legte Buschmann einen „Maßnahmenplan zur Gestattungsproduktion" vor.[226] Die Salamander AG sollte demnach der „Platzhirsch" bleiben. Die Kooperation mit dem Schuhhersteller aus Kornwestheim hatte sich für beide Seiten vorteilhaft entwickelt. Von 1977 bis Juni 1987 wurden in der DDR 38,5 Mio. Paar Schuhe aus Gestattungsproduktion verkauft und damit ein Umsatz von fünf Mrd. Mark der DDR erzielt. Hinzu kamen 17,5 Mio. Paar Schuhe aus der sogenannten Beratungsproduktion (in der DDR unter einem anderen Label und mit technischer Hilfe der Salamander AG hergestellte Schuhe) für 1,8 Mrd., 2,2 Mio. Paar Hausschuhe für 104 Mio. sowie 8,4 Mio. Tuben Schuhpflegemittel „Saladur" für 22,3 Mio. Mark der DDR.[227] Allein 1987 wurden 4,6 Mio. Paar Salamander-Schuhe verkauft. Bei einer jährlichen DDR-Gesamtproduktion von rund zehn Mio. Paar Schuhen bedeutete dies, dass fast jedes zweite verkaufte Paar Schuhe aus der Gestattungsproduktion stammte.[228] Die Salamander AG besaß damit de facto eine marktbeherrschende Position in der DDR-Schuhindustrie.

Konterkariert wurde das Geschäftsmodell allerdings durch die Preispolitik der DDR. Nahrungsmittel sowie Waren des Grundbedarfs, zu denen auch Kleidung und Schuhe gehörten, sollten zu niedrigen Preisen angeboten werden. Dies führte dazu, dass allein bei Schuhen im Jahr 1987 rund 2,3 Mrd. Mark der DDR Subventionen gezahlt werden mussten, um die Verbraucherpreise zu stabilisieren. Für die Salamander AG war das Geschäft mit der DDR lukrativ. Das Unternehmen erhielt jährlich Lizenzgebühren in Millionenhöhe und kaufte außerdem verschiedenste Waren, vor allem Textilien, billig in der DDR ein, die gewinnbringend im Westen weiterverkauft werden konnten. Ab 1988 war die Salamander AG bestrebt, auch in das Geschäft mit Freizeit- und Sportschuhen einzusteigen. Geplant war eine Lizenzproduktion von rund 400.000 Paar Freizeit- und Sportschuhen in der DDR. Das Projekt stand in Konkurrenz zu den Verhandlungen zwischen adidas und dem DDR-Außenhandel.

Auch ein Lizenzprojekt mit adidas wurde von Minister Buschmann im Rahmen seines Maßnahmeplans durchgerechnet. Er gab dafür als Zielgrößen eine Produktion von 500.000 Jogginganzügen, eine Mio. Stück Freizeit-Trikotagen, zwei Mio. Stück Oberbekleidung und 500.000 Taschen für das Jahr 1990 vor.[229] Die Herstellung dieser Waren hätte rund 940 Mio. Mark der DDR gekostet. Für den Einkauf von Maschinen im Westen wurden maximal zehn Mio. Valuta-Mark veranschlagt.

Das vom Ministerium für Leichtindustrie in Abstimmung mit dem Außenhandel, dem Bereich Kommerzielle Koordinierung (KoKo) sowie der Staatlichen Plankommission ausgearbeitete Projekt zur Ausweitung der Kompensations- und Gestattungsproduktion wurde vom ZK der SED Ende September 1987 genehmigt.[230] Den Schwerpunkt bildete die Fortsetzung der Geschäfte mit der Salamander AG. Ein neuer Vertrag zwischen dem DDR-Außenhandel und der Salamander AG wurde im Oktober 1987 unterzeichnet.

Die Verhandlungen mit adidas zogen sich unterdessen in die Länge. Im Oktober 1987 wurde die Aufnahme einer Lizenzproduktion im Bereich Freizeitbekleidung vom Generaldirektor des VEB Kombinat Trikotagen Karl-Marx-Stadt, Manfred Beier, zurückgestellt. Die Planungen konzentrierten sich von da an auf Sportbekleidung, T-Shirts und Pullover.[231] Gut zwei Wochen nach der letzten Verhandlungsrunde in Herzogenaurach rief Beier an und bat um eine zeitweilige Unterbrechung der laufenden Gespräche.[232] Eine Lizenzproduktion in den besagten Bereichen, so Beier, könne frühestens im Frühjahr 1989 aufgenommen werden. Er ließ außerdem durchblicken, dass die Firma Salamander mit ihrer Textilgruppe Klawitter eine gewisse Rolle bei dieser Verzögerung spielte. Anscheinend versuchte die Salamander AG einen Geschäftsabschluss von adidas mit DDR-Kombinaten zu hintertreiben, um ihre Marktanteile und Lizenzeinnahmen zu behaupten. Es schien so, als könne das DDR-Geschäft, wenn überhaupt, nur noch auf höchster Ebene, d. h. vom adidas-Vorstand und dem Außenhandelsminister der DDR, initiiert werden.

Auf der Vorstandssitzung von adidas am 14. Dezember 1987 wurden die Lizenzprojekte mit der DDR und ČSSR besprochen.[233] Für die Projekte Textilien und Taschen lagen konkrete Angebote mit Stücklizenz, Lump-sum, Mindestlizenzgebühr und Laufzeit vor. Es ging um Lizenzgebühren zwischen 1,5 Mio. D-Mark bis 2,5 Mio. D-Mark pro Jahr ab 1990. Während für die Verhandlungen mit der ČSSR ein konkreter Beschluss gefasst wurde, vertagte der Vorstand die Entscheidung in Sachen DDR-Lizenz. Hinter den Kulissen versuchte der DTSB zu vermitteln. Vizepräsident Rydz teilte Gaßdorf mit, dass in der DDR ein Bedarf für mindestens eine Mio. Paar Sportschuhe bestehe. Ein Paar Sportschuhe sollte aber nicht mehr als 25 bis 35 D-Mark kosten.[234] Rydz regte an, adidas solle den stellvertretenden Direktor des VEB Exquisit, Arthur Winter, nach Herzogenaurach einladen, um die festgefahrenen Verhandlungen wieder in Gang zu bringen. Auf der Leipziger Frühjahrsmesse 1988 wurden die Gespräche fortgesetzt.[235] Der Vorstandsvorsitzende von adidas René C. Jäggi und Hans-Udo Gaßdorf sprachen mit den Direktoren Karl-Heinz Dankert und Gerhard Grüneberg vom VE AHB Interpelz Leipzig sowie Direktor Luft vom VEB Apoldaer Lederwaren. Interpelz war der für das Kombinat Schuhe Weißenfels zuständige Außenhandelsbetrieb. Grüneberg bestätigte die Vermutung, dass es auf dem Sportschuhsektor keine ausreichenden Voraussetzungen für eine Kooperation gab. Dem Schuhkombinat fehlten dafür die Kapazitäten und moderne Maschinen.

Erstmals stand nun eine Lizenzproduktion von Sporttaschen zur Diskussion. Dieses Geschäft wollten sich Interpelz und der VEB Apoldaer Lederwaren sichern. Die Direktoren der Außenhandelsfirma Interpelz ließen durchblicken, dass ihr Unternehmen in gewisser Konkurrenz zur KoKo-Firma BIEG stehen würde. Sie kritisierten offen deren Einmischung in die Frage einer Taschenlizenzproduktion. Interpelz gehörte nicht zum KoKo-Imperium. Direktor Grüneberg von Interpelz nahm für sein Unternehmen in Anspruch, mehr vom Taschengeschäft zu verstehen als BIEG. adidas sollte sein Angebot für die Lizenzproduktion deshalb nicht an die BIEG senden, sondern an Interpelz. Mit ihren gezielten Hinweisen gelang es den Leipziger Außenhändlern, wieder Schwung in die festgefahrenen Verhandlungen zu bringen. Gaßdorf reagierte auf diese Anregung und sandte am 19. Mai 1988 einen Mustervertrag für eine adidas-Taschenlizenz an Interpelz.[236] Noch für 1988 vergab adidas an Interpelz einen Auftrag zur Fertigung von 30.000 Taschen der Serie „adidas Crash". Gefertigt wurden die Taschen beim VEB Apoldaer Lederwaren.[237]

„Keine Negerkonditionen" – das Scheitern der Gespräche

Am 13. Juli 1988 reisten René C. Jäggi und Hans-Udo Gaßdorf zu einem Gespräch mit dem Staatssekretär für Leichtindustrie der DDR, Claus Kühnel, nach Ost-Berlin.[238] Nachdem in den Gesprächen mit den verschiedenen Außenhandelsunternehmen und Kombinaten kein Durchbruch erzielt worden war, sollten nun auf oberster Ebene die Chancen für ein adidas-Engagement in der DDR geklärt werden. Kühnel setzte sich für baldige Abschlüsse ein. Die entscheidenden Fachgespräche sollten auf der Leipziger Herbstmesse im September stattfinden. Drei Themenkreise wurden vorgegeben: Schuhe, Textilien und Taschen.

Die Verhandlungen auf der Messe verliefen dann jedoch auf nahezu allen Gebieten enttäuschend.[239] Nach Rücksprache mit den Herstellern lehnte Staatssekretär Kühnel Lizenzproduktionen ab. Angesichts der vergleichsweise hohen Produktionskosten in der DDR war ein Export in die Bundesrepublik wirtschaftlich nicht interessant. Auch Lohnveredelungsaufträge wurden ausgeschlossen. Generaldirektor Lezoch vom Kombinat Schuhe Weißenfels empörte sich in diesem Zusammenhang über das adidas-Angebot und sprach von „Negerkonditionen".[240] Er verwies auf die besseren Konditionen der Salamander AG. Das Schuhprojekt war nach diesem Gespräch endgültig gescheitert. Dies bestätigten auch die internen Abstimmungen im Ministerium für Leichtindustrie. Dort war das adidas-Projekt von vornherein skeptisch eingeschätzt worden. Der für die Planung der Gestattungsproduktion zuständige Paul Liehmann verwies in einer Stellungnahme für den Minister darauf, dass der „langjährig bewährte Vertrag" mit der Salamander AG ab 1988 auch auf „sportliche Freizeitschuhe" ausgeweitet werde. Diese wurden später über die Exquisit-Läden für 180 bis 290 Mark der DDR verkauft. adidas-Schuhe wurden im Exquisit in den Jahren zuvor zu Preisen zwischen 168 und 195 Mark angeboten. Im Allgemeinen galt jedoch die Vorgabe, dass der Verkaufspreis für Sportschuhe nicht über 150 Mark der DDR liegen sollte. Hauptprobleme waren aber für Liehmann die seiner Meinung nach diskriminierenden Bedingungen von adidas, wozu auch die Forderung nach Einsicht in die Geschäftsunterlagen der Herstellerbetriebe gehörte.[241] Liehmann fasste seine Argumente wie folgt zusammen: adidas biete keine Leistungen an, die nicht schon Bestandteil des Salamander-Vertrages seien. Außerdem fordere adidas eine zusätzliche Vorabzahlung, die nicht in die späteren Lizenzgebühren eingerechnet werden solle.[242] Nur der Form halber erläuterten Bauer und Breithaupt daraufhin in einem Schreiben an Staatssekretär Kühnel im November 1988 nochmals die Konditionen für eine Lizenzproduktion von Schuhen.[243] Sie erhielten jedoch keine Antwort.

Kaum besser sah es im Bereich Textilien aus. Die DDR-Seite lehnte eine Lizenzproduktion ab. Als Begründung wurde angeführt, dass eine ausschließliche Bedienung des Marktes über Exquisit-Geschäfte zu politischen Problemen führen würde. Zudem könnten sich die Kunden adidas-Produkte zu günstigeren Preisen in anderen Ostblockländern kaufen. Pikanterweise war dies genau die von adidas in den vorangegangenen Gesprächen entwickelte Argumentation, die nun offenbar vorgeschoben wurde, um das Projekt auszuschlagen. Als Alternative schlug die DDR-Seite eine Lizenzproduktion von adidas-Artikeln in der DDR ausschließlich für den sowjetischen Markt vor. Dies lehnte Bauer ab.

Zur Diskussion stand nun noch eine Produktion von Textilien für adidas in einem neuen Betrieb in Wittstock. Auch diese Idee betrachtete Bauer skeptisch: „Unser Interesse ist nur dann gegeben, wenn die Preise wettbewerbsfähig sind und wir keinen zu großen technischen Aufwand haben, um die Qualität zu sichern. Es ist zu bedenken, dass wir über die technische Betreuung des Exportgeschäfts dem Betrieb unser Know-how zukommen lassen, das wir sonst über die Lizenzvereinbarung vermitteln würden.“[244]

Ein neues Projekt wurde vom Textilkombinat Cottbus zur Diskussion gestellt: die Produktion von Sportfallschirmen. Diese sollten unter einem kombinierten Markenzeichen „Germina/adidas“ vertrieben werden. René C. Jäggi notierte dazu am Rand der Aktennotiz: „Nein“. Eine Vermischung von Markenzeichen kam für ihn nicht infrage. Übrig blieb im Textilbereich letztlich nur ein einziges Projekt: die Fertigung von Badebekleidung. Im VEB Strickwaren Oberlungwitz, dem größten Produzenten von Badebekleidung in der DDR, wurde 1988 Bademode im Wert von 420.000 D-Mark für adidas produziert. Ein Folgeauftrag in Höhe von 300.000 D-Mark wurde für 1989 vereinbart.

5.6 adidas und das Ende des Ostblocks

21 Marketingmanager Peter Moore (1989)

Kein neues deutsches Wirtschaftswunder

Die friedliche Revolution in der DDR im Herbst 1989 und der Fall der Mauer kamen auch für adidas überraschend. Zwar hatten der Vorstand des Unternehmens und einige Mitarbeiter die wachsenden wirtschaftlichen Veränderungen der DDR während der Verhandlungen über Lizenzproduktionen und Exporte durchaus wahrgenommen, doch mit einem Zusammenbruch des Ostblocks rechneten sie nicht.

Der amerikanische Marketingmanager Peter Moore, der gerade dabei war, das angekratzte Image von adidas wieder aufzupolieren, wollte den Fall der Mauer für eine Marketingkampagne nutzen. Bereits am 22. November 1989 entwarf er dafür eine Ideenskizze. Auch bei adidas, so Moore, müssten viele Mauern niedergerissen werden: „Open adidas up just like the East".[245] Damit hatte er angesichts der drastischen Umsatzeinbrüche von adidas auf dem amerikanischen Markt sowie der strukturellen Probleme sicherlich recht. Das Unternehmen befand sich in seiner bisher schwersten Krise und bedurfte daher neben neuen Strukturen auch eines Stimmungsumschwungs. Seine Idee, den Mauerfall sofort zu vermarkten, indem adidas-Produkte unter dem Slogan „Freiheit" vertrieben werden sollten, gefiel aber weder seinen Marketingkollegen noch dem Vorstand. Der Leiter der Exportabteilung Peter Rduch schrieb an René C. Jäggi und Thomas Harrington, dass die „geschäftliche Nutzung der Ereignisse, die von so vielen ehrlichen Emotionen geprägt werden, Antipathien hervorrufen (könnte)."[246] Moores Vorschlag wurde abgelehnt.

In Ost-Berlin überstürzten sich unterdessen die Ereignisse. Ende November 1989 nahm sich der Vizepräsident des DTSB, Franz Rydz, das Leben. René C. Jäggi wurde darüber von Klaus Eichler, seit 1988 Nachfolger von Manfred Ewald als Präsident des DTSB, telegrafisch informiert.[247] In diesen dramatischen Wochen geriet der DTSB ins Kreuzfeuer der Kritik. Bürgerrechtler und Journalisten vermuteten schwarze Kassen beim DTSB. Diese Gerüchte waren darauf zurückzuführen, dass im Büro von Rydz knapp 300.000 D-Mark in bar gefunden wurden.[248] Die Leitung des DTSB, die sich als reformunfähig erwies, wurde zum Rücktritt gezwungen; gegen führende Funktionäre wurden zudem Ermittlungsverfahren im Zusammenhang mit den Dopingpraktiken in der DDR eingeleitet.

Nachdem sich im Frühjahr 1990 der Weg zur deutschen Einheit abzeichnete, entfiel die Geschäftsgrundlage für den Promotion-Vertrag zwischen adidas und dem DTSB. Der einst so mächtige Sportverband zerfiel. Ende März 1990 kündigte adidas den im November 1983 geschlossenen Generalvertrag zum 30. Juni 1990.[249] Der DTSB beschloss am 5. Dezember 1990 seine Selbstauflösung.[250] Die meisten der im DTSB vertretenen Sportverbände traten einem Sportverband im Deutschen Sportbund (DSB) der Bundesrepublik Deutschland bei.

Am 3. März 1990 eröffnete adidas in Leipzig seinen ersten Shop in der DDR.[251] In der Folgezeit wurde ein flächendeckendes Vertriebsnetz aufgebaut. Die Verhandlungen mit verschiedenen Produzenten liefen noch einige Wochen weiter. Mit der Einführung der D-Mark in der DDR zum 1. Juli 1990 nahm adidas dann jedoch von den Projekten zum Aufbau neuer Produktionslinien in den nunmehrigen neuen

22 Eröffnung des ersten adidas-Shops in der DDR in Leipzig (März 1990)

Bundesländern endgültig Abstand. Der Konzern befand sich seit einigen Jahren in einem schwierigen Umstrukturierungsprozess, in dessen Zuge die meisten Standorte in Frankreich und Deutschland geschlossen und der größte Teil der Produktion nach Asien verlagert wurde.[252] Der Betriebsrat von adidas Deutschland kritisierte die Werksschließungen und sah darin eine katastrophale Entwicklung.[253]

In voller Wucht traf die Globalisierung die Textil- und Schuhindustrie in den neuen Bundesländern. Unter dem Schock der Einführung der D-Mark und der Öffnung des Binnenmarktes brachen diese Branchen fast komplett zusammen. Nahezu alle großen ostdeutschen Hersteller verschwanden vom Markt und Hunderttausende Arbeitsplätze gingen verloren.

Obwohl sich das wirtschaftliche Umfeld 1990 komplett von dem des Jahres 1948 unterschied, war in der Politik und den Medien viel von einem bevorstehenden neuen deutschen Wirtschaftswunder die Rede. Auch der Vorstand und der Aufsichtsrat von adidas hofften auf einen „Einheitsboom", wobei sie die neuen Bundesländer von vornherein aber nur als Markt betrachteten. Auf die Einheitseuphorie folgte jedoch bald Ernüchterung. Ende 1991 musste Jäggi konstatieren, dass adidas die Absatzpotenziale in den neuen Bundesländern völlig überschätzt hatte. Er führte die zunehmenden Probleme des Konzerns auf die Verluste in den USA und in Deutschland zurück. Der damalige neue Eigentümer von adidas, Bernard Tapie, ließ diese Erklärungen jedoch nicht gelten und kritisierte vor allem Managementfehler.[254]

Mittel- und Südosteuropa: Niedergang der Sportartikelproduktion

Bereits einige Monate vor dem Fall der Berliner Mauer hatte sich in Ungarn ein grundlegender Wandel abgezeichnet.[255] Reformer in der Regierung setzten auf den Übergang zu einer „regulierten Marktwirtschaft" und eine Liberalisierung der politischen Ordnung. Dieser Kurs fand seinen Niederschlag in einer Reihe von Gesetzen. So wurde u. a. die Einführung von Unternehmensformen nach deutschem Vorbild ermöglicht. Die Transformation der ungarischen Wirtschaft fand allerdings unter schwierigen Rahmenbedingungen statt. Dem Land war es nicht gelungen, seine Auslandsverschuldung in den Griff zu bekommen. Im Inland sanken die Reallöhne, da die Inflationsrate 1989 bereits bei 19 Prozent lag.[256] Trotz dieses schwierigen Umfeldes verzeichnete die adidas Budapest Kft. eine unvermindert hohe Nachfrage, was sich in steigenden Umsätzen und Gewinnen niederschlug.[257] Der neue Geschäftsführer in Budapest, Thomas Drexl-Schegg, wusste die Zahlen jedoch richtig einzuordnen. Inflationsbereinigt erzielte das Unternehmen nur noch geringe Zuwächse.

Mit der Liberalisierung der ungarischen Wirtschaftsverfassung verlor das vereinbarte Joint-Venture-Modell für adidas seine Attraktivität. Im Frühjahr 1990 strebte adidas-Finanzvorstand Hans-Jürgen Martens deshalb eine Neuordnung der Verhältnisse in Ungarn an. Konkret bedeutete dies eine Erhöhung der Beteiligung an der adidas Budapest Kft., mit dem Ziel, diese bald komplett zu übernehmen.[258] Auch war zu prüfen, ob sich adidas an ungarischen Sportartikelherstellern beteiligen oder diese übernehmen sollte. Tisza-Direktor László Maczó versuchte, adidas für eine Beteiligung am größten ungarischen Schuhproduzenten zu gewinnen.[259] adidas stellte Tisza zwar einen neuen Lizenzvertrag in Aussicht, hielt sich aber im Hinblick auf eine Beteiligung an dem Unternehmen bedeckt.[260]

Zunächst einmal sollte der Status der adidas Budapest Kft. neu bestimmt werden.[261] Deren bisherigen Erfolg führte adidas maßgeblich und überproportional auf den eigenen Geschäftsbeitrag – Markenstärke, geringe Lizenzgebühr, Know-how – zurück. Die veränderten Marktbedingungen wollte adidas zugunsten eines direkteren Einflusses nutzen und die Kapitalstruktur der Gesellschaft sowie den Gesellschaftervertrag ändern. Auch sollten die Lizenzgebühren deutlich erhöht werden. Die ungarischen Partner hatten dem wenig entgegenzusetzen. Lediglich die ungarische Außenhandelsbank wollte ihren 15-prozentigen Anteil und ein Mandat im Aufsichtsrat behalten.[262] Im Juni 1990 wurden die Verhandlungen mit den ungarischen Gesellschaftern abgeschlossen. Zum 31. Dezember 1990 übernahm adidas deren Anteile gegen Zahlung eines geringen Kaufpreises und hielt damit 85 Prozent der Anteile an der adidas Budapest Kft.[263] Die Lizenzgebühren wurden von ein auf vier Prozent erhöht.

Für Tisza waren die besten Zeiten nach dem Ende des Ostblocks vorbei. Im Jahr 1992 kündigte adidas den Lohnvertrag mit der Tisza Schuhfabrik. Daraufhin brach deren Produktion ein. Ende der 90er Jahre wurden nach mehreren erfolglosen Privatisierungsversuchen Teile der Tisza Schuhfabrik verkauft. Erst im Zuge der Retro-Modewelle gelang es 2003 einem jungen ungarischen Unternehmer, mit dem Drei-Streifen-T eine neue Modemarke zu schaffen.[264]

Das tschechoslowakische Schuhkombinat JAS Bardojev hoffte, ähnlich wie die ungarischen Schuhfabriken während der 80er Jahre, von der Lohn- zur Lizenzproduktion für adidas übergehen zu können. Die Verhandlungen darüber mündeten im Dezember 1989 in eine Warenzeichenbenutzungsvereinbarung.[265] adidas erteilte JAS Bardojev das Recht, 24.000 Paar Schuhe des Modells „Trophy" und 6.000 Paar Schuhe des Modells „Rivalry" (beides Lizenzprodukte) unter Benutzung der für adidas eingetragenen Warenzeichen bis zum 30. Juni 1990 in der ČSSR zu verkaufen. Als Gegenleistung wurden pro Paar verkaufte Schuhe 1,50 D-Mark Lizenzgebühren fällig. Der Verkauf erfolgte zu Testzwecken. Im Oktober 1990 wurde die Vereinbarung noch etwas erweitert.[266] JAS Bardojev konnte nunmehr bis Ende 1990 bestimmte in Lizenzproduktion gefertigte adidas-Modelle im eigenen Land verkaufen. Dafür wurden zwei D-Mark an Lizenzgebühren pro verkauftes Paar Schuhe in Rechnung gestellt. Die Bezahlung erfolgte durch Zuschlag auf die von adidas France zugekauften Materialien.

Nach der samtenen Revolution in der ČSSR – welche die Umbenennung in ČSFR (Tschechoslowakische Föderative Republik) zur Folge hatte – und der damit verbundenen Transformation des Landes in eine Demokratie nahm adidas die Gründung einer 100-prozentigen Tochtergesellschaft in Prag in Angriff.[267] Das Unternehmen sollte den tschechoslowakischen Markt sowohl mit lokaler Lizenzfertigung von JAS Bardojev als auch Importen von adidas-Fertigwaren versorgen. Anfang 1991 nahm die adidas ČSFR GmbH ihre Tätigkeit auf. Der Verkauf von adidas-Produkten in der ČSFR ging an dieses Unternehmen über. Eine entsprechende Lizenzvereinbarung wurde im August 1991 geschlossen.[268]

Nicht nur für ausländische Beobachter, sondern auch für viele Tschechen und Slowaken kam die Teilung der ČSFR in zwei unabhängige Staaten Ende 1992 überraschend. Der sich zuvor bereits abzeichnende Niedergang der Schuhproduktion wurde dadurch noch beschleunigt. Die Branche konnte weder in Tschechien noch in der Slowakei den Wegfall des einst geschützten Marktes in Osteuropa kompensieren und hatte der Billigkonkurrenz aus Asien wenig entgegenzusetzen. Hinzu kam das Vordringen anderer westlicher Schuhmarken auf den tschechischen und slowakischen Markt.

JAS Bardojev blieb noch bis 1993 in staatlicher Hand und versuchte seine Geschäfte neu zu ordnen und baute einen eigenen Vertrieb auf. Direktor Josef Stalmach hoffte auf eine Fortsetzung der Kooperation mit adidas und bot im Mai 1993 eine Lizenzproduktion in der Slowakei, der Ukraine und Russland an.[269] Wulf Landreh,[270] inzwischen in Herzogenaurach für das Osteuropa-Geschäft zuständig, konnte dem Vorschlag des JAS-Managements wenig abgewinnen.[271] adidas war noch dabei, die nach der Teilung der ČSFR entstandene Situation zu bewerten. An eine Fortsetzung der Produktion in der Slowakei wurde nicht gedacht.

Auch nach der Privatisierung von JAS Bardojev im Jahr 1994 besserte sich die wirtschaftliche Lage des Unternehmens nicht. Im Gegenteil, mit der Krise der russischen Wirtschaft ging der wichtigste Markt für JAS Bardojev nahezu verloren.[272] adidas löste noch bestehende Warenzeichen-Benutzungsvereinbarungen mit dem Unternehmen zum 1. Januar 1996 auf. Einige Jahre später musste JAS Bardojev Konkurs anmelden.

Auch in Bulgarien und Rumänien ging die Schuh- und Textilfertigung in den 90er Jahren drastisch zurück. adidas kündigte die Zusammenarbeit mit dem bisherigen Lizenznehmer Mladost zum 31. Dezember 1992. Als neuen exklusiven Lizenz- und Vertragspartner für Sportschuhe, Taschen und Textilien gewann adidas die Firma Astra Sport GmbH in Sofia.[273] Die Zusammenarbeit verlief jedoch enttäuschend. Die Verkäufe in Bulgarien blieben weit hinter den Erwartungen zurück. adidas kündigte den Vertrag zum 31. Dezember 1996.[274] Auch dem neuen Vertragshändler APM Sport Ltd. Sofia gelang keine Trendwende, sodass diesem im Jahr 2001 ebenfalls gekündigt werden musste.[275]

Ebenso schwierig gestalteten sich die Geschäfte in Rumänien. Dort war die Firma Export Consult, Romania bis Juni 1996 alleiniger Vertragshändler. Ab Juli 1996 übernahm die Alltrom ComputerLand Romania Group das Verkaufsgeschäft.[276] Auch diesem Unternehmen gelangen nur bescheidene Verkaufserfolge. Anfang der 2000er Jahre verlängerte adidas die Verträge mit den Vertragshändlern in Bulgarien und Rumänien nicht mehr, sondern prüfte, ob diese Märkte künftig von Ungarn bzw. der Türkei aus betreut werden sollten.

Neue Promotion-Verträge mit russischen und ukrainischen Verbänden

Der Zerfall der Sowjetunion stellte einen epochalen Umbruch dar. Zwischen März 1990 und Dezember 1991 gingen aus der einstigen UdSSR 15 unabhängige Staaten hervor.[277] Die Auflösung des weltgrößten sozialistischen Staates markierte zugleich das Ende des Kalten Krieges. Nach dem Scheitern des Augustputsches in Moskau 1991 wurde die

Tätigkeit der bis dahin allein regierenden kommunistischen Partei auf dem Gebiet der späteren russischen Föderation verboten und ein chaotisch verlaufender Prozess des Übergangs von der sowjetischen Planwirtschaft zur Marktwirtschaft eingeleitet. Russlands erster Präsident Boris Jelzin gehörte einst zur kommunistischen Nomenklatura. Er ließ eine kleine Gruppe junger Reformer gewähren, die eine wirtschaftliche „Schocktherapie" favorisierten, in deren Folge es zu einer Banken- und Rubelkrise und einer Inflation von bis zu 2.500 Prozent kam. Viele Bürger verarmten. Während eine kleine Gruppe die Reichtümer des Landes unter sich aufteilte, ging die Industrieproduktion Russlands bis 1996 um nahezu die Hälfte zurück. Der Tiefpunkt wurde 1998 mit einem Staatsbankrott erreicht. Erst während der Präsidentschaft Wladimir Putins ging es mit der Entwicklung der russischen Wirtschaft wieder aufwärts, vor allem dank gestiegener Einnahmen aus Öl- und Gaslieferungen.[278]

Für die adidas AG eröffneten sich in Osteuropa dennoch gute Chancen. Die neuen Märkte lockten, wobei die politischen und wirtschaftlichen Risiken in den Nachfolgestaaten der UdSSR aber kaum abzuschätzen waren. Gegenüber seinen Konkurrenten besaß adidas einen großen Vorteil: Bereits seit 1976 existierten Promotion-Verträge mit sowjetischen Verbänden und seit Anfang der 80er Jahre erfolgten an mehreren Standorten (Moskau, Kiew und Jerewan) Lizenzproduktionen. adidas gehörte damit zu den ersten westlichen Firmen, die im großen Stil in der Sowjetunion produzieren ließen. Das Image der adidas-Produkte war ausgezeichnet und die Marke im ganzen Land bekannt. Doch die Sowjetunion gab es seit Ende 1991 nicht mehr. Wenn adidas den Markt behaupten wollte, dann mussten nun Verhandlungen mit 15 verschiedenen Ländern, ihren Sportorganisationen und Betrieben geführt werden.

In den 80er Jahren hatte adidas die Ausgaben für Promotion von Jahr zu Jahr erhöht. Ungefähr die Hälfte des Budgets wurde für internationale Aktivitäten eingesetzt, vor allem für Promotion-Verträge mit Sportverbänden.[279] Davon profitierten nicht zuletzt die Sportverbände des Ostblocks. Während im Fall der DDR der DTSB Vertragspartner von adidas war, liefen die Promotion- und Lizenzverträge mit der Sowjetunion über die Allunions-Außenhandelsvereinigung Licensintorg (LIT). Selbst der Boykott der Olympischen Sommerspiele von Moskau 1980 und der Gegenboykott 1984 vermochten die Geschäftsbeziehungen zwischen adidas und LIT nicht zu erschüttern. LIT genoss eine privilegierte Stellung und erhielt 1984 im Vorfeld der Olympischen Spiele von Los Angeles von adidas eine Vorauszahlung in Höhe von einer Mio. US-Dollar.[280] Zunehmend wussten die sowjetischen Verbandsfunktionäre den Marktwert ihrer Spitzenathleten besser einzuschätzen und schraubten ihre finanziellen Forderungen in die Höhe.

Nach dem Zerfall der Sowjetunion hofften die Sportfunktionäre der Nachfolgestaaten auf eine bruchlose Fortsetzung des Sponsorings durch adidas und andere Sportartikelhersteller. „Their [communist] world had fallen apart, but adidas was a familiar friend in an unfamiliar world. What they did not know was that adidas has also changed and was also in trouble."[281] Selbst ein Bankrott des Unternehmens lag im Bereich des Möglichen; daher musste adidas die Ausgaben drastisch kürzen.

Seit Januar 1990 war Thomas Harrington bei adidas für Marketing und Kommunikation verantwortlich. Er übernahm den Job des Sanierers. Die größten Sparpotenziale boten die aufwändigen Verträge mit den Sportorganisationen. Nach seiner Erinnerung mussten mehr als zehn Prozent des gesamten Promotion-Budgets für die Verträge mit sowjetischen Sportorganisationen aufgewendet werden.[282] Nach dem Ende der UdSSR erklärte Harrington diese Verträge für gegenstandslos und löste im Dezember 1991 den Vertrag mit dem Olympischen Komitee Russlands auf.

Nur wenige Tage später wurde er vom adidas-Vorstandsvorsitzenden Jäggi zurückgepfiffen. Jäggi war vom Präsidenten des IOC, Juan Antonio Samaranch, bestürmt worden, das Sponsoring nicht einzustellen.[283] Samaranch befürchtete, die russischen Sportler könnten andernfalls 1992 nicht an den Olympischen Spielen in Albertville und Barcelona, seiner Heimatstadt, teilnehmen. Harrington handelte daraufhin kurz vor Weihnachten 1991 einen neuen Kontrakt mit der Gemeinschaft unabhängiger Staaten (GUS) aus, zu der sich am 8. Dezember 1991 mehrere Teilrepubliken der ehemaligen Sowjetunion mit Russland an der Spitze zusammengeschlossen hatten. Repräsentiert wurden die Länder der GUS von Vitali Smirnov,[284] russisches IOC Mitglied und Vorsitzender des russischen Olympischen Komitees.

Ukraine

Nachdem adidas einen neuen Sponsoring-Vertrag mit Russland geschlossen hatte, drängte auch die Ukraine, seit Dezember 1991 ein unabhängiger Staat, auf eine Vereinbarung. Anfang 1993 trat der Minister für Jugend und Sportangelegenheiten Waleri Borsow,[285] zugleich Präsident des NOK der Ukraine, mit diesem Wunsch an adidas heran. Borsow war dank seiner beiden Goldmedaillen im 100- und 200-Meter-Lauf während der Olympischen Spiele 1972 in München, die er in adidas-Schuhen gewonnen hatte, in Herzogenaurach kein Unbekannter. Nun repräsentierte er als Minister erfolgreiche Sportverbände, die in Barcelona 40 Medaillen gewonnen hatten. Für die Produktion von Sportartikeln aller Art gab es aus der Sicht von adidas in der Ukraine ein Potenzial.[286]

Das Budget seines Ministeriums für Jugend und Sportangelegenheiten lag 1993 bei rund 17 Mio. US-Dollar. Es sollte überwiegend aus Einnahmen aus Kartenverkäufen, kommerziellen Verkäufen und Sponsoring erwirtschaftet werden. Aus dem Staatshaushalt gab es kaum Zuwendungen. Borsow hatte daher ein großes Interesse am Abschluss eines Sponsoring-Vertrages, der Aufnahme von Lizenzproduktionen und dem Verkauf von adidas-Produkten.

Thomas Harrington wollte ein Sponsoring-Paket (Ausrüstung, Festbetrag, Bonus) für die Jahre 1993 bis 1996 in einem Gesamtwert von 4,95 Mio. D-Mark anbieten. Nach Rücksprache mit dem Aufsichtsrat wurde die Summe auf 3,65 Mio. D-Mark reduziert.[287] Mit diesem Vorschlag ging Harrington am 25. März 1993 in die Verhandlungen mit Borsow. Der Minister zeichnete ein bedrückendes Bild vom Zustand des ukrainischen Sports. Er insistierte auf jährlich einer Mio. US-Dollar in bar sowie einer Mio. US-Dollar in Form von Produkten für einen Exklusivvertrag.[288] Seine Forderung lag demnach mehr als das Doppelte über dem Angebot von adidas. Harrington lehnte dies ab, brachte aber die Idee von Kompensationen ins Spiel. Die ukrainische Regierung sollte die Steuern für adidas-Produkte in der Ukraine abschaffen oder senken, Importbeschränkungen reduzieren und Garantien für Konvertibilität des Griwna geben. Borsow ging auf diese Vorschläge nicht ein und beharrte auf seinen Forderungen. Nach Rücksprache mit Giovanni Ciccolunghi,[289] der seit Ende 1991 die Geschäfte von adidas in den Nachfolgestaaten der UdSSR leitete, fasste Harrington die Positionen von adidas wie folgt zusammen:

„1) Für Sportpromotion ist Ukraine nicht von besonderem Wert. Keinesfalls werden wir dafür die geforderten 2 Mio. US-Dollar aufwenden.
2) Verkauf kann in Ukraine auch ohne Sponsoring-Vertrag aufgebaut werden.
3) Beziehungen zum Sportministerium können Unterstützung der Regierung sichern. Es ist aber einfacher, Beziehungen zu den Clubs zu pflegen, um Verkauf zu fördern.
4) Steuererleichterungen würden Wachstum beschleunigen.
5) Wir sollten harte Position einnehmen. Wenn sie nicht Konzessionen machen, dann werden wir unser Geld in andere Marketing-Aktivitäten investieren."[290]

Vorstand und Aufsichtsrat von adidas befürworteten diese harte Haltung. Harrington legte in einem Schreiben an Borsow nochmals die Position von adidas dar.[291] Ein Vertrag kam nicht zustande. Auf kommerziellem Gebiet ging es in der Ukraine hingegen voran. Im April 1994 eröffnete adidas eine Repräsentanz in Kiew und besaß damit einen Vorsprung vor der Konkurrenz.[292]

Lizenzproduktionen in den Nachfolgestaaten der UdSSR

Ende Juni 1991 stellte Hans-Jörg Bauer dem Aufsichtsrat von adidas ein UdSSR-Konzept vor.[293] Kernpunkte waren der Aufbau einer Repräsentanz in Moskau, die zunächst in der ehemaligen Regierungsloge des Leichtathletikstadions von ZSKA Moskau Platz fand, sowie die Beteiligung an einem Joint Venture mit dem langjährigen Partner EKSI. Das Gemeinschaftsunternehmen sollte für den russischen Markt produzieren, aber auch exportieren, um die Einfuhr von Maschinen und Lizenzgebühren bezahlen zu können. Auch in Taschkent, der Hauptstadt von Usbekistan, sollten die Möglichkeiten zur Gründung eines Joint Ventures zur Produktion von Sportbekleidung geprüft werden. Einige Monate später wurde das UdSSR-Konzept noch erweitert. Zur Diskussion standen acht Projekte in Russland und jeweils eines in der Ukraine und Lettland.[294]

Auch nach der Auflösung der UdSSR und der Bildung der Gemeinschaft unabhängiger Staaten (GUS) hielt adidas am Ausbau des Osteuropa-Geschäfts fest. Die GUS-Staaten mit ihren rund 269 Mio. Einwohnern waren ein perspektivisch wichtiger Markt. Die noch zu Zeiten der Sowjetunion abgeschlossenen Lizenzverträge wurden verlängert. Da jedoch das Außenhandelsunternehmen LIT nicht mehr existierte, mussten die Verträge nunmehr mit den Produzenten in Moskau, Kiew, Tbilissi und Jerewan verhandelt werden. Unter anderem wurde der Lizenzvertrag mit der Sportartikelfabrik Tbilissi verlängert.[295] Das Unternehmen war jedoch nicht in der Lage, die Lizenzbedingungen zu erfüllen. adidas kündigte daraufhin den Vertrag zum 31. Dezember 1995.[296]

Dramatisch war die Lage beim Lizenznehmer EKSI. Der Moskauer Schuhproduzent musste Ende 1991 Teile seiner Produktion stilllegen, da Zulieferungen aus dem In- und Ausland ausfielen. Der Betrieb war auf den Import von Rohstoffen angewiesen, verfügte aber nach dem Zusammenbruch des Außenhandelsmonopols des Staates über keine Devisen.[297] Viele qualifizierte Mitarbeiter wechselten zu anderen Firmen. Das Vertrauen zum Lizenzgeber adidas hatte Schaden genommen.

Ungeklärt war die Frage der noch ausstehenden Lizenzzahlungen. Diese waren zu sowjetischen Zeiten von LIT abgewickelt worden. EKSI wollte diese „Staatsschulden" nicht übernehmen. In Herzogenaurach hatte man über den Ernst der Lage keine Illusionen: „Es muss auf jeden Fall eine Lösung gefunden werden, sonst wird unsere Lizenz nicht überleben."[298] Während sich die Verhandlungen mit EKSI hinzogen, kam der Aufbau der adidas Repräsentanz in Moskau schneller voran. Nachdem die Repräsentanz Anfang 1992 eröffnet worden war, stiegen die Umsätze rasch an. adidas-Geschäftsführer René C. Jäggi fühlte sich in seiner Russland-Strategie bestärkt. Er setzte große Hoffnungen in den neuen adidas-Geschäftsführer für die GUS-Staaten, den Italiener Giovanni Ciccolunghi.[299]

Die weitere Entwicklung des Osteuropa-Geschäfts lag dann aber schon nicht mehr in der Hand von Jäggi. Er wurde von der Aufsichtsratsvorsitzenden Gilberte Beaux[300] abberufen. Am 7. April 1993 wurde Robert Louis-Dreyfus[301] neuer Geschäftsführer von adidas. Ihm gelang es, das Unternehmen nach einer Rosskur wieder in die Erfolgsspur zu führen. Hinsichtlich des Geschäfts in den Nachfolgestaaten der UdSSR setzte auch Louis-Dreyfus darauf, das außerordentlich positive Image von adidas trotz aller wirtschaftlichen Probleme in den Transformationsländern für Umsatzsteigerungen zu nutzen. Zu diesem Zweck wurde eine neue Länderabteilung „Area VII" aufgebaut. Diese hatte die baltischen Staaten, die elf GUS-Länder sowie die Mongolei zu betreuen.

Die hohe Reputation von adidas in Russland führte Ciccolunghi vor allem auf das jahrelange Sponsoring sowjetischer Spitzenathleten zurück.[302] Gegenüber der amerikanischen Konkurrenz besaß adidas einen deutlichen Startvorteil. Daher versuchten Reebok und Nike mit aufwendigen Werbekampagnen und dem Sponsoring des russischen Olympischen Komitees Boden gutzumachen. Dies gelang den amerikanischen Firmen bis Ende 1993. Ciccolunghi drängte daher den Vorstand zu einer Erhöhung des Werbeetats.[303] Die Ausnahmestellung von adidas ließ sich damit zwar nicht halten, zumal Reebok und Nike über höhere Etats verfügten, jedoch entwickelte sich das Russland-Geschäft von adidas weiterhin beachtlich.

Joint Ventures in Russland

Im November 1990 war der Lizenz-Vertrag mit LIT verlängert worden. Das Kombinat EKSI Sport in Moskau sollte weiterhin ein strategischer Partner für adidas bleiben. Jedoch spitzten sich nach dem Zerfall der Sowjetunion die rechtlichen, wirtschaftlichen und personellen Probleme bei EKSI dramatisch zu.[304] Das Kombinat litt unter dem Zusammenbruch seiner Lieferbeziehungen zu den seit 1991/92 selbstständigen Nachbarstaaten und stand vor seiner Privatisierung. LIT, vormals zum Ministerium für Außenhandel der UdSSR gehörend, unterstand nunmehr dem Ministerium für Außenhandel Russlands. Das Unternehmen sah sich außerstande, adidas für gelieferte Ausrüstungen und technische Unterstützung zu bezahlen. Auch die Produzenten EKSI und ELIPS standen bei adidas in der Kreide[305] – bis Mitte 1993 waren Schulden in Höhe von rund 9,3 Mio. D-Mark aufgelaufen. Angeblich hatten zwar sämtliche Betriebe, die adidas-Lizenzen nutzten, ihre Zahlungen an LIT geleistet, doch wurden diese Summen infolge der unklaren Rechtslage nach dem Ende der Sowjetunion eingefroren. Ciccolunghi plädierte trotzdem für eine Fortsetzung der Kooperation mit EKSI, schon um das in der Vergangenheit investierte Geld zu retten.[306] Als vermeintlicher Königsweg bot sich die Gründung eines Joint Ventures an. Die rechtlichen Voraussetzungen dafür hatte die Duma, das russische Parlament, mit der Verabschiedung eines Joint-Venture-Gesetzes Ende 1992 gelegt. Ein Vertragsentwurf wurde in Herzogenaurach erarbeitet und von EKSI im Juli 1993 mit geringen Änderungen akzeptiert.[307] EKSI, adidas und der Investor Ricesa S.A. Luxemburg wollten eine Aktiengesellschaft nach luxemburgischen Recht als Gemeinschaftsunternehmen gründen.[308] Zweck des Joint Ventures sollte die Herstellung und der Vertrieb von Schuhen, Textilien und

Sportgeräten sein. An dem Unternehmen sollten EKSI und adidas zu je 49 Prozent und Ricesa mit zwei Prozent beteiligt sein. EKSI sollte Sachkapital und Material einbringen, adidas Nutzungs- und Lizenzrechte, Maschinen und Betriebsmittel für Schuh- und Textilfertigung. Außerdem sollte adidas für drei Jahre den Betriebsleiter stellen und technische Unterstützung gewähren. Das Recht zur Ernennung des Generaldirektors blieb EKSI vorbehalten. Der Vertrieb der Produkte sollte über adidas Moskau Ltd. erfolgen. Zugleich wurde ein Rückzahlungsplan für die von EKSI noch zu zahlenden Lizenzgebühren vereinbart.

Ciccolunghi flankierte den Plan zur Gründung eines Joint Ventures durch Gespräche mit höchsten russischen Stellen. Er zog alle Register, um die Außenstände einzutreiben, und entwarf einen Brief an den Präsidenten der Russischen Föderation, Boris Jelzin. Dieser wurde am 30. Juli 1993 vom Präsidenten des Komitees für Körperkultur und Sport, Shamil Tarpischev, nahezu wortwörtlich übernommen, von ihm unterzeichnet und an Jelzin gesandt.[309]

Tarpischev, ein ehemaliger sowjetischer Tennisprofi, war der einflussreichste russische Sportfunktionär. Seine sportpolitische Karriere hatte 1988 begonnen, als er den damaligen Moskauer Parteichef Boris Jelzin kennenlernte. Jelzin engagierte Tarpischev als persönlichen Tennistrainer, setzte ihn später an die Spitze des Komitees für Körperkultur und Sport und beauftragte ihn 1993 mit der Gründung eines Nationalen Sportfonds.[310] Diese Organisation durfte zu vorteilhaften Konditionen aus staatlichen Reserven Rohstoffe exportieren, um den Sportfonds finanziell großzügig auszustatten.[311] In seiner Autobiografie bezeichnete Jelzin Tarpischev als seinen „einzigen Freund“.[312]

In dem Schreiben Tarpischevs wurde die seit Jahrzehnten enge Zusammenarbeit mit adidas hervorgehoben und das Projekt zur Gründung eines Joint Ventures vorgestellt. Dieses sei aber durch die Nichtbegleichung der Schulden von LIT gefährdet. Tarpischev schloss mit der Bitte an den Präsidenten, er möge die Anweisung an die Ministerien und Banken geben, adidas auszuzahlen, damit das Joint Venture starten könne. Tatsächlich reagierte Jelzin sofort und vermerkte handschriftlich, dass der Fall geprüft werden solle. Seinen Beamten gab er den Rat, „solche Prinzipien und Grundsätze auszuarbeiten, die die Expansion der produzierenden Industrie in Russland fördern“.[313]

Doch diese wohlwollende Notiz des Präsidenten der Russischen Föderation lief ins Leere, da sich zwischenzeitlich die Rechtsabteilung in Herzogenaurach, ohne vorherige Rücksprache mit Ciccolunghi, zur Abtretung der Forderungen gegen LIT an die amerikanische Firma MG Emerging Markets Inc. (MGEM) entschlossen hatte – zu einem Preis von 44 Prozent ihres Wertes. Als Ciccolunghi davon erfuhr, war er außer sich und protestierte in scharfer Form. Er verwies darauf, dass ein Abtreten von Rechten dem Lizenzabkommen mit LIT widerspräche. Sollte es nicht gelingen, so Ciccolunghi, „mit Hilfe von Tarpischev und anderen unser Geld zurückzubekommen, sollten wir vor den Internationalen Gerichtshof in Stockholm gehen, um 100 % von LIT zu erhalten“.[314] Auch andere adidas-Führungskräfte drängten Vorstand und Aufsichtsrat zum sofortigen Widerruf des Vertrages mit MGEM.[315]

Zwischenzeitlich hatte sich das neue Management von EKSI von dem ursprünglichen Joint-Venture-Projekt verabschiedet. Der Staatsbetrieb war in eine GmbH umgewandelt worden. Seine Privatisierung erfolgte mittels Anteilsscheinen. Jeder der mehr als 1.000 EKSI Mitarbeiter erhielt Vouchers.[316] Diese sogenannte Voucher-Privatisierung war von den Wirtschaftsreformern Jegor Gaidar und Anatoly Tschubais auf den Weg gebracht worden und hatte im Oktober 1992 begonnen. Sie sollte zur Einführung von Privateigentum und endgültigen Zerschlagung der Machtbasis der Kommunistischen Partei führen. Die Voucher wurden zum Nennwert von 10.000 Rubel (ca. 30 Euro) ausgegeben. Da es in Russland kaum modern ausgebildete Manager gab, waren die Wirtschaftsreformer auf eine Zusammenarbeit mit den alten Managern angewiesen. Die Anteile wurden zum Teil an die Mitarbeiter, vor allem aber an das alte Management verteilt. Damit wurde deren Widerstand gegen die Privatisierung gebrochen. Im Schnitt wurden 60 bis 65 Prozent der Anteile an das Management und die Arbeiter vergeben. 20 Prozent erwarben andere Einzelpersonen sowie Voucher-Fonds.[317] Der Rest blieb in staatlicher Hand. Die Idee, Staatseigentum auf diese Weise möglichst breit unter der Bevölkerung zu verteilen, wurde jedoch durch die schlechte Wirtschaftssituation zunichte gemacht. Die meisten der überwiegend mittelosen Mitarbeiter verkauften ihre Voucher rasch weiter. Die großen Gewinner der Voucher-Privatisierung waren Teile der alten Nomenklatura und des Managements.

Am 4. November 1993 teilte EKSI mit, dass die Gründung eines Joint Ventures zu den von adidas vorgeschlagenen Bedingungen nicht infrage komme. Stattdessen wurde der Abschluss neuer Lizenzverträge vorgeschlagen.[318] adidas-Prokurist Helmut Zwicknagel[319] führte den Sinneswandel bei EKSI darauf zurück, dass das Management seine Interessen maximieren wollte und eine Minderheitsbeteiligung an einem Joint Venture als zu wenig profitabel ansah.[320] Jedoch konnte EKSI nicht ohne die technische und logistische Hilfe von adidas auskommen. Zwicknagel schlug eine Neubewertung der Beziehungen zu EKSI vor. Das Lizenzabkommen sollte verlängert und ein neues Produktionsabkommen ausgehandelt werden.

Im Frühjahr 1994 unterbreitete EKSI einen eigenen Vorschlag für einen Joint-Venture-Vertrag. Demnach sollte EKSI 80 Prozent und adidas 20 Prozent der Anteile am Gemeinschaftsunternehmen erhalten.[321] Zwicknagel legte diesen Entwurf der Geschäftsführung zur Entscheidung vor. Louis-Dreyfus und Christian Tourres[322] stellten den Vorschlag zurück und lehnten die Gründung eines Joint Ventures schließlich im Juni 1995 ab.[323] Unterdessen wurde die Kooperation mit EKSI auf der Grundlage eines am 18. März 1994 unterzeichneten und im Dezember 1994 ergänzten Protokolls fortgesetzt.[324] Damit allein waren aber die Probleme bei EKSI nicht gelöst. Ciccolunghi warnte Louis-Dreyfus eindringlich davor, nicht tatenlos zuzusehen, wie EKSI in den Bankrott schlittere. In diesem Fall liefe adidas Gefahr, „die strategische Option der Produktion in Russland zu verlieren".[325] adidas bot EKSI daraufhin im Frühjahr 1995 die Entsendung eines Projektteams an, das die wirtschaftliche Situation von EKSI bewerten sollte. Die russische Wirtschaft steuerte in dieser Zeit auf eine dramatische Krise mit sinkender Produktion und hoher Inflation zu. Ungeachtet dessen redete die Regierung von einer ökonomischen Stabilisierung. Ciccolunghi kommentierte die offiziellen Statements in seinen Monatsberichten an Louis-Dreyfus und Tourres nur noch sarkastisch: „Stabilization? Nonsense!"[326] Verantwortungslosigkeit, Inkompetenz und Lügen seien charakteristisch für die aktuelle Politik der russischen Regierung.

Trotzdem bewertete Ciccolunghi die Chancen für adidas in Russland im Sommer 1995 nicht generell pessimistisch.[327] Die Transformation von der Plan- zur Marktwirtschaft bot rasch handelnden Unternehmen nach wie vor große Chancen, zumal der Markt für Konsumgüter noch immer unterentwickelt war. adidas hatte Anfang 1992 eine erste Repräsentanz in Moskau eröffnet und ein Jahr später

Tabelle 3: **Geschäftsentwicklung Area VII (GUS-Länder, baltische Länder und Mongolei) 1992 bis 1995**

Jahr	Nettoumsatz (in Mio. D-Mark)	Gewinn	Beschäftigte
1992	6,20	–	23
1993	25,39	1,68	78
1994	40,67	4,56	86
1995	38,66	2,00	92
1996 (Budget)	51,60	4,40	98
2000 (Ziel)	100,00	10,00	130

Quelle: Zusammengestellt von adidas Moskau, 28.1.1996, in: aA, D-BS-7

eine Geschäftszulassung erhalten. Bis 1995 wurden 40 adidas-Shops in Russland eingerichtet.

Allerdings beeinträchtigte die Wirtschaftskrise zunehmend das Geschäft von adidas in Russland. Die Umsätze sanken 1995 im Vergleich zum Vorjahr. Als größte Risiken nannte Ciccolunghi die instabile Regierung, die schlechte Infrastruktur, den Wechsel der Steuergesetze, die Rubel-Krise, die hohe Arbeitslosigkeit und die hohe Kriminalität. Große Probleme bereiteten adidas die massenhaften grauen Importe von adidas-Ware sowie Imitaten aus Drittländern.

adidas hatte ähnliche Krisen auch schon in anderen Ländern erlebt. Nachdem das Unternehmen über zwei Jahrzehnte erhebliche Anstrengungen zur Erschließung des russischen Marktes unternommen und dort eine Spitzenposition erlangt hatte, stand ein Rückzug nicht zur Diskussion. In Reaktion auf die Rubel-Krise nahm adidas bis 1998 notgedrungen mehrere Kapitalerhöhungen bei seiner 100-prozentigen Tochtergesellschaft in Moskau vor. Damit begegnete man den Liquiditätsproblemen des Unternehmens.[328] Auch die Zusammenarbeit mit EKSI wurde noch einige Jahre fortgesetzt. Am 23. Dezember 1995 wurde ein neues Lizenz- und Distributionsabkommen zwischen der adidas AG, Herzogenaurach, der adidas GmbH Moskau und der EKSI GmbH Moskau abgeschlossen.[329] EKSI verpflichtete sich, pro Jahr Lizenzgebühren in Höhe von mindestens 1,5 Mio. D-Mark zu zahlen. Altschulden in Höhe von 1,42 Mio. D-Mark wollte EKSI durch die kostenlose Vermietung von Verkaufsflächen an adidas Moskau sowie durch andere Serviceleistungen begleichen.[330]

Das Russland-Geschäft blieb auch an der Schwelle zum 21. Jahrhundert für adidas wichtig. Jedoch waren die in den 80er Jahren im Rahmen von Lizenzverträgen in Russland, der Ukraine, Georgien und Armenien unter Vertrag genommenen Betriebe der Konkurrenz, vor allem asiatischer Unternehmen, nicht mehr gewachsen. Sichtbarster Ausdruck dessen war die Insolvenz von EKSI Ende der 1990er Jahre. Als Produktionsstandort spielte Russland seitdem für adidas keine Rolle mehr, wohl aber als ein nach wie vor großer und damit wichtiger Markt.

Die Auswirkungen der Jugoslawienkriege auf die adidas-Produktion in Slowenien und Kroatien

Seit Mitte der 80er Jahren verschärften sich die ethnischen, religiösen und wirtschaftlichen Spannungen im Vielvölkerstaat Jugoslawien. Eine Hyperinflation spitzte die Lage weiter zu. Nur durch das Eingreifen des Internationalen Währungsfonds konnte Ende 1989 ein Staatsbankrott abgewendet werden. Der jugoslawische Dinar wurde an die D-Mark gekoppelt. Dies erschütterte die bis dahin vergleichsweise stabilen und stark exportorientierten Wirtschaften von Slowenien und

Tabelle 4: **adidas-Markenumsatz in Slowenien 1992 bis 1995 (in Mio. D-Mark)**

Firma	1992	1993	1994	1995/1. Hj.
AFP	–	5,0	10,0	30,5
Planika	9,0	9,5	9,0	8,0

Quelle: Zusammengestellt nach: aA, D-LL-1

Kroatien. Im Juni 1991 proklamierten Slowenien und Kroatien ihre Unabhängigkeit, was von Teilen der jugoslawischen Führung als Verfassungsbruch angesehen wurde. Es kam zu den sogenannten Jugoslawienkriegen, einer Reihe von militärischen Konflikten, die in Slowenien nach nur zehn Tagen beendet wurden, in Kroatien jedoch bis Mitte 1995 und in anderen Teilen des ehemaligen Jugoslawien noch bis ins Jahr 2001 andauerten. Unter diesen dramatischen Umständen wurden alle langfristigen Planungen zwischen adidas und den Partnerfirmen in Slowenien und Kroatien zunächst hinfällig. Die Beziehungen zu Jugoplastika in Kroatien konnten nicht länger aufrechterhalten werden.

Vergleichsweise glimpflich überstand Slowenien die kriegerischen Auseinandersetzungen. Die Wirtschaft des kleinen Landes fasste Anfang der 90er Jahre wieder Tritt. Daher konnten in Slowenien die Lizenzproduktion und der Vertrieb weiterlaufen. Neben dem langjährigen Kooperationspartner Planika wurde 1992 die Firma AFP, ansässig im Dorf Dobova, ebenfalls adidas-Partner.

Planika verlor gegenüber dem Neueinsteiger AFP rasch an Boden. Zudem häuften sich die Probleme in der Kooperation zwischen adidas und Planika. adidas warf Planika eine Vielzahl von Vertragsverletzungen vor, darunter falsche Lizenzabrechnungen, illegale Exporte von adidas-Produkten, nichtgenehmigte Produktion von Lizenzprodukten und Nichteinhaltung von Preisabsprachen mit AFP.[331] Der Generaldirektor von Planika, Anton Gros, wies diese Vorwürfe entrüstet zurück.[332] Zum Teil hingen die Probleme mit dem Zerfall Jugoslawiens und der daraufhin notwendigen neuen Aufteilung der Märkte sowie dem Neuaufbau von Zulieferbeziehungen zusammen. Bis 1991 verfügte Planika in ganz Jugoslawien über 192 Verkaufsstellen. Nach dem Zerfall des Landes musste die Firma in Kroatien, Bosnien, Mazedonien, Montenegro und Serbien neue Strukturen aufbauen. Auch kam es in Slowenien zur Konkurrenz mit AFP. Um diese Probleme zu beheben, wurden die Vertriebs- und Lizenzrechte von adidas für Slowenien und Kroatien ab März 1994 neu festgelegt.[333] Die Streitigkeiten mit Planika setzten sich jedoch fort und adidas kündigte schließlich den Vertrag zum 31. Dezember 1995.

Die Kündigung traf Planika hart. Das Unternehmen bemühte sich um einen neuen Vertrag und erhielt eine Zusage, ab April 1998 wieder für adidas produzieren zu dürfen. Dies wurde von anderen Verantwortlichen bei adidas jedoch entschieden abgelehnt: „Wir sind der Meinung, dass die Firma adidas aus prinzipiellen Überlegungen keine erneute Kooperation mit Planika eingehen sollte, insbesondere nach den massiven Problemen und Schäden, die uns diese Firma in jüngster Vergangenheit verursachte! Wir müssen somit darauf drängen, dass die Kooperation mit Planika gestoppt wird!"[334] Die Gegner eines erneuten Vertragsabschlusses setzten sich durch. Mit Planika ging es danach bergab. Das Unternehmen musste 1998 und – nach einem Neustart – nochmals im Jahr 2004 Insolvenz anmelden.[335]

Zwar arbeitete adidas auch weiterhin mit Firmen aus Slowenien, Bosnien-Herzegowina und Mazedonien zusammen, doch reichten diese Kooperationen nicht mehr an die einstige Bedeutung der jugoslawischen Lizenznehmer heran.

5.7 Fazit

Von Beginn an setzte adidas auf eine Werbestrategie, die den Einzelsportler in den Mittelpunkt stellte. Es spielte dabei keine Rolle, aus welchem Land der Athlet kam, entscheidend waren seine herausragenden Leistungen bei Sportereignissen von Weltgeltung. adidas rüstete zahlreiche Spitzensportler und Mannschaften kostenlos aus und konnte damit den Bekanntheitsgrad der Marke enorm steigern.

Den ersten Ausrüstungsverträgen folgten Promotion-Verträge mit Verbänden, Vereinen und Einzelsportlern. adidas verfolgte dabei einen globalen Ansatz und setzte sich zum Ziel, dass möglichst viele Medaillengewinner Schuhe und Trainingsanzüge mit den Drei Streifen tragen sollten. Der damit einhergehenden Kommerzialisierung des Sports standen die olympische Charta und ihr Amateurparagraf entgegen. Zu dessen Verteidigern gehörten u.a. die Sportverbände der sozialistischen Staaten mit der Sowjetunion an der Spitze. Ihre Position wurde seit Anfang der 70er Jahre jedoch zunehmend aufgeweicht. Als wichtiger Faktor erwies sich in diesem Zusammenhang der Abschluss von Promotion-Verträgen. Als letzte große Sportorganisation des Ostblocks gab der DTSB der DDR unter dem Eindruck wachsender wirtschaftlicher Probleme 1982 seinen Widerstand gegen diese Entwicklung auf und setzte nun ebenfalls auf die Aufbesserung seiner Deviseneinnahmen durch Promotion-Verträge mit adidas.

Während die sozialistischen Länder sportpolitisch eine wichtige Rolle spielten, waren sie als Märkte für adidas bis zum Ende des Ostblocks kaum relevant. Jedoch rückten sie seit Ende der 60er Jahre als Standorte für Lohnproduktionen ins Blickfeld von adidas France und adidas Deutschland. Im Zuge der Verlagerung von Fertigungen an kostengünstige Standorte nahm adidas Kooperationen mit jugoslawischen, ungarischen und rumänischen Betrieben auf. Anfangs dominierten Lohnfertigungen von Sportschuhen, Textilien und Taschen. In den späten 70er Jahren ging adidas dann auch zum Abschluss von Lizenzverträgen mit Außenhandelsbetrieben sozialistischer Staaten über. Wichtigster Lizenznehmer im Ostblock wurde das sowjetische Außenhandelsunternehmen LIT, wobei mit Blick auf die Olympischen Spiele in Moskau 1980 sportpolitische und wirtschaftliche Motive nicht voneinander zu trennen waren.

adidas gehörte zu den Pionieren des Ost-West-Handels und erwarb sich in der Sowjetunion sowie in den übrigen Ostblockstaaten mit seinen Produkten einen ausgezeichneten Ruf. Vom Nimbus des „first movers“ konnte das Unternehmen auch nach dem Zerfall des Ostblocks noch lange zehren. Hinzu kam die Tatsache, dass adidas bereits ab 1980 zunächst in Moskau und dann auch noch an weiteren Standorten in der Sowjetunion Lizenzproduktionen aufzog.

Ende 1987 verfügte adidas über Lizenzverträge mit Betrieben in 37 Ländern. Darunter befanden sich mit Jugoslawien, Ungarn, der UdSSR, Bulgarien auch vier Ostblockländer. Außerdem gab es Lohnfertigungen in der ČSSR und Rumänien. Außergewöhnlich war der frühe Beginn der Zusammenarbeit mit ungarischen Betrieben und Regierungsinstanzen. Das Land galt als besonders reformfreudig, weshalb sich adidas erstmals in einem sozialistischen Land an einem Joint Venture beteiligte.

Bis Ende der 80er Jahre gehörten Betriebe in der UdSSR und Jugoslawien zu den wichtigsten Lizenzproduzenten von adidas. In beiden Ländern wurde im Jahr 1987, gemessen am Umsatz, der Höhepunkt der Lizenzproduktion erreicht. Danach sanken die Umsätze infolge zunehmender politischer und wirtschaftlicher Instabilitäten.

Verlässliche Aussagen über die Profitabilität der Lizenzproduktionen in den Ostblockländern sind nur

Tabelle 5: Lizenzverträge mit Ostblock-Betrieben (Stand 30. Oktober 1987)

Land	Vertragsdatum (Vorläufer)	Firma	Standort	Produkt	Lizenzgebühr
Jugoslawien	26. 2. 1987 (3. 3. 1967)	Planika	Kranj	Schuhe	1,00–1,50 DM je Paar
	10. 5. 1985 (Mitte 60er)	Slovenijašport	Ljubljana	Textilien	3 %
	11. 2. 1986 (1980)	Jugoplastika	Split	Taschen	3 %
Ungarn	4. 9. 1987	adidas Budapest Kft.	Budapest	Schuhe, Bekleidung, Tennisschläger, Bälle, Taschen	1 %
UdSSR	18. 7. 1985 (23. 5. 1978)	LIT	Moskau		
	18. 7. 1985		Moskau, Jerewan	Sportschuhe	1,20–1,50 DM je Paar
	30. 11. 1984		Kiew	Langlaufschuhe	1,50 DM je Paar
Bulgarien	23. 10. 1984	DSO Mladost	Sofia		
	23. 10. 1984		Blagoevgrad	Schuhe, Bälle	1,50 DM je Paar
	6. 5. 1986		Gabrowo	Fußballschuhe	1,50 DM je Paar
	6. 5. 1986		Trawna, Popowo, Rasgrad	Textilien	0,50-1,50 DM pro Stück

Quelle: Stiftungssitzung vom 7.12.1987, TOP 8: neue Lizenzverträge, aA, D-BF-17

schwer möglich. Im Fall von Jugoslawien deuten aber die lange Laufzeit der Verträge und ihre wiederholte Ausweitung darauf hin, dass adidas mit den Partnern zufrieden war und gute Gewinne erzielte. Bezüglich der Kooperation mit LIT und EKSI kann eine solche Einschätzung nicht getroffen werden. Zwar stiegen die Lizenzeinnahmen kontinuierlich, doch mussten die Einnahmen 1988 infolge von Umrechnungsfehlern neu bewertet werden. Auch gab es wiederholt Probleme mit der Überweisung der Lizenzgebühren, sodass beim sowjetischen Außenhandelsunternehmen bis 1991 Schulden gegenüber adidas in Millionenhöhe aufliefen. adidas nahm dies notgedrungen in Kauf, um nach Einführung der Marktwirtschaft den Vorteil des eigenen frühen Markteintritts gegenüber der Konkurrenz zu wahren.

Alle sozialistischen Länder gerieten Ende der 80er Jahre in zunehmende wirtschaftliche Probleme. Dies wirkte sich auf die Geschäfte von adidas aus. Lieferverträge wurden nicht erfüllt, Umsätze stagnierten oder sanken und die Zahlung von Lizenzgebühren stockte. Noch vor dem Zusammenbruch des Ostblocks waren die günstigsten Jahre für Lohn- und Lizenzproduktionen in Osteuropa vorbei.

Tabelle 6: **Lizenzumsätze der wichtigsten Lizenzunternehmen von adidas in Mio. D-Mark**

Land	Firma	1987	1988	1989
Argentinien	Gatic	179	127	80
Japan	Descente	151	157	150
Brasilien (Sub)		113	119	118
UdSSR	LIT	92	65	86
Australien	Dunlop	62	73	87
Jugoslawien		105	50	55
Süd-Korea		26	59	86
sonstige		190	249	298
Gesamt		915	902	958

Quelle: Stiftungssitzung vom 27.5.1989, Lizenzumsätze der wichtigsten Lizenzunternehmen, aA, D-BF-20

Weitgehend erfolglos verliefen die Verhandlungen mit DDR-Betrieben. Für die Schuhindustrie der DDR war es attraktiver, mit der Salamander AG zusammenzuarbeiten. adidas war nicht gewillt, den DDR-Kombinaten Sonderkonditionen einzuräumen. Daher kam es lediglich zu kleineren Geschäften im Textilsektor. Nach der deutschen Einheit 1990 waren die neuen Bundesländer nur noch als Markt für adidas von Interesse, zumal das Unternehmen in dieser Zeit unter einer schweren hausgemachten Krise litt, in deren Zuge viele westdeutsche und französische Produktionsstandorte von adidas geschlossen wurden.

Mit der Auflösung der Sowjetunion Ende 1991 brach die Weltordnung, wie sie nach dem Zweiten Weltkrieg entstanden war, endgültig zusammen. In dieser Zeit befand sich adidas in einer existenzbedrohenden Krise. Die Konsolidierung des Unternehmens zog sich über mehrere Jahre hin. Eine Reihe von Lizenzvereinbarungen und Promotion-Verträge wurden gekündigt. Die Strategie des inzwischen in eine Aktiengesellschaft umgewandelten Unternehmens bestand darin, die Kontrolle über möglichst viele Märkte wiederzuerlangen, in denen bislang Distributoren und Lizenznehmer tätig waren.[336] Im Frühjahr 1994 zeichnete sich ab, dass die Rosskur wirkte. adidas schrieb wieder schwarze Zahlen.

Als Produktionsstandorte verloren mittel- und osteuropäische Länder seitdem weiter an Bedeutung. Lizenzverträge mit russischen, kroatischen, slowakischen, bulgarischen, rumänischen, georgischen und armenischen Betrieben wurden nicht mehr verlängert. Auch die meisten Joint Ventures wurden aufgelöst oder, wie im Fall der adidas Budapest Kft., in Tochtergesellschaften umgewandelt.

Anfang des neuen Jahrtausends war die Verlagerung der Fertigung nach Asien schon weit fortgeschritten. Von 952 Betrieben, die für adidas produzierten, befanden sich im Jahr 2001 457 in Asien, 211 in Nord- und Südamerika und 284 in Europa.[337] Bis zum Jahr 2015 setzte sich dieser Trend weiter fort. Die Zahl der Fertigungsstätten von adidas in Europa schrumpfte auf weniger als zehn Prozent der Gesamtzahl. In Russland wurde nicht mehr für adidas produziert und in den meisten mittel- und osteuropäischen Ländern gab es nur noch jeweils eine Fertigungsstätte. Ganz anders verlief die Entwicklung in Asien. Im Jahr 2015 wurde in China in 242, in Südkorea in 83 und in Vietnam in 82 Betrieben für adidas produziert.[338] An die Pionierzeit der Lohn- und Lizenzproduktionen von adidas in Osteuropa erinnern heute nur noch einige der legendären Sportschuhmodelle aus den 80er Jahren.

6

VON DER MARKEN- ZUR MARKETINGORIENTIERUNG

Christian Kleinschmidt

6.1 Übergangsphase und neue Herausforderungen

Gegen Ende der Ära Adi Dassler hatte sich angedeutet, dass der internationale Sportartikelmarkt zunehmend umkämpft sein würde, dass neue Wettbewerber in den Markt drängten und dass Traditionen und bisherige Erfolge keine Garantie für den zukünftigen Erfolg der Marke adidas bieten würden. Darüber hinaus wurde offenbar, dass die unternehmensinterne, familienorientierte Arbeitsteilung den neuen Herausforderungen auf dem Gebiet einer markenorientierten Unternehmensführung kaum mehr gerecht werden konnte. Zugleich deutete sich an, dass die Übernahme der Geschäftsführung durch Käthe Dassler, verbunden mit der Leitung einzelner Aufgabenbereiche durch ihre Töchter, nur eine Übergangsphase darstellte. Insbesondere betraf das den Bereich Werbung und Marketing, um den sich Inge Bente und Karin Essing kümmerten. Anders als bei adidas France, wo Horst Dassler schon seit Längerem mit professionellen Werbe- und Marketingfirmen zusammen arbeitete, gab es eine entsprechende Entwicklung in Herzogenaurach kaum. Dort arbeitete adidas mit der Nürnberger Werbeagentur Hans Fick zusammen, die bis zu diesem Zeitpunkt vornehmlich die Werbekataloge des Unternehmens gestaltet hatte. Im Jahr 1979 legte diese erstmals eine umfangreichere „Werbe-Konzeption für den Image- und Umsatzweltmeister adidas" vor, mit der das Unternehmen auf aktuelle Herausforderungen reagieren und für zukunftsorientierte Strategien gerüstet sein sollte.[1] Die Analyse konstatierte einen stark umkämpften Sportartikelmarkt und betonte die Herausforderung durch neue, „ehrgeizige Wettbewerber" wie Nike, die sich trotz „schlechter Produkte" in den USA als die vermeintlich besseren Jogging-Experten profilierten. Als Konsequenz daraus schlug die Agentur Fick eine einheitliche und umfassende Werbekampagne vor mit dem Ziel, das Profil und den Bekanntheitsgrad von adidas in bestimmten Märkten zu stärken. Die Kampagne sollte in Zeitungen und Zeitschriften sowie im Fernsehen unter dem Titel „Die Weltmarke mit den drei Streifen" gestartet werden.[2]

Die Idee einer umfangreichen Werbekampagne mochte für adidas in Herzogenaurach ein Novum sein – die inhaltlichen Vorstellungen blieben jedoch weitgehend bewährten Konzepten verpflichtet. Schon der Titel der Studie signalisierte dies und verriet zugleich eine Art Ehrfurcht vor den bisherigen Leistungen, was eher auf ein „Weiter so" als auf einen Neuanfang abzielte. So verwies die Agentur wie bisher auf das Alleinstellungsmerkmal der hohen Anzahl an Medaillengewinnern bei Olympischen Spielen und die Erfolgsbilanzen bei anderen sportlichen Großveranstaltungen. Dies gipfelte in der Idee einer Auflistung der adidas-Goldmedaillengewinner während der Olympischen Spiele in Form von Anzeigen in der Tages- und Sportpresse.[3] Das klingt nicht nur aus heutiger Perspektive wenig innovativ, sondern war auch Ende der 70er Jahre eher Ausdruck einer auf Selbstbestätigung ausgerichteten Werbung, die die semiprofessionellen Bemühungen auf diesem Gebiet fortführte und gleichzeitig die zunehmend originellen Werbestrategien der Konkurrenz weitgehend ignorierte.

Das mochte auch damit zusammenhängen, dass die neuen Herausforderungen zunächst vor allem auf den ausländischen Märkten zu spüren waren. So warnte etwa 1982 ein irischer adidas-Vertreter vor der Nike-Herausforderung im Rahmen des amerikanischen Jogging-Booms und wies auf die Gefahr von Marktverlusten hin.[4] Auf dem amerikanischen Markt wurde adidas aktiv, indem Käthe Dassler Richard J. Madden, den Chef von adidas USA, beauftragte, den Vertrieb in den Vereinigten Staaten zu reorganisieren. Die USA waren ein schwieriger Markt für adidas. Eine einheitliche Organisation für den nordamerikanischen Raum

1 Werbeanzeige „Superstar" mit den Distributoren Clossco, Hughesco, Libco und adidas Canada (1971)

bzw. „adidas USA“ existierte noch nicht. Stattdessen gab es vier Distributoren namens „Clossco“, „Hughesco“, „Libco“ und „adidas Canada“. Madden wandte sich an ein amerikanisches Beratungsunternehmen, das ein strategisches Programm für Marketingaktivitäten, Produktion und Distribution für adidas USA vorlegte und dabei ausdrücklich betonte, dass die deutsche Muttergesellschaft daran nicht beteiligt sei. Die Überlegungen zu einem „Plan X“ gingen für adidas USA davon aus, dass bislang kein „unified marketing approach“ existierte und dementsprechend die Notwendigkeit eines umfassenden „business plan“ gegeben sei, der zu Effizienzsteigerungen und Kostensenkungen beitragen sollte.[5] Vergleichbare Strategien, insbesondere für Werbung und Marketing, waren von adidas für den deutschen Markt zu diesem Zeitpunkt offenbar noch nicht vorgesehen. Das ist insofern bemerkenswert, als sich zahlreiche westdeutsche Unternehmen bereits seit den 50er Jahren an amerikanischen Werbe- und Marktforschungsmethoden orientierten und dabei auch die Verbindungen zu amerikanischen Niederlassungen nutzten. So engagierte Volkswagen bereits Ende der 50er/Anfang der 60er Jahre die amerikanische Werbeagentur Doyle Dane Bernbach (DDB) für eine Kampagne, die mit Witz und Pfiff zunächst für Volkswagen of America erfolgreich Werbung machte, schließlich eine Zweigstelle in Düsseldorf gründete und zahlreiche westdeutsche Unternehmen beriet. Auch andere Unternehmen folgten dem Beispiel von VW. Die „Amerikanisierung“ deutscher und europäischer Werbung sowie auch die organisatorische Implementierung integrierter Marketing-Abteilungen lässt sich insbesondere ab Ende der 60er Jahre beobachten,[6] während bei adidas in diesem Zeitraum eine vergleichbare Entwicklung ausblieb. Von einer Professionalisierung oder gar „Amerikanisierung“ von Werbung und Marketing kann – zumindest bis zum Tod Käthe Dasslers im Jahr 1984 – kaum gesprochen werden. Insofern lebte hier das familienorientierte „System Adi Dassler“ noch bis Mitte der 80er Jahre weiter, auch wenn sich erste Ansätze amerikanischer Einflüsse zu Beginn der 80er Jahre anhand des Konzepts „aims ’82. adidas international marketing strategy“ erkennen lassen. Darin fanden sich neben sprachlichen Amerikanismen, die eine größere Nähe zu amerikanischen Marketingstrategien andeuteten, Hinweise auf zielgruppenorientierte Strategien und Bemerkungen zu Schwächen des Unternehmens im internationalen Vergleichsmaßstab, die eine stärker analytisch-kritische Distanz sowie eine Abkehr von der bislang praktizierten Werbung im Sinne erfolgsbetonter Selbstbestätigung erkennen lassen. „aims ’82“ wies etwa auf Defizite im Freizeit-Schwimmbereich sowie auf Imageprobleme der Marke hin, auf die durch neue Kollektionen in einzelnen Bereichen sowie durch eine umfangreiche und stärker international ausgerichtete Marketing-Strategie zu reagieren sei.[7]

Neuausrichtung von Werbung und Marketing unter Horst Dassler

Nach dem Tod Käthe Dasslers übernahm schließlich Horst Dassler die Geschäftsleitung von adidas. Neben umfangreichen organisatorischen und strukturellen Änderungen[8] plante er eine Neuausrichtung im Bereich von Werbung und Marketing. Dass adidas bereits ein Jahr später mit dem „Deutschen Marketing Preis“ ausgezeichnet wurde, war allerdings weniger auf diese Neuausrichtung als auf die vergangenen Erfolge der Marke zurück zu führen, da der Preis „für den einmaligen Aufbau einer Weltmarke auf ungewöhnlichen Wegen“[9] vergeben wurde, was nicht zuletzt auch das Verdienst Horst Dasslers war.

Erstmals wurde im Jahr 1985 mit Young & Rubicam (Y&R) ein amerikanisches Unternehmen von adidas beauftragt, das als Beratungsfirma und Kommunikationsspezialist in 46 Ländern der Welt präsent war und zugleich mit dem japanischen Kommunikationsunternehmen Dentsu kooperierte. Dies signalisierte eine stärker globale Ausrichtung von Werbung und Marketing. Deutlicher als bisher sprach die Analyse von Y&R die von Nike drohenden Gefahren für adidas an und es wurde deutlich, dass sich das Unternehmen in einer zunehmend defensiven Position befand, ablesbar an dem formulierten Ziel, die „Führerschaft" auf dem weltweiten Sportartikelmarkt „zu verteidigen". Die Marke strahle zu viel „Mainstream" und zu wenig Innovation und „Leadership" aus, es gelte deshalb, „mehr Experimente" zu wagen – „to test limits" –, was nur durch ein „aggressiveres Auftreten" gewährleistet werden könne.[10]

Das Jahr 1985 kann durchaus als Wende auf dem Gebiet der adidas Werbe- und Marketingstrategien angesehen werden. Dies betraf nicht allein die Abkehr von bislang eher „hausgemachten" Aktivitäten auf diesem Gebiet sowie die Kooperation mit Y&R, sondern auch unternehmensintern breiter geführte Diskussionen, die Anfertigung von Konzepten und Expertisen sowie organisatorische Veränderungen. Zu Letzteren gehörte etwa die Gründung einer „Advertising Core Group"; diese war – in enger Abstimmung mit Y&R und Dentsu – weltweit für neue Kampagnen, Kommunikationsziele sowie eine bessere Koordination für bestimmte Märkte verantwortlich und sollte durch eine Verjüngung des Marken-Images für adidas die Marktführerschaft auf allen geografischen Märkten und in wichtigen Produktkategorien wiedergewinnen.[11] Das betraf ebenso die schonungslose interne Analyse der Bereiche Marketing und Vertrieb in der Zentrale in Herzogenaurach, die eine grundlegende Neuorientierung anmahnte. adidas sei – historisch bedingt – ein stark produktionsorientiert ausgerichtetes Unternehmen und es gelte, den „Aufbruch in ein eher marketingorientiertes Vorgehen" einzuleiten. Das Marketing müsse innerhalb der nächsten drei bis fünf Jahre „die zentrale Rolle einnehmen".[12] Dabei wurde die wirtschaftliche Situation des Unternehmens seit dem Tode Adi Dasslers als durchaus zufriedenstellend wahrgenommen. Trotz der weltweiten Rezession und der Ölpreiskrise Ende der 70er/Anfang der 80er Jahre und trotz schärferen Wettbewerbs und steigenden Importdrucks konnte adidas ein kontinuierliches Wachstum verzeichnen. Zwischen 1980 und 1986 stieg der Inlandsumsatz von 711 Mio. auf 1,16 Mrd. D-Mark, weltweit sogar auf über vier Mrd. D-Mark, die Zahl der inländischen Beschäftigten erhöhte sich von etwa 3.300 auf 4.600 (bei weltweit über 12.000).[13] Gleichzeitig deutete sich aber an, dass diese positiven Trends sich zukünftig nicht fortsetzen würden: „Die Entwicklung der Produktmärkte, in denen adidas sich betätigt, ist stagnierend und zum Teil rückläufig, genau in den Bereichen, in denen adidas den höchsten Marktanteil hat (Wettkampf-/Leistungssport) und steigend dort, wo adidas' Position schwach ist und adidas ‚einer von vielen' ist (im Freizeitsport und -bekleidung)."[14] Die Marke adidas spreche vor allem männliche Konsumenten der Altersgruppe zwischen 20 und 45 Jahren an. Die Zielgruppe der Kinder und Jugendlichen im Alter von zwölf bis 20 Jahren, die „jungen Trendsetter", sowie Frauen würden bislang stark vernachlässigt. So laufe das Unternehmen „Gefahr, seine Führungsrolle auf dem technischen Sektor und durch mangelnde Innovativität im Teenager-Bereich zu verlieren".[15] Die USA und Japan seien die wichtigsten Märkte der Welt, wobei den USA „höchste Priorität" zukommen müsse, denn dort sei „Nike der größte Mitbewerber". Es wurde deutlich ausgesprochen, dass „Nike die Nr. 1 in dem größten Sportartikelmarkt der Welt" sei und gerade dort Stärken im Bereich des Markenimages besitze, wo adidas Schwächen zeige. Das betreffe vor allem junge Endverbraucher. Puma hingegen sei „nur in Deutschland bedeutungsvoll" und der „Wettbewerbsdruck durch Puma" nehme „tendenziell ab". Schwächen würden sich außerdem im Vertrieb und in der Zusammenarbeit mit dem Handel zeigen, bedingt durch ständige Lieferverzögerungen und eine dadurch zu beobachtende „Imagebeeinträchtigung", die zu einer „permanenten Defensivhaltung" von adidas geführt habe. Diese Probleme seien nur durch eine „integrierte Gesamtunternehmensplanung" der Bereiche Absatz, Werbung, Promotion und PR zu lösen.[16]

Entwicklung hin zur marketingorientierten Unternehmensführung

Damit bewegte sich adidas – wenn auch mit erheblicher zeitlicher Verzögerung – auf dem aktuellen Stand der wissenschaftlichen Marketingtheorie, die seit den 60er Jahren eine Einteilung in vier Gruppen – „product", „price", „place" und „promotion" („4 P") – vornahm und eine integrierte Strategie im Sinne eines „Marketingmix" vorschlug.[17] Zwar hatte adidas bis dahin eine stark *markenorientierte* Unternehmensführung betrieben, bei der einzelne Marketingbereiche wie etwa das Produkt und die Promotion durchaus eine große Rolle spielten, eine integrierte *marketingorientierte* Strategie im Sinne der „4 Ps", die sich als solche auch organisatorisch im Unternehmen widerspiegelte, war jedoch bis Mitte der 80er Jahre kaum zu erkennen. Im Lauf der zweiten Hälfte der 80er Jahre erfolgte schließlich eine Veränderung in der Organisation des Marketing, die zu einer stärkeren Integration und Koordination einzelner Funktionsbereiche führte und die, mit der Einführung des Produktmanagements, Schritte in Richtung einer Modernisierung, Professionalisierung und damit „Amerikanisierung" unternahm. Die neue Marketing-Organisation sah neben einer strategischen Produktplanungs- und Entwicklungseinheit (IPC) eine ihr zugeordnete Abteilung „Zentrales Marketing" vor, der wiederum „Core Groups" für Marktforschung, Produkte und Preise, Kommunikation, Distribution sowie Lizenzen unterstellt waren, die die „4 P"-Strategien widerspiegelten. Eine neu einzurichtende Stelle für „Marketing-Controlling" war für Budgets, Marketingplanung, Monatsberichte etc. zuständig.[18] Die Unternehmensberatung Fuchslocher schlug zudem einen Bereich „Produktmanagement Footwear International" vor, der für den Schuhbereich von der technischen Innovation bis zur Serienreife sowie für das integrierte Marketing verantwortlich sein sollte. Zugeordnet werden sollten diesem Bereich Stellen für Informationsbeschaffung und Marktentwicklung, für Kollektionsplanung und Preispolitik, für Vertrieb, Design, Werbung, Logistik, Research and Technical Engineering sowie Koordinatorenstellen, welche die Zusammenarbeit nicht nur zwischen den einzelnen Funktionsbereichen, sondern auch zwischen den Standorten in Deutschland und Frankreich sowie im internationalen Rahmen stärken sollten.[19]

Damit hatte sich bei adidas ab Mitte der 80er Jahre ein grundlegender Wandel von einer marken- zu einer marketingorientierten Unternehmensführung und zu einem modernen Produktmarketing vollzogen. Beschleunigt wurde diese Entwicklung durch die sich andeutenden krisenhaften Entwicklungen innerhalb des Unternehmens, sodass sich durchaus von „Marketing als Krisenstrategie"[20] sprechen lässt. Dabei ging man bei adidas zu diesem Zeitpunkt noch nicht von einer manifesten ökonomischen Krise aus,

2 Werbekampagne für die Zielgruppe Jugend und Freizeit (80er Jahre)

sondern eher von einer Imagekrise, die in einem stark verändernden Marktumfeld jedoch drohte zum Verlust an Marktanteilen und damit mittelfristig zu wirtschaftlichen Problemen zu führen. Handlungsbedarf bestand sowohl bezüglich der externen wie der internen Unternehmenskommunikation. Umfangreiche Medienkampagnen und Public-Relations-Maßnahmen sollten unter der Überschrift: „Das hat adidas seinen Konkurrenten voraus" das Image des Unternehmens im nationalen und internationalen Rahmen verbessern. Die breit ausgerichtete Kampagne richtete sich an die regionale, nationale und internationale Presse, an Fachzeitschriften, den Hörfunk, Verbandsorgane sowie an Film- und Fernsehproduktionsfirmen. Es wurden Symposien abgehalten, Fotowettbewerbe organisiert, umfangreiche Pressekonferenzen gegeben und Aktionen wie der „Goldene Schuh"– eine Trophäe, mit welcher der erfolgreichste Torjäger einer Saison ausgezeichnet wird – ins Leben gerufen. Evaluiert wurden diese Maßnahmen durch entsprechende Erfolgskontrollen (Presseauswertung, Fragebögen, Filmeinsatzberichte).[21] Gestärkt werden sollte neben der externen Kommunikation auch die Corporate Identity (CI) sowie das Corporate Design (CD). Zu diesem Zweck wurden visuelle Gestaltungskonzepte zur Benutzung von Logos, Schriftzügen, Symbolen, Signets erarbeitet. Damit sollte die Abgrenzung und Kennzeichnung gegenüber den Konkurrenten klarer hervorgehoben werden.[22] Ein vorrangiges Ziel bestand zudem darin, die traditionsreiche Marke adidas zukünftig auch als „in-brand" und aktuelle Modemarke zu präsentieren.[23]

Als Konsequenzen aus den umfangreichen Analysen hatte die Unternehmensleitung neben organisatorischen Umstrukturierungen u. a. eine Imageverjüngung und stärkere Zielgruppenorientierung auf zwölf- bis 20jährige Konsumenten angemahnt, ein „‚Trading up' in den Segmenten ‚Freizeitsport' und ‚Freizeit'" sowie eine stärkere Konzentration auf die Märkte in Nordamerika und Japan.[24] Noch im Jahr 1985 wurden erhebliche Werbemittel in eine „Jugendaktion" gesteckt, die in Form von Anzeigen, Filmen und der Präsentation von Textilkollektionen die Zielgruppe der zwölf- bis 20jährigen Konsumenten ansprach.[25]

Grundlagen für diese Überlegungen bildeten Konzepte von externen Unternehmensberatungen, die teilweise auf soziologische Analysen des Wertewandels sowie der veränderten Freizeitgewohnheiten und Konsummuster zurückgriffen. Ein „gesellschaftsfreundliches Marketing" müsse die aktuellen Bedürfnisse sowie die langfristigen Interessen der Käufer stärker wahrnehmen, und die darauf aufbauenden Werbekonzepte sollten dann „die Pop- und Rockszene genauso nutzen wie andere soziale und modische Trends".[26] Tatsächlich kam es in den Folgejahren zu umfangreichen Neuerungen, z. B. wurde die Produktpalette um Straßen- und Wanderschuhen sowie Pumps erweitert. Auch hier hatte es zuvor von einer Unternehmensberatung ein Exposée für den Bereich „Freizeitschuhe" gegeben, das mittel- und langfristige Marketingstrategien für dieses Segment vorschlug. Zudem eröffnete adidas weltweit „adidas-stores", die nach dem Franchise-Konzept geführt wurden.[27]

Steigender Wettbewerb und Kostendruck

Die zahlreichen externen Gutachten und Expertisen, die adidas ab Mitte der 80er Jahre einholte, waren sowohl Ausdruck einer Neuorientierung als auch einer zunehmenden Verunsicherung, die einen erheblichen Informationsbedarf nach sich zog. Die damit verbundenen Aktivitäten zeigten zunächst jedoch nicht den gewünschten Erfolg. Es wurde deutlich, dass neue Werbe- und Marketinginitiativen allein nicht ausreichten, um sich erfolgreich am Markt zu behaupten. Ein wesentliches Problem stellten die Kosten der Schuhproduktion in Europa dar; verstärkt wurde es durch den sinkenden Dollarkurs Mitte der 80er Jahre. Beides zusammen führte zu einer deutlichen Verschlechterung der Wettbewerbssituation europäischer Produktionsstandorte, sodass sich adidas gezwungen sah, die Produktion zunehmend ins nichteuropäische Ausland zu verlagern. Die Eigenproduktion in Deutschland war für das Unternehmen inzwischen am teuersten. Gemessen daran lagen die Kosten in Jugoslawien bei 69 Prozent, in Ungarn und Rumänien bei 53 Prozent, in Brasilien und Taiwan bei 50 Prozent und in Korea sogar nur bei 41 Prozent.[28] Die gleichen wirtschaftlichen Überlegungen, die adidas Ende der 50er Jahre dazu veranlasst hatten, neue Produktionsstätten im Elsass zu gründen, führten nun dazu, dass diese infolge der ostasiatischen Konkurrenz, mit deren Hilfe etwa Nike deutlich günstiger produzieren lassen konnte, geschlossen wurden. Die daraufhin noch unter Horst Dassler eingeleiteten Umstrukturierungen führten innerhalb weniger Jahre dazu, dass der Eigenanteil der Fertigung von adidas in Deutschland, Frankreich und Österreich bei Schuhen von 35 auf 17,5 Prozent und bei Textilien von 30 auf fünf Prozent schrumpfte.[29] Selbst das europäische „Billiglohnland“ Ungarn bekam den zunehmenden Konkurrenzdruck zu spüren. Seit 1974 ließ adidas France in Ungarn über das Außenhandelsunternehmen Hungarocoop bei der Firma Tisza produzieren, da dort Löhne und Preise deutlich niedriger waren als in Frankreich oder Deutschland. Dem ungarischen Wunsch nach Preiserhöhungen wurde von adidas France nicht entsprochen. Falls Hungarocoop damit nicht einverstanden sei, würde adidas France die Verträge nicht mehr wie bisher über fünf Jahre abschließen, sondern nur noch von Jahr zu Jahr.[30] Schließlich wurde die gesamte Schuhproduktion, die in dieser Zeit zu großen Teilen auch in Südamerika (Argentinien, Brasilien) erfolgte, zunehmend nach Asien verlagert. adidas ließ immer größere Anteile in Korea, Malaysia, Thailand und China fertigen, was

3 Werbekampgane adidas „twister“ (80er Jahre)

4 Horst Dassler auf einer Konferenz (1987)

jedoch in der Anfangszeit häufig zu Lieferengpässen und finanziellen Einbußen führte.

Gemeinsam mit Problemen bei den Umstrukturierungen in den USA und Frankreich und dem sich als wenig erfolgreich herausstellenden Straßen- und Freizeitschuhprogramm ergaben sich nun auch wirtschaftliche Probleme bei adidas. Der Marktanteil in den USA war innerhalb von zehn Jahren von 70 auf fünf Prozent gefallen und ab Mitte der 80er Jahre sanken die jährlichen Umsätze im Inland um sieben bzw. sogar zwölf Prozent und unterschritten wieder die 1-Milliarde-Grenze. Infolge der Produktionsverlagerungen schrumpfte die Beschäftigtenzahl in Deutschland 1988 auf knapp 2.700 und weltweit auf 10.400, gegenüber 4.600 bzw. 12.600 wenige Jahre zuvor. Auch wenn der Geschäftsbericht 1988 trotzdem von einem „befriedigenden operativen Ergebnis" sprach, konnte dies nicht darüber hinwegtäuschen, dass sich das Unternehmen in einer krisenhaften Situation befand, die kurze Zeit später beinahe in einen Konkurs gemündet wäre.[31]

Auch Puma befand sich zu dieser Zeit in einer schwierigen Situation. 1986 war das Unternehmen an die Börse gegangen, litt aber unter einem erheblichen Umsatzeinbruch in den USA. Ähnlich wie adidas spürte Puma zunehmend die Konkurrenz von Nike und Reebok. Nur mithilfe eines Darlehens von 62 Mio. D-Mark konnten die Brüder Armin und Gerd Dassler den Geschäftsbetrieb damals aufrechterhalten. In dieser Situation flammte der zwischenzeitlich etwas in den Hintergrund getretene „Bruderkampf" der Dassler-Familien, der inzwischen in einen Konflikt zwischen den Cousins Horst, Armin und Gerd übergegangen war, wieder auf. Armin warf Horst Dassler Anfang 1987 „geschäftsschädigende Äußerungen" vor, die dieser im Hinblick auf die finanziellen Schwierigkeiten sowie die Verluste Pumas in den USA gegenüber Journalisten getätigt hätte. Damit habe er lediglich versucht, von den eigenen Problemen abzulenken.[32] So setzte sich auch in dieser krisenhaften Lage der Konflikt zwischen beiden Unternehmen fort. Vor dem Hintergrund der globalen Herausforderungen, die adidas und Puma in ähnlicher Weise trafen, nahmen die Auseinandersetzungen zwischen beiden Unternehmen zunehmend anachronistische Züge an. Horst Dassler reagierte auf die Vorwürfe seines Cousins und versuchte diesem gegenüber, die Situation zu beschwichtigen. Auf der ISPO 1987 suchte er zudem Kontakt zu den Puma-Händlern. Zu diesem Zeitpunkt war er jedoch schon schwer erkrankt und starb wenige Wochen später.[33]

Kurz vor seinem Tod musste Horst Dassler konstatieren, dass, im Unterschied zu den Konkurrenten Nike oder Reebok, die ihre Erfolge vor allem über „die Innovation ihrer

5 Horst Dassler (4. v. r.), Käthe Dassler (Mitte) und Juan Antonio Samaranch (4. v. l.) bei der Verleihung des Olympischen Ordens (1983)

Produkte erreicht" hätten, dieser „Sektor bei uns in den letzten Jahren vernachlässigt worden [sei] und anstatt aufzuholen, sind wir teilweise weiter zurück gefallen. [...] Ich weise deshalb dringlichst nochmal darauf hin, dass die schon andiskutierten Änderungen, was den kreativen Input anbetrifft, auf dem Schuhsektor in Angriff zu nehmen sind, d. h. mehr Reisen ins Ausland der richtigen Leute, mit fachkundigen Studien, mehr Besuch der Großkunden, um die Trends auf mindestens ein Jahr voraus zu ergründen".[34]

Die Konsequenzen aus diesen Überlegungen konnte Horst Dassler nicht mehr selbst ziehen. Allerdings waren während seiner Ära, insbesondere nach der alleinigen Übernahme der Geschäftsleitung ab Mitte der 80er Jahre, im Werbe- und Marketingbereich sowie im Hinblick auf die Reorganisation des Unternehmens umfangreiche Neuerungen in Gang gebracht worden. Allerdings vollzog adidas damit nur Entwicklungen, die in anderen Unternehmen bereits etwa ein Jahrzehnt früher in Angriff genommen worden waren. Prägend für die „Ära Horst Dassler" waren aber vor allem die vertraglichen Vereinbarungen mit den großen Sportverbänden wie der FIFA und dem IOC. Diese hatten – nach der von adidas France ausgehenden Professionalisierung und Kommerzialisierung während der 60er Jahre – einen zweiten Kommerzialisierungsschub ausgelöst, der die Sportwelt bis in die Gegenwart hinein mitprägen sollte.

Sportliche Großereignisse wie Olympische Spiele oder Fußball-Weltmeisterschaften waren bislang die Bühnen, auf denen adidas für seine Produkte warb. Entsprechende Strategien eines „Marketing *von* Sport" sollten nach den Vorstellungen Horst Dasslers durch ein „Marketing *mit* Sport" ergänzt werden. Ersteres meint die „Vermarktung von Sportprodukten durch Sportorganisationen und sportnahe Unternehmen", wie sie sich bei adidas mühsam seit Mitte der 80er Jahre herausgebildet hatte. Unter Letzterem versteht man die „instrumentelle Verwendung des Sports im Rahmen des Marketing von Unternehmen und Organisationen […]".[35] Horst Dasslers Ziel war, beides miteinander zu verknüpfen. Das bedeutete für adidas eine noch engere Kooperation mit großen Organisationen und Verbänden wie der FIFA oder dem IOC. Es galt, deren Marketingrechte für sportliche Großereignisse zu erwerben, um diese dann wiederum an Sponsoren zu veräußern. Dadurch wurden der „FIFA World Cup" oder die Olympischen Spiele selbst zu Produkten, mit denen große Unternehmen werben und dieses in ihre (globalen) Marketingstrategien integrieren konnten. Dieses Modell funktionierte vor dem Hintergrund der wachsenden Bedeutung des Sports und seiner weltweiten medialen Verbreitung. Die Idee stammte nicht ursprünglich von Horst Dassler, sondern von dem Briten Patrick Nally, der mit seiner Werbeagentur SMPI (Société Monégasque de Promotion International West Nally SAS, Monaco) bereits umfangreiche Erfahrungen mit Sportsponsoren gemacht hatte. Nally verfügte allerdings nicht über derart umfangreiche Kontakte in die Sportwelt, wie sie Horst Dassler als weltweit vernetzter Sportunternehmer mitbrachte – insbesondere zur FIFA und zum IOC.[36] Auf der Seite der Verbände waren Anfang der 70er Jahre die Voraussetzungen für ein entsprechendes Sportmarketing allerdings noch nicht gegeben, nicht zuletzt, weil deren personelle Leitung über wenig Erfahrung auf diesem Gebiet verfügte und, wie etwa der langjährige IOC-Präsident Avery Brundage, mit Rücksicht auf den Amateurstatus starke Vorbehalte gegenüber einer Kommerzialisierung des Sports hatten.

6.2 Vom Produktmarketing zum globalen Sportmarketing

SMPI – Rofa – ISL: Globale Kommerzialisierung sportlicher Großveranstaltungen

Die Entwicklung der FIFA „von einer Art Gentlemen's Club [...] zu einem modernen Großunternehmen“[37] und die damit verbundene erfolgreiche Vermarktung des Produkts „FIFA World Cup“ war ein langfristiger Prozess. Die WM 1954 in der Schweiz stellte auf diesem Weg eine wichtige Etappe dar, was die Verbindung von Fußball, Television und Kommerzialisierung betraf. Die FIFA besaß das Monopol auf ihr Produkt und konnte die Einnahmen aus ihrer Veranstaltung – inklusive der Radio- und Fernsehübertragungsrechte – von da an sukzessive erhöhen. Die 60er Jahre stellten schließlich eine neue Ära dar, als sich die FIFA unter der Präsidentschaft von Sir Stanley Rous zu einem wachstumsorientierten, zentral verwalteten Großunternehmen entwickelte.[38] Aber erst unter Rous' Nachfolger João Havelange vollzog sich der Schritt in Richtung eines globalen Sportmarketings. Seine Vorstellungen zur zukünftigen Durchführung der Fußball-WM sahen eine Ausweitung des Teilnehmerkreises unter expliziter Berücksichtigung von Ländern der „Dritten Welt“, insbesondere aus Afrika, Asien und Lateinamerika, vor – was sich wiederum mit der Schaffung umfangreicherer Vermarktungsmöglichkeiten des Produkts „FIFA World Cup“ verbinden ließ. Bei seiner Wahl zum FIFA-Präsidenten im Jahr 1974 trat Havelange mit dem Versprechen an, die Teilnehmerzahl der WM von 16 auf 24 Mannschaften zugunsten der nichteuropäischen Staaten zu erhöhen. Tatsächlich setzte sich Havelange dann mit den Stimmen vor allem von Vertretern nichteuropäischer Staaten gegen den noch einmal angetretenen Stanley Rous durch.[39] Horst Dassler, der zunächst Stanley Rous unterstützt hatte, war inzwischen auf die Seite Havelanges umgeschwenkt, dessen Pläne sich als deutlich kompatibler mit seinen eigenen Kommerzialisierungsstrategien erwiesen. Damit begann eine neue Ära des Weltfußballsports. Diese bestand in erster Linie in der globalen Vermarktung der FIFA und ihres Produkts „FIFA World Cup“. Geprägt wurde sie außerdem durch die politischen Entwicklungen seit den 50er Jahren. Das betraf vor allem die Dekolonisierung afrikanischer und asiatischer Staaten, was im Bereich des Fußballs die bis dahin wirksame europäische Dominanz in den Sportverbänden infrage stellte. Zum an-

6 Präsentation des WM-Balls „Tango“ durch Horst Dassler und João Havelange (ca. 1978)

deren verband Havelange damit ein Projekt, welches unter Stanley Rous bereits in den 60er Jahren angestoßen worden war und das sowohl unter Havelange als auch unter dessen Nachfolger Sepp Blatter fortgeführt wurde: die „Entwicklungspolitik“ der FIFA und die damit einhergehende Integration der jungen Staaten der „Dritten Welt“. Dies gelang durch umfangreiche Fußball-Fördermaßnahmen, etwa in Form von Trainer- und Schiedsrichterlehrgängen, sportmedizinischer Unterstützung, organisatorischer Hilfen für die lokalen Verbände sowie der Entsendung von Trainern aus europäischen Staaten. Da das Entwicklungshilfebudget der FIFA für dieses wachsende Engagement ab Mitte der 70er Jahre nicht mehr ausreichte, suchte Havelange nach neuen Finanzierungsmöglichkeiten – und sollte sie in der Kooperation mit Patrick Nally und Horst Dassler schließlich finden. „Im Sinne Horst Dasslers schloss sich bei der FIFA mit Havelange eine Lücke, denn dieser erwies sich gegenüber seinem Vorgänger als der geeignetere Sportmanager; er verfügte über jahrelange unternehmerische Erfahrungen, während Rous als Lehrer und Verbandsfunktionär auf diesem Gebiet wenig beschlagen war. Havelange, der gute Kontakte zur brasilianischen Militärjunta besaß, war nach seiner Sportlerkarriere u. a. Vorsitzender der größten brasilianischen Autobusgesellschaft und Aufsichtsratsmitglied in diversen Unternehmen gewesen. Während Rous das kommerzielle Engagement der FIFA noch möglichst im Hintergrund halten wollte – hinsichtlich der Ausrüstung von Schiedsrichtern mit Kleidung und Schuhen durch adidas legte er beispielsweise größten Wert darauf, zu betonen, dass dies auf eine Initiative von adidas zurückzuführen war – und auch Sponsorenangelegenheiten insgesamt eher nachrangig behandelte, stand Havelange der Kommerzialisierung des Fußballsports deutlich aufgeschlossener gegenüber. Bereits 1976 kam es zum Abschluss eines Kooperationsvertrags zwischen der FIFA und Coca-Cola unter Vermittlung Patrick Nallys, und die bislang eher im Hintergrund verlaufende Vereinbarung mit adidas über die Ausstattung internationaler Schiedsrichter erhielt nun eine langfristige Perspektive. Coca-Cola wurde zum exklusiven Sponsor der FIFA und durfte dementsprechend die Logos, Markenzeichen und Symbole der FIFA nutzen. Im gleichen Jahr wurde auch ein Lizenzvertrag zwischen Coca-Cola und adidas abgeschlossen, sodass etwa bei von adidas initiierten Fußballveranstaltungen die Bezeichnung „adidas game sponsored by The Coca-Cola Company“ benutzt werden durfte. Zugleich wurde der Status von adidas als offizieller Balllieferant der FIFA bestärkt.[40]

Mit diesen offensiven Vermarktungsstrategien hatte Havelange die öffentliche Aufmerksamkeit auch auf das entwicklungspolitische Engagement der FIFA gelenkt. Gleichzeitig schlug er eine Brücke zum globalen Sportmarketing und zur globalen Vermarktung des Produkts „FIFA World Cup“. Dabei konnte er auf die Unterstützung und die Interessenkongruenz mit Patrick Nally und Horst Dassler setzen. Diesen ging es schließlich auch um eine Institutionalisierung ihres Engagements: 1977 erfolgte die Gründung der Société Monégasque de Promotion International (SMPI) in Monaco, einem Joint Venture, an dem die Agentur West Nally zu 45 Prozent und Horst Dassler zu 55 Prozent Anteile besaßen.[41] Die SMPI erwarb und verkaufte daraufhin die Rechte an den Fußball-Weltmeisterschaften in Argentinien 1978 und in Spanien 1982, wobei neben Coca-Cola auch andere Unternehmen wie Canon, JVC, Seiko oder Metaxa involviert waren.

Die Idee des Sportmarketing war allerdings nicht allein auf West Nally und die SMPI beschränkt. Auch andere Unternehmen wollten von den Sponsoring-Möglichkeiten pro-

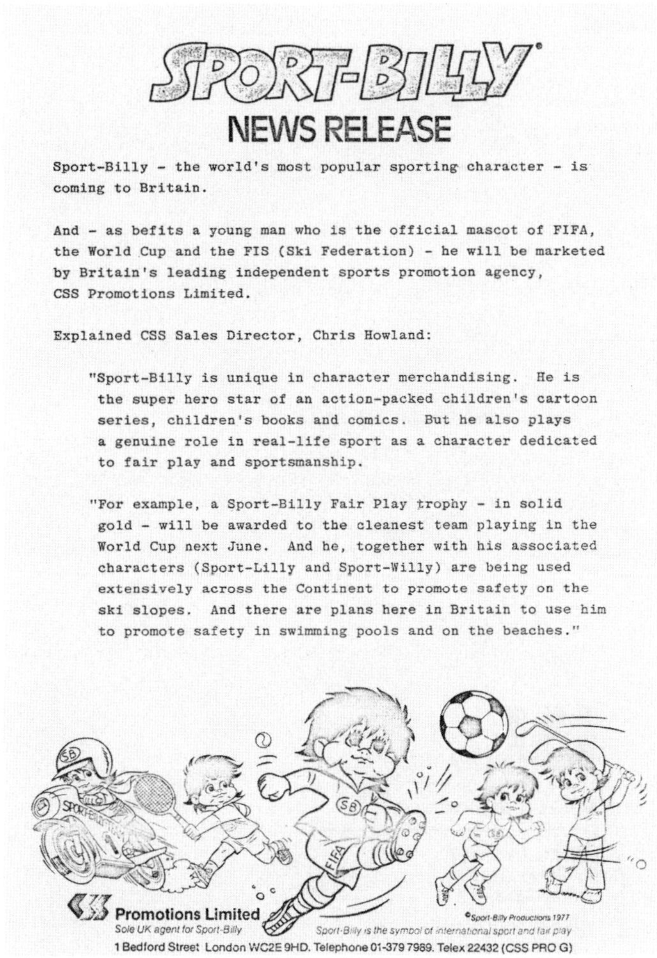

SPORT-BILLY®

NEWS RELEASE

Sport-Billy - the world's most popular sporting character - is coming to Britain.

And - as befits a young man who is the official mascot of FIFA, the World Cup and the FIS (Ski Federation) - he will be marketed by Britain's leading independent sports promotion agency, CSS Promotions Limited.

Explained CSS Sales Director, Chris Howland:

"Sport-Billy is unique in character merchandising. He is the super hero star of an action-packed children's cartoon series, children's books and comics. But he also plays a genuine role in real-life sport as a character dedicated to fair play and sportsmanship.

"For example, a Sport-Billy Fair Play trophy - in solid gold - will be awarded to the cleanest team playing in the World Cup next June. And he, together with his associated characters (Sport-Lilly and Sport-Willy) are being used extensively across the Continent to promote safety on the ski slopes. And there are plans here in Britain to use him to promote safety in swimming pools and on the beaches."

Promotions Limited
Sole UK agent for Sport-Billy
©Sport-Billy Productions 1977
Sport-Billy is the symbol of international sport and fair play
1 Bedford Street London WC2E 9HD. Telephone 01-379 7989. Telex 22432 (CSS PRO G)

7 Kooperation mit Sport Billy (80er Jahre)

fitieren, die sich ihnen im Hinblick auf sportliche Großveranstaltungen boten. Zu ihnen gehörte der Stuttgarter Immobilienhändler Rolf Deyhle mit seiner Firma Sport Billy, der Ende der 70er Jahre mit der FIFA eine Vereinbarung über ein neues FIFA-Emblem und zwei FIFA-Maskottchen unterzeichnete, wobei die FIFA dem Unternehmen Sport Billy die „kommerzielle Verwertung der Symbolfiguren" „Sport Billy" und „Sport Susi" übertrug. Eine weitere Vereinbarung betraf das Logo „Fußball umspannt die Welt", welches als offizielles FIFA-Emblem bei Fußball-Weltmeisterschaften gezeigt werden sollte.[42] Zunächst gab es ein „Joint Promotion Agreement" zwischen Sport Billy, der FIFA und West Nally sowie ein „Stadium Advertising Agreement", welches auf eine einvernehmliche Werbestrategie der beteiligten Akteure hinwies.[43] Doch eine solche Wettbewerbssituation war mittelfristig nicht im Sinne Horst Dasslers, der sich über einen Anwalt an die FIFA, namentlich deren Generalsekretär Helmut Käser, wandte und ihr ein einseitiges Engagement zugunsten von Sport Billy und eine Vernachlässigung der Interessen von SMPI vorwarf. Schließlich stand auch der Vorwurf der Warenzeichenverletzung durch Sport Billy im Raum.[44] Für die WM 1982 in Spanien kam dann neben „Sport Billy" mit dem „Naranjito" noch ein weiteres Maskottchen ins Spiel, was zusätzlich für unklare Verhältnisse sorgte.

Der Ärger Horst Dasslers richtete sich daraufhin nicht allein gegen Sport Billy, sondern insbesondere auch gegen den FIFA Generalsekretär Helmut Käser, der schließlich, so die zeitgenössische Presse, „dem Druck der Sportartikelindustrie geopfert wurde" und seinen Posten bei der FIFA zugunsten Sepp Blatters räumen musste.[45] Blatter war in seiner neuen Funktion als FIFA-Generalsekretär u. a. für die Marketinggeschäfte des Verbandes zuständig. Einige Monate führte er diese Geschäfte von Landersheim aus, also dem Sitz von adidas France, was Horst Dasslers besondere Nähe zur FIFA während dieser Zeit verdeutlicht. Die zunehmend unübersichtlichen personellen und organisatorischen Verbindungen und Netzwerke wurden noch verstärkt durch die Aktivitäten der 1979 gegründeten Rofa Sport Management AG mit Sitz in Sarnen (Schweiz), welche die Vermarktungsrechte gegenüber der FIFA und der UEFA sowie die Rechte von Verbänden in Afrika und Asien erwarb. Die Rofa AG (deren Firmierung sich angeblich von den Namen Robert Schwan und Franz Beckenbauer ableitet, die zu Beginn als Investoren beteiligt waren, später aber wieder ausstiegen) befand sich im Besitz der Familie Dassler und be-

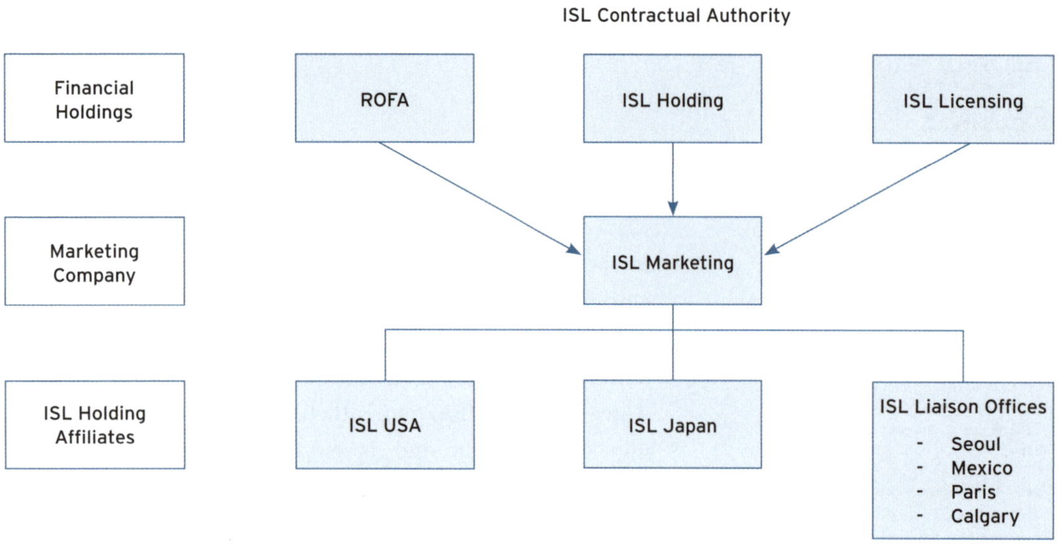

8 ISL Organigramm I (1984)

auftragte wiederum die SMPI mit der Verwaltung und dem Verkauf von Marketingrechten.[46] Die damit verbundenen informellen Beziehungen machten aber auch anfällig für Misstrauen und Streit. Über finanzielle Ungenauigkeiten bei SMPI gerieten Horst Dassler und Patrick Nally aneinander und es kam zum Zerwürfnis und zur geschäftlichen Trennung der beiden.

In die so entstandene Lücke stieß mit dem Unternehmen Dentsu eine große japanische Werbeagentur, die 1982 schließlich neben Horst Dassler als Mitbegründerin einer neuen Agentur namens International Sport and Leisure (ISL) fungierte. Unter dem Dach eines weiteren Unternehmens, der Sporis Holding AG mit Sitz in Luzern, war die ISL Marketing AG zu 51 Prozent im Besitz der Familie Dassler und zu 49 Prozent im Besitz von Dentsu. Daneben existierte noch die in 100-prozentigem Besitz der Familie Dassler befindliche ISL Licensing (International Sports, Culture and Leisure AG) mit Sitz in Zug. Innerhalb der Sporis Holding verstand sich die ISL Marketing AG in erster Linie als weltweite Agentur des Internationalen Leichtathletikverbandes IAAF. In diesem Zusammenhang kümmerte sie sich um die Marketing- und Fernsehrechte sowie Sponsoringfragen der

9 ISL Visitenkarte

Leichtathletik-Weltmeisterschaften, während die ISL Licensing für das IOC und die Nationalen Olympischen Komitees für die weltweite Vermarktung der Olympischen Spiele zuständig war. Das Fußballgeschäft von FIFA und UEFA lag weiterhin im Aufgabenbereich der Rofa.[47]

adidas-intern firmierte die ISL als Teil eines umfangreicheren Schweizer Firmenkomplexes unter der Bezeichnung „ASTRA",[48] wobei Horst Dassler daran zu 36 Prozent und seine Schwestern zu je 16 Prozent beteiligt waren. Horst Dassler nahm dabei eine maßgebliche Führungsposition ein und betrieb gegenüber den Familienmitgliedern eine

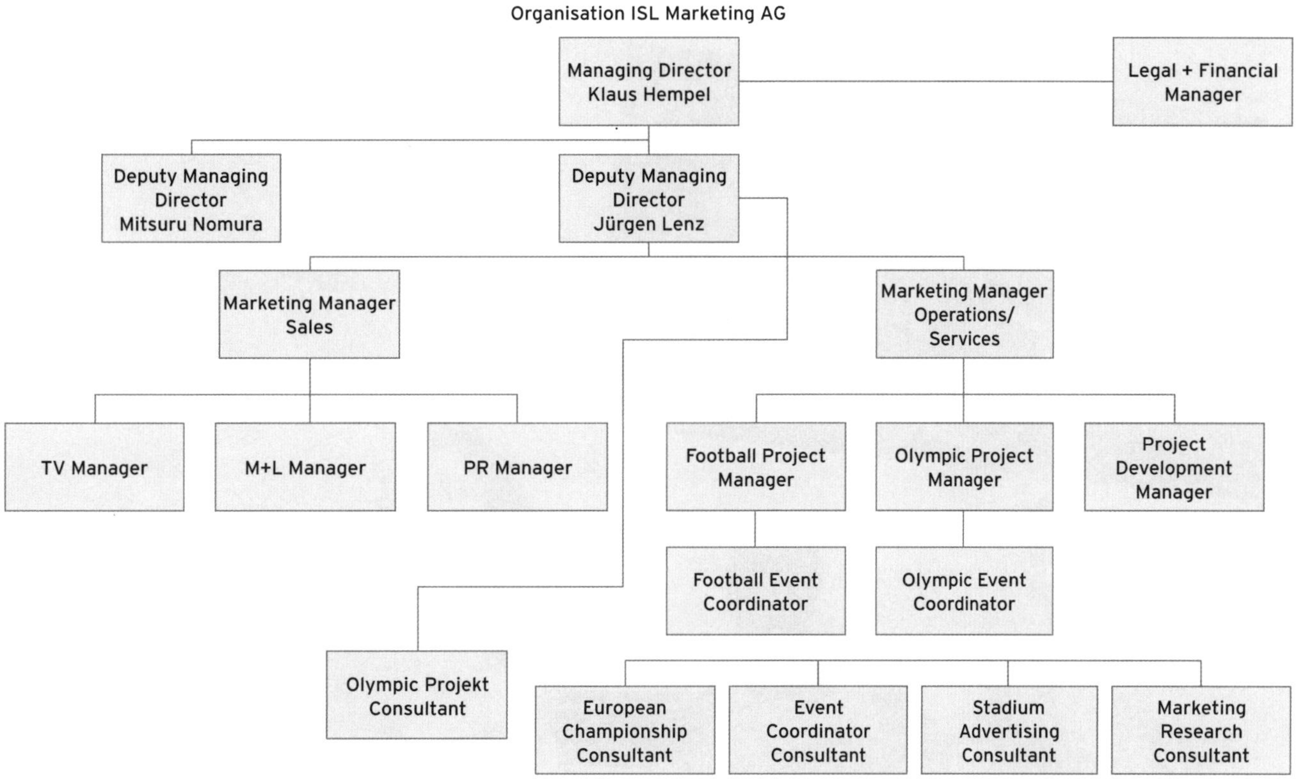

10 ISL Organigramm II

wenig transparente Politik.[49] „ASTRA wird organisatorisch als Parallel-Konzern aufzubauen sein", so hieß es in einer Beiratssitzung der Adolf und Käthe Dassler Stiftung im Juli 1983. Vor dem Hintergrund zunehmender weltweiter Konkurrenz und rückläufiger Wachstumsraten ging Horst Dassler davon aus, dass sich adidas auch nach anderen Betätigungsfeldern umschauen müsse. So sei beispielsweise 1983 bereits ein Vertrag mit dem IOC abgeschlossen worden.[50] Für die weiteren ISL-Aktivitäten stellte Horst Dassler ein internationales „Marketing Management Team" zusammen, welches neben dem ehemaligen Unilever-Manager Klaus Hempel und Jürgen Lenz, ehemals McCann Erickson, auch Manager von Dentsu aus Japan sowie ehemalige Mitarbeiter von Canon Europe und Nestlé umfasste.[51] In den folgenden Jahren wurden umfangreiche Marketing- und Vermarktungskonzepte für sportliche Großveranstaltungen wie Olympische Spiele, Leichtathletik-Weltmeisterschaften oder Fußball-Weltmeisterschaften entwickelt, die adidas neben seinem Kerngeschäft zusätzliche Einnahmen bescherten. Dazu gehörte das sogenannte „TOP"-Programm (The Olympic Partnership), das dazu diente, im Auftrag der ISL Sponsorenverträge mit großen Unternehmen abzuschließen und dabei das Prinzip der SMPI-Aktivitäten fortsetzte. Das IOC beauftragte nun die ISL, ein weltweites Marketingprogramm zu entwerfen und die Rechte an Markenzeichen, Logos und Emblemen als Mittlerorganisation zentral zu vermarkten, wodurch entsprechende Verträge nicht mehr mit den einzelnen Nationalen Olympischen Komitees abgeschlossen werden mussten. Eine solche Zentralisierung trug zur Vereinfachung und Effektivierung der Vermarktung von sportlichen Großveranstaltungen im Sinne eines erfolgreichen Sportmarketings bei. [52]

11 „Spirit of the Games"-Katalog zu den Olympischen Spielen in Los Angeles (1984)

Aus Sicht des IOC wiederum war die Vereinbarung mit der ISL Licensing AG ein erfolgreicher Schritt bei der Erschließung neuer Finanzressourcen: „This project appeared to be the most likely to allow the diversification of resources and assistance to NOCs in the greatest need."[53] Mit Bezug auf die ISL hieß es: „It has been proposed to retain this firm on the one hand, because of the very comprehensive programme it prepared and submitted to the entire Olympic Movement, and on the other, because its partners (Dentsu and Interpublic) represent 70% of those companies in the world likely to collaborate in such a project."[54] Diese Vereinbarung, so hieß es weiter, „is aimed at commercialising the Olympic emblem under the control of the IOC. The resulting revenue will go to the NOCs, OCOGs and the IOC itself. "[55] Bis zum Jahr 1986 hatten sich 121 Nationale Olympische Komitees der Vereinbarung angeschlossen. Das waren 75 Prozent aller Nationalen Olympischen Komitees weltweit. Sponsoren des TOP-Programms waren neben Coca-Cola und Eastman-Kodak u. a. Federal Express, Visa und 3M, die für die Olympischen Spiele 1984 in Los Angeles insgesamt 104 Mio. US-Dollar aufbrachten und damit eine lukrative Ergänzung der Einnahmen aus Fernseh- und Rundfunkrechten darstellten.[56] Gleichwohl sprach das Olympische Organisationskomitee in Los Angeles (LAOOC) im Vorfeld der Spiele von den „least commercial Games of the modern era as a direct result of the stringent sponsorship requirements and selection process initiated by the LAOOC".[57]

Kritische Berichterstattung in den Medien

Tatsächlich erhielt die Kommerzialisierung der Olympischen Spiele durch die ISL-Gründung einen zusätzlichen Schub. Die sich zunächst eher im Hintergrund abspielenden ISL-Aktivitäten waren vor allem auf Horst Dasslers Initiativen und Verhandlungsgeschick zurückzuführen, wurden vor den übrigen adidas-Familienmitgliedern aber offenbar verheimlicht. Die Verflechtungen zwischen adidas, einigen großen Unternehmen und Sportverbänden geriet zunehmend ans Licht einer kritischen Öffentlichkeit. Das Manager Magazin titelte 1985 z. B. „Geld und Spiele" und Der Spiegel überschrieb 1986 im Rahmen seiner Titelstory „adidas-Weltmeisterschaft – Der gekaufte Sport" einen längeren Beitrag mit der Überschrift „‚Dassler will alles kontrollieren'. Der fintenreiche Aufstieg des adidas-Chefs zum Herrscher im Weltsport". Tenor der Geschichte war, dass Verbandsgrößen wie João Havelange oder der neue IOC-Präsident Samaranch letztendlich ebenso im Dienst des Firmenimperiums adidas stünden wie einige Sportreporter des öffentlich-rechtlichen Fernsehens sowie zahlreiche Sportfunktionäre und auch Sportler selbst.[58] In eine ähnliche Richtung argumentierte im gleichen Jahr ein Artikel des Stern, der vor allem auf die weltweiten Verflechtungen des „adidas-Imperiums" inklusive zahlreicher „Briefkastenfirmen" hinwies, das – von adidas France aus gesteuert – inzwischen auch die Aufmerksamkeit der französischen Zollfahndung auf sich gezogen habe. In dem Artikel wurde das Unternehmen als quasi-mafiöse Organisation dargestellt, wobei von „Devisentransfers außerhalb der Legalität" ebenso die Rede war wie von „Finanzkarussells" und „Gefälligkeitsrechnungen" sowie von den Aktivitäten um den FIFA-Funktionär Käser.[59]

Bereits ein Jahr zuvor war im Saarländischen Rundfunk (SR) ein Film unter dem Titel „Coubertins Erben – Die Olympische Idee zwischen Politik und Kommerz" ausgestrahlt worden. In einem Schreiben an den Intendanten des SR beschwerte sich Horst Dassler daraufhin persönlich über „tendenziöse Tatsachenbehauptungen" und sah

12 Daley Thompson bei den Olympischen Sommerspielen 1984 in Los Angeles

sich zu einer Gegendarstellung veranlasst. Nicht die ISL schließe, wie im Film dargestellt, Verträge mit Interessenten ab, die mit Olympia werben wollten, sondern „Verträge und Sponsoren des IOC kommen ausschließlich zwischen dem IOC und diesen Sponsoren zustande. Die ISL International Sports, Culture and Leisure ist lediglich Agent des IOC." Gegenüber dem Stern ließ adidas verlauten, dass die Veröffentlichung in der Ausgabe Nr. 10 (1986) „unrichtig" und „tendenziös" sei und man sich rechtliche Schritte dagegen vorbehalte.[60]

Tatsächlich dauerte es noch etwa zwei Jahrzehnte, bis eine Strafuntersuchung wegen „ungetreuer Geschäftsbesorgung" eingeleitet wurde, in diesem Fall gegen die FIFA sowie gegen Verantwortliche des Managements der ISL-Gruppe. Dabei wurde sowohl João Havelange als auch dessen Schwiegersohn Ricardo Terra Teixeira vorgeworfen, „ihre Pflichten gegenüber der FIFA, welche ihren Sitz in Zürich hat, dadurch verletzt zu haben, dass sie es unterlassen haben, die von der ISMM/ISL Gruppe erhaltenen Zuwendungen der FIFA gegenüber offenzulegen und herauszugeben [...]".[61] Teixeira hatte sich zudem als Kandidat für die Präsidentschaft des brasilianischen Fußballverbandes beworben, was in der Presse Mitte der 80er Jahre kontrovers diskutiert worden war. Er galt als „schlecht informiert", verfüge über wenig Erfahrung und bewege sich am Rande der Korruption. Gleichwohl hatte „adidas do Brasil" seine Werbekampagne mit 30.000 US-Dollar „aus Gründen des Konzerninteresses" und mit Blick auf eine Vertragsverlängerung mit der FIFA unterstützt.[62] Das Gespann Havelange/Teixeira hatte in dieser Zeit für adidas und die ISL eine zentrale Bedeutung. Das Verfahren gegen Havelange wurde 2010 zwar eingestellt, nachdem die Staatsanwaltschaft Zug die Bedingungen dafür in Form einer angemessenen Schadensgutmachung formulierte, jedoch wurde ausdrücklich festgehalten, dass die Provisionszahlungen an Havelange in Höhe von mindestens 1,5 Mio. Schweizer Franken durch die ISL den Tatbestand der Bereicherung und der „privaten Bestechung" erfüllten: „Die Zahlungen erfolgten mit dem Ziel den Einfluss von João Havelange als Präsident der FIFA im Hinblick auf die letztlich durch die FIFA mit der Gesellschaft 1 („ISL") geschlossenen und vom Beschuldigten unterzeichneten Verträge vom 12. Dezember 1997 und 26. Mai 1998 zu nutzen. João Havelange wurde im Umfang der eingenommenen und pflichtwidrig nicht weitergeleiteten Provisionen bereichert, die FIFA im gleichen Umfang geschädigt."[63] Zugleich wurde der FIFA „mangelhafte Organisation ihres Unternehmens vorgeworfen. Der Vorwurf besteht darin, es unterlassen zu haben, für eine strikte interne Reglementierung zu sorgen […]".[64] Zudem zeigten die Untersuchungen, dass diese Praxis der „Provisionszahlungen" bis in die 80er Jahre – und damit in die Zeit Horst Dasslers – zu-

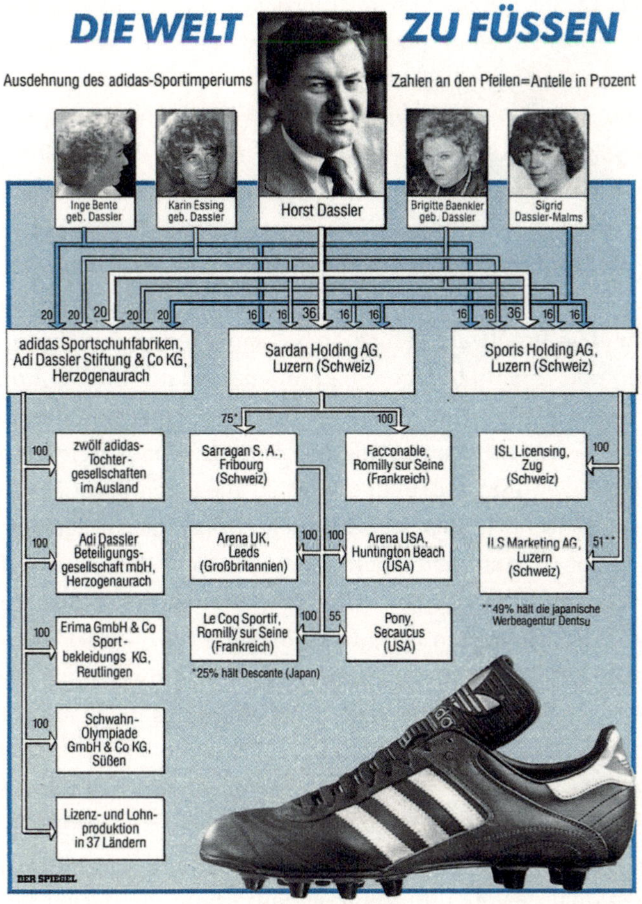

13 Artikel „Der gekaufte Sport" in: Der Spiegel (1986)

rückreichten.[65] Die ISL ging 2001/03 in Konkurs, João Havelange trat 2013 als Ehrenpräsident der FIFA wegen Korruptionsvorwürfen gegen ihn zurück.[66]

Kampf um die Kommerzialisierung: Der „Ostblock", die DDR und die „Dritte Welt"

Die Einflussnahme auf die FIFA, die guten Kontakte zu João Havelange und die Gründung der ISL waren nicht zuletzt ein Erfolg der „Sportpolitischen Abteilung" von adidas France, namentlich in Person von Christian Jannette. Auch im Hinblick auf das IOC war eine personalpolitische Veränderung erfolgt, die ganz im Sinne der Kommerzialisierungsstrategien von adidas war. Mit Juan Antonio Samaranch stand nun ein Befürworter einer Liberalisierung des Amateurparagrafen an der Spitze des IOC, das in dieser Hinsicht gegenüber der Politik seines Vorgängers Brundage eine radikale Wende vollzog. Nicht nur Horst Dassler und adidas hatten die Wahl Samaranchs unterstützt, sondern auch die Sowjetunion und die Staaten des „Ostblocks"; in den Zeiten des Boykotts der Olympischen Spiele 1980 in Moskau durch die USA und zahlreiche andere westliche Staaten setzten sie auf Kontinuität in der guten Zusammenarbeit mit adidas. Das Unternehmen zeigte im Rahmen seiner Kommerzialisierungsstrategie eine breite Präsenz bei den Olympischen Spielen in Moskau.[67]

Während in den 80er Jahren in den westlichen Medien Diskussionen über Korruption geführt wurden, als Teil eines öffentlichen Diskurses über die Kommerzialisierung des Sports, blieben entsprechende Auseinandersetzungen über die ISL und die Rolle von adidas in den sozialistischen Staaten weitgehend im Verborgenen. In der DDR waren sie vor allem Gegenstand sportpolitischer Diskussionen innerhalb der Führungsriegen, wobei die Entwicklungen aufmerksam vom Ministerium für Staatssicherheit (MfS) beobachtet wurden. Dafür, dass sich adidas unter der Leitung Horst Dasslers zunehmend in Osteuropa und in der DDR engagierte, gab es mehrere Gründe.[68] Zum einen kamen immer mehr Spitzensportler aus der Sowjetunion und der DDR. Bei Olympischen Spielen gewannen sie zahlreiche Medaillen, gerieten dadurch ins Licht der Öffentlichkeit und waren somit auch als Werbeträger für adidas von Interesse. Eine Ausrüstung der Spitzensportler – etwa des erfolgreichen sowjetischen Sprinters Walerij Borsow – und eine entsprechende Werbewirkung für adidas-Produkte waren bereits seit den 70er Jahren von Bedeutung. Dabei spielte vor allem die UdSSR eine zentrale Rolle für adidas.[69] Ein zunehmend global ausgerichtetes Sportmarketing musste darüber hinaus den weltpolitischen Konstellationen Rechnung tragen, die das Zeitalter des Kalten Krieges und der Dekolonisierung prägten. Diese spiegelten sich auch in der Besetzung von Ämtern der großen internationalen Sportverbände wider, wie das Beispiel der FIFA sowie Kooperationen im Falle der ISL gezeigt hatten. Einige dieser Funktionäre kamen aus den Staaten des Ostblocks. Um bestimmte sportpolitische und kommerzielle Ziele zu erreichen, musste man gegebenenfalls mit ihnen kooperieren. Dies galt umgekehrt auch für die sozialistischen Staaten, die sich ihrerseits zur Erreichung ihrer sportpolitischen Ziele auf Kontakte und Kooperationen mit dem „Klassenfeind" einlassen mussten.

Für die sozialistischen Staaten und insbesondere für die DDR hatte der Sport eine besondere politische Bedeutung. Der Spitzensport wurde dort mit erheblichem Aufwand gefördert, schließlich war er Ausdruck eines der erfolgreichsten „Produkte" des Sozialismus, abzulesen an der hohen Anzahl der Siege und Medaillen, die allein die UdSSR und die DDR regelmäßig bei großen internationalen Sportveranstaltungen errangen. Damit spiegelte der Spitzensport zugleich die vermeintliche Überlegenheit des sozialistischen Gesellschaftssystems im Rahmen der internationalen Klassenauseinandersetzung wider. Zugleich verstand sich insbesondere die DDR als „Bollwerk" gegen eine vom Westen immer stärker betriebene Professionalisierung, Kommerzialisierung und Vermarktung des Weltsports, die aus ihrer Sicht von kapitalistischen Unternehmen durch die Aushöhlung des Amateursports sowie umfangreiche Werbemaßnahmen vorangetrieben wurde.[70] Während sich die UdSSR und andere osteuropäische Staaten schon frühzeitig von adidas ausrüsten ließen, befanden sich der DDR-Spitzensport und seine Funktionäre dadurch jedoch zunehmend in einer Zwickmühle: Um die internationale Führungsposition in zahlreichen Sportarten halten zu können, waren die DDR-Sportler auf hochwertige Produkte angewiesen, welche die DDR-Produzenten nicht in den entsprechenden Qualitäten und Quantitäten liefern konnten. Und mit Blick auf die Frage der Professionalisierung bzw. den Amateurstatus ihrer eigenen Athleten entzog sich die DDR einer vergleichenden Bewertung, indem diese formal alle einen Beruf ausübten, tatsächlich aber weitestgehend vom Staat unterstützt wurden. Um auf den damit verbundenen Widerspruch aufmerksam zu machen, wurden die osteuropäischen Spitzensportler im Westen als „Staatsamateure" bezeichnet. In jedem Fall führte dies zu einer weiteren Aufweichung des Amateurstatus, die die in der DDR allerdings nicht von Seiten der Privatwirtschaft, sondern von Seiten des Staates betrieben wurde. Nach außen propagierte beispielsweise der Präsident des Deutschen Turn- und Sportbundes (DTSB), Manfred Ewald, jedoch weiterhin den Kampf gegen „Professionalisierung und Kommerzialisierung" des westlichen Leistungssports.[71]

Mit großer Sorge hatten Sportfunktionäre und Politiker der DDR in den frühen 60er Jahren Versuche von westlichen Sportartikelherstellern beobachtet, Kontakte zu DDR-Sportlern aufzunehmen, um sie mit Westprodukten zu versorgen. Noch bedrohlicher erschien allerdings aus DDR-Perspektive, wenn diese Kontaktaufnahme von den DDR-Sportlern selbst ausging. Dies wurde anlässlich internationaler Sportveranstaltungen von Seiten der Staatssicherheit beobachtet. Bereits bei den Olympischen Spielen in Rom 1960 wurde die erbitterte Konkurrenz zwischen adidas und Puma registriert, andererseits auch die Tatsache, dass etwa ein DDR-Läufer über 5.000 Meter zwar im Vorlauf „Ceha-Schuhe" aus eigener Produktion getragen, diese aber dann im Endlauf gegen adidas-Produkte eingetauscht habe.[72] Das Tragen von Sportkleidung, die nicht in der DDR hergestellt wurde, der Umgang mit Werbung sowie die Frage politisch-ideologischer Überzeugungen sorgten bei DDR-Sportlern und Funktionären für Unsicherheit und Irritationen. Dabei stellten die Olympischen Spiele 1972 in München eine besondere Herausforderung dar. DDR-eigene Umfragen kamen im Vorfeld zu dem Ergebnis, dass nur 41,2 Prozent der 72 Olympiakader glaubten, über gefestigte politische Positionen zu verfügen und den „schädlichen Massenmedien der BRD" gewachsen zu sein. Viele Sportler zeigten zudem Unsicherheiten hinsichtlich des Arguments, DDR-Sportler seien keine Amateure. Vor diesem Hintergrund galt es, das „sozialistische Bewusstsein" der DDR-Sportler durch politisch-ideologische Arbeit und die „patriotische Erziehung" im Sinne der „Sieghaftigkeit des Sozialismus" zu stärken.[73] Ende der 70er Jahre sorgte dann ein Fall in der DDR-Provinz für Aufsehen, der genau dies infrage stellte. Ein „Sportfreund" des Vereins BSG Traktor hatte Vereinsmitglieder mit adidas-Trainingsanzügen, die er über Westkontakte organisiert hatte, versorgt. Der DTSB-Kreisvorstand reagierte darauf mit harscher Kritik. Das Tragen von Sportkleidung, die nicht in der DDR erhältlich sei, sei „geeignet, die sozialistische Sportbewegung zu diffamieren", und es entstehe der Eindruck eines „harmonischen gesamtdeutschen Sportklubs".[74] Aus Sicht der DDR-Sportfunktionäre zeigte dieser Fall, dass die politisch-ideologische Arbeit verstärkt werden müsse, dass ein klarer Standpunkt gegenüber dem „BRD-Imperialismus" und der „Stolz auf die sozialistische DDR" deutlicher zu vermitteln sei.[75] Nur wenige Jahre nach diesem exemplarischen Vorfall schloss der DTSB der DDR einen offiziellen Vertrag mit adidas über die Ausrüstung von DDR-Sportlern ab, wobei DDR-Nationalmannschaften unterschiedlicher Sportarten entsprechende Sportartikel zur Verfügung gestellt wurden.[76]

Beobachtung durch das Ministerium für Staatssicherheit

Mit besonderem Argwohn beobachtete die DDR die Bemühungen Horst Dasslers, die auf eine globale Kommerzialisierung des Sports hinausliefen. Mit dem Vertrag zwischen adidas und dem DTSB war die DDR – genau wie die UdSSR und andere Staaten des „Ostblocks", mit denen entsprechende Vereinbarungen getroffen worden waren – einerseits ein Teil dieser Strategie, andererseits verstand sie sich nach wie vor als Bollwerk „im notwendigen Kampf gegen den kommerziellen Missbrauch des Sports und der schnell voranschreitenden Professionalisierung".[77] Genauso widersprüchlich wie dieses Verhalten war auch die Einstellung gegenüber dem Umgang mit der Person Horst Dassler. Das MfS beobachtete die Aktivitäten Horst Dasslers (was dieser jedoch wusste und bei seinen Tätigkeiten berücksichtigte) auf internationaler Ebene und sogar in Herzogenaurach sehr genau. Dabei interessierte es sich besonders für Dasslers Engagement im Fall der ISL sowie des Internationalen Boxverbands AIBA. In einem Bericht aus dem Jahr 1982, dem Jahr der Vertragsunterzeichnung zwischen dem DTSB und adidas, hatte sich der Sportfunktionär Karl-Heinz Wehr unter dem Decknamen „IM Möwe" intensiv mit dem Einfluss adidas' und speziell Horst Dasslers auf die internationalen Sportgremien auseinandergesetzt und dies in einem Bericht festgehalten. Darin betonte er noch einmal die Trends in Richtung einer Kommerzialisierung des Sports sowie die Rolle, die adidas in diesem Zusammenhang spielte. adidas betreibe eine „sportpolitische Abteilung", die von Horst Dassler geleitet werde und die das Ziel verfolge, neben dem Ausbau der Kontakte zur FIFA, zum IOC und zur IAAF die Einflussnahme auf die sozialistischen Staaten zu verstärken. Zur Kontaktpflege nutze Dassler dabei kleine Geschenke, die Ausgabe von Sportbekleidung, materielle Zuwendungen an Sportverbände bis hin zu Ausrüsterverträgen, Reise- und Aufenthaltskostenübernahme sowie Veranstaltungen in Form regelrechter „Saufgelage". „Aber", so IM Möwes ernüchterndes Resümee, „wir stehen vor der Tatsache, dass im Sport eben nichts ohne diesen Konzern geht – und dass meiner Ansicht nach vieles getan wird, was diese Gruppe will".[78] Unvorstellbar erschien Wehr dabei der Gedanke, dass ein kapitalistisches Unternehmen wie adidas im Sinne seiner kommerziellen Ziele sozialistische Sportler ausrüste, dadurch fördere und im Grunde in Kauf nehme, dass diese dem Westen überlegen seien. Der Bericht von IM Möwe gipfelte in der ideologischen Konstruktion, einzig vorstellbar sei, dass es sich bei der sportpolitischen Abteilung Horst Dasslers um eine Spionageorganisation des kapitalistischen Auslands handeln müsse. Ihm komme manchmal der Gedanke, so IM Möwe, dass adidas versuche, „die Gedanken unserer Leute kennenzulernen [...] und durch individuelle Arbeit uns zu entzweien". Zwar seien „unsere Leute die besten Werbeträger für adidas", aber „es kann für diese Leute niemals ein echtes Bedürfnis geben zu wollen, dass wir mit unseren sportlichen Leistungen besser sind. Das wäre abnorm, oder wir müßten davon ausgehen, dass Dassler und Konsorten dem Sozialismus ergebene Leute sind."[79]

Treffender als IM Möwe kann man den Unterschied zwischen den sportpolitischen Interessen der DDR und den kommerziellen Zielen des „kapitalistischen" Unternehmens adidas kaum auf den Punkt bringen. Seine ideologische Interpretation macht zudem deutlich, dass es außerhalb der Vorstellungskraft des MfS lag, dass für ein westliches, global orientiertes Unternehmen wirtschaftliche Interessen tatsächlich wichtiger waren als das national und weltanschaulich orientierte Ziel, bei Sportveranstaltungen prestigeträchtige Siege des eigenen Landes zu erreichen.

Ebenso intensiv wie Horst Dasslers Aktivitäten zur weltweiten Vermarktung und Kommerzialisierung von adidas beobachtete das MfS dessen Engagement bei der Unterstützung der Wahl des Pakistaners Anwar Chowdhrys zum Präsidenten der Internationalen Boxföderation AIBA (Association Internationale de Boxe Amateure). Dafür, dass ausgerechnet der AIBA eine Schlüsselrolle im Rahmen der sportpolitischen Auseinandersetzungen in Zeiten des Kalten Krieges zufiel, gab es verschiedene Gründe: Zum einen hatte der Boxsport eine große Bedeutung für die DDR, die hier bei internationalen Wettkämpfen sehr erfolgreich war und ihre sportpolitischen Vorstellungen zur Aufrechterhaltung des Amateurstatus nicht zuletzt deshalb durchsetzen wollte, um den Einfluss westlicher Profiboxer zurückzudrängen. Zugleich wollte sie damit nach außen den

Kampf gegen die „Kommerzialisierung" des Sports fortsetzen. Dazu war es wichtig, eigene Funktionäre in die entsprechenden Gremien zu entsenden. Karl-Heinz Wehr war dazu auserkoren, den Posten des AIBA-Generalsekretärs zu übernehmen, den bis dahin Anwar Chowdhry innehatte. Chowdhry wiederum sollte den Posten des AIBA-Präsidenten übernehmen. Um einen solchen Ämterwechsel beschließen zu können, bedurfte es im Vorfeld intensiverer Kontaktaufnahmen und Kooperationen. Die Tatsache, dass sich der entsprechende Prozess über fast ein Jahrzehnt hinzog, belegt, wie schwierig dieser Aushandlungsprozess zwischen West und Ost war, nicht zuletzt deshalb, weil es in Zusammenhang mit diesen Personalentscheidungen erneut um Fragen der Kommerzialisierung des Sports sowie des Aufbaus globaler Netzwerke ging. Darin bestand schließlich auch das Interesse Horst Dasslers, der Chowdhry insbesondere als geeigneten Kontaktmann zur Sportwelt in den Entwicklungsländern betrachtete. Zu diesem Zweck hatte adidas France 1982 einen Vertrag mit Chowdhry als „Consultant" abgeschlossen, der vor allem Kontakte zu Vereinen und Verbänden in der „Dritten Welt" herstellen und Informationen liefern sollte, die für adidas in Zusammenhang mit dem Sportartikelmarkt von Interesse sein konnten. Dafür erhielt Chowdhry jährlich 50.000 US-Dollar als Honorar.[80] Fünf Jahre später schlossen sowohl adidas France als auch adidas in Herzogenaurach einen Vertrag mit der AIBA ab, der adidas den Titel als „offizieller Ausrüster der AIBA" inklusive entsprechender Werbemöglichkeiten garantierte.[81]

In der Zwischenzeit hatte das MfS über den IM Möwe alias Karl-Heinz Wehr umfangreiche Informationen über die Beziehung zwischen adidas und Chowdhry gesammelt. Nach diesen war eindeutig, dass zwischen beiden enge Beziehungen bestanden, die adidas entsprechenden Einfluss in der AIBA und darüber zu anderen Sportverbänden und Organisationen sichern sollte. „Horst Dassler wird die finanziellen Voraussetzungen sichern, um adidas genehme Leute in die Exekutive der AIBA zu bekommen", so IM Möwe 1985.[82] Weiter hieß es: „Chowdhry hat in diesem Zusammenhang angekündigt, daß aufgrund der AIBA-Wahlen adidas nochmals erklärt habe, daß jede Summe Geld zur Verfügung stände, um Hull zu stürzen und an seine Stelle Chowdhry zu setzen."[83] Dem bisherigen AIBA-Präsidenten, dem Amerikaner Donald F. Hull, wurden fehlerhafte Finanzberichte vorgeworfen, die ihn erpressbar machten. Karl-Heinz Wehr nahm schließlich direkten Kontakt zu Horst Dassler auf, der im Zuge der „Beförderung" Chowdhrys zum AIBA-Präsidenten die Vergabe des Postens des Generalsekretärs an Wehr unterstützte. Auch hier befand sich die DDR wieder in einer ideologischen Zwickmühle. Einerseits bekämpfte man offiziell weiterhin die Bestrebungen zur Professionalisierung und Kommerzialisierung des Sports und beobachtete kritisch die Einflussnahme von adidas auf die AIBA-Wahlen, z. B. in Form von Fahrtkostenübernahmen für die Delegierten, doch kam Wehr letztendlich zu der Einschätzung: „Auch wenn es unseren moralischen Grundsätzen widerspricht, müssen wir eine enge kameradschaftliche Zusammenarbeit mit Chowdhry suchen. Wir müssen auf diesem Wege versuchen, Stück für Stück unsere Positionen zu verwirklichen. [...] Die taktischen Varianten dieser Zusammenarbeit sind regelmäßig neu zu überlegen und exakt abzustimmen."[84] Dies ließ sich aus DDR-Perspektive zudem dadurch rechtfertigen, dass der bisherige AIBA-Präsident Hull enge Kontakte zur US-Wirtschaft pflegte, sodass mit diesem Hinweis der antikapitalistischen Rhetorik genüge getan war.[85]

Noch im Jahr 1987 argwöhnte die DDR, anlässlich der AIBA-Wahlen gäbe es Bestrebungen, „eine gegen die sozialistischen Länder gerichtete Politik im Sport auf breiter Front zu organisieren. Überlegungen des Absatzes ihrer eigenen Produkte spielen natürlich auch eine Rolle, doch scheinen sie [...] adidas untergeordnet."[86]

Hinter all dem stecke einmal mehr Horst Dassler, „der wirkliche Lenker des internationalen Sports". Die Konsequenzen, die die DDR im „Kampf gegen die Professionalisierung und Kommerzialisierung des Sports" daraus zog, war allerdings nicht etwa die Aufkündigung der Kooperation mit der kapitalistischen Sportwelt. „Die Hoffnung dabei ist", so ein Bericht aus dem Jahr 1987, „dass H. Dassler an einer Zusammenarbeit mit der DDR interessiert ist. Der andere Teil, der Aufbau einer breiten Interessenfront für das wirkliche Amateurboxen, ist Sache vor allem des gegenwärtigen Generalsekretärs mit seiner Mannschaft."[87] Dieser hieß inzwischen Karl-Heinz Wehr und war nicht zuletzt durch die Unterstützung Horst Dasslers zu seinem Posten gekommen. Dassler war auch weiterhin bereit, die DDR in sportpolitischen Fragen zu unterstützen und seine Einflussmöglichkeiten geltend zu machen – so etwa bei der Frage der möglichen Verlegung des Büros der Internationalen Box-Föderation (AIBA) nach Lausanne. Dies war nicht im Interesse der DDR, die Ost-Berlin favorisierte. Noch einige Wochen vor dem Tod Horst Dasslers kam es zu einem Treffen mit dem Präsidenten des Deutschen Turn- und Sportbundes (DTSB), Manfred Ewald, in Paris, bei dem Dassler recht freimütig über die globalen Interessen seines Unternehmens sowie über die Rolle des DDR-Sports in diesem Zusammenhang sprach. Die zunehmenden Probleme auf dem amerikanischen Markt zwängen adidas zur Ausweitung der Verbindungen in Richtung Asien. Und was die adidas-Verbindungen zur DDR anbelangte, so „werde er demzufolge auch seinen Einfluss geltend machen, dass im internationalen Sport die Meinung der DDR weiterhin entsprechende Beachtung findet".[88] So setzte sich Horst Dassler schließlich bei Samaranch für die Einrichtung eines Büros der AIBA in Ost-Berlin ein. Von Ewald zudem auf die für die DDR ungünstigen Konditionen im Rahmen der ISL angesprochen, erklärte Dassler sich zu neuen Verhandlungen bereit, die so Ewald, „uns größere Valutaeinnahmen als bisher [...] ermöglichen".[89] Auch wenn es letztlich nicht zu einer engeren Geschäftsbeziehung zwischen adidas und dem DTSB kam,[90] so stellte sich das Zweckbündnis zwischen dem westdeutschen Unternehmen und dem Sportbund der DDR als ein Geben und Nehmen im Rahmen der globalen sportpolitischen und ökonomischen Ziele beider Seiten dar.

6.3 „Wiedergeburt" der Marke adidas

In der Hochphase der Neuausrichtung der globalen adidas-Marketing- und Vernetzungsstrategien hatte Horst Dassler im Jahr 1986 den Marketingfachmann René C. Jäggi als Vertriebschef zu adidas geholt, der nach dem Tod Horst Dasslers dann ab 1987 als Vorstandsvorsitzender die Leitung des Unternehmens übernahm. Unter der Führung Jäggis und seiner Beraterin Gilberte Beaux, einer angesehenen französischen Managerin, erfuhr adidas eine Trendwende. Dabei spielten schonungslose Analysen der wirtschaftlichen Situation des Unternehmens unter Hinzuziehung externer Beratungsfirmen eine wichtige Rolle. So wurde 1988 die amerikanische Unternehmensberatungsfirma McKinsey & Company damit beauftragt, eine „future product/market strategy" zu entwerfen. McKinsey erstellte eine Ist-Analyse sowie eine rückblickende Betrachtung der Unternehmensentwicklung und -positionierung innerhalb der letzten Jahre. Die Ergebnisse wurden in einem internationalen Vergleich bewertet und mit zukunftsweisenden Strategievorschlägen zur Produkt- und Markenpolitik verbunden. Dabei deuteten sich mit Blick auf die Veränderungen der weltweiten Sportartikelmärkte Entwicklungen an, die für adidas neben einigen positiven auch zahlreiche negative Trends erkennen ließen. adidas-Produkte seien auf fast allen Märkten der Welt, vor allem jedoch in Schlüsselländern wie Deutschland, den USA und Frankreich, auf die etwa 50 Prozent des Umsatzes entfielen, präsent. Zudem verfüge adidas weltweit über einen extrem hohen Bekanntheitsgrad, der in den Schlüsselmärkten noch immer über dem der Mitbewerber liege, auch der Umsatz sei dort steigend.[91] Andererseits weise die Marke adidas eine sehr heterogene Position in den unterschiedlichen Produktsegmenten und lokalen Märkten auf, auch eine klare Preispositionierung sei nicht erkennbar. Zudem sei versäumt worden, sich in den Bereichen Sport und Freizeit klar zu platzieren.[92] Schließlich gäbe es in verschiedenen Ländern spezifische Probleme in den Bereichen Produktqualität, Service und Verkauf. Den Konkurrenten von adidas wird in der Analyse eine klarere und konzentriertere Marktstrategie bescheinigt. Nicht nur die reinen Sportanbieter Nike, asics und Reebok, sondern auch Wettbewerber wie Benetton, Esprit oder Lacoste verfügten über eindeutigere Vertriebs- und Kommunikationsstrategien sowie teilweise genauer definierte Zielgruppenvorstellungen, von denen sie in unterschiedlichen Ländern auf jeweils spezifische Weise profitierten. Im Unterschied zu Nike und Reebok seien die Medienpräsenz bzw. die Werbeausgaben von adidas, vor allem auf dem wichtigen amerikanischen Markt, seit den Olympischen Spielen in Los Angeles 1984 stark rückläufig.[93] Tatsächlich sank Ende der 80er Jahre der adidas-Marktanteil bei Basketball- und Tennisschuhen um elf Prozent, bei Fußballschuhen um 2,5 Prozent und bei Textilien sogar um 13 Prozent. Allein bei Laufschuhen war ein Umsatzplus von 15 Prozent zu verbuchen.[94] Vor allem aber wies McKinsey & Company darauf hin, dass ab 1983 die „profitability of the adidas-Group has decreased dramatically over the last five years" und dass die Situation in einzelnen Ländern zwar unterschiedlich, „but overall unsatisfying" sei.[95] Zudem bemängelte McKinsey fehlende Daten in Schlüsselbereichen des Managements. Dies betraf neben internen Zahlen zur Umsatz-, Kosten- und Erlösentwicklung und Angaben zum Warensortiment auch Informationen über die eigene Position auf den weltweiten Märkten, Analysen über die Stärken und Schwächen der Wettbewerber sowie Untersuchungen über Konsumenten und Märkte.[96] Zusammen mit den Hinweisen auf eine unklare Produkt- und Markenstrategie, auf mangelnde Strategien und Ziele für einzelne Regionen und Märkte sowie

14 Reorganisation der Marke in den 90er Jahren

unbefriedigende Kosten- und Erlösstrukturen unterstellte McKinsey bei adidas also allgemein einen grundlegenden Wissensmangel über die Unternehmensentwicklung und damit erhebliche betriebswirtschaftliche Mängel und Versäumnisse der Unternehmensführung. Bestätigt wurde diese quantitative Analyse durch qualitative Einschätzungen im Rahmen eines Management-Hearings, das auf Basis einer Befragung von adidas-Führungskräften im Jahr 1990 erfolgte und von einer „äußerst kritischen Situation" ausging. Bemängelt wurden u. a. Probleme im Qualitätsbereich und in der Logistik, mangelnde Krisenlösungskonzepte, das Fehlen einer Zukunftsvision sowie eine katastrophale interne Kommunikation. Einzelne Stimmen sprachen von einem zwar erfolgreichen, aber nie professionell gemanagten Unternehmen, welches sich zunehmend auf seinen Lorbeeren ausruhte und bisweilen ein „altbackenes" und „protziges" Erscheinungsbild abgebe. Zwar handelte es sich „nur" um subjektive Einschätzungen von Führungskräften, doch in der Summe waren sie – in Ergänzung zu der quantitativen McKinsey-Analyse – Ausdruck eines verheerenden Gesamtbildes von adidas.[97] Im Sinne einer „strategic reorientation" riet McKinsey deshalb zu einer schärferen Markenpositionierung, zu einer Profilierung auf dem Gebiet der Produkte und des Warensortiments sowie zu einer Zielformulierung für die einzelnen Länder und Regionen, in denen adidas vertreten war, ganz im Sinne einer integrierten Unternehmens-, Marken- und Marktstrategie und unter Berücksichtigung aller zum Konzern gehörenden Marken wie le coq sportif, arena, Pony, erima u. a.[98]

Erfolgreiche Neuorientierung

Im Jahr 1990 wurde unter dem Titel „Mission. To make adidas the leading sport brand in the world" ein Konzept erstellt, welches aus einer „struggeling company" wieder das erfolgreichste Sportartikelunternehmen der Welt machen sollte. „Adidas must be turned around",[99] lautete eine Forderung, die es in fast allen Unternehmensbereichen umzusetzen galt. In den Bereichen der Produktion und Beschaffungsstruktur wurden erfolgreich eingeschlagene Wege der Verlagerung und Kostensenkung weitergeführt. Für das Jahr 1990 sollten nur noch 17,5 Prozent der Schuhproduktion in Eigenfertigung und 82,5 Prozent durch Fremdbeschaffung erfolgen. Fast 60 Prozent der Schuhe wurden zu dieser Zeit in Ostasien, 13,4 Prozent in Süd- und Osteuropa und 27,4 Prozent in Westeuropa und Nordafrika pro-

15 Rudi Völler im Finale der Fußball-WM 1990 – Deutschland gegen Italien

duziert. Bei Textilien lag die Eigenfertigung bei unter fünf Prozent, die Fremdbeschaffung bei 73,1 Prozent und die Lohnveredelung bei 22 Prozent.[100] Die als zu breit empfundene Produktpalette wurde reduziert. Es erfolgte eine Konzentration auf die Kernmarke „adidas". Gleichzeitig startete adidas eine neue Produkt- und Markenoffensive. Das betraf vor allem das Schuhmodell „Torsion", das bei adidas als „Sportschuh-Revolution" und erfolgreichste Einführung eines Sportschuhs gefeiert wurde. Es galt sowohl als Antwort auf das erfolgreiche Modell „Air" von Nike als auch als Ausdruck der neuen Innovationsstärke von adidas. Der „Torsion" war das Ergebnis einer engen Zusammenarbeit im Rahmen des Produktmanagements unter Beteiligung des Bereichs Forschung und Entwicklung, des 1989 neu gegründeten adidas-Forschungszentrums in Luzern sowie des Laboratoriums für Biomechanik an der ETH Zürich. Dabei spielten u. a. orthopädische und biomechanische Erkenntnisse sowie der Einsatz neuer Materialien wie Mikrofasern eine Rolle. Der Begriff „Torsion" bezieht sich auf die „Beweglichkeit zwischen Vor- und Rückfuß", die bei bisherigen Laufschuhen eingeschränkt war. In deutschen und internationalen Fachjournalen verwiesen Spezialisten des Züricher Labors der ETH darauf, dass gute Laufschuhe die Beweglichkeit des Fußes erhöhen und zugleich eine höhere Stabilität

16 adidas Torsion Werbekampagne (1989)

garantieren müssten, um zugleich die Verletzungsrisiken zu reduzieren. Das „System Torsion" basierte schließlich auf diesen Forschungsergebnissen.[101] Bereits in den 70er Jahren hatten adidas Deutschland und später auch adidas France mit dem Institut für Arbeitsphysiologie der TU München zusammengearbeitet und Aufträge für biomechanische Forschungen und physikalische Tests vergeben, die dann bei der Neuentwicklung von Sportschuhen umgesetzt wurden.

Ab 1989 wurden zahlreiche Modelle des „Torsion" für die Bereiche „Running", „Cross Training", „Trekking", „Hiking" und „Tennis" entwickelt. „Torsion" sollte auch eine ernsthafte Herausforderung für Nike darstellen: „With regard to the German market this move by adidas means that in terms of the fundamentals they are moving a lot closer to ourselves. They are admitting that one needs special shoes for special orthopedic problems."[102] Mit dem „Torsion" brachte adidas nicht nur den ersten biomechanischen Schuh als „High-Tech-Produkt" auf den Markt, sondern lancierte zeitgleich eine Serie namens „Torsion Textiles", die Shorts und Oberteile, Jacken und Rennanzüge aus neuartigen Materialien für Männer und Frauen umfasste.[103] Weitere Sportschuh-Innovationen folgten im Laufe der 90er Jahre mit der „Equipment"-Kollektion, dem „Radical" oder dem „Feet You Wear", die auf dem „Torsion"-System beruhten.[104] Die „Equipment"-Kollektion umfasste ein breites Schuhspektrum für Sportarten wie Tennis, Basketball,

17 Equipment-Katalog (1990)

18 Geschäftsbericht der adidas AG (1990)

Volleyball, Fußball bis hin zu Textilien, Bällen und Taschen. Mit „Equipment" wollte adidas sich als Premiummarke etablieren und sein Profil gegenuber den Wettbewerbern schärfen.

Der Geschäftsbericht des Jahres 1990 sprach schließlich von einer „neuen Ära" bei adidas, von einer strategischen Neuausrichtung der Marke, die alle Unternehmensbereiche umfasste. Zum einen betraf dies die Konzentration auf das Kerngeschäft unter dem Markennamen adidas, die nun 88 Prozent des Konzernumsatzes ausmachte. Die Markenrechte von le coq sportif und arena wurden nach Fernost verkauft. Der Strategiewechsel des Jahres 1990 betraf schließlich auch weltweit Tausende Mitarbeiter. Allein in Deutschland wurden über 2.000 Beschäftigte auf zentralen Konzernveranstaltungen über das „Equipment"-Programm informiert. 185 Entwicklungsspezialisten setzten das Programm in den Bereichen Schuhe und Textil mit Unterstützung des Forschungszentrums in Luzern technisch um. Miteinbezogen waren auch die Beschaffungszentren in Hong Kong, Straßburg, und Troyes mit hunderten von Mitarbeitern sowie knapp 3.800 Beschäftigte in den Fertigungsstätten Deutschlands, Frankreichs, Irlands, Österreichs, Spaniens, Mexikos, Marokkos und Tunesiens. In Frankreich, England und anderen europäischen Staaten sowie in den USA wurde die „Equipment"-Kollektion auf „Roadshows" den Konsumenten präsentiert. Das „Equipment"-Programm

19 „Business Units" International (1990)

bedeutete eine Zäsur für adidas, die das Unternehmen weltweit vor neue Herausforderungen stellte.[105]

Auf dem Gebiet der Unternehmensorganisation hatten sich bereits seit 1989 ebenfalls grundlegende Änderungen vollzogen. adidas war in eine Aktiengesellschaft umgewandelt worden[106] und mit der Einführung von „Business Units" erfolgte eine interne Reorganisation entlang strategischer Geschäftsfelder wie etwa „Fußball", „Tennis", „Running", „Basketball" und „Outdoor/Adventure". Zugleich wurden die Bereiche Schuh- und Textilentwicklung sowie das Designzentrum in Herzogenaurach zusammengelegt, um die Produktenwicklungszyklen dieser „Business Units" zu verkürzen.[107] Parallel zur Einrichtung der „Business Units" führte adidas regelmäßige Vertriebs- und Marketing-Tagungen durch, welche jährlich in unterschiedlichen Städten organisiert wurden. Diese sollten einen regelmäßigen Austausch über Marketing-Strategien, Kundenzufriedenheit, Markenimage, Konsumentenwünsche, Erfolge und Misserfolge des Unternehmens ermöglichen und damit die Mitarbeiterkommunikation, Standortbestimmung, kritische Selbstreflexion und Lernprozesse befördern.[108]

Werbekampagnen und Marktanpassungsstrategien

Einen erheblichen Nachholbedarf, das zeigten nicht allein die Vertriebs- und Marketing-Tagungen, hatte adidas im Bereich der Werbung. Hier hinkte das Unternehmen seinen Konkurrenten Nike und Reebok deutlich hinterher; nicht nur quantitativ, sondern auch qualitativ. Man musste anerkennen, dass etwa Nike neue Standards für die gesamte Werbebranche setzte; an diesen sollte adidas sich orientieren, ohne sie jedoch zu kopieren. Das Ziel bestand vielmehr darin, auf dem Gebiet der Werbung eigene, erfolgreiche Standards zu setzen.[109] In diesem Zusammenhang erwies es sich als hilfreich, dass René C. Jäggi 1990 die Bekanntschaft von Rob Strasser und Peter Moore von der amerikanischen Marketingfirma Sports Inc. gemacht hatte. Strasser hatte von 1976 bis 1987 für Nike gearbeitet und dort u. a. das erfolgreiche Produkt „Air" mit dem Basketballstar Michael Jordan vermarktet. Als Strasser zu adidas wechselte, titelte die Los Angeles Times zu Beginn des Jahres 1993: „adidas to put U.S. Market in Hands of Ex-Nike Whiz".[110] Strasser und Moore widmeten sich u. a. der neuen „Equipment"-Kollektion, wobei ihr eigenes Unternehmen über eine vertragliche Regelung am Umsatz von „Equipment" beteiligt wurde. In der geplanten Werbestrategie spiegelten sich die neuen „Business Units" für die Bereiche „Fußball", „Tennis", „Running", „Basketball" und „Outdoor/Adventure" wider. Strasser und Moore bildeten ein neues Management-Team für den nordamerikanischen Markt, wobei Strasser den Vorsitz der Geschäftsleitung und Moore den Bereich Marketing übernahm. Die „Business Units" „Equipment" und „Basketball" wurden in die schließlich neu gegründete Gesellschaft „adidas America Inc." integriert.[111]

Strasser und Moore lenkten die öffentliche Aufmerksamkeit wieder stärker auf den Unternehmensgründer Adi Dassler, dessen Ideen und Ziele in der externen Kommunikation unter dem Begriff „heritage" betont werden sollten. Thematisiert wurden in diesem Zusammenhang die Tradition, Sportler mit den besten Produkten auszurüsten, die enge Zusammenarbeit mit den Athleten, der „ehrliche

SEITE 3 / Business Units / Weltfußballgala

Business Units: Der Blick über den Tellerrand

BUSINESS UNITS, das ist das neue Marketingkonzept bei adidas, das sich auch in der Organisationsstruktur des Unternehmens niederschlägt.

Bislang hatte adidas eine vertikale Organisation, hierarchisch gegliederte und voneinander getrennte Bereiche. So etwa nach Schuhen, Textilien, Taschen oder Bällen getrennte Produktmanagement-Bereiche, die bei ihrer Arbeit auf die Unterstützung zahlreicher anderer Abteilungen angewiesen waren.

Im neuen Konzept haben die vorerst sieben Business Units (zu deutsch: „Geschäfts-Einheiten") die alleinige Verantwortung für alle Produkte, Aktivitäten und Märkte ihrer Kategorie. Funktionen werden in kompetenten und schlagkräftigen Einheiten zusammengefaßt, Strukturen vereinfacht. „Matrix-Organisation" heißt dieses Konzept, das vor allem auf die Bereitschaft setzt, über den Tellerrand des eigenen Bereiches hinauszuschauen, als Team auf ein gemeinsames Ziel hinzuarbeiten.

Dieses Ziel heißt Marktführerschaft und Gewinnmaximierung in jeder Kategorie - und schließlich im Gesamtmarkt.

Mit Business Units den Markt erobern

Rob Strasser: Nur wenn wir ernsthaft zusammenarbeiten, werden wir gewinnen

Rob Strasser, seit Mitte 1990 verantwortlich für den zentralen Marketing-Bereich der adidas AG, ist nicht nur der "Vater" des Equipment-Konzeptes. Er war auch eine der treibenden Kräfte bei der Einführung der Business Units. In einem Brief an alle leitenden Führungskräfte ging Rob Strasser zum Jahresende noch einmal auf die besondere Bedeutung dieser neuen Organisationsform für die Zukunft des Unternehmens ein:

Das Jahr geht zu Ende, und wir können eigentlich recht stolz sein. Schließlich hat sich die adidas AG 1990 von den roten den schwarzen Zahlen zugewandt.

Die Tür zum Umkleideraum haben wir in diesem Jahr wiedergefunden. 1991 werden wir lautstark an diese Tür klopfen und die Konkurrenz aufhorchen lassen. Und 1992 werden wir diese verdammte Tür dann endlich eintreten.

Das Ziel ist der Markt, das Produkt ist der Schlüssel dazu. Unser ganzes Tun müssen wir darauf richten, das richtige Produkt zum richtigen Preis zur richtigen Zeit mit der richtigen Botschaft auf den Markt zu bringen.

Ob wir den Markt erobern, das hängt von der Entwicklung unserer Business Units ab, die wir um unsere wichtigsten Kategorien herum aufbauen. Mit dieser Organisationsform streben wir ein besseres Marketing an - und durch die Bündelung aller Kräfte wollen wir die weltbeste Marke in jeder Kategorie werden. Solange diese Business Units nicht funktionieren, werden wir keine marktbeherrschende Firma sein.

Als Mitarbeiter dieser Business Units haben wir einige unserer besten jungen Talente ausgesucht. Sie brauchen unser aller Unterstützung. Es ist fast wie im richtigen Leben: Wo alle an einem Strang ziehen, da schaffen sie auch was. Wo aber jeder sein eigenes Süppchen kocht, nur seine eigene Karriere im Kopf hat, da kann nichts bei rauskommen. Es geht nicht um persönliche Stärke, es geht ums Gewinnen.

Jede dieser Business Units hat nur ein Ziel: in ihrer Kategorie weltweit die Nummer eins zu sein. Und wenn wir genügend von diesen einzelnen Kategorien erobert haben, dann werden wir die führende Sportartikelmarke der Welt sein.

Vermeiden sollten wir Fehler, wie etwa, zu sagen: "Aha, da auf der Tür steht 'adidas Fußball', da lade ich meinen ganzen Mist ab - und dann kümmere ich mich nicht mehr darum, wasche meine Hände in Unschuld."

Seien wir realistisch. Unser Erfolg hängt davon ab, daß ein jeder in die Hände spuckt, daß ein jeder sich darum kümmert, was getan werden muß und wie wir es schaffen.

Die Einführung der Business Units wird schmerzlich sein, frustrierend für uns alle, in den ersten Monaten voller Fehler - aber sie wird uns zum Sieg führen.

Die Marschroute für 1991 ist also ganz einfach: Wenn wir ernsthaft zusammenarbeiten, werden wir gewinnen; wenn nicht, werden wir verlieren. Wir sind eine Marke, eine Firma. Entweder gewinnen wir alle zusammen, oder wir verlieren gemeinsam. Deshalb sollten wir uns nicht gegenseitig bekämpfen, sondern gemeinsam den Kampf gegen die Konkurrenz aufnehmen.

Rob Strasser

20 Einführung der adidas „Business Units", Auszug aus der adidas Mitarbeiterzeitschrift 1 (1991)

Wettbewerb" sowie die Erringung einer dominanten Marktposition.[112] Die Überlegung war, damit das Alleinstellungsmerkmal von adidas gegenüber seinen (eher jungen) Mitkonkurrenten, nämlich die bis ins Jahr 1920 zurückreichende Geschichte und lange Tradition als führender Sportartikelhersteller mit Adi Dassler als international bekannter Unternehmerpersönlichkeit, in den Vordergrund zu stellen. „Die Marke hat zu ihrem Ursprung zurückgefunden", so hieß es im Geschäftsbericht 1994.[113]

Die Umstrukturierungen, neue innovative Produkte und Kollektionen sowie frische Werbestrategien führten adidas auf die Erfolgsspur zurück. Die nach dem Ausscheiden René C. Jäggis als Interims-Vorstandsvorsitzende fungierende Gilberte Beaux hob im Geschäftsbericht 1992 hervor, dass adidas trotz eines Umsatzrückgangs und eines negativen Geschäftsergebnisses, welches vor allem auf die „Einmal-Aufwendungen" der Restrukturierungsmaßnahmen zurückzuführen sei, „gestärkt" und „mit Optimismus" aus dieser Entwicklung hervorgehe. Das Thema Marketing tauchte in diesem Geschäftsbericht an vorderster Stelle auf, Beaux sprach von einer „strategischen Neuausrichtung" und von der „Wiedergeburt einer Marke", und der Bericht betonte, dass „adidas wieder zu seiner alten Form zurückgefunden hat" und in die Offensive gehe.[114]

21 Rob Strasser und Peter Moore (Anfang der 90er Jahre)

In den Führungsorganen des Unternehmens wurde Anfang der 90er Jahre aber auch intensiv über die schwierige wirtschaftliche Lage und die Gründe der krisenhaften Entwicklung diskutiert. Managementfehler und ein gestörtes Verhältnis zum Fachhandel wurden ebenso erwähnt wie der Wandel des Kundenverhaltens oder auch die „Arroganz des Unternehmens in früheren Zeiten".[115] Darüber hinaus wurde auf ein instabiles Umfeld, bedingt durch Rezessionen in den USA, Großbritannien und Deutschland, sowie auf die starke Konkurrenz, vor allem durch Nike, verwiesen. Im Übrigen, so hieß es anlässlich einer Aufsichtsratssitzung im Mai 1992, sei die Zeit endgültig vorbei, in denen das Unternehmen Marktanteile von 45 bis 60 Prozent vorweisen konnte. Vielmehr müsse man sich zukünftig den veränderten Verhältnissen anpassen und dort angreifen, wo die adidas-Marktanteile unterproportional seien.[116]

Diese Marktanpassungsstrategien waren seit Ende der 80er Jahre eingeleitet worden. Zwischen 1986 und 1992 reduzierte sich die Zahl der Beschäftigten von etwa 12.000 auf weniger als die Hälfte. Der Konzernumsatz war in diesem Zeitraum von 3,2 Mrd. D-Mark auf 2,5 Mrd. D-Mark gesunken. Das Jahr 1993 brachte dann die Wende in der Ertragslage, die nicht zuletzt auf neue Marketingkonzepte in den USA und Deutschland zurückgeführt wurden. Nach einem Verlust von fast 150 Mio. D-Mark im Jahr 1992 erzielte das Unternehmen 1993 mit einem Überschuss von 14 Mio. D-Mark sein bestes Ergebnis seit fünf Jahren.[117]

Die wirtschaftlichen Probleme Anfang der 90er Jahre, insbesondere auf dem amerikanischen Markt, Schwierigkeiten mit dem damaligen Mehrheitsaktionär Bernard Tapie, der nach wenigen Jahren seine Anteile wieder verkaufte, sowie Konflikte mit den Erben Adi Dasslers leiteten das Ende der Ära Jäggi ein. Sein Nachfolger, der Franzose Robert Louis-Dreyfus, übernahm im Jahr 1993 die Leitung von adidas. Als ehemaliger Leiter der Londoner Marketingfirma Saatchi & Saatchi verfügte er über umfangreiche Kompetenzen, die er in den Folgejahren bei adidas im Rahmen neuer Kampagnen und massiver Marketinginvestitionen einbrachte. Wenige Jahre später sollte Louis-Dreyfus dafür vom Manager Magazin als „Manager des Jahres" und als „Retter von adidas" gekürt werden, und auch das Time Magazine („adidas goes for gold") oder Fortune („adidas back in the game") feierten Robert Louis-Dreyfus für seine Erfolge. Nachdem das Unternehmen 1992 noch Verluste gemacht habe, das Markenimage zerstört gewesen sei, sein Vorgänger „geschaßt" worden und adidas an einem Tiefpunkt angekommen war, so das Manager Magazin, habe der „Marketingexperte" es schließlich wieder auf die Erfolgsspur geführt.[118] Eine solche Darstellung verkennt die Tatsache, dass bereits seit Ende der 80er Jahre unter den Vorstandsvorsitzenden Jäggi und Beaux eine umfangreiche Reorientierung und Restrukturierung des Unternehmens in Form neuer Marketinginstrumente, -analysen und -strategien eingesetzt hatte; daneben wurden Produktionsverlagerungen und Kostensenkungen vorgenommen. Dadurch waren wichtige Voraussetzungen für die wirtschaftliche Erholung des Unternehmens geschaffen, die zeitversetzt Früchte tragen sollten. Diese Entwicklung führte Louis-Dreyfus fort und setzte neue, eigene Akzente.

22 Geschäftsbericht der adidas AG (1992)

Das betraf auch die Marketingstrategie. Die seit 1985 bestehende Zusammenarbeit mit Young & Rubicam (Y&R) wurde unter Louis-Dreyfus aufgekündigt und durch einen Vertrag mit dem britischen Unternehmen „Leagas Delaney" ersetzt. Y&R, so das Argument, verfüge zwar über umfangreiche Kontakte und ein weltweites Netzwerk, auf dem Gebiet der Werbung habe Leagas Delaney jedoch mehr Kompetenz und sei besser in der Lage, das Image- und Markenproblem von adidas zu lösen.[119] Mit Rob Strasser und Peter Moore waren bereits erfolgreiche Schritte in diese Richtung erfolgt, und die neuen Werbekampagnen setzten nun noch konsequenter auf jüngere Zielgruppen und eine weltweite Kommunikation, wobei der strategischen Medienplanung eine zentrale Rolle zukam. Jugendliche im Alter zwischen zwölf und 20 Jahren wurden als wichtigste Zielgruppe für adidas-Produkte ausgemacht, gefolgt von der Generation „20+". Alle anderen wurden als „tertiär" eingestuft. Zwölf- bis 20jährige seien verantwortlich für etwa 70 Prozent aller Sportartikelkäufe, wobei wiederum 70 Prozent auf Jungen und 30 Prozent auf Mädchen entfielen. Um den direkten Kontakt zu diesen Zielgruppen zu pflegen, organisierte adidas Veranstaltungen im Bereich des Breitensports sowie aktueller Trendsportarten. So wurden etwa jährliche Basketball-Programme, u.a. „Streetball Challenges", „ABC Basketball-Camps" oder der „adidas Fußball-Cup" durchgeführt, womit die „Verbindung mit der jungen Generation" gestärkt werden sollte.[120] adidas heuerte außerdem Trendscouts an, die sich in unterschiedlichen Szene-Bereichen und Discotheken umhörten und umsahen und neueste Modetrends aufgriffen. Auch im Umfeld amerikanischer Fernsehserien und im Filmgeschäft zeigte adidas Präsenz, mit dem Ergebnis, dass zahlreiche Hollywood-Größen sich in adidas-Produkten zeigten.[121]

23 Vorstandsvorsitzender Robert Louis-Dreyfus (Mitte der 90er Jahre)

Insbesondere auf dem Gebiet der Medienpräsenz, wo adidas gegenüber Nike erheblichen Nachholbedarf hatte, wurde das Engagement massiv ausgebaut. Dabei genoss das Fernsehen Priorität, gefolgt vom Kino, der „out of Home"-Werbung sowie dem Zeitschriftenmarkt. Nachdem sich die Fernsehlandschaft in der Bundesrepublik infolge der Neugründung privater Sender seit den 80er Jahren stark ausdifferenziert hatte, waren dort neben ARD und ZDF vor allem SAT1, RTL und PRO7 die wichtigsten Ansprechpartner für adidas-Werbung. Fast der gesamte übrige europäische TV-Markt wurde über ein Netzwerk mit Namen „Optimedia Europe" erreicht, mit dem adidas über Leagas Delaney kooperierte. Besonderes Interesse galt dabei den bei jugendlichen Zuschauern beliebten Sendern „MTV“ sowie „Eurosport“. Optimedia Europe erfasste europaweit Zuschauerzahlen und Zuschauerprofile und stellte damit wertvolle Informationen für gezielte Werbekampagnen zur Verfügung. Schließlich konnte adidas über eine Kooperation mit der NBA seine Präsenz im US-amerikanischen Fernsehen sowie im asiatisch-pazifischen Raum erhöhen.[122] Im Rahmen einer groß angelegten Kommunikationskampagne wurden ab Sommer 1995 etwa 400 Spots allein im deutschen Fernsehen geschaltet; Spitzensportler wie die Tennisspielerin Steffi Graf oder der Basketballer Detlef Schrempf traten im „ZDF-Sportstudio“ bzw. bei „NBA Inside“ im DSF auf. Als Sportpromotoren für den westdeutschen Markt wirkten zudem die Mannschaften von Alba Berlin (Basketball), der USC Münster (Volleyball), der TV Großwallstadt und TUSEM Essen (Handball) sowie der MTV Gießen (Basketball). Darüber hinaus zeigte adidas verstärkt Präsenz auf Messen (Intersport, ISPO) sowie im Rahmen von Outlet-Präsentationen.[123] Zwischen 1993 und 1998 produzierte Leagas Delaney für adidas 150 Filmspots weltweit, darunter solch aufsehenerregende wie „The Wall“ (1993), der von David Lynch produziert wurde, „Zátopek“ (1995), „Feet you wear“ (1996) oder „Kobe“ (1997) über den jungen amerikanischen Basketballstar Kobe Bryant.[124] Und auch in der Medienpräsentation beschritt adidas Neuland: Im Jahr 1995 richtete das Unternehmen erstmals eine Homepage im Internet ein.[125]

Die umfangreichen Werbekampagnen zeigten ihre Wirkung. Das Jahr 1995, in dem adidas auch an die Börse ging, wurde mit einem Rekordergebnis von 296 Mio. D-Mark vor Steuern als „Meilenstein in der Geschichte von adidas“ gefeiert. Damit hatte sich der Gewinn gegenüber dem Vorjahr fast verdoppelt, und auch in den folgenden Jahren setzte sich dieser Trend fort.[126] Wenn allerdings nun davon

24 Streetball Challenge (90er Jahre)

die Rede war, dass adidas sich „von einer produktionsorientierten Firma zu einem Unternehmen [entwickelte], in dem Marktbedürfnisse der Motor für eine anhaltende Führungsposition sind […]“,[127] so verkennt das die langfristigen Entwicklungen, die spätestens seit den 60er Jahren in diese Richtung gingen. Allerdings hatten sich seitdem die globalen wirtschaftlichen Rahmenbedingungen und damit auch die Marktbedürfnisse geändert, worauf adidas tatsächlich mit einer gewissen zeitlichen Verzögerung reagiert hatte. Für eine gewisse Kontinuität auf dem Gebiet von Werbung und Marketing spricht auch, dass sportliche Großereignisse und Promotionverträge mit Spitzensport-

25 Werbekatalog für den Fußballschuh „Predator“ (1994)

lern weiterhin eine große Bedeutung für adidas hatten. Bei den Olympischen Spielen in Atlanta 1996 gewannen Athleten in adidas-Produkten 220 Medaillen, und bei der Fußball-Europameisterschaft im selben Jahr hatte adidas fünf Mannschaften ausgerüstet, darunter den Europameister Deutschland. „Jetzt befindet sich adidas wieder da“, so Robert Louis-Dreyfus 1996, „wo die Marke hingehört, direkt an den Puls des Sports.“[128]

Seit 1993 waren nicht nur der Konzernumsatz und die Jahresüberschüsse wieder deutlich angestiegen. Auch die Zahl der Beschäftigten wuchs kontinuierlich und erreichte zur Jahrtausendwende ein Rekordhoch, wobei der Anstieg 1997/98 vor allem auf die Übernahme des Sportartikelherstellers Salomon zurückzuführen ist. Fast zehn Jahre nach der Markenbereinigung Ende der 80er Jahre ging adidas mit der Übernahme von Salomon wieder in die Offensive. Ab 1997 gehörten zur adidas-Salomon AG auch die Marken Taylor Made, mit denen adidas ins Golfgeschäft einstieg, sowie „Mavic“ und „Bonfire“.[129]

Zugleich wurden neue Sponsoren- und Lizenzverträge mit Verbänden und Spitzensportlern abgeschlossen, so etwa mit dem Internationalen Leichtathletik Weltverband (IAAF) sowie mit den Tennisstars Steffi Graf oder Stefan Edberg, dem Radfahrer Jan Ullrich und mit den amerikanischen Basketballprofis Kobe Bryant und Antoine Walker. Und mit Blick auf die Fußball-Europameisterschaft 1996 in England und die Fußball-Weltmeisterschaft 1998 in Frankreich gerieten David Beckham als adidas-Markenbotschafter sowie französische Mannschaften wie Olympique Marseille und Fußballer wie Thierry Henry und Zinedine Zidane, der in „Predator“-Fußballschuhen spielte, in den Blickpunkt. Im Rahmen der entsprechenden Promotionverträge ging es um finanzielle Beträge, die um ein Vielfaches über denjenigen aus der Zeit Ende der 60er/Anfang der 70er Jahre lagen. Robert Louis-Dreyfus bewegte sich damit weiterhin in der Tradition des „Systems Horst Dassler“. Die wachsende Medienberichterstattung hatte diese Entwicklung entscheidend befördert. Die Fußball-WM in Frankreich galt als „medienwirksamstes Sportereignis des Jahrhunderts“, und adidas war der erste Sportartikelhersteller, der dabei als offizieller Sponsor auftrat. Zudem erwarb das Unternehmen exklusive Lizenzrechte zur Ausstattung von sechs Nationalmannschaften, darunter Deutschland und der spätere Weltmeister Frankreich. Ein umfangreiches Marketing- und Werbeprogramm wurde aufgelegt, womit adidas in den Medien quasi omnipräsent war; im Fernsehen und den Print-

Tabelle 1: **Konzernumsatz, Beschäftigte und Jahresüberschuss/-fehlbetrag 1980 bis 2000**

Jahr	Konzernumsatz in Tsd. D-Mark (ab 1999 in Tsd. Euro)	Konzernbeschäftigte	Jahresüberschuss/-fehlbetrag in Mio. D-Mark (ab 1999 in Mio. Euro), gerundet
1980	keine Daten	keine Daten	keine Daten
1981	keine Daten	keine Daten	keine Daten
1982	keine Daten	keine Daten	keine Daten
1983	keine Daten	keine Daten	keine Daten
1984	2.800.000	11.222	keine Daten
1985	3.000.000	11.750	keine Daten
1986	3.200.000	12.615	keine Daten
1987	3.000.000	10.564	keine Daten
1988	3.200.000	10.391	keine Daten
1989	3.196.755	9.532	–130
1990	3.341.591	9.067	52
1991	3.353.181	8.329	15
1992	2.750.153	6.401	–149
1993	2.544.457	5.096	14
1994	3.196.365	5.087	117
1995	3.500.240	5.730	245
1996	4.709.432	6.986	314
1997	8.440.810	7.642	463
1998	9.907.118	11.661	518*
1999	5.353.949	12.433	227
2000	5.835.805	13.362	182

* Unter Berücksichtigung von Einmaleffekten durch die Übernahme von Salomon ergibt sich ein Jahresfehlbetrag von 322 Mio. D-Mark.[130]

Quelle: adidas Geschäftsberichte 1980 bis 2000, in: aA, Z-60

medien ebenso wie im Bereich der Außenwerbung, im Einzelhandel und in den Stadien.[131]

Auch die ISL-Aktivitäten wurden unter Robert Louis-Dreyfus fortgesetzt und entsprechende Kontakte gepflegt. Zur WM 1998 gründete adidas France einen „club adidas" an der Champs Elysées – für exklusive Gäste und VIPs, wo auf Einladung von Robert Louis-Dreyfus gefeiert und Kontakte gepflegt wurden. In diesem Rahmen fand auch ein „ISL Thank You Dinner" statt.[132] Die Anknüpfung an das „System Horst Dassler" in der Ära Louis-Dreyfus zeigte sich nicht nur in der Fortsetzung der Vereinbarungen zwischen adidas, ISL und der FIFA, die damals mit Blick auf die nächste Fußball-WM in Japan und Korea 2002 getroffen wurde,[133] sondern auch in informellen Kontakten und geschäftlichen

Beziehungen, die sich vor dem Hintergrund der neuen Ethik-Standards von adidas mitunter am Rande der Legalität bewegten. Louis-Dreyfus und adidas-Vorstandsmitglied Christian Tourres besaßen direkten Einfluss auf den Fußballclub Olympique Marseille, dessen größter Anteilseigner Louis-Dreyfus war. Gleichzeitig hatte adidas Promotionverträge mit Olympique Marseille abgeschlossen, was wiederum die Deutsche Schutzvereinigung für Wertpapierbesitz (DSW) zu der Frage veranlasste, inwieweit hier Spekulationen genährt würden, wonach „ein Verein" Aktien von adidas erhalte, um im Gegenzug den Namen zu Werbezwecken verwenden zu dürfen, wobei der Verdacht aufkomme, dass sich „hier einer der Großaktionäre die Möglichkeit verschafft, indirekt einen höheren Anteil am Grundkapital zu verschaffen".[134] Der Vorfall, auf den adidas mit der Androhung strafrechtlicher Schritte drohte, zeigte zugleich die Intransparenz persönlicher und geschäftlicher Beziehungen während der Ära Louis-Dreyfus. Diese wurden dann im Jahr 2015 auch mit Blick auf die Austragung der Fußball-Weltmeisterschaft 2006 durch einen Artikel des Spiegel nachträglich noch einmal verstärkt. Dabei geht es um Darlehen von Louis-Dreyfus aus dem Jahr 2002, die als Bestechungsgelder für die Austragung der WM 2006 zum Einsatz kamen und später wieder zurückgezahlt wurden.[135] Die Klärung dieser Frage ist noch nicht abgeschlossen.

Soziale Verantwortung in Zeiten der Globalisierung

Der Name Robert Louis-Dreyfus steht damit sowohl für einen Neuanfang und den Wiederaufstieg der Marke adidas zu Beginn der 90er Jahre als auch für die Fortsetzung des „Systems Horst Dassler". Der Erfolg von adidas ab Mitte der 90er Jahre ist aber nicht allein mit dem Namen Louis-Dreyfus verbunden, sondern auch mit dessen Vorgängern Jäggi und Beaux. Die wirtschaftliche Gesundung betraf nicht nur den europäischen Markt, sondern auch die USA und Japan sowie die zunehmend an Bedeutung gewinnenden neuen Märkte Asiens, z.B. Indien und China.[136] Doch gleichzeitig drohte die Marke adidas aufgrund anderer Einflüsse Schaden zu nehmen. Diese betrafen vor allem die Themen Gefängnisproduktion und Doping.

1995 zeigten amerikanische und deutsche Fernsehanstalten Bilder von Bällen, die in Billiglohnländern durch Kinderarbeit hergestellt wurden. Zudem ging ein ehemaliger chinesischer Strafgefangener mit der Behauptung an die Öffentlichkeit, dass in dortigen Gefängnissen Bälle für adidas produziert würden. Ausgerechnet im Umfeld der Fußball-Weltmeisterschaft in Frankreich 1998 berichteten Printmedien weltweit über adidas-Ballproduktionen in chinesischen Arbeitslagern. Die Diskussion weitete sich schließlich unter den Themen „Billig-Produktion hochwertiger Sportartikel" sowie „Sportartikel und Menschenrechte" aus, worüber neben der Süddeutschen Zeitung und der Frankfurter Allgemeinen Zeitung auch der Figaro in Frankreich, die Herald Tribune, die Financial Times sowie das Wall Street Journal berichteten.

Zwar gab es für die Behauptungen des chinesischen Strafgefangenen keine ausreichenden Beweise, doch erwiesen sich diesbezügliche Kontrollen als schwierig. Auf schriftliche Anfragen versicherten chinesische Produzenten (erwartungsgemäß), keine Kinder- oder Zwangsarbeit zu betreiben. Kontrollbesuche bei zum Teil weit entlegenen chinesischen Produktionsstätten erweckten den Eindruck, dass man dort entsprechend vorbereitet war und die Situation vor Ort manipuliert hatte. Eindeutige Nachweise für Kinder- und Zwangsarbeit waren so kaum möglich. adidas lancierte Presseinformationen, wonach „all suppliers must con-

26 Nationalmannschaft Frankreichs nach ihrem Sieg im WM-Finale über Brasilien (1998)

sent to adidas-Salomon AG standards of Engagement (code of conduct)". Diese wurden in Form von „Manufacture and Supply Agreements" umgesetzt und das Unternehmen versicherte: „Our aim is to have utmost control over the adidas brand in the world [...]. We are determined to directly control the whole value-chain."[137] Um andauernden Schaden von der Marke fernzuhalten, kündigte adidas schließlich alle Verträge mit chinesischen Lizenznehmern. Einmal mehr wurde deutlich, wie schwierig sich die Kontrolle der Lizenznehmer durch den Auftraggeber adidas in Schwellenländern und Staaten der „Dritten Welt" gestaltete. Dies galt insbesondere auch für Pakistan, wo ein Großteil der adidas-Ballproduktion erfolgte.[138]

Noch ein weiteres Ereignis überschattete die „Wiedergeburt der Marke adidas": der Dopingskandal bei der „Tour de France".[139] 1998 hatte Jan Ullrich, der mit adidas durch einen Ausrüstervertrag verbunden war, bei diesem Radrennen den zweiten Platz in der Gesamtwertung erreicht. Später stellte sich heraus, dass sein Erfolg unter Zuhilfenahme des Dopingmittels EPO erzielt worden war. Die Verwicklung in den Dopingskandal um den spanischen Sportmediziner Eufemiano Fuentes führten 2006 schließlich zu Ullrichs Ausschluss von der Tour sowie seiner fristlosen Kündigung durch das T-Mobile-Team, bei dem er damals unter Vertrag war.[140] adidas, das die Integrität von Jan Ullrich zunächst nicht infrage gestellt hatte, reagierte schließlich entsprechend auf diese Vorfälle und kündigte dessen Ausrüstervertrag.

Die Vorfälle in China und bei der Tour de France forcierten bei adidas die Diskussion um soziale Verantwortung und gute Unternehmensführung. Im Geschäftsbericht des Jahres 1998 tauchte erstmals der Begriff der „sozialen Verantwortung" auf, verstanden als „integraler Bestandteil der Werte, die die Marke der adidas-Salomon AG ausmachen". Es wurden Sozial- und Umweltstandards festgelegt und die Arbeitsbedingungen der Lieferanten sowie die Gesundheit am Arbeitsplatz überwacht. adidas unterstützte über den Weltverband der Sportartikelhersteller außerdem Projekte gegen Kinderarbeit in Pakistan und es wurde ein entsprechender Verhaltenskodex verabschiedet. Darüber hinaus richtete das Unternehmen die Position eines „Direktors für Sozialangelegenheiten und Umweltschutz" ein.[141] Im Jahr 2001 erschien der erste weltweite Sozial- und Umweltbericht des Unternehmens, in dem adidas verdeutlichte, wie das Unternehmen sich mit Blick auf die Beschäftigten, deren Wohl und Sicherheit sowie zu Fragen der Arbeitsplatzgestaltung, der Löhne, der Arbeitssicherheit, der Arbeitszeit und der Stellung der Gewerkschaften positionierte. Neben dem Umgang mit Zulieferern wurde auch thematisiert, welche Umwelt- und ökologischen Standards adidas vertrat. Dabei wurden die Dimensionen und Herausforderungen deutlich, die mit dem selbst gesteckten Ziel verbunden waren, dass „unsere Zulieferer Sicherheit am Arbeitsplatz und gerechte Behandlung ihrer Mitarbeiter gewährleisten".[142] Die adidas-Lieferkette umfasste zu diesem Zeitpunkt etwa 570 Betriebe in aller Welt, einschließlich Subunternehmen und Konfektionierer. Fast die Hälfte der Zulieferer kam aus Asien (267), der Rest aus Europa (181) und Amerika (122). Als Verhaltenskodex für die adidas-Zulieferer wurden „Standards of Engagement" (SOE) festgelegt, die sicherstellen sollten, dass die Unternehmen die Sicherheit am Arbeitsplatz und eine faire Behandlung ihrer Beschäftigten garantierten. Darauf basierend wurden die Zulieferer in fünf Stufen eines Bewertungssystems kategorisiert. Die unterste Stufe bedeutete, dass in den entsprechenden Betrieben „zahlreiche schwerwiegende und ernsthafte Verstöße gegen die SOE" festgestellt wurden. Die weiteren Stufen verwiesen auf „ernsthafte", „geringfügige" oder „keine Verstöße". Zur obersten Kategorie gehörten Managementsysteme, bei denen der Verhaltenskodex in vollem Umfang berücksichtigt wurde. Im Jahr 2000 wurden von adidas 67 Prozent der Hauptzulieferer geprüft, wobei sich herausstellte, dass etwa ein Drittel der asiatischen Betriebe in die beiden untersten Stufen mit schwerwiegenden und ernsthaften Verstößen gegen die SOE im Bereich der Arbeits- und Beschäftigungsstandards eingeordnet wurden. Ähnliche Ergebnisse zeigten sich für die Bereiche Sicherheit, Gesundheit und Umweltbedingungen am Arbeitsplatz. Als besonders problematisch erwiesen sich die Arbeitsbedingungen in China und Indonesien. Dort wurde u. a. die Bewegungsfreiheit der Arbeitnehmer eingeschränkt, indem die Arbeitgeber die Pässe der Beschäftigten einbehielten. Die Löhne lagen häufig unter den Mindestlohngrenzen oder wurden zum Teil aus disziplinarischen Gründen einbehalten. Zudem kam es zur Missachtung von Arbeitszeitgrenzen, und in China waren unabhängige Gewerkschaften grundsätzlich nicht zugelassen.[143] Als Reaktion darauf entwickelte adidas ein Handbuch mit Richtlinien über Arbeits- und Beschäftigungsstandards, verbunden mit einem Maßnahmenkatalog, der intensivere Kontrollen, Gespräche mit Unternehmensleitungen und Beschäftigten, Schulungen sowie Sanktionen vorsah, die bis zum Entzug von Aufträgen reichen konnten. adidas war sich darüber im Klaren, dass möglicherweise Zweifel an der Glaubwürdigkeit des eigenen Überwachungsprogramms aufkommen konnten und arbeitete bei der Kontrolle seiner Lieferanten deshalb mit der „Fair Labor Association" (FLA) zusammen. Bei dieser 1999 gegründeten Organisation, die das Ziel verfolgt, Arbeitsrecht und Arbeitsbedingungen weltweit zu verbessern, handelt es sich um einen Zusammenschluss aus Nichtregierungsorganisationen (NGOs), Universitäten und Unternehmen, zu denen auch adidas selbst gehört. adidas ließ die Arbeitsbedingungen bei seinen Lieferanten somit von einer Organisation überprüfen, die das Unternehmen selbst ausgewählt hatte und zudem mitfinanzierte, weshalb die tatsächliche Unabhängigkeit der FLA auch vielfach infrage gestellt wurde.[144]

adidas reagierte also schnell auf diese neuen Herausforderungen, musste sich aber in den Folgejahren immer wieder mit ähnlichen Problemen auseinandersetzen. Das lag nicht zuletzt daran, dass seit den 90er Jahren die öffentliche Sensibilität gegenüber Korruption und moralischen Verstößen von Unternehmen, wie etwa Kinderarbeit, deutlich gestiegen war. Dies wiederum war eine Folge des Endes des Kalten Krieges und eines damit einhergehenden Paradigmenwechsels in der Entwicklungspolitik. Die Gefahr des Übertritts eines Entwicklungslandes in das sozialistische Lager war entfallen und damit auch die Duldung gegenüber Korruption und moralischen Fehlhandlungen.

Verschiedene Nichtregierungsorganisationen (NGOs) stellten sich an die Spitze einer neuen Bewegung, die für mehr Transparenz und Fairness bei Großunternehmen kämpften und damit zur „Compliance-Revolution" der 90er Jahre beitrugen,[145] die schließlich auch adidas erreichte. Anfang des neuen Jahrtausends ließ adidas in 843 Fabriken, überwiegend in Asien, produzieren, wovon lediglich acht zum Unternehmen selbst gehörten. Bei allen anderen handelte es sich um Zulieferunternehmen, die sich den genannten Prüf- und Kontrollkriterien der Qualitäts- und Sozialkontrolle im Sinne des adidas-Verhaltenskodex unterwerfen mussten, dessen Einhaltung von einem Team für „Social and Environmental Affairs" (SEA) überprüft wurde, das Verstöße sanktionieren konnte. Von Seiten einiger NGOs wurde beanstandet, die in diesem Rahmen erfolgende Zusammenarbeit mit der FLA sei vor allem eine „clevere Marketingstrategie"[146] und die Überprüfung von Arbeitsbedingungen zeige nach wie vor fehlende Arbeitsverträge und Sozialversicherungen, erzwungene Überstunden und mangelnde Hinweise auf die bei adidas gültigen

27 Sozial- und Umweltbericht der adidas-Salomon AG (2001)

Sozialstandards (SOE).[147] Die entsprechende Kritik, die vor allem durch die niederländische „Clean Clothes Campaign" (CCC) und die „Groupo de Ministerio Independente de El Salvador" (GMIES) im Jahr 2000 geäußert wurde, bezog sich in erster Linie auf das El Salvadorianische Zulieferunternehmen „Formosa Evergreen". Mit CCC gab es von Seiten adidas' keine formale Zusammenarbeit, das Unternehmen hatte sich gegenüber der Organisation jedoch zur Umsetzung des SOE-Programms bekannt. Dabei war zwischen adidas und CCC vereinbart worden, dass die Ergebnisse entsprechender Überprüfungen nicht an die Öffentlichkeit gelangen sollten. CCC hielt sich jedoch nicht an diese Vertraulichkeitsvereinbarung und publizierte Details der Verhandlungen mit Formosa Evergreen in der El Salvadorianischen Presse sowie im Fernsehen, was aus Sicht von adidas eine Kooperation schwierig machte. Letztlich beendete adidas die Zusammenarbeit mit Formosa Evergreen.[148] Eine Zusammenarbeit mit GMIES war in diesem Fall gescheitert, weil die gewerkschaftsnahe Organisation aus Sicht von adidas zu stark politisiert und zudem nicht bei der FLA akkreditiert war. Insgesamt zeigte sich, dass Problemlösungen in diesem Bereich schwierig waren. Entsprechende Strategien blieben bisweilen unvereinbar und scheiterten nicht zuletzt an mangelndem gegenseitigem Vertrauen.

Die adidas-Sozialstandards nur als „clevere Marketingstrategie" zu verurteilen, wird der Sache allerdings kaum gerecht. Schließlich zog adidas tatsächlich Konsequenzen aus seinem Verhaltenskodex und kündigte beispielsweise Lieferverträge mit Subunternehmen. Dem Prozedere einer entsprechenden Überprüfung mussten sich auch neue Zuliefer stellen, wobei im Jahr 2004 dabei 35 von 142, also etwa ein Viertel der potenziellen Unternehmen, scheiterten.[149] Darüber hinaus bemühte sich das Unternehmen um neue Standards („Nachhaltigkeit" und „optimale Kontrolle") einer guten Unternehmensführung, die neben den Arbeitsbedingungen auch das Umweltmanagement betrafen. In dieser Hinsicht stellte die Jahrtausendwende durchaus eine Zäsur der Unternehmensentwicklung dar.

Das Jahr 2000 war das letzte unter der Führung von Robert Louis-Dreyfus, der am Ende seiner Laufbahn bei adidas ein positives Resümee zog. Zur Zeit seines Amtsantritts hatte der Konkurs des Unternehmens gedroht, der in den nachfolgenden Jahren erfolgreich abgewehrt werden konnte. Es folgten umfangreiche organisatorische Restrukturierungen und eine Neuausrichtung im Bereich des Marketings. 1995 wurde adidas an der Börse notiert, und zwei Jahre später folgte die Übernahme von Salomon mit vier neuen Marken. Am Ende der Ära Louis-Dreyfus war adidas weltweit die Nummer Zwei auf dem Sportartikelmarkt. Im Geschäftsbericht des Jahres 2000 meldete sich auch der designierte Nachfolger, Herbert Hainer, zu Wort. Er nannte im Wesentlichen vier Ziele, die er in naher Zukunft als Vorstandsvorsitzender erreichen wollte: den „Turnaround" in den USA schaffen, den Bereich Sportbekleidung zu verbessern sowie die Kosten und die Finanzierungskosten zu senken.[150] Das Jahr 2000 führe „weg von der Konsolidierung hin zum Wachstum".[151] Das große Ziel im neuen Jahrtausend blieb allerdings weiterhin, Marktführer in den USA zu werden („Impossible is nothing"), sowie die „Vision", auch wieder „der weltweit führende Anbieter der Sportartikelindustrie zu sein".[152]

7

FAZIT

CHRISTIAN KLEINSCHMIDT, JÖRG LESCZENSKI,
RAINER KARLSCH

Diese Studie über die vielschichtige und ereignisreiche Geschichte des Unternehmens adidas nimmt zugleich historisch-wissenschaftliche wie auch aktuell-öffentliche Diskurse auf. Die Rolle des Vorgängerunternehmens der Gebrüder Dassler während des Nationalsozialismus und des Zweiten Weltkriegs wird darin ebenso beleuchtet wie Fragen der Corporate Governance und der Unternehmensorganisation, der Internationalisierung sowie der Markenführung und Markenstrategie von adidas. Die Fokussierung auf ausgesuchte Themen bedeutet zugleich, dass auf die Darstellung einer Gesamt-Unternehmensgeschichte im Rahmen dieses Buches verzichtet wurde. Das Gleiche gilt für eine Verlängerung des Untersuchungszeitraums über das Jahr 2001 hinaus. Diese zeitliche Begrenzung ist vor allem auf aktuell laufende juristische Prozesse und die Nicht-Zugänglichkeit von Quellenmaterial, etwa im Umfeld der Geschehnisse um die Vergabe der Fußball-Weltmeisterschaft 2006, zurückzuführen.

Die vor diesem Hintergrund entstandene themenkonzentrierte Unternehmensgeschichte bedarf – das zeigen die laufend neu gehobenen Aktenfunde – zukünftig der weiteren Ergänzung und thematischen Ausweitung. Eine sämtliche Aspekte umfassende Untersuchung der Unternehmensgeschichte wird erst dann möglich sein, wenn der Aufbau des adidas Unternehmensarchivs abgeschlossen ist, der mithilfe der Gesellschaft für Unternehmensgeschichte im Jahr 2014 begonnen hat. Aufgrund der komplizierten und wechselnden gesellschaftsrechtlichen Verhältnisse bei adidas sowie der Zwischenlagerung von Akten an verschiedenen europäischen Standorten konnte er bislang jedoch noch nicht vollendet werden. Dennoch boten die inzwischen erstmalig erschlossenen Unterlagen eine gute und fundierte Grundlage für unsere Einzelstudien.

Kontinuitäten

Schaut man gegenwärtig auf das Unternehmen adidas, so hat dies auf den ersten Blick nur wenig mit dem von Adi Dassler 1949 gegründeten Kleinbetrieb gemein, und noch weniger mit der 1924 offiziell ins Leben gerufenen Firma der Gebrüder Dassler. Ein paar Dutzend Beschäftigte eines Familienunternehmens in Herzogenaurach stehen heute mehr als 50.000 Beschäftigte einer Aktiengesellschaft gegenüber, die in über 160 Staaten der Erde engagiert ist, deren Produktpalette weit über das ursprüngliche Produkt des Unternehmens, den (Sport-)Schuh, hinausreicht und deren Umsatz exponentiell gegenüber den Gründungsjahren angestiegen ist. Die Familie des 1978 verstorbenen Gründers Adi Dassler, die bis zu Beginn der 90er Jahre die Geschicke des Unternehmens leitete, spielt in der adidas AG keine Rolle mehr. Dennoch gibt es eine Vielzahl an Kontinuitäten, die sich als roter Faden durch die Geschichte des Unternehmens ziehen: Da ist erstens der Firmenname adidas, der auf den Gründer verweist, und zweitens die Marke mit den drei Streifen, die dieser in der Nachkriegszeit entwickelt hat und die bis heute zu den bekanntesten Produktmarken weltweit gehört. Drittens ist das Produktportfolio zu nennen, das sich auf den Bereich der Sportartikel konzentriert und sich durch ein hohes Maß an Innovationsbereitschaft auszeichnet. Und viertens eine Unternehmensstrategie, die von Anfang an international ausgerichtet und auf Exporte hin orientiert war – sogar blockübergreifend in Zeiten des Kalten Krieges – was für adidas zugleich Chance und Risiko bedeutete. Und schließlich sind es auch die engen und oftmals sehr persönlichen Beziehungen zu den Sportlern, die Suche nach individuell technischen Lösungen im Sportartikelbereich, die intensiven Kontakte und Bindungen zu Vereinen, Verbänden und Funktionären fast aller Sportarten, insbesondere im Umfeld von sportlichen Großereignissen wie Olympischen Spielen oder Weltmeisterschaften. Diese Strategie, die bis heute den Erfolg von adidas ausmacht, zeichnete bereits die Gebrüder Dassler in den 20er Jahren und insbesondere auch von Adi Dassler nach 1949 aus.

Geschichte und Bedeutung des Vorläuferunternehmens

Die Anfänge von adidas reichen bis ins Jahr 1924 zurück, als das Vorläuferunternehmen der Gebrüder Dassler ins Leben gerufen wurde, dessen Erfolg bereits auf einer Spezialisierung zur Herstellung von Sportschuhen beruhte. Das Unternehmen überstand recht glimpflich die große Weltwirtschaftskrise und erlebte nach der Machtübernahme der Nationalsozialisten eine erste Boomphase. Dabei bewährte sich die Spezialisierung auf Sportschuhe, für deren Konstruktion und Gestaltung vor allem Adi Dassler nach seinem Besuch in der Schuhfachschule in Pirmasens verantwortlich zeichnete. Zugleich legten die Brüder Dassler mit ihrem frühen Eintritt in die NSDAP, Spenden und Gefälligkeiten gegenüber den Parteiorganisationen, guten Kontakten zum NS-Sportapparat sowie durch ihre Anpassungsbereitschaft an das neue Regime die Grundlagen für ein erfolgreiches Überleben des Unternehmens in der NS-Zeit. Aufgrund mangelnder Quellenüberlieferung ist nicht nachweisbar, wie stark die ideologische Nähe der Dassler-Brüder zum Nationalsozialismus tatsächlich war. Wie für zahlreiche andere Unternehmen galt jedoch auch für sie, dass ein Arrangement mit den neuen Machthabern die Aufrechterhaltung und auch den Ausbau der Produktion sicherte. Das konnte durchaus auch bedeuten, entgegen dem übersteigerten Nationalismus und Rassismus des Regimes im Umfeld der Olympischen Spiele 1936 mit dem afroamerikanischen Goldmedaillengewinner Jesse Owens für die eigenen Produkte zu werben und darauf zu verweisen, dass auch „viele ausländische Athleten" in „Dassler-Schuhen im olympischen Kampf gesiegt haben". Das spricht für ein primär auf den wirtschaftlichen Erfolg ausgerichtetes Denken, frei von rassistischen Ressentiments.

Das Unternehmen konnte dank guter persönlicher Beziehungen zu Sportfunktionären, Handelskammern, Behörden und anderen Firmen die ersten Kriegsjahre ohne größere Einschränkungen überstehen und war schließlich die einzig verbleibende Sportschuhfabrik im Reich. Mit dem Übergang zum „totalen Krieg" ab Mitte 1943 drohte dem Unternehmen die Stilllegung. Vor die Alternative gestellt, ihre Firma aufzugeben oder auf kriegswichtige Fertigungen umzustellen, entschieden sich die Dasslers, als Zulieferer für das Nürnberger Unternehmen Schricker & Co. tätig zu werden. Schricker & Co. fertigte den „Panzerschreck", eine einfache Panzerabwehrwaffe für die Infanterie. Das bedeutete für die Herzogenauracher Firma die weitgehende Umstellung der Produktion und eine direkte Einbindung in die Rüstungswirtschaft. Dazu gehörte auch die Beschäftigung von knapp einem Dutzend Zwangsarbeitern sowie Kriegsgefangenen.

Den Krieg überstand die Firma der Gebrüder Dassler ohne größere Substanzverluste, dennoch war ihr Fortbestand ungewiss. Dies hing weniger mit den kriegsbedingten materiellen Verlusten als vielmehr mit tiefgreifenden Differenzen zwischen den Brüdern über die künftige Ausrichtung des Unternehmens zusammen. Der schlussendliche Bruch hatte sich schon lange angebahnt. Bereits Ende 1941 war der Beschluss zur Trennung gefallen, dessen formale Einlösung dann auf die Nachkriegszeit verschoben wurde. Bisherige Darstellungen haben die Konflikte der

Gebrüder Dassler, die schließlich zur Trennung und zur Auflösung des Unternehmens führten, aus zumeist öffentlichkeitswirksamen Motiven, teils banalisiert, teils dramatisiert bzw. emotional überhöht und damit verzerrt dargestellt. Da ist einerseits von „Bruderkrieg" die Rede, andererseits von Eifersüchteleien sowie von „verhängnisvollen Affären", die als wesentlicher Trennungsgrund in den Vordergrund gerückt werden und insbesondere in TV-Verfilmungen das öffentliche Bild der Dasslers prägten. Auch wenn in jüngster Zeit Emotionen in der Geschichtsschreibung eine zunehmende Bedeutung zugemessen wird, so war es uns doch wichtig, in einer nüchternen Betrachtung die unterschiedlichen Einstellungen zur Unternehmensführung bzw. die divergierenden unternehmensstrategischen Vorstellungen in den ersten Kriegsjahren als zentrales Trennungsmotiv herauszuarbeiten.

Besondere Umstände der Gründungsphase

Die Tatsache, dass aus dieser Trennung wenige Jahre später zwei Unternehmen im Bereich der Sportartikelbranche hervorgingen, die dann in der Folgezeit ein ähnliches Produktportfolio aufwiesen und als Konkurrenzunternehmen national wie international als führende Anbieter von Sportschuhen und -bekleidung auftraten, dürfte in der Unternehmensgeschichte einmalig sein und verweist auf einen deutschen „Sonderweg" der Sportartikelindustrie. adidas und Puma waren Referenzgrößen für den jeweils anderen und vor dem Hintergrund der Bedeutung des Wettbewerbs im Rahmen der Marktwirtschaft hatte dies erhebliche Folgen für die Produkt- und Markenpolitik, für technische Innovationen im Sportartikelbereich sowie schließlich auch für die Professionalisierung und Kommerzialisierung des Sports in Deutschland und weltweit. Dabei wurde nicht immer mit fairen Mitteln gekämpft, was bisweilen auch zu juristischen Auseinandersetzungen führte. Ohne selbst an dieser Stelle verbal zu stark dramatisieren zu wollen, könnte man plakativ von einer Art „Kaltem Krieg" der Bruderunternehmen sprechen – weniger dramatisch von einer Konfrontation, die in dem anderen eine permanente Herausforderung sah, die jeweils zu eigenen Innovationen und technischen Höchstleistungen anstachelte. Das begann bereits mit der Gründung der beiden Unternehmen Ende der 40er Jahre und dem Zwang, sich optisch und damit hinsichtlich eines Logos bzw. als Marke vom Bruderunternehmen zu unterscheiden, womit der Grundstein zu einer modernen Markenführung gelegt wurde. Die Entwicklung der drei Streifen als das bis heute dominante adidas-Logo fällt in diese Zeit. Im weiteren Verlauf der Unternehmensführung zeichnete sich Adi Dassler jedoch weniger durch seine Bemühungen auf dem Gebiet von Werbung und Marketing aus als durch seine Aktivitäten auf dem ihm qua Ausbildung stärker vertrauten Feld der Schuhentwicklung und der Kundenkontakte, was in den 50er und 60er Jahren zur Herausbildung des von uns so bezeichneten „System Adi Dassler" führte. Dieses „System Adi Dassler" nahm Elemente der Unternehmensführung des Vorgängerunternehmens Gebrüder Dassler auf, die sich durch eine enge Vernetzung und persönliche Kontaktaufnahme mit Sportlern, Verbands- und Vereinsfunktionären ausgezeichnet hatte, was im Umfeld sportlicher Großereignisse bereits in den 20er Jahren erfolgreich praktiziert worden war. Einen Durchbruch für das „System Adi Dassler" und damit für adidas brachte die Fußball-Weltmeisterschaft in der Schweiz 1954, optisch für alle Welt sichtbar durch die Tatsache, dass Adi Dassler als Unternehmer und damit als Externer auf der Bank der deutschen Nationalmannschaft Platz nahm und somit einen permanenten und unmittelbaren Kontakt zu Spielern und Trainern pflegte. Letzteren hatte er mühsam über Jahre hinweg aufgebaut und damit einen erheblichen Konkurrenzvorteil – auch und gerade gegenüber Puma – erzielt.

Dynamik und Problematik des Familienunternehmens

Zum „System Adi Dassler" gehörte auch die Einbeziehung der engeren Familienangehörigen in die strategische Unternehmensführung, allen voran Adis Frau Käthe Dassler. Der Bedeutung der Familienmitglieder für die Unternehmensführung wird in den bisherigen Darstellungen zu adidas, in deren Mittelpunkt zumeist die Person Adi Dasslers steht, zu wenig Beachtung geschenkt. Insofern ist es auch angemessen, mit Blick auf das Familienunternehmen adidas von einem „System Adi und Käthe Dassler" zu sprechen, um der Besonderheit dieser Konstellation gerecht zu werden. Zu den familienspezifischen Eigenarten, die seit den späten 50er Jahren die Geschichte der Familie und ihres Unternehmens über Jahre maßgeblich mitbestimmten, gehörte vor allem auch die besondere Position Horst Dasslers, der dem Unternehmen – häufig eigenwillig und die Familiensolidarität aufs Spiel setzend – neue Märkte erschloss. Im Auftrag seiner Eltern leitete er die Expansion des Unternehmens mit der Einrichtung neuer Produktionsstandorte im benachbarte Frankreich ein. Dies bedeutete Anfang der 60er Jahre eine strategische Weichenstellung in Richtung Internationalisierung und Professionalisierung des Unternehmens, begleitet von einer generellen Kommerzialisierung des Sports. Man kann ohne Übertreibung feststellen, dass die Initiativen Horst Dasslers und damit auch die von adidas wesentliche Grundlagen für die Kommerzialisierung bzw. die Vermarktung des Sports, wie wir sie heute kennen, gelegt haben. Das mag man moralisch verurteilen, es ist aber zugleich zu konstatieren, dass damit im Bereich des Sports Entwicklungen Einzug hielten, die in anderen gesellschaftlich-kulturellen Feldern (Musik, Kunst) bereits selbstverständlich waren. Dabei entwickelten die Aktivitäten Horst Dasslers eine Eigendynamik, die, ähnlich wie die Konflikte zwischen den Brüdern Rudolf und Adi, eine Art unternehmens- und familieninterne Konkurrenzsituation mit sich brachte, die wiederum Ansporn für Innovationen im Bereich von Marketing- und Produktinnovationen war. Horst Dassler betätigte sich mit adidas France erfolgreich auf dem Gebiet der Werbung und des Marketings, welches im „System Adi und Käthe Dassler" eine eher untergeordnete Rolle spielte. Zugleich kam es unter seiner Leitung zu Entwicklung neuer Produkte („Superstar", „Stan Smith"), die sich weltweit als Erfolgsmodelle entpuppten und ganz nebenbei auch noch den amerikanischen Markt eroberten. adidas France, formal ein adidas-Tochterunternehmen, stellte unter der Leitung Horst Dasslers einen eigenen Machtfaktor innerhalb des Gesamtkonzerns dar, was wiederum innerfamiliär zu Spannungen führte.

Aber der Erfolg sollte Horst Dassler und seiner strategischen Ausrichtung des Unternehmens zunächst Recht geben. Drei Aspekte standen dabei im Mittelpunkt: Zum einen ging es um die konsequente Weiterentwicklung des Unternehmens auf der Basis des „System Adi und Käthe Dassler", was insbesondere die Netzwerkbildung mit Sportlerinnen, Sportlern, Vereinen und Funktionären betraf. Zum andern sollte sich adidas von einem produktionsorientierten Sportschuhhersteller stärker hin zu einem markt- und marketingorientierten Unternehmen ausrichten. Verbunden war dies mit einer zunehmend international und global ausgerichteten Strategie, die wiederum von einer Kommerzialisierung des Sports weltweit profitierte, bei der Horst Dassler ebenfalls im Hintergrund die Fäden zog. Somit erweiterte er das „System Adi und Käthe Dassler" zum „System Horst Dassler", was dem Unternehmen über viele Jahre seinen Stempel aufdrückte.

Das Gesellenstück dieser Art der Netzwerkbildung absolvierte der junge Horst Dassler auf seiner Chile-Reise im Rahmen der Fußball-Weltmeisterschaft 1962, wo er mithilfe von finanziellen Anreizen und Zuwendungen die Fußballspieler zahlreicher Teilnehmermannschaften – bisweilen auch am Rande der Legalität – dazu brachte, adidas-Produkte zu tragen und für diese zu werben. Diesen Schritt in Richtung Marketing und Kommerzialisierung des Sports baute er eineinhalb Jahrzehnte später im Zuge der Gründung von SMPI, Rofa und ISL bzw. ASTRA zu einem Parallelkonzern aus, wobei es vor allem um die Vergabe von Werbe-, Marken- und Fernsehrechte sowie Sponsorenverträge im Zusammenspiel mit sportlichen Großverbänden wie der FIFA und dem IOC sowie global agierenden Großunternehmen ging. Die entsprechenden Geschäftspraktiken bewegten sich zum Teil an den Grenzen der Legalität und überschritten diese bisweilen.

Nüchtern betrachtet vollzog Horst Dassler im Bereich der Sportartikelindustrie das nach, was in anderen Branchen bereits gang und gäbe war; etwa die Ausrichtung des Unternehmens an modernen amerikanischen Management- und Marketingmethoden sowie im Sinne einer Diversifikation die Ausweitung der Produktpalette. Damit verbunden war eine notwendige Einsparung von Produktionskosten durch Produktionsverlagerungen in Staaten Ostasiens, des Nahen Ostens, Afrikas und Südamerikas, um die Wettbewerbsfähigkeit des Unternehmens zu erhöhen. Nebeneffekte einer solchen Strategie bestanden in der Auslagerung einzelner Produktionsschritte in Länder mit zweifelhaften politischen Systemen oder unzumutbaren Arbeitsbedingungen wie zur Zeit der Franco-Diktatur in Spanien, wo adidas in Gefängnissen Bälle nähen ließ, oder in Syrien, wo Kinderarbeit praktiziert wurde. Seit Mitte der 70er Jahre und verstärkt in den 80er und 90er Jahren wurden diese Praktiken zunehmend Teil eines öffentlichen Diskurses über Menschenrechte und Unternehmensstrategien, die auch adidas vor neue Herausforderungen stellten. Mit langwierigen Verhandlungen, teilweise auch durch die Kündigung von Verträgen mit Zulieferern, die Neuordnung von Lieferketten, die Entwicklung neuer „Standards of Engagement" sowie die Festlegung von Verhaltenskodices reagierte adidas auf die kritisierten Missstände.

Im Zuge der Internationalisierung seit den 60er Jahren waren nicht nur die Staaten der sogenannten „Dritten Welt", sondern zunehmend auch diejenigen Osteuropas Ziel des wirtschaftlichen Engagements von adidas, was in der Zeit des Kalten Krieges einerseits für Irritationen sorgte, andererseits im Rahmen des Ostausschusses der deutschen Wirtschaft durchaus gängige Praxis war. Auch hier spielte Horst Dassler eine zentrale Rolle.

Nach dem Tod Adi Dasslers 1978 und der Übernahme der Unternehmensleitung durch Käthe und ihren Sohn Horst war deutlich geworden, dass die bisherige Form des Familienunternehmens in mehrfacher Hinsicht an ihre Grenzen stieß. Quantitativ hatte der Geschäftsumfang so stark zugenommen, dass die Familie den neuen Herausforderungen mit den personellen Ressourcen „aus den eigenen Reihen" kaum noch gewachsen war. Zudem erschütterte das Geschäftsgebaren Horst Dasslers zunehmend das Vertrauen der anderen Familienmitglieder, auch wenn die von ihm durchgeführten organisatorischen Reformen sowie Innovationen auf dem Gebiet von Werbung und Marketing durch-

1 Zentrale der adidas Sportschuhfabrik in Herzogenaurach in den 80er Jahren

aus erfolgreich verliefen. Ähnliches gilt für die Ostkontakte von adidas, die, anders als bislang angenommen, sich weniger auf die DDR bzw. eine dort geplante Produktion von adidas-Produkten konzentrierten, sondern vielmehr auf die Sowjetunion, Ungarn, Jugoslawien sowie anderen Staaten Osteuropas. Gerade diese Entwicklungen spielten in den bisherigen Veröffentlichungen zur adidas-Geschichte keine Rolle und werden hier erstmals ausführlich beleuchtet.

Während die sozialistischen Länder sportpolitisch eine wichtige Rolle spielten, waren sie als Märkte für adidas bis zum Ende des Ostblocks kaum relevant. Jedoch rückten sie seit Ende der 60er Jahre als Standorte für Lohnproduktionen ins Blickfeld von adidas. In den späten 70er Jahren ging adidas dann auch zum Abschluss von Lizenzverträgen über. Wichtigster Lizenznehmer im Ostblock wurde das sowjetische Außenhandelsunternehmen LIT, wobei mit Blick auf die Olympischen Spiele in Moskau 1980 sportpolitische und wirtschaftliche Motive nicht voneinander zu trennen waren. Diese im Wesentlichen von Horst Dassler initiierten Geschäfte sollten den Grundstein für enge wirtschaftliche Beziehungen von adidas nach Osteuropa auch für die Zeit nach 1989 legen.

Kontakte zur DDR und deren Funktionären waren im „System Horst Dassler“ wiederum aus sportpolitischen Er-

2 Käthe und Horst Dassler vor dem Porträt von Adi Dassler (1983)

wägungen heraus von Bedeutung, da sich in Aushandlungsprozessen mit DDR-Sportfunktionären Einflussgebiete im Rahmen des IOC abstecken ließen.

Abschied vom Familienunternehmen

Mit dem Tod Horst Dasslers im Jahr 1987 geriet auch dessen Art der Unternehmensführung ins Wanken, die bereits zu seinen Lebzeiten zunehmend auf innerfamiliären Widerstand gestoßen war. Noch im selben Jahr vollzog sich eine bemerkenswerte Wende in der Unternehmensführung bei adidas, als unter der Leitung von René C. Jäggi erstmals kein Familienmitglied mehr im Vorstand des Unternehmens vertreten war. Zugleich begann eine umfangreiche Restrukturierung und Sanierung des Unternehmens, welches vor allem aufgrund der wachsenden internationalen Konkurrenz und veränderter Weltmarktbedingungen zunehmend krisenhaften Entwicklungen ausgesetzt war. Daran hatten auch die offensiven Unternehmensstrategien Horst Dasslers wenig geändert. Zu lange hatte man sich als weltgrößter Sportartikelhersteller in Sicherheit gewiegt, hatte mit der Konzentration auf den benachbarten und gut kalkulierbaren Konkurrenten Puma neue Herausforderungen und Konkurrenten wie Nike und Reebok sowie die zunehmende Bedeutung von Breitensport- und Lifestyle-Produkten unterschätzt – ein Phänomen, das nicht nur bei adidas zu beobachten war, sondern auch in anderen deutschen Industriezweigen wie der Automobilindustrie, die sich etwa zeitgleich mit der „japanischen Herausforderung" konfrontiert sah, auf die sie nur mit grundlegenden Innovationen im Bereich von Management und Produktion reagieren konnte. Ähnlich erging es adidas, wobei die Probleme infolge des Todes der führenden Familienmitglieder Adi, Käthe und Horst sowie interner familiärer Zwistigkeiten noch verstärkt wurden. Der Familienverband war in den späten 80er Jahren bereits zu sehr geschwächt, um die weitere Unternehmensgeschichte noch auf Dauer mitbestimmen zu können. Den Wandel der Rechtsform von der Stiftung in eine Aktiengesellschaft unterstützten zwar anfangs alle Familienzweige. Ihre unterschiedlichen Interessen führten jedoch dazu, dass die Vereinbarung, den Einfluss der fünf Familienstämme auch in einer AG auf Dauer zu wahren, schnell obsolet wurde. Insofern war die Zäsur von 1987, das Ausscheiden der Familienmitglieder aus der Geschäftsführung und die Umwandlung von adidas in eine AG ein tiefer Einschnitt in der Unternehmensgeschichte. Das Familienunternehmen der Dasslers wurde unwiderruflich zu einem

Unternehmen ohne Gründerfamilie. Die nachfolgenden kürzeren Phasen der Unternehmensführung unter René C. Jäggi, Gilberte Beaux und unter dem Investor Bernard Tapie stellten nur eine Art Interimslösung dar, bevor Robert Louis-Dreyfus 1993 die Leitung des Unternehmens bis zum Jahr 2001 übernahm.

Stabilisierung und Aufbruch

In die Zeit des Vorstandsvorsitzenden Louis-Dreyfus fallen grundlegende Maßnahmen zur Reorganisation des Unternehmens: die Gründung von „Business Units" und die Straffung von Verantwortlichkeiten, die Entwicklung neuer und innovativer Produkte und Produktlinien sowie die damit verbundene Straffung der Produktpalette, professionalisierte Marken- und Marketingoffensiven, eine weitere Reduktion der heimischen Eigenfertigung, der Börsengang Mitte der 90er Jahre, die Verbesserung der internen und externen Kommunikation. Zusammengenommen leiteten diese Maßnahmen ab 1995 einen Wendepunkt der wirtschaftlichen Entwicklung ein. All dies war nicht allein der neuen Unternehmensführung unter Robert Louis-Dreyfus zuzuschreiben, seit Beginn der 90er Jahre griffen schließlich zahlreiche Maßnahmen, die bereits Ende der 80er Jahre auf den Weg gebracht worden waren. adidas geriet nun wirtschaftlich in ruhigeres Fahrwasser, Umsätze, Gewinne und Beschäftigung entwickelten sich positiv. Als Herbert Hainer 2001 die Leitung des Unternehmens übernahm, konnte er darauf aufbauen und die Grundlagen für den enormen wirtschaftlichen Erfolg von adidas legen, der bis heute anhält. Zugleich erinnerten gegen Ende der 90er Jahre öffentliche Diskussionen um die Verbindung von Sport und Sportartikelherstellern im Zusammenhang mit Doping-Skandalen bei der Tour de France, Arbeitsbedingungen in Ländern der „Dritten Welt", Korruption und Umweltfragen auch das Unternehmen adidas an seine soziale und ökologische Verantwortung. Damit sind Themenkomplexe angesprochen, die seit der Jahrtausendwende zunehmend in den Focus der öffentlichen Auseinandersetzung um die wirtschaftliche und gesellschaftliche Verantwortung von Unternehmen gerieten und die auch innerhalb der Firmen selbst diskutiert werden.

Die vorliegende Darstellung konzentriert sich aus den in der Einleitung genannten Gründen auf eine Auswahl bestimmter Aspekte der langen und ereignisreichen Unternehmensgeschichte der Firma adidas. Es wäre wünschenswert, wenn die hier bearbeiteten Themen den Ausgangspunkt fur weitere unternehmenshistorisch innovative und gesellschaftlich relevante adidas-Geschichten bildeten.

ANMERKUNGEN

1 Einleitung

1 Werner Plumpe, *Die Unwahrscheinlichkeit des Jubiläums*, in: Jahrbuch für Wirtschaftsgeschichte 2003, 152.
2 adidas Group, Geschäftsbericht 2015, http://www.adidas-group.com/media/filer_public/28/df/28df5eae-389a-4932-a8da-6ba2ef7a6922/2015_gb_de.pdf; 15 [letzter Zugriff 27.8.2018].
3 http://www.adidas-group.com/de/nachhaltigkeit/compliance/governance-und-risikomanagement/ [letzter Zugriff 1.3.2018].
4 http://www.adidas-group.com/de/nachhaltigkeit/nachhaltig keitsmanagement/allgemeiner-ansatz/ [letzter Zugriff 1.3.2018].
5 http://www.spiegel.de/einestages/firmengeschichte-a-948109.html [letzter Zugriff 24.8.2018].
6 Vgl. dazu den Beitrag von Anne Sudrow.
7 *Dassler will alles kontrollieren*, in: Der Spiegel 23 (1986); *Die Schleichwege des Horst D.*, in: Stern 10 (27.2.1986).
8 www.zeit.de/sport/2014-05/adidas-bayern-muenchen-dfb-hainer [letzter Zugriff 1.3.2018].
9 www.handelsblatt.com/impressum/nutzungshinweise/blocker/?callback=%2Funternehmen%2Fhandel-konsum gueter%2Ftrennung-denkbar-adidas-chef-hainer-mahnt-reform-der-fifa-an%2F12728328.html [letzter Zugriff 1.3.2018].
10 Zur Vorbereitung und Begleitung dieses Forschungsprojekts wurde und wird jedoch ein Unternehmensarchiv aufgebaut, das heute über einen Kilometer Aktenmaterial verfügt.
11 Thomas Turner, *German Sports Shoes, Basketball, and Hip Hop: The Consumption and Cultural Significance of the adidas ‚Superstar', 1966–1988*, in: Sport in History 1 (2015).
12 Peter Boeger, *Kampf gegen „Professionalisierung und Kommerzialisierung" im Sport. Wie die DDR dennoch zu einem adidas-Land wurde*, in: Deutschland Archiv 2015, Bonn 2016, 156–175.
13 So etwa das 1998 herausgegebene Buch von Detlef Vetten, *Making a Difference*, Hamburg 1998 oder der 2008 erschienene Band *Let the Games Begin*, Herzogenaurach 2008.
14 Wilfried Geldner, *Adi Dassler*, Berlin 1999.
15 Paulheinz Grupe, *Horst Dassler – Revolution im Weltsport*, München 1972; ders., *Horst Dassler*, München 1992.
16 Grupe, *Horst Dassler*, 154.
17 Christoph Bieber, *Sneaker-Story. Der Zweikampf von adidas und Nike*, Frankfurt a. M. 2000.
18 Andrew Jennings, *Das Olympia-Kartell. Die schäbige Wahrheit hinter den fünf Ringen*, Hamburg 1996.
19 Thomas Kistner, *FIFA MAFIA. Die schmutzigen Geschäfte mit dem Weltfußball*, München 2012; ders./Jens Weinreich, *Der olympische Sumpf. Die Machenschaften des IOC*, München/Zürich 2000.
20 Kistner/Weinreich, *Der olympische Sumpf.*
21 Jennings, *Olympia-Kartell*; Kistner, *FIFA-MAFIA.*
22 Barbara Smit, *Drei Streifen gegen Puma. Zwei verfeindete Brüder und der Kampf um die Weltmarktführerschaft*, Frankfurt a.M. 2005 (Klappentext).
23 Smit, *Drei Streifen*, Klappentext Rückseite.
24 Selbst wörtliche Zitate werden nicht belegt. Im Anhang wird kapitelweise auf Herkünfte von Textstellen, Gespräche etc. verwiesen, ohne dass diese sich einzelnen Textstellen zuordnen ließen. Das gilt auch für die Neuauflage, Barbara Smit, *Drei Streifen gegen Puma. Wie aus einem Bruderzwist zwei Weltkonzerne entstanden*, München 2017.
25 Geoffrey Jones/Michael Norris/Sophi Kim, *Horst Dassler, Adidas, and the Commercialization of Sport*, http://www.hbs.edu/faculty/Pages/item.aspx?num=49345 [letzter Zugriff 1.3.2018].
26 The adidas archive ist das Unternehmensarchiv der adidas AG und umfasst die genannte Überlieferung des Unternehmens. Quellenangabe hieraus finden sich künftig unter der Kurztitelzitation „aA" und der jeweiligen Signatur.
27 Vgl. Christian Sachse, *Das System der Zwangsarbeit in der SED-Diktatur. Die wirtschaftliche und politische Dimension*, Leipzig 2014; Tobias Wunschik, *Knastware für den Klassenfeind. Häftlingsarbeit in der DDR, der Ost-West-Handel und die Staatssicherheit (1970–1989)*, Göttingen 2014; Jan Philipp Wölbern, *Haftarbeit in der DDR. Eine Zwischenbilanz*, in: Zeithistorische Forschungen/Studies in Contemporary History, Online-Ausgabe 1 (2016).
28 adidas Geschäftsbericht 2015, 11, www.adidas-group.com/media/filer_public/28/df/28df5eae-389a-4932-a8da-6ba2ef7a6922/2015_gb_de.pdf [letzter Zugriff 1.3.2018].

2 Das Unternehmen Sportschuhfabrik Gebrüder Dassler. Von der Gründung bis zum Ende von Nationalsozialismus und Entnazifizierung (1919 bis 1948)

1 Treuhänder Hans Ludwig Maier, Herzogenaurach, Bericht an die Militärregierung Property Control über die Entwicklung der Sportschuhfabrik Gebrüder Dassler in HA, Kreuzgasse 2, 3.1.1946, in: StA Bamberg, K 270/3431, Bl. 71–74.

2 So formulierte die Stadthistorikerin Irene Lederer und bezog sich dabei vor allem auf die Zurückstellung notwendiger Infrastrukturmaßnahmen durch den Stadtrat, wie etwa des Anschlusses der Stadt an die Elektrizitätsversorgung, auf Notstandsprogramme gegen die hohe Arbeitslosigkeit, auf die Anlage von Kleingärten zur Versorgung und auf den Wohnungsbau, der in den ersten Nachkriegsjahren vor allem genossenschaftlich organisiert wurde. Vgl. Irene Lederer, *Das Ende einer Epoche*, in: Stadt Herzogenaurach (Hg.), Aus der 1000-jährigen Geschichte Herzogenaurachs, Herzogenaurach 2002, 102–119, hier 106f. Dies zeigt sich auch in der Berichterstattung in der Lokalzeitung, dem „Herzogenauracher Tagblatt", und in diversen weiteren Dokumenten der Stadtverwaltung Herzogenaurachs. Vgl. Bestand Herzogenauracher Tagblatt, Jahrgang 23 (1921) bis Jahrgang 34 (1932) und folgende, nicht nummerierte Jahrgänge bis 1935; Bestand Herzogenauracher Heimatblatt (1925ff.); Bestand Arbeitsfürsorge, VII.F., Nr. 291–293 und Nr. 312; alle in: Stadtarchiv Herzogenaurach.

3 Stadtrat Herzogenaurach an die Bayer. Staatsregierung München, Die Erwerbsunternehmen in Herzogenaurach, 3.12.1925, in: Stadtarchiv Herzogenaurach, Akte VII.F.293; vgl. auch Lederer, *Das Ende einer Epoche*, 111.

4 Zur Geschichte des Unternehmens und seines Herzogenauracher Zweigwerks 1888 bis zur Schließung 1935, vgl. Irene Lederer, *Louis Berneis und die Vereinigten Fränkischen Schuhfabriken*, in: Herzogenauracher Heimatblatt 31 (2004), Nr. 26, 1–4.

5 Christof Dassler, *Herzogenaurachs alte, ausgestorbene Berufe, besonders der Tuch- und Zeugmacher und die Entstehung und weitere Entwicklung der hiesigen Schuhindustrie bis auf den heutigen Tag*, in: Herzogenauracher Heimatblatt 17 (1930), 1–3, hier 3.

6 Treuhänder Hans Ludwig Maier, Herzogenaurach: Bericht an die Militärregierung Property Control über die Entwicklung der Sportschuhfabrik Gebrüder Dassler in HA, Kreuzgasse 2, 3.1.1946, in: StA Bamberg, K 270/3431, Bl. 71–74.

7 Interview mit Käthe Dassler, o. D. [ca. 1980], Teil 1, 11, in: aA, D-MC-10.

8 Treuhänder Hans Ludwig Maier, Herzogenaurach: Bericht an die Militärregierung Property Control über die Entwicklung der Sportschuhfabrik Gebrüder Dassler in HA, Kreuzgasse 2, 3.1.1946, in: StA Bamberg, K 270/3431, Bl. 71.

9 [Vermutlich Adolf Dassler], Geschichte: Die Sportschuhfabrik Gebr. Dassler, o. D. [ca. 40er Jahre], in: aA, D-703; Interview Josef Erhard, o. D. [ca. 1980], in: aA, D-MC-11.

10 Stadtrat Herzogenaurach an die Bayer. Staatsregierung München, Die Erwerbsunternehmen in Herzogenaurach, 3.12.1925, in: Stadtarchiv Herzogenaurach, Akte VII.F.293.

11 Interview Josef Erhard, o. D. [ca. 1980], 1, in: aA, D-MC-11

12 Stadtrat Herzogenaurach an die Bayer. Staatsregierung München, Die Erwerbsunternehmen in Herzogenaurach, 3.12.1925, in: Stadtarchiv Herzogenaurach, Akte VII.F.293.

13 [Vermutlich Adolf Dassler], Geschichte: Die Sportschuhfabrik Gebr. Dassler, o.D. [ca. 40er Jahre], in: aA, D-703.

14 Ebd.

15 Ebd.

16 Die ursprüngliche Eintragung war nicht nachweisbar. Handelsregister Herzogenaurach, Eintragung „Gebrüder Dassler" vom 16.8.1935 in: Amtsgericht Fürth, HRA 18.

17 Treuhänder Hans Ludwig Maier, Herzogenaurach: Bericht an die Militärregierung Property Control über die Entwicklung der Sportschuhfabrik Gebrüder Dassler in HA, Kreuzgasse 2, 3.1.1946, in: StA Bamberg, K 270/3431, Bl. 71–74.

18 Interview Josef Erhard, o. D. [ca. 1980], 3, in: aA, D-MC-11.

19 Ebd.

20 Treuhänder Hans Ludwig Maier, Herzogenaurach: Bericht an die Militärregierung Property Control über die Entwicklung der Sportschuhfabrik Gebrüder Dassler in HA, Kreuzgasse 2, 3.1.1946, in: StA Bamberg, K 270/3431, Bl. 71.

21 Vgl. Handelsregister Herzogenaurach, Eintragung „Gebrüder Dassler" vom 16.8.1935 in: Amtsgericht Fürth, HRA 18.

22 Der Bericht ist in den Unterlagen des Bayerischen Landesamts für Vermögensverwaltung und Wiedergutmachung erhalten. Er ist die genaueste, derzeit auffindbare Darstellung der frühen Geschichte des Unternehmens, da sie (1.) offenbar auf breiter Basis weiterer, damals noch vorhandener Dokumente, (2.) unter dem Druck der amerikanischen Militärbehörden und (3.) mit dem Wissen um juristische Konsequenzen bei einer falschen Darstellung und daher im Bemühen um besondere Genauigkeit erstellt wurde. Vielleicht war

Adolf Dassler bekannt, dass Hans Volland, der Inhaber des Unternehmens Schricker in Vach, mit dem die Firma Dassler 1943 bis 1945 eng zusammenarbeitete, 1946 wegen „Fragebogenfälschung“ im Spruchkammerverfahren zu neun Jahren Haft verurteilt wurde. Vgl. Treuhänder Hans Ludwig Maier, Herzogenaurach: Bericht an die Militärregierung Property Control über die Entwicklung der Sportschuhfabrik Gebrüder Dassler in HA, Kreuzgasse 2, 3.1.1946, in: StA Bamberg, K 270/3431, Bl. 71–74, hier Bl. 71; Betriebsprüfungsbericht der Firma Schricker & Co., Vach, 1945–1948, in: StA Nürnberg, Bayerisches Landesamt für Vermögensverwaltung und Wiedergutmachung, Außenstelle Nürnberg, Nr. 1451.

23 Gebrüder Dassler (Adolf Dassler) an die Militärregierung des Landkreises Höchstadt/Aisch, 17.9.1945, in: aA, D-717.

24 Karte Gebrüder Dassler im Gewerberegister der Stadt Herzogenaurach (1919–1948), in: Stadtarchiv Herzogenaurach, o. Sign.

25 Die erwähnte Gewerbekarte mit dem Gründungsdatum „Nov. 1919“ wurde in drei verschiedenen Zeitphasen beschriftet (Dies ist erkennbar an den Handschriften bzw. Schreibmaschinenlettern und der Tinte). Die Datumsangabe ist offenbar eine Rückdatierung dieses Ereignisses zu einem späteren Zeitpunkt. Denn als Gründungsdatum ist auf der Karte zwar „Nov. 1919“ angegeben (erste Zeitphase). Als Adresse wurde aber eingetragen: „Kreuzgasse 1“ (nicht, wie tatsächlich später: Kreuzgasse 2). Dies war 1919 jedoch noch nicht die Adresse der Firma. Diese lautete bis 1927 „Am Hirtengraben“ (Daher kann diese Eintragung also frühestens 1927 vorgenommen worden sein, als in der Kreuzgasse 2 das ehemalige Firmengebäude der Schuhfabrik Weil in der Nähe des damaligen Herzogenauracher Bahnhofs von den Dassler-Brüdern angemietet wurde. Zur Geschichte der räumlichen Expansion des Unternehmens vgl. Abschnitt „Räumliche Expansion“ und: Property Control, in: StA Bamberg, K 270/3431, Bl. 2–5.). Die Unterschrift der Firmenleitung für die Anmeldung leistete auf der Karte „Rudolf Dassler“, der 1919 beruflich noch in der Gendarmerie tätig war. Dies deutet darauf hin, dass eventuell Rudolf Dassler diese Eintragung später veranlasst hat. Als „Inhaber“ sind (in dieser Reihenfolge) „Rudolf und Adolf Dassler“ angegeben. Als Gewerbezweig des Unternehmens ist auf der Karte „Sportschuhfabrik“ genannt (zweite Zeitebene). In allen übrigen Quellen wird die Firma bis Mitte der 20er Jahre als einfache „Schuhfabrik“ geführt, ohne die Spezialisierung auf Sportschuhe. Auch im Handelsregister war eine „Schuhfabrik“ eingetragen. Dies deutet ebenfalls darauf hin, dass die Eintragung aus einer späteren Zeit als Nov. 1919 stammt. Die dritte Zeitebene der Eintragungen auf der Karte ist der „1.6.1948“, als das Unternehmen, ebenfalls mit der Unterschrift „Rudolf Dassler“ von Seiten der Geschäftsführung, abgemeldet wurde. Das Datum der Abmeldung ist fraglich, da der Aufhebungsvertrag mit allen Regelungen erst im November 1948 aufgesetzt wurde und die Auflösung des Unternehmens am 1. November 1948 erfolgte (Auseinandersetzungsvertrag zwischen den alleinigen Gesellschaftern der Firma Gebrüder Dassler, Sportschuhfabrik, offene Handelsgesellschaft in Herzogenaurach, Dez. 1948, in: Unternehmensarchiv Puma). Die Authentizität des Gründungsdatums „Nov. 1919“ auf der Karte wie der gesamten Eintragungen der Gewerbekarte vor der Löschung aus dem Gewerberegister 1948 muss daher bezweifelt werden.

26 Zu den Mitgliedschaften Adolf Dasslers in Sportvereinen vgl. Military Government of Germany. Fragebogen Adolf Dassler, 17.9.1945, in: aA, D-716.

27 Die „Turnerschaft 1861“ entstand im November 1933 durch die Zusammenlegung von „Turnerbund“ und „Turnverein“ in Herzogenaurach. Im Zuge der politischen „Gleichschaltung“ forderten die Nationalsozialisten auf lokaler Ebene „vereinfachende Zusammenschlüsse“ von Vereinen. Welchem der beiden ursprünglichen Vereine Adolf Dassler vor 1933 angehört hatte, ist unklar. Zur Geschichte der Turnerschaft 1861 vgl. Gotthard Lohmaier, *Eine Stadt im Gleichschritt*, in: Stadt Herzogenaurach (Hg.), Aus der 1000-jährigen Geschichte Herzogenaurachs, Herzogenaurach 2002, 127.

28 Dies geht aus den Sportnachrichten des „Herzogenauracher Tagblatts“ hervor, das regelmäßig über Wettkampferfolge von Herzogenauracher Sportlern in auswärtigen Gemeinden berichtete.

29 Herzogenauracher Tagblatt (7.6.1921), (25.6.1921), in: Stadtarchiv Herzogenaurach.

30 Herzogenauracher Tagblatt (14.7.1921), in: Stadtarchiv Herzogenaurach.

31 Verschiedene Urkunden, in: aA, D-658; D-653; D-654; D-656; D-525; D-657.

32 Herzogenauracher Tagblatt (8.5.1928), in: Stadtarchiv Herzogenaurach.

33 Treuhänder Hans Ludwig Maier, Herzogenaurach: Bericht an die Militärregierung Property Control über die Entwicklung der Sportschuhfabrik Gebrüder Dassler in HA, Kreuzgasse 2, 3.1.1946, in: StA Bamberg, K 270/3431, Bl. 71–74; aA, D-703; Interview Käthe Dassler, o. D. [ca. 1980], Teil 1, in: aA, D-MC-10; Interview Josef Erhard, o. D. [ca. 1980], in: aA, D-MC-11.

34 Vgl. Fritz Spieß, *Die Schuhfabriken in Herzogenaurach*, Herzogenaurach 2005.

35 Herzogenauracher Tagblatt (26.6.1924), (28.6.1924) in: Stadtarchiv Herzogenaurach. Zur weiteren Bedeutung dieser Anzeige vgl. Abschnitt „Räumliche Expansion“.

36 In der rahmengenähten Machart waren Oberleder, Brandsohle und Sohle über einen schmalen Lederstreifen, den Rahmen, miteinander vernäht. In der zwiegenähten Machart wurden Brandsohle und Sohle mit zwei parallel liegenden Nähten direkt am Oberleder befestigt, die von außen sichtbar sind. Zur Geschichte und Entwicklung der Konstruktionen

von industriell gefertigten Lederschuhen vgl. Anne Sudrow, *Der Schuh im Nationalsozialismus. Eine Produktgeschichte im deutsch-britisch-amerikanischen Vergleich*, Göttingen 2010, 178ff.; Robert Kropf, *Stammbaum der Schuhfertigungsarten*, Olten 1997.

37 Vgl. die Kataloge einschlägiger Schuhunternehmen aus den 20er Jahren, etwa von Rieker (Tuttlingen) oder Martin Fichter (München), von denen einige auch im Unternehmensarchiv adidas erhalten sind.

38 Interview Josef Erhard, o. D. [ca. 1980], 6, in: aA, D-MC-11.

39 Sudrow, *Schuh im NS*, 86; *Reebok International*, in: Jay P. Pederson u. a. (Hg.), International Directory of Company Histories, Bd. 26, Chicago/London/Detroit 1999, 396–400.

40 Christiane Eisenberg, *Möglichkeiten und Grenzen der Konsumgeschichte. Das Beispiel des Sportkonsums*, in: Michael Prinz (Hg.), Der lange Weg in den Überfluss. Anfänge und Entwicklung der Konsumgesellschaft seit der Vormoderne, Paderborn 2003, 515–531, hier 519.

41 Vgl. dazu ausführlich Sudrow, *Schuh im NS*, 86f.

42 In der durchgenähten Machart, der ersten maschinell herstellbaren Schuhkonstruktion, wurde die Sohle vom Innern des Schuhs aus mit einer einzigen Naht mit Brandsohle und Schaft vernäht. Diese Naht lag auf der Brandsohle auf und war – in den Dassler-Schuhen – auf der Sohle in einem Riß versenkt. Vgl. aA, Objektsammlung, z. B. F-16. Je nach Verwendungszweck des Schuhs wurden in den 30er und 40er Jahren Teile der Sohle auch in einer ganz neuen Machart, der geklebten, hergestellt. Letzteres war besonders bei Nichtleder-Werkstoffen der Fall. Zur technischen Innovation der geklebten Konstruktion seit den 20er Jahren vgl. Sudrow, *Schuh im NS*, 178ff.

43 Vgl. dazu treffend Eisenberg, *Möglichkeiten und Grenzen*, 515–531, hier 520ff.

44 Zur Schaffung von Funktionsräumen des Sports nach 1914 als Standardisierungs- und Technisierungsprozesse vgl. Noyan Dinçkal, *Sportlandschaften. Sport, Raum und (Massen-)Kultur in Deutschland 1880–1930*, Göttingen 2013; ders., *Sportstätten als Laborlandschaften. Historische Anmerkungen zur Verknüpfung von Wissens- und Sporträumen*, in: Court, Jürgen/Arno Müller/Wolfram Pyta (Hg.), Jahrbuch 2010 der Deutschen Gesellschaft für Geschichte der Sportwissenschaft, Münster 2011, 29–40.

45 Josef Waitzer hat in der Historiografie des deutschen Sports bislang keine Beachtung gefunden. Biografische Artikel über ihn liegen, bis auf die unten genannte kurze Nachlassbeschreibung von Ansgar Molzberger, nicht vor und Informationen zu seinem Lebenslauf sind in der Literatur kaum zu finden. Im Carl und Liselott Diem Archiv an der Sporthochschule Köln ist ein Teilnachlass erhalten, der jedoch keine Dokumente aus der NS-Zeit oder über die Zusammenarbeit bzw. Korrespondenz mit den Brüdern Dassler enthält. Für die vorliegende Studie wurden biografische Daten im Wesentlichen aus folgenden Quellen zusammengetragen: Laudatio Carl Diems auf Josef Waitzer zu dessen 70. Geburtstag, 1954, in: Nachlass Josef Waitzer, Carl und Liselott Diem Archiv, Sporthochschule Köln; Brief an den Gauschatzmeister des Gaues München-Oberbayern der NSDAP, 21.12.1937, Parteikorrespondenz der NSDAP, Josef Waitzer, in: Bundesarchiv Berlin [künftig BAB], Parteikorrespondenz, S0125, Nr. 322; Personal-Karteikarte Josef Waitzer v. 8.4.1940, in: BAB, PK, S0125, Nr. 328; Ansgar Molzberger, *Josef Waitzer*, in: Ansgar Molzberger/Caroline Meier/Stephan Wassong/Heike Schiffer/Ute Gößnitzer, Abgestaubt und neu erforschbar. Die historischen Sammlungen der Deutschen Sporthochschule Köln. Bd. 1: Personennachlässe, Köln 2014, 235.

46 Vgl. dazu Carl Diem, *Allgemeine Grundsätze des Übungsstättenbaus* (1953), in: Karl Lennartz/Thomas Schmidt (Hg.), Der Briefwechsel zwischen Carl Diem und Werner March, St. Augustin 2002, 130–132.

47 Zur äußerst umstrittenen Person Carl Diems und der problematischen bzw. noch ausstehenden Aufarbeitung seiner Rolle für den deutschen Sport in der NS-Zeit, vgl. Ralf Schäfer, *Sportgeschichte und Erinnerungspolitik: Der Fall Carl Diem*, in: Zeitschrift für Geschichtswissenschaft 2 (2010), 877–899; ders., *Carl Diem, der Antisemitismus und das NS-Regime*, in: Zeitschrift für Geschichtswissenschaft 3 (2011), 252–263; Frank Becker, *Carl Diem und der Nationalsozialismus*, In: Zeitschrift für Geschichtswissenschaft 3 (2011), 242–251.

48 Vgl. dazu den Briefwechsel Carl Diems mit Waitzer (von 1914 bis 1962) in: Korrespondenz Carl Diem, Zentrum für Olympische Studien, Abt. Carl und Liselott Diem Archiv, Deutsche Sporthochschule Köln; und Frank Becker, *Den Sport gestalten. Carl Diems Leben (1882–1962)*, Bd. II: Weimarer Republik, Duisburg 2009.

49 Vgl. dazu die Werbeanzeige der Firma Kaspar Berg in: Deutsche Sportlehrer-Zeitung, Bd. 6 (1931), Nr. 5, in: Korrespondenz Josef Waitzer/Carl Diem, in: Korrespondenz Carl Diem, Zentrum für Olympische Studien, Abt. Carl und Liselott Diem Archiv, Deutsche Sporthochschule Köln.

50 Josef Waitzer, *Wie trainiere ich Leichtathletik?*, Leipzig 1921; *Trainingskunde*, Berlin 1937; *Leibesübungen im Betrieb*, München 1938; *Sportliche Körperschule*, Berlin 1943; u.v.a.

51 Vgl. die Werbung für Dassler Sportschuhe in: Start und Ziel 4 (1929), in: aA, Z-86-5.

52 Start und Ziel. Monatsschrift der Deutschen Sportbehörde für Leichtathletik 3 (1927), Nr. 11, 401.

53 Vgl. Dassler-Werbung am 1.4.1929, in: Start und Ziel. Monatsschrift der Deutschen Sportbehörde für Leichtathletik 5 (1929), Nr. 4. in: aA, Z-86-5.

54 Adolf Dassler an die Spruchkammer Höchstadt, Betr.: Gesetz zur Befreiung von Nationalsozialismus und Militarismus, 22.7.1946, 4, in: StA Coburg, Spruchkammer Höchstadt a.d. Aisch/D 6.

55 Vgl. die Kataloge Sportschuhfabrik Gebrüder Dassler 1936ff., in: aA, DC-5733, 5734 und 5738.
56 Katalog Sportschuhfabrik Gebrüder Dassler 1936, 7, in: aA, DC-5734.
57 Preisüberwachungsstelle Ansbach, Prüfungsbericht: Verurteilung des Mitinhabers der Firma Gebr. Dassler (Adolf Dassler) wegen Überschreitung der zulässigen Preise für Schuhe, 4.5.1944, in: StA Nürnberg, Regierung von Mittelfranken MFr., Rep. 265 I, Nr. 292, Abg. 1978/3930-1.
58 Werbung für Dassler Sportschuhe in: Start und Ziel 5 (1929), Nr. 4, in: aA, Z-86-5.
59 Hier musste Adolf Dassler detaillierte Angaben zu Umsatz und Gewinn des Unternehmens in den Jahren 1928 bis 1945 machen. Diese wurden in der Tabelle 1 ergänzt durch eine unternehmensinterne Angabe für 1927 aus dem Jahr 1934 und für 1946 und 1947 aus den Unterlagen des Treuhänders des Unternehmens an die Property Control der amerikanischen Militärbehörden.
60 Zur krisenhaften Entwicklung der deutschen Schuhindustrie nach 1928 vgl. ausführlich Sudrow, *Schuh im NS*, 123ff.
61 Irene Lederer, *Das Ende einer Epoche*, in: Stadt Herzogenaurach (Hg.), Aus der 1000-jährigen Geschichte Herzogenaurachs, Herzogenaurach 2002, 112–119, hier 112, unter Berufung auf Hartmut Heller, *Herzogenaurach und Höchstadt an der Aisch. Die Entwicklung zweier oberfränkischer Kleinstädte im Großraum Nürnberg*, Herzogenaurach 1970, 48.
62 Dieter Schuster, *Die Lederarbeiter und ihre Gewerkschaften bis 1945*, in: Klaus Tenfelde (Hg.), ein neues Band der Solidarität. Chemie – Bergbau – Leder: Industriearbeiter und Gewerkschaften in Deutschland seit dem Zweiten Weltkrieg, Hannover 1997, 39–61, hier 53.
63 Georg Bauer für Gebrüder Dassler Sportschuhfabrik, Gewinn- und Verlustrechnung 1.1.–31.12.1946, in: StA Bamberg, K 270/3431, Bl. 119.
64 Angaben nur für erstes Quartal 1947: Georg Bauer für Gebrüder Dassler Sportschuhfabrik, Gewinn- und Verlustrechnung 1.1.–31. 3.1947, in: StA Bamberg, K 270/3431, Bl. 102.
65 Angaben nur für erste Jahreshälfte 1948: Bilanz per 20. Juni 1948 der Firma Sportschuhfabrik Gebrüder Dassler in Liquidation, Herzogenaurach, in: Unternehmensarchiv Puma, o. S.
66 Sie lag in den Jahren 1928–1931 im jährlichen Durchschnitt bei 130 insolventen Schuhfabriken und 640 Schuhgeschäften. Vgl. Carl Prill, *100 Jahre deutsche Schuhwirtschaft*, Düsseldorf 1964, 82.
67 Forschungsstelle für den Handel beim Reichskuratorium für Wirtschaftlichkeit, Lage und Leistungen des Einzelhandels mit Schuhwaren, Berlin 1936, 2.
68 Zur Unterscheidung der Produktformate Modeschuh („Saisonschuhwerk“) und Standardschuh („Dauerware“) und zur Entstehung der Schuhmode als Wirtschaftsfaktor in den 20er Jahren vgl. Sudrow, *Schuh im NS*, 147ff.
69 Zum Problem der industriellen Massenproduktion von Schuhen und den engen Grenzen der Rationalisierung in Deutschland und den USA seit den 20er Jahren vgl. ebd., 213ff. Zum Konzept der „Produktionsformate“ des amerikanischen Wirtschafts- und Technikhistorikers Philip Scranton vgl. Philip Scranton, *Endless Novelty. Specialty Production and American Industrialization, 1865–1925*, Princeton 1997.
70 Herzogenauracher Tagblatt (26.6.1924), (28.6.1924).
71 Vgl. Brief des Bürgermeisters von Herzogenaurach, Körner, an den Regierungspräsidenten von Oberfranken und Mittelfranken, Ansbach, Betr.: Arbeitsbeschaffung, vom 17.5.1934, in: Stadtarchiv Herzogenaurach, VII.F. Arbeitsfürsorge, Nr. 312. In welchem Zeitraum die von Spieß erwähnte Firma Hildel Skistiefel und andere „Sportschuhe“ der traditionellen Art herstellte, ist nicht bekannt. Vgl. Fritz Spieß, *Die Schuhfabriken in Herzogenaurach*, Herzogenaurach 2005, 15–17.
72 Zur Elektrifizierung Herzogenaurachs vgl. Irene Lederer, *Krisenmanagement: die 20er Jahre*, in: Stadt Herzogenaurach (Hg.), Aus der 1000-jährigen Geschichte Herzogenaurachs, Herzogenaurach 2002, 108–117, hier 108f.
73 Interview Josef Erhard, o. D. [ca. 1980], 6, in: aA, D-MC-11. Dass trotzdem einige der schweren Schuhmaschinen noch über einen zentralen Kraftantrieb verfügten, ist auf einer Fotografie von Adolf Dassler in der Innenhalle der Fabrik an den herabhängenden Treibriemen zu erkennen. Vgl. die Aufnahme Adolf Dasslers von Rudolf Peetz, vermutlich am 20.5.1928, in: Spieß, *Die Schuhfabriken*, 32.
74 Hans Motzer, Bericht über die Baulichkeiten der Schuhfabrik Gebrüder Dassler, 5.1.[1946], in: StA Bamberg, K 270/3431, Bl. 91 a und b.
75 Ebd., Bl. 91 a und b; Treuhänder Hans Ludwig Maier, Herzogenaurach, Bericht an die Militärregierung Property Control über die Entwicklung der Sportschuhfabrik Gebrüder Dassler in HA, Kreuzgasse 2, 3.1.1946, in: StA Bamberg, K 270/3431, Bl. 73.
76 Zur Geschichte der Grundstücke und Gebäude bis 1946 vgl. Bayerisches Landesamt für Vermögenskontrolle und Wiedergutmachung, Höchstadt/Aisch, Property Control, Report on Property Transaction, Shoe Factory Gebr. Dassler, 22.12.1946, in: StA Bamberg, K 270/3431, Bl. 2–5.
77 Stadtrat Herzogenaurach an die Bayer. Staatsregierung München, Die Erwerbsunternehmen in Herzogenaurach, 3.12.1925, Stadtarchiv Herzogenaurach, Akte VII.F.293; Stadtarchiv Herzogenaurach, Akte VII. 312 Arbeitsfürsorge 1934/1935, Bl. 312a.
78 Dassler, *Herzogenaurachs alte, ausgestorbene Berufe*, 3.
79 Abschriften von Bescheiden der Prüfungsstelle Lederindustrie, Betr.: Export nach Belgien, Holland, Dänemark, Norwegen, 9.8.1940; und GD an Prüfungsstelle Lederindustrie: Betr: Export nach Rumänien, 23.3.–30.3.1943, in: aA, D-828, 825 und 826.

80 Landesstelle für Leder, Bayer. Landeswirtschaftsamt München an Gebr. Dassler, 24.6.1946, Betr.: Zulassung zur Bayer. Exportschau, in: StA Coburg, Spruchkammer Höchstadt a.d. Aisch/D 6.

81 Zum Aufstieg des Marschstiefels ab Januar 1933, zur Selbstmobilisierung der Schuhunternehmer für Produkte für die Partei-Formationen und den Arbeitsdienst sowie zum Versuch, durch die Aufnahme der Produktion solcher Güter die vorangegangene wirtschaftliche Krise zu überwinden, vgl. Sudrow, *Schuh im NS*, 429–437.

82 Ein Katalogblatt von 1933/34 ist im Unternehmensarchiv ohne Datumsangabe verzeichnet, lässt sich aber im Vergleich mit anderen Unterlagen und Produkten aus der Zeit mit großer Sicherheit auf 1933/34 datieren. Vgl. Katalogblatt Gebrüder Dassler, o.D. [ca. 1933], in: aA, D-573; vgl. dazu etwa die Schuhfabrikantenzeitung, Jg. 13 (1932) bis 15 (1934) sowie speziell: Schuhwerk für die SA, SS und den Arbeitsdienst, in: Schuhfabrikantenzeitung (26.4.1933), 8.

83 Katalogblatt Gebrüder Dassler, o.D. [ca. 1933], in: aA, D-573.

84 Zur Geschichte der Schule vgl. Carl Prill, *100 Jahre deutsche Schuhwirtschaft*, Düsseldorf 1964, 266; *25 Jahre Deutsche Schuhfachschule Pirmasens, Jubiläumsbroschüre*, Pirmasens 1952.

85 Fachschule der Deutschen Schuhindustrie Pirmasens, Zeugnis für Adolf Dassler, 13.7.1933, in: aA, D-486.

86 Bericht über die Entwicklung der Sportschuhfabrik Gebrüder Dassler in Herzogenaurach an die amerikanische Militärregierung, Property Control Höchstadt, 3.1.1946, in: aA, D-712, 4.

87 Adolf Dassler, Betr.: Gesetz zur politischen Befreiung vom Nationalsozialismus und Militarismus, Einspruch gegen die (…) Einreihung in die Gruppe II der Belasteten, 17.7.1946, 3, in: StA Coburg, Spruchkammer Höchstadt a.d. Aisch/D 6.

88 Interview Käthe Dassler, o.D. [ca. 1980], Teil 2, 2, in: aA, D-MC-10.

89 Ebd. Teil 2, 3, in: aA, D-MC-10.

90 NSDAP Zentralkartei, Adolf Dassler (Nr. 1478–1479), Fritz Dassler (Nr. 1612–1613), Rudolf Dassler (Nr. 1908–1909), in: BAB, ehem. Berlin Document Center, 3100, PG E0046. Weitere Dokumente im ehemaligen BDC-Bestand, etwa in den erhaltenen Mitgliedsregistern der SA, der SS und des Obersten Parteigerichts der NSDAP, sind für alle Brüder nicht verzeichnet.

91 NS-Frauenschaft, FS A 0299, Friedl Dassler (Nr. 1418–1419), in: BAB, ehem. Berlin Document Center, 7000 Series.

92 Zahl der Mitglieder von Feb. 1934, vgl. dazu Gotthard Lohmaier, *„Machtergreifung" an der Aurach*, in: Stadt Herzogenaurach (Hg.), Aus der 1000-jährigen Geschichte, 121–154, hier 130.

93 *Der Nationalfeiertag in Herzogenaurach*, in: Herzogenauracher Tagblatt (1933), Nr. 100, 2.5.1933, 3.

94 Lohmaier, *„Machtergreifung" an der Aurach*, hier 123f.

95 Ebd.

96 NSDAP Zentralkartei, Fritz Dassler (Nr. 1612–1613) in: BAB, ehem. Berlin Document Center, 3100, PG E0046.

97 Vgl. dazu Jürgen Falter (Hg.), *Junge Kämpfer, alte Opportunisten. Die Mitglieder der NSDAP 1919–1945*, Frankfurt a. M. 2016.

98 Dies ergibt sich erstens aus den vergebenen Mitgliedsnummern, an deren Höhe abzulesen ist, dass der Parteieintritt sehr wahrscheinlich im Jahr 1933 stattgefunden hat. Dies waren bei Fritz die Mitgliedsnummer 1.869.445; bei Rudolf die Mitgliedsnummer 2.666.195; und bei Adolf die Mitgliedsnummer 3.266.155. Den neuesten Berechnungen von Jürgen Falter ist zu entnehmen, dass alle Mitgliedsnummern von 1.343.399 bis 3.286.428 im Jahr 1933 vergeben wurden. Jürgen Falter/Christine Khachatryan, *Wie viele NSDAP-Mitglieder gab es überhaupt und wieviele davon waren überzeugte Nationalsozialisten?*, in: Jürgen Falter (Hg.), Junge Kämpfer, alte Opportunisten. Die Mitglieder der NSDAP 1919–1945, Frankfurt a.M. 2016, 177–195, hier 187.

99 Björn Weigel gibt an, dass im Mai 1933 die Zahl der bislang ausgegebenen Parteimitgliedskarten 3.262.698 betrug. Demnach würde sich der Eintritt von Fritz und Rudolf auf die Zeit bis Ende Mai 1933 datieren lassen, der von Adolf etwas danach. Vgl. Björn Weigel, *Märzgefallene und Aufnahmestopp im Frühjahr 1933*, in: Wolfgang Benz (Hg.), Wie wurde man Parteigenosse? Die NSDAP und ihre Mitglieder, Frankfurt a. M. 2009, 91–109, hier 92.

100 Fachschule der Deutschen Schuhindustrie Pirmasens, Bescheinigung für Adolf Dassler, 13.7.1933, in: aA, D-486.

101 Adolf Dassler: Meldebogen aufgrund des Gesetzes zur Befreiung von Nationalsozialismus und Militarismus vom 5.3.1946, in: StA Coburg, Spruchkammer Höchstadt a.d. Aisch/D 6; Fragebogen Rudolf Dassler, Überblick über die Bevölkerung des Landkreises Höchstadt an der Aisch, Gemeinde Herzogenaurach, 8.8.1946, in: StA Bamberg, Bestand OMGUS, OMGBY. Höchstadt an der Aisch. Reports of persons released from Internment Camps (Hammelburg), 9/136-3/10, Nr. 775037.

102 Heiratsbuch der Stadt Herzogenaurach, 1939, Eintrag am 21.2.1939, in: Stadtarchiv Herzogenaurach.

103 Adolf Dassler, Betr.: Gesetz zur politischen Befreiung vom Nationalsozialismus und Militarismus, Einspruch gegen die (…) Einreihung in die Gruppe II der Belasteten, 17.7.1946, 1, in: StA Coburg, Spruchkammer Höchstadt a.d. Aisch/D 6.

104 Ebd.

105 Auch der Stadthistoriker Gotthard Lohmaier vermutet, dass diese Parteinahme der erfolgreichen Jung-Unternehmer für die Nationalsozialisten in der Kleinstadt Herzogenaurach Signalwirkung haben sollte. Vgl. Lohmaier, *„Machtergreifung" an der Aurach*, hier 123f.

106 Roman Köster, *Hugo Boss, 1924–1945*, München 2011, 31f.

107 Irene Lederer, *Das Ende einer Epoche*, in: Stadt Herzogenaurach (Hg.), Aus der 1000-jährigen Geschichte Herzogenaurachs, Herzogenaurach 2002, 112–119, hier 112, unter Berufung auf Heller, *Herzogenaurach und Höchstadt an der Aisch*, 48.

108 Briefe Bürgermeister Körner, Herzogenaurach, an das Regierungspräsidium von Oberfranken und Mittelfranken, Ansbach, sowie das bayerische Wirtschafts- und Innenministerium, München, 19.12.1933, in: Stadtarchiv Herzogenaurach, VII.F. Arbeitsfürsorge, Nr. 312.

109 Bürgermeister Körner, Herzogenaurach, an Gauleiter der bayer. Ostmark, 27.1.1934, in: Stadtarchiv Herzogenaurach, VII.F. Arbeitsfürsorge, Nr. 312.

110 Bürgermeister Körner, Herzogenaurach, an die SS-Sportschule, Fürth, 4.4.1934, in: Stadtarchiv Herzogenaurach, VII.F. Arbeitsfürsorge, Nr. 312.

111 In einem Brief des Bürgermeisters von Herzogenaurach, Körner, an den Regierungspräsidenten von Oberfranken und Mittelfranken, Ansbach, Betr.: Arbeitsbeschaffung, vom 17.5.1934, heißt es: „In Herzogenaurach handelt es sich um Mittel- & Kleinbetriebe der Hausschuhindustrie, mit Ausnahme der Firmen Gebr. Dassler als Sportschuhfabrik und Lohmaier & Söhne, die in der Hauptsache Lederartikel herstellen. Meiner Ansicht nach dürften Aufträge in A[rbeitsdienst]- Stiefeln für den hiesigen Platz kaum oder in sehr bescheidenem Rahmen (Gebr. Dassler) in Frage kommen. Dafür aber der Sportschuh, wie ihn der Arbeitsdienst benötigt und wie er heute in allen Schulungslagern der Partei[,] HJ [,] SA [,] SS usw. auch Verwendung findet." In: Stadtarchiv Herzogenaurach, VII.F. Arbeitsfürsorge, Nr. 312. In den unternehmensinternen Unterlagen im Unternehmensarchiv finden sich keine Hinweise auf das Produkt oder Aufschluss über die Frage, ob es eigens für diesen Zweck neu entwickelt wurde oder ob es sich um ein bereits produziertes Modell handelte.

112 Vgl. Irene Lederer, *„Liebe Soldaten …". Die Herzo-Base. Vom Fliegerhorst zum Sportquartier*, Herzogenaurach 2007.

113 Körner an den Präsidenten des Landesarbeitsamtes, München, 7.1.1935, in: Stadtarchiv Herzogenaurach, VII.F. Arbeitsfürsorge, Nr. 312.

114 Stadtrat Herzogenaurach, Erhebung für Betriebsstillegung, [Dez. 1934], in: Stadtarchiv Herzogenaurach, VII.F. Arbeitsfürsorge, Nr. 312.

115 Betriebsstillegungsanzeige Gebrüder Dassler beim Stadtrat Herzogenaurach, 30.11.1934, in: Stadtarchiv Herzogenaurach, VII.F. Arbeitsfürsorge, Nr. 312.

116 Vgl. Dietmar Petzina, *Autarkiepolitik im Dritten Reich*, Stuttgart 1968; für die Schuhindustrie: Sudrow, *Schuh im NS*, 245–333.

117 Sudrow, *Schuh im NS*, 252ff., 260ff.

118 Vgl. ebd., 299–307, 320ff.

119 Werbung für Dassler Sportschuhe, in: Start und Ziel 4 (1929), in: aA, Z-86-5.

120 Preisüberwachungsstelle Ansbach, Prüfungsbericht: Verurteilung des Mitinhabers der Firma Gebr. Dassler (Adolf Dassler) wegen Überschreitung der zulässigen Preise für Schuhe, 4.5.1944, in: StA Nürnberg, Regierung von Mittelfranken MFr., Abg. 1978/3930-1.

121 Bürgermeister Herzogenaurach an die Industrie- und Handelskammer Bayreuth, 10.12.1934, Anlage 1: Arbeiterzahl und Paare in der Woche, in: Stadtarchiv Herzogenaurach, VII.F. Arbeitsfürsorge, Nr. 312.

122 NSDAP Gauleitung Bayerische Ostmark an den Stadtrat Herzogenaurach, Betr.: Arbeitsbeschaffung für die Schuhindustrie, 25.2.1935; und Anlage 1: Abschrift, NS-Arbeitsdienst, Arbeitsgau 28 (Franken), Würzburg, an die NSDAP Gauleitung, Bayreuth, Betr.: Arbeitsbeschaffung für die Schuhfabriken Herzogenaurachs, in: Stadtarchiv Herzogenaurach, VII.F. Arbeitsfürsorge, Nr. 312.

123 Fotografien von Adolf Dassler, Rudolf Dassler und Josef Waitzer aus den 30er Jahren, in: Unternehmensarchiv Puma. Die Korrespondenz zwischen den Dasslers und Waitzer ist leider nicht erhalten – weder im adidas-Unternehmensarchiv noch im Teilnachlass Waitzers, der sich im Carl und Lieselott Diem Archiv an der Sporthochschule in Köln befindet.

124 Wie die drei Dassler-Brüder trat auch Josef Waitzer zum 1. Mai 1933 in die NSDAP ein. Vgl. NSDAP Zentralkartei, BAB, ehem. Berlin Document Center, 3100, PG T0038, Josef Waitzer (Nr. 2640–2641).

125 Leider sind im Bundesarchiv Berlin die Akten der Behörde des „Reichssportführers", des „Reichssportlehrers" und des „NS-Reichsbunds für Leibesübungen" nicht als Bestand erhalten. Auch in anderen NS-Beständen kommen Akten dieser Herkunft kaum vor. Dadurch lassen sich die Tätigkeit Waitzers und die Gründe für das Zerwürfnis mit von Tschammer und Osten aus diesen Quellen nicht mehr rekonstruieren. Auch Frank Becker und Ralf Schäfer haben jüngst die Organisationsgeschichte des „Deutschen Reichsausschusses für Leibesübungen" bzw. später des „NS-Reichsbunds für Leibesübungen" als dringendes Forschungsdesiderat der Geschichte des Sports im Nationalsozialismus identifiziert. Vgl. Frank Becker/Ralf Schäfer, *Einleitung*, in: dies. (Hg.), Sport und Nationalsozialismus, Göttingen 2016, 9–23, hier 19.

126 Brief an den Gauschatzmeister des Gaues München-Oberbayern der NSDAP, 21.12.1937, Parteikorrespondenz der NSDAP, Josef Waitzer, in: BAB, BDC, PK, S0125, Nr. 322.

127 Personal-Karteikarte Josef Waitzer v. 8.4.1940, in: BAB, BDC, PK, S0125, Nr. 328.

128 Gebrüder Dassler an Josef Dotter, Wien, 2.4.1943, in: aA, D-793; Briefwechsel mit Prüfungsstelle Lederindustrie, Berlin, über Exportgenehmigung, März 1943, in: aA, D-825 und 826.

129 Vgl. stellvertretend für viele Barbara Smit, *Sneaker Wars. The*

Enemy Brothers Who Founded Adidas and Puma and the Family Feud That Forever Changed the Business of Sport, New York 2008, 8ff.; Wilfried Gelner, *Adi Dassler*, Berlin 1999, 30ff.

130 Reinhard Rürup (Hg.), *1936. Die Olympischen Spiele und der Nationalsozialismus. Eine Dokumentation*, Berlin 1996, 152f.

131 Rürup (Hg.), *1936*, 161f.; Jeremy Schaap, *Triumph. The Untold Story of Jesse Owens and Hitler's Olympics*, Boston/New York 2007.

132 Baldur von Schirach, *Ich glaubte an Hitler*, Hamburg 1967, 217.

133 Vgl. Ernst Dobers Vergleich der Weitsprungtechnik von Luz Long und Jesse Owens, in: Der Leichtathlet 44 (22.9.1936), 7, zitiert in: Gerd Steins, *Jesse Owens. Eine Sportlegende*, Berlin 2009, 24f.

134 Adolf Dassler an die Spruchkammer Höchstadt, Betr.: Gesetz zur Befreiung von Nationalsozialismus und Militarismus, 22.7.1946, 4, in: StA Coburg, Spruchkammer Höchstadt a.d. Aisch/D 6.

135 Ebd.

136 Rüdiger Hachtmann, *„Bäuche wegmassieren" und „überflüssiges Fett in unserem Volke beseitigen". Der kommunale Breitensport der NS-Gemeinschaft „Kraft durch Freude"*, in: Frank Becker/Ralf Schäfer (Hg.), Sport und Nationalsozialismus, Göttingen 2016, 27–65, hier 54, 64.

137 Ebd.

138 Jan Kleinmanns, *Betriebssport in der Zeit des Nationalsozialismus*, in: Becker /Schäfer (Hg.), Sport und Nationalsozialismus, 67–83, hier 67f.

139 Interview Josef Erhard, o. D. [ca. 1980], 11, in: aA, D-MC-11.

140 Katalog Dassler Sportschuhe Frühjahr/Sommer 1936, 3, in: aA, DC-5734; Katalog Dassler Sportschuhe Sportwerbeheft 1938, 2, in: aA, DC-5738 u. a.

141 Ausführlichste Version in Katalog Dassler Sportschuhe Sportwerbeheft 1938, 2, in: aA, DC-5738.

142 Katalog Dassler Sportschuhe Frühjahr/Sommer 1936, 5f., in: aA, DC-5734.

143 Katalog Dassler Sportschuhe Sportwerbeheft 1938, 4, in: aA, DC-5738.

144 Katalog Dassler Sportschuhe Sportwerbeheft 1938, 17, 20, 24, in: aA, DC-5738.

145 Katalog Dassler Sportschuhe Sportwerbeheft 1936, 7, in: aA, DC-5734.

146 Katalog Dassler Sportschuhe 1939, Nr. 1, 6, in: aA, DC-5738.

147 Vgl. *Ein kleiner Bau aus Glas und Eisen. Olympia-Kiosk an der Gedächtniskirche, Berlin*, in: Bauwelt. Zeitschrift für das gesamte Bauwesen 33 (1936), 4 der Bildbeilage.

148 Zu Berlin als „Gesamtkunstwerk", das während der Spiele von der NS-Regierung und ihrem Propagandaministerium präsentiert wurde, vgl. Rürup (Hg.), *1936*, 105ff.

149 Ebd., 66.

150 Ein Besuch der Sportler in der Berliner Innenstadt ist dokumentiert: Am 24.7.1936, vor Beginn der Spiele, wurde die Mannschaft der USA, darunter auch Owens, mit dem Mannschaftsbus zu einem Empfang im Roten Rathaus am Alexanderplatz gefahren. Vgl. Olympia-Zeitung 6 (26.7.1936), 104, zitiert in: Steins, *Jesse Owens*, 12f.

151 Zum Konzept und Bau des Olympia-Kiosks vgl. Margit Kühl, *Moderne Gesten, steinernes Programm. Die Architektur des Olympischen Dorfes*, in: dies. u. a. (Hg.), Vergessener Ort Olympisches Dorf, Berlin 2009, 68–117, hier 69f.

152 Katalog Dassler Sportschuhe 1939, Nr. 1, 6, in: aA, DC-5738.

153 Katalog Dassler Sportschuhe 1939 (Friedenskollektion), Nr. 2, 3, 5; in: StA Nürnberg, Regierung von Mittelfranken MFr., Abg. 1978/3930-1.

154 Für einen Besuch Adolfs oder der Brüder Dassler im Olympischen Dorf gibt es allerdings keinen Quellen-Beleg.

155 Wolfgang Fürstner, Das Olympische Dorf der Wehrmacht, in: Deutsche Bauzeitung 45 (1935), Nr. 45, 894–901. Zur baulichen Anlage des Olympischen Dorfes vgl. auch Martin Conrad, Zur Geschichte der Döberitzer Heide. Supplement 18: Die Anlage des Olympischen Dorfs von 1936, Berlin 2014.

156 Weitere Quellen aus dieser Zeit sind im adidas-Unternehmensarchiv, bis auf eine Ausnahme, nicht erhalten.

157 Dass die ausländischen Sportler in Berlin um Autogramme regelrecht belagert wurden, ist vielfach dokumentiert. Larry Snyder, Owens' Trainer, berichtete später, dass diesen in Berlin Autogramm-Jäger bedrängten, wo er ging und stand. Eines Morgens wurde er im Olympischen Dorf sogar von ihnen geweckt, als sie die Autogramm-Zettel durch das Fenster seines Zimmers reichten. Vgl. Larry Snyder, *My Boy Jesse*, in: Saturday Evening Post (7.11.1936); außerdem das Bild: *Owens gibt Autogramme vom Dach des Mannschaftsbusses*, in: Olympia-Zeitung 6 (26.7.1936), 104.

158 Der Nachlass von Jesse Owens wird von der Jesse Owens Foundation im Archiv der Ohio State University in Columbus, Ohio, in den USA verwahrt.

159 1936 Owens Olympics Diary, in: Ohio State University Library, University Archives, Jesse Owens Collection, Photo Archives, Box 60.

160 Zudem sind diverse Glückwunsch-Telegramme nach seinen Medaillen-Siegen erhalten. Doch diese waren ausschließlich US-amerikanischer Herkunft. Auch hier sind keinerlei Hinweise zu den Dassler-Brüdern oder anderen deutschen Akteuren zu finden. Vgl. Telegrams to Owens in Berlin, 1936, in: Ohio State University Library, University Archives, Jesse Owens Collection, Box 6, Folder 42.

161 Frederick W. Rubien, American Olympic Committee Report: 1936 Games of the XIth Olympiad Berlin, Germany, 1936, Report of Chairman of Uniform Committee, in: Ohio State University, University Archives, Crawford Family U.S. Olympic Archives, U.S. Olympic Committee, RG 1, Series 06 – USOC Official Reports for the Olympic Games.

162 Ebd.

163 *An Bord der „Manhattan"*, in: Olympia-Zeitung 4 (24.7.1936), abgedruckt in: Steins, *Jesse Owens*, 10.

164 Snyder, *My Boy Jesse.* Alle Angaben im Folgenden hieraus. Eine allerdings fiktiv erweiterte Version dieses Berichts findet sich auch in der Darstellung Jeremy Schaap, *Triumph. The Untold Story of Jesse Owens and Hitler's Olympics*, Boston/New York 2007, 170f.

165 Ebd.

166 Aus den Fachdiskussionen um erste Standardmaße von Leisten in den USA war amerikanischen Schuhherstellern schon seit den 1880er Jahren bekannt, dass die Füße afroamerikanischer Konsumenten in den Südstaaten der USA in Schuhen einen durchschnittlich um 2/8 Zoll breiteren Spann benötigten als die Füße von Bewohnern der Nordstaaten. Allgemein waren deutsche Schuhe in den 30er Jahren auf schmaleren als US-amerikanische und nicht nach Weiten gestaffelten Leisten hergestellt. Sie galten daher in den USA als unbequem. Vgl. Resolutions Adopted by the Retail Boot and Shoe Dealers' National Convention, July 20 and 21, 1886, abgedruckt in: Shoe and Leather Reporter vom 29.4.1926, 33–35; Karl Benscheidt, *Welche Leistenformen werden heute bevorzugt?*, in: Schuhfabrikantenzeitung (11.8.1934), 1; Sudrow, *Schuh im NS*, 106.

167 Vgl. Ohio State University, University Archives, Jesse Owens Photograph Collection. 1936 Berlin Olympics. https://kb.osu.edu/dspace/handle/1811/53223/search?query=%22Jesse+Owens+Photograph+Collection.+1936+Berlin+Olympics.%22&rpp=20&sort_by=2&order=ASC&submit=Go [letzter Zugriff 4.4.2017]. Beim Sieg im Rennen über 100 Meter trug er weiße Rennschuhe, vgl. http://hdl.handle.net/1811/53257; http://hdl.handle.net/1811/53242; bei einem 400-Meter-Lauf schwarze, vgl. http://hdl.handle.net/1811/53245 [letzter Zugriff 28.1.2018].

168 aA, F-14. Eine Recherche bei der jüngsten Tochter, Marlene Owens Rankin, ergab, dass Owens Schuhe der Größe 8 bis 8 1/2 amerikanischer Skalierung trug. Zwar entspricht Owens' amerikanische Größe 8 1/2 ungefähr der englischen 7 1/2. (Die englischen Leisten derselben Schuhgröße waren zu dieser Zeit ein Zwölftel Zoll länger als die amerikanischen. Vgl. Fletcher Veith/R. W. Frey/H. P. Holman, *Leather Shoes: Selection and Care*, Washington 1927, 9.) Das Schaftmodell entspricht aber nicht den Modellen, die dem Katalog der Gebrüder Dassler nach 1936 standardmäßig produziert und in den Geschäften verkauft wurden.

169 Jesse Owens/Paul Neimark, *The Jesse Owens Story*, New York 1970; Jesse Owens/Paul Neimark, *Blackthink. My Life as Black Man and White Man*, New York 1970; Jesse Owens, *I Have Changed*, New York 1972.

170 Zur Praxis der Werbung für Konsumgüter und deren staatliche Lenkung seit dem NS-Vierjahresplan: Hartmut Berghoff, *Von der „Reklame" zur Verbrauchslenkung. Werbung im nationalsozialistischen Deutschland*, in: ders. (Hg.), Konsumpolitik. Die Regulierung des privaten Verbrauchs im 20. Jahrhundert, Göttingen 1999, 77–112; Katalog Dassler Sportschuhe Sportwerbeheft 1938, 4, in: aA, DC-5738; Katalog Dassler Sportschuhe 1939, Nr. 1, 6, in: aA, DC-5740; in den Kriegsjahren galt der Katalog: Dassler Sportschuhe 1939 (Friedenskollektion), Nr. 2, 6, 19; in: StA Nürnberg, Regierung von Mittelfranken MFr., Abg. 1978/3930-1.

171 „Duell der Brüder – Die Geschichte von adidas und Puma", Deutschland 2016, Regie: Oliver Dommenget, Buch: Christian Schnalke (Erstausstrahlung RTL am 25.3.2016); „Die Dasslers", Deutschland 2017, Regie: Cyrill Boss und Philipp Stennert, Buch: Christoph Silber, Cyrill Boss, Philipp Stennert (Erstausstrahlung ARD am 14./15.4.2017).

172 Vgl. dazu den Abschnitt „Spruchkammerverfahren".

173 Nach dem Machtantritt der Nationalsozialisten betrieben sie auf wirtschaftlichem Gebiet eine Autarkiepolitik mit dem Ziel, die Abhängigkeit der deutschen Wirtschaft von ausländischen Rohstofflieferungen zu verringern. Diese sollten durch spezielle, wirtschaftspolitische „Maßnahmenbündel" in die Tat umgesetzt werden: durch den „Neuen Plan" des Wirtschaftsministers und Reichsbankpräsidenten Hjalmar Schacht (September 1934) und den „Vierjahresplan" (Oktober 1936), der im Juli 1938 vom „Wehrwirtschaftlichen Neuen Erzeugungsplan" abgelöst wurde.

174 Verordnung über die Stilllegung von Betrieben zur Freimachung von Arbeitskräften v. 21.3.1940, RGBl. Teil I, Nr. 54.

175 Die Wirtschaftsgruppe Lederindustrie war seit 1934 die fachliche Spitzenorganisation der Lederwirtschaft und die alleinige Vertretung der ledererzeugenden und lederverarbeitenden Industriebetriebe im Deutschen Reich. Die Mitgliedschaft aller Unternehmen, die Leder erzeugten oder Leder verarbeiteten, war Pflicht.

176 Gremien der Verteilung und Überwachung waren nun verschiedene Ausschüsse, die mit Vertretern der führenden Unternehmen besetzt waren.

177 Vgl. Kurzvortrag über Rüstungswirtschaft und Beschaffungswesen der Wehrmacht bei Bekleidung und Ausrüstung des Mannes, 13.3.1944; Vortrag des Stabsint. Dr. Wilhelmini (Wehrmachtsbeschaffungsamt), Tagung der Rüstungs-Inspektionen im Wehrkreis V über Beschaffung von Bekleidung und Ausstattung des Mannes (April 43–März 44), BA-MA Freiburg, RH 9, Nr. 26.

178 Zu den Stilllegungen ausführlich, vgl. Sudrow, *Schuh im NS*, 495.

179 Vgl. dazu Abschnitt „Stilllegung der Schuhproduktion".

180 Wehrwirtschaftliche Abt. für den Wehrwirtschaftsbezirk XIII in Fürth an Gebrüder Dassler, 26.10.1939, in: aA, D-649.

181 Damit war die Firma eines von sieben Unternehmen in Herzogenaurach. Vgl. Handwerkskammer von Oberfranken,

Liste der W-Betriebe, 1.11.1939, in: StA Nürnberg, Rep. 265 I, Nr. 292; Rudolf Dassler an Arbeitsamt Nürnberg, Abt. Uk-Anträge, Betr.: Aufhebung der Uk-Stellung für Rudolf Dassler, 2.7.1940, in: aA, D-648.

182 Adolf Dassler an Sasse, Wirtschaftsgruppe Einzelhandel, 14.10.1943, in: aA, D-851.

183 Rundschreiben Sportschuhfabrik Gebr. Dassler, Betr.: Preisermäßigung und Liefermöglichkeiten für Fußballstiefel, Rennschuhe und Turnschuhe, 27.1.1941, in: StA Nürnberg, Regierung von Mittelfranken MFr., Abg. 1978/3930-1.

184 Rundschreiben Sportschuhfabrik Gebr. Dassler, Betr.: Preisermäßigung und Liefermöglichkeiten für Fußballstiefel, Rennschuhe und Turnschuhe, 27.1.1941, in: StA Nürnberg, Regierung von Mittelfranken MFr., Abg. 1978/3930-1.

185 Liste Schuhhersteller [1944], in: BA Berlin, R 10 VI (Gemeinschaft Schuhe), Nr. 19.

186 Ebd.

187 Gebrüder Dassler an Gemeinschaft Schuhe: Betr.: Produktionsaufgabe Si 548, 4.10.1943, in: aA, D-795.

188 Ebd.

189 Gebrüder Dassler, Rundschreiben, Betr.: Preisermäßigung und Liefermöglichkeiten für Fußballsteifel, Rennschuhe und Turnschuhe, 27.1.1941; und andere Dokumente in dieser Akte, in: StA Nürnberg, Regierung von Mittelfranken MFr., Abg. 1978/3930-1.

190 Dazu ausführlich Sudrow, *Schuh im NS*, 448ff.

191 Vgl. dazu ebd., 298–333.

192 Rundschreiben Sportschuhfabrik Gebr. Dassler, Betr.: Preisermäßigung und Liefermöglichkeiten für Fußballstiefel, Rennschuhe und Turnschuhe, 27.1.1941, in: StA Nürnberg, Regierung von Mittelfranken MFr., Abg. 1978/3930-1.

193 Adolf Dassler an Fachgruppe Schuhindustrie, Betr.: Betriebsstillegung, 29.10.1943, in: aA, D-848.

194 Vgl. dazu ausführlich Sudrow, *Schuh im NS*, 488ff.

195 Die Typenbezeichnung gab den unterschiedlichen Anteil des Synthesekautschuks Buna und wiederverwertetem Gummi im Werkstoff an: Der Werkstoff Gu T etwa bestand vor Sept. 1943 aus 30 % Buna und 15 % Regeneratgummi, nach Sept. 1943 aus 17 % Buna und 26 % Regeneratgummi sowie Füllstoffen. Vgl. Reichsstelle für Lederwirtschaft, Aktenvermerk, Betr.: Besprechung in der Reichsstelle für Kautschuk über die Erzeugung von Gummimaterial und Bereitstellung von Buna für die Gemeinschaft Schuhe im 7. KHJ, 26.9.1942, in: BAB, R 10 VI (Gemeinschaft Schuhe), Nr. 36.

196 Vgl. aA, D-766, D-765, D-764, u.v.a.

197 Vgl. dazu im Folgenden den Abschnitt „Fallschirmspringerstiefel versus Bunkerschuh“.

198 Adolf Dassler an Wilhelm Braunss, 28.11.1944, in: aA, D-744.

199 Die Methodik der heute gebräuchigen Qualitätsprüfung für Schuhe, d.h. der experimentellen Koppelung von Trageversuchen mit Versuchspersonen einerseits und Materialexperimenten im Labor andererseits, wurde in der NS-Zeit im Kontext der Versuchsanlage „Schuhprüfstrecke“ im KZ Sachsenhausen entwickelt und diente u.a. dem Einsatz erster Kunststoffe in Schuhen. Vgl. Anne Sudrow, *Vom Leder zum Kunststoff. Werkstoff-Forschung auf der „Schuhprüfstrecke“ im Konzentrationslager Sachsenhausen 1940–1945*, in: Helmut Maier (Hg.), Rüstungsforschung im Nationalsozialismus. Organisation, Mobilisierung und Entgrenzung der Technikwissenschaften, Göttingen 2002, 214–249.

200 Fachgruppe Sportartikel und Turngeräteindustrie, Berlin an das Reichsministerium des Innern, Berlin, Betr.: Erfüllung der Produktionsaufgabe über Sportschuhe Firma Gebrüder Dassler, 29.9.1943, in: aA, D-858; Rundschreiben Gebrüder Dassler, Betr.: Betriebsstillegung, 28.10.1943, in: aA, D-837.

201 Gebrüder Dassler an die GS, Betr.: Produktionsaufgabe Si 548, 4.10.1943, in: aA, D-851.

202 GS, Belegung der Schuhfabriken im Bereich der Gau-Wirtschaftskammer Nürnberg: Gebr. Dassler, 22.10.1943, in: BAB R 10 VI (Gemeinschaft Schuhe), Nr. 55, Bl 35; Wolfgang Schmohl, GS, an Adolf Dassler, 2.10.1943, in: aA, D-857; Gebrüder Dassler an die GS, Betr.: Produktionsaufgabe Si 548, 4.10.1943, in: aA, D-753.

203 Adolf Dassler, Anlagen zum Fragebogen und Antrag auf Gewerbegenehmigung, 17.9.1945, in: aA, D-717.

204 Erklärung Käthe Dassler für die Spruchkammer Höchstadt im Spruchkammerverfahren Adolf Dassler, 11.11.1946, in: StA Coburg, Spruchkammer Höchstadt a.d. Aisch/D 6.

205 aA, D-853.

206 Aus Gründen der Geheimhaltung wurden die Bezeichnungen von Rüstungsgütern in der Korrespondenz zwischen Militärbehörden und Herstellern durch Nummern ersetzt.

207 Zur Entwicklung und historischen Bedeutung der „8,8-cm-Raketen-Panzerbüchse 54“ vgl. Rolf-Dieter Müller, *Ergebnisse und Probleme der Rüstungsproduktion*, in: MGFA (Hg.), Das Deutsche Reich und der Zweite Weltkrieg. Band 5: Organisation und Mobilisierung des deutschen Machtbereichs. Teilband 2: Kriegsverwaltung, Wirtschaft und personelle Ressourcen 1942–1945, Stuttgart 1999, 618–691; zur Produktion durch Schricker vgl. Fritz Hahn, *Waffen und Geheimwaffen des deutschen Heeres 1933–1945. Bd. 1: Infanteriewaffen, Pionierwaffen, Artilleriewaffen, Pulver, Spreng- und Kampfstoffe*, Koblenz 1986, 88–99.

208 Schricker & Co. Nürnberg, an Gebrüder Dassler, Einzelteilfertigung für Gerät 6030, 20.10.1943, in: aA, D-850.

209 aA, D-847.

210 aA, D-849.

211 aA, D-848; D-855; D-793; D-831; D-830; D-846; D-839; D-859; D-854.

212 aA, D-788.

213 aA, D-844.

214 aA, D-845.

215 aA, D-791.

216 aA, D-841.

217 Rudolf Dassler an das Reichsluftfahrtministerium, Oberstingenieur Christensen, Betr.: Fallschirmspringerstiefel, 7.1.1944, in: aA, D-674.

218 Diese waren nach Kriegsende noch Gegenstand der Begleichung von Restschulden der Firma Schricker bei der Firma Dassler. Noch 1947 bemühte sich der Treuhänder der Gebrüder Dassler darum, diese Maschinen, die offiziell Eigentum der Firma Schricker waren und von ihr für die Fertigung an die Firma Dassler ausgeliehen worden seien, verkaufen zu dürfen. Denn die Firma Schricker schuldete der Firma Dassler aus den letzten Kriegstagen noch einen erheblichen Geldbetrag, fast RM 100.000, der hierdurch beglichen werden sollte. Vgl. den Briefwechsel des Treuhänders der Firma Dassler mit der Sparkasse, dem Landesamt für Vermögensverwaltung und dem Treuhänder der Firma Schricker bis Mai 1947, in: StA Bamberg, K 270/3431, Bl. 95, 109ff.

219 Bayerisches Landesamt für Vermögensverwaltung und Wiedergutmachung, Außenstelle Nürnberg, Betriebsprüfungsbericht vom 31.12.1946 der Firma Schricker & Co., Vach (1945–1948), in: StA Nürnberg, Firmenprüfungen, Nr. 1451, Bl. 183/184.

220 Bayerisches Landesamt für Vermögensverwaltung, Civilian Agency Head, Höchstadt, an Bayer. Landesamt für Vermögensverwaltung und Wiedergutmachung, Zweigstelle Ansbach, Betr.: Beilage, 30.4.1947, in: StA Bamberg, K 270/4221. Hier heißt es: Leiter der Außenstelle Höchstadt an Bayer. Landesamt für Vermögensverwaltung und Wiedergutmachung, Zweigstelle Ansbach, Betr.: Beilage, 30.4.1947: „In der Fabrik Gebr. Dassler in Herzogenaurach [...] liegen noch seit dem Kriege ca. 3–4 Tonnen alte Wehrmachtteile [...]. Da diese Teile immer mehr verrosten, habe ich vorgeschlagen, diese Metallteile als Schrot[t] zu verkaufen. Man kann zur Zeit noch fuer dieses Material ca. 200,-RM pro t bekommen." Briefwechsel des Treuhänders der Firma Dassler mit der Sparkasse, dem Landesamt für Vermögensverwaltung und dem Treuhänder der Firma Schricker bis Mai 1947, in: StA Bamberg, K 270/3431, Bl. 95. Im Betriebsprüfungsbericht über die Firma Schricker & Co., Vach heißt es ebenso: „Außerdem lagert bei der Fa. Dassler Material aus der Kriegsfertigung, das von dieser Fa. auf 10–15.000 RM geschätzt wird und ebenfalls zur Sicherung ihrer Forderung zurückbehalten wird." Bayerisches Landesamt für Vermögensverwaltung und Wiedergutmachung, Außenstelle Nürnberg, Betriebsprüfungsbericht Firma Schricker & Co., Vach (1945–1948), in: StA Nürnberg, Firmenprüfungen, Nr. 1451, Bl. 183/184.

221 Adolf Dassler an GS, Sorau, 28.12.1943, in: aA, D-778; Adolf Dassler an Braunss, 5.1.1944, in: aA, D-777.

222 Wahrscheinlich entstand die fehlerhafte Bezeichnung „Panzerschrank" eher bei der Transkription des Interviews als durch die Äußerung Käthe Dasslers, da in dem Transkript auch andere Fehler dieser Art enthalten sind. Vgl. Interview Käthe Dassler, o. D. [ca. 1980], Teil 2, 6, in: aA, D-MC-10.

223 Ulrich Herbert, *Zwangsarbeiter im „Dritten Reich" – ein Überblick*, in: Klaus Barwig u. a. (Hg.), Entschädigung für NS-Zwangsarbeit, Baden-Baden 1998, 17–32. Als Zwangsarbeiter werden hier nach einer Definition Ulrich Herberts Personen gefasst, denen es als Arbeitskräfte im nationalsozialistischen Deutschland, (1.) verwehrt wurde, die Arbeitsstelle und den Arbeitgeber nach eigenem Willen auszusuchen oder zu verlassen und die (2.) besonderen gesetzlichen oder behördlichen Bedingungen unterlagen, welche sie in der Regel besonders schlechten sozialen Bedingungen unterwarfen und ihnen rechtliche Einspruchsmöglichkeiten versagten. Der Begriff umfasst für die Kriegsjahre drei große Gruppen von Personen: 1. die ausländischen Zivilarbeiter und Kriegsgefangenen, die zwischen 1939 und 1945 zum Arbeitseinsatz nach Deutschland gebracht und im Volksmund „Fremdarbeiter" genannt wurden; 2. die Häftlinge der Konzentrationslager im Reichsgebiet und in den besetzten Gebieten Europas; und 3. die als „Juden" stigmatisierten Personen in Deutschland und Europa, die in Ghettos, Zwangsarbeitslagern und KZ-Außenlagern Zwangsarbeiten verrichten mussten.

224 Mark Spoerer unterscheidet als vier Grundformen (1.) die reine Anwerbung, (2.) die Werbung mit maßgeblicher Beeinflussung der Existenzbedigungen der „Angeworbenen", (3.) die Konskription unter Rückgriff der einheimischen Verwaltung und (4.) die Deportation durch offene Gewaltanwendung deutscher oder deutsch-verbündeter Besatzungsorgane. Vgl. Mark Spoerer, *Zwangsarbeit im Dritten Reich, Verantwortung und Entschädigung*, in: Geschichte in Wissenschaft und Unterricht 9 (2000), 508–527, hier 511ff.

225 Ebd., 513–518.

226 In der umfangreichsten erhaltenen Reihung von Mitarbeiterzahlen der Firma Gebrüder Dassler in den 30er und frühen 40er Jahren fehlt in den Spruchkammerakten Adolf Dasslers eine Angabe für 1939. Dies muss das Jahr mit der höchsten Beschäftigtenzahl gewesen sein. In zwei Veröffentlichungen, die sich auf Unterlagen im Puma-Archiv und eine firmeninterne Veröffentlichung von Puma beziehen, ist eine Mitarbeiterzahl von 110 Beschäftigten im Jahr 1939 angegeben. Obwohl nicht klar ist, auf welcher historischen Quelle diese Angabe beruht, deckt sie sich doch mit einer Aussage Adolf Dasslers kurz nach dem Krieg, dass die Kapazität des Unternehmens Gebrüder Dassler „in normalen Zeiten bei 80 bis 100 Mitarbeitern" lag. Vgl. Wirtschaftswerbung Franken Nürnberg (Hg.), *Festschrift für Rudolf Dassler zum 70. Geburtstag*, Herzogenaurach 1968; Hans-Peter Gäbelein, *Zum 100. Geburtstag von Adi Dassler*, in: Herzogenauracher Stadtschreiber 2001–2003, 184; Adolf Dassler, Anlagen zum Fragebogen und Antrag auf Gewerbegenehmigung, 17.9.1945, in: aA, D-717.

227 In diese Angabe sind vermutlich die Zwangsarbeiterinnen

schon eingerechnet, da es sich um Berechnungen für den Luftschutz der Belegschaft handelte. Vgl. Betriebsluftschutzplan Gebrüder Dassler, 1.3.1943, in: Stadtarchiv Herzogenaurach, V 279 Luftschutz, 1943.

228 Fachgruppe Schuhindustrie an Wirtschaftsgruppe Lederindustrie, Berlin, Betr.: Russische Zivilarbeiter, Landesarbeitsamtsbezirk Bayern, 28.10.1942, in: BAB, R 13 XIII (Wirtschaftsgruppe Lederindustrie), Nr. 250.

229 Allgemein scheint die historische Aufarbeitung der NS-Zwangsarbeit in der Stadtgeschichtsschreibung über Herzogenaurach weniger Aufmerksamkeit erhalten zu haben als in anderen Orten und Regionen. Vgl. hierzu Gotthard Lohmaier, *Deutschland, du wirst leuchtend stehn, mögen wir auch untergehn*, in: Stadt Herzogenaurach (Hg.), Aus der 1000-jährigen Geschichte Herzogenaurachs, Herzogenaurach 2002, 142–154, hier 148f.

230 Adolf Dassler an Fachgruppe Schuhindustrie, GS: Betriebsstillegung, 29.10.1943, in: aA, D-848.

231 Vgl. Ulrich Herbert, *Fremdarbeiter. Politik und Praxis des „Ausländer-Einsatzes" in der Kriegswirtschaft des Dritten Reiches*, Neuauflage, Berlin 1999, 301.

232 Adolf Dassler, Betr.: Gesetz zur politischen Befreiung vom Nationalsozialismus und Militarismus, Antrag auf Einreihung in die Gruppe der Entlasteten, 1946, 4, in: aA, D-700.

233 Fachgruppe Schuhindustrie an Wirtschaftsgruppe Lederindustrie, Berlin, Betr.: Russische Zivilarbeiter, Landesarbeitsamtsbezirk Bayern, 28.10.1942, in: BAB, R 13 XIII (Wirtschaftsgruppe Lederindustrie), Nr. 250.

234 Fachgruppe Schuhindustrie an Wirtschaftsgruppe Lederindustrie, Berlin, Betr.: Russische Zivilarbeiter, Landesarbeitsamtsbezirk Bayern, 28.10.1942, in: BAB, R 13 XIII (Wirtschaftsgruppe Lederindustrie), Nr. 250.

235 aA, D-860.

236 Ulrich Herbert, *Fremdarbeiter. Politik und Praxis des „Ausländer-Einsatzes" in der Kriegswirtschaft des Dritten Reiches*, Neuauflage, Berlin 1999, 304.

237 Im Unternehmensarchiv adidas und in den staatlichen Archiven ist die Quellenlage zum hier untersuchten Thema und Zeitraum dürftig. Es war nicht möglich, für diese Studie die Dokumente im Archiv der „Adolf und Käthe Dassler Memorial Foundation" zu nutzen. Zudem konnte die Spruchkammerakte Rudolf Dasslers trotz intensiver Suche in allen bayerischen Staatsarchiven sowie im Hauptstaatsarchiv München bislang nicht lokalisiert werden. Die folgende Darstellung beruht daher in weiten Teilen einseitig auf Dokumenten aus dem Nachlass von Adolf und Käthe Dassler, den Spruchkammerakten von Adolf Dassler und Friedl Dassler sowie den Unterlagen des Bayerischen Landesamts für Vermögensverwaltung und Wiedergutmachung im Staatsarchiv Bamberg. Aus dem Besitz und zur Perspektive Rudolf Dasslers waren aus dem Puma-Archiv und aus dem Unternehmensarchiv von adidas nur wenige Dokumente zugänglich. In unternehmenseigenen oder unternehmensnahen Publikationen der Firma Puma sowie in stadthistorischen Darstellungen aus der Feder von Heimathistorikern aus Herzogenaurach wurden aber in der Vergangenheit (allerdings ohne genaue Quellenangabe) Tagebuchauszüge Rudolf Dasslers und weitere zeitgenössische Dokumente aus den 30er Jahren zitiert. Vgl. etwa Rolf-Hugo Peters, *The Puma Story*, München 2008, 3–24; Hans-Peter Gäbelein, *Zum 100. Geburtstag von Adi Dassler*, in: Herzogenauracher Stadtschreiber 2001–2003, 179–188.

238 Zur Entwicklung des Fallschirmspringerstiefels vgl. aA, D-667, D-669, D-670, D-671, D-677.

239 Rudolf Dassler an RMin Speer, unter dessen Feldpostnummer, Betr.: Neuartige Fallschirmspringerstiefel, 17.11.1943, in: aA, D-667.

240 Asam an Adolf Dassler, 4.1.1944, in: aA, D-671, u.a.

241 Dieser war auf etwa fünf Wochen von Ende Sept. bis 6. Dez. 1943 begrenzt. Danach musste er zu seiner Wehrdienststelle zurück. Vgl. ebd.

242 Wilhelm Braunss, GS, an Firma Fagus, Alfeld, Betr.: Bunker- oder Hausschuh für die Wehrmacht, 15.2.1944, (Abschrift), in: aA, D-766.

243 Adolf Dassler an GS, Sorau, 28.12.1943, in: aA, D-778; Adolf Dassler an Braunss, 5.1.1944, in: aA, D-777.

244 Bunkerschuhe, in: BAB, R 10 VI (Gemeinschaft Schuhe), Nr. 55, Bl. 181.

245 aA, D-641.

246 aA, D-643.

247 aA, D-640.

248 aA, D-637.

249 Reichs-Patentamt, Patentschrift Adolf Dassler, 915907, später mit Zusatz versehen durch Patentschrift 916 816, Deutsches Patentamt, 19.8.1954, in: aA, D-LI-49; Bekanngemachte und ausgelegte Anmeldung, Reichs-Patenamt Berlin, 24.9.1943 und Deutsches Patentamt,13.5.1953, in: aA, D-LI-10.

250 aA, D-637.

251 aA, D-636.

252 Da es sich bei dem Schreiben um eine nicht beglaubigte Abschrift handelt, ist nicht mit Sicherheit zu sagen, ob das Dokument authentisch ist. Vgl. RD an Arbeitsamt Nürnberg, Betr.: Aufhebung der Uk-Stellung für Rudolf Dassler, 2.7.1940, in: aA, D-648.

253 Meldebogen Adolf Dassler, 17.9.1945 und 7.5.1946, in: aA, D-708 und D-716; Adolf Dassler: Meldebogen aufgrund des Gesetzes zur Befreiung von Nationalsozialismus und Militarismus vom 5.3.1946, in: StA Coburg, Spruchkammer Höchstadt a.d. Aisch/D 6; Entlassungsschein aus der Wehrmacht, Jan 1941, in: aA, D-645.

254 Meldebogen Adolf Dassler, 17.9.1945, in: aA, D-716.

255 aA, D-782.

256 Meldebogen Adolf Dassler, 17.9.1945, in: aA, D-716.
257 Rudolf Dassler an RD an RMin Speer, unter dessen Feldpostnummer, 17.11.1943, in: aA, D-667.
258 Christiane Kuller, *Bürokratie und Verbrechen. Antisemitische Finanzpolitik und Verwaltungspraxis im nationalsozialistischen Deutschland*, München 2013, 72ff.
259 Ebd., 72.
260 Vgl. Parteikanzlei Berlin, Der Leiter der Parteikanzlei an alle Reichsleiter, Gauleiter und Verbändeführer, Betr: Zollgrenzschutz, 31.7.1944, abgedruckt in: Zollgrenzschutz, Geschichte des Zollgrenzschutzes, URL: http://www.zollgrenzschutz.de/index.php?option=com_content&view=article&id=141&Itemid=151 [letzter Zugriff 5.7.2017]; Kuller, *Bürokratie und Verbrechen*, 74.
261 Erklärung Käthe Dassler für die Spruchkammer Höchstadt im Spruchkammerverfahren Adolf Dassler, 11.11.1946, in: StA Coburg, Spruchkammer Höchstadt a.d. Aisch/D 6.
262 Adolf Dassler an Hans Asam, 7.2.1944, in: aA, D-676.
263 Gesellschaftsbeschluss Gebrüder Dassler, 2.4.1945, in: aA, D-636.
264 Erklärung Käthe Dassler für die Spruchkammer Höchstadt im Spruchkammerverfahren Adolf Dassler, 11.11.1946, in: StA Coburg, Spruchkammer Höchstadt a.d. Aisch/D 6.
265 Adolf Dassler an den Prüfungsausschuss der Militärregierung, Höchstadt, 19.11.1945, 2, in: aA, D-713.
266 Military Government Munich, Security Board, Report of Persons released from Internment Camps: Rudolf Dassler, 8.8.1946, in: StA Bamberg, Bestand OMGUS, OMGBY. Höchstadt an der Aisch. Reports of persons released from Internment Camps (Hammelburg), 9/136-3/10, Nr. 775037.
267 Vgl. Heinz Boberach, *Sicherheitsdienst (SD)*, in: Wolfgang Benz u.a. (Hg.), Enzyklopädie des Nationalsozialismus, München 2001, 728f.
268 Military Gov (US) Office Bamberg, Sub-Office Forchheim, APO 139, US Army, Gerald Bartz, Essential Elements of Information, 19.4.1949, Leading Nazis, in: StA Bamberg, Bestand OMGUS, OMGBY. Höchstadt an der Aisch, 9/136-3/9, Nr. 775037.
269 Military Government Munich, Security Board, Report of Persons released from Internment Camps: Rudolf Dassler, 8.8.1946, in: StA Bamberg, Bestand OMGUS, OMGBY. Höchstadt an der Aisch. Reports of persons released from Internment Camps (Hammelburg), 9/136-3/10, Nr. 775037.
270 Fragebogen Rudolf Dassler, Überblick über die Bevölkerung des Landkreises Höchstadt an der Aisch, Gemeinde Herzogenaurach, 8.8.1946, in: StA Bamberg, Bestand OMGUS, OMGBY. Höchstadt an der Aisch. Reports of persons released from Internment Camps (Hammelburg), 9/136-3/10, Nr. 775037.
271 Als Minderbelasteter galt, „wer nicht mehr als nominell am Nationalsozialismus teilgenommen oder ihn nur unwesentlich unterstützt und sich auch nicht als Militarist erwiesen“ hatte. Vgl. Kontrollrats-Gesetz Nr. 104 zur Befreiung von Nationalsozialismus und Militarismus vom 5.3.1946, Art. 12.
272 Dies waren folgende Personen: a) „Wer an sich zur Gruppe der Belasteten gehört, jedoch wegen besonderer Umstände [...] einer milderen Beurteilung würdig erscheint und nach seiner Persönlichkeit erwarten läßt, daß er nach Bewährung in einer Probezeit seine Pflichten als Bürger eines friedlichen demokratischen Staates erfüllen wird“; oder b) „wer [...] zwar als Belasteter erscheint, aber eindeutig und klar erkennbar frühzeitig vom Nationalsozialismus und seinen Methoden abgerückt ist“. Vgl. Kontrollrats-Gesetz Nr. 104 zur Befreiung von Nationalsozialismus und Militarismus vom 5.3.1946, Art. 11.
273 Bayerisches Landesamt für Vermögensverwaltung, Civilian Agency Head, Höchstadt, an das Landesamt für Vermögensverwaltung und Wiedergutmachung, München [Ansbach], Betr.: Rudolf Dassler, Herzogenaurach, 24.4.1947, in: StA Bamberg, K 270/4221.
274 Erklärung Käthe Dassler für die Spruchkammer Höchstadt im Spruchkammerverfahren Adolf Dassler, 11.11.1946, in: StA Coburg, Spruchkammer Höchstadt a.d. Aisch/D 6.
275 Gotthard Lohmaier, *Aus Besatzern werden Beschützer*, in: Stadt Herzogenaurach (Hg.), Aus der 1000-jährigen Geschichte, 156–163.
276 Mayor ordered by the Military Government, Bescheinigung Adolf Dassler, 25.4.1945, in: aA, D-718.
277 Property Control: Beschreibung und Wert der Grundstücke im Besitz von AD und RD zum Zeitpunkt Dez. 1946, 22.12.1946, in: StA Bamberg, K 270/3431, Bl. 2–5; Gebrüder Dassler an das Bayerische Landesamt für Vermögensverwaltung und Wiedergutmachung, Höchstadt, 5.3.1947, Bl. 124.
278 Leroy Hinchcliffe, Headquarter Ninth Air Force, Office of the Chief of Special Services, to Firm of Dassler Brothers, 23.7.1945, in: aA, D-715.
279 Interview Josef Erhard, o.D. [ca. 1980], 8, in: aA, D-MC-11.
280 Adolf Dassler an die Militärregierung des Landkreises Höchstadt/Aisch, Betr.: Gewerbegenehmigung, 17.9.1945, in: aA, D-717.
281 aA, D-701 und 714.
282 Adolf Dassler an den Prüfungsausschuss der Militärregierung, Höchstadt, 19.11.1945, in: aA, D-713.
283 Trinkle, Report of Business Analysis: Sportschuhfabrik Gebrüder Dassler, Herzogenaurach, 5.11.1946, in: StA Bamberg, K 270/3431, Bl. 139b.
284 Trinkle, Report of Business Analysis: Sportschuhfabrik Gebrüder Dassler, Herzogenaurach, 5.11.1946, in: StA Bamberg, K 270/3431, Bl. 139a.
285 StA Bamberg, K 270/3431, Bl. 1–171.
286 In dieser Kategorie wurde verurteilt, wer als „Aktivist, Militarist oder Nutznießer“ der „nationalsozialistischen Gewaltherrschaft“ galt. Vgl. Kontrollrats-Gesetz Nr. 104 zur Be-

freiung von Nationalsozialismus und Militarismus vom 5.3.1946, Art. 6–9. Weitere Ausführungen zu dieser Kategorie im Gesetz sind zu umfangreich, um sie hier im Einzelnen wiederzugeben.

287 Spruchkammer Höchstadt/Aisch, Protokoll der öffentlichen Sitzung am 30.7.1946 gegen Adolf Dassler, in: StA Coburg, Spruchkammer Höchstadt a.d. Aisch/D 6; Trinkle, Report of Business Analysis: Sportschuhfabrik Gebrüder Dassler, Herzogenaurach, 5.11.1946, in: StA Bamberg, K 270/3431, Bl. 139.

288 Ludwig Rohnfelder, Forchheim, an die Spruchkammer Herzogenaurach, 3.9.1946, in: StA Coburg, Spruchkammer Höchstadt a.d. Aisch/D 6.

289 Sport Münzinger, München an Gebrüder Dassler, 16.6.1946, in: StA Coburg, Spruchkammer Höchstadt a. d. Aisch/D 6.

290 Landesstelle für Leder, Bestätigung, 14.10.1946, in: StA Coburg, Spruchkammer Höchstadt a.d. Aisch/D 6.

291 Ludwig Rohnfelder an die Spruchkammer Herzogenaurach in der Sache Adolf Dassler, 3.9.1946, in: StA Coburg, Spruchkammer Höchstadt a.d. Aisch/D 6.

292 Brief Adolf Dassler an die Spruchkammer Höchstadt, 17.7.1946, in: StA Coburg, Spruchkammer Höchstadt a. d. Aisch/D 6.

293 Preisüberwachungsstelle Ansbach, Verurteilung des Mitinhabers der Gebr. Dassler (Adolf Dassler) wegen Überschreitung der zulässigen Preise für Schuhe, 4.5.1944, in: StA Nürnberg, Regierung von Mittelfranken MFr, Abg. 1978/3930-1.

294 Spruchkammer Höchstadt/Aisch, Spruch im Fall Adolf Dassler, 22.11.1946, in: StA Coburg, Spruchkammer Höchstadt a.d. Aisch/D 6.

295 Lutz Niethammer, *Die Mitläuferfabrik. Entnazifizierung am Beispiel Bayerns*, Frankfurt a.M. 1982.

296 Clemens Vollnhals (Hg.), *Entnazifizierung. Politische Säuberung und Rehabilitierung in den vier Besatzungszonen 1945–1949*, München 1991, 22.

297 Aufnahmeerklärung Friedl Dasslers in die NS-Frauenschaft, 1.12.1933, in: BAB, FS (ehem. BDC), A 0299, 1418.

298 Spruchkammer Höchstadt, Sühnebescheid für Friedl Dassler, 4.12.1946, in: StA Coburg, Spruchkammer Höchstadt a.d. Aisch, D7.

299 Adolf Dassler an Rechtsanwalt Ludwig Rohnfelder, Forchheim, 11.11.1946, in: aA, D-678.

300 Ebd.

301 Bayer. Landesamt für Vermögensverwaltung an Sparkasse HA: Betr: Konto Rudolf Dassler, 17.2.1947 in: StA Bamberg, K 270/3431, Bl. 134.

302 Der öffentliche Kläger der Spruchkammer Höchstadt an der Aisch an Rechtsanwalt Schmied, Nürnberg, 30.4.1947, in: StA Bamberg, K 270/3431, Bl. 109.

303 Handschriftliche Notiz, 13.5.1947, in: StA Bamberg, K 270/3431, Bl. 109b.

304 Property Control, Report of Property Transaction, Landkreis Höchstadt/Aisch, 1.6.1947, in: StA Bamberg, K 270/3431, Bl.1.

305 Karte Gebrüder Dassler im Gewerberegister der Stadt Herzogenaurach (1919–1948), in: Stadtarchiv Herzogenaurach.

306 Auseinandersetzungsvertrag zwischen den alleinigen Gesellschaftern der Firma Gebrüder Dassler, Sportschuhfabrik, offene Handelsgesellschaft in Herzogenaurach, Dez. 1948, in: Unternehmensarchiv Puma.

3 Das andere „Wunder von Bern". Der Aufstieg von adidas und markenorientierte Unternehmensführung nach dem Zweiten Weltkrieg

1 Zur Frühgeschichte von adidas nach dem Zweiten Weltkrieg vgl. den Beitrag von Anne Sudrow in diesem Band sowie Wilfried Geldner, *Adi Dassler*, Berlin 1999, 35ff.; Barbara Smit, *Drei Streifen gegen Puma. Zwei verfeindete Brüder und der Kampf um die Weltmarktführerschaft*, Frankfurt a.M./ New York 2005, 44ff.

2 Bericht über die Entwicklung der Sportschuhfabrik Gebrüder Dassler an Militärregierung Property Control vom 3.1.1946, in: aA, D-712; Sport-Münzinger an Fa. Gebrüder Dassler 16.6.1946; Spruchkammer Höchstadt a.d.A. Nr. 6, Schreiben an Bayer. Landeswirtschaftsrat in München v. 24.6.1946 (Kopie), in: Staatsarchiv Coburg; Rep. 265 I/K 270/3431, Gebr. Dassler, Geschäftsbericht für den Monat Februar 1946 (Kopie), in: Staatsarchiv Bamberg.

3 Schreiben Adolf Dassler vom 1.6.1948, in: Archiv „Adi & Käthe Dassler Memorial Stiftung", S 20130214144606.

4 Geldner, *Adi Dassler*, 37f.; *Let the Games Begin*, o.O. 2008, in: aA, B/AD/5; *In the Beginning there was running*, o.O. 2007, in: aA, B/AD/46.

5 Prospekt „Man läuft wie auf einem Teppich"(1949), in: aA, DC-9501; Schreiben Adolf Dassler vom 1.6.1948, in: Archiv „Adi & Käthe Dassler Memorial Stiftung", S 20130214144606; Smit, *Drei Streifen*, 46ff.; Geldner, *Adi Dassler*, 37f.

6 Prospekt „Von Erfolg zu Erfolg mit adidas Sportschuhen" (1950), in: aA, DC-6318.

7 Prospekt „adidas Sportschuhe. Die Marke mit den 3 Riemen" (1950), in: aA, DC-281.

8 Kai-Uwe Hellmann, *Soziologie der Marke*, Frankfurt a.M. 2003, 46–53; Rainer Gries, *Produkte als Medien. Kulturgeschichte der Produktkommunikation in der Bundesrepublik und der DDR*, Leipzig 2003, 53–60, 149-159.

9 Rolf-Herbert Peters, *Die Puma-Story*, München 2007, 30.

10 adidas, *Let the Games begin*, in: aA, B/AD/5, o.P.; Geldner, *Adi Dassler*, 23.

11 Zur Entwicklung von adidas im Nationalsozialismus vgl. ausführlich das Kapitel von Anne Sudrow.

12 Vgl. dazu den Beitrag von Anne Sudrow in diesem Band.

13 adidas, *Let the Games begin*, in: aA, B/AD/5, o.P.; Smit, *Drei Streifen*, 23ff.

14 Preislisten und Werbematerialien (Kopie), in: StA Bamberg, Rep. 265/I/292, K 270/4331.

15 Vgl. dazu auch den Text von Rainer Karlsch in diesem Band.

16 Detlev Vetten, *Making a difference*, 40–47; Smit, *Drei Streifen*, 47f.

17 Prospekt „adidas Sportschuhe" (1950), in: aA, DC-281.

18 Ebd.

19 Peters, *Die Puma-Story*, 34.

20 Adi Dassler an Herrn Bundestrainer Sepp Herberger, 5.7.1951, in: aA, D-609.

21 Brief an Sepp Herberger, 30.1.1951, in: aA, D 438.

22 Adi Dassler an Sepp Herberger, 10.5.1951, in: aA, D-439.

23 Adi Dassler an Herberger, 3.7.1952, in: aA, D-5805.

24 Adi Dassler an Sepp Herberger, 13.5.1953, in: aA, D-5814.

25 Adi Dassler an den Deutschen Fußball-Bund z.Hd. Herrn Koppehel, 9.4.1953, in: aA, D-1460.

26 Schreiben von Adi Dassler an Bundestrainer Sepp Herberger, 3.12.1953, in: Archiv „Adi & Käthe Dassler Memorial Stiftung", S 20130213144603.

27 Sepp Herberger, Stellungnahme in der Angelegenheit Dassler, o.D. (ca. 1954), in: aA, D-607.

28 Ebd.

29 Ebd.

30 Sepp Herberger, betr. „Trainingswinke" der Firma adidas und Schreiben des Herrn Dr. Bauwens vom 5.2.54, in: aA, D-610.

31 „Kicker"-Sonderheft (5.7.1954), 18; Daily Sketch (30.11.1954), zitiert nach Vetten, *Making a difference*, 112.

32 Smit, *Drei Streifen*, 52.

33 Karl Braun u.a. (Hg.), *Marketing und Vertriebspower durch Sponsoring. Sponsoringbudgets strategisch managen und refinanzieren*, Berlin 2006, 151.

34 Interview Fritz Walter, o.D., in: aA, D-MC-13.

35 Punktverlust vermeiden, 1953/54, in: aA, DC-9518.

36 Deutsches Patentamt. Patentschrift Nr. 817 856, in: aA, D-LI-39.; Patentanwalt Dr. Wetzel an Deutsches Patentamt, Gebrauchsmusteranmeldung, 28.11.1952 in: ebd., D-LI 86.

37 Peters, *Puma-Story*, 35f.; Smit, *Drei Streifen*, 55.

38 Produktion und Umsätze 1950–1965, in: aA, D-5928; Die Zahlen bei Geldner, *Adi Dassler*, 46, der von einer Produktion von 2000 Paar Schuhen täglich ausgeht, können nicht belegt werden. Im Archiv von adidas finden sich für diesen Zeitraum nur sehr wenige handschriftliche Aufstellungen zu betrieblichen Kennziffern. Dabei wird auch deutlich, dass die Produktion saisonal stark schwankte. Im Winter wur-

den deutlich weniger Schuhe verkauft als in den Frühjahrs- und Sommermonaten. Vgl. Betriebsergebnis für Monat April 1955, in: aA, D-1235.

39 adidas (Katalog 1955), in: aA, DC-275.

40 Christian Kleinschmidt, *„Marmor, Stein und Eisen bricht …" – Westdeutschlands Aufbruch ins Kunststoffzeitalter*, in: Technikgeschichte (2001), 355–372; Thomas Turner, *German Sports Shoes, Basketball, and Hip Hop: The Consumption and Cultural Significance oft he adidas ‚Superstar', 1966–1988*, in: Sport in History 1 (2015), 133.

41 adidas-Erfindungen, 2.12.1966, in: aA, D-M 12 (Pressemitteilung 1970) in: aA, D-484; Geheimschreiben Nr.1, 1. Feb. 1964. Zukunfts- und teilweise eilige Entwicklungsarbeiten, in: Archiv „Adi & Käthe Dassler Memorial Stiftung", S20130210175730.

42 Pressemitteilung 1971, in: aA, D-M 20.

43 Interview Käthe Dassler 1980, in: aA, D-MC-10; vgl. auch den Beitrag von Jörg Lesczenski in diesem Band.

44 Interview Werner von Moltke (1980), in: aA, D-MC-12, 29ff.

45 Zur Familiengeschichte vgl. auch den Beitrag von Jörg Lesczenski in diesem Band.

46 Interview Werner von Moltke (1980), in: aA, D-MC-12, 20ff.

47 Ebd., 5.

48 Gunter Gebauer, *Die Bundesliga und das Fernsehen*, in: Wolfram Pyta (Hg.), Geschichte des Fußballs in Deutschland und Europa seit 1954, Stuttgart 2013, 19f.; Axel Schildt, *Der Beginn des Fernsehzeitalters: Ein neues Massenmedium setzt sich durch*, in: Axel Schildt/Arnold Sywottek (Hg.), *Modernisierung im Wiederaufbau. Die westdeutsche Gesellschaft der 50er Jahre*, Bonn 1998, 477–482; Christiane Eisenberg u.a., *FIFA 1904–2004. 100 Jahre Weltfußball*, Göttingen 2004 (hier insbes. Kap. „Medien und Fußball"), 252–269.

49 Rainer Franzke, *Spiele, Medien und Moneten. Die Bundesliga seit 1963*, in: 100 Jahre DFB. Die Geschichte des Deutschen Fußball-Bundes, Berlin 1999, 397f.

50 Eike Reschke, *Zur Entwicklung des Amateursports – Amateursportler als Vertragssportler?*, in: ders. (Hg.), Sport als Arbeit. Zur rechtlichen Stellung von Amateuren und Profis, Heidelberg 1985, 3; Michael Krüger, *Einführung in die Geschichte der Leibeserziehung und des Sports. Teil 3: Leibeserziehung im 20. Jahrhundert. Sport für alle*, Schorndorf 2005, 69–73.

51 Krüger, *Einführung in die Geschichte der Leibeserziehung*, 179ff.; ders., *Carl Diems Friede zwischen Turnen und Sport*, in: ders. (Hg.), Der deutsche Sport auf dem Weg in die Moderne. Carl Diem und seine Zeit, Münster 2009, 161.

52 Helmut Wagner, *Sport und Arbeitersport*, Berlin 1931, zit. nach Hajo Bernett (Hg.), Der Sport im Kreuzfeuer der Kritik. Kritische Texte aus 100 Jahren deutscher Sportgeschichte, Schorndorf 1982, 72ff.; Nils Havemann, *Fußball unterm Hakenkreuz. Der DFB zwischen Sport, Politik und Kommerz*, Frankfurt a.M./New York 2005, 60f.

53 Krüger, *Einführung in die Geschichte der Leibeserziehung*, 179ff.; ders., *Carl Diems Friede zwischen Turnen und Sport*, in: ders. (Hg.), Der deutsche Sport auf dem Weg in die Moderne. Carl Diem und seine Zeit, Münster 2009, 161.

54 Reschke, *Sport als Arbeit*, 4f.

55 Rolf Bleeker-Dohmen/Karl-Heinz Stammen/Hermann Strasser/Götz Weber, *„Sind wir so unwichtig?" Fußballfans zwischen Tradition und Kommerz*, in: Jürgen Mittag/Jörg-Uwe Nieland (Hg.), Das Spiel mit dem Fußball. Interessen, Projektionen und Vereinnahmungen, Essen 2007, 501f.

56 Arthur Heinrich, *Der Deutsche Fußball-Bund. Eine politische Geschichte*, Köln 2000, 189; Karl-Heinz Heimann, *Ein langer, steiniger Weg. Profi-Fußball und Bundesliga*, in: 100 Jahre DFB. Die Geschichte des Deutschen Fußball-Bundes, Berlin 1999, 387–394.

57 Adi Dassler an Werbung und Technik (1966), in: aA, D-157.

58 Grupe, *Horst Dassler*, 20ff.; Smit, *Drei Streifen*, 64ff.; vgl. Interview Käthe Dassler, in: aA, D-MC-10.

59 adidas, *Let the Games begin*, in: aA, B/AD/5.

60 Katalog 1956, in: aA, DC-278.

61 Ebd.

62 Grupe, *Horst Dassler*, 24f.

63 Walter Freyer, *Sport-Marketing. Modernes Marketing-Management für die Sportwirtschaft*, Berlin 2011, 488ff.

64 Zitiert nach Geldner, *Adi Dassler*, 60f.

65 Geldner, *Adi Dassler*, 60; Grupe, *Horst Dassler*, 26.

66 Interview Uwe Seeler, o.D. (Ex. Vorhanden im adidas-Archiv), in: aA, D-MC-14.

67 Brief Adi Dassler KG an Christian Martens, 23.3.1961, in: aA, D-1053.

68 Entwurf Vertreter-Ehe Alisch-Seeler, o.J. (ca. 1961), in: aA, D-1074.

69 Schreiben Adi Dassler (oder Inge Bente) an Uwe Seeler, 15.5.1961, in: aA, D-1081.

70 Uwe Seeler an die Familien Dassler und Bente, 31.3.1961, in: aA, D-1058.

71 Aussage Horst Dasslers, zit. nach Geldner, *Adi Dassler*, 61.

72 Bleeker-Dohmen u.a., *„Sind wir so unwichtig"*, 502.

73 Vetten, *Making a difference*, 132; Geldner, *Adi Dassler*, 61f.; Peters, *Puma-Story*, 46f.;

74 Smit, *Drei Streifen*, 80.

75 Braun u.a., *Marketing und Vertriebspower*, 152f.

76 Bericht Chile-Reise Horst Dassler 1962, 31.5.1962 (Transkription), in: aA, D-595.

77 Bericht Chile-Reise, 23.5.1962 (Transkription), in: aA, D-595.

78 Bericht Chile-Reise, 24.5.1962 (Transkription), in: aA, D-595.

79 Bericht Chile-Reise, 23.5.1962 (Transkription), in: aA, D-595.

80 Bericht Chile-Reise, 7.6.1962 (Transkription), in: aA, D-595.

81 Bericht Chile-Reise, 7.7.1962 (Transkription), in: aA, D-595.

82 Bericht Chile-Reise, 26.5.1962 (Transkription), in: aA, D-595.

83 Bericht Chile-Reise, 15.6.1962 (Transkription), in: aA, D-595.

84 Hartmut Berghoff, *Von Watergate zur Compliance Revolution. Die Geschichte der Korruptionsbekämpfung in den USA und der Bundesrepublik Deutschland, 1972–2014*, in: ders./Cornelia Rauh/Thomas Welskopp (Hg.), Tatort Unternehmen. Zur Geschichte der Wirtschaftskriminalität im 20. und 21. Jahrhundert, Berlin/Boston 2016, 29.
85 Berghoff, *Von Watergate zur Compliance Revolution*, 30.
86 Smit, *Drei Streifen*, 108ff.; Peters, *Puma-Story*, 49.
87 Brief Dick Bank an Dassler, 28.4.1964 (Übersetzung), in: aA, D-1089.
88 Smit, *Drei Streifen*, 81ff.
89 adidas, *Let the Games begin*, in: aA, B/AD/5; Vetten, *Making a difference*, 49ff.
90 Schreiben an Gawril Korobkow/Leichtathletikverband der UdSSR, 27.5.1964, in: aA, D-5790, D-5792.
91 Ausführlicher dazu Karsten Rudolph, *Wirtschaftsdiplomatie im Kalten Krieg: Die Ostpolitik der westdeutschen Großindustrie 1945–1991*, Frankfurt a.M. 2004.
92 Vertrag mit Gerd Müller, 31.12.1969, in: aA, D-LP-1156.
93 Ebd.; Nils Havemann, *Die Gründung der Fußball-Bundesliga im Spannungsfeld von Kommerz und Kultur*, in: Pyta (Hg.), Geschichte des Fußballs, 90ff.; Julian Zeitlinger, *Customer Relationship Management in Fußballunternehmen*, Berlin 2004, 15.
94 Smit, *Drei Streifen*, 110ff.
95 Kataloge u. Werbeprospekte, in: aA, DC-265; DC-312; DC-319; DC-273.
96 Für Rumänien vgl. Vereinbarung zwischen Nikolaus Berger und Fa. adidas, Verkaufsorganisation für Rumänien, 17.4.1969, in: aA, D-LL-48. Vgl. ausführlicher dazu den Artikel von Rainer Karlsch in diesem Band.
97 Turner, *German Sport Shoes*, 134.
98 Katalog Mexiko 1968, in: aA, DC-319.
99 Turner, *German Sport Shoes*, 136ff.; Smit, *Drei Streifen*, 93; Promotionverträge, Vertrag Kareem Abdul-Jabbar, 4.2.1976; in: aA, D-LP-1950; Lizenzvertrag Kareem Abdul-Jabbar, 2.2.1976, in: ebd., D-LP-1950.
100 Turner, *German Sport Shoes*, 134.; Smit, *Drei Streifen*, 93ff.
101 Sublizenzvertrag zwischen adidas Deutschland und adidas France bzgl. Übertragung von Rechten an Produktion, Verkauf, Werbung mit dem Namen Ilie Năstase, 2.8.89, in: aA, D-LP-1951.
102 Ilie Năstase an Horst Dassler, 24.6.1978; Horst Dassler an Ilie Năstase, 7.7.1978, in: aA, D-LP-1951.
103 Lizenzvertrag mit Michel Platini, 1.1.1977, in: aA, D-LP-1952; John P. Boulter, Rapport Visite de Monsieur Genestar, 7.4.1981, in: ebd., D-LP-1952.
104 *Für 10.000 Mark auf US-Sohlen? Deutsche Firmen unter Druck*, in: Die Welt (3.12.1982).
105 Eröffnung des adidas-Schuhmuseums,1970, in: aA, D-M-11.
106 Vgl. dazu Götz Hanjo Borsdorf, *Die Internationalisierung deutscher Unternehmen nach dem Zweiten Weltkrieg bis 1973*, Aachen 2007.
107 Simone Breimhorst, *„Made in Italy, Austria and France" – Die produktionstechnische Internationalisierung der Salamander Aktiengesellschaft in Kornwestheim in den 60er Jahren*, M.A. Arbeit Marburg 2015, 113–121; Erwin Boehm, *Wandlungen in der Wirtschaft des Elsass*, in: Geographische Rundschau 7 (1962), 276f.
108 Interview Horst Dassler, in: aA, D-B-4.
109 Vgl. auch den Beitrag von Jörg Lesczenski in diesem Band.
110 Aktennotiz Katharina Dassler, 15.12.1960, in: aA, D-979.
111 Georg Schwahn an Dassler/Dettwiller, 11.7.1974, in: Archiv „Adi & Käthe Dassler Memorial Stiftung", S 20130213123013; Besprechung mit Herrn Schwahn, Herrn Denu, Herrn Dassler in Dettwiller betreffend Trainingsanzüge Frankreich, 8.9.1964, in: Archiv „Adi & Käthe Dassler Memorial Stiftung", S 20130213123025.
112 Grupe, *Horst Dassler*, 27ff.
113 Vgl. hierzu die Interviews mit ehemaligen Mitarbeitern von adidas France. Interview mit Wolf Anderie, in: aA, D-MC-57, 14ff.; Interview mit den Herren Hemmer und Alwin, in: aA, D-MC-62, 6f., 10f.; Interview Hartmut Klar, in: aA, D-MC-62, 8ff.
114 Katalog adidas France, 1968, in: aA,DC-312; vgl. Ralf Seidel, *Die Absatzpolitik und Absatzorganisation einer Sportschuhfabrik*, Diplomarbeit Univ. Würzburg 1961 (Exemplar im Archiv adidas).
115 Brief an Horst Dassler, 15.11.1976, in: aA, D-473 (1).
116 Protokoll der Vorstandssitzung vom 21./22.11.86, in: Archiv „Adi & Käthe Dassler Memorial Stiftung", S 20131021132054; Smit, *Drei Streifen*, 90.
117 Katalog, 1968, in: aA, DC 359; Katalog, 1971, in: aA, DC-359.
118 adidas-Katalog Frankreich, 1970, in: aA, DC-10368; sowie DC-249 zu B.O.S.
119 adidas Iberia (1969–2009). Notizen über seine Geschichte, Manuel Conte, Januar 2009 [ins Deutsche teilweise übersetzt von Sandra Trapp], in: aA, D-MC-200; Interview mit Alexander Sauer, 9.10.2014. Sauer war ab 1961 erster Abteilungsleiter der Schuhfabrik in Dettwiller bei adidas France und ab 1974 dann für die Ballproduktion zuständig, in: aA, D-HM-1 4-7; Interview mit Diego Gutierrez 2014, 3, in: aA, D-HM-2.
120 Centro de Documentacion de la Secretaria General de Instituciones Penitenciarias, Memoria Anual 1974, 116; ebd., Memoria Anual 1972, 83; adidas Iberia (1969–2009), in: aA, D-MC-200, 4-7; Interview mit Alexander Sauer, 9.10.2014, in: aA, D-HM-1, 6–7; Interview Gutierrez, in: aA, D-HM-2, 4; Bericht Conte, in: aA, D-MC-200, 7.
121 Vertragsentwurf adidas France und Orbitsports Ltd. Nairobi zur Herstellung, Vermarktung und Verkauf von adidas-Produkten, 10.7.1975, in: aA, D-LL-4; Lizenzvertrag zwischen adidas France, adidas Deutschland und Orbitsports Ltd. vom 13.9.1983, in: ebd., D-LL-4.

122 Vertrag adidas France mit Kababji&Co. (Damaskus) zur Herstellung von Bällen, 15.11.1977; Warenzeichen-Lizenzvertrag zw. adidas Deutschland und adidas France, 1.11.1977; Aktennotiz, betr. Ballproduktion Syrien, 9.8.79; Schreiben Grosshans an Dr. Louis, 7.6.1982, alle in: ebd., D-LL-5.
123 Vertragsverhandlungen adidas – Cosco, Indien-Reise R. Lessig/M. Kaufmann, 8.8.–13.8.1985 (20.8.1985), in: aA, D-LL-6.
124 Interview Alexander Sauer, 9.10.2014, in: aA, D-HM-1.
125 Katalog Bälle, 1971, in: aA, DC-336; Grupe, *Horst Dassler*, 72; Eisenberg u.a., *FIFA 1904–2004*, 244.
126 Interview Alexander Sauer, 9.10.2014, in: aA, D-HM-1.
127 Katalog Bälle, 1971, in: aA, DC-336; Interview Alexander Sauer, 9.10.2014, in: aA, D-HM-1.
128 Katalog, 1971, in: aA, DC-359, DC-349, DC-357.
129 adidas präsentiert: Franz-Beckenbauer-Sporthosen, Katalog 1971, in: aA, DC-362.
130 „Von Sieg zu Sieg mit adidas", Katalog 1969, in: aA, DC-329.
131 Jürgen Palm, *Neue Landschaften des Sports sind entstanden*, in: Der Sport – ein Kulturgut unserer Zeit. 50 Jahre Deutscher Sportbund, hg. vom Deutschen Sportbund, Frankfurt a.M. 2000, 73ff.; http://www.dosb.de/de/trimmy/die-geschichte/printer.html [letzter Zugriff 27.8.2018].
132 Katalog, 1977, in: aA, DC-4186.
133 Smit, *Drei Streifen*, 99f.
134 Daten und Fakten, adidas AG 1989, in: aA, DC-3369, 11.
135 Daten und Fakten, in: aA, DC-3369, 10; Grupe, *Horst Dassler*, 95ff.; Smit, *Drei Streifen*, 137ff.
136 Ebd., 9.
137 Johannes Löffler, *Die Kommunikationspolitik und ihre Imagewirkung im Sportartikelmarkt. Eine Analyse am Beispiel von adidas*, Saarbrücken 2011, 39f.; Christoph Bieber, *Sneaker-Story. Der Zweikampf von adidas und Nike*, Frankfurt a.M. 2000, 23ff., 34f.; Smit, *Drei Streifen*, 117.
138 Geldner, *Adi Dassler*, 54.
139 Aktennotiz Rechtsabteilung, 2.4.1981, in: aA, D-4362; Louis, Puhlau, Lohrentz&Segehth (Rechtsanwälte), Schreiben vom 7.12.1981, in: ebd., D-4485.
140 Interview Wolfgang Krause, o.D. (Exemplar im adidas-Archiv); Report for adidas on ownership of three stripes Trademark by Balogh, Osann, Kramer, Dvorak, Genova&Traub, 5.4.1990, in: aA, D-MC-203.
141 adidas Olympia-Post Nr.3, 1973, in: aA, Z-48-10.
142 Geheimschreiben Nr.1 Februar 1964. Zukunfts- und teilweise eilige Entwicklungsarbeiten, in: Archiv „Adi & Käthe Dassler Memorial Stiftung", S 20130210175730.
143 Was kopierten und kopieren die Konkurrenten, 6.2.1976, in: Archiv „Adi & Käthe Dassler Memorial Stiftung", S 20130212170602.
144 Schreiben an Sepp Herberger, 26.1.1953 bzgl. Nachahmung durch Puma; beispielhaft in: aA, D-586; Termin beim Landgericht Düsseldorf am 21.4.1966, in: ebd., D-2; Verschiedenes, o.D. (Puma-Kopien), in: ebd., D-86; Schreiben an adidas Rechtsabteilung, 7.9.1990 (Patentstreit „Torsion"-Schuh), in: ebd., D-2864.
145 Tobias Dietrich, *Laufen nach dem Boom. Eine dreifache Konsumgeschichte?*, in: Anselm Doering-Manteuffel/Lutz Raphael/Thomas Schlemmer (Hg.), Vorgeschichte der Gegenwart. Dimensionen des Strukturbruchs nach dem Boom, Göttingen 2016, 352f; http://www.asics.com/de/de-de/history [letzter Zugriff 27.8.2018]; Bieber, *Sneaker-Story*, 23ff., 34f.; Smit, *Drei Streifen*, 194.
146 Aktennotiz von Herrn Dassler, 10.11.1976, in: Archiv „Adi & Käthe Dassler Memorial Stiftung", S 20130213131150; vgl. Dietrich, *Laufen nach dem Boom*, 355f.
147 Smit, *Drei Streifen*, 175; vgl. Interview Alfred Wankerl, 17.5.2016 in: aA, D-HM-4; Traudl Korsa-Hilpert und Klaus Breier, 8.7.2016 in: ebd. D-HM-5.
148 adidas-Werbemittel, 1967, in: aA, D-575; Verauslagte Werbekosten für adidas, Dettwiller im Jahre 1962, in: ebd., D-5706; Geheimschreiben Nr.1 Februar 1964. Zukunfts- und teilweise eilige Entwicklungsarbeiten, in: Archiv „Adi & Käthe Dassler Memorial Stiftung", S 20130210175730.
149 Werbe- und Etatplanung 1971, Konzept einer ungefähren Werbeplanung für das erste Halbjahr 1970, von A. Wankerl, in: aA, D-MC-1; Werbekosten Ausland, o.J., ca. 1968, in: ebd. D-MC-1; Interview Alfred Wankerl, 17.5.16, in ebd., D-HM-4,
150 Katalog 1970, in: aA, DC-9972; Konzept für Olympiabesprechung, Sektor: Werbung (ca. 1972), in: aA, D-MC-8.
151 adidas Olympia-Post Nr.1, 1972, in: aA, Z-48-2.
152 Technische Olympia-Konferenz, 22.12.1971, in: aA, D-219.
153 Ausrüstervertrag mit OK München, in: aA, D-268, Aktennotiz betr. Olympische Spiele München, 18.2.1972, in: aA, D-268; adidas Olympia-Post Nr.1, 1972, in: aA, ebd., Z-48-2.
154 Agenda 69th IOC Session, Amsterdam 12.–16.5.1970, 7f., in: Archiv Olympic Studies Centre (OSC) im IOC [künftig Archiv OSC].
155 Minutes of the 73rd Session of the IOC, 21.–24.8.1972, München, 21, in: Archiv OSC.
156 Schreiben Brundage an Adi Dassler, 7.8.1972 (Kopie), in: Archiv OSC, J-DELTI-002.
157 Brief Horst Dassler an Willi Daume, 19.6.1972 (Kopie), in: Archiv OSC, CIOJU-1972S-JURID.
158 Brief A. Brundage an „Dear David", 19.5.1972 (Kopie), in: Archiv OSC, J-DELTI-002.
159 Brief Horst Dassler an Monique Berlioux, 19.6.1972 (Kopie), in: Archiv OSC, J-DELTI-002.
160 Reschke, *Sport als Arbeit*, 7ff.; Krüger, *Einführung in die Geschichte der Leibeserziehung*, 182f.
161 Vgl. dazu ausführlicher weiter unten.
162 Grupe, *Horst Dassler*, 32; Smit, *Drei Streifen*, 130.
163 Schreiben Horst Dassler an IOC, 14.7.1972 (Kopie), in: Archiv OSC, J-DELTI-002.

164 Resumée über Olympia-Erfolge der deutschen Leichtathletik-Analysen und -Planungen für 1973, Aktennotiz 19.9.1972, in: aA, D-508.

165 Vgl. Dietrich, *Laufen nach dem Boom*, 359, der von einem „Ignoranznarrativ" mit Blick auf die adidas-Geschichte spricht.

166 Konzerngeschäftsbericht 1980, in: aA, Z-60-1, 2.

167 Christian Kleinschmidt, *Der produktive Blick. Wahrnehmung amerikanischer und japanischer Management- und Produktionsmethoden durch deutsche Unternehmer 1950–1985*, Berlin 2002, 336–354.

168 Paul Erker, *Wachsen im Wettbewerb. Eine Zeitgeschichte der Continental AG*, Düsseldorf 1996, 56f.

169 Geschäftsbericht, 1980, in: aA, Z-60-1, 2.

4 Vom Familienunternehmen zur Aktiengesellschaft (1948 bis 1995)

1 Zu den charakteristischen Merkmalen von Familienunternehmen siehe, neben zahlreichen anderen Studien, die jüngste Bestandsaufnahme des Wittener Instituts für Familienunternehmen: Arist von Schlippe/Torsten Groth/Tom A. Rüsen, *Die beiden Seiten der Unternehmerfamilie. Familienstrategie über Generationen: Auf dem Weg zu einer Theorie der Unternehmerfamilie*, Göttingen 2017.

2 Hermann Utermann, *Der Mann, der adidas war. Die Adi-Dassler-Story*, Teil I, o.O. [Herzogenaurach] 1983, in: aA, D-MC-9, 116.

3 Ebd., 119.

4 Ebd., 135.

5 So der Rückblick Horst Dasslers 1985, Horizont-Report, Nr. 51/52, 23.12.1985, in: aA, D-5112, 14.

6 Siehe dazu ausführlicher den Beitrag von Christian Kleinschmidt *Das andere „Wunder von Bern"* in diesem Band.

7 Utermann, *Adi-Dassler-Story*, Bd. 1, in: aA, D-MC-9, 133.

8 Siehe dazu mit konkreten Beispielen den Beitrag von Christian Kleinschmidt *Das andere „Wunder von Bern"* in diesem Band.

9 adidas press information PRP/7/85, adidas-Prokuristin Marianne Hoffmann trat in den Ruhestand, in: aA, D-M-199:

10 Utermann, *Adi-Dassler-Story*, Bd. 2, in: aA, D-MC-9, 179.

11 Ebd., 190, 291.

12 Interview von Keith Cooper und Ina Heumann mit Brigitte Baenkler-Dassler und Marianne Hoffmann, 15.7.2008, in: aA, D-MC-102.

13 Utermann, *Adi-Dassler-Story*, Bd. 2, in: aA, D-MC-9, 291, 350.

14 Pressespiegel 1983: Express Bonn (28.5.1983), in: aA, D-M-1200.

15 Interview von Keith Cooper und Ina Heumann mit Alf[red] Bente, 29.10.2008, in: aA, D-MC-101.

16 Interview von Keith Cooper und Ina Heumann mit Brigitte Baenkler-Dassler und Marianne Hoffmann, 15.7.2008, in: aA, D-MC-101.

17 Ebd.

18 Werdegang adidas Schreiben der adidas-Sportschuhfabrik Adi Dassler an die Firma W. Schimmelpfeng, Auskunftei, o.O. [Herzogenaurach], 19.4.1955, in: aA, D-LG-6.

19 Aktennotiz mit Bilanz von 1959, in: aA, D-1116, Betriebsergebnis 1958, in: aA, D-1154, Betriebsergebnis 1954, in: aA, D-1239.

20 Horizont-Report, Nr. 51/52 (23.12.1985), in: aA, D-5112, 14.

21 Zur Schuhindustrie im Elsass vgl. Geldner, *Adi Dassler*, 65f.; Grupe, *Horst Dassler*, 27; Smit, *Dasslers*, 79.

22 Interview von Keith Cooper und Ina Heumann mit Alf[red] Bente, 29.10.2008, in: aA, D-MC-101.

23 Grupe, *Horst Dassler*, 34.

24 Ebd., Geldner, *Adi Dassler*, 66.

25 Schreiben von Ray M. Schiele an Horst Dassler, Herzogenaurach, 11.12.1972; Günther Morbitzer, Messebericht München, Landersheim, 1.3.1973; Schreiben von Günther Morbitzer an Frau Käthe Dassler, o.O. [Landersheim], 4.4.1973, in: aA, D-MC-201.

26 Schreiben von Ray M. Schiele an Horst Dassler, Herzogenaurach, 11.12.1972; Schreiben von Günther Morbitzer an Frau Käthe Dassler, o.O. [Landersheim], 4.4.1973; Aktennotiz, Betr.: Besprechung am 3.5.1974 – anwesend: Familie inkl. Horst Dassler, Herzogenaurach, 17.5.1974, in: aA, D-MC-201; Interview von Keith Cooper und Ina Heumann mit Dr. Martens, 5.2.2009, in: aA, D-MC-101; Interview von Keith Cooper und Ina Heumann mit Brigitte Baenkler-Dassler und Marianne Hoffmann, 15.7.2008, in: aA, D-MC-102.

27 adidas Sportschuhfabriken Adi Dassler KG, Firmenkundliche Angaben für die Landesauftragsstelle Bayern e.V., Beratungsstelle für das öffentliche Auftragswesen, Herzogenaurach, 6.6.1967, in: aA, D-LG-6.

28 adidas press information, PR/10/82, adidas und der Sport, in: aA, D-M-39.

29 Welt am Sonntag (12.4.1987), in: aA, D-6198.

30 Aktennotiz, Betr.: Besprechung in Herzogenaurach am 30.9.1971 über die Neuordnung der gesellschaftsrechtlichen Verhältnisse des adidas-Konzerns; Gesellschaftsvertrag der Firma „adidas Sportschuhfabriken Adi Dassler KG", Herzogenaurach, 23.9.1972, in: aA, D-LG-6.

31 Aktennotiz, Betr.: Besprechung in Herzogenaurach am 30.9.1971 über die Neuordnung der gesellschaftsrechtlichen Verhältnisse des adidas-Konzerns, in: aA, D-LG-6.

32 Aktennotiz, Betr.: Besprechung in Herzogenaurach am 30.9.1971 über die Neuordnung der gesellschaftsrechtlichen Verhältnisse des adidas-Konzerns; Gesellschaftsvertrag der Firma „adidas Sportschuhfabriken Adi Dassler KG", Herzogenaurach, 23.9.1972, in: aA, D-LG-6.

33 Albert Henkel gehörte vorher dem Vorstand der Augsburger Kammgarnspinnerei, ein Unternehmen der Firmen-

gruppe Glöggler, an und sorgte als Top-Manager des größten westdeutschen Textilkonzerns für einige Schlagzeilen. Über seine Rolle beim Zusammenbruch des Glöggler-Imperiums 1976/77 wurde seinerzeit in der Presse lebhaft diskutiert. Siehe u. a.: Die Zeit (3.12.1976), (2.12.1977).

34 Interview von Keith Cooper und Ina Heumann mit Dr. Martens, 5.2.2009, in: aA, D-MC-105.

35 Ebd.

36 Geschäftsführer Deutschland, Klaus-Werner Becker, in: aA, D-314: adidas-Vorstand, Dr. Hans-Jörg Bauer, in: aA, D-312.

37 Vgl. Beschlussfassung des Stiftungsbeirats der Adolf und Käthe Dassler Stiftung, gem. § 10 der Satzung [...], gem. notarieller Urkunde vom 1.8.1983 (Urk.-Nr. 23770 des Notars Dr. Anton Obermaier, Herzogenaurach) im schriftlichen Verfahren, Herzogenaurach, 3./19.12.1983, in: aA, D-BF-22.

38 Siehe dazu ausführlich den Beitrag von Christian Kleinschmidt *Das andere „Wunder von Bern"* in diesem Band.

39 Zur Zusammenarbeit zwischen André Guelfi und Horst Dassler vgl. Dr. Albert Henkel, Projekt Astra, Unternehmens- und Anteilsneuordnung, Nürnberg, 24.1.1983, in: aA, D-BG-1. Dass die Vereinbarung gleichsam hinter dem Rücken des Stammhauses abgewickelt wurde, vermutet Smit, *Die Dasslers*, 157; zur SMPI und der ISL siehe die Ausführungen von Christian Kleinschmidt in diesem Band.

40 Zu den Ermittlungen vgl. vor allem Fax Dr. Henkel an Dr. Martens, Übersetzung eines Protokollauszugs vom 31.1.1983 der Zollfahndung Marseille, 15.4.1983; Vermerk, Ergebnis der Besprechung im Büro von Maitre Jean Feissolle, Avocat a la Cour, 41, Avenue Foch, Paris, am 27.4.1983 in Paris, 3.5.1983, in: aA, D-BG-1.

41 Dr. Albert Henkel, Projekt Astra, Unternehmens- und Anteilsneuordnung, Nürnberg, 24.1.1983, in: aA, D-BG-1.

42 Vermerk, Ergebnis der Besprechung im Büro von Maitre Jean Feissolle, Avocat a la Cour, 41, Avenue Foch, Paris, am 27.4.1983 in Paris, 3.5.1983, in: aA, D-BG-1.

43 Arbeitsentwurf im Rahmen der Verabschiedung der Adolf und Käthe Dassler Stiftung. Gesellschaftsvertrag der Firma „adidas Sportschuhfabriken Adi Dassler KG mbH", o.O. [Herzogenaurach], o.J. [1983]; Schreiben von Dr. Albert Henke, Rechtsanwalt, an Frau Käthe Dassler, Frau Brigitte Baenkler, Eheleute Prof. Dr. Essing, Frau Sigrid Dassler-Malms, Frau Marianne Hoffmann, Gesellschaftsrechtliche und gesellschaftsvertragliche Reorganisation der adidas Sportschuhfabriken Adi Dassler KG, Nürnberg, 22.7.1983, in: aA, D-BF-22.

44 [Ohne Absender], Einschreiben mit Rückschein, Persönlich, Herrn H.D., 2, Rue Firth, F-677700 Eckartswiller, o.D. o.O. [Herzogenaurach, Anfang 1983], in: aA, D-BG-1.

45 Vermerk, streng vertraulich, Ergebnis der Besprechung mit Herrn Dr. [Albert] Henkel, Beiratsvorsitzender von adidas, am 18.4.1983 im Haus D[eutsche] T[reuhand] G[esellschaft] in Frankfurt, Frankfurt, 18.4.1983, in: aA, D-BG-1.

46 Dr. Ma/il, Vermerk, betrifft: Gespräch bei Frau Käthe Dassler am 17.3.1983, Frankfurt 23.3.1983, in: aA, D-BG-1.

47 Ebd.

48 Deutsche Treuhand-Gesellschaft, Interne(r) Mitteilung/Vermerk, Herr Dr. Martens an Herr Dr. Goerdeler, Betreff: Gespräch mit Herrn Dr. Albert Henkel, Herrn Völling und Herrn Tückmantel vom Beirat adidas am 7.4.1983 abends in Düsseldorf, gez. Martens, 11.4.1983, in: aA, D-BG-1.

49 Dr. Albert Henkel, Projekt ASTRA, Unternehmens- und Anteilsneuordnung, Besprechung am Samstag, Zürich, 29. Januar 1983, Nürnberg, 31.1.1983, in: aA, D-BG-1.

50 Zum Verlauf der Diskussion im Jahr 1983 vgl. Protokoll der Sitzung des Beirates der adidas Sportschuhfabriken Adi Dassler KG in Herzogenaurach in den Geschäftsräumen der Gesellschaft am 28.7.1983, Nürnberg, 1.8.1983, in: aA, D-BF-1; Familienmeeting sowie Besprechungen zu USA und ASTRA am 10./11./12.10.1983 in Herzogenaurach, Nürnberg, 26.10.1983, in: aA, D-BG-2.

51 Schreiben von Dr. Albert Henke, Rechtsanwalt, an Frau Käthe Dassler, Frau Brigitte Baenkler, Eheleute Prof. Dr. Essing, Frau Sigrid Dassler-Malms, Frau Marianne Hoffmann, Gesellschaftsrechtliche und gesellschaftsvertragliche Reorganisation der adidas Sportschuhfabriken Adi Dassler KG, Nürnberg, 22.7.1983, in: aA, D-BF-22.

52 Bayer. Staatsministerium des Inneren, I A 6 – 1222.4 H/1, Genehmigungsurkunde, München, 5.10.1983; Satzung der Adolf und Käthe Dassler Stiftung mit dem Sitz in Herzogenaurach/Bayern, 1.8.1983, in: aA, D-BF-22.

53 Beschluss der Gesellschaft der adidas Sportschuhfabriken Adi Dassler KG, Herzogenaurach, 28.7.1983; Schreiben von Käthe Dassler, Geschäftsleitung, an alle Hauptabteilungsleiter, Abteilungseiter und Stabsstellen, Herzogenaurach, 29.6.1984. in: aA, D-BF-22.

54 Satzung der Adolf und Käthe Dassler Stiftung mit dem Sitz in Herzogenaurach/Bayern, 1.8.1983, in: aA, D-BF-22.

55 Beschlussfassung des Stiftungsbeirats der Adolf und Käthe Dassler Stiftung gem. § 10 der Satzung der Adolf und Käthe Dassler Stiftung gem. notarieller Urkunde vom 1.8.1983 (Urk.-Nr. 23770 des Notars Dr. Anton Obermaier, Herzogenaurach) im schriftlichen Verfahren, Herzogenaurach, 3./19.12.1983, in: aA, D-BF-22.

56 Geschäftsordnung des Beirates der Adolf und Käthe Dassler Stiftung mit Sitz in Herzogenaurach, Herzogenaurach, 19.12.1985, in: aA, D-BF-22.

57 Beschlussfassung des Stiftungsbeirats der Adolf und Käthe Dassler Stiftung gem. § 10 der Satzung der Adolf und Käthe Dassler Stiftung gem. notarieller Urkunde vom 1.8.1983 (Urk.-Nr. 23770 des Notars Dr. Anton Obermaier, Herzogenaurach) im schriftlichen Verfahren, Herzogenaurach, 3./19.12.1983, in: aA, D-BF-22.

58 Protokoll der Sitzung des Beirates der adidas Sportschuh-

fabriken Adi Dassler KG in Herzogenaurach in den Geschäftsräumen der Gesellschaft am 31.10.1983/1.11.1983, Nürnberg, 24.11.1983, in: aA, D-BF-22.

59 Protokoll der ersten Sitzung des Beirates der Adolf und Käthe Dassler Stiftung sowie der adidas Sportschuhfabriken Adi Dassler beschränkt haftende KG am 19.3.1984 in den Geschäftsräumen der Gesellschaft, o.O., 12.4.1984, in: aA, D-BF-4.

60 Zur Gründung beider Holdings vgl. Vereinbarung zwischen den Nachkommen des Herrn Adi Dassler betreffend die Beteiligungen an der Sardan Holding AG (nachstehend „ASTRA I") und Sporis Holding AG (nachstehend „ASTRA II"), Zürich, 19.12.1984, in: aA, D-BG-6.

61 Erlanger Nachrichten (o.D.), in: aA, D-5856.

62 Ebd.

63 Ebd.

64 Manager Magazin 9 (1987), 33.

65 So Horst Dassler in einem Interview mit der Zeitschrift Sportshop, in: Sportshop (Februar 1987), aA, D-6030-3: 135; vgl. auch FAZ (4.9.1986), 16.

66 adidas press information, PRP/6/85, in: aA, D-M-196; Neugliederung des adidas-Vorstandes adidas-Vorstand Dr. Hans-Jörg Bauer, in: aA, D-M-314.

67 adidas press information, PRP/7/1986, René C. Jäggi neuer adidas-Vorstand, in: aA, D-M-220.

68 Interview von Keith Cooper und Ina Heumann mit René C. Jäggi, 20.1.2009, in: aA, D-MC-106.

69 Ebd.

70 Ebd.

71 Ebd.

72 FAZ (20.10.1987), 18.

73 Horst Dassler Aktennotiz, Zur Kenntnis u.a.: Fr. Baenkler, Hr. Dr. Henkel, Hr. Dr. Martens, Hr. Jäggi, 14.2.1987, in: aA, D-BM-6.

74 Der Spiegel (7.9.1987).

75 FAZ (4.9.1986); Der Spiegel (7.9.1987).

76 Horst Dassler, Aktennotiz, Zur Kenntnis u.a.: Fr. Baenkler, Hr. Dr. Henkel, Hr. Dr. Martens, Hr. Jäggi, 14.2.1987, in: aA, D-BM-6.

77 Ebd.

78 Ebd.

79 Horst Dassler, Aktennotiz, zur Erledigung: Hr. Dr. Bauer, Hr. Breithaupt. Hr. Jäggi, Hr. Dr. Martens, Hr. Odinet, 31.3.1987, in: aA, D-BM-6.

80 Ebd.

81 Ebd.

82 Grupe, *Horst Dassler*, 131ff.

83 Die Welt (22.4.1987), in: aA, D-6234.

84 Beschluss des Beirats der adidas Sportschuhfabriken Adi Dassler Stiftung & Co. KG, Herzogenaurach, 22.4.1987, in: aA, D-BF-22.

85 Beschluss der Gesellschafter der adidas Sportschuhfabriken Adi Dassler Stiftung & Co. KG, Herzogenaurach, 9.5.1987, in: aA, D-BF-23.

86 Ebd.

87 Smit, *Die Dasslers*, 249.

88 Manager Magazin 9 (1987), 30ff.

89 Der Spiegel 47 (1988), 129.

90 Zu den Unternehmenszielen und der Personalpolitik Jäggis siehe aA, D-M-295; adidas press information, adidas-Vorstand Michel Perraudin, in: aA, D-M-312: Geschäftsführer Deutschland, Klaus-Werner Becker; Der Spiegel (21.11.1988).

91 Der Spiegel (18.9.1989); FAZ (27.8.1987).

92 Vorstandssitzung vom 2.5.1988, Ergebnisprotokoll, Herzogenaurach, 5.5.1988, in: aA, D-BB-35.

93 Dazu und zum Folgenden: Sitzung des Beirates der Adolf und Käthe Dassler Stiftung, Herzogenaurach, 28.5.1988, in: aA, D-BF-18.

94 Beschluss der Gesellschafter der adidas Sportschuhfabriken Adi Dassler Stiftung & Co. KG, Herzogenaurach, 9.5.1987; Akte (37), Verfahrensakte: Niederer Kraft & Frey, Rechtsanwälte, Zürich, Begehren, an den Einzelrichter im summarischen Verfahren des Bezirkes Bülach, Zürich, 14.6.1988, in: aA, D-BF-23; Sportstyle/7: Sardan's Fate in Doubt, o.D., in: aA, D-6033.

95 Zu den möglichen Folgen der Liquidation siehe Ergebnisse der Klausurtagung des Vorstandes vom 25.–27.3.1988 in CH-Mürren, Herzogenaurach, 29.3.1988; in: aA, D-BB-32; Sitzung des Beirates der Adolf und Käthe Dassler Stiftung, Herzogenaurach, 28.5.1988, in: D-BG-3; Aktennotiz über die Besprechung vom 30.3.1988, 20.30 bis 00.30 Uhr, im Hause von Herrn Professor Hans-Günther Essing, in: aA, D-BF-18.

96 Vorstandsprotokoll vom 14.3.1988, Ergebnisprotokoll, Herzogenaurach, 16.3.1988, in: aA, D-BB-30.

97 Ebd.

98 Vorstandssitzung vom 14.12.1987 in Herzogenaurach, Ergebnisprotokoll, Herzogenaurach, 19.12.1987, in: aA, D-BB-22.

99 adidas group 10100: Schreiben von René C. Jäggi und Hans-Jürgen Martens, adidas Sportschuhfabriken Adi Dassler Stiftung & Co. KG, an das Bundeskartellamt, Herzogenaurach, 18.10.1988, in: aA, D-LG-1.

100 Sitzung des Aufsichtsrates der adidas AG, 5.8.1989, in: aA, D-BF-21.

101 Dazu detailliert: Klausurtagung 25./26.3.1988 in Mürren/Schweiz: [Vorlage,] O. Verf.: Überlegungen zur steuerlichen Struktur der Konzernorganisation adidas, o.D. [März 1988], in: aA, D-BB-32.

102 Dokumentation, Deutsche Treuhand-Gesellschaft, Kurzfassung der Stellungnahme zur Umwandlung der adidas Sportschuhfabriken Adi Dassler Stiftung & Co. KG Herzogenaurach in eine AG, o.O., o.D. [28.3.1988], in: aA, D-BF-24, 7.

103 Ebd.

104 Schreiben von Prof. Dr. H.-G. Essing, stellvertr. Vorsitzender des Beirats, an die Mitglieder des Beirates der Adolf und Käthe Dassler Stiftung, Herzogenaurach, 21.2.1989, in: aA, D-BF-24.

105 Adolf und Käthe Dassler Stiftung (Allgemeines): Konsortialvertrag zwischen [der] Adolf und Käthe Dassler Stiftung und Frau Brigitte Baenkler und Frau Inge Bente und Frau Sigrid Dassler-Malms und Frau Karin Essing und Herrn Adolphe Dassler und Fräulein Suzanne Dassler, Herzogenaurach, o.D. [vor dem 21.2.1989], in: aA, D-LG-4, 3.

106 Zu den einzelnen Schritten der Umwandlung ausführlich: adidas press information, PRP/1/89, adidas wird Aktiengesellschaft; D-BF-24: Dr. M/ ag, Gründungsbericht gemäß § 378 AktG i.V.m. § 32 AktG der adidas Aktiengesellschaft, Herzogenaurach, [o.D.], sowie: Hermanus Koning/ Prof. Dr. Dietrich Köllhöfer/ Carl-Heiner Thomas: Nachgründungsbericht der adidas Aktiengesellschaft, Herzogenaurach, 8.5.1989, in: aA, D-M-368.

107 Adolf und Käthe Dassler Stiftung (Allgemeines): Konsortialvertrag zwischen [der] Adolf und Käthe Dassler Stiftung und Frau Brigitte Baenkler und Frau Inge Bente und Frau Sigrid Dassler-Malms und Frau Karin Essing und Herrn Adolphe Dassler und Fräulein Suzanne Dassler, Herzogenaurach, o.D. [vor dem 21.2.1989], in: aA, D-LG-4, 3.

108 Ebd.

109 Dazu zusammenfassend: Adolf und Käthe Dassler Stiftung (Allgemeines): Schreiben Weiss & Hasche, Rechtsanwälte, an die Regierung von Mittelfranken, Stiftungsaufsicht, München, 16.4.1991, in: aA, D-LG-4.

110 Zum ersten vollständigen Aufsichtsrat der AG gehörten im September 1989: Hermanus Koning (Stiftung), Prof. Dr. Dietrich Köllhofer, Wolfgang Oehme, Petar Schatz, Carl-Heiner Thomas, Walter Meier (Vertreter der Eigner) sowie Georg Beer, Werner Dick, Gabriele Dirian, Willi Fessler, Peter Rduch und Hans-Dieter Hippmann. Geschäftsbericht adidas AG 1989, in: aA, Z-60-12a.

111 Zu den einzelnen Vorgängen siehe vor allem: Persönlich und Vertraulich, Erklärung von Yusuke Komatsu, Komatsu & Koma, an die Sporis Holding AG, Herrn Jean-Marie Weber, Tokio, 7.5.1990, in: aA, D-BG-3; Erklärung von Rechtsanwalt Ulrich Nehm, 3.5.1990; Akte „37": Protokoll der Verwaltungsratssitzung der Sporis Holding AG vom 29.11.1989 in Glattbrugg, in: aA, D-BG-5.

112 Schreiben Ulrich Nehm an Frau Baenkler, Frau Bente, Frau Essing, Frau Malms, Herrn Jäggi, Herrn Dr. Martens, München, 16.6.1989, in: aA, D-BG-3.

113 Memo Vertraulich, von R. C. Jäggi an Herrn Dr. Martens, Herrn J.-M. Weber, Herrn P. L. Woog, o.O., 17.5.1989, in: ebd., D-BG-3.

114 Memo Schreiben von Walter Meier an Ulrich Nehm, München, 13.6.1989, in: aA, D-BG-3.

115 Memo Schreiben Ulrich Nehm an Frau Baenkler, Frau Bente, Frau Essing, Frau Malms, Herrn Jäggi, Herrn Dr. Martens, München, 16.6.1989, in: aA, D-BG-3.

116 Protokoll der Verwaltungsratssitzung der Sporis Holding AG vom 2.10.1989 in Luzern, in: aA, D-BG-5.

117 Alexander Demuth GmbH, Corporate Communications: adidas. Strategisches Konzept der Unternehmenskommunikation, Frankfurt, 13.6.1990, 3f., in: aA, D-MC-22.

118 Geschäftsbericht adidas AG 1989, 4, in: aA, D-BS-S; Streng Vertraulich, Axel Markus/ Dr. Hans-Jürgen Martens, Memorandum, Herzogenaurach, 6.9.1990, in: aA, Z-60-12a; FAZ (5.9.1990), 18.

119 Auf die Bedeutung der Banken für die weitere Entwicklung von adidas verweist rückblickend René C. Jäggi. Vgl. Interview von Keith Cooper und Ina Heumann mit René C. Jäggi, 20.1.2009, in: aA, D-MC-106.

120 Ebd.

121 Der Spiegel (18.9.1989).

122 Schreiben von Hermann Menzel an Herrn René C. Jäggi, Düsseldorf, 18.10.1989, in: aA, D-BG-6.

123 Schreiben von Inge Bente, Karin Essing, Brigitte Baenkler und Sigrid Dassler-Malms an den Vorstand der adidas AG, o.O., 4.9.1989, in: aA, D-LH-1.

124 FAZ (16.6.1990), 15.

125 Interview von Keith Cooper und Ina Heumann mit René C. Jäggi, 20.1.2009, in: aA, D-MC-106.

126 Andreas Wirsching, *Der Preis der Freiheit. Geschichte Europas in unserer Zeit*, München 2012, 335.

127 Ebd.

128 Der Spiegel (16.7.1990).

129 Ebd.

130 Schreiben Rechtsanwälte Weiss & Hasche an das Bundeskartellamt, München, 13.7.1990. in: aA, D-LG-1.

131 Schreiben Rechtsanwälte Weiss & Hasche an Frere Cholmey, Conseils Juridiques, z.Hd. Herr Rechtsanwalt Dr. Michael Bühler, München, 25.11.1991, in: aA, D-LG-1.

132 Interview von Keith Cooper und Ina Heumann mit Brigitte Baenkler-Dassler und Marianne Hoffmann, 15.7.2008, in: aA, D-MC-102.

133 Telefax von Bernard Tapie, President, an Ulrich Nehm, Paris, 2.7.1990, in: aA, D-BG-8.

134 Interview von Keith Cooper und Ina Heumann mit René C. Jäggi, 20.1.2009, in: aA, D-MC-106.

135 Schreiben der Rechtsanwälte Weiss & Hasche an das Bundeskartellamt, Anmeldung eines Zusammenschlussvorhabens gem. § 24a GWB, Erwerb von ca. 80 Prozent des Grundkapitals der adidas AG durch Bernard Tapie Finance, München, 13.7.1990, in: aA, D-BG-8.

136 Kaufvertrag, nachstehend auch Vertrag genannt, zwischen Frau Brigitte Baenkler, Herr Wolf Baenkler, Herr Marc Baenkler, Frau Inge Bente, Herr Dr. Klaus Bente, Herr Stefan

Bente, Herr Horst Bente, Frau Karin Essing, Frau Sigrid Dassler-Malms, und Bernard Tapie Finance, Darmstadt, 4.7.1990, in: aA, D-BG-8.

137 Memorandum von Herrn Dr. Walter an Herrn Dr. Martens, Betreff: Adolf und Käthe Dassler Stiftung, o.O., 17.12.1990, in: aA, D-BG-8.

138 Inge Bente, Karin Essing, Brigitte Baenkler, Sigrid Dassler-Malms, An alle Mitarbeiter des Hauses adidas, Herzogenaurach, 6.7.1990, in: aA, D-BG-8.

139 adidas AG Hauptversammlung 1990: Telefax Ligapart AG an Vorstand der adidas AG, Herrn Dr. Martens, Baar/ Zugf, 14.1.1991, in: aA, D-LH-2; Grupe, *Horst Dassler*, 141.

140 Streng Vertraulich, Axel Markus/ Dr. Hans-Jürgen Martens, Memorandum, Herzogenaurach, 6.9.1990 in: aA, D-BS-2; FAZ (5.9.1990), 18.

141 Smit, *Die Dasslers*, 281 ff.

142 FAZ (5.11.1992), 20; Smit, *Die Dasslers*, 284.

143 Unterlagen Herr Dr. Hans-Jürgen Martens: Herr Dr. Martens, Ergebnis der Besprechung mit M. Elie Fellous und Mme. Gilberte Beaux am 26.9. in den Räumen des Cabinet Beaux, 42, Avenue de Friedland, Paris, an: Vorstand [adidas], o.O., 27.9.1990, in: aA, D-BG-8.

144 Smit, *Die Dasslers*, 284.

145 Unterlagen Herr Dr. Hans-Jürgen Martens: Herr Dr. Martens, Ergebnis der Besprechung mit M. Elie Fellous und Mme. Gilberte Beaux am 26.9. in den Räumen des Cabinet Beaux, 42, Avenue de Friedland, Paris, an: Vorstand [adidas], o.O., 27.9.1990, in: aA, D-BG-8.

146 Schreiben von Hermann Menzel an den Vorstand der adidas AG, Düsseldorf, 15.11.1990, in: aA, D-BG-7.

147 Ebd.

148 Dr. Hans-Jürgen Martens, Ergebnis der Besprechung mit Suzanne und Adolphe Dassler und Herrn RA Dr. Menzel, Düsseldorf, am 24.6.1991 in Herzogenaurach, Herzogenaurach, 25.6.1991, in: aA, D-BG-7.

149 Der Spiegel (19.8.1991).

150 adidas AG, Geschäftsordnung 1990: Schreiben der Rechtsanwaltskanzlei Hengeler, Mueller, Weitzel und Wirtz an das Bundeskartellamt, Frankfurt am Main, 2. Entwurf, 29.8.1991, in: aA, D-LA-1.

151 Zur Beteiligungsstruktur der BTF GmbH nach den Verkäufen siehe ebd.

152 So das Nachrichtenmagazin Der Spiegel (19.8.1991).

153 FAZ (9.6.1992), 24.

154 FAZ (27.6.1992), 14; FAZ (6.7.1992), 16; Der Spiegel (29.6.1992), 109.

155 FAZ (8.7.1992), 15.

156 Schreiben von Axel Markus an Mme. G. Beaux, o.O., [Herzogenaurach], 23.11.1992, in: aA, D-BB-102.

157 FAZ (8.7.1992), 15; FAZ (2.9.1992), 15.

158 Schreiben von Axel Markus an den Vorstand, [Herzogenaurach], 8.5.1992; Schreiben von Axel Markus an Dr. Hans Friedrichs, Vorsitzender des AR der adidas AG, Herzogenaurach, 15.5.1992, in: aA, D-BB-91.

159 FAZ (17.10.1992), 11.

160 Schreiben von Axel Markus an Mme. G. Beaux, o.O., [Herzogenaurach], 23.11.1992, in: aA, D-BB-102.

161 FAZ (17.10.1992), 15.

162 Protokoll der außerordentlichen Sitzung des Aufsichtsrats der adidas AG am 6.11.1992, Mainz, 20.11.1992, in: aA, D-LG-4, 5.

163 FAZ (7.11.1992), 14; FAZ (1.12.1992), 18; FAZ (19.12.1992), 15.

164 Zum Folgenden siehe confidential Ricesa, Saatchi & Saatchi PLC, Press, 1995-96: Draft JH/EMM 17/09/94, Notes of meeting with RLD at Slaughter and May on 14.9.1994; Note of a discussion with RLD at Herzogenaurach at 5.00 PM on Thursday 24 January 1995 [Fax to MacFarlanes]; From Robert Louis-Dreyfus [Fax to Slaughter & May], 13.1.1995; Chronology-Defence. Maurice Saatchi, Charles Saatchi & Hatzone vs. Robert Louis-Dreyfus, Christian Tourres [Fax to MacFarlanes], 24.1.1995; managermagazin, Dezember 1997, 64ff., in: aA, D-BG-9.

165 Einschreiben von Fiedler & Forster, Rechtsanwälte, an das Bundeskartellamt, Anmeldung eines Zusammenschussvorhabens, Entwurf vom 17.2.1993, in: aA, D-LG-2.

166 Die Welt (19.9.1994).

167 FAZ (13.2.1993), 15; FAZ (16.2.1993), 17.

168 Adolf und Käthe Dassler Stiftung": Memo von Dr. A Walter, Legal Department, an Dr. Hans Friedrichs, Herzogenaurach, 8.3.1993, in: aA, D-LG-4.

169 Die Zeit (12.2.1993).

170 adidas-PressInfo, PRI/02/93, adidas übernimmt US-Sportfirma um USA-Geschäft zu verbessern, in: aA, D-M-481; dazu siehe auch die nachfolgenden Ausführungen von Christian Kleinschmidt.

171 adidas-Geschäftsbericht 1995, in: aA, Z-60-35, 5.

172 mangermagazin (Dezember 1997), 80.

173 Ebd., 78.

174 FAZ (7.2.1995), 21.

175 FAZ (27.10.1995), 29; FAZ (14.11.1995), 23.

176 adidas-Geschäftsbericht 1995, in: aA, Z-60-35, 5.

177 Ebd.

178 FAZ (11.4.1997), 22; FAZ (16.12.1997), 22.

179 Zur Übernahme von Salomon vor allem: aA, D-BH-1: Goldman Sachs International, Project Bubble. Salomon Worldwide. Summary Information package, 16.9.1997; PressInfo, adidas AG kündigt die Übernahme von Salomon an, 16.9.1997.

180 FAZ (3.5.2005); Die Welt (3.5.2005).

5 Wandel durch Handel. Die „Ostverträge" von adidas

1 Vgl. Detlef Vetten, *Making a difference*, Hamburg 1998, 40–47; Barbara Smit, *Die Dasslers. Drei Streifen gegen Puma*, Bergisch Gladbach 2007, 52f.; Michael Wiemer, *adidas und das Sportsponsoring, Sportinsider*, 3.9.2012.

2 Vgl. Barbara Smit, *Die Dasslers*, 107f.

3 Vgl. Uta Balbier, *Kalter Krieg auf der Aschenbahn. Der deutsch-deutsche Sport 1950–1972*, Berlin 2006, 72.

4 Manfred Ewald (interviewt von Reinhold Andert), *Ich war der Sport. Wahrheiten und Legenden aus dem Wunderland der Sieger*, Berlin 1994, 163.

5 Vgl. Volker Kluge, Laufzeit 11 (1999), 12f.

6 Vgl. Adi Dassler adidas-Sportschuhfabriken AG an Gawril Korobkow, Leichtathletik-Verband der UdSSR, 4.9.1964. Im ersten Entwurf seines Schreibens hatte Adi Dassler noch die Praktiken der Japaner moniert, die ganz ungeniert die neuesten adidas-Modelle kopierten. Er hielt daher die Vergabe der Olympischen Spiele an Tokio für ein „Unglück" und sprach von „gelber Entwicklungshilfe". Diese Passage findet sich in dem dann an Korobkow abgesandten Schreiben aber nicht mehr, in: aA, D-5790.

7 Vgl. Michael Dittrich/Daniel Merkel, *Der „weiße Blitz". Das Leben des Heinz Fütterer*, Göttingen 2006.

8 Vgl. Kluge, Laufzeit, 12f.; *Im Cadillac in den Westen*, in: Die Zeit (26.11.2011).

9 Schreiben von Jürgen May an den Autor, 23.5.2017.

10 Vgl. Adolf Metzner, *Der Krieg der Schuhe. „adidas" gegen „Puma"*, in: Die Zeit (3.2.1967).

11 Vgl. Steffen Haffner, *Was macht eigentlich Jürgen May*, in: Olympisches Feuer 4 (2007), 46–48.

12 Vgl. Erika Richter, Gesamtbericht über den Besuch der Internationalen Sportartikel-Messe Wiesbaden 20.3.–25.3.1966, in: Bundesarchiv Berlin [künftig BAB], DG-4, Nr. 247.

13 Rainer Karlsch, *Die Auswirkungen der Reparationsentnahmen auf die Wettbewerbsfähigkeit der Wirtschaft in der SBZ/DDR*, in: Jürgen Schneider/Wolfgang Harbrecht (Hg.), Wirtschaftsordnung und Wirtschaftspolitik in Deutschland (1933–1993), Stuttgart 1996, 149.

14 Die Anfänge der Schuhproduktion in Storkow reichten bis ins 19. Jahrhundert zurück. Vgl. Erich Oehring, *Einhundert Jahre Storkower Schuhe. Vom Schuhmacherhandwerk zur industriellen Schuhproduktion in Storkow*, Storkow 2012.

15 Vgl. Erika Richter, Gesamtbericht über den Besuch der Internationalen Sportartikel-Messe Wiesbaden 20.3.–25.3.1966, in: BAB, DG-4, Nr. 247. Wie lange dieses Geschäft lief, geht aus der Quelle nicht hervor.

16 Alfred Bente (1933): Mann von Inge (geborene Dassler), 1958 Eintritt bei adidas, Betriebsleiter, Mitglied der Geschäftsführung, Geschäftsführer bis 30.6.1983, danach Wechsel in den Beirat.

17 Vgl. Erika Richter: Gesamtbericht über den Besuch der Internationalen Sportartikel-Messe Wiesbaden 20.3.–25.3.1966, in: BAB, DG-4, Nr. 247.

18 Vgl. Michael Kruse, *Politik und deutsch-deutsche Wirtschaftsbeziehungen von 1945 bis 1989*, Berlin 2005.

19 Konkrete Angaben über den Umfang der Geschäfte mit rumänischen Betrieben in den 70er Jahren sind nicht überliefert.

20 Vgl. dazu den Beitrag *Das andere „Wunder von Bern"* von Christian Kleinschmidt in diesem Band.

21 Vgl. Smit, *Die Dasslers*, 101f.

22 Vgl. Marie-Janine Calic, *Geschichte Jugoslawiens im 20. Jahrhundert*, München 2010, 227ff.

23 Vgl. Werner Kilian, *Die Hallstein-Doktrin. Der diplomatische Krieg zwischen der BRD und der DDR 1955–1973, aus den Akten der beiden deutschen Außenministerien*, Berlin 2001.

24 Vgl. János Mátyás Kovács, *Narcissism of Small Differences. Looking back on "reform economics" in Hungary*, in: Christoph Boyer (Hg.), *Zur Physiognomie sozialistischer Wirtschaftsreformen. Die Sowjetunion, Polen, die Tschechoslowakei, Ungarn, die DDR und Jugoslawien im Vergleich*, Frankfurt a.M. 2007, 95–107.

25 Vgl. Vereinbarung zwischen Nikolaus Berger und der Firma adidas, Verkaufsorganisation für Rumänien, 17.4.1969, in: aA, D-LL-48.

26 Vgl. dazu den Beitrag *Von der Marken- zur Marketingorientierung* von Christian Kleinschmidt in diesem Band.

27 Vgl. Harrington an Beaux, 18.2.1993, in: aA, D-BS-7.

28 Vgl. Frank Bösch, *Geteilte Geschichte. Perspektiven auf die deutsche Geschichte seit den 1970er Jahren*, in: Frank Bösch (Hg.), *Geteilte Geschichte: Ost- und Westdeutschland 1970–2000*, Göttingen 2015, 9f.

29 Vgl. Smit, *Die Dasslers*, 147ff.

30 Christian Janette: 1972 Protokollchef der Olympischen Spiele in München, 1973 Eintritt bei adidas France, Mitarbeiter der sportpolitischen Abteilung, ab 1980 Personalleiter.

31 Vgl. Smit, *Die Dasslers*, 140.

32 John Boulter: 1972–1992 Senior Vice President von adidas, Leiter Promotion adidas France, 1992 Wechsel zu Reebok.

33 Vgl. Interview mit Antje König, aufgezeichnet von Sandra Trapp am 10.1.2017, in: aA, D-HM-6.

34 Brigitte Baenkler-Dassler (1947–2011): dritte Tochter von Adi Dassler, zuständig für die Betreuung der Sportler, maßgeblich beteiligt am Aufbau der Beziehungen von adidas nach Osteuropa, verkaufte ihre Firmenanteile gemeinsam mit ihren Schwestern Inge Dassler, Karin Essing und Sigrid Malms Ende der 80er Jahre an Bernard Tapie, kaufte 1991 das Hotel Herzogsparks (ehemaliges Sporthotel Herzogenaurach). Vgl. https://www.infranken.de/regional/erlangenhoechstadt/Die-Grande-Dame-ist-gegangen;art215,116324 [letzter Zugriff 29.8.2018].

35 Interview mit Antje König, aufgezeichnet von Sandra Trapp am 10.1.2017, in: aA, D-HM-6.

36 Vgl. Baenkler und Wiest an Boulter, adidas Fabriques des Chaussures de Sport, 25.4.1977: adidas-Promotion Verträge, Stand April 1977, in: aA, D-LP-1949.

37 Vgl. Vorbereitende Unterlagen zum Besuch Baenkler/Jäggi am 8./9.6.1988 in Budapest, in: aA, D-BS-1.

38 Vgl. Smit, *Die Dasslers*, 175.

39 Sergeij Pawlow (1929–1993): sowjetischer Politiker und Sportfunktionär. 1. Sekretär des ZK des Komsomol, von 1968 bis 1981 Minister für Sport der UdSSR.

40 Vgl. Smit, *Die Dasslers*, 174f.

41 Vgl. Walter M. Iber, *Unternehmen Olympia. Ein Wirtschaftsfaktor im Kalten Krieg*, in: HISTORICVM, Zeitschrift für Geschichte, Linz 2012/13, 43.

42 Vgl. Baenkler und Wiest an Boulter, 25.4.1977, adidas-Promotion-Verträge, Stand April 1977, in: aA, D-LP-1949.

43 Vgl. Streng vertrauliche Studie des DTSB an Egon Krenz: Die Entwicklung der Beziehungen zwischen den Sportorganisationen der DDR und der UdSSR, 1989, Privatsammlung Klaus Müller.

44 Vgl. Jürgen Winkler, *Sportpolitik*, in: Andreas Herbst/Gerd-Rudiger Stephan/Jürgen Winkler (Hg.), *Die SED. Ein Handbuch*, Berlin 1997, 466–477; *Deutscher Turn- und Sportbund (DTSB) 1957–1990*, in: Andreas Herbst/Winfried Ranke/Jürgen Winkler (Hg.), *So funktionierte die DDR*, Bd.1, Reinbek 1994, 234–243.

45 Paul Verner (1911–1986): Mitglied des Politbüros des ZK der SED; gelernter Maschinenschlosser, 1929 KPD, 1933–1939 Emigration in der UdSSR und verschiedenen westeuropäischen Staaten, 1940–1943 Internierung in Schweden, 1946 KPD/SED, Aufstieg in höchste Parteiämter, seit 1963 Mitglied des Politbüros des ZK der SED, 1984 Rücktritt von allen Ämtern aus gesundheitlichen Gründen. Vgl. Helmut Müller-Enbergs u.a. (Hg.), *Wer war wer in der DDR? Ein Lexikon ostdeutscher Biographien*, Berlin 2010, 1.354f.

46 Egon Krenz (1937): Generalsekretär des ZK der SED; gelernter Maschinenschlosser, FDJ-Funktionen auf diversen Ebenen, 1973–1989 Mitglied des ZK der SED, 1973–1983 1. Sekretär des Zentralrats der FDJ, 1983–1989 Mitglied des Politbüros, zuständig für Sicherheitsfragen, Jugend, Sport, Staats- und Rechtsfragen, Okt.-Dez. 1989 Generalsekretär des ZK der SED, 1990 Ausschluss aus der SED/PDS. Vgl. Müller-Enbergs (Hg.), *Wer war wer in der DDR*, 723f.

47 Vgl. Stefan Wolle, *Die heile Welt der Diktatur, Alltag und Herrschaft in der DDR*, Berlin 1998, 102.

48 Vgl. Frank Reichelt, *Das System des Leistungssports in der DDR: Darstellung der Struktur und des Aufbaus anhand ausgewählter Beispiele*, Marburg 2005, 16–26.

49 Rudolf Hellmann (1926–2005): 89 Leiter der Abteilung Sport des ZK der SED; gelernter Maschinenschlosser, 1946 KPD/SED, 1947–1950 Schlosser bei der Deutschen Reichsbahn in Chemnitz, ab 1950 verschiedene Parteifunktionen in den Bereichen Jugend und Sport, ab 1961 Mitglied des Bundesvorstands des DTSB, 1965–1989 Leiter der Abteilung Sport des ZK der SED, 1973–1989 Vizepräsident des NOK, 1990 Ausschluss aus dem DTSB. Muller-Enbergs (Hg.), *Wer war wer in der DDR*, 518.

50 Vgl. Hans Joachim Teichler, *Sport unter der Führung der Partei – Die frühen sportpolitischen Weichenstellungen der SED*, in: Jutta Braun/Hans Joachim Teichler, Sportstadt Berlin, Berlin 2006, 58–65.

51 Vgl. Winker, *Sportpolitik*, 470.

52 Vgl. Jutta Braun, *„Jedermann an jedem Ort – einmal in der Woche Sport". Triumph und Trugbild des DDR-Sports*, in: Thomas Großbölting (Hg.), Friedensstaat, Leseland, Sportnation? DDR-Legenden auf dem Prüfstand, Berlin 2009, 177–195, hier 180.

53 Manfred Ewald (1926–2002): Präsident des DTSB und des NOK; gelernter Verwaltungsangestellter, 1944 NSDAP, 1944/45 Wehrmacht, 1945/46 KPD/SED, 1946–1948 FDJ Kreissekretär in Greifswald, 1948 Sportfunktionär, 1952–1960 Staatssekretär und Vorsitzender des Staatlichen Komitees für Körperkultur und Sport beim Ministerrat, ab 1957 Mitglied des DTSB Bundesvorstands, 1961–1988 Präsident des DTSB, ab 1963 Mitglied des ZK der SED, 1973–1990 Präsident des NOK der DDR, im Jahr 2000 angeklagt wegen Beihilfe zur Körperverletzung durch Doping und zu einer 22-monatigen Freiheitsstrafe auf Bewährung verurteilt. Vgl. Müller-Enbergs (Hg.), *Wer war wer in der DDR*, 303; Jens Weinreich, *Gefürchtet daheim und im Ausland – zum Tode des langjährigen DDR-Sportchefs Manfred Ewald*, in: Berliner Zeitung (24.10.2002).

54 Vgl. *Vom Alt-Nazi zum führenden SED-Funktionär*, in: Die Welt (12.7.2000).

55 Franz Rydz (1927–1989): gelernter Zimmermann, 1945/46 KPD/SED, 1946–1948 Sekretär des FDJ-Kreisvorstands Zeitz,

1948–1950 Vorsitzender des FDJ-Kreisvorstands Zeitz, 1950–1952 Leiter des Landessportausschusses Sachsen-Anhalt, 1954–1959 Sektorenleiter Sport in der Abteilung Sicherheitsfragen des Zentralkomitees der SED, 1959–1966 Mitglied des Sekretariats des Bundesvorstands des DTSB, 1970 Schatzmeister, 1973–1989 Mitglied des Präsidiums des NOK der DDR, 1989 Freitod. Vgl. Gabriele Baumgartner/Dieter Hebig, *Biographisches Handbuch der SBZ/DDR 1945–1990*, Zweiter Band, München 1996, 747.

56 Vgl. *Jürgen Croy im Interview: Ich bekam weiche Knie*, in: 11 Freunde (19.10.2011).

57 Vgl. Besuch der internationalen Sportartikelausstellung durch IMV, 3.3.1977, in: BStU, MfS, HA XX, Nr. 651.

58 Doris Basel ist mit dem ehemaligen Oberliga-Fußballer und späteren Assistenztrainer der DDR-Nachwuchs-Nationalmannschaft Werner Basel verheiratet. Vgl. Hanns Leske, *Enzyklopädie des DDR-Fußballs*, Göttingen 2007.

59 Justus Johannes Meyer, *Politische Spiele – Die deutsch-deutschen Auseinandersetzungen auf dem Weg zu den XX. Olympischen Sommerspielen 1972 und bei den Spielen in München*, Dissertation Hamburg 2010.

60 Bericht über Teilnahme an der Sekretariatssitzung des DTSB KV Hagenow, 1.2.1979, in: BStU, MfS, HA XX, Nr. 651.

61 Vgl. Rydz an den Leiter des Amtes für Preise, Halbritter, 21.6.1973, in: BAB, DY 12, Nr. 4312.

62 Vgl. Bisherige Aufklärungsergebnisse zu den kommerziellen Beziehungen des DTSB-Bundesvorstand Berlin, 15.9.1976, in: BStU, MfS, HA XX, Nr. 14749.

63 Vgl. Vertrag zwischen der Firma adidas-Sportschuhfabriken, Adi Dassler KG, vertreten durch Brigitte Baenkler und Christian Janette und dem Deutschen Turn- und Sportbund (undatierter Entwurf), in: aA, D-LP-1830.

64 Ebd.

65 Roland Horcher (1949): Eintritt bei adidas am 1.3.1976, Personalabteilung.

66 Vgl. Bundesamt für gewerbliche Wirtschaft an Horcher, April 1977, in: aA, D-LP-1830.

67 Vgl. Hans Modrow, *In historischer Mission. Als deutscher Politiker unterwegs*, Berlin 2007, 47.

68 Vgl. Rydz, Aktennotiz, 26.10.1981, in: BAB, DY 12, Nr. 4316.

69 Vgl. ebd.

70 Vgl. Rydz an Hellmann 15.4.1982, in: ebd.

71 Wildenhain an Rydz, 31.1.1983, in: ebd.

72 Peter Boeger, *Kampf gegen „Professionalisierung und Kommerzialisierung" im Sport. Wie die DDR dennoch zu einem adidas-Land wurde,* in: Deutschland-Archiv, (31.7.2015) www.bpb.de/210155, (10.8.20159, www.bpb.de/210501 [beide letzter Zugriff 2.3.2018].

73 Hellmann an Verner, 4.12.1981, in: BAB, DY 30/IV 2/2.036, Nr. 22.

74 Streng vertrauliche Studie des DTSB für Egon Krenz: Die Entwicklung der Beziehungen zwischen den Sportorganisationen der DDR und der UdSSR, 1989, in: Privatsammlung Klaus Müller.

75 Vgl. Abt. Wirtschaft an Rydz, 30.12.1980: zum Brief des Staatsekretärs Prof. Erbach, an den Leiter der Abt. Sport beim ZK der SED, Hellmann, in: BAB, DY 30/IV 2/2.036, Nr. 22.

76 Vgl. Manfred Ewald: Probleme, die sich aus dem Olympischen Kongress in Baden-Baden ergeben (Grundlage für eine Aussprache), 16.11.1981, in: BAB, DY 390, IV 2/2.036, Nr. 33, Bl. 148–157.

77 Vgl. DTSB, Sekretariat Heinze, Positionspapier zur „Werbung am Mann", 28.10.1981, in: BStU, MfS, HA XX 15260, Bl. 5–11.

78 Ebd.

79 Fedor H. Radmann (1944): 1969–1972 Touristik-Chef im Organisationskomitee der Olympischen Spiele von München, 1972–1979 Kurdirektor des Fremdenverkehrsverbandes Berchtesgadener Land, 1979–1988 Leiter der Abteilung Internationale Beziehungen bei adidas, ab 1988 ISL Deutschland, 2001–2003 Vizepräsident des OK der Fußball-Weltmeisterschaft 2006, bis 2003 auch Berater bei adidas, ab 2003 Berater des Präsidiums für Kunst und Kultur sowie Marketing und Tourismus, bis Januar 2007 Geschäftsführer der Bewerbung der Stadt Salzburg für die Olympischen Winterspiele, ab 2007 arbeitete er für die Bewerbung Australiens für die Fußball-WM 2022.

80 Vgl. Anmerkungen für Herrn Bente (undatiert), handschriftlicher Nachtrag 14.7.1982, in: aA, D-LP-1830.

81 Adi Dassler KG an DTSB der DDR, 7.4.1982, in: aA, D-LP-1830.

82 Vgl. Rydz, Information über Verhandlungen mit der Leitung der Firma adidas, 1.6.1982, in: BAB, DY 12, Nr. 3556.

83 Hellmann an Verner, SED-Hausmitteilung, ZK-Abteilung Sport, 2.6.1982, in: BAB DY 30/IV 2/2.036, Nr. 22.

84 Vgl. Rydz, Information über Verhandlungen mit der Leitung der Firma adidas, 1.6.1982, in: ebd.

85 Vgl. Rydz an Verner, 15.7.1982, in: BAB, DY 30, Nr. 4959.

86 Ewald an Verner, 1.7.1982, in: BAB, DY 30/IV 2/2.036, Nr. 22.

87 Gerad Bökenkamp, *Das Ende des Wirtschaftswunders. Geschichte der Sozial-, Wirtschafts- und Finanzpolitik in der Bundesrepublik 1969–1998*, Stuttgart 2010, 201.

88 Dr. Hans-Jörg Bauer (1940): Eintritt bei adidas am 1.1.1979, Leiter der Textilabteilung.

89 Klaus-Werner Becker (1943): 1963–1968 Studium der Nationalökonomie in München, 1969–1972 Mitarbeiter der Bayerischen Hypotheken- und Wechselbank, München, 1973–1977 Prokurist bei der Textilgruppe Hof, Eintritt bei adidas am 1.1.1978, Hauptabteilungsleiter Controlling und Beteiligungen, 1985–1987 Geschäftsführer adidas Handels AG Luzern, 1.7.1988 Geschäftsführer adidas Deutschland. Vgl. adidas-Presseerklärung, in: aA, D-M-312.

90 Vgl. Smit, *Die Dasslers*, 204ff.

91 Dr. Hans-Jürgen Martens: Geschäftsführer ab 1.8.1983, Vorstandsmitglied (Finanzen) ab 1986.

92 Vgl. dazu den Beitrag von Jörg Lesczenski in diesem Band.

93 Vgl. Aktennotiz: Doris Basel, 21.6.1982, in: BAB, DY 12, Nr. 3556.

94 Vgl. BMWi: nachrichtlich an Bundesministerium für innerdeutsche Beziehungen, 24.6.1982, in: BAB, B 136, Nr. 21496.

95 Vertrag zwischen der Firma adidas-Sportschuhfabriken, Adi Dassler KG, Herzogenaurach (vertreten durch Herrn Alfred Bente) und dem Bundesvorstand des DTSB der DDR (vertreten durch Herrn Franz Rydz), in: aA, D-LP-1830. Die von Smit, *Die Dasslers*, 138, aufgestellte Behauptung, der Staats- und Regierungschef der DDR, Erich Honecker, hätte den „Totalvertrag" persönlich unterzeichnet, trifft nicht zu. Honecker hat zum Vertragsentwurf lediglich „Einverstanden" angemerkt.

96 Vgl. Argumentation „zur Ausrüstung von DDR-Nationalmannschaften ausgewählter Sportarten mit Wettkampfbekleidung und -ausrüstung der Firma adidas", in: BAB, DY 30/IV 2/2.036, Nr. 22.

97 Ebd. Peter Boeger datiert diesen Vorgang erst auf das Jahr 1988, was aber nicht stimmen kann. Aus dem Kontext der Argumentation geht hervor, dass diese im Sommer 1982 herausgegeben wurde.

98 Vgl. Stefan Wolle, *Die heile Welt der Diktatur. Alltag und Herrchaft in der DDR 1971–1989*, Berlin 1998, 137ff.

99 Vgl. Norbert Rogalski, *Qualifiziert und ausgemustert. Wie ich die DHfK erlebte*, Leipzig 2005, 222.

100 Vgl. Vertrag zwischen dem DTSB und der arena Sport- und Vertriebsgesellschaft, Bayreuth (Entwurf, undatiert), in: BAB, DY 12, Nr. 3556.

101 Vgl. Aktennotiz Horcher, 25.7.1983: Besuch Frau Basel am 20./21.7.1983, in: aA, D-LP-1830.

102 Vgl. Aktennotiz Junghans: betr.: adidas/DTSB, 17.10.1983, in: aA, D-LP-1830.

103 Hellmann an Verner, 26.10.1983, in: BAB, DY 30/IV 2/2.036, Nr. 22.

104 Aktennotiz über ein Gespräch des Präsidenten des DTSB, Manfred Ewald, mit Horst Dassler und Huguette Clergironnet am 5.10.1983 in Belgrad, in: BAB, ebd.

105 Vgl. Niederschrift über Gespräche mit der Leitung der Firma adidas in der Zeit vom 19.–21.10.1983 in Herzogenaurach, in: ebd.

106 Vgl. Aktennotiz Horcher: Promotion-Vertrag mit dem DTSB der DDR (undatiert), in: aA, D-LP-1830.

107 Vgl. Junghans an Rydz, 25.10.1983, in: ebd.

108 Vgl. Sitzung am 26.10.1983, in: aA, D-BG-2.

109 Verner an Honecker, 3.11.1983, in: BAB, DY 30/IV 2/2.036, Nr. 22.

110 Vgl. adidas Geschäftsbericht 1983, in: aA, Z-60-4.

111 Vgl. Vertrag zwischen der Firma adidas-Sportschuhfabriken, Adi Dassler KG und dem Bundesvorstand des DTSB der DDR, 24.11.1983, in: BAB, DY 12, Nr. 3556. Ein unterschriebenes Exemplar dieses Vertrages liegt im Bundesarchiv Berlin. Im adidas Archive befindet sich nur ein nichtunterzeichneter Entwurf.

112 Vgl. Rydz an Beil, 10.1.1984, in: BAB, DY 12, Nr. 3556.

113 Vgl. Nachtrag Nr. 1, in: aA, D-LP-1830.

114 Vgl. Ewald: Information über Gespräche, die ich während meines Aufenthalts in Paris in der Zeit vom 25. bis 27.1.1987 mit führenden Persönlichkeiten des internationalen Sports hatte, 28.1.1987, in: BAB, DY 30, IV 2/2.039, Nr. 260, Bl. 158f.

115 René C. Jäggi (1948): Schweizer Unternehmer und Sportfunktionär. Studierte Sport an der Hochschule St. Gallen; 1973–1986 in verschiedenen Unternehmen in der Schweiz, Großbritannien, Deutschland, den USA und Japan tätig; 1986 Vertriebschef von adidas, Vorstandsvorsitzender von adidas von November 1987 bis 1992; 1996–2002 Präsident des FC Basel, 2003–2006 Präsident des 1. FC Kaiserslautern; 2008–2012 Aufsichtsratsvorsitzender der Röder Zeitsysteme und Service AG. Wikipedia [letzter Zugriff 4.9.2016].

116 Antje König: Eintritt bei adidas am 1.9.1972, Exportabteilung, 1976 Referentin in der Abteilung Promotion International, ab 1984 Managerin Promotion International, 1989 Abteilungsleiterin.

117 Vgl. Aktennotiz Antje König: DDR-Kurzbericht, 25.5.1988, in: aA, D-LP-1820.

118 Vgl. Telex Jäggi an Basel, betr.: Vertragsverlängerung ab 1.1.1988 (muss heißen 1989 – R.K.), in: BAB, DY 12, Nr. 3556.

119 Vgl. John Boulter und Carl Junghans an Doris Basel, 10.6.1988, in: aA, D-LP-1830.

120 Vgl. Nachtrag Nr. 5, 13.7.1988, in: ebd.

121 adidas-Presseerklärung: adidas verlängert UdSSR-Vertrag bis 1992, 11/88, in: aA, D-M-345.

122 Vgl. Aktennotiz Roland Horcher vom 16.1.1989, in: aA, D-LP-1830.

123 Vgl. Nachtrag, Nr. 6, 21.2.1989, in: BAB, DY 12, Nr. 3556.

124 Vgl. Aktennotiz: DDR-Vertrag 14.7.1989, in: ebd.

125 Vgl. Manfred Ewald, *Ich war der Sport*, 190f.

126 Vgl. Ewald an Krenz, betr.: Valutaeinnahmen, 17.2.1986, in: BAB, DY 30 IV 2.2.2039, Nr. 247.

127 Vgl. Hermann Utermann, Der Mann, der adidas war. Die Adi-Dassler-Story, unveröffentlichtes Manuskript 22.8.1983, 190, in: aA, D-MC-9.

128 Vgl. Junghans und Mitarbeiter: Memorandum: Grundsätze der Lizenzvergabe, in: aA, D-BF-17, 7.12.1987.

129 Vgl. Aufstellung der Firmen, die adidas-Erzeugnisse im Ausland fertigen oder vertreiben, 23.4.1979, in: aA, D-5624.

130 Vgl. Marie-Janine Calic, *Geschichte Jugoslawiens im 20. Jahrhundert*, München 2014, 256.

131 Vgl. Archivkatalog Staatsarchiv Luzern.

132 Vgl. Aktennotiz Becker, 4.7.1985, in: aA, D-LL-3.
133 Vgl. Vertrag über langfristige Produktionskooperation und Technologietransfer, 7.11.1986. Unterzeichnet wurde der Vertrag von den jugoslawischen Firmen im Juli 1987 und von adidas am 31.12.1987, in: aA, D-LL-3.
134 Vgl. ebd., Anlage.
135 Das Kombinat verfügte über ein Vertriebsnetz von rund 180 Filialen in allen jugoslawischen Republiken. Im Jahr 2004 ging das Unternehmen in Konkurs. (Renata Jambrešič Kirin, Marina Blagaič: Die Ambivalenz der sozialistischen Frauenarbeit: Fallstudie Jugoplastika, Split 2013).
136 Vgl. Jugoplastika, Anlage 1, Spezifikation A und B, in: aA, D-LL-3.
137 Zusammengestellt nach: Sitzung 28.5.1988, in: aA, D-BF-18.
138 Vgl. Sitzung des Beirats der adidas Sportschuhfabriken Adi Dassler KG, 17.10.1986, Produktion der wichtigsten Lizenzunternehmen von adidas vom 1.1.1986 bis 31.8.1986, in: aA, D-BF-12.
139 Vgl. Marie-Janine Calic, *Geschichte Jugoslawiens im 20. Jahrhundert*, München 2014, 265–267.
140 Vgl. dazu Abschnitt 6.
141 Das Werk war Ende der 30er Jahre vom tschechischen Unternehmer Thomas Bata gegründet worden.
142 Vgl. Breithaupt an Jäggi, Martens und andere, 3.8.1988, adidas Budapest, Gesellschafterversammlungen (31).
143 Vgl. Fruzsina Müller: *Jeanssozialismus. Konsum und Mode im staatssozialistischen Ungarn*, Göttingen 2016, Kapitel 5.
144 Vgl. Hungarocoop, Chaussures in: aA, D-LL-7.
145 Vgl. ebd.
146 Vgl. Protokoll vom 2.5.1975, in: aA, D-LL-7.
147 Vgl. Breithaupt an Jäggi, Martens und andere, 3.8.1988, adidas Budapest, in: aA, D-BS-1.
148 Vgl. Hungarocoop, Chaussures, in: aA, D-LL-7.
149 Vgl. Sitzung des Beirats der adidas Sportschuhfabriken Adi Dassler KG, TOP 9: Stand der Verhandlungen über das Ungarn-Engagement, 29.6.1984, in: aA, D-BF-5.
150 Vgl. Sitzung des Beirats der adidas Sportschuhfabriken Adi Dassler KG, TOP 11, 4.4.1986, in: aA, D-BF-10; Alleinhändlervertrag zwischen Adi Dassler Stiftung &. Co. KG und adidas Budapest Kft, 26.6.1985, in: aA, D-LL-49.
151 Vgl. Vereinbarung zwischen ungarischer Außenhandelsbank und adidas Sportschuhfabriken Adi Dassler Stiftung & Co. KG, Januar 1986, in: aA, D-LS-1.
152 Vgl. Lizenzvertrag zwischen der adidas Sportschuhfabriken, Adi Dassler Stiftung &. Co. KG und der adidas Budapest Kft. vom 30.12.1986, in: aA, D-LL-4.
153 Vgl. Sitzung des Beirats der adidas Sportschuhfabriken Adi Dassler KG, 11.10.1985 TOP 7: Bericht über die Vorbereitung von Projekten, in: aA, D-BF-8.
154 Vgl. Protokoll der Gesellschafterversammlung der adidas Budapest Kft., 20.4.1990, in: aA, D-BS-1.
155 Vgl. Vorbereitende Unterlagen zum Besuch Baenkler/Jäggi am 8./9.6.1988 in Budapest, in: aA, D-BS-1.
156 Persönliches Schreiben von Zoltán K. an Brigitte Baenkler, 21.3.1988, in: aA, D-BS-1.
157 Vgl. Martens an Jäggi, 11.5.1988, Beurteilung der Ergebnisse der Gesellschafterversammlung vom 27.4.1988, in: aA, D-BS-1.
158 Jäggi an Bartha, 14.6.1988, in: ebd.
159 Protokoll der Gesellschafterversammlung der adidas Budapest Kft., 25.7.1988, in: ebd.
160 Vgl. Bauer, Memo, betr.: Besprechung mit Stellv. ungarischen Ministerpräsidenten, Medgyessy, 15.10.1988 in Stuttgart, in: ebd.
161 Vgl. Handelsministerium, Fazekas an Kovács, 17.10.1988, in: ebd.
162 Vgl. Louis, Pöhlau & Lohrentz, Patentanwälte (Nürnberg) an Bente, 21.6.1976, Liefervertrag DDR 1976, in: aA, D-LL-50.
163 Ebd.
164 Vgl. Matylewicz an adidas, Telex, 27.7.1976, Liefervertrag DDR 1976, in: aA, D-LL-50.
165 Vgl. Telex von Bente an Matylewicz, Unionexport, 27.7.1976, in: ebd.
166 Vgl. Ewald, *Ich war der Sport*, 99.
167 Vgl. adidas an Nolte Handelsgesellschaft mbH, Berlin, 11.12.1979, betr.: Damen-Cordhosen für DDR, Akte DDR-Cordhosen, in: aA, D-LL-50.
168 Vgl. Zweite Chance für ein vergessenes Handwerk, in: Renovabis, 6.8.2014.
169 Vgl. Tobias Ehrenbold, *Bata, Schuhe für die Welt. Geschichten aus der Schweiz*, Baden 2010.
170 Vgl. Protokoll der Sitzung vom 30.11.1984, in: aA, D-BF-6.
171 Vgl. Lizenzvertrag Nr. 73/78617 vom 23.5.1978, Unterlagen Lizenz UdSSR, in: aA, D-LL-53.
172 Louis an Familie Dassler, 29.5.1978, in: aA, D-LL-53.
173 Vgl. Aktennotiz Junghans, 29.5.1984: Neufassung bzw. Verlängerung des bestehenden Lizenzvertrages, in: aA, D-LL-53.
174 Vgl. Aktennotiz Mühleder, 8.12.1978, in: aA, D-LL-53.
175 Der Rat für gegenseitige Wirtschaftshilfe wurde 1949 auf sowjetische Initiative als Pendant zum Marshallplan gegründet. Neben der Sowjetunion gehörten Polen, Rumänien, Bulgarien, Ungarn und die Tschechoslowakei zu den Gründungsmitgliedern. Die DDR trat 1950 bei, die Mongolei 1962, Kuba 1972 und Vietnam 1978. Der RGW hatte zum einen die Aufgabe, eine engere wirtschaftliche Kooperation der sozialistischen Länder zu erreichen, und sollte zum anderen eine allmähliche Angleichung ihrer sehr unterschiedlichen wirtschaftlichen Niveaus ermöglichen.
176 Vgl. Aktennotiz Dr. Rößler, 14.12.1978, in: aA, D-LL-53.
177 Vgl. Iber, *Unternehmen Olympia*, 43.
178 Aktennotiz Lang, 29.4.1980, in: aA, D-LL-53.
179 Vgl. Komitee für Körperkultur und Sport der UdSSR: Bericht

über die Sportbeziehungen mit der Bundesrepublik Deutschland für die zweite Hälfte des Jahres 1980,11.12.1980, GARF Moskau, R-7576, Kat. 35, Akte 1041, Bl. 27.
180 Vgl. Aktennotiz Lang, 8.8.1980, in: aA, D-LL-53.
181 Vgl. Aktennotiz Lang, 26.9.1980, in: aA, D-LL-53.
182 Vgl. Aktennotiz Lang, 6.4.1981, in: aA, D-LL-53.
183 Vgl. Aktennotiz Mühleder, 12.10.1982, in: aA, D-LL-53.
184 Ebd.
185 Aktennotiz Mühleder, 19.11.1982, in: aA, D-LL-53.
186 Vgl. Aktennotiz Mühleder, 25.3.1983, in: aA, D-LL-53.
187 Vgl. Aktennotiz Mühleder, 3.8.1983, in: aA, D-LL-53.
188 Vgl. Sitzung des Beirats der adidas Sportschuhfabriken Adi Dassler KG, 30.11.1984; Protokoll zum Lizenzvertrag Nr. 7321/048420 vom 27.10.84 zwischen adidas (Lizenzgeber) und VVO Licensintrog (Lizenznehmer), in: aA, D-BF-6.
189 Vgl. Presseiformation: adidas Lizenzproduktion in der UdSSR erweitert, 3/85, in: aA, D-M-187.
190 Vgl. Sitzung des Beirats der adidas Sportschuhfabriken Adi Dassler KG, 7.12.1987, TOP 8: neue Lizenzverträge, in: aA, D BF-17.
191 Vgl. Lizenzvertrag Adi Dassler Stiftung & Co. KG und Licensintorg 22.12.1987; Ju. W. Gerassimow an adidas Sportschuhfabriken, Adi Dassler Stiftung & Co. KG, betr.: Lizenzvertrag Nr. 7321/048725 vom 23.12.1987 (Tiflis-Projekt), in: aA, D-LL-54.
192 Vgl. Sitzung des Beirats der adidas Sportschuhfabriken Adi Dassler KG, 26.11.1988, in: aA, D-BF-19.
193 Vgl. Generaldirektor Pogrebnoi, Allunionsvereinigung „Internationales Alpinensportzentrum“, an Horst Dassler, ohne Datum (vermutlich Herbst 1986), in: ebd.
194 Vgl. GARF-Archivführer. Putevoditel. Teil 3, Moskau 1997, 169.
195 Vgl. K. Manuel Veth, *Sovintersport and the cashing in of Soviet football*, in: Soccer & Society (December 2014).
196 Vgl. Sovintersport: Begründungen für den Kauf von Sportartikeln der Firma adidas, GARF Moskau, Bestand 10029, Findbuch 2, Akte 387 und 472.
197 Vgl. Memorandum: Grundsätze der Lizenzvergabe, 20.11.1987 + 7.12.1987, in: aA, D-BF-17.
198 Ebd.
199 Vgl. Bauer an Licensintrog, GD Valery Ignatov, 27.11.1990, in: aA, D-LL-53.
200 Vgl. Johannes Kunze, *Das MfS in der Schuh-Industrie: am Beispiel des Direktors für Forschung und Technik der „VVB Schuhe“ Weißenfels Karl-Heinz Werner*, Magdeburg 2004.
201 Vgl. Lothar Baar/Uwe Müller/Frank Zschaler, *Strukturveränderungen und Wachstumsschwankungen. Investitionen und Budget in der DDR 1949 bis 1989*, in: Jahrbuch für Wirtschaftsgeschichte 2 (1995), 47–74.
202 Vgl. Info, 7.3.1974, in: BAB, DY 3023, Nr. 1450.
203 Vgl. Amt für Preise, Information 12.9.1978, in: BAB, DY 30, Nr. 6980.
204 Vgl. Sitzung des Politbüros des ZK der SED, 28.6.1983, Anlage Nr. 7, in: BAB, DY 30 J IV 2/2, Nr. 2009.
205 Vgl. Gerhard Schürer/Walter Halbritter/Werner Buschmann, Info über Maßnahmen zur Produktion und Versorgung mit Sportschuhen und die Festlegung von Verbraucherpreisen (ohne Datum), in: BAB, DY 30, Nr. 6980.
206 Vgl. Halbritter und Buschmann an Mittag 9.9.1983, in: BAB, DY 30. Nr. 6980.
207 Vgl. Direktionsbereich Forschung und Technik: Protokoll zur ersten Beratung des zentralen Arbeitsstabes Sondervorhaben (SV) „Sportschuhe“, 27.5.1985, in: LHASA, Abt. Merseburg, I 595, Nr. 427.
208 Vgl. Lezoch an Minister für Leichtindustrie, 31.7.1986, in: BAB, DY 30, Nr. 25426.
209 Vgl. BPO: Standpunkt zur Vorlage des Generaldirektors, 26.10.1987, in: ebd.
210 Vgl. Ewald an Krenz, 31.5.1984, in: BAB, DY 30 IV 2.2.2039, Nr. 247.
211 Vgl. Aktennotiz Breithaupt, 4.10.1983, in: aA, D-LL-51. Zu den genannten DDR-Betrieben vgl. Deutscher Bundestag, Drucksache 12/7600, Abschlussbericht des 1. Untersuchungsausschusses, 1994, 100.
212 Vgl. Aktennotiz Bauer, 7.10.1983, in: aA, D-LL-51.
213 Vgl. ebd.
214 Vgl. Aktennotiz Gaßdorf, Vertrieb Ausland, 24.3.1986, in: aA, D-LL-51.
215 Vgl. Hans-Udo Gaßdorf (1938): Eintritt bei adidas am 1.4.1964, Leiter des Vertriebs Ausland.
216 Vgl. Matthias Judt, *Der Bereich Kommerzielle Koordinierung. Das DDR-Wirtschaftsimperium des Alexander Schalck-Golodkowski – Mythos und Realität*, Berlin 2013, 260f.
217 Vgl. Aktennotiz Gaßdorf, Vertrieb Ausland, 24.3.1986, in: aA, D-LL-51.
218 Ebd.
219 Vgl. Reisebericht Brünn, in: aA, D-LL-51.
220 Schalck an Buschmann, 11.6.1987, in: BAB, DE-10, Nr. 375.
221 Die Annahme von Peter Boeger, dass die DDR 1987 mit adidas eine Vereinbarung zur Lizenzproduktion für sportliche Freizeitbekleidung und Sportschuhe getroffen hätte, ist falsch. (Vgl. Peter Boeger: Kampf gegen „Professionalisierung und Kommerzialisierung“ im Sport) Boeger beruft sich auf eine Information des Amtes für Preise über die „Vorbereitung weiterer Gestattungsproduktionen“ vom 6.4.1987. Über Vorbereitungen kam aber das Projekt mit adidas nicht hinaus.
222 Vgl. Aktennotiz Gaßdorf, Vertrieb Ausland, 27.7.1987, in: aA, D-LL-51.
223 Vgl. Aktennotiz. Brünn, Lizenzbetreuung Textil, 22.7.1987, in: aA, D-LL-51.
224 Werner Buschmann (1931): Minister für Leichtindustrie; Ausbildung zum Verwaltungsangestellten, 1948–1952 Ange-

stellter in örtlichen Staatsorganen, 1952–1961 Mitarbeiter der Staatlichen Plankommission, 1961–1964 Abteilungsleiter VEB Großdrehmaschinenbau Berlin, 1965–1968 Abteilungsleiter im Ministerium für bezirksgeleitete Industrie und Lebensmittelindustrie, 1968–1976 Mitarbeiter im ZK der SED, 1978–1989 Minister für Leichtindustrie. Vgl. Müller-Enbergs, *Wer war wer in der DDR*, 198.

225 Paul Liehmann (1931): gelernter Zimmermann, 1953 Sekretär der FDJ-Kreisleitung Buna, Anfang der 60er Jahre Betriebsparteisekretär Hydrierwerk Zeitz, 1965 Promotion, 1968 Habilitation, 1966–1972 Stellv. Direktor des Instituts für sozialistische Wirtschaftsführung, 1969 Professur für sozialistische Wirtschaftsführung, 1973–1989 Stellv. Minister für Leichtindustrie, 1990–1991 Treuhand-Direktor. Vgl. Gabriele Baumgartner/Dieter Hebig (Hg.), *Biographisches Handbuch*, 480.

226 Vgl. Buschmann, Maßnahmenplan zur Gestattungsproduktion, 1.7.1987, in: BAB, DE-10, Nr. 375.

227 Vgl. Buschmann und Alexander Schalck an Mittag, 7.8.1987, in: ebd.

228 Vgl. Halbritter, Schürer, Buschmann, Briska, Beil, Schalck, Vorschläge für die Sortimentsgestaltung und die Festsetzung von Verbraucherpreisen für Konsumgüter aus NSW-Importen, der Gestattungsproduktion und Exquisiterzeugnissen, 22.10.1987, in: ebd.

229 Vgl. Buschmann, Maßnahmenplan zur Gestattungsproduktion, 1.7.1987, Anlage: Gestattungsproduktion „adidas" (in Mio. Stück), in: BAB, DE-10, Nr. 375.

230 Vgl. Liehmann, an Buschmann, 23.9.1987, in: ebd.

231 Vgl. Aktennotiz Brünn, Lizenzbetreuung Textil, 21.10.1987, in: aA, D-LL-51.

232 Vgl. Aktennotiz Gaßdorf, 16.11.1987, in: aA, D-LL-51.

233 Vgl. Vorlage zur Vorstandssitzung am 14.12.1987, in: aA, D-BB-22.

234 Vgl. Aktennotiz Gaßdorf: Gespräch mit Herrn Rydz vom DTSB, 29.4.1988, in: aA, D-LL-51.

235 Vgl. Aktennotiz Gaßdorf, 2.5.1988, in: aA, D-LL-51.

236 Vgl. Gaßdorf an Grüneberg, 19.5.1988, in: aA, D-LL-51.

237 Vgl. Bericht über den Stand der Voraussetzung für die planmäßige Entwicklung des NSW-Exportes 1982 und 1983 im VEB Kombinat Lederwaren, in: BAB, DC 20, Nr. 10733.

238 Vgl. Jäggi an Kühnel, 20.7.1988, in: aA, D-LL-51.

239 Vgl. Aktennotiz Bauer, 12.9.1988, in: aA, D-LL-51.

240 Vgl. Aktennotiz Breithaupt, 13.9.1988, in: aA, D-LL-51.

241 Vgl. Liehmann, Argumente, die bei Überlegungen zu einem Gestattungsvertrag „adidas" berücksichtigt werden müssen, 26.9.1988, in: BAB, DE-10, Nr. 375.

242 Vgl. Liehmann an Kühnel, 30.11.1988, in: BAB, DE-10, Nr. 375.

243 Vgl. Bauer und Breithaupt an Kühnel, 7.11.1988, in: aA, D-LL-51.

244 Aktennotiz Bauer, 12.9.1988, in: aA, D-LL-51.

245 Peter Moore an Rduch und Harrington, 22.11.1989, in: aA, D-BC-1.

246 Rduch an Jäggi, Harrington, 28.11.1989, in: ebd.

247 Vgl. Telegramm Eichler an Jäggi, 23.11.1989, in: BAB, DY 12, Nr. 3556.

248 Vgl. Jens Weinreich: Sport-Chronik der Wende zum Jahresschluss 1989, in: Deutschlandfunk (27.12.2009).

249 Vgl. Jäggi und Perraudin an Kilian, Präsident des DTSB, 27.3.1990, in: BAB, DY 12, Nr. 3556.

250 Vgl. Jutta Braun, *Sport frei! – Der Weg in die Sporteinheit*, in: Jutta Braun/Hans Joachim Teichler (Hg.), Sportstadt Berlin, Berlin 2006, 351–375, hier 366.

251 Vgl. adidas-Presseerklärung: adidas startet im DDR-Einzelhandel, 3/90, in: aA, D-M-408.

252 Vgl. dazu den Beitrag von Christian Kleinschmidt in diesem Band.

253 Vgl. Protokoll der Sitzung des Aufsichtsrats der adidas AG am 7.11.1991, in: aA, D-LA-12.

254 Vgl. Protokoll der Sitzung des Aufsichtsrats der adidas AG am 12.2.1992, in: aA, D-LA-13.

255 Vgl. Eva Ehrlich/Gabor Revesz, *Economic difficultiers and pittfalls of transformation*, in: Ivan Berend, Übergang zur Marktwirtschaft am Ende des 20. Jahrhunderts, München 1994, 125–144.

256 Vgl. *Wirtschaftsreformen in Mittel- und Osteuropa*, in: Beihefte zur Konjunkturpolitik, Berlin 1993.

257 Vgl. Protokoll der Gesellschafterversammlung der adidas Budapest Kft. 20.4.1990, in: aA, D-BS-1.

258 Vgl. Martens an Drexl-Schegg, 30.4.1990, in: aA, D-BS-1.

259 Vgl. Maczó an Kovas, adidas Budapest, 2.5.1990, in: aA, D-BS-1.

260 Vgl. Perraudin/Bauer an Maczó, 13.6.1990, in: aA, D-BS-1.

261 Vgl. Martens/Drexl-Schregg an Kovacs, 2.5.1990: Überlegungen für eine neue Kapitalstruktur.

262 Vgl. Martens an Ungarische Außenhandelsbank, 29.5.1990, in: aA, D-BS-1.

263 Vgl. Drexl-Schegg, Controlling International, an Martens, Bauer, Lessig, Meierjohann, 25.6.1990: Anteilsübernahme, in: aA, D-LS-1.

264 Vgl. Fruzsina Müller: *Jeanssozialismus. Konsum und Mode im staatssozialistischen Ungarn*, 210.

265 Vgl. Warenzeichen-Benutzungsvereinbarung zwischen adidas und JAS Bardojev, 19.12.1989, in: aA, D-LL-55.

266 Vgl. Warenzeichen-Benutzungsvereinbarung zwischen adidas und JAS Bardojev, 23.10.1990, in: aA, D-LL-55.

267 Vgl. Protokoll der Sitzung des Aufsichtsrats der adidas AG am 29.10.1990, in: aA, D-LA-9.

268 Vgl. Lizenzvertrag adidas AG – adidas CSFR, Prag, 8.8.1991, in: aA, D-LL-56.

269 Vgl. Stalmach an Perraudin, 12.5.1993, in: aA, D-BS-7 Osteuropa.

270 Wulf Landreh, zuvor bei Telefunken Hannover tätig, seit 1.7.1983 Direktor Export und Marketing für das Ausland bei adidas in Herzogenaurach (vgl. adidas intern, 9/1983, in: aA, Z-2-2.

271 Vgl. Landreh an Stalmach, 17.5.1993, in: ebd.

272 Vgl. Josef Stalmach, Wir können mit den globalen Schuhunternehmen nicht mithalten, 5.8.1998, in: aA, D-LL-57.

273 Vgl. Ralph Kotterer, Area VI/Eastern Europe, Memo, 21.10.1992, in: aA, D-LL-57.

274 Vgl. Landreh an Christov, Astra Sport 21.5.1996, in: aA, D-LL-57.

275 Vgl. Gloede-Staufer an Kotterer, 29.1.2002, in: ebd.

276 Vgl. Gloede-Staufer an Sommer, 2.10.2000, in: aA, D-LL-58.

277 Vgl. Reinhard Lauterbach: Das lange Sterben der Sowjetunion. Schicksalsjahre 1985–1999, Berlin 2016, 161–164.

278 Vgl. Wirtschaftsblatt (23.8.2011).

279 Vgl. Budget für Promotion der adidas KG 1987/88, Sitzung des Beirats der adidas Sportschuhfabriken Adi Dassler KG, 10.7.1987, in: aA, D-BF-15.

280 Vgl. Nachtrag Nr. 1 zum Vertrag zwischen adidas Sportschuhfabriken, Adi Dassler KG, Herzogenaurach und der Allunions-Außenhandelsvereinigung auf wirtschaftliche Rechnungsführung „Licensintorg", Moskau, vom 17.11.1983, in: aA, D-LL-53.

281 Vgl. Thomas Harrington, Blog 4.1.2014, Me in Moscow [letzter Zugriff 3.3.2018].

282 Vgl. Thomas Harrington, Blog, 25.5.2016 [letzter Zugriff 3.3.2018].

283 Vgl. Thomas Harrington, Blog 4.1.2014, Me in Moscow [letzter Zugriff 3.3.2018).

284 Vitali Smirnov (1935): Sportfunktionär, 1968–1970 Erster Sekretär des Stadtkomitees der KPdSU von Puschkino; 1970–1975 Stellv. Vorsitzender des Komitees für Körperkultur und Sport der UdSSR; 1981–1990 Vorsitzender des Komitees für Körperkultur und Sport der RSFSR; 1990–1992 Präsident des sowjetischen NOK; 1992–2001 Präsident des russischen NOK, 1971–2016 Mitglied des IOC.

285 Waleri Filippowitsch Borsow (1949): ehemaliger sowjetischer Leichtathlet. Goldmedaillengewinner der Olympischen Spiele 1972 in München im 100- und 200-Meter-Lauf. 1979–1986 leitende Positionen beim Zentralkomitee des ukrainischen Komsomol; 1987–1991 Vorsitzender des staatlichen Sportkomitees der UdSSR; Minister für Jugend und Sport der UdSSR, 1993–1996 Minister für Jugend und Sport in der Ukraine; seit 1994 IOC-Mitglied; 1998–2006 Abgeordneter im Parlament der Ukraine, zuletzt für die Vereinigte Sozialdemokratische Partei.

286 Vgl. Harrington an Beaux, 18.2.1993, in: aA, D-BS-7.

287 Vgl. Harrington an Beaux, 18.3.1993, in: ebd.

288 Vgl. Harrington an Beaux, 2.4.1993, in: ebd.

289 Giovanni Ciccolunghi (geb. 1943): italienischer Geschäftsmann, von Oktober 1991 bis 1996 Leiter des Area VII von adidas, Mitglied des Vorstands der Louis-Dreyfus-Holding, seit 2016 Präsident von Olympique Marseilles.

290 Harrington an Beaux, 2.4.1993, in: aA, D-BS-7.

291 Vgl. Harrington an Borsov, 7.4.1994, in: aA, D-BS-7.

292 Vgl. Ciccolunghi an Tourres, Juni/Juli 1995, in: ebd.

293 Vgl. Protokoll der Sitzung des Aufsichtsrats der adidas AG am 25.6.1991, in: aA, D-LA-11.

294 Vgl. UdSSR-Projekte, 25.10.1991, in: aA, D-LS-2, Moscow.

295 Vgl. Telex Direktor Roman Rurua, Tbilissi, an Steiner, Herzogenaurach, 15.6.1992, in: aA, D-LL-54.

296 Vgl. adidas AG an Tbilisser Sportartikelfabrik, Tbilissi, 2.6.1995, in: aA, D-LL-54.

297 Vgl. Lage EKSI, 25.10.1991, Moscow, in: aA, D-LS-2.

298 Ebd.

299 Vgl. Jäggi an Beaux, 17.12.1992, in: aA, D-BS-7.

300 Gilberte Beaux (1929): französische Unternehmerin, gelernte Bankerin, Vertraute von Bernard Tapie. Vorstandsvorsitzende von adidas vom 6.11.1992–6.4.1993, Vorsitzende des Aufsichtsrats von adidas 1993–1994.

301 Robert Louis-Dreyfus (1946–2009): französisch-schweizerischer Unternehmer. 1971–1973 Studium der Betriebswirtschaft an der Harvard Business School. 1973 Eintritt in die Familienfirma Louis-Dreyfus A. 1982–1988 COO, später CEO des US-amerikanischen Pharmamarktforschungsunternehmens IMS, 1989–1993 CEO von Saatchi & Saatchi; 7.4.1993–8.3.2001 Vorstandsvorsitzender von adidas; ab 1996 größter Anteilseigner am Fußballclub Olympique Marseilles. Vgl. manager magazin (6.7.2009).

302 Vgl. Ciccolunghi: Memo für Louis-Dreyfus und Tourres, 15.6.1993, in: aA, D-BS-7.

303 Vgl. Ciccolunghi: Memo für Tourres, 16.11.1993, in: ebd.

304 Vgl. Ciccolunghi an Beaux, 26.4.1993, in: aA, D-BS-7.

305 Vgl. Ciccolunghi an Beaux, 21.4.1993, in: ebd.

306 Vgl. Ciccolunghi an Beaux, 27.6.1993, in: ebd.

307 Vgl. Memo Zwicknagel an Beaux, u.a.12.7.1993, in: ebd.

308 Vgl. Walter Memo an Tourres, Ciccolunghi, Dragunov, 7.7.1993, in: ebd.

309 Vgl. Tarpischev an Jelzin, 30.7.1993, in: ebd.

310 Vgl. *Shamil Tarpischev – der starke Mann im russischen Tennis*, in: Tennisnet.com (11.2.2012).

311 Vgl. Neue Züricher Zeitung (19.11.2015).

312 Im Sommer 1994 wurde Tarpischev Mitglied des IOC. Nach einigen Skandalen wurde Tarpischev 1996 von Jelzin als Sportminister entlassen. Er blieb jedoch einer der einflussreichsten Männer im russischen Sportgeschäft und betreute zahlreiche Großprojekte. Der Aufschwung des russischen Tennissports ist ihm maßgeblich zu verdanken.

313 Handschriftliche Bemerkungen von Boris Jelzin, 2.8.1993, in: aA, D-BS-7.

314 Ciccolunghi an Beaux, 22.8.1993: assignment of LIT debts to MG Emerging Markets Inc., in: ebd.

315 Vgl. Markus an Beaux, 25.8.1993, in: ebd.
316 Vgl. Ciccolunghi an Louis-Dreyfus, 10.3.1995, in: ebd.
317 Vgl. Netstudien.de/Russland/Voucher [letzter Zugriff 6.9.2016].
318 Vgl. Main Board von EKSI an adidas, 4.11.1993, in: aA, D-BS-7.
319 Helmut Zwicknagel: 1994–2004 Prokurist bei adidas.
320 Vgl. Zwicknagel an Beaux, u.a., 9.11.1993, in: aA, D-BS-7.
321 Vgl. Entwurf Joint-Venture-Vertrag, 18.3.1994, in: ebd.
322 Christian Tourres (1938): französischer Manager, 7.4.1993–8.3.2001 Stellv. Vorstandsvorsitzender von adidas, 2001–2014 Mitglied des Aufsichtsrats von adidas.
323 Vgl. Dragunov, adidas Moskau, an Lessig, 12.12.1995, in: aA, D-LL-52.
324 Ergänzung zum Produktionsvertrag zwischen der adidas AG, Herzogenaurach, der adidas GmbH Moskau und der EKSI GmbH Moskau, 22.12.1994, in: aA, D-LL-52.
325 Ciccolunghi an Louis-Dreyfus, 11.1.1995, in: aA, D-BS-7.
326 Ciccolunghi an Louis-Dreyfus und Tourres, 18.8.1995, in: aA, D-LL-52.
327 Vgl. Ciccolunghi: CIS Update 1995 for Tourres, Juni/Juli 1995, in: aA, D-BS-7.
328 Vgl. Memo von Shankland, adidas Moscow an Tourres, 13.5.1998, in: aA, D-LS-2.
329 Vgl. Lizenz- und Distributionsabkommen zwischen der adidas AG, Herzogenaurach, der adidas GmbH Moskau und der EKSI GmbH Moskau, in: aA, D-LL-52.
330 Vgl. Dragunov, Lessig, 12.12.1995, in: aA, D-LL-52.
331 Vgl. Gloede-Staufer und Kottener an Gallocke, 5.2.1998, in: aA, D-LL-1.
332 Vgl. Gros an Landreh, 14.1.1994, in: ebd.
333 Vgl. Landreh an Gallocke, 1.6.1994, in: ebd.
334 Vgl. Gloede-Staufer und Kottener an Gallocke, 5.2.1998, in: ebd.
335 Vgl. http://planika.bg/EN/chronology [letzter Zugriff 8.9.2016].
336 Vgl. Protokoll der Sitzung des Aufsichtsrats der adidas AG am 28.10.1994, in: aA, D-LA-19.
337 Vgl. Number of audited factories and total number of factories by country in 2001, in: aA, Z-59-4.
338 Vgl. Number of supplier factories in 2015, in: aA, Z-59-50.

6 Von der Marken- zur Marketingorientierung

1 Werbeagentur Fick. Das Präsentationsbuch für adidas. Der Titelverteidiger. Eine Werbe-Konzeption für den Image- und Umsatzweltmeister adidas, Nürnberg 18.10.1979, in: aA, D-MC-30; s.a. Smit, *Drei Streifen,* 173.

2 Ebd.

3 Ebd.

4 Schreiben O'Connell/Cork an Hans Udo Gassdorf, 7.12.1981 in: aA, D-LL-59.

5 Kent L. Aldershof an Richard J. Madden, 20.6.1983; in: aA, D-1527; ebd., 1527-7ff., „Strategic Direction for adidas, (o.D., ca. Mai/Juni 1983); ebd., D-1527-1, Richard J. Madden an Käthe Dassler, „Plan X", 27.6.1983.

6 Kleinschmidt, *Der produktive Blick*, 254f.; s.a. Harm Schröter, *Americanization of the European Economy. A compact survey of American economic influence in Europe since the 1880s*, Dordrecht 2005, 105–123.

7 Aims '82. adidas international marketing strategy, o.D. (ca. 1982), in: aA, D-MC-31.

8 Vgl. dazu den Beitrag von Jörg Lesczenski in diesem Band.

9 Zitiert nach Grupe, *Horst Dassler*, 129.

10 The Look of the Future. adidas and Y&R (1985), in: aA, D-MC-32.

11 Advertising Core Group/Worldwide Advertising Campaigns 1986, in: aA, D-MC-33.

12 Strategische Grundlagen adidas, September 1986, 3, in: Archiv „Adi & Käthe Dassler Memorial Stiftung", S20131021135501.

13 Geschäftsberichte 1980–1986, in: aA, Z-60-1 bis 6.

14 Peter J. Haac, Beiratssitzung am 11.10.1985 (Marketing und Vertrieb), in: aA, D-5270.

15 Konzeptgespräch mit Herrn Dassler am 27.9.1985, in: aA, D-5280,1–12, 6.

16 Peter J. Haac, Beiratssitzung am 11.10.1985 (Marketing und Vertrieb), in: aA, D-5270-1-4.

17 Roman Rossfeld, *Unternehmensgeschichte als Marketinggeschichte*, in: Christian Kleinschmidt/Florian Triebel (Hg.), Marketing. Historische Aspekte der Wettbewerbs- und Absatzpolitik, Essen 2004, 17–39, hier 36f.; Ursula Hansen/Matthias Bode, *Marketing & Konsum. Theorie und Praxis von der Industrialisierung bis ins 21. Jahrhundert*, München 1999, 92ff.; Heribert Meffert/Christoph Burmann/Manfred Kirchgeorg, *Marketing. Grundlagen marktorientierter Unternehmensführung*, Wiesbaden [11]2012, 786f.

18 Strategische Grundlagen adidas, September 1986, 4–6, in: Archiv „Adi & Käthe Dassler Memorial Stiftung", S20131021135501.

19 Hermann Fuchslocher Unternehmensberatung GmbH (HFU), Marketing-Analyse-Planung-Umsetzung, Dezember 1988, in: aA, D-1528-1-66.

20 Ingo Köhler, *Marketing als Krisenstrategie. Die deutsche Automobilindustrie und die Herausforderungen der 70er Jahre*, in: Hartmut Berghoff (Hg.), Marketinggeschichte. Die Genese einer modernen Sozialtechnik, Göttingen 2007, 259–295.

21 Aktennotiz Klaus Müller zur PR-Arbeit, 11.7.1984, in: Archiv „Adi & Käthe Dassler Memorial Stiftung", S20130214122915; adidas Public Relations-Fibel, Herzogenaurach 1984; Interview Klaus Müller, 28.7.2016, beide in: aA, o.S.

22 CI-CD. Gedanken zum adidas-Erscheinungsbild, Präsentation am 28.8.1985, in: Archiv „Adi & Käthe Dassler Memorial Stiftung", S20130214125014.

23 Konzeptpapier Horst Dassler v. 5.12.1986, 6,12, in: Archiv „Adi&Käthe Dassler Memorial Stiftung", S20131021135059.

24 Konzeptgespräch mit Herrn Dassler am 27.9.1985, in: aA, D-5280, 1–12, 4–9; adidas. Strategische Basisempfehlungen, 12.6.1985, in: ebd., D-5379, 1–47, 43; Gedanken über die zukünftige Vorgehensweise zur Entwicklung von adidas-Freizeitschuhen, 15.4.1987, in: ebd., D-5388, 1–4.

25 Werbung 1985, in: aA, u.a. D-MW-94-96.

26 Dr. Mayer&Partner, Strukturkonzept einer neuen Produkt- und Marketingstrategie für die Firma adidas, 7.1.1988, in: aA, D-5290, 4–10.

27 Distribution Projekt Part 1, ISPO 1987, in: aA, D-MC-34; HFU (Hermann Fuchslocher Unternehmensberatung), Exposée für den Bereich Freizeitschuhe adidas, Februar 1988, in: ebd., D-1529-1-47; Smit, *Drei Streifen*, 200f.

28 Anpassung Eigenfertigungsanteile, Mai 1988, in: aA, D-BF-18, 72; Okt.1987, in: ebd., D-BF-16.

29 Geschäftsbericht 1989, in: aA, Z-60-12, 9–16.

30 adidas France an Hungarocoop, 29.11.1979, in: aA, D-LL-7. Siehe auch den Beitrag von Rainer Karlsch in diesem Band.

31 Geschäftsbericht 1987 in: aA, Z-60-8; Geschäftsbericht 1988, in: ebd., Z-60-9; sowie Geschäftsbericht 2000, in: ebd., Z-60-61, 7; Smit, *Drei Streifen*, 201f., 228

32 Schreiben Armin A. Dassler an Horst Dassler, 23.2.1987, in: aA, D-B-1.

33 Schreiben Horst Dassler an Armin A. Dassler, 3.3.1987, in: aA, D-B-1; Smit, *Drei Streifen*, 212f.; Peters, *Die Puma-Story*, 78f.

34 Aktennotiz, Horst Dassler an „Liebe Kollegen", 31.3.1987, in: aA, D-5869, 1–6.

35 Gerd Nufer/André Bühler, *Sportmarketing: Einführung und Perspektive*, in: dies. (Hg.), Marketing im Sport. Grundlagen, Trends und internationale Perspektiven des modernen Sportmarketing, Berlin 2011, 7; Walter Freyer, *Sport-Marketing. Modernes Marketing-Management für die Sportwirtschaft*, Berlin 2011, 53f.

36 Smit, *Drei Streifen*, 129ff.

37 Heidrun Homburg, *Financing World Football. A Business History of the Fédération Internationale de Football Association*, in: Zeitschrift für Unternehmensgeschichte 1 (2008), 33–69.

38 Homburg, *Financing World Football*, 50–57; Stefan Rinke/Kay Schiller (Hg.), *The FIFA World Cup 1930–2010. Politics, Commerce, Spectacle and Identities*, Göttingen 2014.

39 Christiane Eisenberg, *Metamorphosen eines Prinzipienreiters. Der Weltfußballverband FIFA im 20. Jahrhundert*, in: Jürgen Mittag/Jörg-Uwe Nieland (Hg.), Das Spiel mit dem Fußball. Interessen, Projektionen und Vereinnahmungen, Essen 2007, 219–236, hier 230ff.; Thomas Kistner spricht von einer angeblichen Bestechung afrikanischer Delegierter durch Horst Dassler bei der Wahl Havelanges. Vgl. Thomas Kistner, *FIFA-Mafia. Die schmutzigen Geschäfte mit dem Weltfußball*, München 2014, 43ff. (genauere Belege fehlen allerdings).

40 Christiane Eisenberg/Pierre Lanfranchi/Tony Mason/Alfred Wahl, *FIFA 1904–2004. 100 Jahre Weltfußball*, Göttingen 2004, 244ff.; Smit, *Drei Streifen*, 132f.; Agreement between Coca-Cola and FIFA (Entwurf 1976), in: aA, D-LL-62; Lizenzvertrag Coca-Cola und adidas (Entwurf 1976), in: ebd., D-LL-62. Die Verträge wurden dann zu einem späteren Zeitpunkt erneuert, vgl. ebd., Promotionverträge, Vertrag FIFA-adidas, 27.8.1987. Außerdem wurden Marken-Lizenzvereinbarungen zwischen Coca-Cola, adidas France und adidas Deutschland etwa bzgl. des WM Balls 1990 unterzeichnet (17.1.1990).

41 Zu den organisatorischen Zusammenhängen zwischen adidas und SMPI sowie den späteren Gründungen der Rofa Sport Management AG in Sarnen und der ISL (International Sports-, Culture- and Leisure AG) in Zug siehe den Beitrag von Jörg Lesczenski in diesem Band.

42 Vereinbarung FIFA – Sport Billy vom 28.9.1977 sowie Vereinbarung FIFA – Rolf Deyhle über Symbol „Fußball umspannt die Welt" (Kopie v. 25.1.1978), in: aA, D-LL-60.

43 Vertrag Sport Billy und West Nally, 19./20.5.1979 sowie Einschätzung von M. Vasella vom 21.5.1981, in: aA, D-LL-60.

44 Sport Billy (West Nally), Advocatenbüro Wyss an FIFA/H. Käser, 14.11.1979, in: aA, D-LL-60.

45 ISK (Internationale Sport Korrespondenz) Nr. 54, 9.5.1981, „Stolperte Käser über ein Maskottchen?" (Kopie vorhanden in: aA, D-LL-60, Akte Sport Billy (West Nally).

46 Smit, *Drei Streifen*, 166; Informationen über die Sporis-Gruppe, 31.12.1987, in: aA, D-BG-6.

47 Informationen über die Sporis-Gruppe, 31.12.1987, in: aA, D-BG-6.

48 Vgl. dazu ausführlicher den Beitrag von Jörg Lesczenski in diesem Band.

49 Ebd.

50 Sitzung des Beirats der Adolf und Käthe Dassler Stiftung (Juli 1983); ebd., Sitzung des Beirats der Adolf und Käthe Dassler Stiftung, November 1983, in: aA, D-BF-1.

51 ISL Marketing AG, Business Report 1983, Business Plan 1984, in: aA, D-BG-10.

52 Über den finanziellen Erfolg von ISL lassen sich kaum gesicherte Aussagen treffen. Laut ISL Licensing AG betrug das Verkaufsbudget des olympischen Programms für Seoul 172 Mio. US-Dollar, wegen der erstmals auftretenden hohen Aufbaukosten werde man mit einem negativen Ergebnis abschließen. Der Nettogewinn der ISL Gruppe für 1988 wird mit 1,7 Mio. SFr angegeben (Archiv adidas, Akte Saradan/Sporis. Informationen über die Sporis-Gruppe, 31.12.1987). Smit berichtet über ISL-Kosten für Vermarktungsrechte für die Fußball-WM 1986 in Höhe von 45 Mio. SFr, denen Einnahmen in Höhe von 200 Mio. SFr. gegenübergestanden hätten. In der Vorbereitung der Olympischen Spiele in Seoul habe die ISL knapp 94 Mio. $ eingenommen (Smit, *Drei Streifen*, 169, 172). Quellenangaben bzw. Belege dafür liegen nicht vor.

53 Minutes of the Executive Board, 24./25.11.1983, in: Archiv OSC, 1983-11-24 + 25, 94.

54 Minutes of the Executive Board, 24./25.11.1983, Annex 2, Prileminary Agreement between: The International Olympic Committee (IOC) and ISL Licensing AG (ISL), 2.6.1983, in: Archiv OSC, 1983-11-24 + 25, 96

55 Minutes of the Executive Board, 24./25.11.1983, in: Archiv OSC, 1983-11-24 + 25, 95.

56 Minutes of the 91st IOC Session, Lausanne, 12.–17.10.1986, in: Archiv OSC.

57 Minutes of the Meeting of the IOC Executive Board, Los Angeles, 23./24.2.1981, in: Archiv OSC.

58 *Dassler will alles kontrollieren*, in: Der Spiegel 23 (1986).

59 *Die Schleichwege des Horst D.*, in: Stern 10 (27.2.1986).

60 Schreiben Horst Dasslers an den Intendanten des Saarländischen Rundfunks vom 25.9.1985, in: Archiv OSC, J-DELTI-003.

61 Kanton Zug, Einstellungsverfügung vom 11.5.2010 in der Untersuchung gegen Fédération Internationale de Football Association (FIFA), zitiert nach http://www.faz.net/dynamic/download/einstellungsverfügung_zug.pdf [letzter Zugriff 27.8.2018].

62 Brasilien, Jan. 1987, Übersetzung eines Zeitschriftenartikels aus „Placar" vom 19.10.1987; in: aA, D-BS-2; Schreiben Dr. Steffen Stremme an Dr. Martens v. 10.12.1987, Promotionsaufwendungen (Havelange/Teixeira), in: ebd., D-BS-2.

63 Kanton Zug, Einstellungsverfügung vom 11.5.2010 in der Untersuchung gegen Fédération Internationale de Football

Association (FIFA), 17 und 18.
64 Ebd., 17
65 Ebd., 18.
66 SPIEGEL online (30.4.2013).
67 Walter M. Iber: Unternehmen Olympia: ein Wirtschaftsfaktor in der bipolaren Welt, in: Historicum (Winter 2012/13 und Frühling 2013), 40ff.
68 Zur Rolle von adidas und seinen Beziehungen zu den sozialistischen Staaten und zur DDR siehe den Beitrag von Rainer Karlsch in diesem Band.
69 Vgl. den Beitrag von Rainer Karlsch.
70 Krüger, *Einführung in die Geschichte*, 199–204; Peter Boeger, *Kampf gegen „Professionalisierung und Kommerzialisierung" im Sport. Wie die DDR dennoch zu einem adidas-Land wurde*, in: Bundeszentrale für politische Bildung (Hg.), Deutschland Archiv 2015, Bonn 2016, 156–175.
71 Boeger, *Kampf gegen „Professionalisierung und Kommerzialisierung"*, 165.
72 Auswertung Rom (ca. 1960), in: BStU, MfS, Teilablage A 276/85, T. I/1.
73 Stiftung Archiv der Parteien und Massenorganisationen der DDR im Bundesarchiv, SED Hausmitteilung 8.5.1972, in: BAB, DY30/IV2/2.036/22.
74 Schreiben Vorstand BSG Traktor an DTSB Kreisvorstand Hagenow, 27.1.1979, in: BStU, MfS, HA XX, 651(000013).
75 Informationsblatt über die Vorkommnisse in der BSG Traktor Neuhaus, 26.1.1979, in: ebd.
76 Vgl. ausführlich dazu den Beitrag von Rainer Karlsch in diesem Band.
77 Zit. nach Boeger, *Kampf gegen „Professionalisierung und Kommerzialisierung"*, 167.
78 Bericht von „IM Möwe" über adidas und der Einfluss auf verschiedene Organisationen und welche in internationalen Sportgremien, gez. IM „Möwe", o.D., ca. 1982, Abschrift, in: BStU, MfS, HAI, AIM 15825/89, Teil II/7; zur „sportpolitischen Abteilung" Horst Dasslers s.a. Thomas Kistner/Jens Weinreich: Der olympische Sumpf. Die Machenschaften des IOC, München 2000, 35ff. (allerdings ohne Anmerkungen/Belege).
79 Ebd.
80 Vertrag adidas Landersheim mit Anwar Chowdry, 1.12.1982, in: aA; D-LP-1945.
81 Vertrag adidas France, adidas Herzogenaurach und AIBA, 1987; in: aA, D-LP-1946.
82 Anlagen zum Treffbericht. Informationen zu den Gesprächen bei den Firmen Berg und adidas am 26. und 27.8.1985 (8), in: BStU, MfS, AP 4000/92.
83 Ebd.
84 Bericht von „IM Möwe" betr.: Generalsekretär Anwar Chowdry, 2.12.1982, in: BStU, MfS, HAI, AIM 15825/89, Teil II/7.
85 Anlagen zum Treffbericht. Informationen zu den Gesprächen bei den Firmen Berg und „adidas" am 26. und 27.8.1985; in: BStU, MfS, AP 4000/92; Zusammenfassender Bericht AIBA-Wahlen 1986, 21.1.1987, 125 (Abschrift); in: BStU, MfS, HAI, AIM 15825/89, Teil II/9.
86 Zusammenfassender Bericht AIBA-Wahlen 1986, 21.1.1987 (Abschrift), in: BStU, MfS, HAI, AIM 15825/89, Teil II/9.
87 Ebd.
88 Büro Krenz, M. Ewald, Information über Gespräche, die ich während meines Aufenthalts in Paris in der Zeit vom 25. bis 27.1.1987 mit führenden Persönlichkeiten des internationalen Sports hatte; in: BAB, DY 30, IV 2/2.039, Nr. 260, Bl. 158.
89 Ebd.; Bl. 159.
90 Vgl. ausführlicher dazu den Beitrag von Rainer Karlsch in diesem Band.
91 McKinsey & Company, Inc., Defining the future product/market strategy 3.11.1988, in: aA, D-BC-2, 22ff., 33f.; Smit, *Drei Streifen*, 271ff.
92 Ebd., 41ff.
93 McKinsey & Company, Inc., Defining the future product/market strategy 3.11.1988, in: aA, D-BC-2, 53ff.
94 Marketing Manual 1990, in: aA, D-MC-35.
95 McKinsey & Company, Inc., Defining the future product/market strategy 3.11.1988, in: aA, D-BC-2, 36, 39.
96 Ebd., 57.
97 Alexander Demuth GmbH, Management-Hearing 1990, in: aA, D-MC-22.
98 McKinsey & Company, Inc., Defining the future product/market strategy 3.11.1988, in: aA, D-BC-2, 49ff., 58.
99 Mission. To make adidas the leading sport brand in the world (1990), in: aA, D-MC-36.
100 Aufsichtsratssitzung 30.3.1990, in: aA, D-LA-7.
101 X. Kälin/A. Stacoff/E. Steiss/B. Segesser, *Die Torsionsfähigkeit eines Laufschuhes als entscheidender Faktor zur Reduktion der Beschwerden und Verletzungsrisiken*, in: Orthopädische Praxis 7 (1989), 469–473; dies., *The Torsion of the Foot in Running*, in: International Journal of Sport Biomechanics 5 (1989), 375–389.
102 TORSION, Aktennotiz – Memorandum Nike vom 6.7.1988, in: aA, D-MC-37.
103 adidas, *In the Beginning*, o.P. in: aA, B/AD/25; Torsion Textiles A/W '89 (Katalog), in: aA, DC-2649. Smit, *Drei Streifen*, 225f.; Zusammenarbeit Institut für Arbeitsphysiologie der TU München (o.D., ca. 70er Jahre), in: aA, D-LL-61; Geschäftsbericht 1991, in: aA, Z-60-15, 14.
104 adidas, *In the Beginning*, o.P, in: aA, B/AD/25.
105 adidas Equipment. Spring/Summer '92 (Katalog), in: aA, DC-3981, Geschäftsbericht 1990, in: aA, Z-60-13, 2ff., 8–14, 18, 24.
106 Vgl. dazu den Beitrag von Jörg Lesczenski in diesem Band.
107 Geschäftsbericht 1990, in: aA, Z-60-13, 2ff; Geschäftsbericht 1991, in: ebd., Z-60-15.
108 AD-Tagung Salzburg, 15.–18.12.1999, in: aA, D-MC-201; AD Potsdam, 7.–10.7.1990, in: aA, D-MC-202.
109 advertising '93, in: aA, D-M-1201.

110 Los Angeles Times (5.2.1993), http://articles.latimes.com/1993-02-05/business/fi-939_1_adidas-america; Akte Rob Strasser, in: aA, D-BC-3; Smit, *Drei Streifen*, 258f.
111 Aufsichtsratssitzungen 1993, 11503 X, Schreiben an AR-Mitglieder v. 27.1.1993, in: aA, D-LA-16; Smit, *Drei Streifen*, 263ff.
112 Adidas Projekt 1991, in: aA, D-BC-1.
113 Geschäftsbericht 1994, in: aA, Z-60-28, 3.
114 Geschäftsbericht 1992, in: aA, Z-60-22, 3–5.
115 Protokoll der AR-Sitzung vom 12.2.1992, in: aA, D-LA-13.
116 Protokoll der AR-Sitzung vom 18.5.1992 (Entwurf), in: aA, D-LA-14.
117 Geschäftsbericht 1993 sowie die GB der Jahre 1986–1992, in: aA, Z-60-23.
118 Manager Magazin 12 (1997); Time Magazine (20.1.1997); Fortune (18.8.1997) (Teilkopien vorhanden im adidas Archive).
119 adidas advertising '93, in: aA, D-M-1201.
120 Geschäftsbericht 1995, in: aA, Z-60-35, 12.; advertising '93, in: ebd., D-M-1201; advertising '93/94, in: ebd., D-M-1202.
121 Geldner, *Adi Dassler*, 128f.
122 adidas advertising '93, in: aA, D-M-1201; advertising '93/94, in: ebd. D-M-1202; adidas advertising GMM Paris, April 1995, in: ebd., D-M-1203.
123 FYW on court HW 96, Abschlußbericht, in: aA, D-MC-38.
124 Adidas, Making a difference, in: aA, B/AD/19, 186.
125 Geschäftsberichte 1995, in: aA, Z-60-35, 13.
126 Geschäftsberichte 1995, in: aA, Z-60-35, 2; Geschäftsbericht 1996, in: ebd., Z-60-40, 33.
127 Geschäftsbericht 1996, in: aA, Z-60-40, 25.
128 Geschäftsbericht 1996, in: aA, Z-60-40, 5.
129 Geschäftsbericht 1997, in: aA, Z-60-40, 16.
130 Unter Berücksichtigung von Einmaleffekten durch die Übernahme von Salomon ergibt sich ein Jahresfehlbetrag von 322 Mio. D-Mark. Vgl. adidas-Salomon-Geschäftsbericht 1998, in: aA, Z-60-54, 39.
131 Geschäftsbericht 1996, in: aA, Z-60-40, 9.; Promotionverträge, z.B. mit Henry Thierry, 4.4.1997, in: ebd.; Coup du Monde (1998), in: ebd.; Braun u.a., *Marketing und Vertriebspower*, 154f.
132 WC 1998, Club adidas, in: aA, D-MC-39.
133 Memos, Mary H. Friday an Robert Louis-Dreyfus, 2.10.1996, in: aA, D-B-2.
134 Hauptversammlung 1997, G. Dirian an Reichel, Trenkner& Collegen, 4.8.1997, in: aA, D-LA-7+8. Die Tatsache der Promotionverträge an sich war im Geschäftsbericht festgehalten worden. Vgl. Geschäftsbericht 1997, in: aA, Z-60-50, 51.
135 http://www.spiegel.de/thema/robert_louis_dreyfus/; http://www.spiegel.de/sport/fussball/wm-2006-franz-beckenbauer-schluesselfigur-bei-ominoeser-millionenzahlung-a-1080645.html; Smit, *Drei Streifen* (2017), 379f.; weitere Angaben finden sich auch im sogenannten Freshfields-Bericht des DFB aus dem Jahr 2016, vgl. https://tv.dfb.de/download/Freshfields_DFB_Untersuchungsbericht_160304.pdf, 15ff. [letzter Zugriff 27.8.2018]. Dieser DFB-interne Bericht stellt jedoch nur eine Etappe im laufenden Aufklärungsprozess um die Vergabe der WM 2006 dar. Im adidas-Archiv finden sich bezüglich der Rolle von Robert Louis-Dreyfus dazu bislang keine Unterlagen. Da auch der Zugang zum Archiv des DFB nicht möglich ist, ist die Entwicklung von adidas nach 2001 nicht mehr Gegenstand der vorliegenden Publikation.
136 Aufsichtsratssitzung 19.5.1999 (Protokoll), in: aA, D-LA-28.
137 Chinese Labour Camp, Press-Info 1.7.1998; in: aA, D-B-3; Mail Marion Ris an Ray Tai, 1.7.1998, in: ebd., D-B-3.
138 *Dem schlechten Ruf vorbeugen. ‚adidas' kündigt Lizenznehmern wegen des Verdachts, sie ließen Bälle in Straflagern produzieren*, in: Süddeutsche Zeitung (3.7.1998); *Where Soccer Balls are Made. In a Pakistani Village, a Mother and Child Sew for $ 1,50 a Day*, in: Herald Tribune (11./12.7.1998).
139 Geldner, *Adi Dassler*, 141ff.; Geschäftsberichte 1998, in: aA, Z-60-54, 35.
140 Vgl. z. B. die Berichterstattung des „Focus" 2006, http://www.focus.de/sport/tour2006/medienbericht_aid_111167.html [letzter Zugriff 19.3.2018].
141 Geschäftsbericht 1998, in: aA, Z-60-54, 24; Stefan Schmid/Katharina Hefter, *adidas. Drei Streifen „made in Asia"*, in: Stefan Schmidt (Hg.), Strategien der Internationalisierung. Fallstudien und Fallbeispiele, München 2013, 55–72, 58.
142 Our world – Unser weltweiter Sozial- und Umweltbericht 2000, 4 (https://www.adidas-group.com/de/nachhaltigkeit/berichte-policies-und-daten/nachhaltigkeitsberichte/#/2014) [letzter Zugriff 19.3.2018].
143 Ebd., 21–27.
144 Ebd., 20, 25; s.a. den Abschlussbericht zu dem Studienprojekt „Global Manufacturing and Responsible Business Practices" unter dem Titel „Soziale Verantwortlichkeit in globalen Produktionsnetzwerken: Erkenntnisse aus der Bekleidungsindustrie unter der Leitung von Michael Fichter und Jörg Sydow v. 31.12.2001, bei dem auch adidas untersucht wurde, 33–41. Studienprojekt „Global Manufacturing and Responsible Business Practices", 40.
145 Berghoff, *Die Compliance Revolution*, 32ff.
146 Studienprojekt „Global Manufacturing and Responsible Business Practices", 40.
147 Ebd., 70. Hinweise der „Clean Clothes Campaign" (CCC), mit der adidas zunächst ein gemeinsames Pilotprojekt plante, welches jedoch scheiterte.
148 Bestand Frank Henke, Zusammenfassender Bericht über den Besuch von adidas-Salomon-Vertretern in El Salvador, 14.4.–20.4.2000), in: aA, D-E-1; David Hasselbee, adidas-Salomon AG an Südwind e.V., z.H. Frau I. Wick, 24.8. 2000.
149 Schmid/Hefter, Adidas, 61. Ein neues „Global Policy Manual/Code of conduct" wurde dann im Jahr 2006 verabschiedet. Global Policy Manual, 27.10.2006, in: aA, D-W-100531.
150 Geschäftsbericht 2000, in: aA, Z-60-61, 7ff.
151 Protokoll der AR-Sitzung v. 26.1.2000, in: aA, D-LA-30.
152 AR-Sitzung am 29.1.2004, in: aA, D-LA-42, 4f.

Quellenverzeichnis – Archive

Adi & Käthe Dassler Memorial Stiftung
- S 20130213144603
- S 20131021135059
- S 20131021132054
- S 20130214144606
- S 20130214125014
- S 20130214122915
- S 20130213144603
- S 20130213131150
- S 20130213123025
- S 20130213123013
- S 20130212170602
- S 20130210175730

Archivo General de la Administración (AGA)
- 7 (Dirección General de Prisiones)

Archivo Histórico Provincial de Cádiz

Archivo Histórico Provincial de Cantabria

Archivo Histórico Provincial de Huesca

Archivo Histórico Provincial de Alicante

Behörde des Bundesbeauftragten für die Stasiunterlagen (BStU)
- MfS Abt. Finanzen
- MfS Abt. X (Internationale Verbindung)
- MfS AG BKK (Arbeitsgruppe Bereich Kommerzielle Koordinierung)
- MfS AG XVIII
- MfS AIM
- MfS AP 4000/92
- MfS BV Chem He-10
- MfS BV Chem He-63
- MfS BV Halle Abt. XVIII 642
- MfS BV Lpz. Abt. XVIII 532
- MfS HA II/6 (Spionageabwehr)
- MfS HA XVIII (Volkswirtschaft)
- MfS HA XX (Staatsapparat, Kultur, Kirche und Untergrundtätigkeiten)
- MfS Teilabgabe A 276/85
- MfS ZAIG (Zentrale Auswertungs- und Informationsgruppe) ZMA (Zentrale Materialablage aus verschiedenen Dienstabteilungen)

Bundesarchiv Berlin (BAB)
- 3100 (NSDAP Zentralkartei)
- 7000 series
- DC 14 (Inspektion Leichtindustrie)
- DE 1 (Staatliche Plankommission)
- DL 2 (Ministerium für Außenhandel und Innerdeutschen Handel)
- DL 226 (Bereich Kommerzielle Koordinierung)
- DN 1 (Ministerium der Finanzen)
- R10 VI
- R13 XIII.
- S0125 (Parteikorrespondenz)

Deutsches Patent & Markenamt (DPMA)

Handelsregistergericht Fürth
- HRA 18

Militärarchiv Freiburg
- RH 12/2/193
- RH 9

Ministerio del Interior, Centro de Documentación de la Secretaria General de Instituciones Penitenciarias
- Dirección General Instituciones penitenciarias, Ministerio de Justicia

Olympic Studies Centre des IOC (OSC)
- 282/032
- 283/038
- 285/006
- 285/008
- J-DETLI
- CIO JO-1972S-Jurid
- CIO JO-1976S-COMME-CT
- CIO JO-1980S-FIRM
- CIO JO-1980S-FIRM-CT
- CIO JO-1980W-FIRM
- CIO JO-1984-FIRM-CT
- CIO JO-1984S-COMME
- CIO JO-1984S-FIRM
- CIO JO-1984S-PUBLI
- CIO-Jo-1984W-FIRM
- C-J01-1988/
- C-J02-1988/
- C-J01-1992/
- Minutes IOC Executive Board (Digital)
- Session of the IOC 1894-2013

Ohio State University Archives (OSU)
- Jesse Owens Collection
- Jesse Owens Photograph Collection

Staatliches Archiv der Russischen Förderation (GARF)
- Bestand 10029, Findbuch 2
- R-7576, Kat. 35

Staatsarchiv Bamberg (StA Bamberg)
- K10/4306
- K270/3431
- K270/4221
- OMGUS/OMGBY 9/136-3/10

Staatsarchiv Coburg (StA Coburg)
- Spruchkammer Höchstadt an der Aisch Nr. D6
- Spruchkammer Höchstadt an der Aisch Nr. D7

Staatsarchiv Nürnberg (StA Nürnberg)
- MFr., Abg. 1978/3930
- Bayerisches Landesamt für Vermögensverwaltung und Wiedergutmachung, Rep. 265 I/292

Staatsarchiv Luzern

Stadtarchiv Herzogenaurach
- Arbeitsfürsorge
- Fotobestand
- Gewerberegister der Stadt Herzogenaurach
- Heiratsbuch der Stadt Herzogenaurach
- Herzogenauracher Heimatblatt
- Herzogenauracher Tagblatt
- V 279

The adidas Archive (aA)
- Akten, Fotos sowie Objektbestände

UEFA Archiv
- UEFA Bulletins

Unternehmensarchiv Puma
- Fotos und Aktenbestände der Gebrüder Dassler

Zentrum für Olympische Studien
- Carl und Liselott Diem Archiv

Bildnachweis

1 Einleitung

Abb. 1: The adidas Archive (aA), I-2011
Abb. 2: aA, I-17008

2 Das Unternehmen Sportschuhfabrik Gebrüder Dassler

Abb. 1: Stadtarchiv Herzogenaurach, A1, 070_1920
Abb. 2: The adidas Archive (aA), I-17010
Abb. 3: aA, I-1991
Abb. 4: aA, I-2168
Abb. 5: aA, I-2163
Abb. 6: aA, D-658
Abb. 7: Stadtarchiv Herzogenaurach, Herzogenauracher Tagblatt vom 26.6.1924
Abb. 8: aA, Z-86-5
Abb. 9: aA, D-34
Abb. 10: Unternehmensarchiv Puma
Abb. 11: Unternehmensarchiv Puma
Abb. 12: aA, I-5261
Abb. 13: aA, I-17011
Abb. 14: aA, D-573
Abb. 15: aA, D-486
Abb. 16: Stadtarchiv Herzogenaurach, M II, Bild 024_1933
Abb. 17: Heiratsbuch der Stadt Herzogenaurach 1939 (Privatbestand Ludwig Peetz, Herzogenaurach)
Abb. 18: aA, D-525
Abb. 19: Picture Alliance, 7955221
Abb. 20: aA, DC-5740
Abb. 21: aA, D-11543
Abb. 22: Picture Alliance, 82448485
Abb. 23: Picture Alliance, 93463552
Abb. 24: Dr. Haidlen, Heereswaffenamt, Denkschrift zur Entwicklung der Raketen-Panzerbüchse, Juni 1944, Militärarchiv Freiburg RH 12/2/193
Abb. 25: aA, D-638
Abb. 26: Stadtarchiv Herzogenaurach, Familienbild GebrüderDassler
Abb. 27: aA, F-7, Foto: Studio Waldeck
Abb. 28: aA, F-27, Foto: Studio Waldeck

3 Das andere „Wunder von Bern"

Abb. 1: The adidas Archive (aA), F-55, Foto: Studio Waldeck
Abb. 2: aA, D-6560
Abb. 3: aA, DC-6318
Abb. 4: aA, DC-5184
Abb. 5: Picture Alliance, 56296181
Abb. 6: aA, DC-281
Abb. 7: aA, I-1861
Abb. 8: aA, B/AD/95
Abb. 9: Daily 30.11.1954, Kopie in: aA, I-6041
Abb. 10: Deutsches Patent & Markenamt (DPMA), in: aA, D-LI-39
Abb. 11: DPMA, in: aA, D-LI-86
Abb. 12: aA, I-17013
Abb. 13: aA, I-2769
Abb. 14: Picture Alliance, 2435429
Abb. 15: aA, F-256, Foto: Studio Waldeck
Abb. 16: aA, I-2021
Abb. 17: Picture Alliance, 2009499
Abb. 18: Picture Alliance, 1648990
Abb. 19: aA, DC-6480
Abb. 20: Picture Alliance, 1334193
Abb. 21: aA, F-152, Foto: Studio Waldeck
Abb. 22: Picture Alliance, 14120618
Abb. 23: aA, D-MW-125
Abb. 24: aA, D-MW-28
Abb. 25: aA, D-MW-12
Abb. 26: aA, I-3721
Abb. 27: aA, Bestand Martin Herde
Abb. 28: aA, I-6141
Abb. 29: aA, F-327, Foto: Studio Waldeck
Abb. 30: aA, D-MW-1
Abb. 31: aA, I-6234
Abb. 32: aA, D-5057
Abb. 33: aA, DC-312
Abb. 34: aA, DC-359
Abb. 35: aA, DC-10368
Abb. 36: aA, I-3811
Abb. 37: aA, H-539, Foto: Studio Waldeck
Abb. 38: aA, DC-9848
Abb. 39: aA, D-MW-139
Abb. 40: Picture Alliance, 56273553
Abb. 41: aA, D-3369
Abb. 42: aA, DC-350
Abb. 43: aA, I-2172

4 Vom Familienunternehmen zur Aktiengesellschaft

Abb. 1: The adidas Archive (aA), I-5262
Abb. 2: aA, I-17000
Abb. 3: aA, I-2700
Abb. 4: aA, I-17012
Abb. 5: aA, I-2771
Abb. 6: aA, I-5403
Abb. 7: aA, I-5378
Abb. 8: aA, I-17016
Abb. 9: aA, I-17001
Abb. 10: aA, I-2250
Abb. 11: aA, DC-9994
Abb. 12: Der Spiegel 23/1986
Abb. 13: aA, I-2548
Abb. 14: aA, I-17002
Abb. 15: aA, I-1525
Abb. 16: Amtsblatt Herzogenaurach, Kopie in: aA, D-6990
Abb. 17: aA, I-5912
Abb. 18: aA, I-3884
Abb. 19: aA, I-1555
Abb. 20: aA,I-4007
Abb. 21: aA, I-2777
Abb. 22: aA, D-6236
Abb. 23: nach aA, D-BG-11
Abb. 24: nach aA, D-BG-11
Abb. 25: nach aA, D-B-5
Abb. 26: aA, I-17003

Abb. 27: aA, D-17004
Abb. 28: aA, I-17015
Abb. 29: aA, D-MW-838
Abb. 30: aA, I-3820
Abb. 31: aA, I-5914
Abb. 32: aA, I-17007
Abb. 33: aA, Z-60-33
Abb. 34: aA, I-2962
Abb. 35: aA, Z-60-45

5 Wandel durch Handel

Abb. 1: Picture Alliance, 2438000
Abb. 2: The adidas Archive (aA), I-2666
Abb. 3: aA, I-2265
Abb. 4: Picture Alliance, 10776462
Abb. 5: aA, I-17013
Abb. 6: Picture Alliance, 56345135
Abb. 7: Picture Alliance, 1028168
Abb. 8: aA, I-2713
Abb. 9: Picture Alliance, 2124341
Abb. 10: Picture Alliance, 1809681
Abb. 11: aA, D-LP-1830
Abb. 12: aA, I-17018
Abb. 13: aA, D-MW-92
Abb. 14: aA, I-4634
Abb. 15: aA, I-10057
Abb. 16: aA, F-4792, Foto: Studio Waldeck
Abb. 17: aA, I-10073
Abb. 18: aA, F-4540, Foto: Studio Waldeck
Abb. 19: aA, F-4540, Foto: Studio Waldeck
Abb. 20: aA, I-10057
Abb. 21: aA, I-5902
Abb. 22: aA, I-4952; I-4949

6 Von der Marken- zur Marketingorientierung

Abb. 1: The adidas Archive (aA), D-MW-8
Abb. 2: aA, D-MW-149
Abb. 3: aA, D-MW-151
Abb. 4: aA, I-2679
Abb. 5: aA, I-2812
Abb. 6: aA, I-2670
Abb. 7: aA, D-LL-60
Abb. 8: nach aA, D-BG-2
Abb. 9: aA, D-BG-2
Abb. 10: nach aA, D-BG-2
Abb. 11: aA, DC-6219
Abb. 12: Picture Alliance, 342203
Abb. 13: Der Spiegel 23/1986
Abb. 14: aA, I-17009
Abb. 15: Picture Alliance, 16626891
Abb. 16: aA, D-MW-165
Abb. 17: aA, DC-1085
Abb. 18: aA, Z-60-13
Abb. 19: nach aA, D-B-5
Abb. 20: aA, Z-2-21
Abb. 21: aA, Bestand Ina Heumann
Abb. 22: aA, Z-60-18
Abb. 23: aA, I-17006
Abb. 24: aA, DC-6008
Abb. 25: aA, DC-454
Abb. 26: Picture Alliance, 8456061
Abb. 27: aA, Z-59-2

7 Fazit

Abb. 1: The adidas Archive (aA), I-5266
Abb. 2: aA, I-2824

Personenregister

Firmenregister/Institutionenregister

Die Autoren

Rainer Karlsch

Rainer Karlsch ist promovierter Historiker und wissenschaftlicher Mitarbeiter am Institut für Zeitgeschichte München/Berlin. Für sein Buch zur Geschichte der Reparationen erhielt er 1996 den Ersten Preis der Stinnes-Stiftung für Unternehmensgeschichte.

Christian Kleinschmidt

Professor Christian Kleinschmidt leitet das Institut für Wirtschafts- und Sozialgeschichte an der Philipps-Universität Marburg. Zuletzt erschien von ihm das Buch „Wirtschaftsgeschichte der Neuzeit" (2017).

Jörg Lesczenski

Jörg Lesczenski ist promovierter Historiker und wissenschaftlicher Mitarbeiter an der Goethe-Universität Frankfurt a. M. Zahlreiche Veröffentlichungen zu Themen der Wirtschaftsgeschichte, u. a. eine Biografie über August Thyssen.

Anne Sudrow

Anne Sudrow ist promovierte Historikerin und war von 2012 bis 2018 Projektleiterin im Bereich Wirtschaftsgeschichte am Zentrum für Zeithistorische Forschung in Potsdam und von 2016 bis 2017 Gastprofessorin für Technikgeschichte an der TU Berlin. Zahlreiche Publikationen zur Wirtschafts- und Technikgeschichte, darunter „Der Schuh im Nationalsozialismus. Eine Produktgeschichte im deutsch-britisch-amerikanischen Vergleich" (2010).